日本考古学年報

69
（2016年度版）

一般社団法人 日本考古学協会

序　言

　日本考古学協会は、2016年度から新しい理事会の体制がスタートしました。近年の協会は、一般社団法人としての体制の整備を進めるとともに、会員の減少、研究者の世代交代にともなう人材不足、大学における考古学の教育環境と後継者育成問題などの社会的な状況や、国際化、災害対応をはじめとする新たな課題に取り組むことを求められてきました。今年度からの新理事会も、基本的にはそうした方向を引き継いできました。

　その活動の要点を述べると、一般社団法人としての体制整備では、著作権規定および賛助会員制度の制定作業が進んだことをあげることができます。

　また、国際化に関わる活動としては、8月に同志社大学で開催された第8回世界考古学会議京都大会（WAC-8）において、オープニングセッション「日本考古学100年」を主催しました。災害対応については、東日本大震災対策特別委員会の活動をまとめた報告書を刊行しましたが、4月には平成28年熊本地震が発生し、「平成28年熊本地震対策特別委員会」を設置して対応するとともに、継続的で広範な災害対応が課題となっています。

　アイヌ人骨・副葬品に関わる問題は、昨年度から北海道アイヌ協会、日本人類学会・日本考古学協会の三者による「アイヌ人骨・副葬品に係る調査研究のあり方に関するラウンドテーブル」が組織され、今年度には中間まとめを公表するとともに、シンポジウム「考古学・人類学とアイヌ民族―最新の研究成果と今後の研究のあり方―」を三者で共催しました。

　日本考古学は、考古学的方法を基盤にして、列島をはじめ世界の旧石器時代から近現代に至る長い歴史と多様な文化を読み解く学問として存在してきました。そこで蓄積された様々な知見は、私たちの歴史や文化に関する認識を形づくる上で重要な役割を果しています。また、日本の考古学は、その長い学史において、各地域における地道な調査・研究の上に、列島全体を展望するという一貫した道を歩んできました。

　近年の日本考古学は、方法の多様化および対象の拡大という大きな流れの中にあるように見えます。従来の考古学の分析方法に加えて自然科学分析の方法が積極的に導入され、年代測定や古環境復元をはじめとして画期的な進展をもたらしています。また、考古学の解釈においても、文化人類学や歴史学など隣接する学問の成果や思考の枠組みを取り入れようとする動きが見られます。また、方法の多様化にともなって分析する対象が拡大したことに加えて、従来の考古学がほとんど扱わなかった、たとえば近現代の遺跡などの調査・研究が行われるようになってきました。

　日本考古学協会は2018年に創立70周年を迎えることから、「転換期を迎えた日本考古学と日本考古学協会」をテーマに記念事業を実施することになりました。本年報はこうした21世紀初頭の私たちをとりまく学界の動向を示したものです。

　2018年4月

一般社団法人日本考古学協会会長　谷　川　章　雄

例　　言

1. 本書は、2016年4月から2017年3月までに行われた考古学に関連した発掘調査報告や研究報告などの研究活動を、部門ごとにまとめて収録したものである。ただし、I「（Ⅱ）外国考古学研究の動向」の内容については、当該年度に限らない。
2. 時代表記は種々の表記が行われているが、本書では、旧石器時代・縄文時代・弥生時代・古墳時代・古代・中世・近世・近代を用いる。
3. Ⅱ「各都道府県の動向」は、執筆者の努力によって全てを収録することができた。
4. 英文抄訳は、コジリアン直子氏をわずらわした。
5. 本年度の年報担当理事は、菊池誠一・小笠原永隆である。
   なお、編集実務は日本考古学協会事務局の堀田菜摘子・出口まどかが行った。

図版1

遺跡近景・調査状況

H4区周辺　白保4号人骨が眠る岩陰

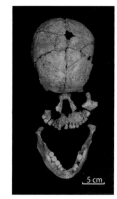

白保1号人骨

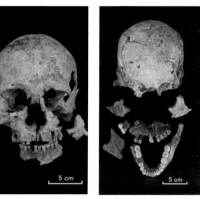

白保2号人骨　　白保3号人骨

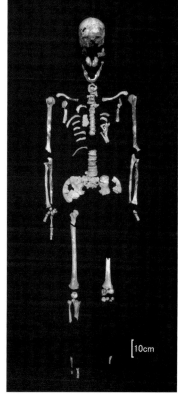

白保4号人骨

沖縄県白保竿根田原洞穴遺跡
原板提供：沖縄県立埋蔵文化財センター

（旧石器）

図版2

遮光器土偶

遮光器土偶出土地点
群馬県唐堀遺跡
原板提供：公益財団法人群馬県埋蔵文化財調査事業団

（縄文）

図版3

人面文壺形土器　（弥生）

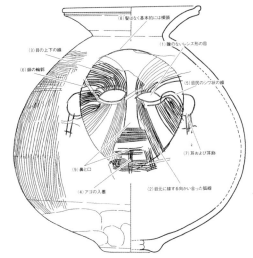

人面文壺形土器実測図

1977年第2次調査発掘風景

愛知県亀塚遺跡
原板提供：安城市教育委員会

図版4

人物埴輪

馬形埴輪

機織形埴輪（CGによる彩色復元）

土器

栃木県甲塚古墳
原板提供：下野市教育委員会

（古墳）

図版5

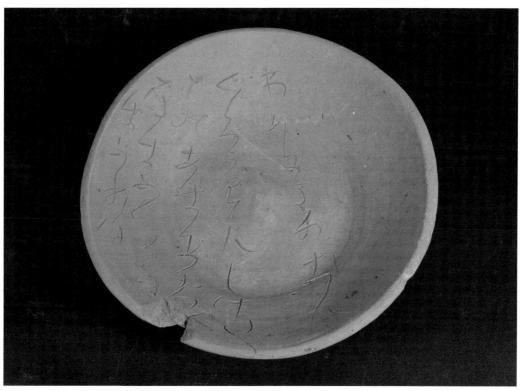

和歌刻書土器

（判読案）
われによりおも
（ゝ又はる）
ひく□らむしけい
とのあはすや□み
なはふくる
はかりそ

和歌刻書土器実測図
山梨県ケカチ遺跡
原板提供：甲州市教育委員会

（古代）

図版6

板絵赤外線画像・実測図

左から4人目の人物画像　　　　　　　　左から5人目の人物画像
鳥取県青谷横木遺跡
　　　　　　　　　　　　　　　　　　　　　　　　　　（古代）
図・写真提供：鳥取県埋蔵文化財センター　写真撮影：奈良文化財研究所

図版7

5号墓首飾り一式

5号墓秋草双鳥鏡
北海道上幌内2遺跡
原板提供：厚真町教育委員会

（中世）

図版8

平成28年（2016年）熊本地震後の頬当御門奥の枡形

倒壊防止のための仮受構台を設置した飯田丸五階櫓
熊本県熊本城
原板提供：熊本城総合事務所

目　　次

I　2016年度の日本考古学界

（I）日本考古学研究の動向

1　総　説 …………………… 谷川　章雄 … 1
2　学際領域研究の動向 …………… 細谷　　葵 … 5
3　埋蔵文化財保護活動の動向 …… 寺前　直人 … 11
4　旧石器時代研究の動向 ………… 夏木　大吾 … 20
5　縄文時代研究の動向 …………… 青野　友哉 … 27
6　弥生時代研究の動向 …………… 林　　大智 … 31
7　古墳時代研究の動向 …………… 城倉　正祥 … 38
8　古代研究の動向 ………………… 髙橋　　香 … 48
9　中世研究の動向 ………………… 関口　慶久 … 54
10　近世研究の動向 ………………… 小川　祐司 … 60

（II）外国考古学研究の動向

1　朝鮮半島 ………………………… 三阪　一徳 … 66
2　中　国 …………………………… 鈴木　　舞 … 72
3　ヨーロッパ中部 ………………… Thomas Knopf … 78
　　　　　　　　　　　　　　（訳　佐々木憲一）

（III）日本考古学協会の記録 …… 新納　　泉 … 88

II　各都道府県の動向

1　北海道 …………………… 菅野　修広 … 117
2　青森県 …………………… 浅田　智晴 … 122
3　岩手県 …………………… 村田　　淳 … 127
4　宮城県 …………………… 及川　謙作 … 132
5　秋田県 …………………… 加藤　朋夏 … 139
6　山形県 …………………… 稲村　圭一 … 144
7　福島県 …………………… 岡部　睦美 … 150
8　茨城県 …………………… 清水　　哲 … 155
9　栃木県 …………………… 片根　義幸 … 158
10　群馬県 …………………… 小原　俊行 … 162
11　埼玉県 …………………… 上野真由美 … 168
12　千葉県 …………………… 小笠原永隆 … 174
13　東京都 …………………… 大網　信良 … 180
14　神奈川県 ………………… 千葉　　毅 … 186
15　新潟県 …………………… 小野本　敦 … 194
16　富山県 …………………… 青山　　晃 … 198
17　石川県 …………………… 西田　昌弘 … 203
18　福井県 …………………… 御嶽　貞義 … 208
19　山梨県 …………………… 今福　利恵 … 212
20　長野県 …………………… 石丸　敦史 … 217
21　岐阜県 …………………… 藤村　　俊 … 221
22　静岡県 …………………… 井口　智博 … 225
23　愛知県 …………………… 三田　敦司 … 228
24　三重県 …………………… 和澄さやか … 234
25　滋賀県 …………………… 才本　佳孝 … 238
26　京都府 ………… 古川　匠・熊井　亮介 … 244
27　大阪府 …………………… 寺井　　誠 … 250
28　兵庫県 ………… 篠宮　正・大本　朋弥 … 256
29　奈良県 …………………… 前田　俊雄 … 262
30　和歌山県 ………………… 瀬谷今日子 … 267
31　鳥取県 …………………… 髙田　健一 … 271
32　島根県 …………………… 勝部　智明 … 275
33　岡山県 …………………… 豊島　雪絵 … 279
34　広島県 …………………… 荒川　正己 … 284
35　山口県 …………………… 増野　晋次 … 288
36　徳島県 …………………… 大橋　育順 … 292
37　香川県 …………………… 真鍋　貴匡 … 294
38　愛媛県 …………………… 岡崎　壮一 … 298
39　高知県 …………………… 松村　信博 … 303
40　福岡県 …………………… 城門　義廣 … 305
41　佐賀県 …………………… 渕ノ上隆介 … 313
42　長崎県 …………………… 古澤　義久 … 318
43　熊本県 …………………… 竹田　宏司 … 322
44　大分県 …………………… 池邉千太郎 … 328
45　宮崎県 …………………… 秋成　雅博 … 333
46　鹿児島県 ………………… 新里　亮人 … 337
47　沖縄県 …………………… 大城　　剛 … 343

第Ⅰ部

2016年度の日本考古学界

（Ⅰ）日本考古学研究の動向

1　総　説

谷　川　章　雄

　21世紀初頭のわが国は大きな変動期を迎えており、経済的グローバリズムの中にあって、格差社会・少子高齢化社会が顕在化している。考古学研究の動向もこのような社会的状況と無縁ではない。地域研究を支える研究者人口の激減、地方公共団体の深刻な人材不足、大学における考古学の教育環境と後継者育成問題などは、こうした状況を背景にしているように思われる。

　ここでは、2016年度の日本考古学研究の全体的な動向を振り返ってみることにしたい。以下、各時代の研究動向の概要を順に述べていく。

　旧石器時代の研究は、近年人類の起源と拡散について地理的な多様性や変異、適応などの視点から、一国史の枠組みを超えて、第四紀諸科学と連携した研究が活発になってきている。日本での開催が2回目となる「アジア旧石器学会第8回大会」では、"Variability, Similarities, and the Definition of the Initial Upper Paleolithic across Eurasia" というシンポジウムが行われた。

　こうした動向を受けた人類の拡散と日本および周辺地域の前・中期旧石器時代および後期旧石器時代石器群の形成に関する研究とともに、旧石器時代終末から縄文時代草創期に関する研究が見られた。後者は、当該期の気候変動に対する人類の適応に関わる地域的事例に注目した研究が多い。このように、旧石器時代研究においては、自然環境と人類適応について考古学的方法と自然科学的方法が連携した研究が進展している。

　トラセオロジーとしての石器の使用痕研究では、御堂島正は酸による黒曜石製石器の表面変化を実験的に検討し、使用痕に与える影響を考察した。これは酸性土壌が多い日本列島において参考にするべき成果である。また、石器石材の原産地研究では、黒曜石を中心に、各地で原産地の岩石学的考察や理化学的産地分析、原産地近傍での遺跡の分布調査などが行われた。石器石材の研究は、考古学と地質科学との協業が必要であり、考古学的方法と自然科学的方法が連携した学際的テーマの一つとして近年ほぼ確立したとされる。

　縄文時代の研究動向では、近年の潮流である環境と社会の関連性に着目した研究が見られた。動物遺存

体などを分析した生業復元が行われており、人骨等の炭素・窒素同位体比分析との連携も注目される。また、植物遺存体ではレプリカ法による種子圧痕が多く報告されている。種子圧痕に関する多くのデータが蓄積されており、日本全体の幅広い年代にわたる議論ができるようになった。土器に付着した残存有機物の脂質分析や残存デンプン粒分析も行われている。

細谷葵は、日本の先史時代の堅果類利用を考える際に、北米先住民の民族事例も積極的に検討することを提唱し、20世紀初頭に記録された北部カリフォルニア先住民族誌を分析した。今後はこうした民族考古学の視点が有効性をもつだろう。古人骨研究では、佐伯史子らが縄文晩期の人骨の形態および理化学的分析によって、生活環境を復元した。石器研究では、橋本勝雄が関東・中部における石鏃の出現と系譜を論じており、広範囲に出土する資料を用いた基礎的研究の重要性がうかがわれる。

縄文社会に関する研究は、集落構造や墓制の分析にもとづく階層化社会を論じたものが多く見られた。また、小林謙一・黒尾和久・中山真治・山本典幸編『考古学の地平Ⅰ―縄文社会を集落から読み解く―』が刊行され、縄文集落研究の成果がまとめられている。祭祀・儀礼に関しては土偶の解釈などがあり、それに対する賛否はあるが、考古学自体の方法論、あるいは文化人類学や図像学の成果を援用する際の方法論が議論されるべきであるという。

弥生時代の研究では、前年に藤尾慎一郎がAMS長期編年の立場から弥生文化を「水田稲作を生活全般の中においた文化」と定義し、その範囲を新潟－千葉以西としたが、これを契機に従来の枠組みを見直す動きが加速化している。石川日出志は、弥生文化の基本的な特徴を各地域が歴史学的に等価とみる観点、通史的な視角と汎東アジア的視角を必須の要件として各地域の文化内容を読み解くことを主張した。こうした議論と連動して、弥生文化のはじまりに関する議論も活況を呈している。

弥生時代の研究においても、レプリカ法による種子圧痕の分析、人骨の炭素・窒素同位体分析に基づいた生業復元やDNA分析によるコメの遺伝的多様性の復元などの自然科学分析の成果は、今後の研究を大きく進展させるだろう。また、中国や朝鮮半島における調査・研究の進展を受けて、東アジアのなかに弥生文化を位置づけることが可能な状況になってきたという。

発掘調査では、愛媛県文京遺跡で縄文時代晩期末から弥生時代前期初頭の国内最古の畑跡が発見された。また、福岡県須玖岡本遺跡では、国内最大級の墓坑を有する中期前半の甕棺墓から、銅剣および青銅製把頭飾などが出土した。

古墳時代の研究動向では、日本の古墳時代を中国・朝鮮半島を含めた東アジア史の中の位置づけを考える研究の方向性が見られた。一瀬和夫『百舌鳥・古市古墳群 東アジアのなかの巨大古墳群』は、東アジア世界の中に世界遺産登録をめざす大型古墳群を位置づけている。古墳時代の対外交渉に関しては日韓関係が中心であり、日韓の双方向的な比較と歴史的背景の考察が重視されつつある。

立命館大学文学部考古学・文化遺産専攻編『畿内の首長墳』では、畿内を中心に基礎的な情報の整理が行われた。国家成立過程における「中心の必然性」を自ら問い直す試みであるという。集落研究では、墳墓との関係が重要なテーマとなっている。また、考古学と地学との協業である「ジオアーケオロジー」の手法に基づいて古地形を復原し、耕地化と集落の動態を分析する研究が行われている。煮炊具としての土師器のススやコゲの観察、民族誌、実験考古学的な手法での機能論的な研究も注目される。

動物遺存体に基づいた国家形成期における馬匹生産を究明する研究が行われ、古墳時代から中世の遺跡

総　説

　出土馬の歯エナメル質の窒素・炭素同位体比分析によって、文献史料を参照しながら給餌内容を復元して、農業のあり方が論じられた。また、遺構・遺物のデジタル技術を用いた三次元化も大きな潮流となっている。天皇陵の航空レーザー測量や、デジタル測量技術・地中レーダー探査による前方後円墳の築造企画研究などが大きく進展しつつある。

　古代の研究では、注目された都城の調査として、藤原宮朝堂院の幢幡遺構、難波宮後期難波宮朝堂院西方地区の五間門区画、長岡京の六条条間小路の南側溝と西二坊坊間小路の東・西側溝、平安京の皇嘉門大路東側溝とそれに伴う9世紀中葉以降の地震で倒壊した築地塀などがあった。

　地方官衙の調査としては、多賀城跡、備後国府跡の古代山陽道と国府へと向かう道路交差点、日向国府跡、出雲国府跡、讃岐国府、上野国府跡、相模愛甲評家とされる御屋敷添遺跡、武蔵橘樹郡衙、相模高座郡衙、上野佐位郡郡衙正倉跡、上野多胡郡正倉跡遺跡、常陸新田郡家址などをあげることができ、備後国府跡の「ツジ地区」と「金龍寺東地区」は国史跡指定となった。

　寺院の調査では、東大寺、大阪府東弓削遺跡（弓削寺跡）、岐阜県の国史跡弥勒寺官衙遺跡群の弥勒寺跡などがあった。鳥取県青谷横木遺跡では7～8世紀の女子群像を描いた板が確認されている。福岡県新宮町に所在する相島海底遺跡から出土した瓦は、平安京から九州へ運搬の途中で瓦を積んだ船が沈没したものとされる。

　地方官衙、集落、生産遺跡、遺物に関しては、各地でシンポジウムが活発に行われている。秋田城に関してシンポジウムの記録集『北方世界と秋田城』が刊行され、日本最北の城柵の特異性と日本古代北方史における重要性が明確になったという。

　中世の研究動向において、都市研究では、中世都市研究会のシンポジウム「『宗教都市』奈良を考える」が、「生誕800年記念特別展忍性」が行われていた奈良国立博物館で開催された。城館研究は、埼玉県立嵐山史跡の博物館のシンポジウム「関東の戦国末期を再考する」において小田原北条氏の領国支配域における城館などがとり上げられた。また、織豊期城郭研究会「織豊系城郭の石垣上礎石建物」、全国城郭研究者セミナーのシンポジウム「連続空堀群再考」があった。

　石造物研究では、中世から近世への石造物をテーマとした、中世葬送墓制研究会の「中世墓の終焉を考える―中世における板碑の終焉を通して―」および「東海と近畿の石造物から見た中近世の終焉――石五輪塔を中心として―」が開催された。板碑研究では、千々和到・浅野晴樹氏編『板碑の考古学』が大きな成果であった。宗教研究は、静岡県考古学会主催のシンポジウム「富士山信仰への複合的アプローチ」において、古代から近世にいたる富士信仰関連遺跡がとり上げられている。

　陶磁器・土器研究は、中世土器研究会の「貿易陶磁器研究の現状と土器研究」、貿易陶磁研究会「陶磁器研究の視点―生産・流通・消費―」があり、八重樫忠郎・高橋一樹氏編『中世武士と土器（かわらけ）』、鎌倉考古学研究所『集成鎌倉の墨書―中世遺跡出土品―』が注目された。交通に関する成果としては、埼玉考古学会シンポジウム「鎌倉街道の風景―発掘でよみがえる埼玉の中世―」があった。

　近世研究においては、城郭の調査は大坂城跡、京都府伏見城、彦根市佐和山城、彦根城などで保存整備事業として行われた。日本考古学協会2016年度弘前大会では、分科会「北日本における近世城郭―築城から現代まで―」が開催された。城下町では、シンポジウム「甲斐国の近世町方について―谷村城発掘調査成果を中心として―」があった。江戸では、東京大学構内の『医学部附属病院入院棟A地点』の報告書

が刊行された。これは天和2（1682）年の火災により焼失した、加賀藩の証人屋敷である黒多門邸の長屋建物群の調査である。東京大学総合研究博物館では、『赤門─溶姫御殿から東京大学へ』の展示が開催された。また、「切支丹屋敷跡」から出土した人骨が、イタリア人宣教師シドッチであることが明らかとなり、シンポジウム「シドッチ神父と江戸のキリシタン文化」が開催され、報告書が刊行された。

生産遺跡の中で、石丁場に関しては、シンポジウム「史跡江戸城石垣石丁場跡の実像に迫る〜国指定を記念して」があり、『遺跡学研究』第13号で「近世・近代の石切場と石材流通」が特集として組まれた。陶磁器研究では、東洋陶磁学会第44回大会「日本磁器の創始と発展─江戸前期を中心に─」や沖縄考古学会の研究発表会「16〜17世紀の沖縄における窯業の展開とその背景」があった。また、『中近世陶磁器の考古学』第三〜五巻が出版され、近世陶磁器に関する多くの論文が収録されている。

近現代考古学の発掘調査としては、東京都の国立療養所多磨全生園内にあった、全生学園跡地の調査が注目される。近年、近現代の遺跡の調査事例が蓄積されつつあるが、近現代考古学の枠組みを考える段階に来ているように思われる。

海外の考古学の研究動向の詳細については各地域の記述に譲るが、本年報でとり上げられている朝鮮半島、中国、ヨーロッパ中部（ドイツ・オーストリア・スイス）の研究動向を見ると、朝鮮半島の青銅器時代・初期鉄器時代（無文土器時代）から原三国時代・三国時代にかけては、日本と韓国の関係史・対外交渉史に関する研究の蓄積をうかがわせる一方で、日本における中国考古学の研究状況は急速に変化しているようであり、ヨーロッパ中部（ドイツ・オーストリア・スイス）の研究動向と枠組みは、日本の考古学の今後のあり方を考える上で極めて参考になるものであろう。

また、本年度は世界考古学会議第8回京都大会（WAC-8）が同志社大学で開催されたが、いわゆる「国際化」とは単なる日本考古学の情報発信にとどまらず、「世界の中の日本」すなわち比較考古学の視座の方向性を考究していくことではなかろうか。

以上のように、2016年度の日本考古学研究の全体的な動向について、各時代の研究動向の概要を順に述べてきた。近年の日本考古学は、方法の多様化および対象の拡大という大きな流れの中にあるように見える。従来の考古学の分析方法に加えて自然科学分析の方法が積極的に導入され、年代測定や古環境・古気候復元をはじめとする画期的な進展をもたらしている。また、考古学の解釈においても、文化人類学や歴史学など隣接する学問の成果や思考の枠組みを取り入れようとする動きが見られる。方法の多様化にともなって分析する対象が拡大したことに加えて、従来の考古学がほとんど扱わなかった、近現代の遺跡などの調査・研究が行われるようになってきた。こうした日本考古学の方法の多様化および対象の拡大に対して、研究・教育において今後どのように対応するかは大きな課題である。

また、冒頭でふれたように、考古学をとりまく私たちの社会は大きな変動期を迎えており、そうした中で、日本考古学は地域研究を支える研究者人口の激減、地方公共団体の深刻な人材不足、大学における考古学の教育環境と後継者育成などの問題に直面していることも、大きな問題を孕んでいる。

一方、日本の考古学は、その長い学史において、各地域における地道な調査・研究の上に、列島全体を展望するという一貫した道を歩んできた。各地域の考古学研究の成果と列島全体の考古学をどのように関連づけるかは、上述のように、どのような考古学の担い手を養成していくかという問題につながるものであろう。

2 学際領域研究の動向

細 谷 葵

　考古学研究に使われる分析法、また解釈の視点は、昨今急速に多様化している。理化学分析法のめざましい発展をはじめ、さまざまな視点からの研究が展開され、多分野共同による考古学研究プロジェクトも数多く進められている。過去の人間文化のすべてを対象にする考古学は、本来多くの分野の視点から研究されるべきものであり、その理想の形に近づいてきたと言えよう。同時に、理化学分析であっても従来のように理学系の研究者に依頼するだけではなく、考古学研究者自身が実施する事例も増えている。同じ研究対象について、多分野の分析がただ行われるというのではなく、ひとつの社会研究として有機的に融合できやすい状況が、出来上がってきていると言える。一種、すべての考古学研究が「学際領域研究」になりつつある状況で、「学際領域研究」のみを抽出するのは、なかなか難しい作業である。そこで本稿は、2016年度の研究動向をよく表すと思われるトピックをいくつか立て、それに関連する学際研究を概観する方向でまとめることとした。学際的な研究会、学会については、やはり枚挙にいとまがないことと、内容の報告について正確を期すため、筆者が発表者として参加したものに対象をしぼった。結果、多くの重要な研究が、紙幅の関係と筆者の不勉強もあいまって、取り上げられなかった。何卒ご容赦いただければ幸いである。

1．先史時代の食料復元（残存脂質分析、民族考古学、残存デンプン粒分析、動物考古学）

　2016年度の学際研究の動向ではまず、ここ数年来発展が著しい先史社会の食料復元の成果が注目される。さまざまな新しい分析法の開発によって、日本考古学研究におけるこの分野の研究は「食料（subsistence）」研究から、社会研究たる「食文化（foodways）」研究へと、大きく変動しつつあるように感じられる。

　土器に付着した残存有機物の脂質分析では、三内丸山遺跡における研究成果が、カール・ヘロン他により発表されている（Heron et al. Japanese Journal of Archaeology, Vol. 4, No. 1）。日本考古学における残存脂質分析は、1980年代に導入されたものの（当時は「脂肪酸分析」として知られていた）、旧石器捏造事件との関わりから信憑性を疑われるようになっていた。しかし近年、イギリスを中心として、脂質の経年変化、土壌からの汚染など、脂質分析の問題とされてきた諸点を克服できる新しい分析法の開発などに基づき、精確性の高い残存脂質分析が多く実施され、成果を挙げてきている（庄田・クレイグ2017）。これを受けて、日本考古学においても残存脂質分析を再評価し、積極的に取り入れていこうという動きが顕著である。本論文は、総合地球環境学研究所「地域に根ざした小規模経済活動と長期的持続可能性」プロジェクト（研究代表者：羽生淳子）の研究活動の一環たる国際共同研究の成果である。そこでは、三内丸山遺跡および三内丸山（9）遺跡出土の縄文時代前期・中期の土器片（内部表面）、また縄文時代前期の炭化した「食物」の分析が行われている。後者は容器に入っていない状態で出土した炭化物の固まりだ

が、その表面の観察から、本来はバスケット状の容器に入れられていたものと考えられている。残存脂質分析の結果、土器片からは一様に、やや陸生植物も混じるが、主として水生資源を加工したという検出結果を得ている。一方で、炭化「食物」については、デンプン含有量の多い陸生植物が主な内容であると示された。ヘロン他はこの結果について、三内丸山遺跡における土器の少なくとも一部は水生資源の加工に使われたこと、また炭化「食物」については堅果類である可能性が高く、堅果類はむしろバスケット等土器以外の容器を主に使って加工された可能性があることを論じている。同じく2016年度に発表された、本研究と同一の分析方法を用いたアレクサンダー・ラーキン他による鳥浜貝塚出土の縄文時代早期・前期土器の付着炭化物・内壁表面の残存脂質分析研究（Lucquin *et al. Proceedings of National Academy of Sciences*, Vol.113, No.15）でも、土器はもっぱら水生（淡水・海水）資源の加工に使われたことを示唆する結果が出ている。

　これらの研究成果は、土器の用途について再考をうながすものである。土器は考古資料として比較的残存しやすい容器なので、食物の加工調理道具としても、我々はつい土器中心に考えてしまいがちだが、上記2件の残存脂質分析による研究成果では、土器はむしろ水生資源の加工に特化された道具で、堅果類など日常的なデンプン質食料はほかの道具を用いて加工されたという、従来のイメージとは異なる加工調理シーンが描き出された。もちろん、これまでそのような可能性を想定したことがある研究者は少なくないだろう。しかし、新しい理化学分析方法を用いることで、ただの推測ではなく実証的な復元ができる可能性が開けたことは、学際研究の意義を顕著に示すものだと言える。加えてラーキン他が示唆する、土器はもともと、儀礼用の魚油をとるための精神的に特別な道具として出現し、そして土器のその「特殊な道具」感は縄文時代前期までは根強く残っていたのではないかという解釈のように、社会集団ごとに共有された世界観の問題へも、アプローチが可能である。残存脂質分析の考古学研究への導入は、単なるテクニカルな分析技術革新にとどまらず、先史社会そのものの理解について新しい視野を拓く可能性を秘めていることを、特に評価したい。

　なお、民族考古学の分野で、筆者が前年度に論文として発表（細谷2016）、2016年度の複数の国際学会で口頭発表した研究（Hosoya *SEAA7: 7th Worldwide Conference of the Society for East Asian Archaeology*、*IWGP2016: 17th Conference of International Working Group for Palaeoethnobotany*、*WAC8: 8th World Archaeology Congress*）では、日本の先史時代の堅果類利用を考える参照として民族調査をするにあたり、日本の民族事例ばかりでなく、北米先住民の民族事例も積極的に検討することを提唱し、20世紀初頭に記録された北部カリフォルニア先住民族誌を調査した。そこでは、先住民の日常的な堅果類加工法はバスケットを用いた粉食・水さらしであること、それは先住民が土器を持たないという消極的な理由ではなく、毎日堅果類を主食として食べるため、最も「効率的」な加工法を行う必要があるという積極的な理由で選ばれた加工法であることが明らかになった。縄文人も堅果類を「主食料」としていたなら同様の理屈が働いていた可能性があり、それは上記ヘロン他の残存脂質分析で論じられた、堅果類加工の主要道具は土器よりむしろバスケット類だったという見解と、よく整合する。むろん、まだ研究例も少ない中で軽率なことは言えないが、今後理化学分析と民族考古学のさらなる学際研究の発展によって、新しい見解が大きく開けていく可能性は高いだろう。

　食物の加工調理具としての土器研究については、残存脂質分析のような付着有機物分析の発展にも表れ

ているように「型式論から用途論へ」という傾向が強まっているのも、近年の特徴的な動きである。2016年度は、土器のススコゲ痕のパターンから煮炊きの方法や内容物を分析する手法について、『考古学ジャーナル』№682にて「道具としての土器」特集が組まれた。この手法は近年、残存脂質分析と密に連携しながら進められている。

　もうひとつの石器・土器付着有機物の分析法として、残存デンプン粒分析がある。これは、いまだ分析を行う研究者の数は限られながらも、考古学調査の一環としてすっかり定着した感がある。渋谷綾子、上條信彦らが縄文時代の食料復元を中心にコンスタントに研究成果を発表しているが、2016年度は渋谷が、自身の科学研究費若手研究（B）「北日本縄文時代の植物食文化に関する分析学研究」の成果を報告している（『考古学ジャーナル』№694）。渋谷はまた、これまでの集大成の意味もある「残存デンプン粒分析の意義」に関する論考も発表している（国立歴史民俗博物館編『〈総合資料学〉への挑戦』吉川弘文館）。海外資料も含め多様なサンプルの蓄積も増えてきた残存デンプン粒分析が、今後どのように、他の理化学分析法とも連携しながら新しい食文化像を描き出していくのか、期待される。

　動物考古学では、「食文化と考古学―縄文時代の動物遺体」と題した『考古学ジャーナル』№694（特集号）が出ており、貝塚遺跡出土の動物遺存体を中心に、北海道、東北地方、関東地方、西日本、霞ケ浦周辺の魚介類や動物の出土傾向がまとめられている。掲載論文では、各地での食の傾向を人骨等の炭素・窒素同位体比分析との連携で考察している事例が多いとともに、多くの著者が交易の問題を提示していることが注目される。動物考古学の視点からも、新しい分析法との積極的な連携や社会関係の復元へと、研究が発展していることが特筆できる。

　食文化研究については、最後に、科学研究費基盤（C）「擦文からアイヌへ食生活形成の考古学的研究」（研究代表者：深澤百合子）主催の公開シンポジウム「どこまでわかる〈食の考古学〉～その理論と実践」（3月2日～3日、於・東北大学）の開催についても言及しておきたい。本シンポジウムでは、深澤百合子、溝口孝司、細谷葵、宮尾亨、庄田慎矢、山田悟郎、中村大が発表者として参加し、1日目は理論考古学、エスノヒストリーといった概念的な側面から、2日目は土器付着物分析、植物大型遺体分析、GISといった実践的な側面から、議論がなされた。多様なアプローチが可能になった「食の考古学」の総覧として意義深いシンポジウムであったのに加え、溝口による理論考古学の視点からの「食」への問題提起は、「社会研究」としての食文化研究における今後の指針として、意義深いものであった。多様な分析法の連携だけでなく、「分析」と「理論」を融合させていくことが、これからの学際研究の要となるだろう。

2．初期栽培の開始と様相（レプリカ法、同位体分析、古DNA分析）

　近年の学際研究において注目されるもう一つのトピックとして、食料復元とも関連する初期栽培の問題がある。分析方法の発展により、稲作だけではなく、雑穀など幅広い視野での初期栽培研究が行われてきている。

　2016年度は『季刊考古学』第138号で「弥生文化のはじまり」特集が組まれ、掲載論文の半分は初期農耕に関するものである。そこではレプリカ法を含む植物考古学、人骨同位体分析など多様なアプローチが展開される。土器に残る植物種子などの圧痕にシリコン樹脂を流し込んで型取りし、走査電子顕微鏡で観察するレプリカ法は、土器編年と直結しながら多様な有用植物の存在を把握できるという利点をもち、

Ⅰ　2016年度の日本考古学界

「日本列島における穀物栽培の起源の問題は、レプリカ法による調査研究によって大きく進展した」（設楽博己『季刊考古学』第138号）と評価される。同誌では中沢道彦が、レプリカ法に基づいて九州・新潟・東北へのイネ・アワ・キビの導入を総括的に論じている。中沢は『季刊考古学』別冊21（2014）でその他の地域について類するテーマで論じており、今回のものと相補的な論考となる。考古学調査への本格的な導入から10年ほどを経て、データが量的にも蓄積され、日本全体にわたる地域と幅広い年代の総括的な研究ができるようになったことは、注目すべき進展である。今後は、会田進他（『明治大学黒耀石研究センター紀要』No.7）で「土器に種実が多量に混入する意味」が議論されているように、レプリカ法によって単に特定の植物の特定の年代・地域における存在を確認するのみならず、その植物が「なぜ土器胎土に入り、圧痕として残ったのか」、すなわち背後にある植物をめぐる人間活動について、「儀礼行為」の類の説明で簡単に終わらせるのではなく、炭化種実など他の「道筋」で考古資料になった植物遺存体との比較検討も通し、立体的な考察がさらに展開されていくことを期待する。

　同位体分析も、近年広範に考古学調査に活用されるようになった理化学分析法である。上記『季刊考古学』第138号では、米田穣・山崎孔平が、弥生時代の東北、中国、近畿、九州地方の6遺跡と北部九州甕棺の遺存人骨コラーゲンの炭素・窒素同位体分析に基づいた生業の考察を行っている。結果、西北九州タイプの弥生人は海産物の摂取が多いが、北九州タイプは淡水資源を中心とする、といった多様性があることがわかり、農耕文化複合の受容は地域的な可変性に富むという考古学的な考察をサポートする形となった。また、覚張隆史・植月学（『山梨縣考古學協會誌』第24号）が、馬産地として知られる山梨県域の古墳時代〜中世の遺跡出土馬の歯エナメル質の炭素同位体分析を行い、文献史料も参照しながら給餌内容を復元、それを通した農業の考察を試みている。結果、古代から中世へ向けて、馬の摂取植物がＣ３植物中心から、馬の年齢や性別に応じてＣ４植物が多く与えられる状況へと変化しており、Ｃ４植物である雑穀の栽培が増加する、あるいは地域によって稲作よりも主体となるなどの、やはり多様性を含む農業背景が想定された。人骨のみならず家畜等の骨も含めて「個体」ごとに分析できる同位体分析は、穀物栽培の様相についても細かな多様性の復元ができ、また階級制や農耕牧畜法などさまざまな要素とからめての多面的な議論が可能である。今後の展開が楽しみな分野と言える。

　植物遺存体のDNA分析では、熊谷真彦他（Kumagai *et al. Molecular Biology and Evolution*, 33〈10〉）、田中克典他（Tanaka *et al. Genetic Resources and Crop Evolution*, 63）が、前者は日本と韓国、後者は日本における、先史時代から中世までのコメの遺伝的多様性の復元を試みている。現代のコメおよび遺跡出土のコメ遺存体の種子計測と、熊谷他はミトコンドリア・葉緑体DNA、田中他は葉緑体・核DNA分析を行った結果、どちらの研究でも、過去2000年の間に東アジアのコメの遺伝的多様性は著しく減少していることが明らかになった。熊谷他は、弥生時代にはおそらくインディカと思われる、ジャポニカではないコメも食用されていたと指摘、また田中他は、日本にかつて存在した熱帯ジャポニカやインディカのDNA情報が、現代の環境耐性をもつコメ育種のために役立ちうることを提言している。加えて田中他は、同 *"Genetic Resources and Crop Evolution"* 63掲載の別の論考で、過去1000年間のウリ科食用植物の遺伝的多様性の減少も明らかにした。

　2016年度の初期栽培に関する学際研究の動向を概観すると、「多様性」がキーワードとなっていることがわかる。考古学の分析方法の可能性が広がった結果、これまで概念的に論じられることの多かった初期

栽培研究の実証性が格段に増し、想像以上に複雑な過去の生業文化の実態が明らかになってきたということだろう。上記の田中他で現代のコメ育種への提言があったように、考古学が食物多様性の喪失という現代の問題について意見を投げかけられる分野でもあり、今後の考古学の存在意義の問題にも深く関係していくと思われる。

3．環境適応と災害（樹林年輪酸素同位体比分析、人口動態比較分析、レプリカ法ほか）

　近年の日本考古学ではまた、環境変動と社会の問題についての議論が、新しい局面を迎えている。過去の環境変動の復元については、これまで情報が断片的であったり精度が低かったりしたため、それと人間社会との相互関係の議論も恣意的になりがちで、いわゆる「環境決定論」に陥る危険があり、言及を避けられる向きも強かった。しかし現在、分析技術の飛躍的な進歩から、環境変動の人間社会への影響についても、柔軟な視点から有意義な解釈ができるようになった。特にその有用性は、2011年の東日本大震災をきっかけに必要性が強く認識され、2016年の熊本地震でさらに認識が新たになった「災害考古学」に見て取れる。過去の自然災害の人間社会への影響が高い精度で復元できるようになり、災害の影響を受けやすい社会、受けにくい社会の考察が可能になって、現代の防災教育へも活かせる道が開けた。

　総合地球環境学研究所「高分解能古気候学と歴史・考古学の連携による気候変動に強い社会システムの探索」プロジェクト（研究代表者：中塚武）では、樹木年輪のセルロース酸素同位体比分析に基づく気候変動の復元が行われている。この分析法では、中・低緯度地域では重要だが復元技術が未開発だった、過去の降水量の変動がよく把握でき、しかも比較的少量のサンプルで１年単位の正確な気候データが得られる（中塚武『日本史研究』646）。中塚武は、国立歴史民俗博物館共同研究「災害の記録と記憶をめぐる資料論的研究」の成果の一環としても、樹木年輪セルロース酸素同位体比分析や文献に基づく災害史研究の論考を発表している（『国立歴史民俗博物館研究報告』第203集）。そこでは、「災害発生前の社会のあり方と防災・減災能力の関係」という視点から、弥生時代から中近世という長いスパンでの研究が行われ、前の災害から数十年を経て災害が起きると人々の記憶は薄れて備えが疎かになり、災害被害を受けやすくなること、地域間の物資流通の発展は必ずしも災害被害を緩和せず、むしろ逆効果になるケースもあることを論じている。短期から長期までの気候変化を自在に見られる分析法の開発によって、人々が災害を忘却する期間まで分析できるようになったことはめざましく、現代の防災対策にも有効に適用できる成果になっている。

　４月開催の考古学研究会第62回総会・研究集会は、「環境変動と社会変容」をテーマとし、羽生淳子が講演を行った。その講演内容、および同会で研究発表を予定していたが熊本地震のため参加できなかった小畑弘己の論考が、年度内にそれぞれ『考古学研究』250、251で発表されている。羽生は前出「小規模経済」プロジェクトの総括も兼ねて、縄文遺跡を対象に行った、^{14}C較正年代値を用いた積算確率分布手法による人口動態比較分析（Crema et al. PLOS ONE, 11〈4〉）、海底コアサンプル花粉分析・アルケノン古水温解析などの成果をもとに、縄文時代中期の集落規模の減少は、従来その原因と考えられてきた4.2Kイベント（寒冷化）よりも早いこと、したがって4.2Kイベントのような長期サイクルだけではなく、より短いサイクルの気候変化も詳細に見る必要を論じると同時に、気候寒冷化は社会経済システム脆弱化のきっかけであったかもしれないが主原因ではなく、利用資源の多様性の喪失など、人間社会側の要因を考

えていくべきとしている。小畑はこれまで精力的に進めてきたレプリカ法による土器種子圧痕分析の成果を中心に、広く動植物考古学のデータを使い、集落の発展と気候変動は必ずしも一致しないとしつつ、やはり縄文時代の集落衰退は寒冷化に主原因があるであろうこと、ただしそれは社会の「断絶」ではなく、栽培化過程にあった当時の植物は寒冷化を乗り越えるだけの耐性がなく、またそれを克服する高度な栽培技術もなかったので、集落立地や主要植物性食料を変えて適応した、すなわち社会の「継続」なのだとしている。羽生、小畑の議論に見られるように、さまざまな分析法が開発された現在では、環境変動と社会の関係について、研究者ごとに多様なデータを駆使しながら、色々な視点から意見を提示できるようになった。「環境決定論」のネガティブ・イメージから一時思考停止していたこのトピックが、息を吹き返した感があり、今後どのように議論が蓄積されていくのか楽しみである。

なお、過去の気候変動や人間の環境利用の復元については、これまでの花粉分析を総括し最終氷期以降の植生史を概観した英語論文の大作（大井信夫『植生史研究』第25巻第1-2号）や、実験、民族調査による植物繊維資源化技術の集成（『考古学ジャーナル』683）など貴重なリフェレンスも、2016年度に出ていることに言及しておきたい。

『第四紀研究』Vol.55 No.4 では、前年度開催の日本第四紀学会2015年大会公開シンポジウムの内容をベースにした「第四紀学から防災教育へのメッセージ」が特集されている。学校のみならず広く地域・行政でも、自然現象に対する正確な知識を伝え、各人が自身で意思決定できるようにすること、それにより災害が起きる前の回避をめざすこと、を基本概念に、各著者がその経験に基づいた見解を提示している。ここにも示されるように、昨今の過去の環境変動と人間社会への影響についての急速な知識の増加、研究の進展は、単なる学問としての進歩にとどまらない。過去についての知識をダイレクトに現代の人間の生存のために活かせる道の、開拓でもある。環境変動に関する学際研究の発展は、現代社会における考古学のあり方そのものを変えることにつながっていくだろう。

4．国際的な成果発信

最後に、昨今よく議論される日本考古学の国際的な発信について、学際研究が効果的な窓口になっていることにも触れておきたい。これは、学際研究においては、一般にその問題提起が日本の文化背景に特化したものではなく、初期栽培や環境変動といった世界的に共有される大きなトピックを対象として、それを日本の事例で研究する、というスタンスが出来上がっているからだろう。上記で取り上げた論文にも多くの国際共同研究の成果が含まれるが、国際学会の口頭発表でも、学際研究の成果が目立つ。

2016年度は、考古学関連の国際学会が比較的多く開催された。6月にアメリカ・ボストンで開催されたSEAA（東亜考古学会）では、科学研究費・新学術領域研究「稲作と中国文明」主催で日本人研究者たちから成る分科会「Food and Society in Prehistoric East Asia」を立て、レプリカ法、大型種実分析、古DNA分析、残存デンプン粒分析、同位体分析等の研究成果を発表したが、席が足りず立ち見が出るほどの反響があり、日本考古学における学際研究に、国際的興味も強く集まっていることが示された。7月にフランス・パリで開催されたIWGP（国際植物考古学会議）では、近年日本人参加者も増え、東アジアを対象にした研究発表が増えていることも受けて、東アジアの分科会が立てられた。筆者が留学時代の1990年代に同学会に参加していた頃は、日本人どころか東アジア人参加者は筆者一人だけだったことを思うと、隔世

の感がある。植物考古学がすっかり日本にも根づいたことを感じる。学会の様子については、赤司千恵による参加記（『植生史研究』第24巻第2号）を参照されたい。そして8月〜9月に日本の京都で開催されたWAC（世界考古学会議）でも、日本人研究者が企画の主体となる民族考古学、考古科学、災害考古学などの大型分科会が開催され、盛況をみた。

　日本考古学の研究分析法の多様化、学際化によって、斬新な知識が急速に増えているだけではなく、考古学と現代をつなぐ、また日本と世界をつなぐ道が、大きく拓かれつつある。この研究方向のますますの発展が望まれる。

【参考文献（2016年度以外の出版のみ）】
庄田慎矢・オリヴァー＝クレイグ　2017「土器残存脂質分析の成果と日本考古学への応用可能性」『日本考古学』第42号
細谷　葵　2016「先史時代の堅果類加工再考—世界的な比較研究をともなう民族考古学をめざして—」『古代』第138号
中沢道彦　2014「栽培植物の導入とその多様性」『季刊考古学　縄文の資源利用と社会』別冊21

3　埋蔵文化財保護活動の動向

寺　前　直　人

はじめに

　2016年度の埋蔵文化財をめぐる動きとしては、東日本大震災の復興事業に伴う発掘調査のピークがすぎ、出土品の整理や報告書作成が課題となっている。このような情勢下で、4月には熊本地震がおこり、自然災害によってふたたび多くの人命が失われてしまった。この地震では被災した熊本城の映像が繰り返し紹介され、結果として文化財の被災が震災被害の象徴として扱われている。一方で装飾古墳をはじめとする埋蔵文化財の被災も伝えられており、協会としては今後も情報収集と発信、そして支援に努めていくことが求められている。

　埋蔵文化財の保存問題に関しては、懸案であった宮城県栗原市入の沢遺跡の遺跡中心部分についてはバイパス道路敷設が避けられ、史跡化の動きがみられるなど進展がみられる一方、保存が決定した静岡県沼津市高尾山古墳については道路との「両立」に関して、いまだ解決をみない。

　以下、埋蔵文化財保護対策委員会（以下、略称では「埋文委」と表記）の活動を中心に、2016年度の埋蔵文化財保護活用に関する動向についてまとめてみたい。

Ⅰ．埋蔵文化財保護対策委員会としての活動

1．全国委員会

　2016年度埋蔵文化財保護対策委員会は、日本考古学協会第82回総会の前日の5月27日（金）14時から17

Ⅰ　2016年度の日本考古学界

時にかけて、東京学芸大学20周年記念飯島同窓会館2階第4会議室を会場として、委員等34名の参加を得て開催された。

　冒頭、矢島國雄前委員長が挨拶し、新体制への期待が述べられた。その後、事務局推薦により議長団に舘野孝（東京都）・松本富雄（埼玉県）、書記に小笠原永隆（千葉県）・関口慶久（茨城県）の各委員が選出され、以下の事項の報告ならびに検討・協議が進められた。

1）2016－2017年度委員の改選について

　馬淵担当理事より、「2016－2017年度埋蔵文化財保護対策委員会立候補（推薦）届一覧」に基づき、委員改選の説明があった。一覧に掲載されている123名のうち、121名はすでに理事会で承認済みであること、残り2名は本日の理事会で承認される見込みであることが報告された。松本議長より、定数に満たない地域があるところについては、今後も随時追加を受け付ける旨の呼びかけがあった。また、一覧に掲載された地域名は居住県であり、担当県と一致していないことが補足された。

2）委員長・副委員長の選出

　幹事会から、委員長に藤沢敦（宮城県）、副委員長に山田康弘（神奈川県）・藤野次史（広島県）の各委員が推薦され、満場一致で承認された。続いて、藤沢新委員長が挨拶し、遺跡保存問題の解決に際しては、地方学会の声だけでは事態が動かないことがあるが、こうした時に全国学会が声を上げると、地域にとって非常に力になる場合があり、当委員会の役割の重要性を強調された。

3）2015年度活動報告及び決算報告、2016年度活動方針及び予算

　全国委員会や保存要望書の提出その回答、幹事会、情報交換会、総・大会時ポスターセッション等、文化庁との懇談、昨年度の埋文委活動状況の概要について、報告がなされた。次いで2015年度の決算報告と2016年度予算案が提示・審議され、了承された。

4）検討・協議事項

　月例の幹事会（計10回）における活動、2015年度における要望書4件、会長声明1件の紹介、静岡県沼津市高尾山古墳の保存問題についての状況、宮城県栗原市入ノ沢遺跡、宮城県山元町合戦原遺跡、岩手県洋野町西平内Ⅰ遺跡、神奈川県鎌倉市円覚寺境内西側結界遺構、大阪府枚方市禁野本町遺跡、広島県三原市和霊石地蔵磨崖仏、高知県高知市浦戸城跡、福岡県春日市須玖タカウタ遺跡、福岡県北九州市城野遺跡、沖縄県那覇市中城御殿跡について、保存等の検討を実施したことが報告された。また、10年にわたって実施してきたアンケートの総括について、本年度中に取りまとめる方針が示された。本年8月28日〜9月2日に京都で開催されるWAC8について、埋文委に活動状況のポスター発表をしてほしい旨の協力要請があったこともあわせて報告、協議された。

5）各地からの報告

　①北海道・東北連絡会

　　藤沢敦委員長、上條信彦委員より、今年度より菊地芳朗委員（福島県）が代表委員となること、岩手県洋野町西平内Ⅰ遺跡、同県宮古市田鎖車堂前遺跡、秋田県大館市片貝家ノ下遺跡、宮城県栗原市入の沢遺跡、同県山元町合戦原遺跡の現状、東日本大震災復興事業に伴う埋蔵文化財調査については、全体的には発掘調査の進捗が著しいが、地域によっての違いが顕在化していることが報告された。青森県指定文化財の亀ケ岡遺跡出土資料（個人所有）が売却され、指定解除という事案があった。今後、こうし

た遺物の流出という問題について、情報の共有が課題であるとの報告がされた。
②関東甲信越静連絡会
　松本富雄委員より、連絡会の開催、見学会の予定、静岡県沼津市高尾山古墳保存の現状などが報告された。
③関西連絡会
　一瀬和夫委員より、大阪府枚方市禁野本町遺跡、国史跡「応神天皇陵古墳外濠外堤」、奈良県橿原市見瀬丸山古墳の状況について報告された。
④四国連絡会
　吉田広委員より、連絡会の開催、高知県高知市浦戸城跡に関する保存シンポジウムを開催したことなどが報告された。
⑤九州連絡会
　佐藤浩司委員、田尻義了委員、山本正昭委員より、「平成28年熊本地震」による文化財被災状況についての報告、「平成28年熊本地震対策特別委員会」準備会設置に伴い、理事会による現地見学・協議等が行われたことが報告された。福岡県北九州市城野遺跡の状況についても報告された。沖縄県那覇市中城御殿跡については、校舎設計案が8月に出てくるということであるが、全面遺構保存は厳しいという情報もあり、今後も注視が必要であると報告された。
⑥その他の地域からの報告
・広島県の藤野次史副委員長より、広島県福山市鞆の浦、同県広島市広島平和記念資料館の被爆遺構、同県三原市和霊石地蔵磨崖仏の報告がなされた。
・岡山県の野崎貴博委員より、岡山県岡山市千足古墳、同市百間川の河川改修工事に伴う調査の状況について報告があった。
・伊藤雅文委員より、北陸新幹線の敦賀への延伸工事前倒しに伴う調査量増加に対し、民間調査機関の導入、富山から石川県への職員派遣などの措置がなされていることが報告された。

2. 情報交換会

2016年度弘前大会にあわせて、10月16日（日）午後2時から弘前大学総合教育棟205教室において、埋文担当理事、委員ならびに会員14名の参加を得て情報交換会を開催した。藤沢委員長の挨拶の後、五所川原市五月女萢遺跡の調査と保存に向けた取り組み、各地の埋蔵文化財の保存問題等についての報告と意見交換が行われた。

基調講演では、「五月女萢遺跡の保存の経緯」と題して、榊原滋高氏（五所川原市教育委員会）により講演が行われ、北東北屈指の縄文後・晩期の墓地遺跡の実態に関して、保存に向けた調査の観点から詳細な説明がなされた。この中で、当該遺跡の土坑墓に盛土を伴う点や副葬遺物としての装身具が多量に検出されたことが指摘された。また、遺跡の現状保存に対して、地元の青森県考古学会や有識者らが積極的に行政に働きかけ、保存の方向に導く原動力となったことが挙げられた。大会時には、「大五月女萢」展として、重要かつ貴重な資料が大学施設内の展示室にて公開されたことは、遺跡にとってもきわめて有益なものとなった。本発表では、調査と保存の過程において多くの軋轢が生じたことにも触れられ、関係者の苦労がしのばれたが結果として、亀ケ岡文化の埋葬習俗や文化を解明するための最重要の考古資料が遺さ

I 2016年度の日本考古学界

れたことは大いに評価できよう。

　各地からの報告では、津軽ダム関連の調査状況や熊本地震による古墳など文化財への被害が甚大であることが報告された。その他、北九州市城野遺跡の保存に関して、再々要望をおこなったことが報告された。

　秋の情報交換会の参加者が少ない点が議論となる。議事は委員限定だが、講演等の部分は公開しているので、今後、会報に積極的な参加の呼びかけをのせることとした。

II．2016年度埋蔵文化財保護対策委員会幹事会等の活動報告

1．定例幹事会

　埋文委は月例会を原則としており、8月期、10月期をのぞき江戸川区の日本考古学協会事務所を会場として、計10回開催した。以下、協議・検討された案件や報告事項等について、月毎に列記しておく。

【4月幹事会】（2016年4月16日（土）：日本考古学協会事務所）

　奈良県桜井市箸墓古墳の保存問題について／広島県三原市和霊石地蔵磨崖仏の保存問題について／2016年度総会時埋蔵文化財保護対策委員会の議事について／埋蔵文化財保護をめぐる状況の10年総括／2016－2017年度埋蔵文化財保護対策委員の選任について／文化庁文化財部記念物課との懇談について／広島県福山市鞆の浦周辺の景観保全問題／関西連絡会（応神陵古墳周辺開発・新名神高速道路建設に伴う遺跡調査）／九州・沖縄連絡会（北九州市城野遺跡の保存問題）／その他（群馬県金井下新田遺跡の調査等）

【5月幹事会】（2016年5月21日（土）：日本考古学協会事務所）

　広島県三原市和霊石地蔵磨崖仏の保存問題について／鎌倉市円覚寺結界遺構の保存問題について／福山市鞆の浦周辺の景観保全について／2016年度総会時議事の進め方について／2016年度総会ポスターセッションについて／2016－2017年度埋蔵文化財保護対策委員の選任について／次期埋蔵文化財保護対策委員会の執行体制等について／世界考古学会議への協力について／その他

【6月幹事会】（2016年6月18日（土）：日本考古学協会事務所）

　2016年度総会時埋蔵文化財保護対策委員会について／2016年度ポスターセッションについて／埋文委幹事会の執行体制等について／北九州市城野遺跡の保存・活用に関する問題について／群馬県渋川市金井下新田遺跡の視察について／鎌倉市円覚寺結界遺構の保存問題について埋文委10年アンケート総括の編集について／文化庁記念物課との懇談／その他

【7月幹事会】（2016年7月16日（土）：日本考古学協会事務所）

　2016年度総会埋蔵文化財保護対策委員会議事録について／熊本地震に係る文化財被害状況の視察について／北九州市城野遺跡の保存・活用に関する問題について／群馬県渋川市金井下新田遺跡の視察について／2016年度弘前大会における情報交換会等について／埋文委10年アンケート総括の掲載について／その他（文化庁との懇談議題について／世界考古学会議への協力について／鎌倉市円覚寺結界遺構の保存問題（日歴協の声明））

【9月幹事会】（2016年9月17日（土）：日本考古学協会事務所）

　熊本大地震に係る文化財被害状況の視察について／文化庁との懇談について／北九州市城野遺跡の保存・活用に関する問題について／三原市和霊石地蔵の保全等に係る問題について／円覚寺西側結界遺構に

関する共同声明について／世界考古学会議のポスターセッションについて／2016年度弘前大会における情報交換会について／埋文委10年アンケート総括のまとめと掲載について／関西連絡会の報告／北海道・東北連絡会の報告（岩手県岩泉町の被害状況）／群馬県渋川市金井下新田遺跡の視察報告について

【11月幹事会】（2016年11月19日（土）：日本考古学協会事務所）

2016年度弘前大会時の情報交換会について／北九州市城野遺跡の保存・活用に関する面談等について／三原市和霊石地蔵の保全等に係る情報について／埋文委データのアーカイブに係る諸作業について／埋文委10年アンケート総括のとりまとめについて／秋田県片貝家ノ下遺跡の現地見学会について／その他（協会資料アーカイブ・埋文委資料等の整理）

【12月幹事会】（2016年12月17日（土）：日本考古学協会事務所）

北九州市城野遺跡の保存・活用に関する面談の実施／三原市和霊石地蔵の保全等に係る情報について／埋文委データのアーカイブ化に係る作業について／山梨県南アルプス市における埋蔵文化財の毀損問題／大阪府和泉市国史跡池上曽根遺跡に係る開発計画について／埋文委2017年度活動予算案について／2016年度版『日本考古学年報』「埋蔵文化財保護活動の動向」執筆者の選任等／関西連絡会の報告（兵庫県加古川市中道子山城の保存問題）

【1月幹事会】（2017年1月21日（土）：日本考古学協会事務所）

兵庫県加古川市中道子山城跡の現地視察について／埼玉県北本市デーノタメ遺跡の保存問題について／2017年度総会時のポスターセッションについて／広島市平和記念資料館敷地内の遺跡調査について／埋文委2017年度活動予算案について／地域連絡会の報告・四国連絡会（愛媛県松山市祝谷大地ケ谷遺跡発見前方後円墳）／その他（中国地区連絡会の発足に向けての会議の開催／国史跡三浦市赤坂遺跡の現状について）

【2月幹事会】（2017年2月18日（土）：日本考古学協会事務所）

兵庫県加古川市中道子山城跡の保存問題について／三原市和霊石地蔵の保存に関する問題／埼玉県北本市デーノタメ遺跡の保存問題について／大阪府和泉市国史跡池上曽根遺跡の活用（開発）計画について／2017年度総会時の議題・ポスターセッション等について／文化庁との懇談内容について

【3月幹事会】（2017年3月20日（土）：日本考古学協会事務所）

文化庁との懇談について／広島県内の文化財の保存等に係る諸問題について／兵庫県加古川市中道子山城跡の保存問題について／福岡県筑紫野市前畑遺跡の保存問題について／北九州市城野遺跡の保存に関する新たな動き／2017年度総会時の議題等について／北本市デーノタメ遺跡の現状／北海道・東北連絡会の報告（復興事業に係る報告書作成・交付金等）／その他（連絡会決算報告作成について）

2．遺跡に関わる保存要望書・会長声明と回答

2016年度に本委員会が提出したのは、埋蔵文化財の保護に関する要望書4件である。要望書4件に対する回答は5件である。

I　2016年度の日本考古学界

2016年度埋文委提出の要望書・回答書一覧

文章区分	文章番号	日　付	文　章　名
要望書	埋文委第1号	2016年4月28日	「鎌倉市円覚寺西側結界遺構の保存に関する再要望書」
回答書1	鎌道路第177号	2016年6月10日	鎌倉市長　松尾　崇「鎌倉市円覚寺西側結界遺構の保存に関する再要望について（回答）」
回答書2	鎌教委文第453号	2016年6月10日	鎌倉市教育委員会教育長　安良岡靖史「鎌倉市円覚寺西側結界遺構の保存に関する再要望について（回答）」
要望書	埋文委第2号	2016年7月20日	「北九州市城野遺跡の保存と活用に関する再々要望について」
回答書	北九市文文第1402号	2016年8月4日	北九州市市民文化スポーツ局局長　大下徳裕「北九州市城野遺跡の保存と活用に関する再再要望書に対する回答について」
要望書	埋文委第8号	2017年2月2日	「加古川市中道子山城の保存に関する要望書」
回答書	加危管第764号	2017年2月15日	加古川市長　岡田康裕・加古川市教育長　田渕博之「加古川市中道子山城の保存に関する要望について（回答）」
要望書	埋文委第12号	2017年3月31日	「筑紫野市前畑遺跡の保存に関する要望書」
回答書	29教文第1867号	2017年9月26日	福岡県教育庁総務部文化財保護課長「筑紫野市前畑遺跡の保存に関する要望について（回答）」

3．2016年度に取り組んだ主な遺跡

　2016年度に埋文委において協議・検討された遺跡は十数箇所に及ぶ。これらの遺跡の中には、保存要望書等を提出したもののほかに、視察等により現地の状況を把握する過程で、保存に向けての議論が行われた事例も含まれている。以下、主な遺跡保存に係る事案について概要をまとめておく。
※凡例：遺跡名／調査原因／遺跡の内容／取組み・現状等

　①神奈川県鎌倉市円覚寺境内西側結界遺構／北鎌倉駅に隣接する岩塊の撤去工事計画／鎌倉時代の円覚寺の結界を示す岩塊であり、これを削平除去することで中世鎌倉の宗教的な遺構が失われる恐れがある。／昨年度1月に現状保存を要望書として提出。／市の回答は記録保存後に撤去の方針であったが、2016年5月に再度、現地保存に関する再要望を提出した。日歴協の共同声明なども出され、本岩塊の歴史的な重要性が認識され、市として現状保存に向けての方向性が示された。

　②埼玉県北本市デーノタメ遺跡／大宮台地北部の江川流域に立地する縄文時代中期～後期の大規模な環状集落。約6haとされる遺跡の範囲に低湿地を含むことから、水場から希少な漆塗土器や豊富な植物遺体が検出された。縄文時代の集落研究のみならず、泥炭層から検出される有機質の遺物から、縄文時代の食糧生産や食生活に関する多くのデータが得られている。／現在、開発計画などはなく、遺跡は山林や周辺の宅地範囲に広がっている。市長も含め、遺跡の保存や史跡指定には前向きであるが、学会からの後押しが必要であることから、埋文委として、今後、取り組みを行う方向である。

　③群馬県渋川市金井東下新田遺跡／上信自動車道建設に伴う発掘調査／榛名山の火砕流により埋もれた古墳時代後期の大型竪穴建物や掘立柱建物群が検出され、遺跡周囲を網代垣で囲い、複数の祭祀遺構などの特徴的な遺構を伴うことから、地域豪族首長の居館の可能性が指摘された。／道路建設事業に伴う記録保存が実施されており、遺跡の状況や現状保存の可能性などについて、関東甲信越静連絡会による現地視察を7月に実施した。

　④大阪府和泉市池上曽根遺跡の活用問題／弥生時代の代表的な環濠集落として、1976年に国史跡に指定

された遺跡。復元された住居や建物も存在し、ガイド施設もある。／史跡の未整備部分に複合型サービスエリアを建設して、国道26号線沿いの本敷地を賑わい空間として活用しようとする和泉市による計画案。これらは、内閣府による特区の選定に応じた計画であり、史跡本来の活用とはかけ離れたものである。市のホームページでも公開され、大々的にPRが展開されたが、現在は沈静化。文化庁との懇談でも、活用内容に問題があることから、推進される可能性は少ないことが指摘された。今後、空閑地が多い史跡指定地を規制緩和の名の下に目的外使用しようとする傾向が懸念される。

⑤兵庫県加古川市中道子山城遺跡／防災無線塔の施設建設／中世後期から戦国期における播磨国を代表する山城で、守護赤松氏の拠点ともなった歴史的に重要な遺跡。史跡指定等はなされておらず、県による遺跡のランクづけとしてはAランクの城郭遺跡／アンテナ塔は主郭から下がる帯曲輪に建設されることで、遺構や歴史的景観が損なわれる危惧があることから、埋文委としては、建設の撤回と史跡化を求める要望書を2017年2月に関係機関に提出した。

これに対し、加古川市からは公益上施設の建設は必要な措置であったこと、調査により遺構部分は避けて建設を行うよう事業者への指導を行ったことなど、県の行政的手続きを経ていることなど回答された。また、回答書は、これまで国史跡を視野に入れた調査保存を実施しており、今後も遺跡の保存活用に努める旨の内容であった。すでに、2017年3月時点で建設工事が行われたことを確認した。埋文委としては、関西連絡会を中心に、継続的に史跡指定の実現に向けた取り組みを継続するなかで、遺跡の重要性を周知させるためにも、地元の動向を注視していく必要がある。

⑥広島県三原市和霊石地蔵磨崖仏／海水の浸食等による文化財への影響／鎌倉時代後期の磨崖仏で県指定文化財に登録。劣化が進行していることから、埋文委は、2015年に現地視察をへて、抜本的な保護を求める要望書を提出。2016年2月に再度要望書提出。／県・市とも保存対策に向けての具体的な動きが鈍く、2017年3月に現地視察を含めて、何らかの対策を求める方針。

⑦広島県広島市平和記念資料館／建物の耐震強化をはかるための工事に係る発掘調査／被爆時の街路（材木町）の状況や高熱で溶融した日常什器など、重要な遺構を露出。ほかに、16世紀後半、広島城築城時の面を検出し、誓願寺の一部と推定される石垣を確認した。／広島市により調査が実施されたが、文化財保護法に基づく埋蔵文化財調査ではなく、補強工事に付随するものであった。そのため、調査成果の公開や報告がどこまでなされるか不透明な状況。今後、遺物や遺構の整理作業に関して、学術的な観点からの資料公開に関する要請が必要である。

愛媛県松山市祝谷大地ケ田遺跡（祝谷9号墳）／高齢者用医療施設の建設に伴う調査／県内では初となる周濠や外周部に葺石を有する前方後円墳（全長31.5m）。築造時期は古墳時代後期で、単鳳環頭大刀の柄頭や馬形埴輪などが検出された。墳丘上部は削平されているが、古墳の形態はよく遺っており、道後地域の有力者の墓とされた。／古墳発見を受け、2017年1月末に埋文委四国連絡会による視察を実施した。学術的価値は評価できるが、遺構の状況と地域事情等により、現地保存には至らなかった。

⑨福岡県北九州市城野遺跡／刑務所跡地の再開発に伴う調査／九州最大規模の方形周溝墓や弥生時代中期～後期の玉作り工房跡を伴う大規模な集落跡を検出。周溝墓の主体部石棺には、絵画的刻線をもつ。／2011年に協会埋文委より保存要望を行い、市からは遺跡の整備・活用に前向きな回答を得た。その後、2014年に市は公有地取得と遺跡の現地保存を断念、石棺抜き取り作業を実施。2015年、埋文委より保存に

係る再要望を行うが、福岡財務局の競売により民間企業に売却される。地元市民の保存運動は継続中であり、団体から財務省との交渉記録などの開示を請求するが、市は誠実さを欠く対応に終始。2017年に土地取得企業から一部周溝墓部分の保存が提示され、市に寄付する旨の情報を確認。詳細な内容は不明であるが、民間企業の配慮に関しては、遺跡全域の在り方を踏まえて判断すべき。

⑩福岡県筑紫野市前畑遺跡／筑紫駅西口土地区画整理事業に伴う調査／全長500mにも及ぶ土塁遺構が検出され、遺構はなお、南北方向へと続き、大規模な防衛ラインを構成することが予想され、7世紀後半に外敵から防衛するための羅城の可能性が指摘された。遺構群の歴史的な重要性から、史跡に匹敵する内容であることから、2017年3月末に関係機関に対し、土塁遺構を含め現状保存を訴える要望書を提出。埋文委としては、自治体が複数に跨ることから、広域的な遺跡の保護体制を求めていくことで一致した。4月の幹事会において、九州・沖縄連絡会の田尻委員（福岡県）の報告を受け、協議している。

⑪長崎県長崎市小島養生所跡／市立小学校の統合に伴う新校舎建設に伴う調査／2015～2016年に2次にわたる発掘調査が実施され、日本最初の西洋式近代病院としての小島養生所跡の一部が発見された。遺構は、建物基礎や石垣、瓦敷などで構成されるが、古絵図との照合により、県立小島病院時代（明治22年設立）の施設も確認された。／九州考古学会からの保存要望が出され、遺跡としての重要性が認識された。／市としては、小学校建設と併行して、小島養生所関連遺構の保存も検討し、建物の1階部分に可視化できる遺構保存を検討している模様。埋文委としては、当面、長崎市の動きを注視しながら、遺構の保存・活用に関する申し入れを行うこととした。

4．総・大会時のポスターセッションについて

総会時および大会時のポスターセッションでは、「東日本大震災復興事業に伴う埋蔵文化財調査の現状（Ⅳ）」をテーマとして、本格化した復興事業に伴う被災3県に関する埋蔵文化財の調査や取扱いの現状および問題点について、各県の事例を挙げながら、現状についてまとめたものである。

本ポスターセッションに関しては、一昨年度、昨年度に引き続き藤沢委員（宮城）により東北3県の状況を調査し、現状を取りまとめたものである。

主な内容としては、①復興事業（国の補助事業）に係る埋蔵文化財調査の現状、②福島県原発事故被害地域の状況および③調査態勢などの現実的な課題を中心に、藤沢委員長によりまとめられた。①復興事業では、集中復興期間である2015年度以降の事業継続に関する状況や課題が整理された。このなかで、沿岸部の復興道路事業はほぼ完成に近い状況であるが、個人住宅や県道改良、圃場整備事業などが展開しつつある。これらの事業の進捗に関しては、自治体ごとに差があり今後の課題である。②では、福島第一原発事故により警戒区域に指定された地域では、復興事業は遅れており、帰還環境整備事業に伴う埋蔵文化財調査は進んでいない状況である。中間貯蔵施設予定地内での埋蔵文化財の取り扱いは通常の方法がとられるが、用地買収を含めて進捗状況は遅い。③では、おもに、被災地での調査に関する他自治体からの支援体制の継続が必要であるものの、2016年度以降は、遺跡調査の減に伴い派遣職員も減少傾向にある。今後は、整理作業や報告書作成等に事業の中心が移行するが、その人材確保が喫緊の課題である。

本協会においては、継続的に東日本大震災特別委員会を中心に、埋蔵文化財調査に関連する問題を検討し、文化庁懇談などを通じ適正な調査を行えるよう申し入れなどを行ってきた。2017年度以降の埋蔵文化財調査事業に対しても、十分な対応がなされるよう取り組むことが求められる。なお、本ポスターセッ

ションに関しては、継続して10月の弘前大会時においても掲示した。

5．文化庁との懇談

　今年度の文化庁との懇談は、2016年3月16日の14時から文化庁記念物課会議室にて実施した。出席者は、文化庁側禰冝田主任調査官・水ノ江調査官・近江調査官・山下調査官、協会側は矢島國雄・近藤英夫・杉井健・藤沢敦・山田康弘・小笠原永隆・松崎元樹の11名である。

　以下、埋蔵文化財保護に関連する内容のみ報告する。

　熊本地震に伴う被災文化財の復旧と課題について、文化庁側からは熊本市へは熊本城復旧の支援派遣を行い、石垣修理の実績を有する仙台市や松本市からの職員派遣が行われるとの見通しが述べられた。市町村への派遣は熊本市のみ、他は県からの支援が主体である。支援は、当初10名で開始し、状況を見ながら対応していきたいとされた。杉井理事からは、県・市・国が連携して対応してほしい旨が申し入れられ、同時に市町村間の調整が必要であることも指摘された。また、若い人材のフォローアップが必要とされた。

　個別の埋蔵文化財の保護等に関する問題については、福岡県北九州市城野遺跡、同県筑紫野市前畑遺跡、兵庫県加古川市中道子山城跡、内閣府主導の規制緩和の一環として、大阪府和泉市国史跡池上曽根遺跡内における「土地活用」計画に関する現状が取り上げられた。また、鳥取地震による古墳の破壊、損壊状況などの情報交換があった。

6．総括にかえて

　文化財保護法の大規模な改正をひかえ、各方面から埋蔵文化財をふくむ文化財の「活用」が声高に叫ばれている。しかし、十分な保存なくして、活用などありえない。唯一無二の貴重な遺跡が、これまでどれだけ失われてきたか。もし、それらが現地に残っていれば、郷土の誇りとして、地域の個性として、どのような活用が可能だっただろうか。その意味において、史跡池上曽根遺跡において計画されたような安易な史跡の開発計画が、規制緩和の名の下、急進的な首長のもとで、強引に進められることも危惧されよう。

　このような危機感をもって、保存された遺跡においても短絡的で消耗的な文化財の活用ではなく、綿密な管理保存計画に基づく長期継続的で戦略的な活用計画が不可欠である。しかし、否応なく進む専門職員の世代交代のなかで、そのノウハウや経験の継承は必ずしもスムーズではない。これらの課題を解消し、質的にも量的にも増大する専門職員の負担を和らげるような取り組みが学界として必要ではなかろうか。迂遠にも思えるが、最前線に立つ専門職員の不安や悩みを解消することが、それぞれの自治体内で埋蔵文化財に対する理解を進め、ひいては遺跡の保護を推進するのに有効であると考えられる。また、考古学が社会と密接に結びついた学問であるならば、研究（research）と活用（used for Public）、市民の支援と理解に基づく保存（protection）が円滑に循環させることをとおして、私たちは埋蔵文化財が社会を豊かにするために不可欠かつ、効率的な「財」であることを、あらためて証明していく必要があろう。

　これらの目的を達するために、保護活動における世代間の交流、そして最新の考古学研究に基づく新たな活用施策や方法の模索を、学界全体の課題として取り組む必要があるといえよう。

4 旧石器時代研究の動向

夏木 大吾

アジア旧石器学会第8回大会

　21世紀以降、日本の旧石器時代研究においては、世界の研究動向とリンクしながら新たな研究の方向性が模索されている。なかでも、人類の起源と拡散においては、第四紀を扱う各分野の研究者が協業し、地理的多様性や変異、適応をキーワードとして、一国史の枠組みを超えて人類の行動や広がりを評価しようとする動きが活発化している。そのような動きのなかで「更新世の人類がどのようにして多様な環境に適応し、社会や文化を形成していったのか？」、という問いに答えるような人類の行動に関する地域的研究が重要性を増してきている。2015年に刊行された『Emergence and Diversity of Modern Human Behaviorin Paleolithic Asia』（Kaifu,Y., Izuho,M., Goebel,T., Sato,H. and Ono,A. 編 Texas A&M University Press）は、このような視点から日本の旧石器時代研究を世界と同期していく大きな契機となった。その本の元となった「アジアの旧石器時代における現代人的行動の出現と多様性」と「アジア旧石器学会第4回大会」の合同シンポジウムが国立科学博物館で開催されたのは2011年であった。

　本年度は「アジア旧石器学会第8回大会」が首都大学東京で開催された。日本での開催は2回目となる本大会では Variability, Similarities, and the Definition of the Initial Upper Palaeolithic across Eurasia を主題とするシンポジウムとそれ以外の様々なテーマで発表が行われた（『Program and Abstracts of the 8 th Meeting of the Asian Palaeolithic Association』）。IUP（Initial Upper Paleolithic）は後期旧石器時代初頭に属し、中期旧石器時代的な石器技術が残存することで共通する石器群を指す。IUP は中期から後期旧石器時代への移行、すなわち現生人類の拡散や現代人的行動の出現を明らかにするうえで重要な研究対象となっており、特にそれらの北回りルートにおいて注目されている。基調講演ではアリゾナ大学の Steven Kuhn が Initial Upper Palaeolithic: a global problem と題して、IUP の年代や変異、荷担者となる人類種の問題に触れ、IUP や類 IUP 石器群の複合的な形成プロセス（集団の移住、文化伝達、技術の収斂現象）の可能性を説いた。

　本テーマに関連し、日本からは二つの発表があった。出穂雅実は他国の研究者と共同で、「Recent Findings and Progress on Research of Siberia's Early Upper Paleolithic Assemblages in Transbikal and Eastern Mongolia」と題して、南シベリアおよびモンゴルの IUP 石器群と生態学的背景について発表した。トランスバイカルにあるトルバガ遺跡の自然形成過程、地考古学、骨角器技術、石器リダクション戦略について議論し、IUP（ここでは42,000-40,000 cal yr BP の年代が提示された）における現代人集団の活動内容を示した。またモンゴル北東部のデータを加味し、シベリアの IUP 集団がマンモスステップ景観に適応していたと論じた。この発表で出穂は北海道下川町ルベノ沢も候補に含め、類 IUP 石器群の広がりを提示していた。森先一貴ほかの「Early Upper Paleolithic blade technology in the Japanese Archipelago」

では、古本州島の後期旧石器時代前葉 EUP（38,000-30,000 cal yr BP）における石器群の組成および技術について、年代的変化を加味しながら内容が議論された。この地域の出現期 EUP 石器群は 38,000 cal yr BP の剝片石器群（台形様石器と局部磨製石斧を含む）であり、現代人の到達期に残されたものとされる。その後、36,000 cal yr BP に小口面型の石刃技術が出現する。この地域の主要な EUP 石器群の形成は IUP 石器群とは関係なく説明でき、EUP の荷担者となる現代人集団が朝鮮半島から流入した可能性に言及した。

その他にもセッション I「East Asian variants of Palaeolithic assemblages before modern human migrations」、セッション II「Insights into early Upper Palaeolithic in Asia」、「Recent trends in studies on microblade technology」、セッション IV「Specific issue on Asian Palaeolithic studies」、さらにポスターセッションが設けられた。この会議の参加者は総数104名（日本人63名、外国人41名）と多く、発表者の対象とする時代は前期旧石器時代から完新世初頭まで、地域は中央アジアからアラスカまで、アプローチの種類も考古学だけでなく人類学や古環境学などバラエティ豊かで、本会での口頭発表は38本、ポスター発表が19本と充実した研究会議となった。

人類の拡散と日本列島への到達

前述のアジア旧石器学会と同様に、人類の拡散と日本における前・中期旧石器時代および後期旧石器時代石器群の形成を主題とする研究が活況を呈している。

本年度に明治大学からの退職を迎えた安蒜政雄の節目となる著作『日本旧石器時代の起源と系譜』が雄山閣から出版された。日本の旧石器時代研究史や前期・中期旧石器の存否など様々な議論もとりあげているが、日本における後期旧石器の歴史を列島内での独自の進化、加えて北方と南方からの人と石器文化の流れの両面から具体的に論じていることが本書の軸といってもよく、実際の資料や遺跡の内容に触れながら分かりやすく説明されている。後期旧石器時代史は三文化（ナイフ形石器文化、細石器文化、槍先形尖頭器文化）と五時期の編年に基づいて描かれている。南方系移住者の第一陣は後期旧石器時代初頭の石器群を形成した人々で、第二陣はスンベチルゲ・剝片尖頭器を携えた人々である。安蒜は、寒冷な第III期にあたる頃の朝鮮半島において、スンベチルゲを携えた人々が湧別技法系細石刃技術を有する人々に押し出され、九州に到達したと考えた。一方で、第III期の北海道にもシベリア方面から湧別技法系細石刃技術を持つ人が到来し、この地域の旧石器時代史が始まるとされる。しかし、最古の細石刃技術とされる蘭越型細石刃核を有する石器群よりも古く位置づけられる石器群が複数あることは確かであるため、北海道への人類移住を安蒜の第III期とする意図は不可解である。本書はその他にも日本の旧石器時代史を考えるうえで重要なテーマをいくつも扱っており、読者に多くの課題を提供している。

佐藤宏之は現生人類の拡散や行動的現代性の出現に関係する石器群に関する研究をレビューしながら、起源や変異に関する現状の見解を示した（「現生人類アジア拡散研究の現状の現状：IUP・細石刃技術・礫器剝片石器群」『第18回北アジア調査研究報告会』）。

長井謙治は韓国における ^{14}C 年代を精査し、およそ5万年前から1万年前までの石器群の変遷を整理した。参照された年代には人類活動が関与するか明らかでない試料が多く含まれているが、石器型式や層位と合わせて検討することにより大まかな石器群変化を捉えている。結論部分では朝鮮半島と日本列島で出

土している鋸歯縁石器群の類似性が指摘されており、別稿が期待される。

　2000年の捏造事件以後、我が国における「前・中期旧石器時代」を対象とした調査・研究は激減したが、幾人かの研究者およびその調査グループによって継続し、少ないながらも着実に成果が蓄積されている。本年度は日本の「前・中期旧石器時代」を中心テーマとする学術会議や単著はないものの、『月刊考古学ジャーナル』No.687で「東アジアの前・中期旧石器文化」が特集され、日本列島をとりまく中国、韓国における最新の研究成果が紹介され、今後の展望が試みられている。本雑誌の総論のなかで、松藤和人は自身の調査研究プロジェクトの成果を交えて、中国から朝鮮半島、日本列島にいたる前・中期旧石器文化と人類拡散について論じている。木崎小丸山遺跡学術発掘調査団によって発掘調査が行われた長野県木崎小丸山遺跡では「前期旧石器」とされる石器類が出土している（木崎小丸山遺跡学術発掘調査団「長野県木崎小丸山旧石器遺跡の研究」『旧石器考古学』82、上峯篤史「日本列島における前・中期旧石器時代研究の現状」『考古学ジャーナル』No.687）。石器が出土した層位学的位置はAso-4とOn-Ngに挟まれており、生活面は8.6万年前と考えられている。

旧石器・縄文時代移行期

　旧石器時代終末〜縄文時代草創期は昔から研究対象時期としては変わらぬ人気を誇り、本年度もこれに関係する研究会や多くの論文がみられた。とりわけこの時期における寒暖の激しい振幅と環境の変化に対する人類の応答に関した地域的事例に注目する研究がその多くを占める。

　『旧石器研究』第12号では2015年6月20・21日に開催された日本旧石器学会第13回研究発表・シンポジウム「更新世末の東北日本における環境変動と人類活動」の研究報告が掲載された。吉川昌伸は約3万〜1万年前の東北日本を対象に環境変動と植生の変遷についてこれまでの研究を整理しながら紹介し、当時代における植生史研究の課題と展望を提示した（「更新世末から完新世初頭の東北日本の植生史」）。佐久間光平は「東北地方の尖頭器石器群・細石刃石器群の展開について」、加藤学は「中部地方北部における更新世末の環境変動と人類活動」、仲田大人は「関東地方の旧石器・縄文移行期をめぐる問題」と題して各地域の編年や状況を整理し、課題や展望を提示している。森先一貴はシンポジウム報告「更新世末の東北日本における環境変動と人類活動」として、シンポジウム全体のまとめと課題を示している。モノを指標とする文化面では影響関係や変遷過程についての複雑な問題があり、また地域別の植生とその時期的変化においても差異はあるが、居住行動面では共通した変化の方向性を捉えることができたようだ。縄文時代＝定住というステレオタイプな想定をする研究者はいないであろうが、少なくとも周辺の資源環境を効率的に利用するために適した居住形態になり、その変化の方向性は逆行することはない、ということが確認されている。それは晩氷期になってより細区画な資源利用へと向かう北海道においても同様である。

　10月8・9日に長崎で開催された第42回九州旧石器文化研究会では、2016年3月に佐世保市教育委員会から刊行された『史跡福井洞窟発掘調査報告書』の成果を受けて、「福井洞穴の現代的意義」と題した研究発表がなされた（『九州旧石器』20）。基調講演として岡本東三が「福井洞穴の現代的意義—日本石器時代史における位置づけ—」と題して発表し、かつて芹沢長介に示された編年について修正点を論じている。柳田裕三は調査成果の概要を説明している（「福井洞窟の再調査からみえるもの」）。鹿又喜隆は第3次調査の成果報告に基づき、土器の装飾と年代、石器の技術形態と使用痕の関係について提示している。

その他、最新の調査成果を踏まえた研究として芝康次郎の「九州地方における初源期の細石刃石器群―北部・中九州における細石刃技術と石材運用―」、辻田直人の「土器出現期の洞穴遺跡と開地遺跡」、杉原敏之の「福井洞穴の学史的課題」が発表されている。福井洞穴の調査成果によって隆起線文土器と爪形文土器の層位と年代の問題が氷解することはなかったが、石器の変遷については一つの地域的指標が示された。鹿又が示した使用痕分析では、福井型細石刃核の母型と捉えられていたものが、スクレイパーとして使用されていることが明らかになっている。福井型や上下田型とされる楔形細石刃核を含む石器群にはしばしば「母型」と認定される資料が多く含まれ、定型的な石器が少ないとされるが、今後はこうした石器群に対して機能の観点から見直しを進めつつ、行動論的視点からの石器群の評価が必要となろう。

　福井洞穴に関連して、綿貫俊一はかつて4層の典型とされた石器群を報告している（「福井洞穴遺跡第1トレンチ第4層出土の細石刃文化資料」『倉敷考古館研究集報』22）。佐世保市の調査で出土した4層の遺物は少ないため、それらの技術的特徴を知る上で重要である。

　佐藤宏之・山田哲・出穂雅実編『晩氷期の人類社会―北方狩猟採集民の適応行動と居住形態』が六一書房より出版された。本書には13編の論文が所収されており、四部から構成される。第Ⅰ部の佐藤宏之「総論：晩氷期の人類社会」では、晩氷期の生態・歴史的コンテクストを概観し、所収された各論の意義について解説しつつ、さらなる課題を提示している。第Ⅰ部の森先一貴「日本列島における晩氷期適応の地域相」では行動論的な視点を解説しながら、晩氷期をめぐる列島全体の適応行動と居住形態の諸相について俯瞰している。第Ⅱ部は東京大学によって発掘された北海道吉井沢遺跡の研究で、夏木大吾「北海道における晩氷期人類の居住生活」、山田哲「晩氷期における石材資源の開発と石器の生産・供給の様相」、岩瀬彬「晩氷期の北海道における石器使用と地点間変異」から成る。夏木はファブリック解析からわかった埋没後過程の影響を踏まえたうえで、被熱石器と微細遺物の分布から炉を中心とした活動を明らかにし、地点間変異をめぐる活動内容の推定を試みている。山田は黒曜石の産地分析に基づき、吉井沢遺跡を形成した人々が前よりも縮小した資源開発圏のなかで生活・生業を営んでいたと考え、ときに互恵的なネットワークを介して遠隔地石材を入手した可能性を指摘している。岩瀬は使用痕分析から石器群の地点間変異に関連する作業の違いについて明らかにし、この時期の特徴である石器群の空間的変異性の問題にアプローチしている。第Ⅲ部は北海道の晩氷期適応に関連して、尾田識好「小形舟底形石器石器群からみた居住形態」、出穂雅実・ジェフリー＝ファーガソン「黒曜石の体系的産地分析からわかってきた古サハリン―北海道―千島半島の後期旧石器時代における狩猟採集民行動の変化」、髙倉純「広郷石器群にみられる学習行動と文化伝達」、中沢祐一「北海道中央部の旧石器について」、赤井文人「晩氷期における北海道中央部の石材消費形態―忍路子型細石刃核を伴う石器群の分析―」、直江康雄・鈴木宏行・坂本尚史「白滝遺跡群の石刃技法」から成る。尾田は、北海道の小形舟底形石器石器群が幅広の1類から幅狭の2類へと変遷することを想定し、石材獲得とリダクション・シーケンス、器種多様度の分析から、2類→1類の変遷に合わせて居住地移動が縮小化したと考察した。出穂とファーガソンは、放射化分析と蛍光X線分析を組み合わせた産地分析法を紹介するとともに、実際の産地推定の結果からLGM以前、LGM、LGM以後の北海道・サハリンにおける狩猟採集民の行動パターンの時間的変化を予察した。髙倉は高度な石刃製作技術を保持する広郷型細石刃核を含む石器群を対象に、個々の接合資料に対応する石器製作者の技量レベルを検討し、白滝のような大規模石材原産地が技術の伝承・習得の場になり、かつ地域集団間での文化

伝達の場となったと論じた。中沢の論文では道具器種の多様化、赤井の論文では山田が指摘した後期細石刃石器群における「低い居住地移動性と高い兵站的移動性」というこの時期の特徴が実証されている。また北海道白滝遺跡群の調査者である直江らは豊富な接合資料に基づき、石器群単位での石刃製作技術の特徴を整理している。第Ⅳ部は大陸北方地域における晩氷期適応の事例として、佐野勝広が「北西ヨーロッパの考古文化と生業戦略の変化」、平澤悠が「内陸アラスカの石器群の多様性と人類集団の連続性―近年の研究動向とその問題点―」というテーマでそれぞれの各地の晩氷期適応の様相と研究課題についてレビューしており、列島北部の狩猟採集民社会を考察するうえで重要な比較材料を提供している。

トラセオロジー

御堂島正は酸による黒曜石製石器の表面変化を実験的に検討したうえで、使用痕跡に与える影響を考察しており、酸性土壌が多い日本列島の考古学において参考にすべき成果を示している（「黒曜岩製石器に形成された使用痕跡の化学的表面変化（2）―酸による浸食実験―」『旧石器研究』12）。また、黒曜石製石器の着柄と使用実験をおこない、着柄の証拠として認識可能な痕跡とそのパターンについて報告している（「黒曜岩製石器の着柄痕跡に関する予備的研究」『旧石器研究』12）。

寒川朋枝は鹿児島県城ケ尾遺跡と仁田尾中A・B遺跡から出土した角錐状石器の使用痕分析をおこなった（「角錐状石器の使用痕分析―南九州における中・小型角錐状石器の一事例―」『九州旧石器』20）。角錐状石器は使用過程におけるリダクションが著しく、またいくつかの機能に応じた形態を有することが指摘されているが、この分析はそれらの推定を実証し、かつその多用途性を明らかにしている。

岩瀬彬ほかは北海道の吉井沢のブロック3出土資料の使用痕分析を行った（「北海道北見市吉井沢遺跡の忍路子型細石刃核を伴う石器群の使用痕分析（2）：ブロック3を対象とした分析」『旧石器研究』12）。分析の対象とした石器集中部は細石刃や彫器の関連遺物が顕著で植刃槍製作に特化した場と想定されてきたが、この使用痕分析もその機能的特徴を補強する結果となった。

原産地研究

良質な石器石材である黒曜石を中心に、各地で原産地の地学的考察や理化学的産地分析、原産地近傍での遺跡分布調査などが精力的に実施されている。石器石材研究は地質科学を専門とする研究者との協業が必須であるため、一つの学際的テーマとして近年ほぼ確立したものとなっている。こうした原産地研究は旧石器時代を専門とする考古学者を軸に進められることが多いが、その成果の利用可能性は旧石器時代研究にとどまらず、多くの先史考古学者に開かれている。本年度は、黒曜石原産地の研究に関して長年の蓄積がある長野県の黒曜石産地はもちろんだが、九州から北海道までの各所の調査報告もなされた。

佐賀県伊万里市の腰岳において、芝康次郎をはじめとする腰岳黒曜石原産地研究グループは原産地を踏査し、加えて関連遺跡を検討している（芝ほか「佐賀県腰岳黒曜石原産地の研究2014～2015年踏査報告」『古文化談叢』78）。腰岳周辺での露頭の探索や遺物も採集され、随時報告されている。また理化学的産地分析に関しては、蛍光X線により腰岳系の黒曜石～ピッチストーンが分析され、これまで知られている北部九州の黒曜石の産地識別が可能であることを明らかにしている（亀井淳志ほか「佐賀県腰岳系黒曜石の全岩化学分析」『旧石器研究』12）。

大塚宜明らは置戸所山・置戸山における原産地開発の様相を解明すべく、基礎的な踏査成果と採集資料の報告を行っている（大塚ほか「北海道常呂郡置戸町置戸山２遺跡の概要報告」『北海道考古学』52、大塚ほか「置戸黒耀石原産地の分布調査報告」『第18回北アジア調査研究報告会』）。

地域研究

富樫孝志は博士学位論文に加筆修正した『後期旧石器時代石器群の構造変動と居住形態』を上梓した。本書の研究の舞台となる磐田原台地は後期旧石器時代の遺跡が密に分布するものの、良い層位的事例に恵まれず、また周辺地域からも孤立しているためか石器群の評価も難しい地域であった。しかし、筆者は既存データを緻密に検討し、着実に分析可能な資料体を抽出し、目的とする行動論的アプローチに必要な石器群の変遷を整備している。最終的に行動に関係する技術概念との対応関係から各石器群を評価しつつ、地域生態に応じた居住行動モデルを描きだせている。惜しむらくは、詳細なデータと様々な技術概念を整備したにも関わらず、最終的にはフォレイジャーとコレクターという単純な概念に固執することで、行動論的特徴の説明が曖昧になってしまったことである。それだけ筆者が提示したデータが具体的であったことの証左でもあるが、さらに行動論研究に資する新たなモデル構築が可能であることを示している。

本年度の岩宿フォーラムは11月５・６日に群馬県の岩宿博物館で開催された（『ナイフ形石器文化の発達期と変革期─浅間板鼻褐色軽石群降灰期の石器群─』）。基調報告では浅間板鼻褐色軽石群（As-BP Group）の層序や特徴（早田勉「浅間板鼻褐色軽石群（As-BP Group）の層序と前橋泥流堆積物の層位」、早田勉ほか「浅間板鼻褐色軽石群に含まれる火山ガラスと斜方輝石の屈折率特性に関する新資料」）、年代（下岡順直「浅間板鼻褐色軽石群と前橋泥流の年代観」）についての報告があった。早田によればAs-BP Groupは複数回の噴出イベントが重なったものとされており、それら火山灰層序の解明を目的としたさらなる基礎研究の必要性を説いている。下岡の年代整理によれば28,000～24,000年前の関連する年代値が知られているが、個別の正確な年代については良くわかっていない。後藤佳一はAs-BPの各層を区分することで、具体的な事例に基づきこの短期間の編年が明らかにできる可能性について論じている（「赤城山西南麓における浅間板鼻褐色軽石群層序と石器群」）。小原俊行はAs-BP Group降灰期における石器群をグループ化し、時期や生業活動の差の可能性について述べている（「北関東地方西部における浅間板鼻褐色軽石群降灰期の石器群」）。As-BP Groupの降灰や前橋泥流の発生とこの時期の遺跡数減少との関連が関口博幸によって指摘されているが（2008「後期旧石器時代における前橋泥流をめぐる遺跡形成史」『岩宿フォーラム2008／シンポジウム更新世の地形発達史と遺跡群の形成　予稿集』）、環境変動、自然災害が人の生業活動や土地利用形態に及ぼす影響を具体的に知る上で本テーマに関連する研究の進展が期待される。

11月12・13日に山口県の美祢市民会館で第33回中・四国旧石器文化談話会『後期旧石器時代西日本における交流─中・四国とその周辺の瀬戸内技法の広がりとその背景─』が開催された。我が国における旧石器時代の伝播現象を語るうえで「瀬戸内技法」は細石刃技術と並ぶポピュラーなテーマであるが、最近は集団単位での地域間移動や最終氷期最盛期への適応行動という点から議論が盛んである。本研究会では各地域の事例に即して、瀬戸内技法の伝播過程や経路、変容プロセス、地域適応の様相が議論された。関連して多田仁「西南四国における瀬戸内技法の伝播」、越知睦和「九州における瀬戸内技法の伝播」、富樫孝

志「東海西部における横長剥片剥離技術」、山根謙二「石器と土器の広域的分布現象の解釈の比較検討」の発表があった。

　東北日本の旧石器文化を語る会が12月17・18日に東北大学で開催された。30周年となる本大会では、「回顧と展望」をテーマとして、研究史、型式学、編年、機能、技術学、遺跡形成過程などについてこれまでの研究経緯や最新の成果に触れながらレビューし、課題や展望が各発表者から提示された。第2部の「東北日本における旧石器時代遺跡の調査」では、ポスターセッションや資料展示などを介して東北日本各地における最新の調査研究に関する話題提供があった。会田容弘の「笹山原№16第16次発掘調査」では台形様石器石器群の存在が明らかになっており、石器集中部に「焚火遺構」を伴うため、年代や当該時期の具体的居住生活を知る上で重要な調査研究となりそうである。夏木大吾ほかの「北海道遠軽町タチカルシュナイ遺跡M-I地点」では、北海道帯広市大正3遺跡の草創期石器群に類似した石器を含む集中部が発見されており、本州の縄文草創期に由来する文化が北海道東北部にまで広がっていたことを示す証拠が示された。長井謙治の「日向洞窟遺跡発掘調査の概要―2016年度発掘調査の概要―」では、精緻な発掘調査の結果、縄文時代草創期から早期までの層位的な変遷が明らかになっている。

　出穂雅実らが行った北海道の丸子山遺跡の研究では、石器集中部に伴う炭化物を測定し26,760-25,800 cal yr BP のまとまった年代が得られている（「北海道千歳市丸子山遺跡旧石器下層石器集中の地質編年：AMS年代の追懐と最終氷期最盛期石器群の年代に関する若干の考察」『旧石器研究』12）。これにより、この時期の剥片石器群と石刃石器群が同一時期の遺跡間変異であるという筆者達の説を補強している。

　尾田識好と森先一貴は北海道秋田10遺跡の台形様石器を含む石器群について紹介し、それらの編年的位置づけについて説明している（「秋田10遺跡の石器群と北海道後期旧石器時代前半期の諸問題」『旧石器研究』12）。それらに関連する地質学的・年代学的証拠はないが、型式学的に武蔵野編年のⅨ層上部～Ⅶ層下部に並行すると考えられている。北海道の「台形様石器」とされる石器には、加工が軽微で本州との類似点を見出し難い資料が多いが、その中でも本資料は容易に共通点を見出すことができる点で重要である。とはいえ、北海道の編年を考えるうえでは、今後も地質学的・年代学的に根拠を探求する必要があろう。

　鈴木忠司は茨城県赤岩遺跡の礫群を検討し、使用行動と形成過程の解明に向けた解析法やデータ提示の方法を提示している（「礫群解析法の一つの試み―赤岩遺跡の事例から―」『旧石器研究』12）。近年における礫群の研究は着実に成果を上げてきているが、未だ研究資料としての重要性が広く認識されていない。礫群が人の生活において火の利用や調理など中心的な生活の痕跡であることを鑑みれば、当時の居住生活を知る上で重要な鍵を握っていることは間違いなく、礫群研究のさらなる深化が期待される。

　『安蒜政雄先生古希記念論文集　旧石器時代の知恵と技術の考古学』では31本の論文が集い、そのほとんどが旧石器時代を扱っているという他に例をみない献呈論文集となっている。そのボリュームの厚さから個々の論文に触れることはできないが、旧石器時代各期の石器製作技術、編年、遺跡の文化的形成、石材利用、黒曜関産地分析、実験研究などをテーマとする論文が収められている。

5 縄文時代研究の動向

青 野 友 哉

生業・環境

　月刊考古学ジャーナルNo.694では、「食文化と考古学―縄文時代の動物遺体―」との特集が組まれ、金子浩昌による総論「縄文時代の動物遺体」に続き、北海道（土肥研晶）、東北地方（熊谷常正）、関東地方（鶴岡英一）、西日本（山崎健）、霞ケ浦周辺（阿部きよ子）の動物遺体について研究状況が示された。『動物考古学』第34号では、大江文雄が鳥浜貝塚出土のクロマグロ脊椎骨について、遠部慎・畑山智史がヤマトシジミの貝殻成長線分析と年代測定について、長谷川豊が富山湾沿岸地域におけるシカ猟・イノシシ猟について発表している。また、納屋内高史が貝塚・貝層を基にした北陸地域における生業活動の変遷（『古代文化』第68巻第2号）を示したほか、田中和之が貝類資源の管理採取について予察的に述べており（『千葉縄文研究』6）、生業活動の実証的復元を行う研究が増えている。

　さらに、阿部芳郎は余山貝塚出土の骨角製漁撈具の製作技術を基にした生業活動（『考古学集刊』第12号）や海藻に付着する微小巻貝を根拠にした製塩方法の復元を行った（『考古学研究』第63巻1号）。

　石川考古学研究会と富山考古学会は「日本海側の縄文貝塚を探る」との合同例会を開催し、発表内容を会誌の特集として集録している（『石川考古学研究会々誌』第59号）。町田賢一は富山市小竹貝塚の考古学的成果を、山川史子は七尾市三引遺跡の調査成果について生業と定住度を中心に述べ、小島秀彰は福井県若狭町鳥浜貝塚の調査成果を、溝口優司は小竹貝塚出土の縄文前期の人骨について形質人類学的な分析結果を示した。平口哲夫は北陸の縄文時代貝塚出土の動物遺体の傾向を示すとともに歴史時代の資料も参考にしつつ、捕獲から廃棄にいたるまでの概略を示している。横幕真は半世紀前に調査された石川県小松市大谷山貝塚の寄贈資料について、動物遺存体の同定・分析を試みている。

　一方、植物遺存体においては、中山誠二・金子直行・佐野隆がダイズ属の種子圧痕の検出例を報告する（『山梨県考古学協会誌』24）など、レプリカ法による報告例が多くある。また、渋谷綾子は食文化の通時的変化とプロセスを解明する方法論として、残存デンプン粒分析を紹介している（考古学ジャーナルNo.694）。なお、交流・交易についてではあるが、堀越正行による縄文早期遺跡出土の南海産貝類についての論考がある（『唐澤考古』35）。

墓制・人骨

　野坂知広は関東・中部地方を中心に配石墓の平面形態などの基礎的研究を精力的に行い（『史峰』第44号、『神奈川考古』第52号）、鈴木保彦は墓以外の遺構・遺物や集落との関係を議論する必要性を述べ（『縄文時代』第27号）、阿部友寿は引き続き関東南部における住居と墓の関係について述べており（『神奈川考古』第52号）、集落との関連性を説いた墓制研究が志向されている。なお、渡辺新は船橋市古作貝塚の

「人骨集積」の再検討をしている(『千葉縄文研究』6)。

上屋眞一・木村英明は『国指定史跡カリンバ遺跡と柏木川B遺跡—縄文時代の後期石棒集団から赤い漆塗り帯集団へ—』(同成社)を著し、発掘調査から数十年経過した遺跡について、最新の研究成果を加味した周堤墓と多数合葬墓の総括がなされている。

古人骨研究では、佐伯史子(他10名)が大船渡市野々前貝塚の縄文晩期人骨5体について形態人類学的および理化学的分析を実施した結果、成人3体すべてに明瞭な外耳道骨腫と頸椎に重度の椎間関節炎が生じており、生活環境を復元した(『ANTHOROPOLOGICAL SCIENCE (JAPANESE SERIES) Vol.124, No. 1』)。水嶋崇一郎(他2名)は、マイクロCT画像による大腿骨の断面形状や空洞域からわかる強度について、縄文人と現代人の未成年骨を比較した。結果は、現代人に比べて縄文人の大腿骨が丈夫である要因は、縄文人の方が思春期までに筋肉に負荷をかける活動が大きいためだとした(『ANTHOROPOLOGICAL SCIENCE Vol.124, No. 1』)。

遺物・編年

土器の編年と分布圏に関しての論稿は、岡本東三「海峡を渡った押型紋土器—北の日計式押型紋—」(『宮城考古学』第18号)、江原美奈子「縄文時代後期後半から晩期前半に見られる東北系文様の受容と変化—姥山Ⅱ式波状口縁深鉢の成立に関する予察—」(『研究ノート』第13号)など、多数ある。

石器研究では、橋本勝雄が関東・中部における石鏃の出現と系譜について論じており(『茨城県考古学協会誌』第28号)、近年の上條信彦の礫石器の研究と同様に、広範囲に出土する基礎的な資料を用いた研究の重要性を示している。

列島北部では、村本周三が北海道斜里平野における石器群(『北海道考古学』第52輯)、髙橋哲が津軽地域の石器群(『青森県埋蔵文化財センター研究紀要』第22号)、齋藤岳が青森県内の黒曜石について(『青森県埋蔵文化財センター研究紀要』第22号)、集成・分析を行い、齋藤岳は北海道瀬棚南川遺跡の遺構間の剥片接合について述べている(『青森県考古学』第25号)。

また、吉川耕太郎・佐々木繁喜は、珪質頁岩が石器石材として主体を占める秋田・岩手の両県内において、モノとヒトの移動を捉えることを目的に黒曜石製石器の原産地推定を蛍光X線分析により行っている(『秋田県立博物館研究報告』第42号)。

祭祀・儀礼

祭祀・儀礼研究の傾向は、土偶に関わるものと、緑川東遺跡とも関連する石棒や敷石住居に関するものが多い。土偶に関しては、上守秀明・西野雅人が東金市鉢ケ谷遺跡出土の中空円錐形土偶について土坑内での出土状況を論じ(『千葉縄文研究』6)、成田滋彦は亀形土偶についての続編を(『青森県埋蔵文化財センター研究紀要』第22号)、金子昭彦は東北地方における弥生時代の土偶の変化と消滅の背景を論じている(『青森県考古学』第25号)。

また、近年の土偶の解釈をめぐる一般書が多く刊行される状況と関連したものとして、竹岡俊樹の「土偶を解読する—考古学的方法の限界とその克服—」(『異貌』第33号)がある。土偶に関する書評や学会動向の中には解釈自体をすべきではないとの極論もあるが、筆者は祭祀・儀礼に関わる研究にとって、考古

学自体の方法論、あるいは他分野の研究成果を援用する際の方法論の確立を議論すべきだと考える。

他の祭祀遺物については、阿部昭典・國木田大・吉田邦夫が鐸形土製品の用途について（『日本考古学』第41号）、鹿又喜隆が岩版について論じている（『宮城考古学』第18号）。

東京都国立市緑川東遺跡の4本の大型石棒を含む敷石住居については、2012（平成24）年の発掘以来、石棒自体や敷石住居との関連から多くの論考やシンポジウム等で議論されている。関連する論考としては、吉野健一の「縄文時代後期中葉から晩期の遺構に伴う大形石棒について」（『博古研究』52）、山本典幸の「縄文時代中期終末から後期初頭の柄鏡形敷石住居址のライフサイクル」（『古代』第138号）、海老原郁雄・永岡弘章の「北関東・堀之内期の柄鏡型住居」（『唐澤考古』35）、五十嵐彰の「緑川東問題—考古学的解釈の妥当性について—」（『東京考古』34）がある。なお、緑川東遺跡の大型石棒は2017（平成29）年に重要文化財に指定されている。

また、装身具でもあり祭祀道具でもある玉類に関して、『玉文化研究』第2号では、松本直子が「装身具の象徴的意味とその変化に関する鳥瞰的予察」、金子昭彦が「東北地方北部・縄文時代晩期における玉を持つ意味—東北地方北部三県における後期末〜弥生時代の検討から—」の2題を掲載している。

集落・社会

矢野健一は『土器編年にみる西日本の縄文社会』（同成社）を著し、長年にわたる土器編年の構築と土器型式圏の変遷の明示、遺跡数・住居址数と人口との相関を実証的に示すことにより、西日本の縄文社会の特質を描いた。西日本の土器型式圏が広域的で流動性が高いことは、小規模な集落が長期間継続し、比較的遠方の集団と婚姻関係にあったことを示すとしている。

縄文社会に関する研究は、階層化社会を論じたものが多い傾向にある。櫛原功一は静岡県桜畑上遺跡を事例として、縄文集落の構造分析を行った（『山梨県考古学協会誌』24）

高橋龍三郎は千葉県域の事例を分析対象とし、住居の規模・軒数及び多数遺体埋葬の墓制から縄文後・晩期社会の複合化を判断した。それを文化人類学的研究成果に照らし合わせ、縄文後・晩期社会は、かなり統合度と複合性を持っていることから、社会間を統合するリーダーの存在は認めるが、首長制社会にまで達していたかは疑問であると結論づけている（『早稲田大学大学院文学研究科紀要』47巻）。

そして、山本暉久は自身のこれまでの研究と最近の研究動向を合わせて、住居・集落・社会の複雑化からみた縄文後期・晩期社会論についてまとめている（『神奈川考古』第52号）。考古学研究の「トレンド」の存在を意識しながら縄文社会論の研究史を見ることで、現在行われている議論を客観視することができる。

小林謙一・黒尾和久・中山真治・山本典幸編による『考古学の地平Ⅰ—縄文社会を集落から読み解く—』（六一書房）が刊行され、過去の研究集会で発表されたものを中心に、いわゆる「新地平グループ」が共有する理論・方法論による縄文集落研究をまとめている。土井義夫は日本考古学における資料論と調査方法論の変遷を概観し、今後の「鍛え直し」が必要だと論じている（「縄文集落研究と集落全体図—分析に使える基礎資料はどれだけあるのか—」）。石井寛は遺跡群研究における移動論・領域論・遺構論といった研究史をまとめ、今後は集落内部構成の安定性に関する分析を重ね、集落変遷の変動の有無と要因を明らかにすべきだとしている（「遺跡群研究の現状」）。黒尾和久は「新地平編年」における細別時期の

長短を補正する方法として「平均住居数」の算出方法を示し、住居群の変遷を捉えた（「『横切り集落研究』から『横切りの遺跡群研究』へ―平均住居数という考え方がもたらすもの―」）。小林謙一は、集落の時間分析を重複住居・炉型式・柱穴配置をもとに行い、フェイズ別の住居数及び集落景観を東京都目黒区大橋遺跡の事例により示した（「集落の環状化形成と時間」）。これにより、住居・集落の継続・断絶を示すことができ、集落の規模には質的な差異が備わっているだけではなく、「大規模集落は、累積の結果」であるとした。さらに、環状集落も台地上の空間的制約や道との位置関係による活動領域が環状の空間配置を採っていた結果と結論づけている。

　この他にも、山本典幸「縄文集落と景観の考古学――時的集落景観論のアポリア―」、五十嵐彰「〈場〉と〈もの〉の考古時間―第2考古学的集落論―」、櫛原功一「住居型式と集落形成」、塚本師也「貯蔵穴の増加と集落の形成―縄文時代中期前葉の関東地方北東部の状況―」、今福利恵「土器系統からみた縄文集落―多摩ニュータウンNo.446遺跡の分析―」、中山真治「土偶と出土状態―多摩地域の縄文中期前半の土偶多量出土遺跡の検討―」が集録されている。

大会・シンポジウム

　日本考古学協会2016年度弘前大会が10月10月15〜17日に弘前大学で開催された。「津軽海峡圏の縄文文化」をテーマとした分科会が行われ、実行委員会による大部の資料集が刊行されている（『津軽海峡圏の縄文文化　一般社団法人日本考古学協会2016年度弘前大会研究報告資料集』）。発表の幾つかを抽出する。

　高橋哲は東北北部の縄文後・晩期の磨製石斧について、製作工程と分布から石器の生産と流通の実態を示した（「磨製石斧の製作と流通」）。東北北部では磨製石斧の生産遺跡が発見され、下北地域や津軽地域といった小地域ごとに生産・流通に違いが見られる点や擦切技法の存在から北海道との関連性を指摘している。斉藤慶吏は円筒土器文化圏の骨角器について、素材獲得・製作・使用の状況を分析し、津軽海峡圏内では海獣・陸獣といった主体を占める動物種に地域差が存在するが製作技術の面では共通性があること、そして東北南部の大木式土器文化圏とは特に鹿角素材の消費についての意識と技術的違いが存在することを述べている（「津軽海峡圏の骨角器　―円筒土器文化期の骨角器製作技術基盤を中心に―」）。松本建速は土器の胎土分析を行うことで、晩期から弥生時代にかけての精製土器の存在と専業化および流通の問題に迫ろうと試みている（「津軽海峡圏の土器・粘土の化学成分」）。

　この資料集では590ページにわたり北海道南部から東北北部で出土した土製品と石製品の大集成がなされている（編集：上條信彦　監修：福田裕二・福田友之・成田滋彦・市川健夫・金子昭彦・稲野裕介・稲野彰子・榎本剛治「土製品集成」「石製品集成」）。この集成は、近年議論を呼んでいる鐸型土製品の用途・機能の解明と同様に、新たに研究の俎上に上げるべき遺物を抽出した基礎的で意義のある作業といえる。また、土偶や動物形土製品を除いているにも関わらず、これだけ多量の土製品・石製品が津軽海峡圏に存在していること自体にも目を向けるべきかもしれない。

　西日本では、第27回中四国縄文研究会山口大会が7月2・3日に山口大学で開催され、実行委員会により発表要旨集が刊行された（『第27回中四国縄文研究会山口大会　中四国地方における縄文時代の地域間交流』）。柳浦俊一が縄文早期〜中期の外来系土器、幸泉満夫が縄文中期末〜後期初頭併行期の縄文土器、及川穣が草創期の黒曜石原産地の開発と消費、丹羽佑一がサヌカイト製石核素材、小南裕一が石器石材、

山口雄治が住居形態から縄文時代の地域間交流について述べている。

　佐賀市教育委員会は縄文早期の低湿地遺跡で、保存状態良好な木製品が出土した佐賀市東名遺跡が2016（平成28）年10月に国史跡に指定されたことを受け、11月にシンポジウムを開催した。西田巌が東名遺跡の調査から史跡指定までの経緯と今後について、泉拓良が縄文文化の中での東名遺跡の価値と位置づけ、金原正明が環境変動の解明に果たす役割、丸山真史が動物遺存体から見た狩猟と漁撈、早川和子が東名遺跡の復元イラストについて、水ノ江和同が九州の縄文文化の中での位置付けについて述べた。

　第8回世界考古学会議が8月28日から9月2日まで同志社大学で開催され、80カ国から約1,600名が参加した。大会に合わせて京都市内の博物館などでシンポジウムや講演会、考古学とアートがコラボした企画展など多彩なイベントが行われた。

　縄文時代に関連するものとしては、トニー・ブラウン、山本直人、別所秀孝による「低湿地考古学」や、渋谷綾子、オリバー・クレイグ、庄田慎矢による「狩猟採集民の農耕民の食性」、エンリコ・クレマ、羽生淳子、マルコ・マデラ、中村大による「先史時代の人口と生業変化」などのセッションの中で発表されている。中村大は遺跡数・住居趾数から見た本州北半部の縄文時代の人口変遷について述べ、青野友哉は貝塚の調査を基にした環境変化と生業活動との関連性を述べた。

総　論

　勅使河原彰は縄文時代の環境変化をはじめとした最新の自然科学研究の成果をもとに、縄文時代の歴史を叙述した一般向けの書籍を刊行した（『縄文時代史』新泉社）。この中で、環境変動と縄文文化の成立や身分階層の有無についての自説を述べるとともに、縄文文化の世界史的位置づけについて言及している点は縄文時代・文化に対する理解を助けている。

6　弥生時代研究の動向

林　　大　智

はじめに

　国立歴史民俗博物館が、AMS-炭素14年代測定法に基づく弥生長期編年を発表（2003年）してから十数年の歳月が過ぎた。蒔かれた種は各地、各領域で芽吹き、暦年代についての議論を活発化させ、新たな研究情勢を生み出しつつある。これまで研究者間で整備、共有化されてきた広域編年と年代の対応関係、「レプリカ法」に代表される植物考古学の成果、中国や朝鮮半島における調査・研究の進展を受け、東アジアのなかで弥生文化・時代の具体相を位置づけうる基盤の成熟を感じさせる一年となった。

1．弥生文化・時代とは

　藤尾慎一郎の提言（『弥生時代の歴史』講談社、2015年）を契機とし、弥生文化に関する従来の枠組み

を見直す動きが加速化している。この動きを象徴するシンポジウム（『仙台平野に弥生文化はなかったのか―藤尾慎一郎氏の新説講演と意見交換―』弥生時代研究会）が宮城県仙台市で開催された。山田康弘「一日目の討論に向けて―仙台平野に弥生文化はなかったのか―」は、食料生産の有無のみを指標として単純に縄文と弥生を区分するような時代区分論の成立が困難であることを指摘し、そのうえで一国史を語るために設定された弥生時代という時代概念、食料生産の開始段階である弥生時代の文化＝弥生文化という枠組みそのものの妥当性が今や問われるべきものと訴えた。藤尾慎一郎「東北の弥生文化をどう見るのか」は、弥生文化を「灌漑式水田稲作を選択的生業構造のなかに位置付けたうえでそれに特化し、一端始めれば戻ることなく古墳文化へと連続していく文化」と規定し、拡大再生産により農耕社会化、政治社会化していくことが潜在的に組み込まれていた文化であり、東北北部については、網羅的生業構造のなかに節約型の水田稲作を取り込み、寒冷化を機に水田稲作を放棄し、元の狩猟採集生活に戻る「砂沢・垂柳文化」として捉えた。これに対して、斎野裕彦「東北からみた弥生文化の範囲」は、板付Ⅰ式に始まる弥生文化の形成を、耕作適地という新たな土地に対する資源観の変更に基づく九州から東北地域におよぶ広域な連動性により達成された生業の再構成と認識し、遠賀川系土器の広範な分布と農耕の形態や集落構成などに地域の明確化を生み出した東北地域を弥生文化の範疇で捉える。一方、高瀬克範「本州島東北部における稲作の開始とその考古学的位置づけ」は、日本考古学における科学的な研究手法の確立過程で、考古学的文化の区分を介在させず、いきなり経済を弥生文化の指標とした経緯を指摘し、弥生文化という区分を環境に対する集団の反応の仕方や経済による「テクノコンプレックス」水準の区分と見做し、「文化グループ」より上位の水準と捉える。そのうえで弥生文化の内部を、「文化グループ」や「文化」の水準で整理する必要性を説き、藤尾の提案はそれを先んじて実践した試みとして評価しつつも、藤尾が再定義する弥生文化に関する議論が階層の違う概念を混在させているという重要な指摘を行った。

　石川日出志「歴史学における弥生文化論の位置」（『季刊考古学』第138号、雄山閣）では、これまでの弥生文化論が一国史的観点から単純化しすぎた発展段階論を蓄積してきたことを内省し、まず、各地域が歴史学的に等価とみる観点から、弥生文化の基本的な特徴を整理し始めることが適切であり、通史的な視角と汎東アジア的視角を必須の要件として各地域の文化内容を読み解くことが肝要と説いた。

２．弥生文化の始まりと穀物栽培

　弥生文化の枠組みを見直す議論と連動し、弥生文化の始まりに関する議論も活況を呈している。また、時代区分の指標として中心的な存在にある穀物栽培の起源に関する問題も「レプリカ法」の調査研究により大きく進展しており、弥生の始まりを議論する際に欠くことのできない領域となってきた。

　「弥生文化のはじまり」（『季刊考古学』第138号）では、これら弥生開始期研究の深化と新たな展開を総括する特集が組まれた。宮本一夫「東アジアにおける農耕の起源と拡散」は、東アジアの初期農耕社会が狩猟採集社会の領域に拡散することで二次的農耕社会化する大きな潮流のなかで弥生時代の始まりをとらえ、紀元前８世紀頃の寒冷期に生じた朝鮮半島南部から北部九州への集団移住や文化接触をその成立要因と推測した。甲元眞之「環境変動と弥生文化の形成」は、砂丘形成と汎世界的気候変動を関連づけることで弥生の始まりを紀元前８世紀頃に特定し、この時期の世界的な寒冷化に誘因され、朝鮮半島南部から多数の男性と少数の女性が縄文社会に溶け込むことで、新しい生業形態を基盤にした生活様式（弥生文化）

の始まりを説明した。一方、中橋孝博「形質人類学からみた渡来人の問題」は、人口学的、集団遺伝学的な視点から人工変化についてシミュレーションを試み、縄文から弥生への変革が北部九州の在来集団による大陸文化の受容現象というより、当初から渡来人が牽引役となり在来集団を取り込みながら集団の人口を増加させたものと推定する。中沢道彦「日本列島における農耕の伝播と定着」は、レプリカ法の成果で縄文時代晩期後半（突帯文土器期）を溯る穀物圧痕が確認できない日本列島と異なり、朝鮮半島南部はイネの水田栽培、アワ・キビの畠栽培が青銅器時代早期にセットで導入された可能性が高く、朝鮮半島と北部九州の玄界灘を通じた縄文時代の交流は、通説より恒常性に乏しいことを示した。なお、東北地域では、弥生前期のイネ圧痕が頻繁に検出される一方で、冷涼な気候を好むアワ・キビなどの雑穀圧痕がほとんど検出されない点は興味深く、イネの水田栽培が指向されたことを示唆している。小林青樹「縄文晩期終末の社会変動と農耕の受容」は、中期前半までアワ・キビ農耕と陸稲を維持する関東地域を縄文時代以来の伝統的生業が維持される停滞した社会ではなく、新しく導入されたアワ・キビ農耕に適応し、その生業戦略の枠組みのなかで集落・居住形態を変化させ、緩やかに進展し続ける社会として評価した。

発掘調査では、愛媛県文京遺跡で縄文時代晩期末～弥生時代前期初頭の小規模で畝立てのない国内最古の畑跡が確認され、徳島県庄・蔵本遺跡における弥生時代前期中葉の水田と畑跡の検出事例とあわせて、水田と畑による穀類栽培がセットで導入された可能性や、その操業形態について多くの情報を提供する。

穀物栽培のなかでも水田研究については、伊藤淳史「弥生時代水田研究のあゆみと課題」（『魂の考古学―豆谷和之さん追悼論文編―』同追悼事業会）が水田に関わる研究史の流れと系譜を整理し、今後の水田研究は、集団や社会構造の解明を志向すべく、集落と水田との対応関係をモデル化して、遺構の形状・構造や立地、土地条件などを加味した複合的な類型を提示することを理想とし、地域社会論のなかに水田を位置付ける視点や、水田経営という観点での構造的な比較にも取り組んでいく必要性を指摘した。

3．集落と集団間関係

京都府京都市で開催された科学研究費助成事業成果公開・普及シンポジウム『近畿で「弥生」はどうはじまったか！？』では、弥生時代年代観の激変により変動期を迎えている近畿地域の初期農耕集落の動態研究を対象にして、弥生集落の本格的農耕化を実践的な研究からどのような形で提示、復元できるかが議論された。若林邦彦「初期農耕集落の定着と複雑化～研究状況の整理と展望と雲宮遺跡～」は、弥生開始期に定着した小規模集落による移動型パッチワーク状の水田経営から、複数集団の協業による大規模水田経営の出現という変化が前期に進行し、地形環境による社会構造の差異は中期に継続・拡大し、基礎集団規模の集落のみが展開する地域と、複合型集落が展開する地域の差異となって顕在化することを指摘した。寺前直人「近畿地方における農耕開始期の集団統合原理―東日本系祭祀の受容と変質―」は、農耕開始期における近畿地域の儀礼の様相とその系譜から、継続的な協業や集住を前提とする灌漑施設を完備した水田稲作の開始、環濠集落という新しい集住形態の導入で生じたであろう集団内外のストレスや摩擦を緩和し、解消するためにマツリや儀礼といった非生産的活動の重要性が増加したことを推測した。

設楽博己ほか「2015年度のレプリカ法による種子圧痕の調査」（『SEEDS CONTACT』第3号設楽科研事務局）は、大阪府讃良郡条里遺跡出土土器を対象としたレプリカ法による分析の結果、遠賀川系土器の種実圧痕の90％以上がイネである一方、突帯文土器は90％弱がアワで、真逆の傾向を示すことを明らかに

した。このことが、土器系統の差異と生業形態の相関を示すのか、両土器様式の時間的な併行関係の有無、「住み分け論」や「共生論」など、弥生時代開始期の集団理解に及ぼす影響は大きい。

小澤佳憲「弥生時代成立期前後の集落の一類型」(『考古学は科学か㊤ 田中良之先生追悼論文集』中国書店)は、弥生文化成立期の集落として福岡県江辻遺跡を代表とする渡来的色彩の強い特徴をもつ建物群で構成される集落類型と共に、在地色の強い集落類型が複数併存し、それらが集落構成要素のセット関係を維持したまま分裂・拡散する状況が弥生文化成立期の基本的な形態であった可能性を示唆した。

2014・15年度に開催されたシンポジウムの成果をもとに、その後の知見を新たに加えた論文集(『集落動態からみた弥生時代から古墳時代への社会変化』六一書房)では、弥生時代中期から古墳時代中期までの長期的な視点に立ち、両時代の集落研究方法の統合を図りながら、近畿地域各地を対象にした集落動態の分析が行われた。このなかで若林邦彦「集落研究からみた弥生から古墳時代の変化」は、古墳時代以後の社会論が、墳墓そのものや副葬品にみられる被葬者集団の階層性、特殊な専業生産・生業のあり方を軸に論じられており、居住域の動態と墓地形成のあり方を中心として、あらゆる地域の集落分析を基に社会論を組み立てようとする弥生時代研究と大きなギャップが生じており、両時代で連続する社会変化を分析する視点・手法が欠落していることを指摘した。森岡秀人・三好玄・田中元浩「総括」は、弥生時代中期から古墳時代中期の集落動態などに、西日本各地域で共通する四つの画期が存在することを明らかにし、この画期の背景として自然環境の変化に起因する人間活動や生業形態の変化が大きいことを指摘した。

大庭重信「地形発達と耕地利用からみた弥生・古墳時代の地域社会—河内平野南部を対象に—」(『考古学研究』第63巻第2号、考古学研究会)は、層位学・堆積学的発掘調査に基づいたジオアーケオロジーの手法で、弥生・古墳時代における河内平野南部地域の古地形を細別時期毎に復元し、特に居住域と生産域の関係に注目して集落動態を検討した。その結果、河川活動による地形変化に呼応して集落活動領域も変化し、水稲農耕を基盤とする農耕社会が人間側の社会的要因により変質したことを示した。

4．墓制

墓制では重要な発見が相次ぎ、福岡県須玖岡本遺跡では、国内最大級の墓坑をもつ中期前半の甕棺墓を検出し、銅剣および青銅製把頭飾、水銀朱と共に多数の布が折り重なって残存する状況を明らかにした。大阪府郡遺跡・倍賀遺跡では、調査区のほぼ全域で中期の方形周溝墓140基以上で構成される広大な墓域と付帯する居住域を確認した。奈良県瀬田遺跡では、終末期の陸橋をもつ大型円形周溝墓(全長約26m)を検出し、奈良盆地東南部での古墳出現過程を考えるうえで重要な成果となった。

山田康弘「墓制の変化と階層化の問題」(『季刊考古学』第138号)は、山陰地域における弥生開始期の墓地について渡来系弥生人の特徴が顕著な列状配置構造と、縄文時代の系譜にある塊状配置構造の二類型が存在し、列状構造墓地で墓地構造や抜歯風習に縄文的要素が残存するものがある一方で、塊状配置墓地のなかにも木棺や弥生系管玉の副葬など、外来的な埋葬の属性が取り込まれていることを指摘した。

再葬墓研究の原点に位置付けられる千葉県佐倉市岩名天神前遺跡を対象としたシンポジウム(『東国弥生文化の謎を解き明かす～佐倉市岩名天神前遺跡と再葬墓の時代～』)では、遺跡の重要性を再確認すると共に、東日本における初期弥生文化の集落構造や墓制の変遷、生業などについて議論された。そのなかで石川日出志「東日本弥生文化の変革」は、中期中葉頃に東日本弥生社会のなかで広域にわたる社会変動

が起きた可能性を指摘し、壺再葬墓の終焉をこの変動のなかで生じた歴史事象として位置付けた。

溝口孝司「過去の記憶とその動員―北部九州弥生時代Ⅴ期を事例として―」(『考古学は科学か㊤ 田中良之先生追悼論文集』)では、北部九州の甕棺墓地を対象にして、利用が停止された上位層墓地の区画墓が、一定期間を経た後、少人数の甕棺墓地として意図的に選択される事例を収集・検討した結果、弥生Ⅴ期前半の後半に事例が集中することを確認し、このⅤ期の埋葬行為が、弥生Ⅲ期に形成され始め、Ⅴ期前半に揺らぎをきたした社会構造・システムの回復を志向し、意図的・戦略的に行われた可能性を示す。さらに、上位層が埋葬行為を通じて自らの社会的地位の正統性の確認・強化に努めたことを推測した。

5. 土器

田畑直彦「遠賀川式土器の広域編年と暦年代」(『近畿で「弥生」はどうはじまったか！？』)は、前期の遠賀川式土器を大別5期、細別9段階、中期前葉を大別1期、細別3段階に区分し、北部九州、響灘沿岸、瀬戸内・近畿を中心とした併行関係を提示することで、各地の相互関係を検討する基盤を整備した。

佐藤由起男「土器と雑穀栽培」(『魂の考古学―豆谷和之さん追悼論文編―』)では、新たな生業として列島内に導入された雑穀栽培が、土器の容量や組成などに大きな影響を及ぼさなかったことから、灌漑稲作と異なり雑穀栽培が食生活・生活様式や社会に与えた影響は限定的であったことを推測した。

庄田慎矢「農耕の定着化と土器の器種構成の変化」(『季刊考古学』第138号)は、稲作農耕の定着時期に朝鮮半島南部と日本列島で壺の比率が高まる点、板付Ⅰ式の登場と共に朝鮮半島南部では供膳形態、日本列島では貯蔵形態、特に壺比率の増加が顕著であることを指摘し、日本列島で畑作よりも水稲農耕が主流であった状況と対応する可能性を示した。一方、山本亮「遠賀川式大型壺の展開過程にみられる地域性と製作―近畿地方での出現の意義を中心に―」(『近畿で「弥生」はどうはじまったか！？』)では、縄文時代晩期（突帯文土器）の深鉢変容形大型壺に通有の煮炊痕跡が遠賀川系大型壺に希薄であることから、組成の補完関係が推測される両大型壺は、系譜や機能が継続するものではないことを指摘した。

三阪一徳「日本列島・朝鮮半島南部の稲作受容期における土器製作技術の変容過程解明への予察」(『考古学は科学か㊤ 田中良之先生追悼論文集』)は、稲作受容期における土器製作技術の変容過程を検討し、北部九州で水田農耕に関連した複数の文化要素が斉一的にもたらされた夜臼Ⅰ式期に、土器製作技術の面でも朝鮮半島南部に由来する稲藁を利用した覆い型野焼き、木製板工具を利用した器面調整、幅広粘土帯による積み上げ方法がセットで出現し、農耕と土器製作技術の変化が連動していた可能性を提示した。

土器研究でも弥生開始期に注目が集まる一方で、東日本弥生社会で広域の社会変動が生じた中期中葉の土器様式の変化や土器移動などを対象としたシンポジウム（『三遠南信周辺における中期弥生土器と交流―稲作導入期の社会―』地域と考古学の会）が静岡県浜松市で開催され、中期中葉を特徴付ける各地の土器様相と共に、墓制や木製農耕具に象徴される社会変化が議論された。なかでも、鈴木敏則「嶺田式土器とその前後」は、中期中葉に広域な土器生産・供給関係の存在を指摘し、西遠江地域で出土する瓜郷式土器の多くが東三河地域の豊川平野で生産され、南信地域の阿島式細頸壺が嶺田式土器からの搬入品であることを明らかにした。この時期の西遠江は本格的な水田稲作の導入にあたり、東三河から大規模な分村的移動があったことを推定し、伊那谷南部では土器の全てを地域内で生産・消費するのではなく、壺の主体は他地域（東遠江）からの大量供給に依存するというダイナミックな土器移動の実態を明示した。

6. 青銅器

「東アジアの青銅器と弥生文化」(『季刊考古学』第135号、雄山閣) では、21世紀に各地で新資料が増加した東アジアにおける青銅器研究の最新動向を取りまとめた特集が組まれた。宮本一夫「東アジア青銅器文化の潮流」は、東アジアにおける青銅器文化の潮流を整理し、弥生文化を含む東北アジアの青銅器文化が長城地帯で発達した北方青銅器文化の系譜関係のなかにあり、弥生時代後半期にみられる漢文化の影響は、農耕社会の領域化の延長にある前漢の楽浪郡設置に起因することを指摘した。石川岳彦「東北アジア青銅器時代の年代」では、朝鮮半島の青銅器文化や弥生文化における青銅器の直接的な起源となった遼寧式銅剣文化の年代と様相を概括し、殷末周初期における遼寧地域への外部からの青銅器の流入が、紀元前1千年紀前半頃における遼寧式銅剣文化成立の歴史的背景になった可能性を示し、遼寧式銅剣出現の上限年代を遅くとも紀元前9世紀から紀元前8世紀と推定した。吉田広「日本列島の初期青銅器文化」は、実用的利用から非実用的利用への転換を日本列島における青銅器文化の特色として提示し、武器形青銅器が出現する中期初頭から大型化の傾向が認められる日本列島の武器形青銅器が、導入当初から武器の機能より形態や威儀性を優先したことを推測した。田尻義了「東北アジアの青銅器生産技術―近年の出土資料について―」は、青銅器生産技術を考えるうえで重要な新出資料を紹介し、中期初頭の土製鋳型が複数個体まとまって出土した福岡県須玖タカウタ遺跡では、日本列島に青銅器生産技術が伝播した当初から、異なる鋳型素材を用いた鋳造技術を駆使していたことを推定した。土製鋳型の出土例がない朝鮮半島や、扁平紐式段階から土製鋳型を用いた青銅器生産が想定できる近畿地域との関係について新たな議論を巻き起こす可能性が高い。難波洋三「銅鐸の価格」は、漢代の記録を参考として弥生時代における主要青銅器の価格を算出し、後期の広形銅矛、近畿式・三遠式銅鐸出現と連動して、ほぼ同じ同位体比の鉛がこれらの新式祭器に使用され始めると共に、消耗品の実用鏃が青銅で盛んに製作されだすことから、半島との交易路が整備された結果、原料金属の輸入経費が減少するという興味深い仮説を提示した。

また、第65回埋蔵文化財研究集会が福岡県福岡市で開催され (『青銅器の模倣Ⅱ』埋蔵文化財研究会)、日本列島内で不均衡に分布する青銅器から派生した各種模倣品を資料集成し、地域ごとの特有な様相や、青銅器との関係性などが検討された。このなかで庄田慎矢「東アジアにおける金属器受容と短剣形石器の出現」は、東北アジアにおける武器形石器の出現時期が、金属器が受容される直前、隣接地域で金属器が出現した時期に対応するという明瞭なパターンを提示した。また、武器形石器が濃密に分布する朝鮮半島の石剣製作と使用方法を検討し、特定の型式の石剣は極めて高い規格性のもとに製作されており、青銅製ないし石製の短剣が葬送儀礼と深く関連することを指摘した。黒澤浩「銅鐸模倣品の状況―銅鐸形土製品を中心に―」は、銅鐸型土製品と銅鐸出土地点の距離関係を整理し、両者は比較的近接した範囲内で見つかることが多く、模倣の忠実さと距離の遠近は相関性が低いことを確認した。

7. 木製品と鉄製工具

樋上昇 (『樹木と暮らす古代人 木製品が語る弥生・古墳時代』吉川弘文館) では、これまで積み重ねられた研究成果を①森林資源の持続可能性、②組織的な木材の調達と運搬、③専業的な職人の存在の視点から再構成した概説書を上梓し、木製品生産・流通のあり方と古代国家の形成過程の関係性を示した。

村上由美子「木製品からみた初期農耕集落の生産・消費活動」(『近畿で「弥生」はどうはじまっ

か！?』）は、縄文時代にドングリを貯蔵穴で保管する事例が多いイチイガシが、前期から農具の材料として多用されることから、イネの安定的な収穫が食糧資源としてのイチイガシの役割を低下させた可能性を示す。

考古学研究会（『木製品からみた鉄器化の諸問題』シンポジウム記録10）では、各地域の木製農工具柄や木製品に遺された加工痕の検討により鉄製農工具の出現時期を明らかにし、「見えざる鉄器」というレトリックで膠着状態になっている農工具の鉄器化をめぐる問題に迫る意欲的な試みを行う。なかでも、櫻井拓馬「木製品からみた鉄器化の諸相・三重県—石器・骨角器の加工痕、使用痕を加えて—」は、鉄器や木製品に加えて、鉄器の資料不足を補うため石斧組成や砥石・骨角器の加工痕や使用痕にも着目した農工具鉄器化の様相をまとめあげ、川添和暁「骨角器からみた鉄器化について」では、加工実験の結果に基づき骨角器に遺る加工痕から工具の鉄器（金属器）化を検討し、石製工具から鉄製工具への移行期にあたる朝日式期（中期初頭）から高蔵式期（中期後葉）に青銅製工具が使用された可能性を指摘した。

発掘調査では、近畿地域を中心に鍛冶工房の発見が相次ぎ、著名な五斗長垣内遺跡から6km程度の距離に位置する兵庫県舟木遺跡では、後期後半の鍛冶工房（大型竪穴建物）と多数の鉄器が検出され、滋賀県稲部遺跡群では、後期後半〜古墳時代初頭頃の鍛冶工房群が確認された。

8. 石器研究およびその生産と流通

発掘調査では、福岡県三雲・井原遺跡から多数の楽浪系土器と共に後期の硯が複数出土し、硯の使用が一過性ではなく、継続的に用いられたことが推測できる点で注目を集めた。また、愛媛県村島宮の首遺跡では、中期後半の緑色玄武岩製磨製・打製石斧および赤色珪質岩製小型石器類の成品・未成品が多数出土しており、今後、製作工房の発見や原石採集地の特定、流通形態などの解明が期待される。

河合章行（『青谷上寺地遺跡出土品調査研究報告11 石器（2）』鳥取県埋蔵文化財センター）は、青谷上寺地遺跡における在地や遠隔地の石材を利用した石器製作工程、形態や使用痕から窺える機能や再利用過程、石器と他素材資料との関係性、木製・鉄製を包括した農具全体のなかにおける石製農具の位置付け、石器と石材にみられる他地域との交流など、多岐にわたる課題をまとめた詳細な報告がなされた。

森　貴教「砥石の消費形態からみた鉄器化とその意義—弥生時代北部九州を対象として—」（『考古学は科学か㊤　田中良之先生追悼論文集』）では、中期後葉以降に北部九州で広く分布する定型砥石の石材に、対馬などの海岸部を原産地とする青灰色泥岩が含まれることを指摘し、砥石の時期的変遷が、中期後半における鉄器研磨頻度の高まり、後期前半以降の生産・消費システムの変化と連動することを示した。

佐藤由起男「石材の比重からみた弥生系磨製石斧の生産・流通」（『岩手大学文化論叢』第9号岩手大学）は、広域流通品を生産する福岡県今山遺跡、長野県榎田遺跡で比重が大きく磨製石斧石材として適合性の高い石材を使用し、品質・形態的に均一化した生産が行われていたことを明らかにした。さらに佐藤は、石川県八日市地方遺跡から出土した磨製石斧のなかに、北海道や東北北部に分布する伐採斧「三面石斧」や、九州北部を中心に分布する加工斧「層灰岩製片刃石斧」が存在することを明らかにし、日本海沿岸域における広域流通の一端と、東西文化の交流拠点として機能した当遺跡の位置付けを示した。

西本和哉（『赤色顔料生産遺跡及び関連遺跡の調査　採掘遺跡　石器編』徳島県教育委員会）は、著名な辰砂採掘遺跡である若杉山遺跡などから出土した赤色顔料の採掘道具を、使用痕から推定される機能ごと

に分類し、採掘から粉末化までの作業工程を再現した。また、(『同 採掘遺跡 土器編』)では、若杉山遺跡から出土した土器の再検討を行い、遺跡の操業時期が後期前葉から古墳時代初頭であることや、胎土分析により他地域からの搬入土器が多く含まれていることを明らかにした。

9. ヒトと動物の考古学

江田真毅「弥生時代のニワトリの性比」(『日本動物考古学会第4回大会プログラム・抄録集』)では、セキショクヤケイ(赤色野鶏)をルーツとする弥生時代のニワトリが雄に偏ることから、家禽として再生産できず、権威を象徴する動物として中国や朝鮮半島からもたらされた可能性を示した。

米元史織「筋付着部の発達度からみる弥生時代の生業様式の地域的多様性」(『考古学は科学か⊕ 田中良之先生追悼論文集』)は、筋や靱帯付着部の発達度を分析する筋骨格ストレスマーカー(MSMs)により地域毎の生業活動を実証的に復元し、地域間における活動の類似性は女性の方が男性より極端に強くなることを明示した。また、水稲農耕の定着度が高くなるほど、男女の活動差が減少する可能性を指摘し、これまでほとんど議論されていない地域差・性差による生業活動の実態に迫る研究として注目される。

10. その他

江戸時代から続く「金印真贋論争」は、石川日出志の地道な研究により大きな転機を迎えつつある。金印に篆刻された字形は後漢初期にほぼ限定でき、金含有率の点からも江戸時代に製作することは困難と結論づけた(シンポジウム『ふたたび「漢委奴國王」金印を語る』明治大学日本古代学研究所)。

設楽博己(『弥生文化形成論』塙書房)は、弥生文化を日本列島で初めて成立した農耕文化複合と捉え、地域に応じて可変性に富むという視座で、東日本の弥生前期を中心に縄文系の伝統的要素が顕著な弥生文化(縄文系弥生文化)の形成過程を、再送墓に代表される墓制、生業、祖先祭祀など、多岐にわたる論点で示し、とかく西からの影響に目を奪われがちな従来の弥生研究に警鐘をならした。

7 古墳時代研究の動向

城 倉 正 祥

はじめに

近年、古墳時代研究に限らず、考古学を取り巻く社会・研究環境が大きく変容しつつある。中国の政治・経済的台頭によって東アジア史の位置づけをめぐる国際的な研究環境は急速に変化し、英米圏を志向してきた「国際発信」も多様化が求められている。「天皇陵」の世界遺産登録に向けての国内作業も「顕著な普遍的価値」を国際発信する作業である。また、デジタル技術の普及・発展も、急激に調査研究の方法を変えつつある。さらに、少子・高齢社会の中で、埋蔵文化財行政や大学教育も変化している。このような変革期を経験する中でも、伝統的な方法論と新しい技術を戦略的に選択しながら、遺構・遺物の詳細

な調査研究を進め、文化財の「価値」をあらゆる角度から追及し、世界にアピールする姿勢が試されていると考える。

1．古墳時代研究の方向性

地域別の動向は『考古学ジャーナル』（No.699）、論考を中心とした動向は『史学雑誌』（126-5）がある。その整理を踏まえつつ、ここでは研究動向を５つのトピック（対外交渉と社会理論、地域と集落研究、墳丘と埋葬・外表施設、土器と葬送儀礼、副葬品）に分けて記述する。なお、今回収集した論考・研究ノート・概報・予稿集・報告書・図録は500冊を超え、この数字が古墳時代研究の「厚さ」を端的に示している。まずは、５つのトピックを記述する前に、古墳時代研究の大きな方向性を整理しておく。

調査報告書　2016年度も重要な報告書が刊行された。『入の沢遺跡』（宮城県教育委員会）では、前期を中心とする大規模集落の様相が報告され、古墳分布の北限地域における社会が「古代倭国北縁の軋轢と交流」（『季刊考古学』別冊24）でも議論された。重要文化財の天冠の人物埴輪で著名な『神谷作古墳群』（いわき市教育委員会）も、東日本大震災の復興事業に伴う成果として注目される。『十五郎穴横穴墓群』（ひたちなか市教育委員会）、『上塩冶横穴墓群　第40支群』（出雲市教育委員会）では、東西最大級の横穴墓群の様相が報告された。榛名山の火山灰・火砕流の下から甲を着た人物が検出され、全国的な注目を集めた『金井東裏遺跡』（群馬県教育委員会）の報告書も刊行された。前期古墳の埋葬施設が調査された『城の山古墳発掘調査報告書』（胎内市教育委員会）では、充実した考察で日本海北限の前期古墳の様相が整理された。近年、各自治体が「国指定史跡」あるいは「国指定特別史跡」への登録を目指して、過去の調査成果を総合的に整理する動きが活発になり、『本巣市船来山古墳群総括報告書』（本巣市教育委員会）など「総括報告書」が刊行された。過去に実施された発掘調査の再評価、出土遺物の詳細な分析としては、『志段味古墳群３』（名古屋市教育委員会）、『宇和奈辺陵墓参考地旧陪冢ろ号（大和６号墳）』（宮内庁書陵部陵墓課）、『北和城南古墳出土品調査報告書』（奈良国立博物館）、『古室山・大鳥塚古墳　附章　狼塚古墳』（藤井寺市教育委員会）の成果も注目できる。大規模開発に伴う発掘調査が減少する中、過去の発掘品の再報告は大きな労力を伴うが、基礎資料の増加という点において重要な作業である。その意味では、大学が関わる発掘・整理報告『久米田古墳群発掘調査報告』（立命館大学文学部）、『船岡山古墳群（遺構編）』（高松市教育委員会・徳島文理大学）、『見島ジーコンボ古墳群第123号墳・第152号墳（再）・西部域出土資料調査報告』（山口大学）、『実相寺古墳群』（別府市教育委員会）の成果も注目できる。重要な報告書の刊行が進められる中でも、既往調査の再整理や総括が主体となっている傾向が読み取れる。

一般書・研究書　考古学における一般書の刊行は、最新の研究の方向性を反映する。一瀬和夫『百舌鳥・古市古墳群 東アジアのなかの巨大古墳群』（同成社）では、世界遺産登録を目指す大型古墳群の「普遍的価値」を東アジア世界の中で位置付けた。日本の古墳時代を中国・朝鮮半島を含めた東アジア史の中で位置付ける研究は、森下章司『古墳の古代史 東アジアのなかの日本』（筑摩書房）、高田貫太『海の向こうから見た倭国』（講談社）も同様の視点である。その意味では、2015年のシンポジウムを活字化した古代史シンポジウム「発見・検証　日本の古代」編集委員会『纒向発見と邪馬台国の全貌』『騎馬文化と古代のイノベーション』『前方後円墳の出現と日本国家の起源』（KADOKAWA）も、考古学・文献史学の協業による古代日本の東アジア的位置づけである。一方、古墳時代の魅力をビジュアルに伝える古谷毅

『古墳時代　美術図鑑』（平凡社）などの入門書も刊行された。また、特定のトピックを扱った一般書、村上恭通編『モノと技術の古代史　金属編』（吉川弘文館）、若狭徹『前方後円墳と東国社会　古墳時代』（吉川弘文館）、市毛勲『朱丹の世界』（ニューサイエンス社）、樋上昇『樹木と暮らす古代人』（吉川弘文館）なども多角的研究視点を示す。

博士学位論文を基礎とした専門書も出版されている。中久保辰夫『日本古代国家の形成過程と対外交流』（大阪大学出版会）は、古墳時代の土器を中心として古代の日韓関係や国家形成過程を論じる。日韓交流では、垂飾付耳飾と装飾大刀の分析から古墳・三国時代の地域間交渉を論じた金宇大『金工品から読む古代朝鮮と倭　新しい地域関係史へ』（京都大学学術出版会）も注目される。2012年刊行の土生田純之・亀田修一編『古墳時代研究の現状と課題』（同成社）を、韓国版に翻訳した하부다요시유키・카메다슈우이치『일본 코훈시대 연구의 현상과과제』（진인진）も、日本の古墳時代研究の方法論を国際的にアピールする試みとして注目できる。一方、遺物研究だけでなく横穴式石室という遺構の分析から伝播の意味を探った太田宏明『横穴式石室と古墳時代社会　遺構分析の方法と実践』（雄山閣）の視点も重要である。

シンポジウム・研究会　まず、前方後円墳研究会の大会が挙げられる。九州前方後円墳研究会『九州島における古式土師器』では、九州島の古式土師器の様相が整理され、在来土器と外来土器から地域間関係が議論された。中国四国前方後円墳研究会『前期古墳編年を再考する3　地域の画期と社会変動』では、前期古墳を中心とした編年の問題が議論された。一方、東北・関東前方後円墳研究会『馬具副葬古墳の諸問題』では、各地の馬具副葬古墳の様相が整理された。三研究会の予稿集では研究の基礎となる「集成」作業が行われている点が重要である。その他にも、特定古墳をテーマとした『金鈴塚古墳のかがやき』（国立歴史民俗博物館）、『島の山古墳の調査成果と課題』（橿原考古学研究所）も開催された。また、個別のトピックをテーマとした研究会も多く開催されている。三河と伊勢地域の海に関連した遺構・遺物を扱った海の古墳を考える会『海の古墳を考えるⅥ　三河と伊勢の海』、常陸国風土記を考古学・文献史学から扱った東国古代遺跡研究会『「常陸国風土記」の世界　古代社会の形成』、軍事と生産がテーマとなった古代武器研究会『軍事と生産』、出雲東部の石棺式石室の出現をテーマとした島根大学法文学部山陰研究センター・島根大学考古学会『出雲型石棺式石室の出現を考える』、播磨の鉄製武器の様相が整理された播磨考古学研究集会実行委員会『武器からみた古墳時代の播磨』、博物館のリニューアル記念として企画された群馬県立歴史博物館『古墳時代の東国と畿内』などが主要なシンポジウム・研究会として挙げられる。

国際発信　第8回世界考古学会議京都大会（WAC-8）が開催された。参加者は80カ国から1,600人を超え、古墳時代関連の発表も多く国際発信された。その様子は、考古学研究会「第8回世界考古学会議京都大会（WAC-8）から考える」（『考古学研究』63-3・4）に報告された。古墳時代研究の英米圏への成果発信は、大阪大学が精力的に進めており、高橋照彦ほか『Nonaka Kofun and the Age of the Five Kings of Wa』（Osaka University Press）では、中期の様相が分かりやすく整理された。また、田中裕「Progress in Land Transportation System as a Factor of the State Formation in Japan」（『Japanese Journal of Archaeology』5-1）も、ネットワークの視点から日本における「初期」国家形成過程を論じた。古墳時代研究が蓄積してきた膨大で詳細な遺構・遺物研究を武器に、世界に研究成果を発信する姿勢が、今後さらに重要になる。

デジタル技術　遺構・遺物のデジタル技術を用いた三次元化も大きな潮流の1つである。橿原考古学研究所が進める銅鏡、九州国立博物館が進める装飾古墳の三次元計測が蓄積されてきたが、シンポジウム『3D考古学の挑戦』（早稲田大学総合人文科学研究センター）なども開催され、注目を集めた。埴輪のデジタル撮影・三次元計測に基づく『殿塚・姫塚古墳の研究』（六一書房）も刊行され、近年では甲冑や大刀、鉄鏃などのX線CTを用いた計測成果も蓄積されている。また、天皇陵の航空レーザー測量が注目を集めているが、古墳推定地の調査『南森測量調査報告書（古墳推定地に関する調査）』（南陽市教育委員会）などにも応用されている。既存の図化方法と三次元情報、それぞれの利点を活かした研究の展開が期待される。なお、デジタル関係では、奈良文化財研究所が維持・運営する「全国遺跡報告総覧」も注目される。2017年度末現在で登録件数は2万件を超えており、情報検索環境は格段に向上している。著作権・公衆送信権・肖像権など課題は多いが、統一的な基準による国レベルの取り組みが期待される。

熊本地震と文化財の被災　2011年3月11日に発生した東日本大震災は、地域に未曾有の被害を与えたが、文化財に関しても復興支援事業として様々な試みが行われ、考古学界にも課題と教訓を残した。2016年4月14～16日にかけて発生した熊本地震も、熊本城跡をはじめ、多くの文化財が甚大な被害を受けた。特に、装飾古墳の被害は深刻で、崩壊を防ぐ石室構造の維持だけなく、石室内の装飾の劣化防止が課題となった。この点は、「平成28年（2016年）熊本地震装飾古墳等被災状況速報」（『埋蔵文化財ニュース』168）など高松塚古墳の石室解体の教訓が活かされた点が注目される。常に様々な災害に直面する日本列島では、その記憶と教訓が次に起こる危機に活かされることこそが重要である。

天皇陵と世界遺産　百舌鳥・古市古墳群の世界文化遺産登録推進事業も注目できる。2016年度末に文化庁に提出された推薦書原案は、2017年7月31日、国の文化審議会で世界遺産登録への推薦が決定された。一方、「天皇陵」の呼称に関しては研究者からの真摯な提言もあり、今尾文昭・高木博志『世界遺産と天皇陵古墳を問う』（思文閣出版）で論点がまとめられている。単なる呼称の問題ではなく、戦後考古学の学問的成果や文化財の根源的価値に関連する提言である。奇しくも森浩一著作集の最終章を飾る『天皇陵への疑惑』（新泉社）が同時期に刊行されている点も注目したい。外池昇『検証　天皇陵』（山川出版社）、山田邦和「陵墓研究の現状と陵墓公開運動」『日本史研究』647など、天皇陵の通史的研究や公開の問題も重要である。なお、「『神宿る島』宗像・沖ノ島と関連遺産群」も2017年にユネスコ世界遺産に登録された。

2．対外交渉と社会理論

対外交渉　古墳時代の対外交渉は、やはり日韓関係が中心となる。崇実大学校で開催された研究発表会、「日韓交渉の考古学—古墳時代—」研究会編『韓日의古墳』（第4回共同研究会）では、日韓両国の研究者による最新の研究テーマが発表された。特徴的な「渡来系遺物」「倭系遺物」のみを扱う日韓考古学から、近年では双方向的な比較と歴史的背景の考察が重視されつつある。土生田純之・亀田修一編「古墳時代・渡来人の考古学」『季刊考古学』137では、仕事・暮らす・葬る・各地の渡来人、など多角的なテーマで「渡来人」が論じられた。また、栄山江流域の「特徴的な」前方後円墳を対象にしながらも、当該地域の存立基盤を倭国も含めた様々な地域との交渉に求めた山本孝文の視点（「韓半島の古墳文化と前方後円墳」『多摩考古』46）など、日韓関係の研究が新たな研究段階に進みつつある点が実感できる。

他にも、倭国では雄略〜継体朝にあたる時期の韓半島情勢を文献史料から整理した田中俊明の研究（「5世紀後半から6世紀前半の朝鮮半島情勢」『古代武器研究』12）、馬形帯鉤の列島流入の歴史的背景や日韓交差年代を再考した柳本照男の研究（「海を渡った馬形帯鉤」『塚口義信博士古稀記念　日本古代学論叢』和泉書院・「交差資料からみる韓日古墳の編年と年代観」『海と山と里の考古学』山崎純男博士古稀記念論集編集委員会）、「渡来系遺物」から韓半島と倭人社会を捉えた藤田憲司の研究（「渡来系遺物から見た韓半島と倭人社会」『海と山と里の考古学』）など、日韓交渉を扱った研究は多様に展開しつつある。

社会理論　高度経済成長期の膨大な調査の蓄積によって、古墳時代の全体像が把握しにくくある中で、「中枢」の畿内を中心に基礎的な情報の整理を目指したのが立命館大学文学部考古学・文化遺産専攻編『畿内の首長墳』である。下垣仁志により、首長墓系譜論の研究史も整理された。「畿内」をテーマとする古代学研究会編「特集　古墳時代における政権と畿内地域」『古代学研究』210・211では、大化前代の「畿内」が巨視的に整理された。上記二者は、国家成立過程における「中心の必然性」を自ら問い直す試みである。ある時点での研究を総括する、その限界も把握する（魚津知克「『海の古墳』研究の意義、限界、展望」『史林』100-1など）、それが歴史学の新しい地平を拓く視点に繋がる。なお、1990年の都出比呂志による前方後円墳体制提唱以来の古代史をテーマとした日本史研究会「日本史における国家と戦争」『日本史研究』654も注目される。考古学からは下垣の提言があったものの、考古学と文献史学の学問体系の「距離」も感じる特集だった。この点は、田中良之の古墳時代親族構造論がなぜ文献史学に受け入れられなかったのか、を学史的に整理した岩永省三の視点（「古墳時代親族構造論と古代史研究」『考古学は科学か　田中良之先生追悼論文集』下　中国書店）が、考古学と文献史学の「距離」を埋める手がかりになる可能性がある。

3．地域と集落研究

地域研究　まず、「畿内」における地域研究の事例を整理する。前期に関しては、「倭系新威信財」の創出と配布の様相を整理した寺沢知子の研究（「古墳の属性と政権動向」『纒向学研究』5）がある。大和東南部、佐紀古墳群、馬見古墳群、古市古墳群、百舌鳥古墳群など大型古墳群の相互の関係性は、未だに活発な議論の対象だが、田中晋作（「古墳時代前期後半における畿内政権内の主導権をめぐる確執」『山口考古』36・「和泉地域に投影された政権中枢勢力の動静」『日本古代学論叢』和泉書院）は、三角縁神獣鏡と石製模造品の「移動」から、古墳群の盛衰を畿内政権内の主導権をめぐる確執と捉える。関川尚功（「馬見古墳群の成立と新山古墳」『日本古代学論叢』和泉書院）は、馬見古墳群の成立に関して、西日本から大和への西の門戸にあたる「立地」を強調する。近年では大型古墳の連続性を重視し、古墳時代を通じて王宮は大和にあると考え、大型古墳群間の「墓域の移動」を想定する説が有力である。一方、二重王権説の岸本直文（「津堂城山古墳と河内政権」『日本古代学論叢』和泉書院）は、津堂城山古墳の造営を執政王の河内における権力基盤の確立と捉える、いわゆる河内政権論の立場をとる。ところで、時代は下るが河内大塚山古墳を安閑未完陵と考える岸本説に対して、文献史料の「解釈」に対する安村俊史の批判（「河内大塚山古墳を考える」『日本古代学論叢』和泉書院）がある点も注意したい。後期では、中河内の生駒西麓における群集墳を検討し、その規模の差異を畿内政権より一定の政治的身分：「氏姓」を与えられた氏族集団の差異と捉えた吉田野乃の研究（「生駒西麓における群集墳の比較検討」『古代学研究』209）が

注目される。後期～終末期では、葛城縣における蘇我氏と巨勢氏の動向を考古学的に考えた藤田和尊の研究（「葛城懸における蘇我氏と巨勢氏の考古学的動向予察」『日本古代学論叢』和泉書院）もある。出雲を分析した仁木聡（「継体・欽明朝における出雲の池溝開発について」『日本古代学論叢』和泉書院）も、地方における古墳の動態を中央豪族による競合的な地域支配の構図と把握する。しかし、中央豪族の連合体に対して地方豪族がそれに服属するという「国家像」の見直しを説く文献史学の立場（吉川聡「文献史学からみた畿内」『古代学研究』211）にも注意したい。考古学的事象を文献史料をもとに歴史的に位置付ける際には、慎重な姿勢が必要である。

「畿内」以外の地域研究も非常に盛んである。関東では、土生田純之（「下野型古墳の歴史的意義」『専修人文論集』100）が「下野型古墳」を再検討し、6世紀以降の地域性と7世紀後半における中央政権の影響を論じた。北陸では中司照世による整理（「再論・加賀における古墳時代の展開」『石川考古学研究会々誌』60）、山陰では森藤徳子による整理（「古墳群の動態と階層構造」『鳥取県埋蔵文化財センター調査研究紀要』8）も重要である。九州では、古墳時代前期から存在していた定形的な導水施設の構造を整理した城門義廣の研究（「九州における古墳時代導水施設の展開」『考古学は科学か』中国書店）、古墳時代中期における埋葬施設に見られる階層性と地域間関係を整理した重藤輝行の研究（「古墳の埋葬施設の階層性と地域間関係」『考古学は科学か』中国書店）が注目できる地域研究である。

集落研究　近年、最も活況を呈する分野が集落研究である。総合的な研究としては、2014年のシンポジウム成果をまとめた古代学研究会編『集落動態からみた弥生時代から古墳時代への社会変化』（六一書房）が注目される。近畿地方を中心とした事例報告と、弥生～古墳時代の集落の画期と変革が整理された。近年の集落研究では、墳墓との関係も重要なトピックである（若林邦彦『木津川・淀川流域における弥生～古墳時代集落・墳墓の動態に関する研究』同志社大学歴史資料館・山本亮「乙訓地域の前期古墳と集落」『魂の考古学　豆谷和之さん追悼論文編』豆谷和之さん追悼事業会）。古墳時代研究では、地域的な墳墓の動態を中心に首長系譜論が盛んに議論されてきたが、古墳と集落の動態に見られる相関は新たな研究視点をもたらす可能性がある。近年では、地質を含む地学分野との協業である「ジオアーケオロジー」の手法に基づいて、弥生～古墳時代の河内平野の古地形を復原した上で、耕地化と集落の動態を分析する手法（大庭重信「地形発達と耕地利用からみた弥生・古墳時代の地域社会」『考古学研究』63-2）も試みられている。また、古墳時代から古代への転換についても、畿内の6世紀後半以降に集落が低地から高地へ移動する現象を指摘し、中央政権による集落の再編成と条里制へと続く低地の耕地化を想定した道上祥武の研究（「古代畿内における集落再編成と土地開発」『考古学研究』63-4）などが注目できる。

一方、集落研究では生業、家族、景観、首長居館など他にも多様な論点がある。「特集　古墳時代の集落研究」（『考古学ジャーナル』691）では、それら様々な論点が整理された。一般民衆の生活基盤である集落分析は、考古学研究の根幹でもある。各地域における基礎的な分析（中村岳彦「栃木県・佐野地域における古墳時代後期集落の動態」『地域考古学』1・黒沢崇「印旛沼北岸における古墳時代後期以降の古墳と集落」『博古研究』52・渡辺和仁「伊賀地域における古墳時代集落構造についての予察」『Mie history』23・櫻田小百合「淀川下流域および難波砂州における弥生～古墳時代の集落動態」『魂の考古学』・中川寧「宍道湖南岸の集落遺跡」『魂の考古学』）の蓄積と総合化など、更なる研究の進展が期待される。

4．墳丘と埋葬・外表施設

墳丘 デジタル測量技術の発展や地中レーダー探査により、前方後円墳の築造企画研究は様相を大きく変えつつある。航空レーザーによる古市・百舌鳥古墳群の測量図が注目を集めたが、UAV-SfM を用いた測量も地形学の分野で急速に浸透している（吉田英嗣「最近の地形測量事情」『駿台史学』160）。墳丘のデジタル三次元測量（『山室姫塚古墳の研究』早稲田大学東アジア都城・シルクロード考古学研究所）、GPR 探査（小田木治太郎ほか「西乗鞍古墳後円部墳頂および東斜面における物理探査」『古事』21）も実践されつつある。しかし、上田宏範の遺稿集（『前方後円墳の型式学的研究』由良大和古代文化研究協会）で示される研究の原点：墳丘の類型化と型式組列の把握、すなわち設計原理を読み解くための研究者の観察力を忘れてはならない。大規模古墳の墳丘企画の多角的な研究（一瀬和夫「墳丘構築論２」『日本古代学論叢』和泉書院）などを基軸としながら、墳丘の精密なデータの蓄積と研究史を踏まえた分析が今後も期待される。

埋葬施設 竪穴式石室では、長大な木棺の空間利用方法に着目し、前期の画一的な「三分割構造」が前期末以降に崩れていく方向性を示した岡林孝作の研究（「古墳時代木棺の棺内空間利用と機能」『日本考古学』42）が注目できる。新たな検出が少ない遺構だが、地域における基礎的な整理（森田孝一「山口盆地における竪穴式石室・石棺系竪穴式石室の検討」『山口考古』36）など既存資料の丁寧な見直しが重要である。横穴式石室も各地での研究成果（宇野愼敏「周防・長門における初期横穴式石室の出現とその背景」『山口考古』36・宮澤公雄「山梨県における横穴式石室の受容」『帝京大学文化財研究所研究報告』16・田村隆太郎「駿河東部の横穴式石室と埋葬に関する検討」『静岡県埋蔵文化財センター研究紀要』5）が注目される。地域における展開過程の丁寧な整理こそが、全体を見渡す際に重要になる。一方、急速に進む三次元計測・SfM を用いた横穴式石室の情報化について、集成・整理した青木弘の論考（「東国の横穴式石室に関する近年の研究について」『研究紀要』31）も今後の方向性を考える上で重要である。吉備地方の陶棺を整理した絹畠歩の研究（「『吉備』地域における陶棺の採用過程とその論理」『考古学は科学か』中国書店）も注目される。終末期古墳に関しては、高松塚古墳の石室解体調査を踏まえて二上山凝灰岩の加工技術を論じた廣瀬覚の研究（「古代における採石加工技術の展開」『第３回　中世・加工技術研究会発表資料』）、後期から終末期古墳への地域的な展開過程を整理した研究（右島和夫「山ノ上古墳の再検討」『日本古代学論叢』和泉書院・高橋香「相模における後期・終末期古墳と初期寺院の諸問題について（１）」『神奈川考古』52・宇野愼敏「豊前北部における古墳時代終末期の３つの様相」『日本古代学論叢』和泉書院）など、いずれも詳細な遺構研究に立脚しながら、列島規模の動態を７世紀史の中で位置付けようと試みる。

横穴墓 多様な要素で構成され、研究が難しい横穴墓の分析方法論にも注目したい。宮崎平野における地下式横穴墓の分類を試みた津曲大祐（「類型化による地下式横穴墓の成立と展開に関する考察」『古代武器研究』12）、河内地域の横穴墓の出現と展開を整理した岩橋由季（「河内地域における横穴墓の出現・展開とその背景」『考古学は科学か』中国書店）、北部九州における横穴墓の埋葬姿勢を整理した田村悟（「北部九州における横穴墓の埋葬姿勢」『考古学は科学か』中国書店）など、多角的・重層的な分類によって横穴墓の歴史性に迫る研究が蓄積された。また、歯冠分析による親族構造の分析が、1990年代よりヒトゲノム解析に基づく DNA 分析に移行した点を梶ケ山真理（「横穴墓出土人骨研究の動向」『考古学論

究』18）が整理する。DNA解析の事例は現段階では費用や技術的な問題から少ないものの、今後の展開が期待できる。

埴輪 外表施設としての埴輪研究では、保渡田八幡塚古墳の埴輪列の研究史を整理し、「中央」の構造性を「地方」の埴輪列より見出す視点を指摘した犬木努の研究（「保渡田八幡塚古墳の形象埴輪配置」『日本古代学論叢』和泉書院）が注目できる。鰭付円筒埴輪の配列における変遷から、佐紀・古市古墳群の画期を指摘した宮村誠二の研究（「鰭付円筒埴輪配列の変遷と画期」『埴輪研究会誌』20）もある。古市・百舌鳥古墳群の陪冢の性格を円筒埴輪の生産体制から考えた木村理の研究（「円筒埴輪からみた百舌鳥・古市古墳群における陪冢の性格」『古代学研究』212）では、陪冢の性格の違いと階層性が論じられた。埴輪研究の方向性に関しては、普遍的な研究課題を的確に整理した犬木努の提言（「埴輪研究の課題」『播磨の埴輪』）が重要である。犬木の示した同工品論に基づく研究は各地で実践されており（池淵俊一「松江市東淵寺古墳の埴輪について」『古代文化研究』25など）、埴輪研究会が進める胎土分析も成果を挙げている。

5．土器と葬送儀礼

土師器 古式土師器は、古墳出現期土器研究会の雑誌（『古墳出現期土器研究』4）の諸論考が注目できる。畿内を中心として、過去の調査成果を現代的に再評価する論考が多い。集落や墳墓、その他の遺跡を繋ぐ年代的指標としての土器だからこそ、既存の編年体系の更なる精密化が必要である。東日本古墳確立期土器検討会の雑誌（『東生』5）の小型丸底土器の特集でも、各地の集成・整理などの基礎作業が蓄積されており、全国的視野での画期の抽出が行われている。なお、煮炊具としての土器では、ススやコゲの精密な観察、民族誌、実験考古学的な手法での機能論的アプローチも注目される（小林正史編「特集　道具としての土器」『考古学ジャーナル』682・小林正史ほか「ラオス・オイ族における伝統的米品種の粘り気度の変化要因」『石川考古学研究会々誌』60）。土師器は地域研究の根幹でもあるが、全国的にも弥生後期〜古墳前期の研究（阿部明彦「庄内平野における古墳時代のはじまり」『山形考古』46）が多く、中後期における地域研究（熊谷晋祐「子針型坏の成立と展開に関する一考察」『Archaeo-Clio（アーキオ・クレイオ）』14など）の増加にも期待したい。方法論としては、遺跡毎の在来土器・外来土器の丁寧な峻別を基礎として、地域間関係を総合的に見極めるべきという指摘（中野咲ほか「大和における古墳時代の東日本系土器」『研究紀要』21　由良大和古代文化研究協会）に耳を傾けたい。

須恵器 初期須恵器では、百済・馬韓地域と日本の須恵器窯を比較した植野浩三の研究（「馬韓・百済の土器窯と日本須恵器窯の比較研究」『文化財学報』35）がある。一方、遺物からは百済・馬韓地域の器種を検討した土田純子の研究（「百済・馬韓土器の器種に関する考察」『海と山と里の考古学』・『東アジアと百済土器』同成社）もある。須恵器研究では生産地における編年研究が基軸になるが、生産地資料の再検討（和泉市史編さん委員会『和泉市考古学調査報告書Ⅱ』・三吉秀充「市場南組窯跡産須恵器の型式分類と編年」『古文化談叢』77）が注目される。生産地資料では、全国的な編年基準となっている田辺編年・中村編年を再検討し、田辺編年を継承する視点を示した三好玄の研究（「古墳時代須恵器編年にかんする方法論的検討」『古代文化』68-1）も重要である。研究史を踏まえた上での既往調査の再検討によって、編年は更に緻密化していくと思われる。なお、消費地遺跡の分析（大西遼「消費地須恵器の分析を通

葬送儀礼　埋葬に伴う儀礼の痕跡は様々な形で確認できる。土器を用いた葬送儀礼は、北関東の弥生後期〜古墳前期の墳墓儀礼における地域間の伝播過程を整理した土井翔平の研究（「古墳時代の北関東における葬送儀礼行為の波及過程に関する考察（１）」『考古学集刊』12・「古墳時代前期の北関東における儀礼行為の波及と地域統合」『駿台史学』158）がある。文字資料の増加を見込むことが難しい古墳時代研究において、埋葬儀礼は遺物・遺構研究ほどには活発に議論されない。しかし、死者を埋葬する行為に通底する「再生希求」と「再生阻止」の相矛盾する２つの観念に関して、国富中村古墳などの最新の発掘成果を踏まえ、「密封」と「毀損」の観点から整理した坂本豊治の研究（「出雲における再生阻止儀礼」『考古学は科学か』中国書店）は興味深い。近い視点として、「霊魂封じ込め」により古墳の役割は終わり、継続祭祀は行われなかったとする櫻井秀雄の研究（「霊魂封じ込めの場としての古墳」『信濃』69-7）もある。更に、三ツ塚古墳から出土した「修羅」を、「喪船」運搬用の道具と考える坪井恒彦の研究（「三ツ塚古墳出土『修羅』と倭国王の葬送儀礼」『日本古代学論叢』和泉書院）もある。詳細な遺構・遺物研究を踏まえながらも、文献史学・人類学の成果を応用した儀礼研究の更なる進展が期待される。

６．副葬品

青銅鏡　古墳時代に関連する鏡研究は非常に活発である。漢鏡・三国鏡・西晋鏡では、『ヒストリア』259に掲載された論考（實森良彦「漢末三国期の斜縁鏡群生産と画像鏡」・村瀨陸「漢末三国期における画文帯神獣鏡生産の再編成」・南健太郎「漢・三国・西晋期の銅鏡編年に関する新視角」）、『古文化談叢』77に掲載された論考（森下章司「神獣鏡と黄帝・玄女」・村瀨陸「菱雲文に着目した同型神獣鏡の創出」・德富孔一「突出雲の形態からみた流雲文縁方格規矩鏡の編年」）など個別の鏡種に関する緻密な分析作業の蓄積が注目される。三角縁神獣鏡については、帯方郡での生産を想定する説（高橋徹「赤塚古墳と出土中国鏡について」『纏向学研究』５）、あるいは洛陽発見とされる三角縁神獣鏡を積極的に評価する説（西川寿勝「洛陽発見とされる三角縁神獣鏡について」『古代文化』68-3）も提示された。しかし、「コレクション資料の"発見"に右往左往することなく、対象とする資料の特性をみきわめ、研究を進める」重要性を指摘する岡村秀典（「紀年銘をもつ神獣鏡の新例」『史林』99-5）の言葉は重い。東アジアにおける古墳時代史の位置づけに大きく影響を及ぼす問題だけに、慎重な議論を期待したい。なお、近年の鏡研究の活性化に間違いなく寄与しているのは、下垣仁志による体系的な整理と基礎資料の提示である。歴博集成を更新した下垣集成（『日本列島出土鏡集成』同成社）は、今後の研究の基礎として計り知れない価値をもつ。倭鏡に関しては、鋳型成形技法から倭鏡群を二大別し、その中で連動して出現する系列群を様式と捉え、前期倭鏡・中期倭鏡・後期倭鏡を設定した岩本崇の研究（「古墳時代倭鏡様式論」『日本考古学』43）が重要である。中期後半以降の「同型鏡群」や大型倭鏡の分析も進んでおり（辻田淳一郎「同型鏡と倭製鏡」『考古学は科学か』中国書店・「同型鏡群における文様・外区の改変事例とその製作技術」『史淵』154・加藤一郎「交互式神獣鏡の研究」『古文化談叢』78）、雄略朝〜継体朝の国際関係や国内秩序の再検討も期待される。

石製品・ガラス製品　佐久間正明（「武具形石製模造品考」『考古学雑誌』99-1）は、畿内を中心として東の関東北部、西の九州・四国地方という東西に「辟邪」という呪術性を象徴する武具形石製品が分布

する点を強調する。常総地域の滑石製品を整理した久永雅宏の研究（「常総地域における滑石製品の生産と流通の一形態」『土曜考古』39）もある。他に、古墳時代前期に特徴的な容器・威儀具を写した石製品、その祖型となった木器を扱った飯塚武司（「古墳時代の始まりの木器写しの器物と弧帯文（帯状文様）を刻む木器」『東京都埋蔵文化財センター研究論集』31）、腕輪型石製品のくり抜き技術の実験（三宅博士「腕輪形石製品製作に伴う割り貫き技術の実験的検討」『玉文化研究』2）、石製紡錘車の製作工程の復元（平尾和久「石製紡錘車未成品の出土傾向と製作工程」『考古学は科学か』中国書店）など個別研究が蓄積された。

　装身具（玉類）の研究では、日本玉文化学会の寺村光晴先生卒寿記念号『玉文化研究』第2号の特集が特筆される。古墳関係でも多くの論考が掲載された。他にも、前期における玉類の副葬状況を分析した谷澤亜星の研究（「古墳時代前期における玉類副葬の論理」『考古学は科学か』中国書店）、後期のガラス小玉を化学分析の結果から検討した研究（鈴木恵介・堀木真美子「古墳時代後期ガラス小玉の製作技法」『愛知県埋蔵文化財センター研究紀要』17）など、生産・流通・消費の多角的な視点が蓄積されている。

　農工具　弥生〜古墳における木製広鍬の泥除の分類と装着方法を分析し、泥除が単に泥の飛散を防ぐだけでなく、水田で土を掻くために重要な道具であった点を指摘した黒須亜希子の研究（「木製『泥除』の再検討」『日本考古学』43）が注目される。儀具としての農工具の可能性を追求した穂積裕昌の研究（「伊勢神宮『御田種蒔下始』の考古学的検討」『魂の考古学』）、祭祀遺跡における農工具の出土事例を集成した杉山秀宏の研究（「群馬県内古墳・祭祀跡出土鉄製農工具について」『群馬県埋蔵文化財調査事業団研究紀要』35）も、遺物としての注目度が高くない農工具の研究に一石を投じる視点であり、今後が期待される。

　武器・武具・馬具　武器では、弥生時代中期後半〜古墳初頭の長茎短剣の成立過程を分析したライアン・ジョセフの研究（「長茎短剣の成立過程」『古代学研究』212）がある。一方、鉄刀剣・ヤリの研究においては、基本的に装具のみが分析対象になっているという問題意識から、鉄製刀剣の断面実測を通じて鉄の鍛造工程をまとめた横山瑛一の研究（「鉄製武器の錆化状況に基づく一考察」『広島大学大学院文学研究科　考古学研究室50周年記念論文集・文集』）が注目できる。刀装具では、鹿角製刀装具の型式と出土状況を分析し、王権と非定住民との関係を論じた山田俊輔の研究（「鹿角製刀装具の系列」『日本考古学』42）、6世紀〜7世紀の双龍環頭大刀の製作技法の分析と編年から、その生産と流通に蘇我氏の関与を想定した豊島直博の研究（「双龍環頭大刀の生産と国家形成」『考古学雑誌』99-2）が特筆できる。なお、吉村和昭は地下式横穴墓における女性への鉄鏃・刀剣の副葬事例を検討し、女性の武装・戦闘参加、軍事権への関与を指摘する（「地下式横穴墓における女性と未成人への武器副葬」『考古学は科学か』中国書店）。鉄鏃に関しては、地域における整理（三好裕太郎「九州南部における鉄鏃の地域性とその変化」『古代武器研究』12・萩野谷主税「甲斐地域における有頸式鉄鏃の変遷」『山梨県考古学協会誌』25）が蓄積された。

　武具では、重要な発見が相次ぐ地下式横穴墓から出土した甲冑の検討（吉村和昭2「九州南部の甲冑と甲冑出土古墳」『古代武器研究』12・「波状列点文を施す金銅装蝶番金具」『宮崎県西都原考古博物館研究紀要』13）が注目できる。甲冑研究ではX線CTを用いた三次元計測研究も今後の発展が期待できる。

　馬具では、馬越長火塚古墳の馬装を再検討した宮代栄一の研究（「愛知県豊橋市馬越長火塚古墳の馬装」

『三河考古』26)、兵庫鎖立聞素環環状鏡板付轡を検討した大谷宏治の研究（「兵庫鎖立聞素環環状鏡板付轡の特質」『静岡県埋蔵文化財センター研究紀要』5）がある。また、従来とは異なる視点の研究としては、福岡平野における鍛冶技術水準と馬具を対比させて在地生産の可能性を追求した西幸子の研究（「福岡平野における馬具在地生産の可能性の検討」『古文化談叢』76）、轡や杏葉、雲珠や辻金具などを連結する有機質の繋を分析した片山健太郎の研究（「古墳時代馬具における繋の基礎的研究」『史林』99-6）も重要である。さらに、国家形成期における馬匹生産を追及する試みとして、動物遺存体を対象にした分析・研究も蓄積されており（青柳泰介『国家形成期の畿内における馬の飼育と利用に関する基礎的研究』奈良県立橿原考古学研究所など）、日本列島における馬・騎馬文化全体の研究が進みつつある。

おわりに

2016年度の古墳時代研究の動向を整理した。遺構・遺物の詳細な研究の蓄積に比べると、巨視的な古墳時代像の描写や理論的枠組みの提示、国際発信の比率は少ない。考古学を取り巻く社会が大きく変化しつつある今だからこそ、古墳研究が得意とする緻密な分析に基づく実証的な研究を基礎として、その成果を多角的視点で理論的に昇華しつつ、国際発信力を高めていく必要があるのではないだろうか。

8　古代研究の動向

髙橋　香

はじめに

2016年度の古代研究の動向について述べる。遺跡調査やシンポジウム、報告書や刊行された論文等すべてにおいて網羅すべきところであるが、紙面の都合上、すべてを掲載することができなかった。御容赦願いたい。

1．交通

2015年7月に行われた「古代南武蔵の郡家と交通―橘樹官衙遺跡群を中心に―」シンポジウムの記録集として日本大学史学会『史叢』第95号が刊行された。内容は古墳・官衙・寺院などから武蔵国橘樹郡域の様相についてまとめたものである。新井悟「馬絹古墳が円墳であるという認識への疑問」、河合英夫「橘樹官衙遺跡群の調査とその成果―橘樹郡衙跡の到達点と課題―」、髙橋香「影向寺遺跡について―単弁蓮華文の系譜を考える―」、堀川徹「武蔵国造の乱と橘花ミヤケ―七世紀以前の南武蔵―」、荒井秀規「武蔵国橘樹郡家と南武蔵の交通」、望月一樹「律令制下における橘樹郡の様相」、三舟隆之「影向寺遺跡と古代東国の郡家・寺院」など文献史学と考古学からみた最新の見解が示された内容となっている。島根県では『山陰の古代道』をテーマに山陰考古学研究集会が9月に開催され、坂本嘉和「因幡国の古代道路」、下江健太「鳥取県西部（伯耆国）」、江角健「山陰の古代道（島根県東部）」、伊藤創「石見（島根県西部）にお

ける古代山陰道」といった4本の事例報告と黄暁芬「東洋最古のハイウェー～秦直道の発掘と認識～」の講演が行われた。また、島根県松江市の魚見塚遺跡において、律令期の官道と想定される道路遺構が確認され報告もなされた。道路遺構は、波板状の凹凸面が検出されその中には複数の石が入れられた状態で確認されている。道路の建築様相がわかる好例として紹介された。

条里制・古代都市研究会のテーマは、「古代都市と動物」であった。山崎健「馬の貢物・貝の貢物」、丸山真史「平安時代の都市における動物利用」、山近久美子「歴史地理学からみた動物と都市『空間』」、馬場基「史料からみた古代都市と動物」、翌日は調査レポートとして、山本亮「藤原京右京八条二・三坊、九条二・三坊」、滝沢匡「多胡郡正倉跡の発掘調査成果について」、猪狩俊哉「長者山遺跡―常陸国多珂郡藻島駅家推定遺跡の調査成果―」、坂本嘉和「青谷横木遺跡の道路遺構と条里地割」、堀内和宏「竹松遺跡の調査と周辺条里」の発表が行われた。

古代河川交通の考古学的な事例が増加してきたこともあり、水上交通への関心が高まっている。『考古学ジャーナル』No.695では「古代の河川交通」の特集が組まれ、井上尚明「総論古代河川交通研究の現状と展望」、平野卓治「文献からみた古代河川交通」、村田晃一「陸奥国海道南部の官衙と交通―近年の亘理郡をめぐる成果から―」、小田裕樹「藤原宮の運河」、小林昭彦「大分の古代河川交通」が掲載された。このうち、井上は河川交通の拠点となる港湾には、都城や地方官衙に伴うものや、荘園、居宅に設けられたものなどいくつかのレベルがあるが、「津」関連墨書土器からは、設置主体や規模に関わらず港湾施設は「津」と総称されていた、と述べている。田尾誠敏・荒井秀規が著した『古代神奈川の道と交通』は、1997年の藤沢市教育委員会博物館建設準備担当編で、『神奈川の古代道』の刊行以降、神奈川県域において確認された、平塚市の東海道駅路や相模国府の脇殿、高座郡衙や武蔵国橘樹郡家など様々な成果を踏まえ新たに水上交通などの視点も加え、県内の事例について多角的に捉えている。

2．都　城

藤原宮の朝堂院の調査において、幢幡遺構が大極殿院南門のすぐ南、朝堂院の北端部から確認された。幢幡遺構は、藤原宮中軸上に1基、その東西に各3基が対称に三角形状の配置をなしており、合計7基の大型柱穴が配列しているものである。幢幡遺構は、『続日本紀』によると元旦朝賀において「正門」（大極殿院南門）に、中央に烏型幡、その東に日像、西に月像、東北に青龍幡、南東に朱雀幡、西方に玄武幡、西南に白虎幡が配されていたとある。文献に記載されている内容そのものが実際の調査によって確認された事例である。

難波宮の調査においては、後期難波宮朝堂院西方地区において五間門区画と呼ばれる施設の一部を確認した。区画東側は南北約200mにわたって塀が続き、東西120m以上の規模であることが明らかにされた。

長岡京の調査では、六条条間小路の南側溝と西二坊坊間小路の東・西側溝を確認している。西二坊坊間小路の西側溝は、他地点で見つかっている条坊側溝と比較するとやや広い特徴をもつことが指摘されている。この背景には、地形的に制約されることも考えられる一方で、南側に位置する「西市」が想定されていることから水路として計画的に整備した可能性が高いとしている。

平安京の調査では、皇嘉門大路東側溝と考えられる遺構を確認、それに伴う築地塀が検出されている。側溝からは大量の瓦が出土したが、軒瓦が1点もなく、半分に割られているものが多いことから、熨斗棟

の築地塀として想定される。また、築地塀は地震で倒壊したと考えられ、溝から出土した遺物の年代から9世紀中葉以降の地震による倒壊であったとしている。文献史料から9世紀後半～10世紀にかけて大きな地震が数回あったとの記録があり、いずれかの地震に該当するのか今後の検討課題であろう。

3. 地方官衙

　官衙関係については、ここ数年国府や郡衙などの調査が計画的に行われている為、各地において成果が挙げられている。

　多賀城跡では多賀城跡第Ⅰ期の積土遺構とその基礎整地、第Ⅱ期以降の通路、灰白色火山灰降下（10世紀前葉）遺構の井戸・畑の畝などが確認された他、文字が書かれた檜扇が出土した。特別史跡大宰府址では蔵司地区の調査が行われ、7世紀末～8世紀初頭には掘立柱建物群が官衙的に配置され、8世紀前半には大宰府政庁Ⅱ期の整備に連動して、東西9間×南北4間、二面廂構造の大型礎石建物が整備される変遷が明らかにされた。

　国府跡の調査でまずあげられるのは、広島県府中市備後国府跡の「ツジ地区」14,000㎡と「金龍寺東地区」5,400㎡部分が2016年10月に国史跡指定となったことであろう。備後国府跡では、古代山陽道とそこから分岐する国府へと向かう道路交差点の遺構が検出され、古代駅路と国府への分岐道の交差点が発掘調査で確認された初めての事例とされた。宮崎県西都市の日向国府跡では、前身官衙以前にさかのぼる7世紀代の大型掘立柱建物址が確認され、前身官衙の南門の位置と構造、定型化国庁の南門外側にも南北軸の掘立柱建物が存在することが明らかにされている。島根県松江市の史跡出雲国府跡の調査では、政庁正殿の下層から7世紀後半の総柱の掘立柱建物址を確認、建物は若干南東に振れている為、前身の郡衙建物が想定される。政庁正殿周辺で確認された4棟の掘立柱建物址は、3棟については正方位であるが、1棟は南東－北西方向である。また、出雲国庁では初めてとなる山城郷南新造院の軒丸瓦と同文様の瓦が出土している。香川県高松市の讃岐国府では南北主軸の西側に廂をもつ床面積が72㎡に復元される大型掘立柱建物址が確認され、入側柱には2つの柱痕跡がみつかっていることから建て替えがあったと想定される。廂の柱穴は柱痕跡が1つしかないことから建て替え時には廂が撤去された可能性が高い。また、これとは別に正方位主軸基調の建物群が3棟確認されており、初期の評家などが想定される。群馬県前橋市の上野国府跡では、東山道駅路国府ルートと大型の掘立柱建物址が確認された。

　郡衙調査等も全国各地で行われた。神奈川県厚木市の御屋敷添遺跡は1994年の調査で愛甲評家として評価された遺跡であるが、その隣接地において発掘調査が行われた。掘立柱建物址は1間×2間～3間×3間、3間×4間以上、もしくは3間以上×3間以上があわせて13棟確認された。北東側に大型の掘立柱建物址が配置され、1994年の調査で確認した3間×5間の大型掘立柱建物址と近接している。掘り方の規模は柱穴が径1m以上、深さ1mを超え、最も大型な掘立柱建物址は長軸8.5mの規模を測る。行政機関を想起させる遺物はないが、規模等からみて評家の建物として評価してもよいだろう。

　前年に続き、神奈川県川崎市の橘樹郡衙、神奈川県茅ケ崎市の高座郡衙の調査も行われた。高座郡衙では、政庁北西側において、やや斜行する2間×3間の総柱掘立柱建物址と3間以上×2間以上の掘立柱建物址が新たに確認された。政庁の建物とは軸が異なり、一連の倉庫群に相当するものと思われる。群馬県伊勢崎市の上野佐井郡郡衙正倉跡において、大型掘立柱建物址や溝、掘立柱列が確認されている。大型掘

立柱建物址は、布掘りを伴う側柱式建物で、平面規模は５間以上×２間以上と考えられる。規模からみて、郡庁を構成する建物の一つと考えられる。群馬県高崎市の多胡郡正倉跡遺跡においては、正倉跡北辺にあたる区画溝を検出、通路となる土橋が確認された他、正倉跡の周囲は溝で区画し、北辺から南辺までが約210mになることが明らかにされた。方２町を意識して計画的に整備されたと考えらえる。また、瓦も多種多量出土しており、泥条版築技法や広義の一本づくり軒丸瓦などが確認されている。太田市の新田郡家址では、郡庁址の南限及び正倉西群の確認調査が行われた。

群馬県内では近年他県と比較すると官衙関連の調査が多く、シンポジウム等を例年行っている。地域の特色ある文化財活用事業として「新田郡家のシンポジウム『いま解き明かされる新田郡家の実像』」が行われ、中村歩「上野国新田郡家跡の調査成果」、出浦崇「上野国佐井郡家跡の調査成果」の２本の事例報告と山中敏史「新田郡家跡および佐井郡家跡の評価」の講演が開催された。また「郡衙研究の最前線」として『考古学ジャーナル』№692において特集も組まれた（大橋泰夫「総論最新の郡衙研究」、出浦崇「『上野国交代実録帳』と上野国における郡衙の実態」、志賀崇「郡衙の移転と地域支配」、藤木海「官衙遺跡群としての郡衙—陸奥国の事例から—」、長直信「九州における初期官衙と長舎」）。この特集の中で、郡衙は単独で機能していたのではなく、他の官衙施設と複合し、仏教や祭祀行為との関わりも深い実態が各地で明らかにされているが、都城との対比、国府をはじめとした地方官衙との比較に加え、居宅や集落との関係についても検討する必要があるとまとめている。

古代官衙・集落研究集会では、「郡庁域の空間構成」として海野聡「遺構からみた郡庁の建築的特徴と空間的特質」、西垣彰博「九州の郡庁の空間構成について」、雨森智美「郡庁域の空間構成—西日本の様相—」、田中弘志「弥勒寺東遺跡（弥勒寺官衙遺跡群）の郡庁院—変遷の把握とその意味—」、栗田一生「関東地方の郡庁の空間構成」、藤木海「東北の郡庁の空間構成」、吉松大志「文献からみた郡庁内・郡家域の空間構成」の７本の内容が報告された。今回は資料集に加え政庁域の遺構集成もともに刊行され、最新の成果もふまえたものとなっている。第43回の古代城柵官衙遺跡検討会では、神田和彦「秋田城跡第107次調査の概要」、宇田川浩一「払田柵跡—平成28年度の調査—」、廣谷和也「多賀城跡—第90次調査—」、浅利英克「鳥海柵跡」、長島榮一「陸奥国分寺・尼寺」の総括報告があり、第２日目には「瓦の生産からみた城柵官衙・寺院の造営」をテーマとしたシンポジウムが開催された。

また、秋田城に関して2014年に行われたシンポジウムの記録集として小口雅史編による『北方世界と秋田城』が刊行されている。前半は、伊藤武士「古代城柵秋田城の機能と特質」、熊谷公男「秋田城の歴史的展開—国府問題を中心にして—」、小口雅史「出土文字資料からみた秋田城」、八木光則「城柵構造からみた秋田城の特質」があり、秋田城について遺構と文字資料の視点からそれぞれ論じたものである。後半は秋田城と北方世界の交流の具体相として、宇田川浩一「土師器の色調変化が示す元慶の乱後の米代川流域在地集落の動態」、柏木大延「土製支脚からみる出羽と石狩低地帯の交流について」、斎藤淳「土器からみた地域間交流—秋田・津軽・北海道—」、鈴木琢也「須恵器からみた古代の北海道と秋田」、中澤寛将「五所川原須恵器窯跡群の成立と北海道」、小嶋芳孝「秋田城出土の羽釜・再検討」、髙橋学「城柵と北東北の鉄」、天野哲也「古代日本列島北部の諸集団間における鉄鋼製品の流通問題」が掲載された。秋田城という日本最北の城柵がもつ特異性が際立つとともに、日本古代北方史における重要性がますますもって明確になったと編者は述べている。

4．寺　院

　東大寺の調査は前年度から行われているもので、前年度は鎌倉時代の基壇が確認されている。今年度は東塔の中心から塔基壇および周辺を含む北東部分で、南面階段及び塔基壇西南隅と、東塔院の南門が確認された。塔は、前年度の調査で奈良時代の基壇の上に鎌倉時代の基壇が周囲に盛り土をして一回り大きくした構造であることが判明しており、今年度は基壇周囲の石敷が南面・西面では大半が抜き取られていたが、西南の隅石の残存していたことにより塔の中心位置に関する知見が得られたこと、奈良時代の階段は、鎌倉時代の階段と比べて幅広く、建物構造そのものが異なっていたこと、塔院の南門は鎌倉時代の位置が奈良時代の位置をほぼ踏襲していたこと等が明らかにされた。畿内の寺院としてもう一つ注目されるのは、大阪府八尾市の東弓削遺跡（弓削寺跡）である。確認されたのは塔基壇で、基壇外装の地覆石や羽目石などは抜き取られていたが、凝灰岩などの破片を含む溝の位置から一辺約20mの正方形であったと考えられる。規模からみると、南都七大寺と同等である。基壇中央部では30～50cm大の石を入れた掘込地業を行っている。出土遺物は、地鎮具として神功開寶や和同開寶、萬年通寶、佐波理椀が掘込地業の石の間から出土している。出土瓦は、興福寺式軒丸・軒平瓦、東大寺式系軒丸・軒平瓦が出土し、称徳天皇と弓削道鏡が建立したとされる由義寺であった可能性が想定される。岐阜県関市の国史跡弥勒寺官衙遺跡群の一つ、弥勒寺跡では塔と金堂の基壇範囲確認調査が行われた。金堂は地山を削り出したもの、塔は造成土の上に版築工法で作られていることを確認している。

5．集　落

　第7回の東国古代遺跡研究会では、「『常陸国風土記』の世界―古代社会の形成―」のシンポジウムが行われた。『常陸国風土記』を中心としたエリアの古墳時代から古代までの周辺の様相についての内容となっている。2016年は高麗郡建郡1300年の年にあたり、埼玉県歴史と民俗の博物館において『高麗郡1300年～物と語り～』の展示が行われた。考古資料や歴史資料を中心に、高麗人の姿や建都の様相についてまとめた展示であった。図録には宮原正樹「瓦が語る高麗郡」、佐藤美弥「語られる高麗郡―地域文化の力―」の2本の論考が収録されている。同じ高麗郡関係では、古代入間を考える会が『武蔵国高麗郡建郡―入間から見た高麗郡建郡とその後―』が刊行された。古代入間郡の歴史は「高麗郡建郡」を抜きにしては語れないとし、単なる渡来人の移住で完結するのではなく、そこに至るまでの入間郡内の大きな開発計画の元、建郡されたとしている。内容は、高麗郡建郡に関しての入間郡の集落がどのように関与したのか、その集落動態分析や東金子窯の開窯や坂戸の集落、南比企の工人集落等についての論考がまとめられた。

6．遺物・遺物

　瓦研究では、第17回古代瓦研究会シンポジウムが開催され「8世紀の瓦作りⅥ―飛雲文軒瓦の展開―」をテーマとし、各地域の飛雲文様意匠の瓦について論じられた。飛雲文軒瓦は、滋賀県大津市の南滋賀廃寺の飛雲文軒丸瓦が最も古く7世紀後半を初現とするもの、近江国庁を中心とした8世紀中頃を初現とするものの2種があるとし、畿内は南滋賀廃寺から、関東地方は下野薬師寺から飛雲文軒瓦が派生し、各地域に分布したものと考えられる。また、飛雲文軒丸瓦は成型台を使用した横置き型一本作りであり、有段丸瓦の玉縁部の凸面側に布目痕跡のあるものは大脇氏が既に予測していた「一本作り丸瓦」に値するとし

て、その製作工程について議論された。また、2014・2015年度に行われた古代瓦研究会のシンポジウム記録集として、『古代瓦研究Ⅶ』が刊行された。8世紀の瓦作りⅢ（平城宮式軒瓦の展開1　6225-6663系）と8世紀の瓦作りⅣ（平城宮式軒瓦の展開2　6282-67214系）の内容についての当日資料とシンポジウムの討議の記録集である。全国に展開する都城系の軒瓦の広がりについて、活発な議論が展開されている。宮城県湧谷町の中野遺跡からは、竹状模骨の平瓦が採集され、郡山遺跡の瓦と類似性が指摘されている。竹状模骨成型の瓦については、畿内地方と九州でのみ確認されており、地域に伝播する製作技法のあり方を考える上で興味深い。

　土器研究については、飛鳥編年についての再検討の報告があげられる。尾野善裕・森川実・大澤正吾「飛鳥地域出土の尾張産須恵器」『奈良文化財研究所紀要2016』の中で、尾張産の須恵器が7世紀中頃までの事例が単発的であったのに対し、7世紀後半において飛鳥浄御原遺跡期の事例では爆発的に事例が増えていることを明らかにした上で、陶邑窯以外の生産地として尾張・美濃が注目されていたことを指摘した。また、飛鳥編年が生産地の違いを考慮しないで器種編成を行っていたと指摘し、編年を論ずるにあたっては産地・系統別に議論すべきとし、飛鳥Ⅰ～Ⅴ編年の枠組み事態を見直す必要性が生じてきていると述べている。昨年に開催された古代官衙・集落研究会の報告書として『官衙・集落と土器2―宮都・官衙・集落と土器―』が刊行された。一昨年から続くもので、2回目となる昨年は、7～8世紀を対象とし、集落や官衙遺跡に特徴的な土器様相とは何かについて議論を行った記録集である。

7．出土文字・絵画資料

　相模国府域にある神奈川県平塚市の六ノ域遺跡第17地点からは、灰釉陶器の内面に「凡人部豊子丸」と人名が3行にわたって書かれた刻書土器が出土している。同遺跡は、9世紀～10世紀頃の建物址等が確認されているが刻書土器は土坑からの出土で、猿投産の製品と考えられている。鳥取県鳥取市の青谷横木遺跡では、7～8世紀のものと考えられる女子群像を描いた板が確認された。調査そのものは、2015（平成27）年度調査であるが、古代山陰道と想定される道路遺構と10世紀頃の条里遺構が見つかっている遺跡で、祭祀具や木簡など多数の木製品が出土している中に今回発見された絵画資料があった。女子群像は、高松塚古墳壁画に似る事例として注目された。東京国立博物館では法隆寺献納宝物の一部と考えらえる木簡8点が確認された。書かれた内容から7世紀にさかのぼる事例と考えられ、出土品以外の伝世品としては最古級の木簡に位置づけられている。内容は、千字文の一部や習書、尼僧の氏名、塩などの物品売買記録などで、寺院生活を考える上で良好な資料となった。

8．生産遺跡

　瓦窯関連としては第27回考古学研究会東海例会と窯跡研究会第14回研究会の合同研究会「中部地方の瓦窯の構造―瓦窯の構造研究6―」があげられる。窯跡研究会では、地域ごとに窯構造について検討しているが、今回は望月精司「北陸西部地域（若狭・越前・加賀・能登）の瓦生産と瓦窯」、鹿島昌也「富山・新潟の瓦窯構造」、倉澤正幸「長野県の瓦窯構造」、櫛原功一・大鳶政之「甲斐の瓦窯―古代瓦生産と利用―」、小林新平「美濃地域の瓦窯」、三好清超「飛騨の瓦窯」、石井智大「伊勢国における瓦窯の様相」、梶原義実「愛知県（尾張地域）の瓦窯の構造」、前田清彦「三河の瓦窯の構造」、武田寛生「静岡（遠江）」、大川

敬夫「駿河の瓦窯跡」など中部地方の瓦窯の構造やその生産について取り上げられた内容となっている。

製鉄関連では、茨城県古河市の川戸台遺跡をめぐるシンポジウムが行われた。9世紀第2四半期〜第4四半期に操業された製鉄・鋳造関連遺構で、東日本最大の生産規模を有すると想定されている遺跡であり、国史跡指定を目指したシンポジウムとなっている（高橋修「川戸台遺跡から考える平将門の乱」、穴澤義功・長谷川渉「古代製鉄遺跡研究から見た川戸台遺跡」、飯村均「陸奥国宇多・行方郡の製鉄遺跡群」、内山俊身「出羽元慶の乱と川戸台遺跡」、岡野浩二「天台教団の展開と東国社会」）。

9．その他

最後に、水中遺跡の調査事例をあげておきたい。福岡県新宮町に所在する相島海底遺跡において確認された丸瓦や平瓦が注目を集めた。このうち「警固」と刻印のある瓦は、福岡市西区の斜ケ浦瓦窯や平安宮跡で出土事例がある。朝堂院に集中する様相がみられることから876年の消失・再建の際に九州から運ばれたとされる。本例は、運搬の途中で瓦を積んだ船が沈没し、海底で発見されたものと思われる。こうした沈没船の調査も含め、水中考古学に関する関心は高まっており、調査体制、整備等について早急な対策が求められている。

9　中世研究の動向

関　口　慶　久

はじめに

ここでは１．都市・村落研究、２．城館研究、３．宗教・葬制・石造物研究、４．出土遺物（陶磁器・土器等）研究、５．武士団研究、６．その他の６項目を立てて概観する。このうち１〜４の項目は、本年報における中世研究の動向において、標題の異同はあるものの概ね毎年度記載されている。項目によっては動向が低調気味で、単独項目を立てずともよいものあるが、中長期的視点から各項目の動向を通覧可能なようにするのは意義あることと考えるため、本稿においても例年どおり記述していくこととしたい。

1．都市・村落研究

2016年度の中世都市研究会は9月3・4日に開催され、テーマは「『宗教都市』奈良を考える」であった。考古学的アプローチとしては、奈良女子大学構内遺跡における12世紀代中心の遺構展開をもとにした景観復元（前川佳代氏「12世紀外京北部の景観」）、玄昉の身体塚による都市の結界や中〜近世移行期の石造物の宗教的役割（狭川真一氏「都市奈良を護る宗教環境」）、筒井城・多聞城・郡山城下の市場経営（山川均「大和の三城における城下町とその発展過程」）の3本があった。佐藤亜聖氏が「問題提起　中世都市奈良を考える」で概述したように、中世都市奈良を総論的且つ学際的に論じた先行研究は以外に少ない。一方、近年の発掘調査や石造物調査等の進展により、考古学的に中世都市奈良の形成過程と中〜近世

移行期の状況を考古学的に論じる基盤が醸成されつつあり、こうしたタイミングで中世奈良町の成立と展開のありようを学界に向け共有できたことは意義あることであったと思う。

その他管見に上った調査・研究事例としては、水戸市河和田城の外郭に位置する宿の調査（水戸市教育委員会『河和田城跡（第26・28地点）』）、新潟県考古学会第28回大会（6月4・5日）において発表された中世町場と集落遺跡の調査（荒川隆史氏「阿賀野市境塚遺跡」、白井雅明氏「柏崎市山崎遺跡の調査成果」）、松田直則氏「高知県の中世考古学研究と長宗我部地検帳」・立川明子氏「12世紀の武蔵府中と多摩川中流域の様相」（いずれも『駒澤考古』第41号）等がある。

2．城館研究

城館研究は例年の如く活況を呈している。岩手県横手市後三年合戦関連遺跡（大鳥井山遺跡・金沢柵・沼柵）については、毎年度様々な切り口から報告・講演がなされ、成果が蓄積されているが、本年度も2017年3月11日に「後三年合戦金沢柵公開講座―陶磁器と地形・立地からみた金沢柵―」が開催された。島田祐悦氏による金沢城跡第8次調査報告、亀井崇晃氏による鎧ケ崎城の発掘成果、室井秀文氏による周辺城館の集成、岩井浩人氏による城館出土遺物からの分析、中野晴久氏による同時代の渥美・常滑窯の様相、八重樫忠郎氏による研究史的視点を交えた金沢柵関連城館の様相等が報告されている。

東国の城館研究では、2017年1月20日に開催された埼玉県立嵐山史跡の博物館主催によるシンポジウム「関東の戦国末期を再考する」において、小田原北条氏の領国支配域における城館について、佐々木健策・秋本太郎両氏から報告がなされている。

栃木県大田原市なす風土記の丘湯津上資料館の第24回特別展「中世那須のあけぼの―那須神田城を考える―」（会期：2016.9.17-11.20）では、古代末から鎌倉初期の典型的な方形館として国史跡に指定されている那須神田城が取り上げられた。同展では隣接する神田城南遺跡の発掘調査等の結果を加味しつつ「築城年代の特定まではできなくても、神田城が中世前期には既に存在し、長期間使用されたと考えられるのではないでしょうか」（同展図録）とあるように、那須神田城の成立年代を中世前期に位置づけるストーリーで概ね構成されている。一方、同図録の附編に掲載された橋口定志氏「中世前期の武士の屋敷地と那須神田城」では「神田城は、15世紀後半以降16世紀にかかる時期に機能し、（筆者注：神田城南遺跡において）発見された古道のルートを遮断することがその大きな役割であったと思われる」と結論付けている。70年代以前に定説化された方形館＝中世前期という認識に対し、80年代以降橋口氏が展開した一連の反論により、既にこうした認識は成立しえないことは周知の通りであり、那須神田城の成立を中世前期に位置づける同展のストーリーには若干の違和感を覚える。いずれにせよ、那須神田城は方形単郭居館としての土塁・堀の遺存状態は良好である一方、確認調査は行われておらず、今後の考古学的な検証を期待したい。

茨城県つくば市の国史跡小田城では、97年に開始した史跡整備が完成し、記念シンポジウム「小田氏と小田城」が開催された（9月24日）。広瀬季一郎氏による発掘調査及び整備、内山俊身氏による領域論、仲隆裕氏による園池の考察等が披瀝され、中世常陸における城館研究の一翼を担っている小田城の意義を周知できる格好の機会となった。

研究会関係では、織豊期城郭研究会が9月11日に「織豊系城郭の石垣上礎石建物」と題する研究集会を

開催し、織豊系城郭の特色である石垣と礎石建物のセット関係について、畑中英二氏が安土城について、宮崎博司氏・市川浩史氏が肥前名護屋城について、十文字健氏が郡山城について、松田直則氏が四国の城郭について、土屋了介氏が関東の城郭について、早川圭氏が礎石建物の配置について、山上雅弘氏が蔵建物について、それぞれ近年の発掘調査事例をもとに発表された。また、同研究会の2015年度のテーマであった「構築技術からみた織豊系城郭の石垣の成立」を特集した機関誌『織豊城郭』第16号が刊行された。全国城郭研究者セミナーは8月6・7日に「連続空堀群再考」と題する研究会を開催し、いわゆる「竪堀」「畝状竪堀」「畝状空堀」「連続空堀」などと呼ばれる一連の遺構群をテーマとしたシンポジウムが行われ、田嶌喜久実・石田明夫・水澤幸一・内野和彦・秋本哲治・吉成承三・岡寺良・高田徹・三島正之氏からのテーマに則した報告とともに、岐阜城跡等5本の調査報告があった。同セミナーでは昨年度のテーマであった「障子堀の新展開」を特集した『中世城郭研究』第30号も刊行されるなど、障子堀や竪堀といった特色ある遺構について、近年の考古学的調査の蓄積をもとに再評価する取組が続いている。

また2016年度は、一般書の刊行が重なったことも特色の一つである。加藤埋文氏編『静岡県の歩ける城70選』、山下孝司・平山優氏編『甲信越の名城を歩く 山梨編』、中井均・齋藤慎一氏著『歴史家の城歩き』等が挙げられる。「名城を歩く」シリーズは2016年度末現在で関東、近畿、長野を除く甲信越をカバーし、今後も各地域編が発刊予定である。各地域における一線の研究者が最新の調査・研究をコンパクトにまとめており、一般はもとより研究者にとっても重宝するシリーズである。『歴史家の城歩き』は中井均・齋藤慎一両氏の対談形式により、城館の遺構解釈のポイントが示されるとともに、城郭研究に長年横たわる縄張り研究の"功罪"についても多くのボリュームを割いて見識が示されるという、異色の出来となっている。中井均・加藤理文氏編『近世城郭の考古学入門』とともに座右に備えておくべき書と言えよう。

その他管見に上った主な個別研究としては、下高大輔氏「佐和山城形成過程考」『淡海文化財論叢』第8輯)、尾崎光伸氏「広島県吉川氏城館跡の考古学的検討」(『駒澤考古』第41号)等がある。

3．宗教・葬制・石造物研究

宗教・葬制・石造物研究も城館研究同様、近年とりわけ活況を呈しているテーマである。中世葬送墓制研究会（研究代表者：狭川真一氏）は、4月23日に「中世墓の終焉を考える─中世における板碑の終焉を通して─」と題する研究会を、2017年1月14・15日に「東海と近畿の石造物から見た中近世の終焉──石五輪塔を中心として─」と題する研究会を相次いで開催した。前者では筆者が常陸・下総・上総・安房（いわゆる常総系板碑）を、齋藤弘氏が上野・下野を、磯野治司氏が武蔵を、松原典明氏が相模を担当し、各地域における板碑造立終焉期の様相を述べた。後者では竹田憲治氏が伊勢・志摩・伊賀を、小野木学氏が美濃を、松井一明氏が三河を、溝口彰啓氏が遠江・駿河を、海邉博史氏が河内を、三好義三氏が和泉を、佐藤亜聖氏が播磨を、北野隆亮氏が紀伊を担当し、各地域における一石五輪塔を中心とする石造物造立終焉期の様相を述べた。中世の主要な石造物である板碑と五輪塔の中心的な分布域である関東と畿内・東海の終末を通覧した意欲的な試みと言えよう。こうした中～近世移行期の石造物を取り上げた主要な成果としては、上記研究会のほか、磯野治司「武蔵国における近世墓標の出現と系譜」(『考古学論究』第18号)28)、関根達人氏編『越前敦賀湊の中近世石造物』も挙げられる。

さて、冒頭の中世葬送墓制研究会の取り組みもあるように、2016年度は板碑の研究が盛んであったこと

も特色の一つである。管見に上った個別論考等としては、磯野治司氏「緑泥片岩の石丁場」(『石造文化財』第8号)、阪田正一氏「下総型板碑にみる台座を伴う蓮華座の諸相」(『考古学論究』第18号)、村山卓氏「栃木県足利市禅定院の『異形板碑』とその類型」(『考古学論究』第18号)、野本孝明氏「中世荏原郡における地頭等の居館と板碑」(『東京考古』第34号)、齋藤弘氏「下野における板碑造立数の推移」(『唐澤考古』第35号)、本間岳人・高橋一生・香川一歩氏「資料紹介中山法華経寺の新出板碑 附中山法華経寺山内板碑集成」(『立正考古』第54号)等が挙げられる。特に12月に発刊された千々和到・浅野晴樹氏編『板碑の考古学』は、石造物研究史上意義のある出来事であった。本書では①板碑の製作技法や石材について(三宅宗儀・本間岳史・高橋好信氏)、②12～13世紀の武蔵型板碑について(伊藤宏之・磯野治司・村山卓氏)、③14～15世紀の武蔵型板碑について(深澤靖幸・本間岳人・齋藤弘・諸岡勝・倉田恵津子氏)、④武蔵型板碑以外の全国様相について(山口博之・羽柴直人・水澤幸一・本田洋・佐藤亜聖・西山昌孝・伊藤裕偉・西本沙織・原田昭一氏)の4つのテーマについて、第一線で活躍する研究者が執筆し、現時点における板碑研究の到達点を存分に窺うことができる構成となっている。こうした成果は1983年に編まれた『板碑の総合研究』(総論編・地域編)以来であり、30余年ぶりの画期的な業績である。今後はこれらの成果を踏まえた地域史叙述へのフィード・バックが期待されよう。

2017年3月4日に開催された静岡県考古学会主催のシンポジウム「富士山信仰への複合的アプローチ」は、「富士山信仰をキーワードとして、時代的・地域的な信仰形態を整理し、文化的遺産として世界遺産に登録された富士山について考古学的側面から検証してみたい」(「はじめに」より)という趣旨によって開催されたものである。植松章八氏による文献史学のまとめ、勝又直人氏による富士山頂の状況、篠原武氏による富士山北麓の状況、永田悠記氏による富士山南麓の状況、勝俣竜哉氏による富士山東麓の状況がそれぞれ述べられるとともに、資料編として中世以降の富士山山麓の集落・寺社一覧が掲載され、古代～近世における富士信仰関連遺跡の状況が通覧できる構成となっている。

2016年は忍性生誕800年の節目の年に当たり、奈良国立博物館「生誕800年記念特別展 忍性」(会期：2016.7.23-9.19)、神奈川県立金沢文庫「生誕800年記念特別展 忍性菩薩―関東興律750年―」(会期：2016.10.28-12.18)等、忍性が教線を張った東西の地でそれぞれ注目すべき特別展が開催された。特に前者では、額安寺忍性塔・竹林寺忍性塔・極楽寺忍性塔の骨蔵器をはじめとする埋納品が一堂に集まるなど、律宗関連遺物を通覧できる意義ある機会となった。

次に一般書として、藤澤典彦・狹川真一氏著『石塔調べのコツとツボ―図説 採る 撮る 測るの三種の実技―』を紹介したい。本書は長年石造物研究をリードされている藤澤・狹川両氏が、石塔の見方、実測図・拓本・写真の「三種の神器」(同書より)の記録の考え方をまとめたものである。同書「はじめに」にあるように、近年活況を呈する石塔調査報告には「三者三葉の傾向があって、なかなか統一した資料の提示がなされていない」という課題があったが、本書では石塔ごとのパーツの記録方法にまで記載が及び、初学者にとって大いに参考になるはずである。また本書では記録方法だけでなく、「石塔の見方」と題し、両著者の対談形式によって、各石塔の代表例の見識が存分に披瀝されており、初学者のみならず石塔調査に携わってきた研究者にも益するところが大きい。一体に考古学方法論の中でも独特の分野である石造物の研究法が、こうしたハンディな書物によって学界内外にオープン化されたことは意義ある成果であった。

その他管見に上った石造物研究に関連する主な個別研究としては、藤木海氏「南相馬市観音堂石仏」（『福島考古学会第58回大会発表要旨』）、比毛君男・石塚政弘氏「関東・東北豪雨で被災した若宮戸石塚家石塔群について」（『常総中世史研究』第5号）等がある。

4．出土遺物（陶磁器・土器等）研究

　はじめに陶磁器研究について述べる。中世土器研究会の2016年度の研究会は、2017年1月7・8日の両日にわたり、「貿易陶磁器研究の現状と土器研究」と題して開催された。対外交流史において大きな存在感を発揮してきた貿易陶磁器研究・土器研究に内在する課題について「国際的視野に立つための地固めには不断の努力が求められ」「こうした視点から、貿易陶磁器研究の現状について、研究史の整理から編年研究の現状、問題点の確認」（同研究会より）を行うという趣旨によるもので、橋本久和氏による中世前期（橋本和久氏）・中世後期（柴田圭子氏）の貿易陶磁器研究の総括及び、大宰府（山本信夫氏）、博多（田上勇一郎氏）、沖縄（瀬戸哲也氏）、京都（赤松佳奈氏）、鎌倉（押木弘己・松吉里永子氏）、堺（永井正浩・續伸一郎氏）の様相が纏められるとともに、新安沈没船を絡めた「日宋貿易史研究をめぐるいくつかの問題」と題し、山内晋次氏から報告があった。

　貿易陶磁研究会は9月17・18日の両日にわたり「陶磁器研究の視点—生産・流通・消費—」をテーマとする研究集会が開催された。「膨大な情報が蓄積されるいっぽうで、研究方法が複雑化し、研究者間で充分に課題を共有できていない状況」を踏まえ、「『陶磁器から遺跡を見る』、『遺跡から陶磁器を見る』ために有効な視点、方法は何か、という原点に立ち返る必要」（同研究会より）という問題意識に立脚したものである。対馬の貿易陶磁（荒木和憲氏）、元代景徳鎮窯（杉谷香代子氏）、元末明初の貿易当時（柴田圭子氏）、消費財としての貿易陶磁（鈴木康之氏）、沈没船出土の貿易陶磁（野上建紀氏）、生産地（中国）の陶磁器（森達也）といったテーマで発表があった。

　このように陶磁器研究をリードする両研究会が相次いで改めてこれまでの研究の立ち位置を振り返るとともに、新たな研究の展開を思考する趣旨による研究会が開催されたことは注目される。同様の視点は、備前市教育委員会が2017年3月9日に開催した「備前焼をサイエンスする—科学と歴史の対話—」と題するフォーラムにも通底するものと考えている。

　次に土器研究では、八重樫忠郎・高橋一樹氏編『中世武士と土器（かわらけ）』の刊行が挙げられる。中世遺物の中でも深化が進んでいる土器研究について、特に東国の中世前期の様相をコンパクトに纏められている。八重樫・高橋両氏及び齋木秀雄氏による「座談　土器と中世武士論」は、中世前期の土器様相を中世の政治・社会史に積極的に位置づける討論が約100頁にわたって記載されている。こうした各分野の第一線級の研究者による対談は、2016年度の高志書院発行の中世関連刊行物の特色で、学界に情報共有を図り、裾野を広げるという観点から有用な手法と感じている。さらに同書では各地域の土器様相として、鎌倉（飯村均氏）、韮山・相模（池谷初恵氏）、武蔵・下野（水口由紀子氏）、陸奥・出羽（井上雅孝氏）、東北の土器窯（及川真紀氏）によって纏められている。「京都ではなく東国から、土器からみえる中世社会とはどのようなものだったのかを形にしてみた」（八重樫氏）という文章に端的に現れているように、中世土器研究の嚆矢であった京都系土器から、平泉・鎌倉をはじめとする東国の土器研究と武士団の動態とリンクさせた本書の試みは、今後の土器研究の指標となるものと評価できる。

次に墨書遺物研究では、鎌倉考古学研究所が発行した『集成鎌倉の墨書―中世遺跡出土品―』をテキストにした同研究所主催のシンポジウムが2017年2月12日に開催された。テキストである集成は、鎌倉出土の①かわらけ②瓦③陶磁器④金属製品⑤石製品⑥木製品⑦骨角製品の7種の墨書が網羅されるとともに、編著者による13編の解説・コラムと関連文献一覧が掲載され、大変有用な一冊となっている。シンポジウムではこうした成果をもとに資料集の総括（菊川泉氏）、中世前期（押木弘己氏）、花押（松吉大樹氏）、信仰（古田土俊一氏）、かわらけ（高橋慎一郎氏）といった切り口での発表・講演があった。
　その他管見に上った主な個別研究としては、畑中英二氏「安土城の茶陶」（『淡海文化財論叢』第8輯）、永井久美男・藤崎高志氏「虫生舘遺跡出土の埋蔵銭」（『出土銭貨』第36号）等がある。

5．武士団研究

　2016年度は武士団をめぐる学際研究について顕著な成果があったのも特色である。主要な成果として挙げておきたいのが高橋修氏編『佐竹一族の中世』である。奥羽と関東を結ぶ常陸の地で約5世紀にわたり勢力を維持し続けた佐竹氏について「500年という時代幅で、佐竹氏の足跡や事件を実証的に復元し、武士団としての構造に切り込んだ研究は、これまでみられない」（高橋氏）という現状認識に基づき、「佐竹氏の存在について地域史的に議論するための土台となるような問題提起的な研究の成果」を纏めるという意図で編まれた本書は、文献資料からのアプローチを主としつつも、フィールドワークによる城館調査成果も纏められており、中世東国研究上意義ある業績と評価されよう。
　また、埼玉県立嵐山史跡の博物館の企画展「戦国を生き抜いた武将たち」（会期：2016.11.1-2017.2.19）、東京都江戸東京博物館ほか2館の特別展「戦国時代展」（会期：2016.11.23-2017.6.18）等も各テーマの文献・考古資料が一堂に会し、中世武士団関連の同時代資料が通覧できる貴重な機会であった。

6．その他

　交易・交流に関する成果として、11月27日に埼玉考古学会主催で開催したシンポジウム「鎌倉街道の風景―発掘でよみがえる埼玉の中世―」が挙げられる。鎌倉街道上道周辺遺跡（吉田義和・佐藤春生氏）、羽倉道（野澤均氏）、鎌倉街道中道（黒済和彦氏）による報告のほか、蔭山誠一氏による尾張国下津宿の景観復元に係る講演があった。
　同時代資料の少ない14世紀を正面から取り上げた意欲的な学際研究として、中島圭一氏編『十四世紀の歴史学』が挙げられる。同書に盛り込まれた考古学的アプローチとしてはで七海雅人氏「板碑造立の展開と武士団」、村木二郎氏「擬漢式鏡からみた和鏡生産の転換」、佐藤亜聖氏「石塔の定型化と展開」、森島康雄氏「変革する土器様式」、古田土俊一氏「鎌倉の消費動向」の5本があり、さらに文献史学的アプローチとして14本の論考が収められる。14世紀という変革期における各分野の動向を窺う格好の書と言える。
　中世地域史に関する成果として、2017年3月19日に中世奥羽資料論シンポジウム実行委員会主催で開催した「中世奥羽の資料論―その行方―」がある。中世奥羽研究の一翼を担った山口博之氏の定年を期に企画された本シンポジウムでは、山口博之氏「中世日本の中国文様」、佐々木徹氏「中世奥羽の霊場と信仰資料」、原淳一郎氏「近世大名墓研究と寺社参詣研究」、齋藤仁氏「中近世移行期の山形城」、高桑登氏「中世奥羽の貿易陶磁」の5本の発表・講演があり、かつて東北中世史研究に大きな足跡を残した東北中

Ⅰ　2016年度の日本考古学界

世考古学会による一連の研究集会を彷彿とさせる内容であった。

　地方公共団体等が主催する主要な発表会等としては、2017年1月8日に開催された「発掘された中世の姿」（埼玉県埋蔵文化財調査事業団・東京都埋蔵文化財センター・かながわ考古学財団主催）が挙げられる。村山卓氏（趣旨説明）、斉藤進氏（鎌倉街道）、松葉崇氏（大山山麓）、渡邊理伊加・砂生智江氏（利根川堤防跡）による報告のほか、坂詰秀一氏による記念講演があった。8月27日に開催された「石岡市文化財調査報告会」（石岡市教育委員会主催）では、片野城跡（小杉山大輔氏）、東田中遺跡（海老澤稔氏）小田城跡（広瀬季一郎氏）、弥陀ノ台遺跡（谷仲俊雄氏）、取手山館跡（本田信之氏）の報告があった。

　その他管見に上った主な個別研究としては、畑大介氏「中近世における河川堤防の構造と技術」（『帝京大学文化財研究所研究報告』第16集）、大澤伸啓氏「武蔵国における浄土庭園をもつ寺院について」（『唐澤考古』第35号）等がある。

おわりに

　以上、管見に上った中世研究の動向を通覧したが、紙数の都合上、研究成果に力点を置き、各遺跡の調査報告等については触れられなかった事例も多い。また、筆者の限定された関心に基づく纏めであり、遺漏も多分にあろうかと思う。御寛恕願いたい。

10　近世研究の動向

小　川　祐　司

はじめに

　2016年度に実施された発掘調査やシンポジウム、論文や報告書で注目されるものを紹介し、近世および近現代研究の動向を概観したい。以下は大きく近世の遺跡・遺物、近現代考古学に分けて述べていくが、昨今は多くの発掘調査に加えて多様な研究が展開されており、全てを網羅するのは筆者の力量では困難である。地域の偏りや遺漏があることはご容赦願いたい。

1．遺跡・遺構

城跡・城下町

　2016年度も城郭の多くは保存整備事業に伴うもので、大坂城跡なども引き続き発掘調査がなされている。京都府伏見城では14.5mにわたって石垣が検出されたほか、滋賀県彦根市佐和山城では、破城の状況が発掘調査からうかがえた。彦根城では本年度も土塁が発見され、昨年度のものは特別史跡に指定された。このほか弘前城、岡崎城跡、小田原城、二本松城跡、富山城、大坂城、甲府城、棚倉城、沼田城、金沢城、和歌山城、米子城などで発掘調査が行なわれた。また「真田丸」については大阪歴史博物館で巡回展が行なわれたほか、「『真田丸』と歴史学」と題したシンポジウムも開催されるなど、広く関心を集めた

テーマであった。なお大坂冬の陣（1614年）において構築されたとされる大阪市宰相山遺跡で「真田丸」の確認調査が実施されたが、根拠を示す明確なものは確認されなかった。世間一般のブームは去ってしまったが、一過性に終わらず継続的な調査・研究が望まれる。

　城郭に関するシンポジウムや研究会も多く開催されている。日本考古学協会2016年度弘前大会（10月15日～16日）では、北日本における近世城郭の研究報告がされた。資料集には31の城のデータが500頁以上にもわたり集成されている。また研究報告では、築城・修築・改築・廃城・近代に区分され、北日本の近世城郭の年代的な変化と地域の様相が述べられている。シンポジウム「城跡を掘るⅡ近世城郭の展開」（12月3日）では、中世末から近世にいたる変化をテーマとし、飯村均氏「城館の考古学」、平田禎文氏「城と城下町の近世への展開」、佐藤真由美氏「二本松城跡―戦国城郭から藩庁へ」、藤田直一氏「棚倉城跡」、鈴木一寿氏「白川城から小峰城へ―道・町・城の変遷」の発表がなされた。第21回中国・四国地区城館調査検討会（11月12日～13日）では、「西日本における近世城郭の完成について」と題し、築城主体者の変遷と技術の推移の2つの要素から、現在残されている城郭の形態にどのような影響が及ばされたかが検討されている。

　城下町では、シンポジウム「甲斐国の近世町方について―谷村城発掘調査成果を中心として―」（2016年10月10日）が開催され、奈良泰史氏「谷村城下町の形成と変遷」、堀内秀樹氏「陶磁器からみる近世甲斐国の様相について」、佐々木満氏「甲府城下町の形成と変遷」、植月学氏「谷村城下町と近世の甲斐における動物資源利用」、西願麻以氏「谷村城下町と近世における金属利用」、網倉邦生氏「高山源五郎屋敷と谷村陣屋の位置づけについて」などの発表があった。高知市帯屋町遺跡では、新庁舎建設工事に伴って、家老屋敷の敷地から荷札とみられる50点以上の木簡が出土しており、生活の実態を知る上で貴重な資料といえよう。

　刊行された報告書のうち東京都では、出土遺物は近代が中心となるものの、『江戸城外堀跡市谷堀』（新宿区）では近世に堆積した堀底堆積物中に宝永火山灰（1707年）が確認されている。また花粉・珪藻分析から周辺土手の環境復元も試みている。『伝馬町牢屋敷跡遺跡』（中央区）は、牢屋敷に伴う堅牢な石垣・石積遺構などのほか、上水施設が確認されている。『尾張徳川家下屋敷跡Ⅸ』（新宿区）においては、17世紀後葉頃に構築されたとみられる多数の溝状遺構（花壇跡）が検出されており、段階を経て拡張していく様子が新旧関係からうかがえる。同家は上屋敷でも花壇跡が検出されているが、下屋敷では文献史料上、牡丹の栽培が推測されている。なお自然科学分析では酸性土壌ということもあり、該当する花粉の検出はされていない。東京大学構内の遺跡（文京区）では『医学部附属病院入院棟A地点』が刊行している。拝領当初は、加賀藩の証人屋敷である黒多門邸が位置し、天和2（1682）年の火災により焼失した長屋建物群が報告されている。その後、大聖寺藩邸となってから構築された大型土坑であるSK3は、この火災の際に発生した遺物が大量に出土している。また加賀藩上屋敷の跡地である東京大学では、『赤門―溶姫御殿から東京大学へ』（2017年3月18日～5月28日）と題し、東大構内から出土した徳川家斉の息女である溶姫御殿の長局に関する19世紀代の遺物や、溶姫に関わる伝世品などが展示された。同図録では溶姫御殿に関わる発掘成果に加えて、動物遺体、文献史料なども含めて、多角的に当時の御殿生活の実態に迫る論考が収録されている。

　地方の城下町においても精力的な報告が多く刊行されており、岡山県『史跡津山城跡』では松平家の合

印である「剣大」の文字が描かれている陶器碗や、「御賄方」と書かれた陶器皿などが報告されている。高知県高知市『追手筋遺跡』では墨書された瓦から、元禄11（1698）年の火災による廃棄と見られる資料が出土した。兵庫県伊丹郷町遺跡では、近世中期以降の酒蔵および搾り場や竈などが報告されている。

生産遺跡

本年度は、石垣や石丁場に関するシンポジウムや報告も多数見られた。シンポジウム「史跡江戸城石垣石丁場跡の実像に迫る～国指定を記念して」（11月5日）では、渡辺千尋氏「早川石丁場群関白沢支群の様相」、谷口肇氏「神奈川県内における近世石垣石丁場の分布について」、河合修氏「静岡県内における石丁場の様相」、村木二郎氏「中・近世の石材加工と石丁場遺跡」、杉山宏生氏「伊東市の石丁場遺跡の現状と課題」、川宿田好見氏「大坂城石垣石切丁場跡の活用と展開」などが取り上げられた。また『遺跡学研究』第13号においては、「近世・近代の石切場と石材流通」が特集として組まれている。

窯業関係では、国指定史跡山辺田窯跡に隣接する集落跡において、製土関連施設や赤絵窯跡のほか、上絵付された製品が発見された。このことにより、いわゆる「古九谷」が成形から上絵付まで一貫して山辺田窯で行われたことが明らかとなったことは大きい。一方で、石川県加賀市でも九谷磁器窯に伴う石組が確認され、上絵付に関連する可能性が示されている。『平成27年度久留米市内遺跡群』（久留米市文化財調査報告書第368集）には、朝妻焼古窯跡第2次調査が報告されている。

このほか、砺波上鉄穴遺跡（鳥取県日南町）は、良好な状態で発見された近世の砂鉄採取場として貴重な事例といえよう。

その他

2016年度はキリシタンに関するものが注目される。東京都指定文化財旧跡である「切支丹屋敷跡」（文京区）から出土した人骨が、日本の歴史に大きな影響を与えた禁教時代のイタリア人宣教師シドッチ神父であることが明らかとなったことが話題となった。シンポジウム「シドッチ神父と江戸のキリシタン文化」（11月13日）は一般向けのものであったが、発掘調査の成果に加えてDNA分析や形態分析等など人類学も加えた内容であった。なお、シドッチ神父の復顔像は、国立科学博物館「よみがえる江戸の宣教師（バテレン）シドッチ神父の遺骨の発見と復顔」（11月12日～12月4日）でも一般公開された。報告書としては『切支丹屋敷跡』（2分冊）が刊行されており、考古学・形質人類学・文献史学が協業した成果として評価されよう。このほか、墓標から現存する大分県臼杵市『下藤地区キリシタン墓地』報告書が刊行されている。

山梨県考古学協会2016年度研究集会は、『考古学からみた近世の治水技術』をテーマとして取り上げた。畑大介氏「中近世の治水遺構の動向と研究視点」、荒川史氏「宇治川太閤堤跡の構造と技術」、渡邊理伊知氏「旧利根川堤防跡について～築堤工法の一事例～」、斎藤秀樹氏「近代の堤防遺跡と河川工法」が発表された。考古学的な視点から近世の治水技術を捉えようとする試みは少ない。しかし埼玉県でも旧利根川堤防跡の発掘調査が2014年度から継続的にされており、今後研究が深まることが期待される分野として注目したい。シンポジウム「品川台場と堺台場」（2017年3月5日）では、大八木謙司氏「品川台場の構造」、小林和美氏「これまでの堺台場研究」などが発表された。

このほか、国史跡恵美須ケ鼻造船所跡（山口県萩市）ドックに伴う石積みや石列などが確認されている。滋賀県大津市では、東海道に敷設されたとみられる近世の車石が検出されている。また東京都鈴木遺

跡回田町326番地１他地点では、畑から水田、近代にはまた畑へと戻す様子が確認されている。近年は各地の発掘調査も増え、地域でのシンポジウムや展示も増えてきている。しかし近世はその時代の性格から、江戸や大坂などの主要都市に調査が集約しがちなのが現状である。こうした都市部以外の調査は未だに僅かなため、貴重な成果といえよう。

２．遺　物
土器・陶磁器

　本年度は陶磁器について、２つのシンポジウムで大きく取り上げられている。ひとつは東洋陶磁学会第44回大会（10月29日・30日）で、「日本磁器の創始と発展―江戸前期を中心に―」と題し、江戸前期に誕生から急激な発展を遂げた肥前地方を中心とする日本の磁器について焦点を当てたもので、鈴田由紀夫氏：記念講演「日本磁器の創始と発展（概論）」、村上伸之氏「肥前の磁器の始まりの実態（初期伊万里）」、渡辺芳郎氏・野上建紀氏・赤松和佳氏・畑中英二氏・水本和美氏・滝川重徳氏・庄田知充氏・新宅輝久氏・藤掛泰尚氏・河合修氏・小野田恵氏・佐藤雄生氏「肥前磁器の流通について―十七世紀前半の出土資料を中心に―」、大橋康二氏「色絵磁器の始まりの実態（初期色絵）―山辺田遺跡調査成果を中心に―」、家田淳一氏「柿右衛門様式の実態」、堀内秀樹氏「柿右衛門様式色絵の消費地での出土状況」、船井向洋氏「鍋島焼の始まりから盛期に至る実態」、水本和美氏「鍋島焼の消費地での出土状況（草創期～盛期鍋島）」などの発表がなされた。もうひとつは、琉球陶器誕生400年にあたる沖縄考古学会の研究発表会で、「16～17世紀の沖縄における窯業の展開とその背景」（７月２日）をテーマに、石井龍太氏「琉球近世瓦の展開と琉球近世史」、渡辺芳郎氏「17世紀における薩摩焼製陶技術の琉球陶器への影響」などの発表がされた。

　出版物では雄山閣から『中近世陶磁器の考古学』第三～五巻が出版され、近世だけでも多数の幅広い論考が発表されている。第三巻では弦本美菜子氏「日本における漳州窯系陶磁器の流通・消費」、赤松和佳氏「畿内における貿易陶磁の様相　大都市『大坂』以外の貿易陶磁を探る」、宮本康治氏「大阪出土の東南アジア陶磁器をめぐって」、永井正浩氏「遺跡出土資料からみた蕎麦」、佐伯純也氏「鳥取県における中近世陶磁器の流通史」、能芝勉氏「近世京都の陶磁器類の流通と廃棄　町屋跡出土の貿易陶磁器を中心に」、成瀬晃司氏「勤番武士の器　出土陶磁器にみる加賀藩黒多門邸居住者の様相」、小林克氏「温かな飲み物の普及とそのうつわ　オランダ・日本の出土資料から」、野上建紀氏「ラテンアメリカに流通した肥前磁器」がある。第四巻では、大橋康二氏「17世紀後半、中国陶磁の量を超えた肥前磁器の流通」、扇浦正義氏「唐人屋敷建設期の貿易陶磁」、畑中英二氏「考古学からみた和物茶陶の創出とその担い手」、鹿島昌也氏「江戸時代後期の流し掛け碗について」、中野晴久氏・小栗康寛氏「近世常滑焼の道明寺甕」、関根達人氏「安政の開港と出土陶磁器」がある。第五巻は、堀田孝博氏「日向飫肥藩における薩摩焼の流通とその背景」、藤掛泰尚氏「小田原出土の鍋島―藩主から家臣への下賜―」など、各巻とも生産から消費、流通など多様な研究内容が多数収録されている。

　単著としては、野上建紀氏『伊万里焼の生産流通史　近世肥前磁器における考古学的研究』（中央公論美術出版）のほか、角谷江津子氏は『近世京焼の考古学的研究』（雄山閣）において、遺跡からの出土遺物を対象として近世京都出土の京焼から編年観を示すなど、考古学的に京焼の実像に迫っている。また付篇の「小町紅」銘紅容器や同志社女学校出土陶磁器なども取り上げている。白石純氏の『土が語る古代・

中近世　土器の生産と流通』（吉備人出版）は、蛍光X線分析法による胎土分析において、中近世土器の生産と流通について若干触れている。

このほか『江戸遺跡研究』第4号には、中野光将氏「釜形土製品と焜炉型竈・竈型土製品―釜形土製品の変遷と竈型土製品のセット関係を中心に―」、惟村忠志氏「江戸遺跡出土常滑甕の墨書と刻印」など、が掲載されている。『青山考古』第31・32号合併号には、黒田智章氏「仙台市長町駅東遺跡出土の汽車土瓶」、張替清司氏「美濃窯での鉄絵皿の生産と中近世移行期の窯業」、山本文子氏「芙蓉手皿のサイズと需要―景徳鎮・漳州・肥前」が掲載されている。

海外交流

本年度は貿易陶磁器に関するものが目立った。第37回日本貿易陶磁研究集会（9月17日～9月18日）は、「陶磁器研究の視点」をテーマとして、「陶磁器から遺跡を見る」、「遺跡から陶磁器を見る」ために有効な視点、方法は何か、という原点に立ち返り、とくに生産・流通・消費を検討するための方法論や分析の視点を中心に、最近の研究成果を取り上げている。野上建紀氏「陶磁器研究における沈没船からの視点」、太田雅晃氏・西本正憲氏「横浜日本人街出土の近代国産輸出陶磁」。第7回近世陶磁研究会（2017年1月14日）は、『日本における明清の中国磁器』と題し、日本磁器の源流である中国磁器に焦点を当てている。冨永樹之氏「漳州窯青花大皿（盤）の盛行について」、大橋康二氏「日本などにおいて出土の明清の中国磁器（染付中心に）」、田端正明氏・中野充氏・中野雄二氏「幕末～明治初期の肥前磁器の胎土分析による生産地識別（中間報告）―佐賀市三重津海軍所跡出土磁器との比較―」、扇浦正義氏「長崎出土の中国磁器と国内流通」、山本文子氏「肥前の芙蓉手皿―中国芙蓉手皿の模倣と独自性―」、堀内秀樹氏「江戸出土の明・清代の中国磁器」、中山圭氏「天草陶磁器の海外輸出について～採集品の分析を中心に～」が報告された。なお会場となる九州陶磁文化館では特別企画展として「日本磁器の源流」が開催されており、肥前陶磁と中国陶磁の関係性についての展示もなされた。関西近世考古学研究会第28回大会は、「歴史資料としての近世貿易陶磁」（12月3日・4日）と題し、関西を中心とした各地の出土状況から、器種・組成の変遷をはじめ、受容層の違いやその背景など、貿易陶磁が持つ歴史性をさまざまな角度から検討している。堀内秀樹氏「近世期の貿易陶磁需要とその背景」、彭浩氏「近世長崎の唐物貿易」の2本の講演のほか、報告は、松本百合子氏「大阪市内出土の近世貿易磁器」、鈴木裕子氏「江戸出土の貿易陶磁器―その近世的な様相の概要―」、赤松和佳氏「伊丹郷町遺跡出土の貿易陶磁器」、市川創氏・モンペティ恭代氏「京都における近世貿易陶磁―高辻家の様相を中心に―」、加藤雄太氏「京都二條家邸出土の近世貿易陶磁と国産磁器について」、田中学氏「長崎市内遺跡出土の近世貿易陶磁」が発表されたほか、各地域の貿易陶磁が紙上報告で多数なされている。

その他

第30回にあたる江戸遺跡研究会大会は、「遊び」をテーマとして取り上げた（2017年1月28日～29日）。古泉弘氏の基調報告「江戸の遊び　開催にあたって」、報告は、中野高久氏「江戸の遊び―土人形・玩具類研究の現状と遊芸―」、仲光克氏「江戸遺跡出土泥面子―分類と一流通―」、能芝勉氏「京都の人形・土製品について」があった。特徴的だったのは、湯浅淑子氏「19世紀の拳狐拳―ジェスチャーからモノへの展開―」、小池満紀子氏「描かれた江戸の遊び」などの民俗的な視点や、澤田麻希氏「結城座―江戸時代の人形芝居―」では、東京都無形文化財にも指定されている糸あやつり人形を紹介するなど、物質とし

て限界のある出土資料以外からも、より多面的に江戸の遊びを捉えようとした試みといえる。

『出土銭貨』第36号では、石神裕之氏「個別発見貨（single-finds）研究の可能性—江戸・京都を事例として—」が掲載されている。時枝務氏『山岳宗教遺跡の研究』（岩田書院）は、中世を中心とした著作であるが、近世では立山や富士信仰について取り上げている。

東京大学構内遺跡『医学部附属病院入院棟A地点』研究編では、清水香氏「大聖寺上屋敷跡廃棄土坑SK 3から出土した17世紀の木製品」、小林照子氏「西行の系譜—CT画像からみた土人形の系譜—」のほか、出土した短冊板状の鹿角製品を熊野比丘尼の持つ"びんささら"と推定した大貫浩子氏「ビンササラ考」が興味深い。

3．近現代考古学

発掘調査としては、国立療養所多磨全生園（東京都東村山市）内にあった、全生学園跡地を特筆したい。現地見学会が実施され（2017年1月7日）、成果報告会も開かれた（2017年3月26日）。草創期の全生病院では、土塁と堀が患者地区を囲むようにあることが知られていた。この調査では土塁の痕跡は確認できなかったが、大正後期には埋められたと考えられる深さ2m、幅4mにも及ぶ堀が確認されている。これらの隔離を象徴するような施設は、当時のハンセン病に対する誤った理解から作られたものであるが、こうしたいわゆる"負の歴史"も後世に伝えていくうえで、近現代考古学は非常に大きな役割を担っているといえる。確かに近現代は、現在に直結するような様々な問題を抱えている遺跡も多く、他の時代にはない配慮を必要とする場合もある。この調査が"埋蔵文化財"の対象とされなかったことは大変残念であるが、該期の遺構・遺物の保護は喫緊の課題ではあり、粘り強く周知していくことが近現代考古学への理解につながると期待したい。

北海道考古学会2016年度研究大会（4月30日）は「北海道における近現代考古学の今後」と題し、田才雅彦氏「北海道における近世・近代の遺跡調査と今後の可能性」、石渡一人氏「交通の要所—野付通行屋敷と史跡旧奥行臼駅逓所」、菅野修広氏「ゴミ穴から見える近代アイヌの物に対する認識変化」、野村祐一氏「五稜郭　幕末遺構の発掘調査と史跡整備」、黒尾和久氏「近現代考古学の可能性」の発表がなされた。

遺跡整備・活用研究集会「近世城跡の近現代」（12月16日）では、内田和伸氏「近世城跡の近代遺構—建築・公園・庭園」の発表があり、城郭の史跡整備が大きく進む一方で、城郭という史跡と近代以降の軍事施設などの遺構といった歴史的重層性をどのように捉えるかを考えさせるものであった。

刊行物としては、「戦跡考古学—沖縄・本土の防衛—」（『考古学ジャーナル』No.689）が特集として組まれた。伊藤厚史氏：総論「要塞・沖縄戦・本土決戦陣地の考古学」、野内秀明氏「史跡東京湾要塞跡の調査—猿島砲台跡・千代ケ崎砲台跡—」、瀬戸哲也氏「沖縄戦の砲台陣地」、丹野拓氏「本土決戦陣地の調査—和歌山・紀の川流域の防衛—」、出原恵三氏「本土決戦陣地の調査—高知平野の防衛—」が掲載されている。

このほか『知覧飛行場跡』の発掘調査報告書も刊行され、鹿児島県ミュージアム知覧では「発掘された知覧飛行場—70年の時を経て—」（7月9日～9月25日）の展示がなされている。

おわりに

　以上雑駁であるが、2016年度の動向を概観してきた。全体として研究の対象や方向性としては陶磁器研究が多くを占め、細分化・深化している傾向にあるといえよう。また発掘調査報告書では、昨今の厳しい調査事情のなかでも積極的な関連諸学との協業がみられ、より多角的に遺跡を捉えようとするものも多く見られる。

　また近現代考古学は、直接現代に繋がる時代ということもあり、取り扱いが難しい場合も多い。そのうえに他の遺跡と重複して発見されなければ、発掘調査の対象となりえない場合も散見される。このため研究に関しても限定的になることは否めず、未だ物質資料から読み取れる情報は十分とは言い難い。これから研究と遺跡の保護の観点からも早急な対応が望まれる。

（Ⅱ）外国考古学研究の動向

1　朝鮮半島

三　阪　一　徳

　2016年度の日本・韓国における朝鮮半島を対象とした研究動向のうち、執筆者の関心の範囲で収集しえた成果について記した。韓国語文献については、必要事項を日本語訳し、末尾に「韓国語」と付した。

　概説・総論　崔夢龍（『韓国先史時代の文化と国家の形成』周留城出版社、310p、韓国語）は、自身が執筆した高等学校国史教科書および同教師用指導書をもとに、新たな資料や見解を加え、旧石器時代～三国時代前期（紀元300年頃）までを概説する。本書は概説書としてだけではなく、韓国の歴史教育を理解するうえで重要なものといえよう。

　新石器時代（櫛目文土器時代）　金宰賢・金珠姫（「釜山加徳島出土の新石器時代の人骨の埋葬パターンに関する分析」『考古学は科学か』中国書店、pp.1115-1126）は、釜山加徳島獐項遺跡で良好な状態で検出された新石器時代早・前期の人骨の分析を行った。これまで新石器時代には伸展葬の事例しか確認されていなかったのに対し、同遺跡では伸展葬よりも屈葬が多く、さらにこれらは日本列島の縄文時代の屈葬と比較しても、四肢骨が強く曲げられている点で異なっていることを明らかにした。そして、同遺跡の埋葬姿勢を「加徳島式屈葬」と命名した。今後は、当該人骨の形質的特徴や親族関係などに関する研究成果も期待される。

　安承模（『韓国新石器時代研究』書景文化社、397p、韓国語）は、新石器時代に関する自身の研究成果をまとめた。「編年」（第2部）で土器研究、「生業」（第3部）で植物考古学、「成果と課題」（第4部）で研究の到達点と方法論的課題に関する代表的な論考が掲載される。なお、本書は氏の退職を記念して刊行され、氏の研究成果の重要性を改めて知りうるものである。

　このほかに、蘇相永（『韓半島中西部地方新石器文化変動』書景文化社、382p、韓国語）による成果が

ある。

青銅器時代・初期鉄器時代（無文土器時代）　宋永鎮（『韓半島青銅器時代磨研土器研究』慶尚大学校博士学位論文、332p、韓国語）は、朝鮮半島南部を10地域に区分し、「磨研土器」の分類・編年案を提示した（第3章）。これを土台に、磨研土器の起源について以下の解釈が示される。紀元前1500年頃の青銅器時代早期に、遼東～朝鮮半島西北部を主としつつも、朝鮮半島東北部を含む地域の文化要素が同南部へ流入し、これに伴って磨研土器の諸要素も受容されたとみる。具体的には、台付土器は遼東～朝鮮半島西北部と同東北部、平底で長頸の器形は遼東～朝鮮半島西北部、赤色磨研技法は朝鮮半島東北部に系譜があり、同南部において（赤色）磨研土器という器種が成立したと説明する。その後、磨研土器は朝鮮半島南部で独自の変化をとげつつ、紀元前1000年頃の青銅器時代前期前半末～後半頭に韓半島化が完成したという。また、これと同時期に馬城子文化に代表される太子河流域の文化要素が流入したことにより、横帯区画文、彩文技法、二重口縁碗、墓制と副葬儀礼などの要素が磨研土器に付加されたと指摘した（第4・5章）。朝鮮半島南部の青銅器時代早・前期の磨研土器において、遼東～朝鮮半島西北部の要素が含まれるという指摘は説得力がある。ただし、朝鮮半島東北部の要素の存在については検討の余地があろうか。本書は朝鮮半島南部における磨研土器の詳細な時間的・空間的変異を明らかにし、青銅器時代社会・文化の成立と展開に関する議論に大きく貢献するものである。

設楽博己（編）（「弥生文化のはじまり」『季刊考古学』138、pp.14-87）は、弥生時代のはじまりについて、朝鮮半島を含む多角的な視点から議論する。中村大介（「青銅器時代における二重口縁土器の成立と地域性」、pp.22-25）は、青銅器時代早・前期に位置づけられる二重口縁土器のうち、幅狭の二重口縁を指標とし「大平里類型」を設定した。大平里類型とそれより先行して出現する突帯文土器は、伴う石庖丁や住居址に一定の共通性がみられる点から、両者に連続性があると指摘した。ほかに、大貫静夫（「弥生開始年代論」、pp.30-33）、庄田慎矢（「農耕の定着化と土器の器種構成の変化」、pp.47-50）が朝鮮半島を主な対象とする。

宮本一夫（『東北アジアの初期農耕と弥生の起源』同成社、311p）は、新石器時代～初期鉄器時代の朝鮮半島、沿海州、中国東北部、日本列島を含む東北アジアにおける初期農耕について議論を展開する。氏の「東北アジア初期農耕化4段階説」の各段階が、年縞の分析によってえられた海退時期と一致すると指摘した。そして、海退時に伴う寒冷化が食糧生産の阻害と人口圧の高まりを生じさせ、新たな農耕適地を求めて人が移動したことが農耕拡散の要因のひとつになったと解釈する（第1章）。上記の農耕拡散に関連した考古資料の多角的な分析がなされるが（第2～13章）、とくに土器の分析結果に注目し、農耕と言語の関係について検討される（第14・15章）。「古日本語」の出自は遼西東部にあり、遼東、朝鮮半島、日本列島に広がったとみる。土器でいうと、遼東の偏堡類型、朝鮮半島西北部の公貴里式土器、同南部の突帯文土器、日本列島の夜臼式土器の段階に相当する。日本列島では「縄文語から古日本語への転換」が「夜臼Ⅰ・Ⅱ式という約300年の移行期を経て」、板付Ⅰ式の段階に成し遂げられたと説明される。その後、粘土帯土器が遼西西部・遼東から朝鮮半島へ拡散したのに伴って「古韓国語」が広がり、「朝鮮半島南部では無文土器の松菊里文化の古日本語から粘土帯土器文化の古韓国語への置換が行われた」と解釈する。農耕と言語の伝播経路に関する東北アジア全域を視座に入れたダイナミックな氏の仮説が、今後、言語学・人類学を含む学際的な研究によって議論されることが期待される。

I 2016年度の日本考古学界

安在晧・李弘鐘（編）（『2 編年』（青銅器時代の考古学）書景文化社、293p、韓国語）は、青銅器時代の諸地域における土器をはじめとする考古資料の最新の編年案を提示する。なお、同シリーズは『1 人間と環境』、『3 集落』、『4 墳墓と儀礼』、『5 道具論』の5巻で構成され、2014～2017年にかけ出版されている。韓国考古学界における青銅器時代研究の到達点と課題を知りうる文献である。李盛周ほか（『慶北地域青銅器時代の墓』学研文化社、555p、韓国語）は、慶北地域を河川単位で区分し、各地域・時期の墓とその出土遺物を集成した。李亨源（「春川中島環壕集落」『季刊考古学』135、pp.89-90）は、青銅器時代中期の環壕とその内外に住居址や墓が良好な状況で検出された春川中島遺跡について紹介する。本遺跡の調査成果は同時代の集落構造解明の鍵となることが期待される。

このほかに、卜箕大ほか（『新石器・青銅器時代東北アジア墓制文化研究』周留城出版社、334p、韓国語）、高旻廷（「青銅器時代玉装身具の生産体系」『日・韓の装身具』嶺南考古学会・九州考古学会、pp.163-203）、端野晋平（「支石墓の系譜と受容」『末盧国の自叙伝 資料集1』唐津市教育委員会、pp.10-11）、平郡達哉（「日本列島出土磨製石剣再考」『島根考古学会誌』34、pp.41-61）、許俊亮（「区分研磨技術の出現と展開」『日・韓の装身具』嶺南考古学会・九州考古学会、pp. 1 -36）、金仙宇（『韓国青銅器時代空間と景観』周留城出版社、248p、韓国語）、三阪一徳（「日本列島・朝鮮半島南部の稲作受容期における土器製作技術の変容過程解明への予察」『考古学は科学か』中国書店、pp.287-303）、宮里修（「韓半島の青銅器文化」『季刊考古学』135、pp.51-54）、村松洋介（「吉林省地域の青銅器鋳型」（『日・韓の装身具』嶺南考古学会・九州考古学会、pp.384-388）、同（「韓半島の青銅器副葬」『季刊考古学』135、pp.75-78）、庄田慎矢（「東北アジアにおける金属器受容と短剣形石器の出現」『第65回埋蔵文化財研究集会 青銅器の模倣Ⅱ 発表要旨・資料集成』、pp. 1 -14）、山崎頼人「日韓青銅斧の比較研究」（『日・韓の装身具』嶺南考古学会・九州考古学会、pp.90-117）による成果がある。

原三国時代・三国時代 土田純子（『東アジアと百済土器』同成社、411p）は研究目的をつぎのようにまとめる。「百済土器の編年基準となる年代決定資料を検討し、それを百済土器主要器種に対する相対編年に反映させることで、より明確な客観的な編年の樹立を行うものである。また、この編年をもとに漢城期百済の領域拡大過程を論じる」（第1章）。百済土器の編年や暦年代を与えるうえで、中国陶磁器が重視されてきたが、これに伝世を想定するかによって年代観に齟齬が生じていた。新羅・加耶では中国陶磁器と馬具の共伴事例において両者に年代差がみられ、前者が伝世したと理解されてきた。しかし、氏が百済の資料について検討を行った結果、両者に「1世代（約50年）」を超える時期差は認められないという。これに加え、少なくとも百済では出土状況からみて、中国陶磁器が「奢侈性実用品」であり伝世を想定しうる状況にないことから、中国陶磁器の伝世を想定する必要はなく、年代決定資料として有効であるという立場に立ち議論が進められる（第2章）。まず、中国陶磁器について、中国における器種ごとの型式変化を把握し、そこに紀年銘墓出土資料により暦年代を与える。これにもとづき、百済における中国陶磁器と百済土器の共伴事例から後者の暦年代を比定する。さらに、百済土器と倭・新羅・加耶（系）遺物の各地域での共伴事例を悉皆的に集成し、百済土器の暦年代の定点を捉えた（第3章）。その結果をもとに、「（表7）百済・新羅・加耶諸国の古墳編年表」が提示され、4世紀中葉～6世紀前半の諸地域の古墳の併行関係を整理した点が大きな成果といえよう。また、煮沸具・漢城様式百済土器・泗沘様式百済土器の編年がなされる。一部の器種については、時間的変化を示す属性の抽出と変化の方向の提示→型式設定→編

年→暦年代の付与という詳細な編年の作業手順が示されており、検証可能な形で結果を提示している点は高く評価される（第4章）。なお、諸属性の時間的変化の方向を検討する時点で、あらかじめ漢城・熊津・泗沘期などの時期区分が設定されている点や、型式の設定において複数属性の相関関係が示されていない点については、再考の余地があるのではなかろうか。それはさておき、次章では前章までに設定された百済土器の時間軸にもとづき、ほかの考古資料の動向を加味し考察が行われる。従来、百済は都城から順次、面的に領域を拡大させたと理解されていたが氏は百済の領域拡大過程に5つの画期があり、鉄鉱石・金などの産出地や交通の要衝を点的に支配しつつ領域を拡大させたと説明する（第5章）。本書は、これまで見解の一致をみなかった百済土器の編年と暦年代について詳細な検討を行ったものである。これは百済研究のみならず、日本の古墳時代研究においても非常に重要な成果といえよう。

　金宇大（『金工品から読む古代朝鮮と倭』京都大学学術出版会、411p）は、5・6世紀の新羅・百済・大加耶・倭における垂飾付耳飾と装飾付大刀を対象とし、緻密な遺物の観察や実測図にもとづいた編年案を明示する。これは共伴遺物に依拠した既存の編年案とは一線を画す重要な成果といえる。たとえば、「新羅における垂飾付耳飾の系統と変遷」（第1章）では、学史で取り上げられた垂飾付耳飾の諸属性（本書では類型）を総合的に把握した。中間飾が系統の違いを示し、垂下飾・連結金具・中間飾の形態的変異が時間的変化の指標になるとみる。属性間での相関関係や系統間での共伴関係の検討など、作業手順が詳細に示されており、説得力のある編年案が提示されている。本書が金工品の時間軸の設定に基軸を置いている点を考慮すれば、編年方法についての学史の整理や自身の方法論が明示されていれば、さらに論理的な編年案になったのではないかと感じられる。「古代朝鮮諸国と倭の相互交渉」（終章）では、諸地域の垂飾付耳飾と装飾付大刀の編年案を整理し、Ⅰ〜Ⅴ期の編年の統合案が示される。これを土台に、5・6世紀の朝鮮半島諸国間および日本列島の交流、政治的関係が論じられる。このうちⅡ期（5世紀中葉頃）に、新羅的大刀が出現したのに伴い、新羅から周辺の領域内への技術伝播がなくなる現象について、金工品を媒介とした新羅における「間接統治体制」の確立とみる。一方、新羅・百済・大加耶間では金工品の技術的交流が存在し、この点については高句麗南征や新羅の脱高句麗を背景とした朝鮮半島諸国間の関係深化と解釈した。金工品のみならず、墓制・集落動態やほかの遺物の分布、威信財・技術拡散に関する先行研究の議論やモデルを加味すれば、より説得力のある説明ができるのではなかろうか。本書は当該期の朝鮮半島内および日本列島との交流関係・時期を議論するにあたって非常に重要な成果といえよう。

　中久保辰夫（『日本古代国家の形成過程と対外交流』大阪大学出版会、333p）は、「日本古代の国家形成期にあたると考えられる古墳時代を対象として、渡来文化の受容が果たした役割を明らかにしようと試みる」という研究目的を掲げる。まず、土器の形態、サイズ、製作技術、機能（使用方法）の特徴と差異を具に整理し、「土師器」、「須恵器」、「韓式系軟質土器」、「陶質土器」、「定着型軟質土器」の定義を行った。また、渡来人と在来人が製作する土器のバリエーションを示したモデルが提示される（第1章）。この点については、渡来人・在来人の2区分にとどまらず、両者の混血の存在や技術伝習の多様性を考慮すれば、土器の折衷・変容現象の実態をより詳細に把握できる可能性もあろうか。小型丸底壺、広口小壺、甑および集落動態に関する分析を通じ、楽浪郡・帯方郡の廃絶後、4世紀中・後葉に大和北部・河内と金官加耶は交流が密になり、5世紀になると日本列島と全羅道との交流が深まると指摘する（第2章）。さらに、近畿地方における韓式系軟質土器と韓半島系土器の分布濃淡の把握にもとづき、長原遺跡群に代表

される「渡来系集団定着型集落」が発信源となって、在来土器様式の変化が周辺へ広がったとみる。このような分布の差は、地域単位ではなく、集落単位で現れている実態を捉えた。一方、陶邑窯の大庭寺遺跡では、多量の韓式系軟質土器が存在するにもかかわらず、定着型軟質土器はわずかであり、渡来・在来集団間の交流が粗である稀な遺跡と評価する（第3章）。つぎに、前章までの土器の分析に加え、5世紀の手工業生産と墓制についての検討がなされる。その結果、渡来系集団と手工業生産の移入が深く関わることを指摘し、河内湖周辺がその中心地域であったとみる。古市・百舌鳥古墳群の築造、陪塚と初期群集墳の出現からは「初原的官僚層」の出現を想定した。そして、これまで外部の威信や対外ネットワークを主な権力資源としたのに対し、5世紀の政治勢力が技術導入を重要視したことにより、社会の組織化が伸長したとみる（第4章）。これらの検討にもとづき、古墳時代の対外交流を、大陸の先進物資を手に入れること目指す「物資入手型対外交流」と、先進技術をもつ外来集団を招来することによって技術革新を管理する「技術・知識導入型対外交流」の2つに分けて理解した。3世紀中葉〜4世紀前葉には、「邪馬台国・大和東南部勢力」は、中国魏晋王朝の青銅鏡や中国・朝鮮半島の鉄素材など、物資入手型対外交流に重点を置いたのに対し、4世紀中葉〜後葉になると西晋王朝の内乱・滅亡、楽浪郡・帯方郡の滅亡、朝鮮半島の国家発展に伴い物資入手型対外交流が不安定になったという。韓式系軟式土器や須恵器甕の形態の分析を通じ5世紀に至ると河内勢力が台頭して、朝鮮半島西南部の渡来人系集団を積極的に受け入れることにより鍛冶生産・須恵器生産を導入するなど、技術・知識導入型対外交流が推進され、これが技術革新と社会資本の発達につながったとみる。さらに、国家形成論に関する学史を整理したうえで、都出比呂志（1991「日本古代の国家形成論序説」『日本史研究』343、pp.5-39など）による初期国家と成熟国家の指標にもとづき、前者から後者への移行過程が検討される。その結果、先述の古墳時代の対外交流戦略の変化をふまえ、外的要因としての渡来文化の受容は、国家形成にとっての契機ではなく主要因となったと評価する（終章）。本書は、土器の多角的な分析を土台としつつも、手工業生産、墓制、集落構造などの検討を通じ、日本列島と朝鮮半島・中国大陸との交流の中心地域が時期的に変化している実態を捉えている。さらに、「主導政治勢力」が対外交流戦略を変化させたと理解したうえで、渡来文化受容が国家形成に与えた影響を鮮明にした点が大きな成果といえる。

　土生田純之・亀田修一（編）（「古墳時代・渡来人の考古学」『季刊考古学』137、pp.15-89）は、古墳時代における朝鮮半島からの渡来人に注目し、「仕事」、「暮らす・葬る」、「各地の渡来人」の3テーマを設定し、各種遺物・遺構について論じる。亀田（「西日本の渡来人」、pp.71-81）は、「渡来人たちは日本列島にどのように渡ってきて、中央地方を問わず、どのように受け入れられ、どのような仕事・生活をし、そしてどのように一生を終えたのか。さらにその子孫たちはどのように日本列島の人々と暮らし、同化していったのか」と述べる。これは現在の研究課題を端的に示したものといえよう。

　武末純一・平尾和久（「三雲・井原遺跡番上地区出土の石硯」『古文化談叢』76、pp.1-11）は、楽浪郡出土の石硯との比較を通じ、三雲・井原遺跡番上地区出土の石製品を石硯と評価した。なお、この石製品は弥生時代中期前半〜終末期の時期幅をもつ土器溜りから出土し、当地区周辺では楽浪系土器が多く出土している。本資料は当該期の日本列島における文字の普及を裏づける可能性があり、非常に重要な資料といえる。今後、石硯の認定方法についての議論を深め、これまで砥石などとされていた石製品についても再検討していく必要があろう。

李暎澈ほか（「霊岩泰澗里チャラボン古墳」『日本考古学』41、pp.77-85）は、韓国で最も古い4世紀代の前方後円墳とされていたチャラボン古墳について、大韓文化財研究院による再調査の成果をふまえ再検討を行った。その結果、前方部が撥形に大きく開く点、竪穴系横口式石室をもつ点、陶質土器・須恵器などの出土遺物の型式から、同古墳が5世紀後半に位置づけられることを明らかにした。これは当該期の日韓交流を考えるうえで重要な成果といえる。

　香芝市二上山博物館友の会（ふたかみ史遊会）（編）（『邪馬台国時代の狗邪韓国と対馬・壱岐』）は、井上主税（「邪馬台国時代の狗邪韓国」pp.1-20）をはじめ、原三国時代の朝鮮半島と日本列島の交流について報告する。小田富士雄（編）（「西日本の「天智紀」山城」『季刊考古学』136、pp.14-99）は、天智期の古代山城研究に関する最新の成果と課題をまとめた。このうち、車勇杰（「韓国山城の懸門構造」、pp.63-68）、小澤佳憲（「日韓の古代山城出土軸摺金具」、pp.74-76）、亀田（「神籠石系山城と朝鮮半島の山城」、pp.93-96）が朝鮮半島を主な対象とし成果を報告する。

　このほかに、堀田孝博（編）（『馬韓・百済と南九州』宮崎県立西都原考古博物館、61p）、金載烈（「新羅装身具の研究傾向」『日・韓の装身具』嶺南考古学会・九州考古学会、pp.118-134）、同（「慶山造永洞古墳群EⅡ号・EⅢ号出土貴金属製装身具の紹介」『日・韓の装身具』嶺南考古学会・九州考古学会、pp.396-406）、李海鉎（「釜山杜邱洞遺跡」『日・韓の装身具』嶺南考古学会・九州考古学会、pp.422-433）、李東冠（「古墳時代前期百済系鉄鋌の流入とその系譜」『日・韓の装身具』嶺南考古学会・九州考古学会、pp.61-89）、李陽洙（「櫛形装身具について」『日・韓の装身具』嶺南考古学会・九州考古学会、pp.292-330）、森下章司（『古墳の古代史』筑摩書房、262p）、長友朋子（監修）（『窯導入前後の土器生産体制の進展と政体の成長に関する日韓の比較考古学』、244p）、朴廣春（「順序配列法で模索した加耶土器の初現期」『考古学は科学か』中国書店、pp.1137-1148）、沈炫澈（「咸安末伊山25・26号墳調査報告」『日・韓の装身具』嶺南考古学会・九州考古学会、pp.407-421）、田中俊明（「5世紀後半から6世紀前半の朝鮮半島情勢」『古代武器研究』12、pp.77-85）、高田貫太（『海の向こうから見た倭国』講談社、289p）、楊娥琳（「原三国時代の韓・日における水晶製玉の比較研究」『日・韓の装身具』嶺南考古学会・九州考古学会、pp.227-266）による成果がある。

統一新羅時代・高麗時代　主税英徳（「九州出土の高麗陶器」『考古学は科学か』中国書店、pp.927-943）は、九州出土の「高麗陶器」を集成し、その分布・時期・器種について検討した。高麗陶器の分布は北部九州から南西諸島におよび、とくに対馬・博多遺跡群・大宰府周辺に分布が集中することを指摘した。これは高麗青磁の分布とほぼ一致し、両者は伴って出土することが多いという。器種は壺や瓶などの貯蔵・保管の機能をもつものが多く、時期は10～13世紀の幅があり、12世紀にピークがあると指摘する。今後はこれらの現象の背景について、歴史的事象をふまえ説明されることが期待される。

　九州大学埋蔵文化財調査室（「箱崎遺跡九州大学箱崎キャンパス中央図書館前南地点現地説明会資料」）は、箱崎遺跡において元寇防塁の可能性が高い石積み遺構を検出したことを報告した。

　このほかに、吉良文男（「高麗茶碗と韓国陶磁考古学」『中近世陶磁器の考古学』5、佐々木達夫（編）、雄山閣、pp.213-229）による成果がある。

朝鮮時代・近現代　小田裕樹（「現代ユンノリ遊具の考古学的分析」『考古学は科学か』中国書店、pp.111-130）は、現代の韓国で使用されているユンノリの分析を行った結果、そこには古代の日本・韓

国・中国における盤上遊戯「樗蒲（かりうち）」を知るうえで重要な情報がとどめられていると指摘する。なお、氏は以前、平城京から出土した奈良時代の土師器に刻された記号について、「樗蒲（かりうち）」に伴うものであることを明らかにしている。

このほかに、桐山秀穂（「中世日本における朝鮮王朝陶磁の流通の諸相」『中近世陶磁器の考古学』4、佐々木達夫（編）、雄山閣、pp.29-61）、李ハヤン（「朝鮮時代灰槨墓に関する一考察」『考古学は科学か』中国書店、pp.1149-1162）による成果がある。

2 中 国

鈴 木 舞

2016年度の日本における中国考古学研究の動向を紹介する。日本国内出版の中国考古学関係文献については『中国考古学』、『史学雑誌』の文献目録、中国国内での考古学の動向については『中国年鑑』の「考古・文物」を参照いただきたい。紙幅の都合上、出土文字資料・美術史に関する研究の多くは割愛する。

学会・シンポジウム　2016年6月4〜5日に、奈良大学で日本文化財科学会第33回大会が開かれ、本項に関するものとして、谷口陽子ほか「キジル千仏洞壁画の彩色材料と技法：69窟、167窟、224窟」、宇田津徹朗ほか「良渚遺跡群荀山地区における水田遺構探査」、鳥越俊行ほか「中国戦国時代の青銅剣に対するX線CT調査」、菊地大樹ほか「中国古代における馬匹生産体制の動物考古学的研究―関中盆地を中心に―」の報告があった。9月3〜5日に、岡山大学でアジア鋳造技術史学会大会が開催された。中国に関わる報告には、内田純子・岳占偉・廣川守・三船温尚・飯塚義之・鈴木舞「殷墟青銅器鋳型の復元実験」、飯塚義之・内田純子・廣川守・三船温尚「錫石を用いた青銅鋳造実験と『金有六斉』の新解釈」、長柄毅一・廣川守・野原悠暉「中国古代青銅鏡の金属組織観察と成分分析」、三船温尚・廣川守「東京国立博物館羽状文扁壺の3Dスキャンデータによる文様検証」、戸山潔・三宮千佳・三船温尚「泉屋博古館所蔵北魏金銅弥勒仏立像の3D計測分析による造形研究」の各口頭発表があった。11月19〜20日に、日本中国考古学会大会が京都府立大学で開催された。シンポジウム「日本考古学の100年と中国考古学研究―20世紀前半の調査資料にもとづく新たな研究視角―」では、基調講演として岡村秀典「京都大学所蔵中国考古資料の調査と研究」、宮本一夫「日本人研究者による遼東半島先史調査と現在―東亜考古学会調査と日本学術振興会調査―」、研究報告として中村亜希子「東亜考古学会による渤海上京城発掘資料の再検討―三次元計測データに基づく瓦研究―」、渡辺健哉「常盤大定旧蔵資料の調査と研究」、井上直樹「東洋史学者の満州踏査―歴史調査部・白鳥庫吉の事例を中心に―」、向井佑介「写真資料にみる日中戦争期の史跡調査―華北交通写真資料の整理と研究―」、また資料紹介として、大日方一郎「鞍山中学旧蔵資料の整理と再評価」があった。一般発表には、内田純子「殷墟出土鋳型と時期区分―安陽殷墟孝民屯遺跡鋳型の研究―」、江介也「浙江地域六朝墓の画像磚―その変遷・地域性・墳墓観―」があった。ポスター発表には、久保田慎二・小林正史・孫国平・王永磊・中村慎一「スス・コゲからみた河姆渡文化における煮沸器の使

用痕研究」、鈴木舞「レプリカ法を用いた銘文製作法研究の試み」、大日方一郎「西周時代の倣銅器に関する一考察」、山本尭「呉越青銅器研究序説―紋様から見た系譜関係の把握―」、坂川幸祐「蝶形牌飾の展開について―長城地帯の事例を中心に―」、川村佳男・和田浩・市元塁・Roald Tagle・水平学「蛍光X線分析と元素マッピングによる考古資料研究の新地平―漢時代の鍍金銀銅刀を対象に―」、馬淵一輝「獣首鏡の系譜―後漢後期における廣漢と西安を中心に―」、脇山佳奈「紈扇を持つ陶俑の考察―四川省・重慶市を中心として―」、熊坂聡美「天蓋龕の分類から見た雲崗石窟第三期造像―工人系統との関連について―」、佐川正敏「宋遼金元代の軒丸瓦の変革と東アジアからの考察」があった。この他、中国人研究者による報告も8本にも上った。12月3日、愛媛大学東アジア古代鉄文化研究センターによる第9回国際学術シンポジウム「古代ユーラシア　アイアンロードの探求」が開催された。中国に関しては、槙林啓介「四川における研究成果と中国の製鉄研究」があり、その他日本やモンゴルに関連する報告もあった。2017年2月11日、日本中国考古学会関東部会第180回例会にて、基盤研究（B）「中国新石器時代崧澤文化期における稲作農耕の実態研究」（代表小柳美樹）による研究報告会があった。小柳「"石犁"からみた崧澤、良渚文化期の農業社会」、日吉健二「復元石犂のけん引性能評価の研究」、原田幹「実験石犂の使用痕分析」、宇田津徹朗・田崎博之「仙壇廟遺跡周辺での生産遺構探査」、槙林啓介「稲作と稲作技術の拡がり：長江下流域を対象にして」の5報告があった。同月22日、東京大学総合研究博物館にて、新学術領域研究「稲作と中国文明―総合稲作文明学の新構築―」（代表中村慎一）による日中国際共同研究の成果報告会「人類学から迫る古代長江流域の稲作農耕民」が開催され、岡崎健治「上海市広富林遺跡から出土したアジア最古の結核症例」、陳傑「考古学的発見からみた先史時代の上海」、米田穣「骨の化学分析で見えてきた中国新石器時代の稲作農耕と雑穀農耕」、菊地大樹「中国新石器時代長江下流域における人と動物のかかわり」、高椋浩史「人骨からみた広富林遺跡の新石器時代人のカラダの特徴」の5報告があった。同月18～19日に札幌学院大学にて行われた第18回北アジア調査報告会では、加藤真二「中国北部の旧石器時代の装身具について」、臼杵勲ほか「匈奴の建造物・住居について」、佐藤宏之「現生人類アジア拡散研究の現状：IUP・細石刃技術・礫器剥片石器群」等の研究発表があった。

　海外機関開催の本項に関わるものとして、5月21～23日に中国河南省鄭州市で第1届中国考古学大会、6月8～12日にアメリカ・ボストンで東アジア考古学者会議、8月28日～9月2日に同志社大学で世界考古学会議が開催された。いずれにおいても、日本人の中国考古学研究者による研究発表が行われた。

　発掘調査・調査報告　駒澤大学は9月26日～10月5日に、陝西省扶風県周原遺跡賀家村北地点にて、北京大学との合同発掘調査を行った。科学研究費補助金の報告には、小柳美樹『中国新石器時代崧澤文化期における稲作農耕の実態研究』（平成25～28年度科学研究費補助金基盤研究（B）研究成果報告書）がある。

　展示会・図録　2015年度に東京国立博物館で開催された「始皇帝と大兵馬俑展」の福岡展・大阪展が、2016年3～10月に九州国立博物館・国立国際美術館で開催された。5月13日、東京大学総合研究博物館が開館20周年を記念してリニューアルオープンした。古代中国・東北アジア・内蒙古等の展示が新たに設けられ、図録『東京大学総合研究博物館常設展示図録―知の回廊―』が出版された。10月20日～12月4日、富士美術館で特別展「『漢字三千年』―漢字の歴史と美―」が開催され、刻符陶片・甲骨卜辞・有銘青銅器など多数の中国文化財がもたらされ、展示図録『漢字三千年―漢字の歴史と美―』が出版された。

Ⅰ　2016年度の日本考古学界

2017年３月、兵庫県立考古博物館加西分館古代鏡展示館が、二里頭期から唐代にかけての青銅鏡316面を掲載した図録『千石コレクション―鏡鑑編―』を出版した。同年４月の同館開館に伴う図録である。

専著・論考

旧石器時代　　『考古学ジャーナル』687号で「特集：東アジアの前・中期旧石器文化」が組まれた。成瀬敏郎「東アジアのレス―古土壌と旧石器の編年」、加藤真二「中国の前期・中期旧石器文化」、竹花和晴「中国・韓国の前・中期旧石器の統計学的比較」がある。成瀬は、近年の旧石器研究において地球規模での編年作成のため研究が進展する、海洋酸素同位体比編年（MIS）を用いたレス・古土壌編年を中国・韓国・日本それぞれで用いた例を挙げて、今後広域的な比較研究が可能になると述べる。加藤は、中国の長江下流域・華北・東北部で見られる石器の素材・種類とその製作法を概観する。竹花はフランスのアゴラ洞窟出土の石器群と、中国４・韓国１の前期旧石器時代の石器群を比較し、いずれの石器群も石英中心であること、また石器の種類の違いから編年を試みる。そして、松藤和人「総論：東アジア前・中期旧石器研究の最前線」では、上記以外も含む本誌掲載の各論考を整理し、前・中期旧石器時代の東アジアにおける人類拡散をめぐる最新の研究動向を総括する。また加藤には、「霊井許昌人遺跡2014年発掘報告」（『旧石器考古学』82）の訳文・解説もある。

新石器時代　　小柳による前掲報告書は、新石器時代中期の長江下流域で展開した崧澤文化の稲作農耕に関する、学際的かつ日中国際共同研究の成果である。日本人研究者による研究成果として、渡部展也「衛星画像をもちいた崧澤文化期の遺跡分布と立地の分析」では、マクロな視点から遺跡群が５つに分けられること、ミクロな視点の一例として仙壇廟遺跡が低湿であったという当時の環境を推定・復元する。宇田津徹朗・田崎博之「仙壇廟遺跡周辺での生産遺構探査」では、ハンドボーリング探査によって得られたプラント・オパールの分析と旧河道の推定から、当該遺跡では湿潤地への環境変化により稲作が開始したという可能性を示す。槙林啓介「崧澤・良渚文化系の栽培技術体系の伝播の一様相」では、従来稲遺存体の出土をもとに論じられた稲作の長江起源論に対し、河姆渡・崧澤・良渚文化それぞれの農耕具をもとに栽培技術体系を復元することで、長江下流域ひとつをとっても各地域によって栽培化のプロセスが異なり、多元的な稲作技術が存在した可能性を提示する。小柳美樹「『石犂』からみた崧澤、良渚文化の農耕社会」では、当該期の墓内における「石犂」の副葬状況から、崧澤期の農耕では性差分業が少ないのに対し、良渚期には各集団ごとの協同による農耕へと変化したとする。日吉健二「復元石犂のけん引性能評価の研究」では、石犂の複製品を用いたけん引実験を行い、使用に必要な人数やその用い方の推定を行う。原田幹「復元石犂の使用痕分析」では、日吉実験で用いた複製品石犂・出土石犂上の使用痕を顕微鏡観察し、石犂の操作方法の復元を試みる。また、角道亮介「陝西省楡林市神木県石峁遺跡の発見と若干の問題」（『駒澤大学文学部研究紀要』74）がある。神木石峁遺跡は400万㎡に及ぶ大規模城壁の発見により近年注目される遺跡であるが、出土土器からその年代を再検討し、新石器時代後期と位置づけた。

殷周時代　　青銅器研究が非常に盛んである。殷代について、『根津美術館紀要　此君』８では、特集「『双羊尊』研究の現在」が組まれ、多比羅菜美子「根津美術館蔵『双羊尊』について―購入の経緯を中心に」、荒木臣紀・宮田将寛「二つの双羊尊―エックス線CT撮影と画像解析について」、三船温尚「根津美術館・大英博物館蔵の二つの双羊尊の鋳造技術とその比較」、廣川守・深井純「高精細画像を利用した双羊尊文様の研究」、川村佳男「双羊尊を用いた祭祀儀礼―その蒐集史および研究史を踏まえて」等、論者

ごとに異なる方法論により根津美術館及び大英博物館所蔵の双羊尊２点の鋳造技法などについて考察する。最先端の青銅器研究法を見て取ることができる。また殷代並行期の土器を対象とした論考に、齊藤希「高領袋足鬲の系譜問題からみた関中平原と陝晋高原の地域間関係」(『中国考古学』16) がある。

　西周は青銅器及び金文研究を中心とする。角道亮介「西周青銅器銘文からみた祭祀行為の変容」(『中國出土資料研究』20) では、王朝中心地の豊鎬遺跡では、長期使用を記した有銘青銅器は基本的に墓から出土しないという王朝の意図に即した出土状況をみせる一方、諸侯国である晋侯北趙墓地ではそれとは異なる様相であると指摘する。王朝による封建の実態を青銅器祭祀の受容から検証する。また、岡本真則「出土資料より見た西周王朝と諸侯の関係―河南・河北・山西地域の西周墓葬の分析を中心として―」(『中国古代史論集』)、は、文献から知られる各諸侯国の王朝との関係と、それらに該当する諸侯墓地で出土した青銅器銘文上の称謂を照合した結果、それぞれの称謂は王朝との関係性の違いを反映するとみなす。『漢字学研究』4では、佐藤信弥「晋侯蘇鐘」を始め、殷末から西周期の金文5点の解釈を掲載する。

　東周は、石谷慎「曾国青銅器の製作工人群とその系譜」、山本尭「淅川楚墓再考」(『中国考古学』16) がある。石谷は、型式及びその技法差からの系統分析、銘文中の作器者名との対照から、従来の「曾国青銅器」群中、二つの異なる製作工人群の存在を指摘する。山本は、淅川楚墓出土青銅器への型式学的検討及び作器者名の分析から、春秋末期を境に伝世青銅器が増加すると指摘、これを春秋末期以降、被葬者一族が自らの系譜を重要視することで、正当性を示そうとした表れであるとする。

　北方青銅器については、松本圭太「『初期遊牧民文化』動物紋出現の意義」(『中国考古学』16) が、従来広域的類似性が言われてきた「初期遊牧民文化」の概念に対し、青銅剣と動物紋の検討を通じて、その成立期には、むしろ各地における地域性が増すことを指摘した。また、同氏には「セイマ・トルビノ青銅器群分布の背景」(『史淵』154) もある。

　青銅器研究全般については、『季刊考古学』135に特集「東アジアの青銅器と弥生文化」がある。宮本一夫「東アジア青銅器文化の潮流」では、東アジアの青銅器文化全体を、新石器時代後期にすでに成立していた牧畜型農耕社会に広がった北方青銅器文化と、農耕社会の中で展開した中原殷周青銅器文化という二項対立的な構図で捉える。中原の殷周青銅器文化については、角道亮介「中原青銅器文化の展開」で、当該期の中原で用いられた青銅礼器とその社会的役割について概観する。その製作技術については、丹羽崇史「黄河・長江流域の青銅器生産技術」で、鋳型分割法・失蝋法ともに最新の研究動向を整理する。これに対して、小田木治太郎「内蒙古・長城地帯の青銅器文化」では、北方青銅器文化を取り上げ、紀元前２千年紀後半における当該地区での青銅器の始まり、春秋中期における斉一的な青銅器文化の展開の後、戦国期には中原諸国の影響を受けながら徐々に漢化されていった過程を描く。小林青樹「遼寧青銅器文化」では、これよりやや西よりの遼寧地域において、その青銅器文化を代表する銅剣・銅戈等それぞれの器種の出現と展開について概観し、大小凌河流域における遼寧式銅戈の形成を、燕が領域を拡大する時期と見なす。また石川岳彦「東北アジア青銅器時代の年代」では、遼寧式銅剣文化の実年代をめぐる最新の研究動向を整理する。なお、本特集は日本の弥生年代論に関連するものであり、上に挙げた中国に関わる諸論考だけでなく、広くロシア・朝鮮半島・日本・東南アジアに関する論考も多く掲載される。その全体像は、小林青樹「東アジアの青銅器文化研究の現状と課題」で総括される。

秦・漢時代　　惠多谷雅弘・鶴間和幸ほか「多衛星データを用いた秦帝国の空間的考察」(『学習院大学

国際研究教育機構研究年報』3）は衛星リモートセンシングデータを用い、秦の東西門闕など秦帝国の空間を構成する建造物が、始皇帝陵を基準として、グランドプランによって計画的に配置されていた可能性を指摘する。都城遺跡については、妹尾達彦「比較都城史の旅—2015年夏の秦漢都城址調査—」（『唐代史研究』19）では、歴代中国の都城が、交通の結節地ゆえに軍事・行政機能が突出し、同時に内・外の経済圏を結びつける役割を果たす、農牧交錯地帯の境界都市におかれたという同氏の説を、秦漢都城・葬地遺跡の踏査結果に基づき説明する。また、村元健一『漢魏晋南北朝時代の都城と陵墓の研究』（汲古書院）が上梓された。前漢から南北朝期の都城及び陵墓プランの変化を検討すると、儒教を基準とした礼制が当初より存在した後漢にその画期があるとする。

遺物研究には鏡に関する論考がある。徳富孔一「突出雲の形態からみた流雲文縁方格規矩鏡の編年」（『古文化談叢』77）では、流雲文を外区文様にもつ方格規矩鏡を対象に、その編年を再考する。後漢〜三国期における同型神獣鏡生産については、村瀬陸「菱雲文に着目した同型神獣鏡の創出」（『古文化談叢』77）がある。また、森下章司「神獣鏡と黄帝・玄女」（『古文化談叢』77）では、後漢代の神獣鏡を主とした各鏡群に施された黄帝・玄女・符のモチーフから、当該期における道教信仰の系譜関係を論じる。また、ガラス研究として、小寺智津子『古代東ガラスとガラスの考古学』（同成社）が刊行された。本書は、ガラス製品を通して弥生社会を考察することを主眼としたものであるが、舶載品ゆえに、基礎データの集成・分類及び考察は、日本を含む、東アジア全域に及ぶ。ガラスは、弥生の首長層にとっては、漢をはじめとする対外交渉で得、自らの威信を示したものであり、漢側はこれを下賜することで、日本を漢帝国の一端に位置づけたとする。

魏晋南北朝・隋唐時代　都城・都市遺跡をめぐる研究が盛んである。『中国考古学』16では、鄴城考古学特集が組まれた。朱岩石「考古学による3世紀から6世紀にかけての鄴城の研究」、岩本篤志「東魏北斉政権と鄴城の構造—研究史と問題点」、蘇哲「東魏・北斉の鄴都における墓道壁画の成立」、八木春生「鄴城およびその付近における北斉時期の仏教造像の特色」、倉本尚徳「刻経から見た鄴の仏教—小南海石窟・北響堂山石窟を中心に—」の5論文を掲載する。朱は、鄴城遺跡における30年近くに渡る発掘成果を総括し、都城としての鄴城のプランを軸に、秦漢から隋唐の橋渡しと考える。岩本は、地理的環境も含めた鄴城の設計プランとその興廃を文献資料から検証する。蘇は、東魏－北斉期の鄴城郊外での墓道壁画の出現とそのモチーフの内容に、漢化・儒教化を重視した北魏から、これとは異なる隋唐への転換を見出す。八木は、東魏－北斉期の造像が北魏時代の漢化を脱したことや、白玉造像のもつ写実性に、隋唐期の造像へと向かう原点を求めた。倉本は、当該期の石窟にみられる仏教刻経から、北魏から北斉への転換及び隋唐時代への継承について述べる。小澤正人・八木春生「考古学から見た鄴城—隋唐時代への変革期という視点から」では、これらの諸論考をまとめ、鄴城に都の置かれた東魏・北斉期が、北魏から隋唐時代への転換期になったと結論づける。この他、前掲妹尾論文では、隋唐長安城の都市プランが漢長安故城の存在を前提に立てられたという同氏の説を、現地踏査によって再確認している。同氏「石に刻まれた長安の都市空間」では、隋唐長安城のプラン復元の鍵となる石刻地図である宋・呂大坊「長安図」の残石拓本資料（北京大学蔵）の公刊を機に、他の同石刻拓本との異同・増補、作成背景を検討する（『川越泰博教授古稀記念アジア史論集』）。また唐長安城と古代日本の難波宮の関係について、従来難波宮の構造は唐長安城、さらにその元である秦漢の宮室構造に由来するとされてきたが、豊田裕章「秦漢から隋唐時代にか

けての宮室における前殿と路寝―前期難波宮などの日本の宮室との関わりを含めて―」(『日本古代学論叢』)では、周の三朝制に由来するとした。影山悦子「唐代の祆祠」(『唐代史研究』19)では、唐長安城・洛陽城内に居住したソグド人が祆教の神々を祀るために建てた祆祠の特徴について、ペジケント遺跡の平面プランや神殿の壁画、中国国内で発見されたソグド人墓の浮彫等を材料に考察した。また、宇都宮美生「隋唐洛陽城の含嘉倉の設置と役割に関する一考察」(『東洋学報』98-1)では、洛陽城の穀倉のひとつで、近年調査・研究の進む含嘉倉の設置経緯・時期、穀物の生産地と二大消費地である洛陽(太倉)・長安(転般倉)との関係の変遷について、文献資料からの検討を加え、両都経営という政治的な面からの穀倉検討の必要性を述べる。

陶磁器研究には、徳留大輔「中国北朝時代の陶瓷器の様相」(『出光美術館研究紀要』22)がある。末森薫「敦煌莫高窟北朝前期における石窟造営の展開―千仏図の描写設計を中心として―」(『中国考古学』16)では、千仏画の描写・設計、窟構造等に基づき、北朝前期窟を3期区分し、造営年代の下限を北魏とする。また、西川寿勝「洛陽発見とされる三角縁神獣鏡について」(『古代文化』68)では、2014年に、魏都洛陽発見と報告された三角縁神獣鏡1面の実見調査から、その真偽及び関連する問題について考察する。

宋代以降 都市遺跡に関する研究として、久保田和男「遼中京大定府の建設と空間構造―11世紀から13世紀における東アジア都城史の可能性―」(『東方学』133)と町田吉隆・中尾幸一「元代応昌路城址の復元に関する基礎的考察」(『神戸市立工業高等専門学校研究紀要』55)がある。前者では、遼中京大定府と宋都開封の空間構造について、公共空間である「廊舎」の存在とその位置、甕城の有無と位置の比較から、遼中京の都城プランの源が中原の宋都開封にあると述べる。中国と東アジア諸国の関係性について、都城プランの変異から考察する。また後者は、現地踏査に基づき、元朝下の州県城のひとつで、元大都と上都を結ぶ交通路上にあった応昌路城址の平面プラン及び鳥瞰図を復元している。

当該期の陶磁器研究として、會澤純雄・平原英俊・三浦謙一・徳留大輔「ポータブル複合X線分析による白磁と青磁の胎土分析(その2)中国および平泉出土資料の比較検討」(『平泉文化研究年報』17)では、平泉出土の青磁・白磁の産地推定のため、福建省・閩江流域の12〜14世紀の窯址を対象に、出土陶磁器片のXRDF調査を進める。また、新井崇之「『焼造瓷器則例章程冊』の基礎的研究―清代景徳鎮官窯の基本則例について―」(『東洋陶磁』46)がある。

通史的研究 『北京大学版 中国の文明』(潮出版社)のうち、先史・夏殷周―春秋戦国時代を対象とした1巻・2巻が刊行され、今回の配本で全8巻が揃った。本書は中国国内で2006年に出版した『中華文明史』の日本語版で、北京大学による中国通史である。原著者は文史哲及び考古学者からなり、文献史学・考古学の成果だけでなく、当該期の文字・宗教・学術・文学・芸術など、その内容は幅広い。日本国内での中国通史の出版は、『図説中国文明史』全10巻(2005〜2007年、創元社)以来である。音楽考古学分野の研究成果として、長井尚子「琴瑟相和せず―音楽考古学のパイオニアたちの視点から再考する」(『アジア遊学』201)では、古来文献で一対とされてきた二種の楽器琴・瑟の出土状況及び文献資料の再検討から、古くは祖先祭祀時に用いる弦楽器の筆頭として瑟の方がより高く位置づけられ、漢代を境に、民間を中心に琴が隆盛していく様を述べる。

まとめ 2016年度の特徴として、稲作文化研究、青銅器・陶磁器研究、都城・都市研究などいずれの分野においても、理系分野との学際研究が一段と増加した。加えて、鄴城考古学や一部の青銅器研究で

は、考古資料のみならず、文献史料・出土文字資料も用いた多角的な検討が試みられた。今後、研究手法・資料の垣根を越えた研究成果が期待される。また、国という垣根も近年非常に低くなりつつある。中国現地の研究者・研究機関との共同研究・発表は年々増し、国内学会の会場でも数多くの中国人研究者の姿を見かける。また若手を中心に中国人研究者が日本の学会で単独発表する例も急増している。日本における中国考古学研究の環境は、研究者の国籍や地域、資料の種類、研究手法では一括りにできないほど、急速に変わりつつあると言えよう。

3　ヨーロッパ中部

Thomas Knopf
（訳　佐々木憲一）

はじめに

　この5年間のヨーロッパ先史考古学の研究動向や成果をこのような字数の中でまとめるのは不可能に近い。どの基準によって「国家」と認定するかにもよるが、ヨーロッパは47の国々に分かれ、24の公用語が使われている。ヨーロッパ「中部」といっても中部の明確な定義はないため、その地域に7～10か国語が使われている8～11の国々が存在するわけである。というわけで本稿では、ヨーロッパ中部の中央部に焦点を当てることとする。具体的にはドイツ、オーストリア、スイスというドイツ語圏である。フランス語とイタリア語もスイスの公用語であるが、ドイツ語がこの地域で最も広く使われている言語である。また特に、動物考古学・植物考古学など考古科学の分野において、英語が近年どんどん一般的になりつつある。この傾向は、方法と理論といった考古学の一般的側面においても同様である。

　本稿では、上記3か国において国家、大学、博物館、学会によって考古学研究がいかに組織化されているかという、考古学の「政治的構造」も少し概観したいと思う。

　字数の制約から、2011年から2016年までのすべての研究の詳細や見識を記すことはできない。したがって、この期間になされた特に耳目をひく発見や、あるいは一般的な研究法を著者が主観的に選択せざるを得なかった。またトピックによっては、2011年以前に始まった研究やごく最近まで続いている研究も含むことがある。

考古学研究の構造

　遺跡発掘の権限、文化財（記念物）の保存、国公立博物館に関して、ドイツとスイスでは「中央」機関が存在しない。ドイツのバイエルン、ザクセン、オーストリアのチロルなどの州 Bundeslander、スイスのウーリ、チューリヒなどの州 Kanton は、記念物・史跡を管理管轄する独自の機関（ドイツ語で Landesdenkmalamt）を各州で設立している。例えば、考古学的発見は誰に帰属するのかといったことに関して、記念物保護法は州・カントンによって多少異なるのである。ドイツとスイスの大多数の州では、「学術的価値のある発見は州に帰属する」という「宝物法」が制定されている。

オーストリアでは、連邦政府のなかに史跡記念物局（ドイツ語で Bundesdenkmalamt）が存在し、各州にはその支局が置かれている。同国では、個々の考古学的発見の半分は発見者に、半分は土地所有者に帰属することになっている。

各州の史跡記念物局の主だった責任（仕事）は、建設工事に先立つ緊急発掘調査にとどまらず、発掘データの活字化、保管、保存、そしてそれらの広報である。往々にして大学と共同で、純粋な研究活動も一定程度であるが実施する（その実例は後述）。

ドイツ考古学における最高機関は、ベルリンにある「ドイツ考古学研究所」German Archaeological Institute（以下 DAI）であり、外務省に属する。在外出先機関がアテネ、イスタンブール、ローマ、マドリード、カイロなど多数ある。また先史時代・ローマ時代ヨーロッパを対象とするローマ・ドイツ考古学審議会 Commission for Roman-Germanic Archaeology（以下 RGK）も DAI の一部である。RGK はドイツ国内外での遺跡発掘を行い、雑誌、単行本などの書籍も刊行している。

ドイツにおいて研究を主として実践しているもうひとつの機関は、マインツにあるローマ・ドイツ中央博物館 Roman-Germanic Central Museum（以下 RGZM）である。ヨーロッパ各地からの膨大なコレクションを有し、その一部を展示している他に、発掘を伴う複数の研究プロジェクトを恒常的に実施している。同時に、報告書、紀要のシリーズの他、学術雑誌も刊行している。

オーストリアでは、ルードヴィッヒ・ボルツマン記念考古探査・ヴァーチャル考古学研究所（Ludwig Boltzmann Institute for Archaeological Prospection and Virtual Archaeology、以下 LBI ArchPro）が、非破壊の探査、資料化、可視化、考古学的地形の分析と解釈のための方法を開発するため地質物理学、航空衛星画像、コンピューター科学、地理情報学を融合させた研究を行っている。

これら３か国の大学では、先史考古学の広範囲の分野が教育研究の対象となっている。オーストリアではウィーン大学とインスブルック大学のみが先史考古学の学部大学院の課程を設置しているのに対し、スイスでは６大学、ドイツでは24の大学が先史・原史考古学の授業科目をおいている。教授１名から４、５名までと、大学により考古学講座の規模や学生・院生定員が異なるのはもちろんである。ドイツのチュービンゲン大学のように、旧石器時代最古段階から新石器時代、最終的に中世までの時代や、考古植物学や古遺伝学などの考古科学までも守備範囲とする大学もある。こと大学で実践されている研究に関していえば、すべての時代とヨーロッパ内外のすべての地域が対象となってくる。

専門領域としての考古学とは別に、一般の人々の発掘や発見への関心は大変高い。数百の学会・研究会が、先史時代や中世への情熱を共有しあう一般市民に門戸を開いている。例えばバイエルンなどでは地域研究に特化した学会組織を有している。また博物館などの資料収集を目的とした発掘に特化した学会も幾つか存在する。

定期刊行物

ドイツ、オーストリア、スイス３か国で刊行される単行本や定期刊行物の膨大な数は無視することはできない。ただ、定期刊行物に載る多数の記事はドイツ国外での発見を扱っているので、本稿では触れないこととする。『ゲルマーニア Germania』、『プレヒストーリッシュ・ツァイトシュリフト Prähistorische Zeitschrift』（先史学雑誌、以下 PZ)、『アルヒェオロギッシュ・コレスポンデンツブラット Archäolo-

gisches Korrespondenzblatt』（考古学通信）といったいわゆる全国誌のほかに、各地の発掘・発見、それらの分析や大学に提出された卒論、修論、博士論文などを掲載する定期刊行物を各州で独自に刊行している。地域固有の歴史や研究の方向性によっては、『トリーラー・ツァイトシュフリフト *Trierer Zeitschrift*』（トリーア及びその周辺地域の貨幣 [古銭研究]、芸術 [美術] 史、考古学のための学術雑誌）のようにローマ時代と中世を中心に扱う雑誌もあるが、大半の雑誌はすべての時代と文化を扱っている。

RGZM が編集している『アルヒェオロギッシュ・コレスポンデンツブラット』は、2011年から2016年の期間に200本以上の論文を掲載した。その中で、100本程度の論文が、例えばフランス、オランダ、チェコ、ポーランド、スウェーデンなどドイツ、オーストリア、スイス以外の27か国（これは驚くべき数字である）の考古学を対象としている。ドイツ地域の考古学では、ローマ時代と旧石器時代を扱った論文が圧倒的に多い。次いで、中世前期・中世と新石器時代の論文がそれに続く。人の移動、気候、技術、芸術といった時代・地域に限定されないテーマの論文もいくつかある。伝統的な学術雑誌は、特定の鍵となる側面に集中しないパターンがあるような印象を受ける。一般的な論文は、青銅器時代の埋葬、新石器時代の円形囲壁集落といった遺構、剣、冑、金製椀といった遺物を対象としている。また、景観考古学の定義、子供の考古学的研究といった包括的なテーマや、全体主義と考古学のような学史に関する論文も見られる。これらを考えたとき、『ゲルマーニア』やPZのような全国誌では、2011年から2016年の期間には特定の研究動向を見出すのは難しい。

とはいえ、『エトノグラフィッシュ・アルヒェオロギッシェ・ツァイトシュリフト（民族考古学雑誌）*Ethnographisch-Archaologische Zeitschrift*』（以下 EAZ）やオンライン・ジャーナルである『フォールム・クリティッシュ・アルヒェオロギー（批判的考古学フォーラム）*Forum Kritische Archäologie*』といった雑誌は、鍵となるテーマのもと、先史考古学のより一般的な側面に重きを置く。EAZ は考古学史・科学史の論文を2011年に数多く掲載した。そこで検討された課題は以下のように多岐にわたった。第3帝国時代における先史時代研究の困難、記憶の集合的慣習、先史考古学の自己確信の形態と機能、鉄器時代墳丘墓発掘の社会的、政治的、経済的ファクターの影響について、などである。

『フォールム・クリティッシュ・アルヒェオロギー』の2014年版は、時間的経験の考古学的側面、時間の実践と概念を特集した。例えば、時間を解釈するのに歴史は繰り返されるという考えを導入するのか、あるいは考古学的時間と観察との相互関係は永久に続くのかといった、考古学者はいかにして編年・年代観を構築するのかといった課題を扱ったのである。このような考古学における時間の問題を扱った論文は、具体的には先史考古学における時間と編年の概念、曖昧な編年情報を処理するための技術、博物館における時間の概念などであるが、PZ や EAZ でも掲載されている。

これらのような、さらに理論的、方法論的なトピックは繰り返し取り組まれている。「市民科学」のプログラム（一般人の考古学的業績が内包する意味）、あるいは博物館展示の検閲の問題、などである。総じてこれらの傾向が意味するところは、先史考古学は様々な種類の物質文化に多角的にアプローチが開かれているという現実だけではなく、その学問自体の内省でもある。

博物館、特別展、学会

考古学の専門博物館は少ない。それらは州立と遺跡付属の２種類におおきく分けることができる。前者

には、ハレ Halle にあるザクセン＝アンハルト州立博物館やシュトュットガルトにあるヴュルテンブルグ州立博物館（歴史資料も展示している）がある。後者にはスイスのヌシャテル Neuchatel にあるラテニウム Latenium 博物館（後期鉄器時代の標識遺跡ラテーヌに因む）やオーストリアのザルツブルク州立博物館の一部であるハーライン Hallein ケルト博物館がある。考古学の特別展は一般的に州立博物館で開催されている。例えば、シュトュットガルトでは2012年から2013年まで「ケルトの世界—権力の中心と美術の至宝」展（Röber 他2012）やハレでは2015年に「戦争—その証拠の考古学的探究」（Meller・Schefzik 2015）に開催された。

　伝統的に、南部西部ドイツ古物学連合 South- and Westgerman Union for Antiquity のような地元の古物学連合が、特定のテーマを掲げて毎年学会を開催している。3年に一度、すべての古物学連合が一堂に会して、ドイツ考古学会議 German Archaeology Congress が開催される。ハレで開催の2015年会議では「貧民と富裕層：先史社会における資源の分配」が統一テーマであった。そのほか2014年会議では「紀元前2200年：旧世界崩壊の一因としての気候変化」、2012年会議では「赤：考古学が告白する色」が議論された。そもそも古物学「連合」というのは、新石器時代、青銅器時代、鉄器時代、あるいは理論、博物館における考古学といった様々な研究グループの集合体であるからである。連合では、毎回の総会で個々のトピックを選択するのが常である。

　その他の学会は大学の研究所で組織される。例えば、ヴュルツブルク大学では2013年に「暴力と社会—先史原史時代における暴力の諸相」（Link・Röcher 2014）を、ドイツ先史原史学会 German Society for Pre- and Protohistory（DGUF）は「考古学と古遺伝学」をテーマの学会を開催した。研究会、ワークショップ、シンポジウムなどこの種の活動は非常に多い。

研究活動と資金

　数多くの研究協会に言及しないといけないため、大学における考古学に話を戻そう。研究協会の大半はドイツにあって、ドイツ研究財団 Deutsche Forschungsgemeinschaft（DFG）が資金を賄っている。財団は、すべての自然、社会、人文科学を対象としており、先史考古学もこの財団のおかげで業績を上げてきた。ひとつの研究グループには違った分野の異なる研究課題が融合していることが不文律となっている。考古学、人類学（民族学）、歴史学、社会学、そして土壌学、植物学、動物学など考古学に貢献している自然科学などが集められている。

　2013年には、「資源文化 Resource Cultures」を研究課題として、チュービンゲン大学に4年間の大型研究予算「研究合作センター Collaborative Research Center（CRC, ドイツ語では SFB、日本語でいう大型研究の類）（課題番号 CRC1070）が認められた。研究開始後すぐに4年の延長が認められ、予算期間は研究開始後すぐに4年さらに延長され、2021年まで継続する。先史、中世、古典、古代中近東、科学など考古学すべての分野が個々の研究課題を掲げつつ、民族学、歴史学、経済学、歴史比較言語学その他の分野から起こったプロジェクトと結合している。その研究目的は、社会の存在と変化に資源がどのように寄与しているかを解明することである。その目的達成のため、「資源」の新しい定義づけがなされた。つまり、鉱物、木材、石材など純粋に物質的資源という観点から離れ、権力、知識、宗教といった物質的・非物質的資源の総体的理解へと進んだのである。

Ⅰ　2016年度の日本考古学界

　2016年にはドイツ北部のキール Kiel 大学にも、「変革のスケール―先史古代社会における人類と環境との相互関係」（課題番号 CRC1266）を研究課題として SFB（大型研究）が認められた。この課題では、洪積世後期の狩猟採集社会から初期国家形成に至る人類史の決定的な時代における変革のプロセスに迫るため、考古学と考古科学の広範囲の諸分野を結集させたものである。

　SFB に類する大型研究として、いわゆる「クラスター・オブ・エクセレンス clusters of excellence」がある。これは、すべての学問分野における優秀な研究をさらに強化するためにドイツ連邦政府が実施しているプログラム「イニシアティブ・オブ・エクセレンス Initiative of Excellence」のなかで設立された。「古代文明における空間と知識の形成と変革」を課題として、2007年にはすでにベルリンで共同研究が開始され、2017年まで継続の予定である。この課題の目的は、紀元前6千年紀から紀元500年までの中近東、地中海地域、黒海沿岸の文明において、空間と知識との関係を多角的に研究することである。

　このような全体を統括するような課題を扱う大型研究プログラムとして、DFG が資金を拠出する「プライオリティ（優先）・プログラム Priority Programs（ドイツ語では Schwerpunktprogramm, SPP）」がある。共通の一般的な課題を皆で研究することは CRC と同じであるが、CRC との大きな違いは、様々な大学、州の文化財担当部局、研究機関が同一の研究課題に参加することである。この大型研究の一例として、課題番号 SPP1400「初期の記念物性と社会の差別化・差異化：新石器時代における巨大建造物の形成と発展、そしてヨーロッパ北中部における最初の複合社会」をあげたい。この大型研究は2009年に開始、研究は2段階に分けられ、合計6年間続いた。紀元前4100年頃の定住化以降の記念物的建造物と社会背景との関係について17のプロジェクトが実施され、22の研究機関などが参加した。この課題のもと、巨石墓群の発掘調査や土器、環境・気候条件の分析、社会的不平等の発生に関する議論などが行われた。

　2012年には、課題番号 SPP1630「港湾：ローマ時代から中世まで」が6年の研究期間でスタートした。研究期間3年の15のプロジェクトが約60名の研究者によって行われてきた。この課題では、中世およびヴァイキング時代における北海とバルト海およびローマ時代・ビザンツ帝国時代における地中海の「港湾」という現象を学際的に研究している。

　大学院生および若手のポストドクター研究員の研究振興のために、いわゆる「リサーチ・トレーニング・グループ Research Training Groups（ドイツ語では Graduiertenkolleg）」がある。これまで紹介してきた大型研究と同様、大枠的な研究課題が提示され、考古学に限らない学際的な研究であることを主旨とする。リサーチ・トレーニング・グループの枠組みの中で、2010年にはフランクフルト大学を拠点として、「価値と等値：価値の起源と変化の考古学的人類学的視点」が発足し、2019年まで継続する。考古諸科学（先史学・古典考古学・アフリカ考古学）、文化人類学、社会学が、五大陸の違った時代、違った社会において物的資料がどのように社会に「埋め込まれた embedded」かを研究するのである。先史学におけるケーススタディとしては、研究課題「青銅器時代における非在地遺物：機能の変化と遺物の意味」をあげたい。「リサーチ・トレーニング・グループ」のもうひとつは、課題「前近代経済の考古学」である。これは2013年に開始されたケルン大学とボン大学との共同プロジェクトである。18名の博士課程大学院生と3名のポストドクター研究員が参加しており、前近代経済システムの文化間および通時的分析と比較研究を行っている。この共同プロジェクトが焦点を当てる経済的課題として、「経済ネットワーク」、「拠点集落とその背後の集落」、「経済単位としての神聖な組織・家計」といったトピックに分かれている。研究

スタッフの中心はローマ時代、中世前期、古典およびエジプト考古学の専門家であるが、先史考古学者もメンバーに名を連ねる。

　スイスでは、スイス国立財団 Swiss National Fund が原則としてはすべての自然科学・人文科学における研究を支援するのであるが、私の知る限り、考古学は大型研究の対象になっていないようである。オーストリアのインスブルックでは2007年に研究センター「チロルとその近隣の鉱山活動の歴史：自然環境と人間社会へのインパクト」（略称 HiMAT、History of Mining Activities in Tyrol and Adjacent Areas の略）が発足した。これは、それ以前からの「特別研究プログラム Special Research Program」から生まれたプロジェクトである。このプロジェクトは、新石器時代から近代にわたる長期間のアルプス地域における鉱山活動が文化や環境に与えたインパクトを探るものである。アルプス中部域の鉱山活動の発展を研究するため、考古学、歴史学、自然科学、工学の専門家が結集している。

世界文化遺産

　2011年以前と2016年以降、ドイツの考古学に関わる世界文化遺産は UNESCO によって認定されてきた。2005年は、いわゆる「ローマのリーメス limes」が世界遺産に認定された。「リーメス limes」とは「境界」を意味するラテン語で、この脈絡ではローマ時代の城、監視塔、防御壁・柵からなる防衛線を意味する。リーメスは総延長550km、ヨーロッパで最長の記念物である。2019年には、ドイツ南部、バイエルン、オーストリアのローマの国境を画す記念物が指定に含まれる予定である。

　2011年には、ドイツ、スイス、オーストリアを含むアルプスとその周辺の6か国の湖上住居などの低湿地遺跡が世界文化遺産に認定された。遺産は111の遺跡から成り、その内18遺跡がドイツ南部のバーデン＝ヴュルテンブルグ州とバイエルン州に存在する。低湿地遺跡は湖や沼地やその付近にあって、木製品、織物、植物遺存体がよく保存されている。遺跡は紀元前5千年紀から1千年紀にわたり、集落全体の建物構造、経済、人間による自然環境への影響などを明らかにしている。特筆すべき遺物として、紀元前3000年ころに比定されるヨーロッパ最古の車輪がバーデン＝ヴュルテンブルグ州のフェダーゼー Federsee 付近で発見されている。

　一番最近、2017年に世界遺産に指定されたのは、バーデン＝ヴュルテンブルグ州シュバービアン・ジュラ Swabian Jura の洞穴遺跡と出土の芸術品群である。保存される指定予定地の策定、発掘調査、そして指定に至るまで長い時間を要した。指定された6か所の洞穴遺跡のすべてで、旧石器時代後期オーリニャック期（紀元前43,000～35,000）の地層から芸術品、宝飾品が発見された。骨や象牙でできたヴィーナス像やマンモス、ライオン、鳥などの動物像は世界最古のものである。また白鳥（少なくとも鳥類）の骨製の笛は、この時期にすでに音楽が奏でられていたことを証明した。

発掘調査と特筆すべき発見

1．ホイネブルグ Heuneburg ―初期鉄器時代の王侯の座

　ホイネブルグはドイツ南部、ドナウ川上流に立地する初期鉄器時代の砦遺跡である。過去60年の間、目覚ましい発見につながる研究が実践されてきた。城壁は何回も建て直され、また稜堡（突出部）を伴う城壁も数回築造された。また地中海地方から搬入された土器などが重層的に、大量に出土している。おかげ

で、鉄器時代の国際的研究に関して鍵となる地位を占めている。この遺跡のいわゆる「泥煉瓦の城壁」と入口の門は、アルプス以北では独特である（Fernández-Götz 他 2013）。

発掘調査はチュービンゲン大学により1950年に始まったが、1978年に中断された。特に、研究課題「初期の中央集権化と都市化のプロセス：初期ケルトの王侯の座の紀元と発展」に重点を置いた2004年から2010年のプライオリティ・プログラムの枠組みの中で、丘陵の頂部とその周辺を集中的に研究対象とした。このプログラム終了直前の2010年後半には、バーデン＝ヴュルテンブルグ州考古局 state office of archaeology が集落に近い場所で墳丘墓を発掘調査した。特筆すべきは、約4×5mの埋葬施設全体が周りの土とあわせて80tのブロックとして切り出され、室内に持ち込まれ、最高の技術で2013年まで室内で発掘調査が続けられた。被葬者の人骨や副葬品を最高の状態で時間をかけて発掘できたため、金製耳飾り、琥珀製品、青銅製の馬冑といった興味深い遺物が数多く検出された。また湿った環境のおかげで、木製品、毛皮、織物といった有機質遺物はよく保存されていた（Krausse 他 2017）。

2010年までの調査研究は、城壁で囲まれた丘陵上とその周辺数百mに焦点を当てた。縁辺部では集落が発見された。その集落は、濠と土塁で囲まれた1haの土地にいくつかの建物が立地する農場数十軒から成る。そこから数km離れた背後の土地についてはよくわからなかった。またいくつかの墳丘墓は散在していたが、村、農場、高地性防御施設といった集落構造もよくわからなかった。したがって、DFGが2014年から2026年までの長期継続研究費を認めてくれて、バーデン＝ヴュルテンブルグ州考古局とチュービンゲン大学との共同でその研究を執行することとなった（Krausse 他 2016も参照）。これまでに、分布調査により集落遺跡が新たに発見され、複数の小規模な集落が発掘調査された。

最も特筆すべき成果として、ホイネブルグの北東9kmにある「アルテ・ブルグ Alte Burg」高地性防御施設の検出である。岩山の頂上に、二重の土塁と深い濠で山地から隔てられた2haの頂部が平坦な「台地 plateau」が立地していた。その「台地」の周囲の斜面にはテラスが設けられていた。19世紀後半以降の古い発掘調査は、頂部にある一種のマウンドに集中していた。そのマウンドは深さ5mの竪坑を覆っている。その竪坑では6体の人骨が発見された。2007年にこの遺構を再発掘した。2014年から2016年にかけて、防御施設の一部が発掘調査され、また「台地」にトレンチを入れて、その断面も実測された。その結果、以前に構築された高さ4mも残っていたことが判明し、センセーションとなった。頂部が平坦になるように、また厚さ13m高さ9mに達する強固な城壁が丘陵全体を囲むように、「台地」全体が初期鉄器時代に改変されたことを立証できそうである。これは、ホイネブルグから見ることのできる建造物の中で、もっとも威圧的なものであったに違いない。この場所は、礼拝など儀礼のための場所であったと推定される。

2．ドイツ北東部における青銅器時代の合戦場遺跡

ホイネブルグに次ぐ、刮目すべき遺跡として、トレンゼ渓谷 Tollensetal をあげたい。そこでは青銅器時代、紀元前13世紀の合戦場が発見された。峡谷はドイツ北東部、メクレンブルク＝フォアポンメルン州にある。田園風景の、ほとんど自然のままの小さな渓谷を小川が流れている。1996年に考古学のボランティアがゴムボートで旅行中に、フリント製石鏃が突き刺さった人間の腕の骨を発見した。体系的な発掘調査がDFGの支援を受けて南部ザクセン考古局、グライフスヴァルト Greifswald 大学、ロストック Rostock 大学共同で開始され、現在も進行中である。この場所が合戦場であったという解釈は、特に人骨

と遺物が一緒に検出されるなど、膨大な証拠に基づく（Jantzen 他 2011）。遺物はその川の中やその周辺2.5kmの範囲で見つかっている。中心部の400㎡が発掘され、小さな発掘区が足された。なぜこの場所が合戦場となったかといえば、ここに東西方向の通路（木の板材によって確定）がもともとあって、後にこの通路が川を渡るための橋となったからであろう。人骨と人骨の隙間、あるいはその付近で検出される武器には様々なものがあって、例えば木の棍棒、フリント製石鏃、青銅製の矛・斧・ナイフなどである。人骨に残された傷を分析すると、接近戦だけではなく、距離が離れた射撃戦も行われたことを示す。人骨は関節がつながった状態のものはなく、川の水流で動かされたものが大半である。これまでに、120体分の人骨が確認された。発掘調査で確認できる死者の割合が10〜30％と仮定すると、この峡谷には400〜1,200体の死体が残されたはずである。民族資料や歴史史料に基づけば、戦闘では20〜50％の人が戦死することがわかっている。ということは、2,000から6,000もの人々がこの青銅器時代の戦いに参戦したことになる。指輪、腕輪、針、さらに青銅製鏃の発見、それに加えてアイソトープ分析の結果（Price 他 2017）は、この合戦場より南に人々が住んでいたことを示し、この合戦の敵味方の一方は地元民であったことは明白である。

　合戦の終わりには、数百の死体がころがり、略奪されたのち、死体は腐敗したであろう。形質人類学的な評価の結果、若い男性が圧倒的に多く、また多くの若者はすでに治った古傷を負っていたことがわかった。ということは、農民ばかりではなく、訓練された戦士がいた可能性も示すのである。これらのすべての成果を統合すると、一種の組織化された戦争が地域を超えたスケールで行われたことをヨーロッパ中部で初めて明らかにしたのである。

3．アルプスの考古学

　このトピックは、これまで言及してきたドイツ、スイス、オーストリア、そしてまたイタリアとフランスという、アルプスの一部が国内に及んでいる国々をひとつにまとめて議論することになる。アルプスの峡谷や峠の考古学は、長期間にわたって耳目をこの地域に引き付けてきた。しかし、これら高山地域での研究を特に刺激したのは明らかに、1991年のいわゆる「アイス・マン」あるいは「オエツィ Oetzi」の劇的な発見であろう（最近の研究成果として Gleirscher 2014 を参照）。こういった新しい発見をはからずももたらした一面は、地球温暖化である。アルプスの氷河が溶け出す中、先史時代以来雪や氷に閉ざされた物質資料が日の目を見ることになる。この世界的な現象を受けて、「氷河考古学」が成立した。この名を名乗る学術雑誌も2014年に創刊された（Dixon・Callanan・Hafner・Hare 2014 を参照）。

　1991年以来、例えば標高2,756m のシュニッデヨッホ Schnidejoch（ヨッホは山の鞍部の意味）などアルプスのいくつかの氷河遺跡で発見がなされている（Hafner 2012）。スイス西部のベルナー・アルプス西部に位置するこの峠では、この標高での新石器時代最古の人間活動の証拠が見つかった。革製品、木製品、木の皮、繊維といった他では見られないような有機質遺物が多数検出されている。イタリア北部、南チロルのフォッセン Pfossental・セナーレス Schnals 渓谷の標高3,134m のグルグラー・アイスヨッホ Gurgler Eisjoch では、カンバの枝1.5m からつくられた新石器時代、紀元前3800〜3700年ころの雪靴が発見された。オーストリア、チロル州南部のエッツタール・アルプス山脈南部の標高3,017m のラングルベンヨッホ Langgrubenjoch では、青銅器時代後期の小屋の屋根のこけら板が発見された（Steiner 他 2016）。さらに、アルプスの一般的な気候史、植生、放牧といった人間の自然環境への影響といった研究もなされている

（Della Casa・Naef・Reitmaier 2013；Schwörer 他 2014；Putzer・Festi 2014；Reitmaier-Naef・Reitmaier 2015）。

　アルプスの考古学のもう一つの研究課題は石器の石材と鉱物である。スイス南部のウーリ州・グラウビュンデン州の標高2,800mのところでは、水晶の豊かな鉱床が発見された（Reitmaier 2016）。この鉱床は近年まで氷河に覆われていたのである。紀元前6千年紀前葉の動物の角製の遺物と木の破片が発見された。この発見は、中石器時代後期にすでに水晶を掘って採掘していたことを示す。そして、これら遺物は現在のところアルプスで最古のものである。

　アルプス地域において、鉱山活動の考古学は永い伝統を有する。オーストリアのハルシュタットの岩塩採掘、オーストリアのミッテルベルグの銅の採掘はよく知られている。「研究活動と資金」の節で紹介したオーストリアのインストールに置かれた研究センター「チロルとその近隣の鉱山活動の歴史：自然環境と人間社会へのインパクト」（HiMat）では、アルプス地域の鉱山活動に関して多様な研究を実施してきた（ホームページ https://www.uibk.ac.at/himat/ およびそこに掲載の文献を参照）。

　アルプス地域の考古学において、最後に言及しないといけないのは祭祀遺跡である。特にアルプス南部（イタリア側）、例えばセナーレス渓谷の遺跡で青銅器時代・鉄器時代の祭壇やお供えの場所が発見された（Putzer 2012）。この遺跡の祭壇とお供えのための竪坑は、セナーレス渓谷で行われた牧畜経済のための聖域と解釈されている。琥珀やガラス製の玉類が数多く発見され、そういった供え物をした人々の社会的地位が高かったことを物語っている。また発見された資料の圧倒的多数が女性的性格を有するから、青銅器時代の牧畜経済において女性が支配的地位にあったという説明ができるかもしれない。

謝　辞

　クノフのオーストリアとドイツの文献・情報収集に当たっては、イェンス＝ドミニク・マイヤー Jens-Dominik MAYER とレベッカ・ハーゼンフス Rebecca HASENFUSS の助力を得た。佐々木の翻訳に当たっては、明治大学の小島久和教授と出縄祐介兼任講師よりラテン語、ドイツ語の発音についてご教示を得た。感謝したい。

引用参考文献（本文中も含めて、共著者の名前はすべて「・」でわけた）

H. Meller・M. Schefzik（編）, *Krieg-eine archäologische Spurensuche*. 博物館特別展図録（Stuttgart 2015）.

R. Röber・M. Jansen・S. Rau・D. Beilharz（共編）, *Die Welt der Kelten: Zentren der Macht-Kostbarkeiten der Kunst*. 博物館特別展図録（Ostfildern 2012）.

Th. Link・H. Peter-Röcher（共編　）, *Gewalt und Gesellschaft. Dimensionen der Gewalt in ur-und frühgeschichtlicher Zeit/Violence and Society*. Dimensions of Violence in Pre- and Protohistoric Times. Universitätsforschungen zur Prähistorischen Archäologie 259（Mainz 2014）.

〈ホイネブルグ関係〉

M. Fernández-Götz・D. Krausse, Rethinking Early Iron Age Urbanisation in Central Europe: The Heuneburg Site and its Archaeological Environment. *Antiquity* 87（2013）, pp. 473-487.

D. Krausse・M. Fernández-Götz・L. Hansen・I. Kretschmer, *The Heuneburg and the Early Iron Age Princely Seats: First Towns North of the Alps*（Budapest 2016）.

D. Krausse・N. Ebinger-Rist・S. Million・A. Billamboz, The 'Keltenblock' Project: Discovery and

Excavation of a Rich Hallstatt Grave at the Heuneburg, Germany. *Antiquity* 91（2017）, pp. 108-123.

〈トレンス峡谷〉

D. Jantzen・U. Brinker・J. Orschiedt・J. Heinemeier・J. Piek・K. Hauenstein・J. Krüger・G. Lidke・H. Lübke・R. Lampe・S. Lorenz・M. Schult・Th. Terberger, A Bronze Age Battlefield? Weapons and Trauma in the Tollense Valley, North-Eastern Germany. *Antiquity* 85（2011）, pp. 417-433.

T. D. Price・R. Frei・U. Brinker・G. Lidke・Th. Terberger・K. M. Frei・D. Jantzen, Multi-Isotope Proveniencing of Human Remains from a Bronze Age Battlefield in the Tollense Valley in Northeast Germany. *Archaeological and Anthropological Sciences* 9（2017）, pp. 1-17.

〈アルプスの考古学〉

Ph. Della Casa・L. Naef・Th. Reitmaier, Valleys, Pastures, and Passes: New Research Issues from the Swiss Central Alps. *Preistoria Alpina* 47（2013）, pp. 39-47.

E. J. Dixon・M. E. Callanan・A. Hafner・P. G. Hare, The Emergence of Glacial Archaeology. *Journal of Glacial Archaeology* 1（2014）, pp. 1-9.

P. Gleirscher, Some remarks on the Iceman: his death and his social rank. *Prähistorische Zeitschrift* 89（2014）, pp. 40-54.

A. Hafner, Archaeological Discoveries on Schnidejoch and at Other Ice Sites in the European Alps. *Journal of the Arctic Institute of North-America*, 65（1）(2012), pp. 189-202.

A. Lippert・G. Dembski, Ein weiterer keltischer Münzopferplatz am Mallnitzer Tauern（Salzburg/Kärnten）. *Archäologisches Korrespondenzblatt* 43（2013）, pp. 523-534.

A. Putzer, Ein Beitrag zur Erforschung der Steinkegelaltäre vom Typ Rungger Egg Vorbericht über die Ausgrabungen am Wallnereck in der Gemeinde Ritten（Südtirol）. *Germania* 89（2011）, 39-76.

A. Putzer, Von Bernstein und Hirtinnen-Prähistorische Weidewirtschaft im Schnalstal in Südtirol. *Archäologisches Korrespondenzblatt* 42（2012）, pp. 153-169.

A. Putzer・D. Festi, Nicht nur ötzi?-Neufunde aus dem Tisental（Gem. Schnals/Prov. Bozen）. *Prähistorische Zeitschrift* 89（2014）, pp. 55-71.

Th. Reitmaier・Ch. Auf der Mauer・L. Reitmaier-Naef・M. Seifert・Ch. Walser, Spätmesolithischer Bergkristallabbau auf 2800 m Höhe nahe der Fuorcla da Strem Sut（Kt. Uri/Graubünden/Ch）. *Archäologisches Korrespondenzblatt* 46（2016）, 133-145.

L. Reitmaier-Naef・Th. Reitmaier, cOld Ice: A Survey and Monitoring Programme of High-Alpine Cultural Heritage in the Central Alps, Switzerland. *Journal of Glacial Archaeology* 2（2015）, pp. 25-34.

Ch. Schwörer・P. Kaltenrieder・L. Glur・M. Berlinger・J. Elbert・S. Frei・A. Gilli・A. Hafner・F. Anselmetti・M. Grosjean・W. Tinner, Holocene Climate, Fire and Vegetation Dynamics at the Treeline in the Northwestern Swiss Alps. *Vegetation History and Archaeobotany*, 23（5）(2014), pp. 479-496.

H. Steiner・R. Gietl・A. Bezzi・G. Naponiello・K. Nicolussi・T. Pichler, Gletscherfunde am Langgrubenjoch（Gde. Mals und Gde. Schnals）in Südtirol（Glacial Finds from the Langgrubenjoch（Gde. Mals and Gde. Schnals）in South Tyrol. Preliminary Report. *Archäologisches Korrespondenzblatt* 46（2016）, pp. 167-182.

I　2016年度の日本考古学界

（Ⅲ）日本考古学協会の記録

新 納　泉

1．2016年度日本考古学協会の動向

　考古学をめぐる環境の大きな変化が感じられるなかで、谷川章雄会長、石川日出志副会長、近藤英夫副会長のもとに、新たな運営体制がスタートした。協会図書の奈良大学への移管が終わり、定款及び規則等の改定に伴う規定や内規等の整備が進む一方、日本考古学の国際化や会員の減少傾向への対応をはじめ、新たに考古学を担う次世代の育成など、新しい取り組みが求められる状況にある。また、東日本大震災対策特別委員会の活動は終了したが、2016年4月には平成28年熊本地震が発生し、継続的で広範な災害対応の必要性が課題となった。

　春の総会は5月28日・29日に東京学芸大学で開催され、秋の大会は10月15日〜17日に弘前大学での開催となった。いずれもたいへん充実した総会・大会であった。会員の動向は2016年度末での会員総数4,091名、物故者15名、退会者60名、新入会員66名であり、会員数の減少はやや小幅となったとはいえ、予断を許さない状況が続いていることに変わりはない。

災害関係の特別委員会について

　東日本大震災対策特別委員会は、2016年5月に東京学芸大学で開催された委員会セッション「東日本大震災対策特別委員会の5年間の活動―復興調査支援の取組と調査成果の還元、及び残された課題―」で、5年間にわたる活動の総括が行われ、2016年度末に『日本考古学協会東日本大震災対策特別委員会報告書』が刊行された。報告書は、第Ⅰ部特別委員会報告、第Ⅱ部学会・博物館の活動と埋文行政の取り組み、第Ⅲ部総括と提言からなっている。この間、協会は被災会員に対し会費免除などの支援を行ってきた。

　東日本大震災による被災の傷が癒えないなかで、2016年4月14日および16日に平成28年熊本地震が発生し、文化財も深刻な被害を被った。熊本城の被害状況は多くの人びとに衝撃を与えたが、横穴式石室をもつ古墳をはじめとする考古資料の被災状況は、阪神・淡路大震災や東日本大震災をしのぐものがあり、組織的な支援体制の必要性が高まっていた。5月28日には宮本一夫委員長、杉井健副委員長および委員8名で構成される「平成28年熊本地震対策特別委員会」が設置され、文化庁との面談・懇談や、熊本城ほかの遺跡被災状況現地調査を実施し、文化遺産防災ネットワーク推進会議に参加した。また、協会として、「平成28年熊本地震対策特別委員会の活動支援に係る寄付金」のお願いを行い、2016年10月の弘前大会で会長声明「平成28年熊本地震に伴う埋蔵文化財保護ならびに文化財の復興に関わる声明」を発表した。寄せられた募金の額は、2016年度で566,748円となっている。

　なお、地震・水害・地滑り・火災等の大規模災害に幅広く迅速に対応するために、常置委員会である「災害対応委員会」の設置が検討され、2017年5月の第83回総会で設置が承認されることとなった。これ

により、常置委員会と特別委員会が相互に補完しながら対策・対応を行うことが可能となった。

諸規則・規定等見直し検討事業について

世界的に高まってきた学術情報に対するオープンアクセスの要請に対応することなどを目的に2014年度から行われてきた著作権規定の制定についての検討が、2016年度に大詰めを迎えた。2016年5月の第82回総会では、その趣旨や会員・協会相互にとっての利点等が詳細に説明され、会員からの意見を受け付けることとなった。それに対し2名の会員から意見が寄せられ、『会報』No.189（2016年12月）で修正案が提案され、さらに『会報』No.190（2017年3月）での3回目の改正案を経て、2017年5月の第83回総会で最終案が説明されることとなった。会員からの意見では、「著作権は著者に帰属し学会は使用権に限るものである」、「規定施行以前の著作物の取り扱いについての問題」が指摘された。最終的には、著作権の帰属は協会とし、規定の施行以前に発表された著作物については、規定施行後3か年の公示期間を経て特段の異論がない場合、著作権は協会に帰属するものとみなすこととなった。なお、著作権規定は、2017年7月理事会で決議され、制定・施行されている。

会員の裾野を広げることなどを目的に、法人会員、フレンドシップ会員、学生会員を設ける「賛助会員」の規定が検討されてきたが、これも2016年度に大きく審議が進んだ。まず、「賛助会員に関する規定・内規」案が『会報』No.189（2016年12月）に掲載され、会員からの意見を受け付けることとなった。会員からは特段の異論がなかったことから、2017年5月の第83回総会で説明を行うこととなった。賛助会員は、協会の刊行物のうちの総・大会の『研究発表要旨』と『会報』を受け取ることができる。また、学生会員は年齢18歳以上の個人で大学の学部または大学院の学籍を有し考古学を研究する者で、協会正会員である指導担当教員の推薦を要する。なお、「賛助会員に関する規定・内規」は、2017年7月理事会で決議され、制定・施行となっている。その他、旅費規定や、文書管理規定の一部改正が2017年5月13日開催の理事会で決議され、制定・施行となっている。

常置委員会等の活動について

埋蔵文化財保護対策委員会では、2016年度に幹事会を10回開催、各地域連絡会からの報告をもとに埋蔵文化財保護問題に取り組み、鎌倉市円覚寺西側結界遺構、北九州市城野遺跡、加古川市中道子山城、筑紫野市前畑遺跡の保存に関する要望書を4件提出し、計5件の回答を得ている。また、『会報』No.188（2016年8月）に「沼津市高尾山古墳の保存・活用に関する協力について（お願い）」を掲載している。

国際交流委員会では、引き続き協会ホームページの英文コンテンツの掲載を行い、「発掘された日本列島2016」展に出展された遺跡から時代別遺跡6件と復興事業関連調査2件の計8件を選出した。また、第10回アジア考古学四学会合同講演会や、世界考古学会議関連事業を実施している。

研究環境検討委員会では、2015年度に集計・分析を行った大学アンケートについて、総会および弘前大会で「考古学研究における後継者育成の現状Ⅱ」と題しポスター展示を行った。

社会科・歴史教科書等検討委員会では、総会・弘前大会でポスターセッションを行ったほか、「次期学習指導要領等に向けた審議のまとめ」および新学習指導要領案についてパブリックコメントを作成し、協会会長名で提出した。

広報委員会は、通常業務としての広報活動のほか、平成28年度熊本地震に対する会長声明の周知活動や、協会ホームページのリニューアルに伴う作業を引き続き実施している。ホームページの基本的な更新

は完了した。

　機関誌『日本考古学』編集委員会および英文機関誌編集委員会は、機関誌の刊行を滞りなく遂行した。英文機関誌『*Japanese Journal of Archaeology*』への投稿の拡大が期待されるところである。

　陵墓問題では、引き続き陵墓関係16学協会の幹事学会としての役割を務め、2016年8月7日には神戸でシンポジウム「『陵墓』公開をめぐる成果と未来―箸墓古墳・伏見城の立入り観察成果報告と『陵墓』の名称―」を開催した。2016年度は限定公開が実施されなかったが、立会調査見学が5件と例年より多くなった。立入り観察は奈良県天理市行燈山古墳（崇神陵古墳）で実施された。

　将来構想検討小委員会は、協会の中長期的な課題を整理して理事会に検討を要請することを目的としており、2016年度は、（1）文書管理規定とアーカイブ、（2）賛助会員の運用、（3）災害対応委員会の常置委員会化、（4）学会連合、（5）会費納入のシステム化（キャッシュレス化）等の事案について課題と現状を分析して協議した。会費納入システムの改善は危険の回避等の観点からも重要課題のひとつとなっている。

　文化財に関する諸問題検討会では、第82回総会のポスターセッションにおいて、「故国を離れた文化財―文化財に関する諸問題検討会の活動―」の掲示を行った。また、「不法流通文化財問題（戦時下で不法に取引された文化財）」に関して、外部講師を招聘しパキスタンやシリアなどの事例をふまえた勉強会を実施している。

各事業について

　第6回日本考古学協会賞の大賞に関根達人氏の『中近世の蝦夷地と北方交易―アイヌ文化と内国化―』（吉川弘文館、2014年10月刊）が選ばれた。この研究はアイヌ考古学と中・近世考古学の融合を具体的に実践したもので、考古資料だけでなく、文献資料、絵画、墓標などの多様な資料を総合し蝦夷地の内国化の実態に迫ったものとして高く評価された。また、奨励賞には角田徳幸氏の『たたら吹製鉄の成立と展開』（清文堂出版、2014年12月刊）が選ばれた。17世紀に中国地方を中心に始まった、たたら吹製鉄の成立過程と展開を東アジア的視点も含めて具体的な調査例をもとにあとづけた点が高く評価された。2016年5月に開催された第82回総会で大賞・奨励賞の受賞が承認され、表彰が行われた。

　将来の考古学を担う新しい世代の掘り起こしをめざして、新たに「高校生ポスターセッション」が創設された。2016年5月の東京学芸大学総会に際し全国の6校から8件のポスター発表が行われ、高校生の熱心な説明に多くの参加者が耳を傾けた。最優秀賞は徳島文理高等学校2年立石雄祐大「阿波国における名号板碑と一遍上人」、優秀賞には福岡県立糸島高等学校歴史部「イトシマの狛犬―旧糸島郡における狛犬の基礎的研究―」と、徳島文理高等学校郷土研究部「吉野川下流域の高地蔵」が選ばれ、ほか5件が入賞となった。最優秀賞・優秀賞には会長から表彰状と副賞が授与された。

　2016年8月28日から9月2日の会期で、日本初の本会議となる第8回世界考古学会議京都大会（WAC-8）が同志社大学を会場に開催された。冒頭で、考古学協会主催のオープニングセッションが開催され、以下のような発表が行われた。

　オープニングセッション「日本考古学100年」
　宮本一夫「日本における近代考古学のはじまりと戦前の日本考古学」
　石川日出志「日本考古学協会の成立と戦後の日本考古学」

中西裕見子「日本における埋蔵文化財行政と日本考古学」
　加藤博文「先住民（アイヌ民族）問題と日本考古学」
　岡村勝行「震災（阪神淡路大震災・東日本大震災）と日本考古学」
　オープニングセッションの内容は、機関誌『Japanese Journal of Archaeology』Vol. 4，No. 2（2017年3月発行）に掲載されている。また、世界考古学会議事務局主催で実施された「日本考古学フェア」の一環として、日本考古学協会のポスター展示が行われた。ポスターは、「協会の紹介」2枚、「埋文委の活動」2枚、「トピックとなる遺跡紹介」20枚の、22件24枚であった。協会英文パンフレットが作成され、会場で配布された。
　アイヌ人骨・副葬品にかかわる問題について、引き続き検討が行われた。「アイヌ人骨・副葬品に係る調査研究のあり方に関するラウンドテーブル」は、北海道アイヌ協会、日本人類学会・日本考古学協会の三者によるに合議により2015年に組織されたもので、2016年9月までに9回の議論が行われ、「これからのアイヌ人骨・副葬品に係る調査研究の在り方に関するラウンドテーブル（中間まとめ）」が公表されている。また、2016年8月6日に札幌市で開催された北海道アイヌ協会・日本人類学会・日本考古学協会共催の国際先住民族の日記念事業シンポジウム「考古学・人類学とアイヌ民族―最新の研究成果と今後の研究のあり方―」に参加した。2018年に開設予定の「民族共生象徴空間」では、これまで大学・博物館等が収蔵してきたアイヌ民族の人骨・副葬品等が一括して収納し慰霊されることになる。
　第10回アジア考古学四学会合同講演会が2017年3月4日に早稲田大学で「アジアの天空」をテーマに開催された。アジア考古学四学会合同講演会は国際交流委員会が窓口となって開催されている。近藤二郎「古代の天文学」の基調講演のほか、アンコール・ワット、ボロブドゥール、古代中国、日本のキトラ古墳、古代マヤに関する研究成果が発表された。
　日本考古学協会が2018年で創立70周年を迎えることから、「転換期を迎えた日本考古学と日本考古学協会」をテーマに記念事業を実施することとなった。そのため、2016年9月に日本考古学協会設立70周年記念事業小委員会を設置し、事業の全体構想と具体的な内容について検討・立案を行った。2017年1月理事会で承認された事業内容案は、（1）日本考古学協会創立関連資料の収集・アーカイブ化、（2）永年在籍会員の顕彰、（3）記念出版物『日本考古学レビュー2018』（仮）の刊行、（4）公開講演会の実施、（5）『日本考古学と日本考古学協会 1999〜2018』（仮）の編纂、（6）国際セミナーの開催などである。

その他

　規定や内規等の整備が進むとともに、事務量の増大や複雑化が進み、事務局の負担が増してきている。2016年3月理事会では、3月末退任の長瀬事務局長について「1年以内の再任」を決定していたが、2017年1月理事会で事務局長の職務及び勤務に関する規定の一部改正が行われ、事務局長の委嘱期間が2年、定年が70歳に変更された。なお、2017年5月の第83回総会において審議の結果、事務局長の再任が承認されている。
　第82回総会において、日本考古学協会の発展に寄与したとして、東京都の岩崎卓也会員を名誉会員とすることが承認された。

日考協　第57号
2016年10月15日

内閣府特命担当大臣　　　　松　本　　　純　様
文部科学大臣　　　　　　　松　野　博　一　様
国土交通大臣　　　　　　　石　井　啓　一　様
文化庁長官　　　　　　　　宮　田　亮　平　様
熊本県知事　　　　　　　　蒲　島　郁　夫　様
熊本県教育委員会教育長　　宮　尾　千加子　様
大分県知事　　　　　　　　広　瀬　勝　貞　様
大分県教育委員会教育長　　工　藤　利　明　様
熊本市市長　　　　　　　　大　西　一　史　様
熊本市教育委員会教育長　　岡　　　昭　二　様

一般社団法人日本考古学協会
会　長　谷　川　章　雄

会長声明「平成28年熊本地震に伴う埋蔵文化財保護ならびに文化財の復興に関わる声明」の送付について

　日頃より、本協会の事業推進にあたりご理解、ご支援を賜り誠にありがとうございます。
　さて、日本考古学協会は4月23日の理事会で「平成28年熊本地震対策特別委員会準備会」を発足させ、会員の安否確認や文化財の被害確認を始めました。さらに、5月28日、東京学芸大学で開催した第82回総会にて「平成28年熊本地震対策特別委員会」を設置いたしました。被災会員の会費減免措置や募金活動、関連学協会・各機関と連携して歴史・文化遺産や文化財の復興支援を行っているところです。
　そこで、本協会は、関係する予算措置や埋蔵文化財保護体制強化を要望する標記の会長声明を公表いたしました。
　貴職におかれましては、文化財の復旧・復興および保存と活用に向けて適切な措置を講じられますよう要望いたします。
　本協会はそのための協力は惜しまない所存です。
　なにとぞよろしくお願い申し上げます。

記

　　　　　一、別　添　書　類　　　一通

　　　　　　　　　　　　　　　　　　　　　　　　　　　　以上

平成28年熊本地震に伴う埋蔵文化財保護ならびに文化財の復興に関わる声明

　平成28年熊本地震について、まず多数の犠牲者に深く哀悼の意を表し、被災された皆様には心からお見舞い申し上げます。

　このたびの震災では、人的被害や建物・橋梁などの被害のみならず、「特別史跡熊本城跡」をはじめとした現存する文化財にも甚大な被害が生じています。また、埋蔵文化財のうち、数多くの古墳が損壊したことも報ぜられております。さらに、博物館や文化財収蔵庫も大きく被害を受けております。

　現在、頻発していた余震もようやく落ち着きをみせはじめ、人々が日常の生活を取り戻すための取り組みが懸命に進められています。こうした復旧・復興事業に伴う建物や道路等の建設・修復の過程で、多くの新たな埋蔵文化財発掘調査が必要になることが予想されます。

　復旧・復興に際しては、住民生活の復旧が第一義であることは言うまでもありません。その上で、地域の文化、歴史を守り、のちの世代へ伝えていく取り組みも同時になされることを切に希望します。地域に伝えられてきた文化や歴史は、地震被害から立ち上がる地域社会の再生の核になると確信するからです。

　そうした被災文化財や施設の保全・復旧、埋蔵文化財の発掘調査においては、さまざまな行政措置をとらねばなりません。その際は、国・県・市町村が一体となり、文化財保護法の趣旨に基づき、充分な配慮のもとに行われるよう望みます。また、適切な公的財政支援および予算措置が迅速になされることを求めます。さらに、文化財および埋蔵文化財保護体制を整備・強化することにより、地震からの復興と今後の埋蔵文化財保護・活用を両立させ、地域住民の活力を生み出すことを願うものであります。

　復興に伴う埋蔵文化財保護対策の推進と、文化財の修復・復旧および保護・活用のために、関係諸機関のご協力をお願いするところであります。

2016年10月15日

　　　　　　　　　　　　　　　　　　　　　　　　　　一般社団法人日本考古学協会
　　　　　　　　　　　　　　　　　　　　　　　　　　　　会長　　谷川　章雄

（『会報』No.189, pp.27－28）

2．一般社団法人日本考古学協会第82回（2016年度）総会報告

　日本考古学協会第82回（2016年度）総会は、5月28日（土）、29日（日）の二日間、東京都小金井市に

ある東京学芸大学を会場として開催された。東京学芸大学における総会の開催は、1994年、2006年に続いて3回目となる。前日の27日には、理事会と埋蔵文化財保護対策委員会が開催され、当日28日の午前10時から芸術館1階ホールにて、総会が開催された。参加者は、28日398名（会員309名・一般89名）、29日1,075名（会員702名・一般373名）で、合計1,473名に上った。2016年3月末現在の会員数は4,109名であり、前年度の物故会員は23名で、退会者は72名である。総会にて新たに認められた新入会員は66名なので、近年見られてきた会員数の減少傾向は、今年度も歯止めがかかっていない。

総会冒頭、樋口隆康会員をはじめ23名の物故会員への黙祷が捧げられた後、髙倉洋彰会長から開会挨拶があり、続けて日高慎総会実行委員長から歓迎の挨拶をいただいた。続いて司会から本総会が成立要件を満たすことが報告され、会長を議長とし、理事会が推薦した副議長・書記が承認され議事に入った。

議事の最初は、事柄の性格上顕彰および承認案件から行われた。最初に昨年度創設された名誉会員の初めての報告が行われ、岩崎卓也会員への名誉会員の授与が理事会から提案され、承認を受けた。ただし岩崎会員は現在療養中のため、常木晃会員が代理で賞状を受領した。続いて「第6回日本考古学協会賞の報告並びに承認、表彰」が行われ、大賞には関根達人会員の『中近世の蝦夷地と北方交易』が、奨励賞には角田徳幸会員（当日都合により欠席）の『たたら吹製鉄の成立と展開』が協会賞選考委員会より推薦され、総会での承認を得て表彰が行われた。3件目として、長年にわたる協会公式サイトの運営に対する感謝の意を表するため、水山昭宏会員に感謝状が贈られた。協会の公式サイトは、前年度・今年度の予定で全面改訂が行われており、完成版ではないが前日付で新しいサイトが公開された。続いて承認案件として、「入会資格審査報告並びに承認」が行われ、山崎和巳入会資格審査委員長から66名が資格審査を通過したとの報告があり、承認された。ただちに新入会員が登壇して紹介され、代表して角道亮介会員（東京都）が抱負を述べた。

議事次第に従い、2015年度事業報告（総大会・公開講座・理事会・年報・機関誌等）が行われ、続いて委員会報告として、陵墓、研究環境検討、広報、国際交流、社会科・歴史教科書等検討、埋蔵文化財保護対策、東日本大震災対策特別委、協会図書小委、諸規則・規定等見直し検討会の報告が行われた。このうち国際交流委員会報告では、本年8月末〜9月初めにかけて京都・同志社大学で開催される第8回世界考古学会議に協会も後援・協力することが報告された。また諸規則・規定等見直し検討会報告では、昨年の総会に引き続き、あるいはこの間の会報でも報告・説明してきたように、協会刊行物に執筆する・した会員に対して著作財産権の協会への譲渡と賛助会員制度の創設を再度説明した。続いて2016年度活動計画および予算について報告が行われ、「その他」として、2件の追加報告がなされた。高尾山古墳の保存問題に関するその後の経過と「文化財に関する諸問題検討会」の報告である。

続いて審議事項に入り、2015年度の決算報告と監事報告が行われ、審議の結果承認された。なお関連法の改訂に伴い、監事の役割が従来のイメージにあるような会計監査だけではなく、協会の活動全般にわたることに対する注意喚起が行われた。今年度は理事改選の年にあたるため、理事選挙が行われ、その結果が清水信行選挙管理委員長から報告され、審議の結果承認された。続いて石川副会長から、現監事2名（吉田哲夫監事・白井久美子監事）がともに4年の任期を終えるため、新監事2名（吉田哲夫監事［継続］・唐澤至朗監事）の選出について提案を行い、審議の結果承認された。最後に平成28年熊本地震対策特別委員会の設置が緊急提案された。宮本理事から提案説明が行われ、審議の結果承認された。

総会での承認を受けて、昼食休憩時の新理事による臨時理事会（於：小金井クラブ）が開催され、互選により谷川章雄理事が代表理事・会長に選出された。続いて会長の指名により、近藤英夫・石川日出志両理事が、副会長に選出された。さらに各理事の役割分担が行われた。午後１時30分から再開された総会の冒頭、新理事の紹介と谷川新会長から所信表明の挨拶が行われた。

　引き続き午後２時から記念講演会が開催された。髙倉会長の挨拶の後、出口利定東京学芸大学長から丁寧なご挨拶をいただき、木下正史会員（東京学芸大学名誉教授）による記念講演が行われた。午後３時10分からは同じ会場で、セッション１「縄文時代研究における文化財科学と考古学」が開催された。終了後学内の「第２むさしのホール」に会場を移して懇親会が開催され、歓談のひと時を過ごした。

　翌29日は、９つの会場に分かれて、口頭発表・ポスター発表・図書交換会が開催された。第１会場10件、第２会場９件、第３会場10件、第４会場９件の計38件の口頭発表と８つのセッション、38件のポスター発表（会員30件、高校生８件）が行われた。セッションの中には日本人類学会骨考古学分科会（セッション４「江戸時代人骨の生物考古学的研究の発展と展望」）や、日本学術会議博物館・美術館等の組織運営に関する分科会（セッション７「博物館法をはじめとする関連法等の改正後の博物館・美術館のありかた」）との共催セッションが含まれており、裾野の広い考古学研究をよく象徴していた。また協会の東日本大震災対策特別委員会が担当したセッション８では、５年間の特別委員会の活動の総括を行い、報告書の刊行を残して特別委員会の活動を終えることとした。

　午後１～２時のポスターセッション・コアタイムでは発表者による解説が行われた。今年度は、将来を担う新世代の掘り起こしを企図して、新たに「高校生ポスターセッション」が創設され、全国の高校から８つのポスター発表が行われた。このセッションでは、成果に対する顕彰を行うこととし、徳島文理高校の立石雄祐大君の「阿波国における名号板碑と一遍上人」が最優秀賞に、同じく徳島文理高校郷土研究部の「吉野川下流域の高地蔵」と福岡県立糸島高校歴史部の「イトシマの狛犬」の２本が優秀賞に選ばれ、髙倉会長から表彰状と副賞が授与された。この試みはきわめて評判が良く、出口東京学芸大学長の挨拶の中でも言及され、朝日中高生新聞等のマスコミ取材もあった。来年以降も継続する予定である。

　今回の総会は、両日とも天候に恵まれたわりには快適であり、そのためか会員の参加が例年を上回っていた印象をもつ。総会を成功裡に終えることができたのは、ひとえに周到な準備と当日の心のこもった接遇をいただいた日高慎委員長をはじめとする総会実行委員会のスタッフ一同のおかげである。末筆ながら厚く御礼申し上げたい。　　　　　　　　　　　（『会報』No.188, pp. １－２：総務担当　佐藤宏之理事）

（１）一般社団法人日本考古学協会第82回（2016年度）総会（抄録）

日　時　2016年５月28日（土）　午前10時00分～午後０時40分
会　場　東京学芸大学芸術館１階ホール

　2016年５月28日（土）午前10時、宮本一夫理事の司会で開会し、冒頭、前年度の物故会員23名に対して黙祷を捧げた。次に一般社団法人日本考古学協会を代表して、髙倉洋彰会長から開催の挨拶があった。続いて第82回総会実行委員会を代表して東京学芸大学の日高慎委員長から挨拶があった。

　次に、司会から、現在の会員数が4,109名で、本日の出席者117名、委任状預かり分1,285名、合計1,402名となり、この総会が成立する旨の報告があった。また、本総会の議長は、定款第16条の規定に基づき髙倉洋彰会長がこれにあたり、副議長及び書記団は司会から指名するとの説明があった。副議長に東京都の

Ⅰ　2016年度の日本考古学界

平自由会員、黒尾和久会員、書記団として東京都の建石徹会員、依田亮一会員の指名があり、拍手をもって承認された。議長団の自己紹介後、直ちに議事に入った。なお、審議にあたり副議長から審議事項〈2〉、〈3〉、報告事項〈1〉は、議事の進行上冒頭で議案とするとの提案があり承認された。

【審議事項】
〈2〉名誉会員の承認について

　石川副会長から、定款第5条に基づき、考古学協会の発展に寄与した個人として、東京都の岩崎卓也会員を名誉会員に推薦することを理事会で決定した旨を報告し、岩崎会員の略歴と業績を説明した。議長が承認を求め、拍手をもって承認された。表彰式では岩崎名誉会員の代理人として常木晃会員に表彰状が授与され、常木会員から岩崎先生と奥さまが大変喜んでいたとの報告とお礼の挨拶があった。

【報告事項】
〈1〉2015年度事業報告
1．日本考古学協会賞の報告並びに承認、表彰

　清家章理事から第6回日本考古学協会賞選考委員会の選考結果が報告された。応募件数は10件で昨年度より多く、大賞に関根達人会員の『中近世の蝦夷地と北方交易』、奨励賞に角田徳幸会員の『たたら吹製鉄の成立と展開』が推薦され、理事会で承認されたことが報告された。ただちに決議され原案どおり承認された。髙倉会長から受賞者に賞状と記念品が授与され（角田会員は当日都合により欠席）、受賞者の関根会員から挨拶があった。

　協会賞の式後、髙倉会長からの協会公式サイト運営にあたり献身的な協力をいただいた水山昭宏会員の功績について、理事会から表彰するとの説明があり、表彰状と記念品を授与した。

【審議事項】
〈3〉入会資格審査報告並びに承認

　入会資格審査委員会の山﨑和巳委員長から資格審査の結果報告があった。本年度は入会申込み総数68名のうち、審査基準該当者は66名で、異議申し立てはなかったとの説明があった。議長から66名の入会について承認を求め、拍手をもって入会することが承認された。新入会員は登壇し、新会員を代表して東京都の角道亮介新会員から今後の抱負を含めた挨拶があった。

　以上、顕彰及び表彰事案がすべて終了し、議長から総会資料の報告事項に戻るとの説明があり議事に移った。

【報告事項】
〈1〉2015年度事業報告
　1．総会・大会・公開講座等、3．理事会等、4．年報・会報・機関誌等

　佐藤宏之理事から総会資料にそって、総会・大会、理事会、刊行物についての一括報告があった。なお、2015年度に公開を予定していた協会公式サイトのリニューアルについては開設されたが、今後充実させていくとの説明があった。

　5．陵墓報告

　新納泉理事から、陵墓は関連する16学協会との連携事業との説明があり、主な活動である宮内庁との懇談、陵墓立会調査、立入り観察等について報告があった。また、新聞発表の段階として、本年3月28

日付の毎日新聞に「歴代の天皇や皇族の陵墓の保全管理に伴う調査について、宮内庁は28日、単独で実施してきた前例を転換し、新年度から陵墓のある自治体の教育委員会や考古学研究者に協力を要請する方針を示した。調査の成果は、地元教育委員会と共同で発表し、広く国民に伝える」との記事を紹介した。

6．研究環境検討委員会報告

　篠原和大理事から委員会の活動目的として、研究環境、埋蔵文化財調査の資格制度、国内外における経済活動が考古学的調査に及ぼす影響、博物館における考古学資料の保護、考古学の教育環境と後継者育成に関する旨が説明された。このうち後継者育成問題では、考古学、文化財に関する授業を開講している大学を対象に実施したアンケートの分析を、ポスターセッションや奈良大会の分科会Ⅲ「大学教育と文化財保護」との連携事業で意見交換を行ったとの報告があった。

7．広報委員会報告

　小川望理事から鹿児島県南九州市で開催された協会主催の公開講座への参加を通して、公開講座のあり方やその方向性について検討したことが報告された。委員会では協会の活動をどのように発信していくのか、また、ホームページの運用管理、マスコミ等の問い合わせへの対応、また、協会声明等の発信に関する諸問題を検討する中で、マニュアル化を進めていくことが望ましいとの報告があった。

8．国際交流委員会報告

　橋本裕行理事から、2015年度は第9回アジア考古学四学会合同講演会として「アジアの鉄」をテーマに開催し多くの参加者があったと報告された。世界に日本の考古学調査の情報を発信する事業では、発掘された日本列島展に紹介された9遺跡を選んで、英訳をホームページ上に掲載した。また、今年8月に開催される世界考古学会議京都大会での日本考古学フェアの準備活動について報告があった。

9．社会科・歴史教科書等検討委員会報告

　釼持輝久理事から活動内容として、考古学の研究成果を小学校や中学校の教科書、歴史教育に適切に活用されるよう、教科書や学習指導要領について検討をしているとの説明があった。2015年度は小学校の学習指導要領の改定に対する要望という趣旨で総会時のポスターセッションを、奈良大会では弥生時代と古墳時代をテーマにしたポスターセッションを実施し、教科書通信第13号を配布して会員等に委員会活動の理解を求めたとの報告があった。

10．埋蔵文化財保護対策委員会報告

　馬淵和雄理事から事業活動についての説明があり、総会資料に沿って要望書、幹事会・研修会・情報交換会の報告があった。要望書については、4件の要望書提出と10件の回答について報告があった。また、本委員会が全国の委員に対して実施したアンケート調査結果を取りまとめているとの説明があった。

11．東日本大震災対策特別委員会報告

　渋谷孝雄委員長から2015年度復興調査の成果報告会では多くの参加者があり、被災した地域住民が歴史や文化に高い関心を寄せたとの報告があった。また、被災3県の聞き取り調査では、特に原発被災地での中間貯蔵施設に関連する埋蔵文化財調査が異例の調査体制を必要とするとの説明があった。3月3日の文化庁との協議では2016年度以降の人的な支援と財政負担の軽減、担当職員の健康状態へ配慮等を

要望したことが報告された。

12. 協会所蔵図書に係る検討小委員会報告

白石浩之副会長から、一括寄贈図書の登録状況と現在公開されている寄贈図書の検索方法についての説明があり、今後、入手しにくい報告書、逐次刊行物等図書の寄贈を改めてお願いした。なお、総会時の受入図書については、本年度から再開するに当たり協力を求めた。また、本小委員会は解散する予定であるが、理事会に担当理事を置き、必要があれば会合を開き対応することを報告した。

13. 諸規則・規定等見直し検討会報告

石川日出志副会長から、定款および規則の改正に伴い、すべての規定、内規等の整備を行い、このうち新たに規定を定めた賛助会員については、昨年度総会では会員間で様々な意見があると想定し、会報で規定条文を提示して意見を募ったが、会員からの意見はなかった。さらなる検討を行い、来年1月の理事会で決定する予定であるとの説明があった。

〈2〉2016年度事業計画

佐藤宏之理事から、総会資料に沿って2016年度事業計画の一括説明があった。総会は東京学芸大学、大会は2016年10月15日から17日まで弘前大学で開催を予定し、アジア考古学四学会合同講演会は2月開催、年報・会報・機関誌等の刊行物は、例年どおりとし、英文機関誌『*Japanese Journal of Archaeology*』（以下、JJA）は年2巻の発行を予定との説明があった。

〈3〉2016年度予算について

大谷敏三理事から予算書にそって、2016年度予算案が説明された。主な内訳は収入の部で会費収入41,380,000円、科学研究費補助金2,500,000円、書籍販売等の雑収入2,695,000円、合計46,578,000円と前期繰越収支差額2,313,000円を加えた収入合計48,891,000円が予算額となり、前年度対比では1,894,000円の減との説明があった。支出の部は事務局人件費通勤手当10,768,000円、雑給2,196,000円、退職共済掛金240,000円、法定福利費1,658,000円、外注費4,500,000円、内JJA公式サイト制作管理費800,000円、旅費交通費9,131,000円、通信運搬費2,690,000円、賃借料482,000円、消耗品費722,000円、支払手数料2,228,000円、家賃2,631,000円、印刷製本費9,306,000円、予備費としては734,000円を計上し、当期支出合計は48,891,000円で、収入合計から支出合計を引いた当期収支差額は、2,313,000円のマイナスとの説明があった。東日本大震災関係予算は、終了報告書の作製費等として795,000円を計上したと説明があった。

議長から予定の議案はすべて終了したが、理事会から報告事項〈4〉その他について、「文化財に関する諸問題検討会報告」、「高尾山古墳の保存・活用に関する協力について」の追加議案を認め議事とした。

〈4〉その他

1. 文化財に関する諸問題検討会報告

大竹憲昭理事から検討会の趣旨と検討課題の説明があり、特に流出文化財の問題は、個人の所有権、または国際問題にも触れるなど難しい問題であるため検討会では、身近な事例を通して勉強会を行っていることが報告された。

2. 高尾山古墳の保存・活用に関する協力について

篠原和大理事から高尾山古墳の保存・活用に関する問題について、昨年の総会での会長声明とその後の沼津市との経緯について説明があり、こうした中で沼津市から高尾山古墳整備のための寄付、ふるさ

と納税の働きかけについての協力を求める依頼があったことが報告され、本年度の総会に沼津市の会員が協力の呼び掛けを行うとの説明があった。

ここで、すべての報告事項が終了し、議長は一括で質問を求めた。

京都府の山田邦和会員から著作権規定について、著作権の規定を持つ学会は多いが、著作権は著者に帰属し、学会は使用権を持つ場合が多い。今後、規定案を見直す考えはあるか、また、規定案の附則についても条文を再検討する余地があるかとの質問であった。

議長は石川副会長に説明を求め、石川副会長は理事会も使用権に限るとすると理解し、著作物の保護を協会が責任を持つ規定であると回答した。附則の条文については、著者からの申し出があった場合には認めるとの説明を行った。山田会員はその説明では納得しないが、時間もないので改めて意見を述べる場を持ちたいとの提案があった。石川副会長も、正確を期すため書面でご意見をいただき、議論を深めたいと回答した。

議長は引き続き質問を求め、東京都の五十嵐彰会員から、協会では常置委員会・小委員会以外にどのような委員会や検討会があるのか質問があった。また、五十嵐会員から委員会の組織図をホームページに掲載していただきたいとの要望があり、佐藤理事から掲載するとの発言があった。

議長は質疑を打ち切り報告事項の一括決議を行い、拍手をもって承認され、引き続き審議事項に入った。

【審議事項】

〈1〉2015年度決算承認の件

大工原豊理事から、決算資料の貸借対照表から当年度の協会資産額は48,134,596円との説明があり、資料6の正味財産増減計算書にそって、当年度の経常収支合計額46,800,724円のうち、前年度比の増減は、外注費約1,230,000円の増、旅費交通費は約969,000円減、賃借料606,527円減、印刷製本費は2,633,556円増となり、決算額は49,028,095円で、当期経常増減額の2,227,371円は繰越金であるとの説明があった。資料7の東日本大震災募金特別会計は、決算額は365,761円で、2015年度決算をもってすべての募金額が精算されたことが報告された。

次に議長から監査報告が求められ、吉田哲夫監事からは、監査報告書の説明があった。

監事から監査の職務は理事会の事業全般を監査対象にしていると説明があり、5月13日、関連書類を検査し、理事の職務の執行に関する不正な行為、または法令もしくは定款に違反する重要な事実は認められず、また、計算書類および付属明細書の監査結果、計算書類およびその付属明細は、本会の財産状況および損益の状況全ての重要な点において、適正であるとの報告があった。

議長は審議事項〈1〉の2015年決算承認の件について質問を受けたが、質問はなく、直ちに決議に入り、拍手をもって原案どおり承認された。

〈4〉理事選挙結果報告並びに承認

清水信行選挙管理委員長から2016年4月2日開票の選挙結果が報告された。今回、立候補者数は22名で1名欠員があった。有権者数は4,183名で、投票した会員は1,026名、投票率は24.5%であった。有効投票は8,379票で、立候補者の得票数が8,144票。非立候補者への投票数は235票であった。開票の結果、立候補者22名全員が当選し、氏名と投票数が読み上げられた。欠員1名は非立候補者で最多得票の石川日出志会

員、次点は白石浩之会員と決定した。議長は報告の当選者及び次点者について承認を求めたところ、拍手をもって承認された。

〈5〉監事の選出について

　石川日出志副会長から白井久美子監事と吉田哲夫監事の任期満了に伴う監事の選出として、埼玉県の吉田哲夫会員、群馬県の唐澤至朗会員の推薦があった。監事の職務は理事会の全体の事業を監督する必要から2名が同時に退任する事態を避けるため吉田会員を重任とし、唐澤会員は理事経験者として推薦したとの説明があった。議長から質問を求めたが質問はなく、直ちに監事の選出について諮ったところ原案どおり拍手で承認された。

〈6〉その他

　1．平成28年熊本地震対策特別委員会設置について

　　宮本一夫理事から、4月14日に発生した熊本地震が与えた人的被害をはじめ文化財および文化財関連施設への被害は深刻であり、早急に支援対策を行う必要があるため、「平成28年熊本地震対策特別委員会」の設置が提案された。また、提案に至る経緯は、4月23日の理事会で、平成28年熊本地震対策特別委員会の準備会を設置することを決定し、熊本県における被災会員の安否確認と被災文化財関連施設に関する情報の収集を行った。5月25日には熊本県教育庁文化課、熊本市文化振興課埋蔵文化財調査室での協議を行い、復興に伴う埋蔵文化財の調査体制や予算措置の整備が必要と判断された。そこで、5月27日の理事会にて、本日の総会において平成28年熊本地震対策特別委員会の設置を提案することを決定した。特別委員会の目的については「平成28年熊本地震対策特別委員会設置要綱（案）」のとおりで、被災会員の支援ならびに被災文化財、文化財施設等の救済や取り扱いに関する諸活動が説明された。なお、委員の選任については、準備会委員を主体に考えているとの説明であった。

　　議長は提案に対する質問を求めた。

　神奈川県の御堂島正会員から特別委員会の設置要綱の書面体裁に不統一な記載があるので訂正するよう指摘があり、宮本理事から訂正するとの発言があった。次に岡山県の富岡直人会員から賛成する意見とともに、理事会に災害に対応する文化財防災関係の委員会を設置する旨の提案があった。これに対して宮本理事から阪神淡路、東日本大震災と大規模災害に取り組んできた経緯があり、災害に関する委員会を設置する方向で議論していると回答した。

　次に熊本県の杉村彰一会員から改めて特別委員会設置に賛成する意見があった。

　議長は質疑を打ち切り、平成28年熊本地震対策特別委員会設置の決議を行い原案どおり承認された。

　以上をもって、2016年度第82回総会の議案はすべて終了し、閉会にあたり白石浩之副会長から挨拶があった。（午後0時40分）　　　　　　　　　　　　　　　　　　　（『会報』№188、pp.3－7）

（2）2015年度事業報告と2016年度事業計画

2015年度事業報告

1．日本考古学協会賞の報告並びに承認、表彰
2．総会・大会・公開講座等
　（1）総　　会　　2015年5月23・24日　　　於：帝京大学
　（2）大　　会　　2015年10月17・18・19日　於：奈良大学

（3）公開講座　　2016年3月19日　　　　　　於：ミュージアム知覧
（4）アジア考古学四学会合同講演会
　　　　　　　　　2016年1月9日　　　　　　於：明治大学
3．理事会等
（1）理事会　2015年4月25日（協会事務所、以下特に記載のないものは同じ）、5月22日（帝京大学）、
　　　　　7月25日、9月26日、10月16日（奈良大学）、2016年1月23日、3月26日
（2）監　査　2016年5月13日（2015年度事業及び会計監査）
4．年報・会報・機関誌等
（1）年　報　66（2013年度版）2015年5月15日発行、67（2014年度版）編集
（2）会　報　No.185（2015年8月1日発行）、No.186（2015年12月1日発行）、No.187（2016年3月1日発
　　　　　行）
（3）機関誌『日本考古学』第39号　2015年5月20日発行
　　　　　　『日本考古学』第40号　2015年10月17日発行
　　　　　　『日本考古学』第41号　編集
　　　　　　『Japanese Journal of Archaeology』Vol. 3 No. 1　2015年9月1日刊行
　　　　　　『Japanese Journal of Archaeology』Vol. 3 No. 2　2016年3月30日刊行
　　　　　　『Japanese Journal of Archaeology』Vol. 4 No. 1　編集
（4）公式サイトの更新
5．陵墓報告
（1）懇　談（2015年7月16日）
（2）見　学（2015年12月4日、2016年1月27日、1月29日）
（3）立入り観察（2016年2月26日）
6．研究環境検討委員会報告
7．広報委員会報告
8．国際交流委員会報告
9．社会科・歴史教科書等検討委員会報告
10．埋蔵文化財保護対策委員会報告
（1）委員会等
　　　委員会：2015年5月22日（帝京大学）
　　　幹事会：2015年4月18日（協会事務所、以下特に記載のないものは同じ）、5月16日、6月20日、
　　　　　　7月18日、9月19日、11月21日、12月19日、2016年1月17日、2月13日、3月19日
　　　情報交換会：2015年10月18日（奈良大学）
（2）要望書等
　　　〈要望書提出4件〉
　　　2015年7月1日　埋文委第4号「宮城県栗原市入の沢遺跡の保存と活用に関する要望書」
　　　2015年7月27日　埋文委第5号「那覇市首里高校内中城御殿跡の保存と活用についての要望書」

Ⅰ　2016年度の日本考古学界

　　2016年1月8日　　埋文委第8号「北九州市城野遺跡の保存と活用に関する再要望書」
　　2016年2月10日　　埋文委第9号「三原市所在県指定文化財和霊石地蔵磨崖仏の保存に関する要望書」

　〈回答10件〉
　　2015年7月15日　　文第1064号　宮城県知事村井嘉浩・宮城県教育長髙橋　仁
　　　　　　　　　　「宮城県栗原市入の沢遺跡の保存と活用に関する要望について（回答）」
　　2015年7月16日　　栗総第0716003号　栗原市長佐藤　勇・栗原市教育長亀井芳光
　　　　　　　　　　「宮城県栗原市入の沢遺跡の保存と活用に関する要望について（回答）」
　　2015年8月7日　　教文第693号　沖縄県知事翁長雄志
　　　　　　　　　　「那覇市首里高校内中城御殿跡の保存と活用についての要望（回答）」
　　2015年8月7日　　教文第693号　沖縄県教育長諸見里明
　　　　　　　　　　「那覇市首里高校内中城御殿跡の保存と活用についての要望（回答）」
　　2015年8月13日　　那市文財第164号　那覇市長城間幹子
　　　　　　　　　　「首里高校内中城御殿跡の保存と活用についての要望書（回答）」
　　2015年8月13日　　那市文財第164号　那覇市教育長渡慶次克彦
　　　　　　　　　　「首里高校内中城御殿跡の保存と活用についての要望書（回答）」
　　2016年1月20日　　福岡財審第15号　福岡財務支局長森山茂樹
　　　　　　　　　　「北九州市城野遺跡の保存と活用に関する再要望について（回答）」
　　2016年1月21日　　北九市文文第2610号　北九州市市民文化スポーツ局長　大下徳裕
　　　　　　　　　　「北九州市城野遺跡の保存に関する再要望に対する回答について」
　　2016年2月2日　　北九市文文第2752号　北九州市市民文化スポーツ局長　大下徳裕
　　　　　　　　　　「北九州市城野遺跡の保存に関する再要望に対する回答の修正について」
　　2016年2月19日　　三教委文第936号　三原市教育長
　　　　　　　　　　「三原市所在県指定文化財和霊石地蔵磨崖仏の保存に関する要望について（回答）」

11．東日本大震災対策特別委員会報告
12．協会図書に係る検討小委員会報告
13．諸規則・規定等見直し検討会報告

2016年度事業計画

1．総会・大会・公開講座等
　（1）総　　会　2016年5月28・29日　　　於：東京学芸大学
　（2）大　　会　2016年10月15・16・17日　　於：弘前大学
　（3）公開講座
　（4）アジア考古学四学会合同講演会
　（5）世界考古学会議第8回京都大会
2．理事会等
　（1）理事会　年間8回（2016年4月・5月・6月・7月・9月・10月、2017年1月・3月）

（2）総務会　随時

（3）監　査

3．年報・会報・機関誌等

（1）年　報　67（2014年度版）2016年5月発行、68（2015年度版）編集

（2）会　報　№188・№189・№190

（3）機関誌　『日本考古学』第41号　2016年5月発行

　　　　　　『日本考古学』第42号　2016年10月発行

　　　　　　『日本考古学』第43号　編集

　　　　　　『Japanese Journal of Archaeology』Vol. 4 №1　2016年9月刊行

　　　　　　『Japanese Journal of Archaeology』Vol. 4 №2　2017年3月刊行

　　　　　　『Japanese Journal of Archaeology』Vol. 5 №1　編集

（4）公式サイトの更新

4．組　織

（1）入会資格審査

5．陵墓問題

6．研究環境検討委員会

7．広報委員会

8．国際交流委員会

9．社会科・歴史教科書等検討委員会

10．埋蔵文化財保護対策委員会

（1）委員会　委員会（2016年5月27日）・幹事会毎月1回・研修会1回・情報交換会1回

（2）要望書提出

11．日本考古学協会賞の選考

12．東日本大震災対策特別委員会

13．諸規則・規定等見直し検討会

　　　　　　　　　　　　　　　　　　　　　　　　　　　（『会報』№188, pp. 9－11）

Ⅰ　2016年度の日本考古学界

（3）一般社団法人日本考古学協会理事会・監事・事務局組織

【理事会】　　　　　　　　　　　　　　　　　　　　　　　　　　　　　　　　再：再任理事／併：併任

会　長	副会長	総　務	担当理事	
谷川章雄	石川日出志・再	佐藤宏之・再 関連学会	企画・運営	：岡山真知子・再 ：関根達人・併 ：小澤正人・併
			渉外（陵墓）	：新納　泉・再併 ：杉井　健 ：橋本裕行・再併
			渉外（国際交流）	：佐々木憲一 ：橋本裕行・再併 ：佐藤宏之・再併 ：小澤正人・併
		宮本一夫・再	年報	：菊池誠一 ：小笠原永隆・併
			機関誌	：篠原和大・再 ：関根達人
			英文機関誌	：佐々木憲一・併 ：宮本一夫・再併
			広報・会報	：大島直行 ：小澤正人
	近藤英夫 協会図書	新納　泉・再	組織	：瓦吹　堅・再 ：久保田正寿 ：佐々木和博・併
			研究環境	：堀内秀樹 ：大島直行・併 ：篠原和大・再併
			文化財保護	：矢島國雄 ：小笠原永隆
			教科書	：岡内三眞 ：佐々木和博
		橋本裕行・再	財務・会計	：都築恵美子
		長瀬　衛	事務局（常務理事）	

【特別委員会】

委員会	担当理事
東日本大震災対策	石川日出志・再、佐藤宏之・再、近藤英夫
平成28年熊本地震対策	宮本一夫・再、杉井　健

【監　事】

監　事	任　期
唐澤至朗	2016～2019年度
吉田哲夫	2016～2019年度

【事務局】

事務局長	主　事	非常勤
長瀬　衛	林　純子・堀田菜摘子	出口まどか

（『会報』No.188，P.19）

(4) 第82回総会公開講演会及び研究発表題目

公開講演会（5月28日〈土〉）

　会場　東京学芸大学芸術館1階ホール

14時00分　開　会

　　「文化財科学と考古学」　　　　　　　　　　　　　　　　　　木下正史氏（東京学芸大学名誉教授）

15時00分　閉　会

研究発表題目（5月29日〈日〉）

口頭発表第1会場：東京学芸大学講義棟4階 S410教室

（1）「史跡福井洞窟の発掘調査」………………………………………………………………栁田裕三
（2）「沖縄における旧石器・縄文移行期の洞穴遺跡と人骨の産状について」……………山崎真治
（3）「愛知県北設楽郡設楽町笹平遺跡の調査－縄文時代後晩期集落の様相－」
　　　　　　　　　　　　　　………………………………石黒立人・宮腰健司・鈴木正貴・蔭山誠一・川添和暁
（4）「関西を中心とした縄文遺跡データベースの構築と活用」
　　　　　　　　　　　　　　………………………………………………中村　大・矢野健一・関西縄文文化研究会
（5）「奥東京湾岸地域における土器製塩技術の研究－西ケ原貝塚における製塩痕跡の検討－」
　　　　　　　　　　　　　　………………………………………………………………………………………阿部芳郎
（6）「北日本における住居址長軸の環境地理学的研究」………………………………駒木野智寛
（7）「弥生時代における沿岸部集落及び海蝕洞穴利用者の生業活動に関する基礎的研究」
　　　　　　　　　　　　　　……………………………………………白石哲也・中村賢太郎・野内秀明
（8）「赤坂遺跡と海蝕洞穴－三浦半島南部の弥生社会－」………………………………中村　勉
（9）「弥生時代の竪穴建物における屋内灰敷炉（その1）－西日本のいわゆる1〇型中央土坑の検討から－」
　　　　　　　　　　　　　　………………………………………………………………山﨑敏昭・小林正史
（10）「栗林式土器の特殊な施文具」………………………………鶴田典昭・水澤教子・黒岩　隆

口頭発表第2会場：東京学芸大学芸術館1階 ホール

（11）「古墳時代豪族居館の企画性」……………………………………………………………橋本博文
（12）「群馬県における大型古墳の航空レーザー計測とその成果」…………右島和夫・深澤敦仁
（13）「東アジアからみた飛鳥時代前夜における墓制の変革－奈良県明日香村都塚古墳の事例から－」
　　　　　　　　　　　　　　………………………………………………………………………米田文孝・西光慎治
（14）「金井東裏遺跡出土品調査の中間報告について－鹿角製小札を中心に－」
　　　　　　　　　　　　　　………………………………桜岡正信・徳江秀夫・関　邦一・杉山秀宏・大木紳一郎
（15）「千葉県市川市法皇塚古墳の被葬者の検討－出土人骨と遺物から－」
　　　　　　　　　　　　　　………………………………………………谷畑美帆・宮代栄一・米田　穣・内山敏行
（16）「製作技法からみた倭鏡と製三角縁神獣鏡」………………………………水野敏典・奥山誠義
（17）「大英博物館ゴーランド・コレクション京都府鹿谷古墳出土馬具の調査」
　　　　　　　　　　　　　　………………………諫早直人・片山健太郎・金宇大・サイモン＝ケイナー・一瀬和夫
（18）「古代の煙突形土製品と鍛冶炉－金属加工における自然送風の有効性－」……田中清美・伊藤幸司

(19)「素材分析からみた土器胎土とカマド建材の資源利用－日本とブルガリアの事例をもとに－」
………………………………………………………千本真生・金成太郎・柴田　徹・小中美幸・禿　仁志

口頭発表第3会場：東京学芸大学講義棟4階 C401教室

(20)「史跡上野国分寺跡の発掘調査」………………………………………………………前澤和之・橋本　淳
(21)「平安京近郊における古代から中世への窯業生産の変質－京都府篠窯業生産遺跡群西山1号窯を手がかりに－」……………………………………………………………………………中久保辰夫・高橋照彦
(22)「古代・中世における武具埋納祭祀の受容と展開」………………………………………………塚本敏夫
(23)「中世期における築堤の考古学的研究－旧利根川左岸を中心に－」……………………………田中祐樹
(24)「中世駿河における富士山信仰の考古学的研究」…………………………………………………永田悠記
(25)「奄美諸島徳之島における海底調査の意義と課題」………………………………………………新里亮人
(26)「二つの杵築（木付）城－台山の城と杵築城藩主御殿－」………………吉田和彦・高瀬哲郎・梅﨑惠司
(27)「鍋被り葬研究の成果と新発見例」…………………………………………………櫻井準也・小中美幸
(28)「マジョリカ陶器について－大坂出土品のヨーロッパでの位置づけを中心に－」………………松本啓子
(29)「トカラ列島平島の清朝磁器と明治27年漂着の無人船」……………………………………………新里貴之

口頭発表第4会場：東京学芸大学講義棟4階 C402教室

(30)「『特別病室』（重監房）跡地における考古学調査－国立ハンセン病療養所栗生楽泉園（群馬県草津町内）所在－」………………………………………………………………黒尾和久・渋江芳浩・北原　誠
(31)「東京低地における縄文海進・海退による環境変化と人間活動」
……………………………………………………………谷口　榮・芝原暁彦・大道寺　覚・小林政能
(32)「水中ロボットを用いた葛籠尾崎湖底遺跡調査の中間報告と課題」
………………………矢野健一・川村貞夫・島田伸敬・坂上憲光・妹尾一樹・三ツ井友輔・加治木太郎
(33)「津波災害痕跡研究の現状と課題－考古学と関連分野の連携－」………………………………斎野裕彦
(34)「アムール下流域における更新世終末期から完新世初頭の環境変動と人類の適応行動－オシノヴァヤレーチカ10遺跡の発掘調査から－」………内田和典・I. Shevkomud・橋詰　潤・M. Gabrilchuk
(35)「唐代西域、砕葉鎮を探る－キルギス共和国アク・ベシム遺跡における発掘調査－」
………………………………………山藤正敏・城倉正祥・山内和也・バキット アマンバエヴァ
(36)「ベトナム交趾郡治・ルイロウ遺跡第2次発掘調査」
………………………………黄暁芬・阮文団・木下保明・黎文戦・会下和宏・懷　英・丁麗玄・阮洪性
(37)「ミャンマーにおける窯と野焼きの技術的接点」……………………………………中村大介・長友朋子
(38)「土器づくりの古層－インドネシア民族誌を中心に－」…………………………………………齋藤正憲

セッション会場：5月28日（土）東京学芸大学芸術館1階ホール

セッション1「縄文時代研究における文化財科学と考古学」

「趣旨説明」……………………………………………………………………………………日髙　慎
(1)「黒曜石石器の原産地推定に関する分析地球化学的研究」……………………………………二宮修治
(2)「縄文時代における黒曜石の流通と原産地推定の現状と課題」………………………………大工原　豊
(3)「縄文土器の胎土分析からみた地域間関係の研究－現状と課題－」………………………………建石　徹

討　論

第5会場：セッション2・3　東京学芸大学講義棟1階 W110教室

セッション2「古墳時代前期から中期への移行過程の実態－大阪府大園遺跡出土埴輪の分析から－」
（1）「趣旨説明　古墳時代前期から中期への移行と大園遺跡出土埴輪」……………………三木　弘
（2）「大園遺跡出土埴輪の生産・供給体制と中期的埴輪様式の系譜」……………………東影　悠
（3）「器財埴輪の定型化プロセス－蓋形埴輪を中心に－」……………………原田昌浩
（4）「衝立形埴輪の成立と展開」……………………山本　亮・橘　　泉・三好　玄
（5）「導水施設形土製品の意義と古墳時代中期の開始」……………………金澤雄太
（6）「和泉地域の古墳築造動向－百舌鳥・古市古墳群出現前夜における政治状況－」………三好　玄

セッション3「古墳後期から古代に蒸したウルチ米が主食だった理由」
（1）「『蒸したウルチ米が主食となった理由』の主旨説明」……………………小林正史
（2）「東西日本の竈構造と構成要素の違い」……………………外山政子・合田幸美
（3）「韓半島の竈構造の地域差と時間的変化－釜の2つ掛けと1つ掛けの違いを中心として－」
　　　……………………長友朋子・韓志仙・鄭修鈺・金根井
（4）「関東・東北地方の竈構造の時間的変化」……………………濱野浩美・滝沢規朗・北野博司
（5）「鍋釜のススコゲからみた西日本の蒸し調理の特徴」……………………妹尾裕介
　　討　論

第6会場：セッション4・5　東京学芸大学講義棟3階 C301教室

セッション4「江戸時代人骨の生物考古学的研究の発展と展望」
　　　　　　　　　　　　　　　　　　　　　　　　（日本人類学会骨考古学分科会との共催）
（1）「趣旨説明　江戸時代人骨の生物考古学的研究」……………………岡朋人・安部みき子
（2）「千提寺西遺跡他（大阪府）のキリシタン墓と江戸時代の墓」……………………合田幸美
（3）「千提寺西遺跡他（大阪府）から出土した江戸時代人骨」……………………安部みき子・長岡朋人
（4）「江戸時代人骨の古病理学的研究－齲蝕の発症とその要因－」……………………藤澤珠織
（5）「江戸における身分・階層と乳幼児期の健康状態」……………………中山なな
（6）「頭骨から見た大都市『江戸』」……………………坂上和弘
　　コメント（谷川章雄・蔦谷　匠）、総合討論

セッション5「ジオパーク活動と考古学－その役割と可能性－」
（1）「趣旨説明　ジオパークがもたらす可能性と考古学の役割」……………………橋詰　潤
（2）「糸魚川世界ジオパークにおける考古資産の活用」……………………木島　勉
（3）「白滝ジオパークにおける黒曜石資源の保全と活用」……………………熊谷　誠
（4）「男鹿半島・大潟ジオパークにおける遺跡の活用視点」……………………五十嵐祐介
（5）「ジオパーク活動と考古学的研究の融合」……………………佐藤雅一
（6）「人類によるジオ資源利用という視点」……………………中村由克

第7会場：セッション6・7　東京学芸大学講義棟4階 S404教室

セッション6「現代社会の中の文化財・文化遺産－国家・宗教・民族・文化をめぐる協調と葛藤－」

I　2016年度の日本考古学界

（1）「現代社会の中の文化財・文化遺産を取り巻く諸条件とその投射・反応－イスラーム圏を中心とした状況分析－」……………………………………………………………………………………野口　淳
（2）「武力紛争下の文化財・文化遺産－シリア－」……………………西藤清秀・安倍雅史・間舎裕生
（3）「政治・社会情勢の変化と文化財・文化遺産の状況－エジプト－」………………………近藤二郎
（4）「民族・宗教の表象と文化財・文化遺産－南アジア・東南アジアの多民族国家からの比較視点－」
　　……………………………………………………………………………………………………魚津知克
（5）「文化遺産という暴力」………………………………………………………………………山　泰幸

セッション7「博物館法をはじめとする関連法等の改正後の博物館・美術館のありかた」
（日本学術会議第1部史学委員会 博物館・美術館等の組織運営に関する分科会との共催）
（1）「趣旨説明」………………………………………………………………………………………佐藤宏之
（2）「博物館法の改革の方向性について」…………………………………………………………鷹野光行
（3）「博物館制度の国際比較とこれから－特にイギリスの博物館認証制度を中心に－」………芳賀　満
（4）「これからの博物館学芸員のあり方について」………………………………………………小川義和
（5）「国内外の博物館の制度および所轄の比較から見えてくるもの」…………………………小佐野重利
　　総合討論

第8会場：セッション8　東京学芸大学講義棟3階 C303教室

セッション8　日本考古学協会東日本大震災対策特別委員会
　　　　　　「東日本大震災対策特別委員会の5年間の活動
　　　　　　　　　　　－復興調査支援の取組と調査成果の還元、及び残された課題－」
（1）「趣旨説明」………………………………………………………………………………………渋谷孝雄
（2）「岩手県内の復興調査の成果と課題」…………………………………………………………八木光則
（3）「宮城県内の復興調査の成果と課題」…………………………………………………………髙倉敏明
（4）「福島県内の復興調査の成果と課題」…………………………………………………………玉川一郎
（5）「福島第一原発事故被災地域の文化財保護対策の課題」……………………………………菊地芳朗
（6）「5年間の活動から見た今後への提言」………………………………………………………石川日出志
　　討　論

ポスターセッション会場：東京学芸大学芸術館2階展示室

(P01)「伊達市若生貝塚の貝層の形成過程と『貝灰』の成因について」…青野友哉・西本豊弘・永谷幸人
(P02)「釜石市屋形遺跡貝塚の特異な堆積状況とモノリスの作製」……加藤幹樹・岩月真由子・岡安光彦
(P03)「関東地方における出現期貝塚の季節性とその年代（予察）」……遠部　慎・畑山智史・領塚正浩
(P04)「栃木市中根八幡遺跡の環状盛土遺構の研究」
　　………………………………………………小林青樹・中村耕作・桃井飛鳥・岩永祐貴・松尾菜津子
(P05)「胎土中の火山ガラス分析による縄文土器の製作地推定－青森県五所川原市五月女遺跡出土土器を例に－」…………………………………………………………………関根達人・柴　正敏・辻　綾子
(P06)「東海地方縄文時代晩期における抜歯習俗の再検討」…………山田康弘・日下宗一郎・米田　穣
(P07)「釜石市屋形遺跡出土の弥生式土器とその修復」………………岩月真由子・加藤幹樹・岡安光彦

(P08)「出土イネの形態からみた歴史的遷移の検討」……………上條信彦・田中克典・佐々木葉月
(P09)「古市・百舌鳥古墳群の后妃墓比定試論」……………………………………住谷善愼
(P10)「宇治市街遺跡出土軟質土器と土師器の蛍光X線分析」…………荒川　史・三辻利一・長友朋子
(P11)「古代日本最南端の須恵器窯跡－南さつま市中岳山麓窯跡群の踏査成果－」
　　　　…………………………………………………………………………松﨑大嗣・中村直子
(P12)「古代、中世における付け木について－砺波（北陸）、岩国の出土例から－」
　　　　………………………………………………藤田慎一・宮田佳樹・高橋　敦・千葉博俊
(P13)「矢穴の非接触三次元計測による石割技法の検討」…………………山口欧志・阿部　来
(P14)「アイヌ墓に副葬された東北系箔椀－考古学・文献資料・塗膜分析による基礎的研究－」
　　　　……………………………………………………………………………清水　香・本多貴之
(P15)「水戸藩駒込邸の研究－江戸時代から明治時代の造成と遺跡調査－」………………原　祐一
(P16)「海洋工学機器を用いた水中文化遺産調査－静岡県熱海市初島沖における実験－」……林原利明
(P17)「富岡製糸場出土の陶製糸取鍋について」…片野雄介・水谷貴之・大西雅広・黒沢照広・畑中英二
(P18)「近現代登り窯の発掘調査－京都市井野祝峰窯・奈良市赤膚山元窯の事例－」
　　　　……………………………………………………………………………木立雅朗・岡田麻衣子
(P19)「火山灰考古学の方法論的展望と課題－火山災害考古学を中心として－」…………桒畑光博
(P20)「韓半島の殉葬埋葬による出土人骨における所見観察－池山洞44号墳出土例における古病理学的所見を中心に－」……………………………………………………谷畑美帆・朴天秀・辛相伯
(P21)「インドシナ半島東部における焼き締め陶器製作と窯構造の地域差」
　　　　………徳澤啓一・北野博司・Chhay VISOTH・Sureeratana BUBPHA・平野裕子・中村祐一
(P22)「土器の接合痕と製作法に関する技術論的研究－パプア・ニューギニアの土器作り民族誌から－」
　　　　……………………………………………………………根岸　洋・片岡太郎・鐘ケ江賢二
(P23)「ホモ・サピエンスの拡散と西アジアにおける上部旧石器文化のはじまり」……………門脇誠二
(P24)「西アジア都市形成期における彩文土器の復元実験－2015年の焼成実験－」
　　　　……………………………小泉龍人・齋藤正憲・西野吉論・山﨑美奈子・石崎野々花・
　　　　　　　　　　　　　　　　　石田温美・佐藤悠佑・福本彩夏・池山史華・呉心怡
(P25)「アンデス文明の先土器期神殿研究の現在－コトシュ遺跡とモスキート遺跡の調査を中心に－」
　　　　……………………………………………………………………………………………鶴見英成
(P26)「文化財に関する諸問題検討会の活動－成果と課題－」…………大竹憲昭・田中和彦・近藤英夫
(P27)「考古学研究における後継者育成の現状Ⅱ－大学アンケートの集計と分析－」
　　　　…………………………………………………………………日本考古学協会研究環境検討委員会
(P28)「小学校社会科（歴史）教科書における弥生・古墳時代について」
　　　　…………………………………………………日本考古学協会社会科・歴史教科書等検討委員会
(P29)「2015年度埋蔵文化財保護対策委員会の活動・東日本大震災復興事業に伴う埋蔵文化財調査の現状（Ⅳ）」………………………………………………日本考古学協会埋蔵文化財保護対策委員会
(P30)「協会所蔵図書の奈良大学図書館への寄贈と活用について」

I　2016年度の日本考古学界

……………………………………………………………日本考古学協会協会図書に係る検討小委員会

高校生ポスターセッション会場：東京学芸大学芸術館2階展示室
（K01）「馬冑の来た道」………………………………………埼玉県立伊奈学園総合高等学校歴史研究会
　　　　　　　　　　　　　　　　　　　　　　　　　（石丸峰仁・戸塚拓旅・斉藤泰介・藤原笑里）
（K02）「習志野騎兵旅団創設期木造建物の調査」
　　　　　　　……………………東邦大学付属東邦高等学校 東邦考古学研究会（柳澤佑乃輔・保戸田友希）
（K03）「浜中2遺跡で大量の石器が発見されたのはなぜか」…………岐阜県立関高等学校礼文島調査班
　　　　　　（早川瑞記・鵜飼真生子・吉田茉由・木村岳瑠・土屋もえり・高井秀樹・高井　朗）
（K04）「益田岩船とは何か？」………………………………………奈良県立橿原高等学校考古学研究部
　　　　　　　　　　　　　　　　　　　　　　　　　　（塚村朱音・田浦澄英・井戸本省吾・横山　慧）
（K05）「吉野川下流域の高地蔵」……………………………………徳島文理高等学校郷土研究部
　　　　　　　　　　　　　　　　　　　　（岩朝美賀・野田都由紀・森﨑陸斗・前田哲宏・松原圭佑）
（K06）「阿波国における名号板碑と一遍上人」……………………徳島文理高等学校　立石雄祐大
（K07）「鳥居龍蔵の調査を検証する」………………………徳島文理高等学校　田中達貴・辻見和樹
（K08）「イトシマの狛犬－旧糸島郡における狛犬の基礎的研究－」………福岡県立糸島高等学校歴史部
　　（松岡将太）

（『会報』No.188，pp.23－27）

3．一般社団法人日本考古学協会2016年度弘前大会報告

　2016年度大会は、まずまずの天候の中、10月15日（土）～17日（月）の3日間、弘前大学を会場に開催された。今大会の実行委員会は、弘前大学（佐藤敬学長）と青森県考古学会（成田滋彦会長）よって組織され、実行委員長は弘前大学人文社会科学部の関根達人教授（当協会理事）が務めた。大会期間中の総参加者は約400名で、212名の会員と、非会員の研究者を含めた約200名の一般参加者の来場があった。関根実行委員長が、事前の理事会でも再三アピールされていた資料集は、3分冊（函入り）1,700頁におよぶもので、過去最大という宣伝どおりの大作であった。また、会期中には、会場内において、「弘前大学の考古学－弘大考古のあゆみとその成果－」と、「大五月女萢展」の二つの展覧会が開かれ、来場者の眼を楽しませてくれた。

　第1日目（15日）は、13時より総合教育棟において、開会式と公開講演会が開かれた。進行は宮本一夫理事が務めた。主催者挨拶に立った谷川章雄会長は、30年ぶりの青森開催であることの感慨と、今大会が充実した地域テーマのもとに行われることの意義などに触れた。また、熊本地震に伴う関連文化財の保護と復興にかかる「声明」を公表し、当協会のこの問題に対する積極的な取り組みについて述べた。同じく主催者として関根実行委員長からの挨拶があり、さらに来賓として、郡千寿子理事（学長代理）と西憲之弘前市長より丁重なる歓迎の挨拶をいただいた。

　公開講演会は、弘前大学にゆかりの深いお二方が登壇した。最初は、藤沼邦彦元人文学部教授が「亀ヶ岡文化の特質」と題して、亀ヶ岡文化は美しく工芸的な生活道具や祭祀道具を数多く保有するが、しかし基本的には食料採集民の文化であることを、スライドを交えて紹介した。次に登壇した小口雅史法政大学

教授は、かつて弘前大学において教鞭を執られ、当協会の会員でもある。「10世紀北奥の蝦夷社会の実像－文献史学と考古学の融合を目指して－」と題する講演では、防御性集落の意義について、交易に伴う集団間の軋轢が、溝のある集落を築いたという自説を展開した。最後に、石川日出志副会長が謝辞を述べ閉会した。なお、講演会の会場は終始満席で、立ち見の出る盛況ぶりであった。

　公開講演会の後、分科会Ⅰ「津軽海峡圏の縄文文化－円筒・十腰内・亀ヶ岡そして砂沢文化－」のうちの第1部「縄文～弥生の技術と専業化1」が行われ、上條信彦氏の趣旨説明に続き、縄文の漆工芸、縄文のベンガラ、弥生のベンガラ、土器製塩についての興味深い発表がなされた。

　18時からは学生会館3階の大集会場に場所を移し懇親会が開かれた。進行は、弘前大学の片岡太郎講師が務めた。会場の雰囲気もあり（すでに随所で乾杯が行われていた）、まず福田友之青森県史考古学部会長の音頭で正式に乾杯し、頃合いをみての谷川会長、関根実行委員長の挨拶となった。圧巻は余興の三味線演奏会だった。地元の演奏家集団〈夢弦会〉6人による津軽三味線の演奏は、弘前大会を強く印象付けた。最後に、次回開催地の宮崎大会実行委員会を代表して桒畑光博氏が歓迎の挨拶を行い、近藤英夫副会長の締めの乾杯でお開きとなった。

　第2日目（16日）は、9時から3つの分科会とポスターセッション、および図書交換会が行われた。分科会Ⅰでは、昨日に続き「専業化2」として、石棒の製作、磨製石斧の製作、土器による調理方法、骨角器の製作技術、土器の胎土についての問題点がそれぞれ活発に論じられた。第2部は「縄文～弥生の装身具と祭祀具」として、7名の発表者により、西目屋村川原平（1）・（4）遺跡や五月女萢遺跡などの遺物が紹介され議論された。分科会Ⅱは、「北東北9・10世紀社会の変動」と題するセッションで、宇部則保氏の「趣旨説明」に続き4回の休憩を挟んで16時まで8名の方の発表と質疑応答がなされた。ここでは、青森県だけでなく、馬淵川流域・三陸北部、米代川流域、雄物川流域、北上川中流域、さらには北海道も視野に入れ、集落や墓制を基軸として9・10世紀北東北地域における社会構造の変動が論じられ、熱気のこもったやり取りとなった。分科会Ⅲは、「北日本における近世城郭－築城から現代まで－」と題するセッションで、弘前城の天守曳家の話題もあってか、会場は多くの参加者で埋まった。馴染みのある仙台城や盛岡城、八戸城、大館城などが登場し、北日本における近世城郭の築城から修築、改築、そして廃城までの歴史的様相が様々な角度から議論された。最後に、金森安孝氏・北野博司氏をコーディネーターとしてパネルディスカッションが行われ、5人の発表者が白熱した議論を戦わせた。

　ポスターセッションは、当協会委員会による3件と、実行委員会による世界遺産推進関係の掲示があった。協会からは、埋蔵文化財保護対策委員会、研究環境検討委員会、社会科・歴史教科書等検討委員会の報告が掲示された。例年、大会会場では、ポスターの閲覧、アンケートへの記載が少ない嫌いがあったが、今会場では予想以上に反響があり、アンケートの回答数や口頭による質問数に驚かされた。なお2日目の午後には、埋蔵文化財保護対策委員会の情報交換会も開催された。

　第3日目（17日）のエクスカーションは、当初3コースが予定されていたが、津軽方面の大森勝山遺跡、亀ヶ岡遺跡、十三湊遺跡、大平山元遺跡の見学会だけが実施された。いずれの遺跡も大会分科会で発表、議論された東北を代表的する遺跡であり、津軽地方の自然ととともに見学できたことは大変有意義なものであった。また、天候にも恵まれ、特に十三湖周辺遺跡では山王坊遺跡・日枝神社の静寂と唐川城跡展望台からは岩木山が眺望でき、しじみラーメンも美味しく、無事にエクスカーションは終了した。な

Ⅰ　2016年度の日本考古学界

お、各遺跡の見学にあたっては、担当者の丁寧な解説をいただいた。見学者を代表して感謝の意を表したい。　　　　　　　　　　　　　（『会報』№189，pp.1-2：広報担当　大島直行理事・常務　長瀬　衛理事）

2016年度弘前大会日程

第1日　10月15日（土）　公開講演会・研究発表分科会・特別展展示解説・懇親会

会員受付　弘前大学総合教育棟1階玄関ホール

公開講演会
　　会　　場　弘前大学総合教育棟4階401教室
　12時00分　受付開始
　13時00分　開　会
　13時20分～14時20分「亀ケ岡文化の特質」
　　　　　　　　　藤沼　邦彦氏（弘前大学人文学部元教授）
　14時20分～15時20分「10世紀北奥の蝦夷社会の実像－文献史学と考古学の融合を目指して－」
　　　　　　　　　小口　雅史氏（法政大学文学部教授・法政大学国際日本学研究所所長）
　15時20分　閉　会

研究発表分科会
　Ⅰ「津軽海峡圏の縄文文化－円筒・十腰内・亀ヶ岡そして砂沢文化－」（総合教育棟4階401教室）
　15時30分　開　会
　17時30分　閉　会

特別展示解説
　15時30分～16時00分「弘前大学の考古学－弘大考古のあゆみとその成果－」（弘前大学資料館）
　　　　　　　　　関根　達人氏（弘前大学）
　16時00分～16時30分「大五月女萢展」（弘前大学北日本考古学研究センター展示室）
　　　　　　　　　榊原　滋高氏（五所川原市教育委員会）

懇　親　会
　　会　　場　弘前大学学生会館3階大集会場
　18時00分　開　会
　20時00分　閉　会

第2日　10月16日（日）　研究発表分科会・図書交換会・埋文委情報交換会・ポスターセッション

会員受付　弘前大学総合教育棟1階玄関ホール

研究発表分科会
　Ⅰ「津軽海峡圏の縄文文化－円筒・十腰内・亀ヶ岡そして砂沢文化－」（総合教育棟1階101教室）
　Ⅱ「北東北9・10世紀社会の変動」（総合教育棟2階201教室）
　Ⅲ「北日本における近世城郭－築城から現代まで－」（総合教育棟3階301教室）
　9時00分　分科会Ⅰ・Ⅲ　開　会
　9時30分　分科会Ⅱ　　　開　会
　14時30分　分科会Ⅲ　　　閉　会

16時00分　分科会Ⅰ・Ⅱ　閉　　会

図書交換会

　　会　　場　弘前大学総合教育棟2・3階リフレッシュスペース

　　10時00分　開　　場

　　15時00分　閉　　場

埋文委情報交換会

　　会　　場　弘前大学総合教育棟2階205教室

　　13時30分　開　　会

　　15時30分　閉　　会

ポスターセッション

　　会　　場　弘前大学総合教育棟1階101教室前ホール

　　10時00分　開　　会

　　16時00分　閉　　会

　　　　　・研究環境検討委員会
　　　　　　「考古学研究における後継者育成の現状Ⅱ－大学アンケートの集計と分析－」
　　　　　・社会科・歴史教科書等検討委員会
　　　　　　「2016年度中学校社会科（歴史）にみる旧石器～古墳時代の扱い」
　　　　　・埋蔵文化財保護対策委員会
　　　　　　「2015年埋蔵文化財保護対策委員会の活動・東日本大震災復興事業に伴う埋蔵文化財調査の現状（Ⅳ）」

第3日　10月17日（月）　エクスカーション（見学会）

　南部コース：催行中止

　津軽コース

　　弘前駅（城東口）(8:30) →大森勝山遺跡→亀ヶ岡遺跡→十三湊遺跡（市浦歴史民俗資料館）→大平山元遺跡（外ヶ浜町大山ふるさと資料館）→新青森駅（15:30）→青森空港（16:00）

　津軽氏城跡コース：催行中止

研究発表分科会

分科会Ⅰ「津軽海峡圏の縄文文化－円筒・十腰内・亀ヶ岡そして砂沢文化－」

◆第1部　縄文～弥生の技術と専業化

　上條　信彦「趣旨説明」

　片岡　太郎「縄文時代後晩期における漆工技術」

　児玉　大成「縄文時代における赤鉄鉱を原料としたベンガラ生産」

　根岸　　洋「東北地方北部における弥生時代の赤色顔料利用形態について」

　菅原　弘樹「東北地方北部における土器製塩」

　熊谷　常正「石製品の製作技術－縄文後・晩期の石棒類製作をめぐって－」

　髙橋　　哲「磨製石斧の生産と流通」

Ⅰ　2016年度の日本考古学界

　　小林　正史「東北地方における縄文深鍋から弥生深鍋への調理方法の変化」
　　斉藤　慶史「津軽海峡圏の骨角器－円筒土器文化期の骨角器製作技術基盤を中心に－」
　　松本　建速「津軽海峡圏の土器・粘土の化学成分」
◆第2部　縄文～弥生の装身具と祭祀具
　　最上　法聖「西目屋村川原平（1）・（4）遺跡出土の玉類について」
　　榊原　滋高「五月女萢遺跡－縄文時代後晩期の集団墓地と祭祀施設－」
　　福田　友之「広域分布の装身具」
　　金子　昭彦「津軽海峡圏の装身具の変遷－青森県を中心として－」
　　永瀬　史人「縄文前期～中期の土製品・石製品」
　　成田　滋彦「縄文時代後期の土製品・石製品（北海道・東北北部地域）」
　　市川　健夫「縄文晩期～弥生の土製品・石製品」

分科会Ⅱ「北東北9・10世紀社会の変動」
　　宇部　則保「趣旨説明」
　　木村　淳一「青森県域の動態①　日本海側」
　　加藤　隆則「青森県域の動態②　太平洋側」
　　井上　雅孝・田中　美穂「周辺地域の動態①　馬淵川流域と三陸北部」
　　嶋影　壮憲「周辺地域の動態②　米代川流域」
　　高橋　　学「律令地域の動態①　雄物川流域」
　　福島　正和「律令地域の動態②　北上川中流域」
　　鈴木　琢也「北海道地域の動態－交流・交易を中心として－」
　　小谷地　肇「末期古墳の展開と終焉－古代の墓制－」
　　質疑応答

分科会Ⅲ「北日本における近世城郭－築城から現代まで－」
　　岩井　浩介「北日本における近世城郭築城の様相」
　　渡部　　紀「北日本における近世城郭修築の様相－仙台城跡の事例－」
　　五十嵐貴久「北日本における近世城郭改築の様相」
　　三浦　陽一「北日本における近世城郭廃城の様相－南部領（盛岡藩）とその周辺を中心として－」
　　鈴木　　功「北日本における近世城郭の近代以降の様相－史跡小峰城跡を中心として－」
　　パネルディスカッション「北日本における近世城郭－築城から現代まで－」

〔コーディネーター：金森安孝・北野博司〕

（『会報』No.189, pp. 3－5）

　なお、2016年5月28日現在の会員総数は4,108名（うち新入会員66名）である。また本年度に物故された会員は次の15名であり、学界に貢献された故人の栄誉をたたえ、謹んでご冥福をお祈りいたします。
　　2016年度物故会員
橋爪　康至氏（2016年4月3日）　上條　朝宏氏（2016年4月17日）　坪井　清足氏（2016年5月7日）
谷口　一夫氏（2016年6月10日）　合田　芳正氏（2016年7月11日）　荒井　英樹氏（2016年9月22日）

髙橋　　潤氏（2016年10月 3 日）　禿　　仁志氏（2016年10月 8 日）　根津　明義氏（2016年10月16日）
小野　眞一氏（2016年11月 7 日）　後藤　勝彦氏（2016年11月27日）　木下　哲夫氏（2017年 1 月17日）
芳賀　　陽氏（2017年 1 月21日）　濱　　隆造氏（2017年 2 月 9 日）　山田　良三氏（2017年 3 月12日）

第Ⅱ部

各都道府県の動向

1　北　海　道

菅野修広

1．〔調　査〕

　2016年度に北海道内で実施された発掘調査件数は60件、調査面積は約59,163㎡である。調査の実施主体者別では、道・市町村教育委員会が27件、北海道埋蔵文化財センターが20件、大学等研究機関が13件である。調査の原因別では、開発行為に伴うものが37件、分布・内容確認調査が4件、史跡整備等が4件、学術調査が15件である。

旧石器時代

　倶知安町峠下遺跡では赤井川産黒曜石製が主体である剥片や掻器、細石刃、峠下細石刃核等が出土した。

　ニセコ町西富遺跡では剥片・砕片のほか、細石刃、石刃、掻器、彫器等が出土した。

　置戸町勝山2遺跡では石器ブロック1か所が検出され、細石刃や石刃等が出土した。

　遠軽町タチカルシナイ遺跡では石鏃・両面調整石器を主体とする石器集中部が検出された。

　北見市吉井沢遺跡では昨年度以前に検出した石器集中1か所を継続調査した。

　上士幌町嶋木遺跡では石器集中や炭化物集中が各1か所検出された。

縄文時代

　厚真町上幌内2遺跡では竪穴建物跡1軒やTピット26基等が検出された。一里沢遺跡ではTピット47基等が検出された。上幌内3遺跡では竪穴建物跡9軒（早期3軒、中期2軒、中期〜後期1軒、後期初頭3軒）や土坑6基、Tピット22基等が検出された。厚幌1遺跡では竪穴建物跡1軒やTピット34基、土坑3基等が検出された。

　札幌市M554遺跡ではTピット4基等が検出された。

　函館市電電公社合宿舎遺跡では早期の竪穴建物跡1軒や土坑65基等、後期の竪穴建物跡3軒や柱穴状土坑72基等が検出された。日吉町A遺跡では後期の竪穴建物跡1軒や盛土状遺構2か所、焼土276か所等が検出された。石川3遺跡では中期後半の竪穴建物跡7軒や墓を含む土坑14基、Tピット44基等が検出された。史跡垣ノ島遺跡では内容確認を目的として主要遺構である盛土遺構の調査が行われた。

　北斗市村前ノ沢遺跡では中期後葉から後期初頭にかけての竪穴建物跡10軒や土坑45基、焼土90か所等が検出された。館野6遺跡では竪穴建物跡50軒、土坑18基等が前期後半の盛土遺構、中期前葉の廃棄場とともに検出された。

　木古内町大平遺跡では前期後半の盛土遺構等が検出され、盛土遺構及び包含層から計118万点もの遺物が出土している。過去の報告では前期後半の竪穴建物跡39軒や土坑50基、フラスコ状ピット63基等も検出されている。50mほど離れた地点では晩期前葉の墓3基が検出され、副葬品では漆塗り竪櫛やサメ歯の装身具が出土している。墓域があると想定され、範囲は調査区外に広がるものと考えている。泉沢5遺跡では中期前半の竪穴建物跡3軒のほか土坑19基、Tピット10基等が検出された。中期前半の土器にはニシンタイプの魚骨文土器も含まれている。大平4遺跡では竪穴建物跡12軒や土坑21基、Tピット4基等が検出され、建物跡は中期後半が主体である。亀川5遺跡では土坑2基、T

Ⅱ　各都道府県の動向

ピット3基等が検出され、後期前葉や晩期中葉の土器が出土した。
　福島町館崎遺跡では盛土遺構や竪穴建物跡51軒、土坑115基、柱穴、焼土等が複雑に重なりあって検出された。前期後葉から中期中葉、後期後葉の集落であり、土器は約950体も復元された。
　知内町湯の里2遺跡では前期後半の竪穴建物跡1軒、晩期中葉も含む石囲炉・焼土5か所等が検出された。
　長沼町幌内K遺跡ではTピット2基が検出された。レブントン川左岸遺跡では中期後半の竪穴建物跡2軒や土坑1基、Tピット2基等が検出された。
　新得町屈足17遺跡では湧水跡にて早期初頭からの人とシカ足跡が検出された。
　岩内町東山1遺跡では重要遺跡として前期後半から中期前半の盛土遺構2か所や竪穴建物跡4軒、土坑13期等の範囲を確認した。
　森町鷲ノ木遺跡では道内最大規模の環状列石と同時期である後期前葉の竪穴墓域2号の内容及び範囲確認等を目的とした調査を行った。
　伊達市若生貝塚では分布調査を実施し、前期の貝塚2か所、土壙墓1基、竪穴建物跡1軒が検出された。
　室蘭市絵鞆貝塚では貝塚の内容を明らかにするためブロックサンプルを採取した。

続縄文文化期
　豊浦町礼文華貝塚では人骨の伴う土壙墓1基が検出された。様似町冬島遺跡では詳細分布調査が実施され、獣骨や魚骨等の骨集中が検出された。礼文町浜中2遺跡では炉跡が検出され、包含層からはクマの頭部を意匠したとも解釈できる骨製品が出土した。

オホーツク文化期
　利尻富士町沼浦海水浴場遺跡では墓が検出された。網走市能取岬西岸遺跡では焼土やピットが検出された。斜里町チャシコツ岬上遺跡では詳細分布調査が実施され、竪穴建物跡や配石遺構、遺物集中、廃棄場が検出されたほか、国内最北の事例となる皇朝十二銭（神功開寳）が出土した。

擦文文化期
　湧別町シブノツナイ竪穴住居群では重要遺跡として分布調査と詳細測量が実施され、4〜7ｍ規模の方形を主体とする竪穴527か所を確認した。
　札幌市K441遺跡では竪穴建物跡1軒や炉跡8基等が検出され、擦文土器のほか須恵器、紡錘車、羽口等が出土した。K39遺跡では竪穴建物跡2軒等が検出された。
　根室市幌茂尻1遺跡では竪穴建物跡3軒が検出され、1軒からは刀子が出土している。
　むかわ町東雲1遺跡では竪穴建物跡を検出した。北見市大島2遺跡では昨年度検出した竪穴建物跡3軒を継続調査し、擦文土器のほか環状土製品、刀子、炭化材が出土した。

中世・近世・アイヌ文化期
　上幌内2遺跡では中世アイヌ文化期の墓5基が検出された。副葬品は日本刀や蝦夷太刀、コイル状装飾品、和鏡、古銭等多数出土しており、そのうち和鏡は12世紀中葉の秋草双鳥文鏡であり、道内のアイヌ墓出土資料としては最古である。上幌内3遺跡では建物跡12軒やアイヌ墓2基等が検出された。墓1基は円形の周溝がめぐり、鉄鍋や鉈、鎌、刀子、銀製の環状耳飾り等が出土している。幌内6遺跡では建物跡1軒が検出された。
　大平遺跡ではB-Tm層を切る畝状遺構が検出された。
　千歳市ウサクマイB遺跡では土壙墓1基が検出された。
　松前町福山城跡では史跡整備事業に伴う調査を実施し、幕末築城時の旧地表面や福山館期の本丸土居石垣の根掘り跡が検出された。
　伊達市カムイタプコプ下遺跡では1640年の駒ケ岳噴火による津波堆積物、1663年の有珠山噴火による火山灰との時間的関係性が確認できる近世の貝塚や畑跡が検出された。
　浜中2遺跡ではアワビ貝殻の貝層が検出された。

近代

函館市石川3遺跡では作物貯蔵庫あるいは納屋等とされる竪穴4基が検出された。

大平4遺跡では土坑3基が検出され、「ミニエー銃」の弾丸とマッチの軸を含む木製品が出土した。

様似町山中遺跡では明治期の旅籠屋跡の礎石や炉跡が検出された。

2．〔文献一覧〕

報告書

1. 厚真町教育委員会『厚真町上幌内2遺跡』厚幌ダム建設事業に伴う埋蔵文化財調査報告書15
2. 厚真町教育委員会『厚真町一里沢遺跡』厚幌ダム建設事業に伴う埋蔵文化財調査報告書16
3. 札幌市教育委員会『M554遺跡』調査報告書105
4. 札幌市教育委員会『平成28年度調査報告書』市内遺跡発掘調査報告書9
5. 函館市教育委員会・道南歴史文化振興財団『函館市電電校舎合宿舎遺跡』発掘調査報告書第1輯
6. 函館市教育委員会・道南歴史文化振興財団『函館市日吉町A遺跡（3）』発掘調査報告書第2輯
7. 函館市教育委員会『函館市石川3遺跡』
8. 函館市教育委員会『史跡垣ノ島遺跡』
9. 美幌博物館『美幌町埋蔵文化財各種開発確認調査報告書』
10. 北斗市教育委員会『北斗市村前ノ沢遺跡』
11. 北海道埋蔵文化財センター『北斗市館野6遺跡（2）』北埋調報第327集
12. 北海道埋蔵文化財センター『木古内町大平遺跡（3）―盛土遺構・包含層編―』北埋調報第328集
13. 北海道埋蔵文化財センター『木古内町大平遺跡（4）』北埋調報第329集
14. 北海道埋蔵文化財センター『木古内町泉沢5遺跡』北埋調報第330集
15. 北海道埋蔵文化財センター『木古内町大平4遺跡（3）』北埋調報第331集
16. 北海道埋蔵文化財センター『木古内町亀川5遺跡』北埋調報第332集
17. 北海道埋蔵文化財センター『福島町館崎遺跡』北埋調報第333集
18. 北海道埋蔵文化財センター『知内町湯の里2遺跡（2）』北埋調報第334集
19. 北海道埋蔵文化財センター『厚真町上幌内3遺跡』北埋調報第335集
20. 北海道埋蔵文化財センター『厚真町厚幌1遺跡・幌内6遺跡・幌内7遺跡』北埋調報第336集
21. 北海道埋蔵文化財センター『長沼町幌内K遺跡・レブントン川左岸遺跡・レブントン川右岸遺跡・南9号線遺跡』北埋調報第337集
22. 北海道埋蔵文化財センター『厚真町オコッコ1遺跡（1）』北埋調報第338集
23. 北海道埋蔵文化財センター『新得町屈足17遺跡』北埋調報第339集
24. 北海道埋蔵文化財センター『重要世紀確認調査報告書第12集岩内町東山1遺跡湧別町シブノツナイ竪穴住居群』
25. 森町教育委員会『鷲ノ木遺跡Ⅷ』調査報告書第24集
26. 札幌市教育委員会『K441遺跡第3次調査』調査報告書104
27. 北海道大学埋蔵文化財調査センター『北大構内の遺跡ⅩⅩⅢ』
28. 北海道埋蔵文化財センター『根室市幌茂尻1遺跡』北埋調報第340集
29. 千歳市教育委員会『ウサクマイB遺跡（第3次調査）』調査報告書42
30. 松前町教育委員会『史跡松前氏城跡　福山城跡ⅩⅡ』

論文

31. 安蒜政雄先生古期記念論文集刊行委員会編『旧石器時代の知恵と技術の考古学』雄山閣
　　大塚宜明「北海道における細石刃石器群の変遷の背景」
　　須藤隆司「古北海道半島における初期細石刃石器群と前半期石刃石器群の石刃技術」
32. 飯島義雄編『斬新考古』第5号　北海道考古学研究所

Ⅱ　各都道府県の動向

　　　横山英介「2016年度の『北海道における稲作の起源』プロジェクト　札前・小茂内からせたな町太櫓川流域へ」
　　　桜庭　博・松崎水穂「幕末西蝦夷地　太櫓領内のアイヌ畑と関連資料（略報）」
　　　福井淳一「千歳市柏台１遺跡の諸問題」
33.　大賀克彦　　「奥尻島青苗遺跡出土の玉類」『玉文化研究』第２号　寺村光晴先生卒寿記念号　日本玉文化学会
34.　大塚宜明・金成太郎・鶴丸俊明「オショロッコ型細石刃核を有する石器群の研究　常呂川中流域出土の細石刃核の分析を中心に」『旧石器考古学』82　旧石器文化談話会
35.　小口雅史編『北方世界と秋田城』（考古学リーダー25）　六一書房
　　　柏木大延「土製支脚からみる出羽と石狩低地帯の交流について」
　　　鈴木琢也「須恵器からみた古代の北海道と秋田」
　　　中澤寛将「五所川原須恵器窯跡群の成立と北海道」
　　　天野哲也「古代日本列島北部の諸集団間における鉄鋼製品の流通問題」
36.　尾崎沙羅　　「北海道・後期旧石器時代における尖頭器製作と石材運用」『考古学集刊』第13号　明治大学文学部考古学研究室
37.　熊木俊朗　　「擦文文化竪穴住居跡の廃絶儀礼について―北見市大島２遺跡の調査成果から―」『月刊考古学ジャーナル』688　ニュー・サイエンス社
38.　齋藤　岳　　「北海道瀬棚南川遺跡の遺構間剥片接合の試み」『青森県考古学』第25号　青森県考古学会
39.　榊田朋広　　『擦文土器の研究　古代日本列島北辺地域土器型式群の編年・系統・動態』北海道出版企画センター
40.　坂梨夏代　　「曲川遺跡の資料について」『札幌国際大学紀要』48号　札幌国際大学
41.　佐藤宏之・山田　哲・出穂雅美編『晩氷期の人類社会―北方先史狩猟採集民の適応行動と居住形態―』六一書房
　　　佐藤宏之「総論：晩氷期の人類社会―北方先史狩猟採集民の適応行動と居住形態―」
　　　夏木大吾「北海道における晩氷期人類の居住生活―吉井沢遺跡の事例から―」
　　　山田　哲「晩氷期における石材資源の開発と石器の生産・供給の様相―吉井沢遺跡出土資料からの考察―」
　　　岩瀬　彬「晩氷期の北海道における石器使用と地点間変異―吉井沢遺跡の忍路子型細石刃核を伴う石器群を対象とした石器使用痕分析―」
　　　尾田識好「小形舟底形石器石器群からみた居住形態」
　　　出穂雅美・ジェフリーファガーソン「黒曜石の体系的産地分析からわかってきた古サハリン―北海道―千島半島の後期旧石器時代における狩猟採集民行動の変化」
　　　高倉　純「広郷石器群にみられる学習行動と文化伝達」
　　　中沢祐一「北海道中央部の旧石器について」
　　　赤井文人「晩氷期における北海道中央部の石材消費形態―忍路子型細石刃核を伴う石器群の分析―」
　　　直江康雄・鈴木宏行・坂本尚史「白滝遺跡群の石刃技法」
42.　設楽博己・石川岳彦『弥生時代人物造形品の研究』同成社
43.　鈴木　信　　「８世紀、蝦夷時代並行期の北海道」『月刊考古学ジャーナル』688　ニュー・サイエンス社
44.　鈴木琢也　　「平泉政権下の北方交易システムと北海道在地社会の変容」『歴史評論』第795号　歴史科学評議会
45.　瀬川拓郎　　「海民・アイヌ・南島　境界に残存する『縄文』をめぐって」『ユリイカ』49-6　青土社
46.　関根達人　　『モノから見たアイヌ文化史』吉川弘文館
47.　関根達人　　「安政の開港と出土陶磁器」『中近世陶磁器の考古学』第４巻　雄山閣
48.　添田雄二・青野友哉・永谷幸人他「小氷期最寒冷期と巨大噴火・津波がアイヌ民族に与えた影響Ⅱ」『北海道博物館研究紀要』２号　北海道博物館
49.　髙畠孝宗　　「岩屋洞窟遺跡出土の擦文式土器」『枝幸研究』７・８号　オホーツクミュージアムえさし
50.　田中悠衣・小林健一「北海道における縄紋時代中期後半から後期前半の炭素14年代測定」『セツルメント研究』第８号　セツルメント研究会

51. 種石　悠　「網走市能取岬西岸遺跡 a 地点発掘調査報告」『北海道立北方民族博物館研究紀要』26号　北海道立北方民族博物館
52. 塚田直哉　「北海道日本海沿岸の14～15世紀における流通拠点とその背景」『中近世陶磁器の考古学』第3巻　雄山閣
53. 土肥研晶　「北海道における縄文時代の動物遺体」『月刊考古学ジャーナル』694　ニュー・サイエンス社
54. 日本旧石器学会　『旧石器研究』第12号
　　　吉川昌伸「更新世末から完新世初頭の東北日本の植生史」
　　　鈴木宏行「古北海道半島における MIS 2・3期の白滝産黒曜石の採取とその変遷」
　　　岩瀬　彬・夏木大吾・山田　哲・佐藤宏之「北海道北見市吉井沢遺跡の忍路子型細石刃核を伴う石器群の使用痕分析（2）ブロック3を対象とした分析」
　　　出穂雅美・國木田大・尾田識好他「北海道千歳市丸子山遺跡旧石器下層石器集中の地質編年：AMS 年代の追加と最終氷期　最盛期石器群の年代に関する若干の考察」
　　　尾田識好・森先一貴「秋田10遺跡の石器群と北海道後期旧石器時代前半期の諸問題」
55. 福井淳一　「北海道におけるアスファルト利用」『縄文時代のアスファルト利用1』いちのへ文化・芸術 NPO
56. 北海道博物館協会学芸職員部会編『北の学芸員とっておきの《お宝ばなし》北海道で残したいモノ伝えたいコト』寿郎社
　　　奈良智法「〈シカ塚〉と〈鹿肉缶詰〉が語る人とエゾシカの関係」
　　　森　久大「北海道のちょっと変わった縄文土器　押型文土器」
　　　荒山千恵「縄文時代の〈木の器〉石狩紅葉山49号遺跡から」
　　　林　勇介「〈遺跡〉は地域の大先輩」
57. 北海道考古学会編『北海道考古学』53
　　　西本豊弘「北海道の縄文時代の貝塚研究」
　　　永谷幸人「北海道噴火湾沿岸の縄文貝塚と集落の動態」
　　　三谷智広「貝塚における狩猟・漁労活動の季節性復元―その研究と北海道における現状―」
　　　青野友哉「北海道噴火湾沿岸における縄文貝塚の貝種組成からみた環境変遷」
　　　新美倫子「貝塚における年代測定の成果と問題点―海洋リザーバー効果の利用―」
　　　福井淳一「北海道出土骨角器の変遷」
　　　藤原秀樹「北海道の土器埋設遺構について」
　　　高瀬克範「石狩紅葉山49号遺跡出土剥片石器の使用痕分析」
　　　小杉　康「続縄文期初頭の土器群構成について―土器群構成分析法のすすめ（上）」
　　　田代雄介「道内における擦文文化期の^{14}C 年代モデル」
58. 松田宏介　「千里淳旧蔵資料概要―大正・戦前期における地方史研究活動の一端」『茂呂瀾　室蘭地方史研究』51号　室蘭地方史研究会
59. 松本建速　「北海道札幌市出土のロクロ土師器の成分分析と産地推定」『海と考古学』第9号　海交史研究会
60. 守屋豊人・花里貴志・渡邊陽子他「釧路市幣舞2遺跡、材木町5遺跡の消失住居址から発見された木質試料の樹種識別」『釧路市博物館紀要』37輯　釧路市博物館
61. 利尻町立博物館編『利尻研究』36号
　　　柳澤清一「礼文・利尻島編年の新検討―その（1）香深井」
　　　藤澤隆史・高畠孝宗・斉藤譲一他「関正フィールドノート（1）」
　　その他
62. 鈴木琢也　「北海道地域の動態　交流・交易を中心として」『北東北9・10世紀社会の動態　研究報告資料集』日本考古学協会2016年度弘前大会第2分科会　弘前大会実行委員会

Ⅱ　各都道府県の動向

63. 東北日本の旧石器文化を語る会『東北日本の旧石器時代研究　回顧と展望』第30回東北日本の旧石器文化を語る会予稿集
　　夏樹大吾・山田　哲・中村雄紀他「北海道北見市吉井沢遺跡第9・10次発掘調査」
　　夏樹大吾・太田　圭・増子義彬他「北海道遠軽町タチカルシュナイ遺跡M-Ⅰ地点」
64. 土偶研究会『第14回土偶研究会　青森県大会資料』
　　阿部明義「北海道の遮光器土偶」
　　阿部明義「北海道報告」
65. 成田滋彦　「縄文後期の土製品・石製品（北海道・東北北部地域）」『津軽海峡圏の縄文文化　研究報告資料集』日本考古学協会2016年度弘前大会第1分科会　弘前大会実行委員会
66. 北海道考古学会編『2016年度研究大会　北海道における近現代考古学の今後』
　　田才雅彦「北海道における近世・近代の遺跡調査と今後の可能性」
　　石渡一人「交通の要所—野付通行屋跡遺跡と史跡旧奥行臼駅逓所」
　　菅野修広「ゴミ穴から見える近代アイヌの物に対する認識変化—伊達市有珠善光寺2遺跡から—」
　　野村祐一「五稜郭—幕末遺構の発掘調査と史跡整備—」
　　黒尾和久「近現代考古学の可能性—国立ハンセン病療養所における考古学的調査から—」
67. 北海道考古学会編『2016年度遺跡調査報告会資料集』
68. 北海道立北方民族博物館編『北からの文化の波—北海道の旧石器からオホーツク文化まで—』
　　種石　悠「総説：先史時代の北海道に及んだ、北からの文化の波」
　　長沼正樹「人類の北方進出と北海道の旧石器時代」
　　福田正宏「北海道の石刃鏃文化—研究使途調査実践にもとづいて—」
　　熊木俊朗「モヨロ貝塚出土の続縄文土器」
　　種石　悠「オホーツク文化の造形と絵画—展示資料を中心に—」
　　中沢祐一「置戸遺跡群の調査と地域的意義への展望」

2　青　森　県

浅　田　智　晴

1.〔調　査〕

　2016年度における青森県の文化財保護法に係る届出・通知は241件であり、その内訳は92条5件、93条162件、94条74件であった。前年度は92条2件、93条138件、94条77件の計217件であり、前年度と比べ概ね増加傾向を示している。

旧石器時代

　下北郡東通村安部遺跡（尻労安部洞窟）では、尻労安部洞窟発掘調査団が継続して調査を実施しており、縄文時代中期～後期に比定し得るⅡ層を中心に、日本列島では縄文時代晩期以降に地域絶滅したと考えられているオオヤマネコの遺体が確認されている（文献45）。また青森県史資料編が刊行され、概説と代表する遺跡が紹介されている（文献44）。

縄文時代

　早期押型文土器はむつ市二枚橋（1）遺跡（文献8）と階上町下平窪遺跡（文献13）で報告されている。二枚橋（1）遺跡では竪穴遺構から押型文土器とともに厚手無文土器が出土している。三沢市野口貝塚では、青森県内最古となる早期中葉の貝塚が検出されており、史跡指定に向けた内容確認調査が行われている（文献45）。八戸市一王寺（1）遺跡では一王寺貝塚の場所の特定と内容確認が行われ、縄文時代中期後葉の集落跡を史跡指定地内で始めて検出したことが報

告されている（文献24）。青森市三内丸山遺跡では、既刊の調査報告について総括した報告書の第1分冊が刊行されている（文献15）。また、上記のむつ市二枚橋（1）遺跡では、後期初頭の環状配置を示す柱穴群掘立柱建物跡が報告されている（文献8）。むつ市内田（1）遺跡では、フラスコ状土坑等とともに、後期前葉と考えられる掘立柱建物跡が円弧状に2箇所配置されるのが確認されている（文献45）。

青森県教育委員会が2003年より行ってきた、中津軽郡西目屋村の津軽ダム建設事業に係る調査報告書が全て刊行された。縄文時代前期末葉～後期前葉までの大規模集落である水上（2）遺跡では、主に2012～2014年度に行われた第6次～第8次調査成果について報告されている。中期後葉頃までには捨て場や竪穴住居跡、土器埋設遺構が群在し、大型住居や盛土遺構も存在する。また、中期末葉～後期初頭に位置づけられる、25基の石棺墓が多数の配石遺構とともに検出され、構造・構築方法の変化や墓域の形成過程が捉えられている。捨て場を中心に出土した多量の遺物を含め、総括が行われている（文献2）。

一方、後期後葉～晩期後葉が主体となる川原平（1）遺跡では、居住域・その周囲に配置された廃棄域・それらと別地点にある墓域という集落の全体像を把握できる大規模集落跡が全面調査された。主に2013・2014・2015年度の発掘調査区域を対象とした成果が報告されている（文献3～7）。隣接する同一時期の川原平（4）遺跡B区を含め、集落及び捨て場・盛土といった廃棄域の変遷について総括されている。出土土器では漆塗壺・人面付土器など類例の少ない資料が注目される。西捨場からは籃胎漆器や竪櫛などの漆製品、篦形木製品や柱材などの木製品が出土している。また、集落内で漆製品が製作されていたことを示す、生漆が付着した土器や漆濾し布、赤色顔料の精製に関わる土器・石器が出土している。石製円盤は出土点数では国内最多となる約6,800点が出土している。なお、本遺跡に関連する論文が報告書執筆者により提示されている（文献32・37・38）。

五所川原市五月女萢遺跡は、2010～2012年度にかけて土砂採取に係る発掘調査が、保存措置が決定した2013年度は遺跡の範囲確認調査が行われており、これらの調査報告が刊行されている（文献21）。砂層を地山とした立地に、黄褐色粘土のマウンドを有する土坑墓が晩期中葉を中心に構築され、大規模な墓域であることが確認されている。人骨は7体出土し、確認できたものは全て女性とされている。遺跡内で凝灰岩製丸玉の製作が行われている。またヤマトシジミを主体とする貝ブロックは日本海側では数少ない検出事例となっている。この他、大量の土偶を伴う集石遺構、遺物集中区の様相は、亀ケ岡文化の祭祀場（送り場）のあり方を示す貴重な事例と言える。関連事業として、弘前大学人文社会科学部北日本考古学研究センターによる特別企画展が開催されている（文献50）。

日本考古学協会弘前大会の第Ⅰ分科会では、「技術と専業化」と「装身具と祭祀具」をテーマのもと行われた。「技術と専業化」では漆工、赤色顔料、製塩、石製品、石器、骨角器、土器調理方法、土器胎土について提示された。また、装身具と祭祀具の集成がなされている（文献39）。

アスファルト利用に関して県内の集成が行われ、利用時期、保管方法等が把握されている（文献31・34）。

弥生時代

二枚橋式のタイプサイトであるむつ市二枚橋（1）遺跡では、東北大学調査地点の北側が調査され、2群に分かれた土坑墓や捨場が確認されている（文献8）。碧玉製管玉が17点出土し、内16点は1遺構に副葬されていた可能性が高いとされている。また黒曜石製の石偶が出土している。

古　代

集落跡の調査事例が多数報告されている（文献10・19・23・28）。上北郡七戸町夷堂遺跡と弘前市沢部（1）遺跡では鍛冶炉を中心とする鉄生産関連遺構が多数検出されている。また、むつ市内田（1）遺跡では、下北半島で初見となる錫杖状鉄製品が出土している（文献45）。西津軽郡鰺ケ沢町鳴戸（3）遺跡では、9世紀後半に遡る製鉄炉15基のほか、粘土採掘坑や廃滓場などが報告されている（文献1）。上北郡おいらせ町中野平遺跡第45地点では竪穴建物跡から出羽型甕が出土し、報文中で町内出土出羽型甕の集成が行われている（文献20）。八戸市八幡遺跡では灰釉陶器短頸壺が3点報告され、9世紀後半より古い四耳もしくは三耳短頸壺と、猿投窯産、東山72号窯式とされている（文献25）。

研究テーマとしては「動態」や「交流」といったキーワードが多く用いられている（文献36）。日本考古学協会弘前大会の第Ⅱ分科会では、北東北9・10世紀社会の地域動態として、非律令地域としての青森県域とその周辺地域を含

Ⅱ　各都道府県の動向

め、集落や墓制を基軸に、生産や流通について論じられている（文献40）。また、北方世界と秋田城シンポジウムを取りまとめた論考の中に、中間地点である青森県域を取り上げたものが掲載されている（文献35）。

中　世

青森市米山（2）遺跡では、竪穴建物跡や井戸跡、カマド状遺構が扇状地性低湿地上で確認されている（文献45）。また、三戸郡南部町鳥舌内館では15〜16世紀の館跡が報告されている（文献11）。三戸郡南部町聖寿寺館跡では2014年より関連する研究会が行われている（文献46）。

近　世

弘前市高照神社で史跡整備に伴う馬場跡の調査報告がなされている（文献26）。弘前市弘前城本丸では石垣修理事業が継続しており、天守台石垣の大半が近代以降に積み直しされていることが確認されている（文献45）。また、天守台石垣と本丸東側石垣北端の野面積石垣、内濠水面下の根石付近を対象とした調査報告がなされている（文献29）。日本考古学協会弘前大会の第Ⅲ分科会では、北日本における近世城郭をテーマに、築城・修築・改築・廃城・近代以降の様相について、調査票と論考が掲載されている（文献41）。

なお、報告書、論文等の漏洩、誤記については全て筆者の責任である。

2．〔文献一覧〕

報告書

1．青森県教育委員会『鳴戸（3）遺跡Ⅱ』青森県埋蔵文化財調査報告書第574集
2．青森県教育委員会『水上（2）遺跡Ⅲ』青森県埋蔵文化財調査報告書第575集
3．青森県教育委員会『川原平（1）遺跡Ⅳ（平場地区・クラック地区）』青森県埋蔵文化財調査報告書第576集
4．青森県教育委員会『川原平（1）遺跡Ⅴ（東捨場地区・北東捨場地区）』青森県埋蔵文化財調査報告書第577集
5．青森県教育委員会『川原平（1）遺跡Ⅵ（北捨場地区）』青森県埋蔵文化財調査報告書第578集
6．青森県教育委員会『川原平（1）遺跡Ⅶ（西捨場地区）』青森県埋蔵文化財調査報告書第579集
7．青森県教育委員会『川原平（1）遺跡Ⅷ（自然科学分析・総括・補遺）』青森県埋蔵文化財調査報告書第580集
8．青森県教育委員会『二枚橋（1）遺跡』青森県埋蔵文化財調査報告書第581集
9．青森県教育委員会『館平遺跡Ⅲ』青森県埋蔵文化財調査報告書第582集
10．青森県教育委員会『下石川平野遺跡Ⅲ・浪岡蛍沢遺跡・旭（2）遺跡Ⅱ』青森県埋蔵文化財調査報告書第583集
11．青森県教育委員会『鳥舌内館』青森県埋蔵文化財調査報告書第584集
12．青森県教育委員会『三内丸山（6）遺跡Ⅴ』青森県埋蔵文化財調査報告書第585集
13．青森県教育委員会『道仏鹿糠遺跡Ⅱ・下平窪遺跡』青森県埋蔵文化財調査報告書第586集
14．青森県教育委員会『青森県遺跡詳細分布調査報告書29』青森県埋蔵文化財調査報告書第587集
15．青森県教育委員会『三内丸山遺跡44』青森県埋蔵文化財調査報告書第588集
16．青森市教育委員会『市内遺跡発掘調査報告書25』
17．青森市教育委員会『川原館遺跡・中道遺跡・東早稲田遺跡』青森市埋蔵文化財調査報告書第120集
18．鰺ケ沢町教育委員会『鰺ケ沢町内遺跡発掘調査報告書3』
19．おいらせ町教育委員会『中野平遺跡ⅩⅢ』
20．おいらせ町教育委員会『おいらせ町内遺跡発掘調査報告書11』
21．五所川原市教育委員会『五月女萢遺跡』五所川原市埋蔵文化財調査報告書第34集
22．八戸市埋蔵文化財センター是川縄文館『重地遺跡Ⅱ』八戸市埋蔵文化財調査報告書第155集
23．八戸市埋蔵文化財センター是川縄文館『八戸市内遺跡発掘調査報告書34』八戸市埋蔵文化財調査報告書第156集
24．八戸市教育委員会『一王寺（1）遺跡　史跡内容確認調査概要報告書』八戸市埋蔵文化財調査報告書第157集
25．八戸市教育委員会『八幡遺跡Ⅵ』八戸市埋蔵文化財調査報告書第158集
26．弘前市教育委員会『高照神社馬場跡発掘調査報告書』
27．弘前市教育委員会『弘前市内遺跡発掘調査報告書21』

28. 弘前市教育委員会『油伝（1）遺跡』
29. 弘前市都市環境部公園緑地課弘前城整備活用推進室『史跡津軽氏城跡（弘前城跡）弘前城本丸発掘調査概報Ⅳ』

論　文

30. 青森県教育委員会『特別史跡三内丸山遺跡年報20』
　　濱松優介「盛土や捨て場と土坑墓や埋設土器との関係に関する一考察—青森県の事例を中心に—」
　　岩田安之「ミニチュア化された模倣品—三内丸山遺跡の棒状土製品を中心として—」
　　辻誠一郎・早川裕弌・安芸早穂子・吉川昌伸・吉川純子・植田弥生・鈴木　茂・安昭炫・一木絵里・安室　一「三内丸山遺跡の集落景観の復元と図像化」
　　中村由克「北陸系石材の三内丸山遺跡への波及の研究」
　　青森県教育庁文化財保護課三内丸山遺跡保存活用推進室「三内丸山遺跡出土土器付着炭化物の炭素・窒素安定同位体比分析」
31. 青森県立郷土館『研究紀要』第41号
　　領塚正浩・成瀬正和・中村哲也「赤色顔料が付着した寺ノ沢遺跡の縄文土器について」
　　杉野森淳子「青森県における縄文時代のアスファルト利用」
32. 青森県考古学会『青森県考古学』第25号
　　小山彦逸「史跡二ツ森貝塚出土の装身具の集成」
　　福田友之「埋まりきらない竪穴建物跡に関するノート—青森県の事例を中心として—」
　　岡本　洋「川原平（1）遺跡出土の人面付土器」
　　成田滋彦「岩手県御所野遺跡　岡村道雄『土偶・土製品』批評」
33. 青森県埋蔵文化財調査センター『研究紀要』第22号
　　髙橋　哲「縄文時代早期後葉から前期前葉の石器の分析（津軽地域の資料を中心として）」
　　村串まどか・中澤寛将・中井　泉「亀ケ岡遺跡出土ガラス玉の考古化学的分析とその意義」
　　茅野嘉雄「鰺ケ沢町新沢（2）遺跡の縄文時代について」
　　齋藤　岳「青森県内の黒曜石研究について」
34. アスファルト研究会『縄文時代のアスファルト利用Ⅰ』いちのへ文化・芸術NPO
　　杉野森淳子「アスファルト関連資料集成　青森県」
35. 小口雅史編『北方社会と考古学』（考古学リーダー25）　六一書房
　　柏木大延「土製支脚から見る出羽と石狩低地帯の交流について」
　　齋藤　淳「土器から見た地域間交流—秋田・津軽・北海道—」
　　中澤寛将「五所川原須恵器窯跡群の成立と北海道」
36. 齋藤　淳「北奥『蝦夷』集落の動態」『月刊考古学ジャーナル』No.688　ニュー・サイエンス社
37. 髙橋　哲「川原平（1）遺跡の発掘調査」『日本考古学』第42号　日本考古学協会
38. 土偶研究会『第14回土偶研究会青森県大会資料』
　　鈴木克彦「遮光器土偶とシャマニズム—土偶の機能論—」
　　森田賢司「青森県の遮光器土偶（下北半島）」
　　髙橋　哲「青森県の遮光器土偶（津軽地区）」
　　岡本　洋「青森県の遮光器土偶（陸奥湾地区）」
　　中門亮太「青森県の遮光器土偶（三八地区）」
　　折登亮子「青森県報告」
39. 日本考古学協会2016年度弘前大会実行委員会『津軽海峡圏の縄文文化』研究報告資料集
　　片岡太郎「縄文時代後・晩期における漆工技術」
　　根岸　洋「東北地方北部における弥生時代の赤色顔料利用形態について」

Ⅱ　各都道府県の動向
　　　　菅原弘樹「東北地方北部における土器製塩」
　　　　斉藤慶吏「津軽海峡圏の骨角器」
　　　　松本建速「津軽海峡圏の土器・粘土の化学成分」
　　　　最上法聖「西目屋村川原平（1）・（4）遺跡出土の玉類について」
　　　　福田友之「広域分布の装身具」
　　　　金子昭彦「津軽海峡圏の装身具の変遷—青森県を中心として—」
　　　　成田滋彦「縄文後期の土製品・石製品（北海道・東北北部地域）」
　　　　市川健夫「縄文晩期～弥生の土製品・石製品」
40. 日本考古学協会2016年度弘前大会実行委員会『北東北9・10世紀社会の変動』研究報告資料集
　　　木村淳一「青森県域の動態①日本海側」
　　　加藤隆則「青森県域の動態②太平洋側」
　　　井上雅孝・田中美穂「周辺地域の動態①馬淵川流域と三陸北部」
　　　小谷地肇「末期古墳の展開と終焉—古代の墓制—」
　　　平山明寿・浅田智晴「青森平野の古代遺跡群」
　　　木村　高「大釈迦丘陵遺跡群」
　　　藤原弘明「岩木川低地遺跡群」
　　　浅田智晴「上北北部遺跡群」
　　　宇部則保「奥入瀬川流域遺跡群」
　　　船場昌子「馬淵川下流域遺跡群」
　　　設楽政健「青森県の鉄生産」
　　　木村　高「青森県域の土師器生産」
　　　中澤寛将・藤原弘明「北東北の須恵器生産・流通」
　　　村田　淳「東北地方北部の施釉陶磁器」
　　　齋藤　淳「北東北の擦文（系）土器」
　　　工藤清泰「北東北における古代研究の流れ」
41. 日本考古学協会2016年度弘前大会実行委員会『北日本における近世城郭』研究報告資料集
　　　岩井浩介「北日本における近世城郭築城の様相」
　　　渡部　紀「北日本における近世城郭修築の様相」
　　　五十嵐貴久「北日本における近世城郭改築の様相」
　　　三浦陽一「北日本における近世城郭廃城の様相」
　　　鈴木　功「北日本における近世城郭の近代以降の様相」
42. 八戸市埋蔵文化財センター是川縄文館『研究紀要』第6号
　　　辻誠一郎・吉川昌伸・吉川純子・植田弥生・鈴木　茂・安昭炫・横山寛剛・市川健夫・西村広経「八戸地域の縄文前期～晩期の景観に関する新資料」
　　　西村広経・市川健夫「青森県域における縄文時代後半期の放射性炭素年代測定値集成」
　　　小久保拓也「合掌土偶の内部構造」
43. 森田賢司　「考古資料からみるマグロと漁労活動」『いろり』第33号　下北地方文化財審議委員連絡協議会
　　その他
44. 青森県史編さん考古部会『青森県史』（資料編考古1　旧石器・縄文時代草創期～中期）
45. 青森県埋蔵文化財調査センター『平成28年度青森県埋蔵文化財発掘調査報告会』
　　　青森県埋蔵文化財調査センター「郷山前村元遺跡外」
　　　青森県埋蔵文化財調査センター「夷堂遺跡」

三沢市教育委員会「野口貝塚」
　　　青森県埋蔵文化財調査センター「内田（1）遺跡」
　　　尻労安部洞窟遺跡発掘調査団「安部遺跡（尻労安部洞窟）」
　　　八戸市埋蔵文化財センター是川縄文館「一王寺（1）遺跡」
　　　青森県埋蔵文化財調査センター「沢部（1）遺跡」
　　　弘前市公園緑地課「弘前城本丸石垣」
　　　青森県埋蔵文化財調査センター「後平（1）遺跡」
　　　青森県埋蔵文化財調査センター「米山（2）遺跡」
　　　青森県埋蔵文化財調査センター「塚長根遺跡」
　　　青森県埋蔵文化財調査センター「潜石（2）遺跡」
46. 南部町教育委員会『第3回南部学研究会　南部屋形　聖寿寺館～よみがえる中世本三戸～』
　　　工藤清泰「貿易陶磁から見た聖寿寺館跡と南部氏について」
　　　中西裕樹「城とまちから見た聖寿寺館跡と本三戸」
　　　布施和洋「室町・戦国期の聖寿寺館跡中心区画」
　　　永井康雄「聖寿寺館跡の建物跡考」
47. 八戸市埋蔵文化財センター是川縄文館『平成28年度秋季企画展　図録馬淵川流域の縄文時代』
48. 弘前市教育委員会『大森勝山遺跡シンポジウム―環状列石・縄文文化・岩木山―』資料集
　　　岩井浩介「史跡大森勝山遺跡の概要」
　　　関根達人「亀ケ岡文化と大森勝山遺跡」
49. 弘前大学人文社会科学部北日本考古学研究センター『弘前大学の考古学　弘大考古のあゆみとその成果』
50. 弘前大学人文社会科学部北日本考古学研究センター・五所川原市教育委員会『「大」五月女萢展』

3　岩　手　県

村　田　　淳

1.〔調　査〕

　2016（平成28）年度、岩手県内では101件の発掘調査が実施された。内訳は、岩手県教育委員会が11件、岩手県文化振興事業団埋蔵文化財センター（以下、県埋文センター）が31件、各市町村教育委員会が59件である。県埋文センターが実施した調査のうち、東日本大震災の復興関連調査は9割近い27件が該当しており、依然として沿岸部の復興関連調査が調査の大半を占めている。なお、復興関連調査には、岩手県教育委員会に埼玉県・静岡県・滋賀県から計3名、県埋文センターに北海道・大阪府・大阪市の財団組織から計4名の支援派遣を受けている。

　縄文時代
　沿岸部の復興関連調査に伴い、多数の遺跡で調査が実施された。早期の遺構が検出された遺跡は無いが、宮古市岩井沢遺跡で早期中葉、陸前高田市中沢遺跡で早期後葉、大槌町田屋遺跡で早期後葉～前期初頭の土器や石器が出土した。また、内陸部の盛岡市大谷地遺跡でも早期の土器片が出土した。前期の遺跡は、沿岸北部での調査事例が多い。久慈市芦ケ沢Ⅰ遺跡では、前期前葉の大型竪穴建物（全長12m）を含む竪穴建物10軒や陥し穴状遺構71基が検出された。洋野町小田ノ沢遺跡では前期の竪穴建物14軒、洋野町北ノ沢Ⅰ遺跡では前～中期の捨て場が検出された。内陸部では、盛岡市小山遺跡で前期末～中期初頭の竪穴建物2軒が検出され、このうち1軒で5回の拡張の痕跡が確認された。

　中期の遺跡は、沿岸中～南部での調査事例が多い。宮古市高根遺跡では3年に渡る調査により、竪穴建物約100軒、

貯蔵穴500基以上が検出された。沿岸部の遺跡では尾根頂部や下方の緩斜面部に遺構が構築される事例が多いが、高根遺跡では中腹の急峻な斜面部にまで遺構が広がる状況が確認された。山田町浜川目沢田Ⅱ遺跡では竪穴建物18軒と貯蔵穴を含む土坑150基以上が検出された。大船渡市長谷堂貝塚では中期後葉～末葉の竪穴建物20軒をはじめ配石遺構や貝層が検出された。貝層中から貝殻・魚骨・獣骨等の動物遺存体が多量に出土し、人面状の表現が施された軽石製品も出土した。釜石市泉沢屋敷遺跡では、中期末～後期初頭の竪穴建物35軒と土坑類41基が検出された。竪穴建物は300㎡の範囲で約30軒が重複しており、狭い範囲で継続した生活を営んでいたことが判明した。

後～晩期の遺跡の調査事例は少ないが、洋野町サンニヤⅠ遺跡で後期初頭の竪穴建物4軒、宮古市岩井沢遺跡と陸前高田市中沢遺跡で後期中葉、洋野町北鹿糠遺跡で後期の竪穴建物が各1軒検出された。また、過年度に配石遺構が検出された洋野町西平内Ⅰ遺跡では遺跡の内容確認調査が実施された。内陸部では、奥州市杉の堂遺跡で後期の捨て場から舟形土器が出土した。この他、北上市北藤根遺跡で晩期の竪穴建物と貯蔵穴、盛岡市田貝遺跡で完形の注口土器や剥片を埋納したと考えられる晩期前葉の土坑が検出された。

弥生時代

野田村上代川遺跡では、中期の竪穴建物が30軒検出された。竪穴建物は長径3～5mの円形・楕円形プランで、床面中央付近に地床炉や石囲炉が検出された。また、普代村長途遺跡では中～後期の土器と土製紡錘車が出土した。

古墳時代

二戸市上田面遺跡では、7世紀中葉～8世紀代の竪穴建物が検出され、北方系と考えられる土器片が出土した。

古代

沿岸部では復興関連調査、内陸部では史跡整備等に関わる内容確認調査が主体である。盛岡市下永林遺跡では8世紀後葉～9世紀前葉の円形周溝が3基検出され、周溝内からは土器類が出土した。宮古市田鎖車堂前遺跡では奈良～平安時代前期の竪穴建物が約100軒検出された。また、隣接する田鎖館跡でも竪穴建物が55軒検出され、刀子や鉸具等の鉄製品が出土した。この他、宮古市域では青猿Ⅰ遺跡・沼里遺跡・千徳城遺跡群等でも10軒弱の竪穴建物が検出された。金ケ崎町鳥海柵跡では原添下区域の内容確認調査が実施され、11世紀代と考えられる四面庇掘立柱建物等や南東側を区画する大規模な堀跡が検出された。生産遺跡としては、北上市葛西壇遺跡で須恵器窯の隣接地点で調査が実施され、須恵器片や窯壁片が出土した。本調査は次年度の予定である。野田村上代川遺跡では、古代末～中世と推定される製鉄炉を伴う工房6棟、木炭焼成遺構40基、排滓場2箇所が検出され、大規模な鉄生産遺跡であることが確認された。この他、宮古市青猿Ⅰ遺跡や山田町浜川目沢田Ⅱ遺跡で鍛冶炉を伴う工房や炭窯が検出された。

平泉町内では奥州藤原氏時代の遺跡の調査が継続されている。国指定史跡柳之御所遺跡では、堀内部地区南西側で2条の堀跡とその間にある整地土層が検出され、内側の堀跡では一部を平坦にするように埋め立てた状況も確認された。特別史跡無量光院跡では遺跡北側の範囲確認調査を実施し、北東側を区画する新旧2時期の堀跡が検出された。志羅山遺跡では、毛越寺方面から東に向かう東西大路付近の調査で現在の用水路と一部重なるように東西に走る幅1.6m以上の溝跡が検出された。この他、平泉町以外では紫波町南日詰大銀Ⅱ遺跡で柳之御所遺跡と同規模の堀跡（横幅約0.6m）と門跡が検出された。盛岡市里館遺跡では、中世の堀跡埋土から12世紀代のロクロかわらけと常滑窯産甕の破片が出土した。宮古市田鎖車堂前遺跡では12世紀代の可能性がある堀跡が検出され、かわらけや国産陶器等が出土した。

中世

城館跡の調査が主体である。住田町世田米城跡では、腰曲輪と犬走状の平場が検出され、瀬戸窯産陶器茶壺など15～17世紀初頭の陶磁器片が出土した。大槌町挟田館跡では城館範囲の西側が調査され、平場9箇所と「犬走」状の通路2条が検出された。宮古市千徳城遺跡群では、千徳城跡の範囲に該当する北側調査区で竪穴建物2軒と墓坑5基が検出され、墓坑からは洪武通宝や鉄釘が出土した。花巻市上館遺跡では、城館に関連する掘立柱建物が検出された。二戸市九戸城跡では大手、搦手にある虎口部分の内容確認調査を実施し、搦手から虎口に伴う土塁が確認された。

近世

国指定史跡である盛岡市盛岡城跡では、藩の財政を司る役所である御台所跡の内容確認調査が実施され、礎石建物が検出された。花巻市花巻城跡では、城館期の南御蔵跡に関する遺構が検出された。北上市唐戸崎遺跡では、江戸～明治

時代と考えられる牛馬埋葬墓が検出された。
　近　代
　一戸町朴舘遺跡では、近世後期～近代に使用されていた旧朴舘家住宅の保存修理に先立つ内容確認調査が実施され、昭和20年頃埋め立てられた池跡や茅葺建物に伴う土間跡等が検出された。宮古市根井沢穴田Ⅳ遺跡では、大正～昭和時代と考えられる牛馬埋葬土坑が20基検出された。
　その他
　国指定史跡宮古市崎山貝塚に併設して崎山貝塚縄文の森ミュージアムが開館、北上市立博物館は本館を改装、新たに和賀分館を新設するなど、各所で博物館施設の新設・改装が行われた。最後に、調査情報・文献の収集にあたり君島武史、中村隼人、西澤正晴、村木敬、八木勝枝の各氏に多大な協力を得たことを記して感謝の意を表したい。

2．〔文献一覧〕
報告書
1. 一関市教育委員会『骨寺村荘園遺跡確認調査報告書　梅木田遺跡・白山社及び駒形根神社・平泉野遺跡・山王窟』岩手県一関市埋蔵文化財調査報告書第21集
2. 一関市教育委員会『骨寺村荘園遺跡確認調査総括報告書』岩手県一関市埋蔵文化財調査報告書第22集
3. 一戸町教育委員会『御所野遺跡環境整備事業報告書Ⅲ　総括報告書』一戸町文化財調査報告書第71集
4. 一戸町教育委員会『朴舘遺跡　平成27・28年度町内遺跡発掘調査報告書』一戸町文化財調査報告書第72集
5. 岩手県教育委員会『柳之御所遺跡　第77次発掘調査概報』岩手県文化財調査報告書第150集
6. 岩手県文化振興事業団埋蔵文化財センター『裊帯遺跡発掘調査報告書』岩手県文化振興事業団埋蔵文化財調査報告書第662集
7. 岩手県文化振興事業団埋蔵文化財センター『千鶏Ⅳ遺跡発掘調査報告書』岩手県文化振興事業団埋蔵文化財調査報告書第663集
8. 岩手県文化振興事業団埋蔵文化財センター『重津部Ⅰ遺跡発掘調査報告書』岩手県文化振興事業団埋蔵文化財調査報告書第664集
9. 岩手県文化振興事業団埋蔵文化財センター『赤前Ⅲ遺跡発掘調査報告書』岩手県文化振興事業団埋蔵文化財調査報告書第665集
10. 岩手県文化振興事業団埋蔵文化財センター『越田松長根Ⅰ遺跡発掘調査報告書』岩手県文化振興事業団埋蔵文化財調査報告書第666集
11. 岩手県文化振興事業団埋蔵文化財センター『ククイ遺跡発掘調査報告書』岩手県文化振興事業団埋蔵文化財調査報告書第667集
12. 岩手県文化振興事業団埋蔵文化財センター『川半貝塚発掘調査報告書』岩手県文化振興事業団埋蔵文化財調査報告書第668集
13. 岩手県文化振興事業団埋蔵文化財センター『西和野Ⅰ遺跡発掘調査報告書』岩手県文化振興事業団埋蔵文化財調査報告書第669集
14. 岩手県文化振興事業団埋蔵文化財センター『盆花遺跡発掘調査報告書』岩手県文化振興事業団埋蔵文化財調査報告書第670集
15. 岩手県文化振興事業団埋蔵文化財センター『中村遺跡発掘調査報告書』岩手県文化振興事業団埋蔵文化財調査報告書第671集
16. 岩手県文化振興事業団埋蔵文化財センター『九重沢Ⅲ遺跡・平野原Ⅲ遺跡・栃洞Ⅲ遺跡・新里愛宕裏遺跡発掘調査報告書』岩手県文化振興事業団埋蔵文化財調査報告書第672集
17. 岩手県文化振興事業団埋蔵文化財センター『西平内Ⅰ遺跡発掘調査報告書』岩手県文化振興事業団埋蔵文化財調査報告書第673集
18. 岩手県文化振興事業団埋蔵文化財センター『上泉沢遺跡発掘調査報告書』岩手県文化振興事業団埋蔵文化財調査

Ⅱ 各都道府県の動向

　　　報告書第674集
19. 岩手県文化振興事業団埋蔵文化財センター『荷竹日影Ⅱ遺跡発掘調査報告書』岩手県文化振興事業団埋蔵文化財調査報告書第675集
20. 岩手県文化振興事業団埋蔵文化財センター『平成28年度発掘調査報告書　岩洞湖Ⅰ遺跡・八森遺跡・栃洞Ⅳ遺跡ほか調査概要（28遺跡）』岩手県文化振興事業団埋蔵文化財調査報告書第676集
21. 奥州市教育委員会『胆沢城跡　平成21年度発掘調査概報』
22. 奥州市埋蔵文化財調査センター『松川遺跡・大日前遺跡』奥州市埋蔵文化財調査センター調査報告書第14集
23. 金ケ崎町教育委員会『白糸遺跡　第7次発掘調査報告書』岩手県金ケ崎町文化財調査報告書第77集
24. 金ケ崎町教育委員会『鳥海柵跡　第20次発掘調査報告書』岩手県金ケ崎町文化財調査報告書第78集
25. 北上市埋蔵文化財センター『立花南遺跡　2015年度第1・第3地点』北上市埋蔵文化財調査報告第124集
26. 北上市埋蔵文化財センター『館Ⅳ遺跡』北上市埋蔵文化財調査報告第125集
27. 北上市埋蔵文化財センター『北上市内試掘調査報告　2015年度』北上市埋蔵文化財調査報告第126集
28. 北上市埋蔵文化財センター『江釣子古墳群(2016年度) 五条丸支群第24・25次』北上市埋蔵文化財調査報告第127集
29. 二戸市埋蔵文化財センター『平成28年度市内遺跡発掘調査報告書　枋ノ木遺跡　尻子内上平遺跡　在府小路遺跡』二戸市埋蔵文化財センター調査報告書第23集
30. 二戸市埋蔵文化財センター『八幡平遺跡・台中平遺跡』二戸市埋蔵文化財センター調査報告書第24集
31. 二戸市埋蔵文化財センター『上田面遺跡』二戸市埋蔵文化財センター調査報告書第25集
32. 野田村教育委員会『平成25年度村内遺跡発掘調査報告書』野田村埋蔵文化財調査報告書第6集
33. 花巻市教育委員会『小瀬川Ⅰ遺跡発掘調査報告書』花巻市埋蔵文化財調査報告書第20集
34. 平泉町教育委員会『特別史跡無量光院跡発掘調査報告書ⅩⅢ―第33次調査―』岩手県平泉町文化財調査報告書第127集
35. 平泉町教育委員会『平泉遺跡群発掘調査報告書　祇園Ⅰ遺跡第2次・金鶏山遺跡第7次・西光寺跡第10次・志羅山遺跡第112次・中尊寺跡第84次・月舘Ⅲ遺跡第1次・白山社遺跡第10次』岩手県平泉町文化財調査報告書第128集
36. 盛岡市教育委員会『盛南地区遺跡群発掘調査報告書Ⅷ　盛岡南新都市開発整備事業関連遺跡平成22～24年度発掘調査①　台太郎遺跡・飯岡沢田遺跡・夕覚遺跡』
37. 盛岡市教育委員会『里館遺跡第60次発掘調査報告書』
38. 盛岡市教育委員会『田貝遺跡　診療所建設工事に伴う緊急発掘調査報告書』
39. 盛岡市教育委員会『盛南地区遺跡群発掘調査報告書Ⅸ　盛岡南新都市開発整備事業関連遺跡平成22～24年度発掘調査　細谷地遺跡・矢盛遺跡・焼野遺跡』
40. 盛岡市教育委員会『盛岡市内遺跡群平成26年度発掘調査報告　宿田南遺跡』
41. 陸前高田市教育委員会『中沢遺跡発掘調査報告書』陸前高田市文化財調査報告第31集

論文等
42. 岩手県教育委員会『平泉文化研究年報』16
　　　佐川正敏「考古学からみた仏教文化の東漸の諸相と仏都平泉の形成」
　　　劉　海宇「東大における金銀字経と五臺山金閣寺　東アジアの視点から見た中尊寺の金銀字経（その一）」
　　　會澤純雄「ポータブル複合X線分析による白磁と青磁の胎土分析（その2）中国および平泉出土資料の比較検討」
　　　滑川敦子「前九年合戦前夜の陸奥と京都　小一条院をめぐる貴族社会の動向から」
　　　中澤寛将「北東アジアからみた平泉文化の特質」
　　　荒木優也「共振するイメージ　西行『束稲山』詠について」

佐藤健治「平安後期の京都と平泉」
43. 岩手考古学会『考古資料にみる「平泉」とその周辺―平泉研究のこれまでと課題―』第48回研究大会
　　八重樫忠郎「平泉研究のこれまでと今後の課題」
　　島原弘征「平泉遺跡群の近年の調査成果」
　　及川真紀「考古資料にみる『平泉』とその周辺―平泉以北・周縁辺部の様相―」
　　羽柴直人「奥州藤原氏時代の紫波郡以北の様相」
　　村田　淳「岩手県沿岸部の様相」
　　遠藤栄一「江刺周辺の調査成果」
　　櫻井友梓「柳之御所遺跡の概要といくつかの課題」
44. 岩手考古学会『岩手考古学』第28号
　　島原弘征「平泉遺跡群における四面庇建物について」
　　櫻井友梓「柳之御所遺跡の木器椀」
　　及川真紀「考古資料にみる『平泉』とその周辺―平泉以北・周縁辺部の様相―」
45. 岩手県文化振興事業団埋蔵文化財センター『紀要』36
　　高木　晃「縄文時代前～中期の長方形大型住居跡における地域色―岩手県域の事例検討―」
　　金子昭彦「東北地方・縄文晩期の土偶関連遺物（2）」
　　米田　寛・高橋静歩・河本純一・佐々木あゆみ・酒井野々子「岩手県における古墳時代～平安時代の赤彩土器研究（1）―石田Ⅰ・Ⅱ遺跡、古舘Ⅱ遺跡、千苅遺跡資料を中心に―」
　　村田　淳「東北地方北部出土の施釉陶磁器―城柵遺跡における性格の検討―」
　　村木　敬「下嵐江Ⅰ・Ⅱ遺跡出土掻器の変形過程について」
　　河本純一「県内出土の縄文土器胎土について（3）」
　　佐々木清文「三閉伊日記に描かれた鉄山跡」
　　阿部勝則「軽米町大鳥Ⅰ遺跡墓壙出土の銭貨の成分分析」
46. 片岡太郎・上条信彦・佐藤信輔他「岩手県盛岡市萪内遺跡出土漆櫛の材質・技法研究」『日本文化財科学会第33回大会研究発表要旨集』
47. 金子昭彦「東北地方北部・縄文時代晩期における玉を持つ意味―東北地方北部三県における後期末～弥生時代の検討から」『玉文化研究』第2号　日本玉文化学会
48. 熊谷公男編『アテルイと東北古代史』高志書院
　　熊谷公男「序論　アテルイと東北古代史」
　　西野　修「胆沢城・志波城・徳丹城」
　　村田　淳「志波・和我の集落遺跡」
　　高橋千晶「胆沢周辺の集落遺跡と墳墓」
49. 駒木野智寛「縄文時代中期後半の岩手県域における竪穴式住居出入口の方位決定要因について」『季刊地理学』67
50. 佐伯史子・安達　登・米田　穣他「大船渡市野々前貝塚縄文時代人骨の形態人類学的および理化学的分析」*Anthropological Science (Japanese Series)* 124-1
51. 鈴木拓也編『三十八年戦争と蝦夷政策の転換』東北の古代史4　吉川弘文館
　　西野　修「平安初期の城柵再編と地域社会」
　　鐘江宏之「蝦夷社会と交流」
52. 田村朋美「薬師社脇遺跡出土ガラス小玉の分析調査」『盛岡市遺跡の学び館平成27年度館報』
53. 日本考古学協会2016年度弘前大会実行委員会『第Ⅰ分科会　津軽海峡圏の縄文文化研究報告資料集』
　　片岡太郎「縄文時代後・晩期における漆工技術」
　　菅原弘樹「東北地方北部における土器製塩」

Ⅱ　各都道府県の動向

　　　　熊谷常正「石製品の製作技術―縄文後・晩期の石棒類製作をめぐって―」
　　　　斉藤慶史「津軽海峡圏の骨角器―円筒土器文化期の骨角器製作技術基盤を中心に―」
　　　　福田友之「広域分布の装身具」
　　　　金子昭彦「津軽海峡圏の装身具の変遷―青森県を中心として―」
　　　　市川健夫「縄文晩期～弥生の土製品・石製品」
　　　　金子昭彦・稲野裕介・稲野彰子「土製品・石製品集成（道南・北東北）」
54. 日本考古学協会2016年度弘前大会実行委員会『第Ⅱ分科会　北東北9・10世紀社会の変動研究報告資料集』
　　　　井上雅孝・田中美穂「周辺地域の動態①馬淵川流域と三陸北部」
　　　　福島正和「律令地域の動態②北上川中流域」
　　　　小谷地肇「末期古墳の展開と終焉―古代の墓制―」
　　　　村田　淳「東北地方北部の施釉陶磁器」
55. 日本考古学協会2016年度弘前大会実行委員会『第Ⅲ分科会　北日本における近世城郭研究報告資料集』
　　　　岩井浩介「北日本における近世城郭築城の様相」
　　　　五十嵐貴久「北日本における近世城郭改築の様相」
　　　　三浦陽一「北日本における近世城郭廃城の様相」
56. 樋口知志編『前九年・後三年合戦と兵の時代』（東北の古代史5）　吉川弘文館
　　　　八木光則「奥六郡と安倍氏」
　　　　窪田大介「安倍・清原氏と仏教」
57. 八重樫忠郎・高橋一樹編『中西部氏と土器（かわらけ）』
　　　　井上雅孝「陸奥・出羽の土器」
　　　　及川真紀「東北地方の土器焼成窯」

4　宮　城　県

及　川　謙　作

1.〔調　査〕

　東日本大震災から6年が経ち、5年間の集中復興期間が終わり、復興・創生期間1年目を迎えた2016年度の発掘調査届出件数は2,426件であった。そのうち92条に基づく件数は5件で、99条は512件、93条は1,525件、94条は384件といずれも昨年度よりも増加しており、依然として震災前よりも高い水準であった。調査体制の強化を図るため宮城県教育委員会には各自治体から自治法派遣職員が5名、文化庁スキームで派遣され、沿岸市町村には前期9名、後期7名の職員が、総務省スキームで派遣された。

　県全体の学術活動である宮城県考古学会（http://www.m-kouko.net/）では、東北歴史博物館にて5月に総会及び研究発表会が、12月に遺跡調査成果発表会が開催された。研究発表会では、「復興関係調査で拓かれた地域の歴史2　南三陸地域の中世社会―新井田館跡を中心に―」をテーマとした特集が組まれた。特集では震災復興事業により全面的な発掘調査が行われ、遺跡の全容が明らかになった南三陸町の新井田館跡の調査成果が紹介された。そしてこれまで大規模な発掘調査が少なく、また文献資料も乏しいために詳細については不明な点が多かった県北部太平洋側沿岸の城館と地域社会について、考古学、文献資料などを用いて様々な角度から検討がなされた。遺跡調査成果発表会では2016（平成28）年度に実施された17遺跡の発掘調査成果の速報が報告されたほか、宮城県教育委員会から震災復興事業に伴う発掘調査体制・復興調査の進捗状況・県から沿岸市町村への協力の状況・復興調査報告書の刊行状況について報告が

宮城県

なされた（文献78）。また5月に発行された『宮城考古学』第18号では、2015年度の宮城県考古学会東日本大震災対策特別委員会、文化財レスキュー活動、震災復興事業に伴う埋蔵文化財発掘調査が報告された（文献76）。また『大地からの伝言―宮城の災害考古学―』が5月の総会に合わせる形で刊行され、これまでに県内の遺跡の発掘調査で発見された、地震、津波、雷、水害、火山噴火などの自然災害の痕跡が紹介された（文献77）。

　震災発生後の2011年10月から文化財レスキューなどの活動を行ってきた宮城県被災文化財等保存連絡会議は、2017年3月を持ってその活動を終えることとなり、6年間の活動の記録を記した活動報告書が刊行された（文献99）。

縄文時代

仙台市の野川遺跡では東北大学考古学研究室により発掘調査が行われ、草創期の性格不明遺構、土坑、後期のピット群などが検出された。また押圧縄文や絡状体圧痕文の土器や、石鏃、石錐、石匙、箆形石器、スクレイパー、矢柄研磨器などが出土した（文献78）。気仙沼市の石川原遺跡からは後・晩期の深鉢、石鏃、石匙などが溝跡や土坑、柱穴などから出土した（文献78）。また同市の台の下遺跡からは後・晩期の土坑、掘立柱建物跡、土器埋設遺構、捨て場遺構などが検出され、深鉢などの土器、土偶や耳飾りなどの土製品、石鏃、石匙、石皿、凹み石などが出土した（文献78）。山元町の川内遺跡からはヒスイ製の玦状耳飾りが出土した（文献78）。

弥生時代

仙台市の沓形遺跡では、津波堆積物に覆われた弥生時代中期の水田跡と畔畦などの区画施設が検出された（文献24）。

古墳時代

山元町の合戦原遺跡は、台床を持つ横穴墓の調査と、2015年度に調査が行われた線刻画が描かれた横穴墓の保存、移設作業が行われた。横穴墓の壁面の土質は軟弱かつ不均一で、水分量も非常に多くこれまで移設が困難とされた条件下であったが、東北歴史博物館および奈良文化財研究所が中心となり作業を行った（文献78）。

古　代

多賀城市の多賀城跡第90次調査では南西側の外郭施設の調査が行われ、第Ⅰ期の積土遺構と基礎整地が検出されたことから、西側の丘陵部の南辺区画施設は創建期も築地塀である可能性が高くなった。調査区からは檜扇が出土した（文献42）。仙台市の郡山遺跡第260次調査では遺跡の南東部分で、区画溝と考えられる真北方向の溝跡が検出された。また第263次調査では方四町Ⅱ期官衙の南西側の東辺材木列が検出され、材木列の柱材が出土した。柱材はいずれもクリであった（文献24）。加美町の菜切谷廃寺跡では、南北方向の区画溝と掘立柱建物跡などが検出され軒丸瓦や軒平瓦、文字瓦などが出土した（文献53）。山元町の日向遺跡では奈良時代から平安時代前半にかけての竪穴住居跡と焼成土坑が検出された。川内遺跡からは、箱形炉と推測される製鉄炉と木炭窯、竪穴建物跡や掘立柱建物跡などが検出され、鉄滓や羽口、墨書土器などが出土した（文献78）。岩沼市の原遺跡は「玉前駅家」や「玉前剗（関）」の推定地で、竪穴住居跡と掘立柱建物跡を構成すると考えられる直径約1mの大型の柱穴が多数検出された。6世紀後半から10世紀前半の土器も多数出土し、東海産須恵器の円面硯なども出土した（文献53）。白石市の本郷遺跡は苅田郡家推定地に隣接し、一辺約1.0～2.2mの大型の掘立柱の柱穴などが検出された。柱穴は3時期の変遷が認められた（文献53）。

中　世

多賀城市の内館館跡では、以前からクロップマークが確認されていた地点から堀跡などが検出され、東西二つの区画をもつことが確認された（文献78）。岩沼市の下野郷遺跡では、溝跡と井戸跡などが検出された。井戸跡には丸木を三分割して内側を削り取ったものを組み合わせていた。また陶器や青磁などが出土した（文献78）。仙台市の北目城跡では城の南側を区画する堀跡と内側を区画する溝跡、井戸跡などが検出された。堀の規模は幅9m、深さは約2.5m以上であった。遺構の年代は16世紀代であると考えられる（文献24）。女川町の松葉板碑群では、11基の板碑の調査が行われ、区画溝跡と板碑を据えた穴などが検出された（文献9）。気仙沼市の小屋館城跡では、堀跡や溝跡が検出され、堀跡からは多数の石礫と人骨などが出土した（文献78）。

近世・近代

仙台市の仙台城跡の造酒屋敷跡では、溝跡や柱跡、石列や、石敷き、木枠などが検出された（文献27）。また貞山堀では船溜り跡の護岸石積みが検出された。隣接する蒲生御蔵跡からは区画溝跡と高瀬堀などが検出され、地名や人名、

Ⅱ　各都道府県の動向

容量や単位を記した木簡が出土した（文献78）。松島町の瑞巌寺境内遺跡では参道の下から凝灰岩の切石組みの遺構が検出された。また参道の構築土からは中世の陶磁器や板碑、古銭、鉄滓、動物遺体などが多数出土した（文献78）。岩沼市の下野郷館跡では大型の掘立柱建物跡や、杭や板材で木枠を作り、川原石を積み上げた護岸施設や、石組みの井戸跡などが検出された（文献78）。

　本稿を記すにあたっては以下の方々に文献の収集及び情報提供のご協力を賜りました。記して感謝申し上げます。
　太田昭夫・川又隆央・日下和寿・齋藤和機・鈴木隆・三浦一樹・本木茂美・柳澤和明・吉田桂・渡部紀（敬称略）

2．〔文献一覧〕
報告書

1. 岩沼市教育委員会『貞山堀発掘調査報告書』岩沼市文化財調査報告書第17集
2. 岩沼市教育委員会『東日本大震災復興関連埋蔵文化財調査報告書Ⅴ』岩沼市文化財調査報告書第18集
3. 大崎市教育委員会『灰塚遺跡Ⅳ—第5・6次発掘調査報告書—』大崎市文化財調査報告書第27集
4. 大崎市教育委員会『古川城跡』大崎市文化財調査報告書28集
5. 大崎市教育委員会『国指定史跡及び名勝「旧有備館および庭園」—第1～3次発掘調査及び確認調査報告書—』大崎市文化財調査報告書第29集
6. 大崎市教育委員会『通木城跡ほか—田尻中央地区ほ整備事業に係る平成22年度発掘調査報告書—』大崎市文化財調査報告書第30集
7. 大崎市教育委員会『文化財年報Ⅹ（平成27年度）』大崎市文化財調査報告書第31集
8. 女川町教育委員会『内山遺跡—女川町東日本大震災復興事業関連遺跡調査報告書Ⅰ—』女川町文化財調査報告書第6集
9. 女川町教育委員会『松葉板碑群ほか』女川町文化財調査報告書第8集
10. 角田市教育委員会『市内遺跡発掘調査—角田郡山遺跡調査概報—』角田市文化財調査報告書第50集
11. 栗原市教育委員会『伊治城跡—平成27年度：第43次発掘調査報告書—』栗原市文化財調査報告書第21集
12. 栗原市教育委員会『荻田遺跡　外沢田A遺跡』栗原市文化財調査報告書第22集
13. 気仙沼市教育委員会『嚮館跡　防災集団移転促進事業・災害公営住宅整備事業（大谷地区）に伴う発掘調査報告書』気仙沼市文化財調査報告書第8集
14. 気仙沼市教育委員会『気仙沼市内発掘調査報告書1—国庫補助対象事業に伴う発掘調査—（平成24・25年度）』気仙沼市文化財調査報告書第9集
15. 塩釜市教育委員会『浦戸諸島発掘調査報告書Ⅰ—平成27年度復興事業関連遺跡発掘調査報告書—』塩竈市文化財調査報告書第9集
16. 白石市教育委員会『市内遺跡発掘調査報告書10』白石市文化財調査報告書第52集
17. 仙台市教育委員会『仙台城跡東日本大震災復旧事業報告書』仙台市文化財調査報告書第451集
18. 仙台市教育委員会『文化財年報37』仙台市文化財調査報告書第452集
19. 仙台市教育委員会『富沢遺跡—第149次発掘調査報告書—』仙台市文化財調査報告書第453集
20. 仙台市教育委員会『六反田遺跡—第9次発掘調査報告書—』仙台市文化財調査報告書第454集
21. 仙台市教育委員会『元袋遺跡・六反田遺跡・大野田古墳群ほか—仙台市富沢駅周辺土地区画整理事業関係遺跡発掘調査報告書Ⅴ—』仙台市文化財調査報告書第455集
22. 仙台市教育委員会『元袋遺跡・六反田遺跡・大野田古墳群ほか—仙台市富沢駅周辺土地区画整理事業関係遺跡発掘調査報告書Ⅵ—』仙台市文化財調査報告書第456集
23. 仙台市教育委員会『仙台東災害復旧関連区画整理事業関係遺跡発掘調査報告書Ⅰ—平成26・27年度発掘調査報告書—』仙台市文化財調査報告書第457集
24. 仙台市教育委員会『沓形遺跡他』仙台市文化財調査報告書第458集
25. 仙台市教育委員会『仙台平野の遺跡群27—平成28年度個人住宅他国庫補助対象事業に伴う発掘調査報告書』仙台

宮　城　県

市文化財調査報告書第459集
26. 仙台市教育委員会『郡山遺跡37―平成28年度発掘調査概報―』仙台市文化財調査報告書第460集
27. 仙台市教育委員会『仙台城跡12―平成28年度調査報告書―』仙台市文化財調査報告書第461集
28. 多賀城市教育委員会『八幡沖遺跡―八幡沖遺跡第13次―』多賀城市文化財調査報告書第131集
29. 多賀城市教育委員会『多賀城市内の遺跡2―平成28年度ほか発掘調査報告書―』多賀城市文化財調査報告書第132集
30. 多賀城市教育委員会『高崎遺跡ほか―高崎遺跡第106次　東田中窪前遺跡跡第8次　山王遺跡第164次　新田遺跡第113次―』多賀城市文化財調査報告書第133集
31. 多賀城市教育委員会『多賀城市埋蔵文化財調査センター―平成27年度―』
32. 多賀城市教育委員会『多賀城市内の遺跡1―西沢遺跡第2次調査の概報―』多賀城市文化財調査報告書第134集
33. 東北大学埋蔵文化財調査室『東北大学埋蔵文化財調査室年次報告2015』
34. 東北大学埋蔵文化財調査室『東北大学埋蔵文化財調査室年次報告6　仙台城跡二ノ丸第18地点』
35. 名取市教育委員会『平成27年度　名取市内遺跡発掘調査報告書』名取市文化財調査報告書第68集
36. 東松島市教育委員会『赤井遺跡Ⅱ―古代牡鹿柵・牡鹿群家・豪族居宅跡推定地―市道改良工事に伴う緊急調査報告書』東松島市文化財調査報告書第15集
37. 松島町教育委員会『名込遺跡ほか　復興事業に伴う発掘調査報告書』松島町文化財調査報告書第8集
38. 南三陸町教育委員会『南三陸町東日本大震災復興事業関連遺跡発掘調査報告Ⅱ―平成26年度発掘調査報告書―』南三陸町文化財調査報告書第3集
39. 宮城県教育委員会『熊の作遺跡ほか―常磐線復旧関連遺跡調査報告書―』宮城県文化財調査報告書第243集
40. 宮城県教育委員会『御駒堂遺跡・堂の沢遺跡――般国道4号線築館バイパス関連遺跡調査報告書Ⅲ―』宮城県文化財調査報告書第244集
41. 宮城県教育委員会『入の沢遺跡――般国道4号築館バイパス関連遺跡調査報告書Ⅳ―』宮城県文化財調査報告書第245集
42. 宮城県教育委員会・宮城県多賀城跡調査研究所『多賀城跡外郭跡Ⅰ―南門地区―』
43. 宮城県多賀城跡調査研究所『宮城県多賀城跡調査研究所年報2016　多賀城跡』
44. 山元町教育委員会『谷原遺跡Ⅰ―町道24号山下山寺線道路改良工事に係る発掘調査報告書―』山元町文化財調査報告書第12集
45. 山元町教育委員会『北経塚遺跡第5次発掘調査―店舗建設事業に係る発掘調査報告書―』山元町文化財調査報告書第14集

　論　文
46. 相原淳一　「宮城県報告」『第14回土偶研究会　青森県大会資料』
47. 家原圭太　「古代都城条坊制と地方官衙の方格街区」『日本考古学』第41号　日本考古学協会
48. 大橋泰夫　『国郡制と国府成立の研究』平成24年度～平成27年度科学研究費補助金基礎研究(C)研究成果報告
49. 菅野智則　「東日本の縄文文化」『〈歴博フォーラム〉縄文時代　その枠組・文化・社会をどう捉えるか？』吉川弘文館
50. 川尻秋生編『坂東の成立　古代の東国2』吉川弘文館
51. 熊谷公男　「古代蝦夷（エミシ）の実像に迫る」『上代文学』第117号
52. 熊谷公男編『アテルイと東北古代史』高志書院
53. 古代城柵官衙遺跡検討会『第43回古代城柵官衙遺跡検討会―資料集―』
　　宮城県多賀城跡調査研究所「多賀城跡―第90次調査―」／　仙台市教育委員会「陸奥国分寺・国分尼寺」
　　藤木　海「多賀城創建以前の瓦の生産」／　吉野　武「多賀城第Ⅰ期の瓦窯跡の特徴と変化」
　　斎野裕彦「陸奥国分寺・尼寺跡と多賀城Ⅱ期における瓦の生産」

Ⅱ　各都道府県の動向

　　　菅原祥夫「陸奥国分寺の創建と造瓦組織の再編」／　加美町教育委員会「菜切谷廃寺跡」
　　　多賀城市埋蔵文化財調査センター「山王遺跡」
　　　仙台市教育委員会「仙台市郡山遺跡第245・246・260・263・265次調査」
　　　岩沼市教育委員会「岩沼市・原遺跡の概要」／　白石市教育委員会「本郷遺跡」

54. 小林晶二　　「古代東北『双子の城柵』名称考：郡山遺跡と淳足柵」『新潟史学』第74号
55. 齋藤和機　　「宮城県山王遺跡八幡地区の調査概要」『考古学ジャーナル』No.682　ニュー・サイエンス社
56. 斎野裕彦　　「津波災害痕跡研究の現状と課題—考古学と関連分野の連携—」『日本考古学協会第82回総会研究発表要旨』日本考古学協会
57. 佐久間光平「東北地方の尖頭器石器群・細石刃石器群の展開について」『旧石器研究』第12号
58. 澤井祐紀他「宮城県熊の作遺跡から発見された貞観地震による津波堆積物」『第四紀研究』55-2
59. 鈴木拓也編『三十八年戦争と蝦夷政策の転換』東北の古代史4　吉川弘文館
60. 鈴木三男　　『クリの木と縄文人』同成社
61. 髙倉敏明　　「宮城県内の復興調査の成果と課題」『日本考古学協会第82回総会研究発表要旨』日本考古学協会
62. 田中則和　　「南三陸町朝日館跡の現況と評価」『東北学院大学東北文化研究所紀要』第48号
63. 東北大学大学院文学研究科考古学研究室『アジアの中の東北先史文化』予稿集
64. 東北日本の旧石器文化を語る会『東北日本の旧石器時代研究—回顧と展望—』
　　　藤原妃敏「『東北日本の旧石器文化を語る会』30年をふりかえって」
　　　沢田　敦「東北日本における旧石器編年研究—回顧と展望—」
　　　鈴木　隆「タイポロジーに関する回顧と展望—旧石器研究における『かたち』の理解に向けて—」
　　　大場正善「石器製作技術研究の展望と課題」
　　　吉川耕太郎「石材を巡る研究の原状と課題—特に黒曜石・珪質頁岩の産地・分布に関わる問題について」
　　　鹿又喜隆「東北日本における旧石器の機能研究」
　　　傳田惠隆「東北日本における遺跡形成過程研究の原状と課題」
　　　吉川昌伸「旧石器時代から縄文時代早期における東北日本の植生史研究と課題」
　　　長井謙治「東北日本における旧石器・縄文時代移行期の研究—日向洞窟発掘50年を経て—」
　　　佐川正敏「東北アジアの旧石器研究回顧と東北日本の旧石器研究展望」
　　　阿子島香「プロセス考古学35年と東北日本の旧石器文化」
65. 東北歴史博物館『東北歴史博物館研究紀要』18
　　　鷹野光行「博物館・博物館相当施設と博物館類似施設」
　　　古川一明「古代城柵官衙遺跡の『陥馬坑』についての試論」
　　　相原淳一・大出尚子「北村千代治小伝—海を渡った考古学者—」
　　　笠原信男「堤人形と松川ダルマ—仙台市堤町　佐藤吉夫さんに聞く—」
　　　及川　規・芳賀文絵「津波被災資料由来の異臭について1—異臭原因物質と高濃度下における文化財材質への影響—」
　　　芳賀文絵・及川　規「低コスト低エネルギー型の収蔵環境構築について—木質収蔵庫および木材調湿性についての基礎調査—」
　　　西松秀記「旧遠田郡役所庁舎について」
66. 辻　秀人編『季刊考古学・別冊24　古代倭国の北縁の軋轢と交流—入の沢遺跡で何が起きたか—』雄山閣
67. 辻　秀人　　「宮城県栗原市栗原猿飛来　鳥矢ケ崎古墳群青雲神社地区発掘調査報告」『東北学院大学論集歴史と文化（旧歴史学・地理学）』第56号
68. 土橋尚起　　「仙台藩領内出土の切込焼」『亀井明徳氏追悼・貿易陶磁研究等論文集』
69. 日本考古学協会2016年度弘前大会実行委員会『第一分科会　津軽海峡圏の縄文文化　研究報告資料集』

　　　　根岸　洋「東北地方北部における弥生時代の赤色顔料利用形態について」
　　　　菅原弘樹「東北地方北部における土器製塩」
　　　　小林正史「東北地方における縄文深鍋から弥生深鍋への調理方法の変化　東北日本の遠賀川系深鍋による炊飯方法の特徴」
70. 樋口知志編『前九年・後三年合戦と兵の時代』東北の古代史5　吉川弘文館
71. 藤木　海　「官衙遺跡群としての郡衙」『考古学ジャーナル』No.692　ニュー・サイエンス社
72. 藤木　海　「東北の郡庁の空間構成」『第20回古代官衙・集落研究会報告書　郡庁域の空間構成』
73. 藤沢　敦　「末期古墳と蝦夷社会の特質」『考古学ジャーナル』No.688　ニュー・サイエンス社
74. 堀　哲郎　「東北地方における騎馬文化の受容と推移」『馬具副葬古墳の諸問題』第22回東北・関東前方後円墳研究会大会
75. 松本太郎　「東国の官衙・集落と土器様相―常総地域を中心に―」『第19回古代官衙・集落研究会報告書　官衙と集落と土器2―宮都・官衙・集落と土器―』奈良文化財研究所研究報告第18冊
76. 宮城県考古学会『宮城考古学』第18号
　　　　藤沢　敦「2015年度宮城県考古学会東日本大震災特別委員会活動報告」
　　　　及川　規「平成27年度宮城県における被災文化財等保全活動―文化財レスキュー5年目―」
　　　　天野順陽「平成27年度の復興事業に伴う埋蔵文化財発掘調査について」
　　　　岡本東三「海峡を渡った押型紋土器―北の日計式押型紋―」
　　　　鹿又善隆「東北地方の縄文時代晩期前半における岩版の生と性」
　　　　鈴木　雅「律令国家形成期の陸奥国柴田・苅田地方―蔵王町円田盆地の遺跡群の検討を中心に―」
　　　　高橋　透「陸奥国府域における掘立柱廂付建物の特質」／　齋藤和機「交差点からみた多賀城の方格地割」
　　　　相原淳一・高橋守克・柳澤和明「東日本大震災津波と貞観津波における浸水域に関する調査―多賀城下とその周辺を中心として―」／　小山文好・佐藤信行「宮城県二迫川流域の中世城館（3）」
　　　　鈴木　雅・佐々木繁喜「縄文時代の蔵王東麓における黒曜石利用―谷地遺跡ほか出土黒曜石の原産地推定から―」
　　　　志間泰治・相原淳一「歴史を掘り起こす」
77. 宮城県考古学会編『大地からの伝言―宮城の災害考古学―』
78. 宮城県考古学会『平成28年度宮城県遺跡調査成果発表会』
　　　　東北大学大学院文学研究科考古学研究室「野川遺跡」／　山元町教育委員会「合戦原遺跡」
　　　　仙台市教育委員会「郡山遺跡」／　宮城県多賀城跡調査研究所「多賀城跡」／　多賀城市教育委員会「内館館跡」
　　　　岩沼市教育委員会「下野郷館跡」／　松島町教育委員会「瑞巌寺境内遺跡」／　仙台市教育委員会「仙台城跡」
　　　　仙台市教育委員会「貞山堀」／　宮城県教育委員会「宮城県の震災復興事業に伴う遺跡調査について」
　　　　宮城県教育委員会「石川原遺跡」／　気仙沼市教育委員会「台の下遺跡」／　加美町教育委員会「菜切谷廃寺跡」
　　　　山元町教育委員会「日向遺跡」／山元町教育委員会「川内遺跡」／　女川町教育委員会「松葉板碑群」
　　　　宮城県教育委員会「小屋館城跡」／　仙台市教育委員会「北目城跡」
79. 村田章人　「松本彦七郎土器研究史小考」『縄文時代』27
80. 村田晃一　「陸奥国北辺における城柵の造営と集落・土器―加美郡と栗原郡の様相から―」『第19回古代官衙・集落研究会報告書　官衙と集落と土器2―宮都・官衙・集落と土器―』奈良文化財研究所研究報告第18冊
81. 村田晃一　「陸奥国海道南部の官衙と交通―近年の日理郡をめぐる成果から―」『考古学ジャーナル』No.695　ニュー・サイエンス社
82. 柳澤和明　「貞観地震・津波の発生時刻、潮汐の影響、記事の特異性」『歴史地震研究会大槌大会予稿集23』歴史地震研究会

Ⅱ　各都道府県の動向

83. 柳澤和明　「貞観地震・津波に学ぶ　陸奥国はいかに復興を遂げたか」『危機と都市 Along the water』左右社
84. 柳澤和明　「陸奥国府多賀城の万燈会」『歴史』第127輯
85. 吉川昌伸　「更新世末から完新世初頭の東北日本の植生史」『旧石器研究』第12号
86. 吉野　武　「多賀城創建木簡の再検討」『歴史』第126輯
87. 吉野　武　「多賀城創建期の瓦窯跡」『歴史』第127輯
88. 若狭　徹編『前方後円墳と東国社会　古代の東国1』吉川弘文館
89. 渡邊泰伸　「仙台市富沢遺跡ミュージアム(地底の森ミュージアム・富沢遺跡保存館)」『考古学ジャーナル』
　　　No.683　ニュー・サイエンス社

その他
90. 仙台市富沢遺跡保存館「地底の森ミュージアム開館20周年記念特別企画展　いにしえの石の道具ココロころころ」
91. 仙台市富沢遺跡保存館・仙台市縄文の森広場『地底の森ミュージアム開館20周年・縄文の森広場開館10周年記念
　　　シンポジウム　まもりつたえる富沢遺跡・山田上ノ台遺跡―これまで／これからの20年・10年』予稿集
92. 仙台市富沢遺跡保存館・仙台市縄文の森広場『地底の森ミュージアム・縄文の森広場　研究報告2016』
　　　鷹野光行「遺跡博物館の役割―博物館の伝える力―」
　　　佐川正敏「地底の森ミュージアムの北東アジアにおける役割の回顧と展望」
　　　山田昌久「遺跡博物館でこそ可能なパブリック・アーケオロジー」
　　　【鼎談】鷹野光行氏・佐川正敏氏・山田昌久氏　進行：金森安孝
93. 仙台市富沢遺跡保存館他「企画展　アジアの中の東北日本旧石器時代」
94. 仙台市博物館『齋藤報恩会寄贈資料』仙台市博物館収蔵資料図録⑧
95. 多賀城市教育委員会「第27回企画展　多賀城跡附寺跡特別史跡指定50周年記念　多賀城跡の保存と研究―150年の
　　　軌跡―」
96. 東北学院大学アジア流域文化研究所「栗原市伊治城跡から読み解く東北古代史」公開シンポジウム
97. 文化庁　『発掘された日本列島2016　新発見考古速報』
98. 松島町教育委員会『松島町の文化財』
99. 宮城県被災文化財等保全連絡会議『宮城県被災文化財等保全連絡会議活動報告書』
100. 弥生時代研究会『仙台平野に弥生文化はなかったのか　藤尾慎一郎氏の新説公演と意見交換』予稿集　弥生時代研
　　　究会シンポジウム
　　　斎野裕彦「開催趣旨」／　山田康弘「一日目の討論に向けて―仙台平野に弥生文化はなかったのか―」
　　　三浦一樹「東北地方における弥生前期研究の原状と課題」
　　　佐藤祐輔「東北地方における弥生中期研究の原状と課題」
　　　相沢清利「東北地方における弥生後期研究の原状と課題」／　藤尾慎一郎「東北の弥生文化をどう見るのか」
　　　斎野裕彦「東北から見た弥生文化の範囲」／　佐藤由紀男「二日目の討論に向けて」
　　　高瀬克範「本州島東北部における稲作の開始とその考古学的位置づけ」
　　　大阪　拓「藤尾慎一郎著『弥生時代の歴史』についての二三の所感」

5　秋　田　県

加 藤 朋 夏

1.〔調　査〕

　2016年度に秋田県内で実施された発掘調査は21件、調査面積は21,174㎡である。調査の実施主体者別では、県教育委員会が7件、市及び市町村教育委員会が13件、その他が1件である。調査の原因別では、開発行為に伴うものが11件と最も多く、次いで分布・内容確認調査7件、史跡整備等3件となる。調査面積が10,000㎡を越えるような大規模な開発は無く、比較的小規模な開発行為への対応が主となっている。

縄文時代

　五城目町町村Ⅱ遺跡では、前期の陥し穴3基、後期の掘立柱建物跡3棟と土坑4基が検出された。出土遺物には米代川流域に分布が認められる三脚石器も含まれている。

　大仙市伝次郎塚遺跡では、縄文時代中期末～後期初頭の竪穴建物跡4棟、中期末から後期中葉にかけての土坑墓65基が検出された。他にも石囲土器埋設炉2基、土器埋設炉1基、土器埋設遺構2基が検出されているが、いずれも規模や形態が竪穴建物跡に付属する炉と近似していることから、これらも屋内炉だった可能性がある。

　東成瀬村上掵遺跡は河岸段丘に立地する前期の遺跡で、重要文化財に指定されている大形磨製石斧の出土地として知られる。2008（平成20）年度から継続的に内容確認調査が行われており、今年度は竪穴建物跡3棟や土器埋設遺構1基の調査が行われた。

　東成瀬村トクラ遺跡は、栗駒山麓の標高482m地点に立地する。昨年度に引き続き行われた調査で、早期の地床炉2基、前期の土坑3基、後期中～後葉の配石遺構1基、後～晩期の土坑6基、晩期の土坑石囲炉1基等が検出された。

　由利本荘市土谷白山遺跡では由理柵・駅家研究会による調査で、前期の竪穴建物跡3棟、土坑1基が確認された。

弥生～古墳時代

　上述の東成瀬村トクラ遺跡では弥生時代の可能性がある土坑2基と弥生中期の土器が出土した。

　由利本荘市では、秋田県における代表的な古墳時代の遺跡として知られる宮崎遺跡の隣接地で内容確認調査が行われた。大沼田遺跡と名付けられたこの地点には、古墳あるいは弥生時代の墳丘墓の可能性がある長方形のマウンドが存在し、昨年度からは由利本荘市教育委員会による内容確認調査が行われている。今年度の調査では、マウンドが人工物であることや、マウンド上面にマウンドと一体となる遺構プランがあることが確認されたが、年代や遺構の性格を示すような遺物は確認されていない。

古　代

　国史跡の秋田市秋田城跡は、天平5（733）年に庄内地方から移設された城柵跡で、今年度は第107次調査が実施された。調査区は秋田城跡歴史資料館の開館に伴い撤去された秋田城跡出土品収蔵庫の跡地で、政庁と外郭北門の間に位置している。調査の結果、城内東大路には少なくとも6期の変遷があり、奈良時代には幅12mだったものが、平安時代には幅9mの道路となっていたこと、平安時代初頭（政庁Ⅲ期に相当）には一時的に道路幅が7.5mに縮小されていることなどが明らかとなった。

　大館市片貝遺跡では昨年度に引き続き調査が行われ、平安時代の竪穴建物跡6棟、竪穴・掘立柱併用建物跡1棟、掘立柱建物跡4棟などが検出された。2か年にわたる調査を総合すると、十和田火山噴火の前後で、集落を構成する竪穴建物が大規模化する傾向にあることが分かった。

　大館市片貝家ノ下遺跡は、延喜15（915）年の十和田火山噴火に起因する火山泥流堆積物によって埋没した沖積地に立地する平安時代の集落跡である。上述の片貝遺跡とは約700mの位置にあり、昨年度調査で立体的に屋根形状を残し

Ⅱ　各都道府県の動向

た竪穴建物跡が確認され大きな話題となった。今年度は遺跡の内容を詳細に把握するための調査が実施され、新たに竪穴建物跡1棟、竪穴・掘立柱併用建物1棟、掘立柱建物跡3棟、板塀跡9条、焼土遺構1基などを確認した。また、集落と隣接する1.5mほど低い面には、県北域では初の事例となる水田跡の存在が分かり、さらに集落と水田の間には幅2.3m、深さ70cmの水路も検出された。火山泥流堆積物で一瞬のうちに覆われたことで保存状態は極めて良好であり、建物の上屋構造、集落内の通路や空閑地も含めた配置、集落と水田の関係性といった様々な問題について解決の糸口となりうる精度の高い情報を内包した、極めて重要な遺跡であることが確認された。

能代市平影野遺跡では、平安時代の竪穴建物跡1棟を検出した。

由利本荘市では2013（平成25）年度より、由理柵・駅家研究会による由理柵・由理駅の実態解明を目的とした発掘調査が行われている。今年度は土谷白山遺跡で実施されたが、官衙関連遺跡であることを示す遺構・遺物は確認されていない。

大仙市・美郷町の国史跡払田柵跡は9世紀初頭から10世紀後半の城柵跡で、2009（平成21）年度からは南大路の周辺に広がる沖積地の実態を解明すべく継続的に調査が行われている。第150次調査となる今年度は南大路西側で、昨年度調査で確認した10世紀前半の盛土整地が更に西に広がっていることを確認した。整地上面に建物等は確認できなかったが、盛土の単位やこれに伴う儀礼行為の痕跡、盛土下からは建物跡を構成する可能性がある柱穴跡を検出した。

横手市栗林遺跡では今年度、払田柵跡調査事務所が関連遺跡の調査として試掘を実施したが、官衙関連遺跡の存在を示す遺構・遺物は確認されていない。

横手市金沢城跡は、陣館遺跡とともに後三年合戦（1083～1087年）に登場する金沢柵の推定地であり、内容確認を目的とした調査が横手市教育委員会によって継続的に行われている。今年度は西の丸（安本館）の南東側斜面部で調査が行われ、中世金沢城造成による影響が小さかった地点で11世紀前半以前と推定される竪穴建物跡1棟が検出された。

横手市赤川沼頭遺跡では、9世紀前葉から中葉の掘立柱建物跡10棟や溝、土坑などが検出された。遺構群には3期の変遷が確認された。掘立柱建物跡の柱抜取痕や土坑には、割れた土師器や須恵器が充填されており、遺構間接合も認められるなど、建て替え等に伴う儀礼行為が行われたものと推察される。

美郷町では、後三年合戦関連の遺跡として、清原武貞の居城との伝承がある鎧ケ崎城跡の内容確認調査を行った。今年度は土塁跡と堀跡でトレンチ調査を実施したが遺物は出土せず、遺構の年代は明らかになっていない。

上述の東成瀬村トクラ遺跡では、奈良時代初めごろの朱塗りの土師器高坏が出土した。当該期の太平洋側との交通路を考える上でも注目される。

中　世

能代市の国史跡檜山安東氏城館跡は檜山安東氏の居館である。このうち檜山城跡は明応4（1495）年に安東忠季が築いたとされ、安東氏国替え後には元和6（1620）年に破却されるまで佐竹領内の城として使用された。今年度より能代市教育委員会によって史跡整備に向けた内容確認調査が開始された。今年度は檜山城跡の中心部の一つである古城地区のうち、通称三の丸にある平場と、本丸下西側の土塁と空堀について調査が行われた。

上述の横手市金沢城跡では、西の丸（安本館）の南東側斜面部の調査によって、地形に沿って構築された堀跡や土塁跡、柱列、柱穴跡や盛土整地層が確認された。出土遺物から14世紀後半から15世紀にかけての遺構と推察され、過年度調査で明らかとなっていた尾根平坦部建物群の年代観よりもやや古い事が分かった。

由利本荘市堤沢山遺跡は2003・2004（平成15・16）年度の調査により県内で初となる梵鐘鋳造遺構と梵鐘や仏具の鋳型が出土した遺跡である。今回は北側隣接地で調査が行われ、鍛冶炉や溝跡、焼土遺構の他、炉壁や大型羽口など製鉄関連の遺物が出土した。

近　世

大館城跡は大館市街地中心部に位置している。16世紀後半に浅利勝頼が築城し、その後慶長15（1610）年に大館城代に任命された佐竹氏の一門の小場義成によって、城の改修・拡張や城下町の町割が行われた。今年度は本丸内堀に面した道と二の丸屋敷の一部で調査が行われ、掘立柱建物跡1棟、溝跡10条、井戸跡4基、池跡1基、竪穴建物跡2棟、カマド状遺構2基などが検出された。池跡は長さ7.6m、幅6.6m、深さ2mの大穴で、縁に土留め状の杭が打ち込まれ、

底には3点の桶が据え付けられていた。
　上述した五城目町町村Ⅱ遺跡では、1辺約2m、深さ35cmの方形に掘り窪められた作業場に面して放射状に配置された9基のカマド状遺構が検出された。

2．〔文献一覧〕
報告書
1. 秋田県教育委員会『峰吉川中村遺跡』秋田県文化財調査報告書第505集
2. 秋田県教育委員会『上谷地遺跡（第2次）』秋田県文化財調査報告書第506集
3. 秋田県教育委員会『詳細分布調査報告書』秋田県文化財調査報告書第507集
4. 秋田県教育委員会『払田柵跡　第150次調査　関連遺跡の調査概要』秋田県文化財調査報告書第508集
5. 秋田県埋蔵文化財センター『縄文時代竪穴建物跡集成Ⅱ（前期）』秋田県埋蔵文化財基準資料5
6. 秋田市教育委員会『平成28年度秋田市遺跡確認調査報告書』
7. 秋田市教育委員会『秋田城跡　秋田城跡歴史資料館年報2016』
8. 鹿角市教育委員会『特別史跡大湯環状列石総括報告書』鹿角市文化財調査資料110集
9. 鹿角市教育委員会『特別史跡大湯環状列石環境整備事業（第Ⅱ期～第Ⅳ期）報告書』
10. 仙北市教育委員会『弘道書院跡』仙北市文化財調査報告書第1集
11. 大仙市教育委員会『市内遺跡確認調査報告書　払田柵跡発掘調査報告書』大仙市文化財調査報告書第25集
12. 大仙市教育委員会『伝次郎塚遺跡』大仙市文化財調査報告書第24集
13. 能代市教育委員会『国史跡檜山安東氏城館跡　桧山城跡Ⅰ―平成28年度第1次発掘調査報告書―』能代市文化財調査報告書第6集
14. 能代市教育委員会『史跡檜山安東氏城館跡環境整備計画』
15. 由理柵・駅家研究会『土谷白山遺跡発掘調査報告書　由理柵・由理駅擬定地遺跡の検証』由理柵・駅家関連遺跡発掘調査報告書第7集
16. 由利本荘市教育委員会『遺跡詳細分布調査報告書』由利本荘市文化財調査報告書第24集
17. 横手市教育委員会『遺跡詳細分布調査報告書』横手市文化財調査報告第41集
18. 横手市教育委員会『赤川沼頭遺跡』横手市文化財調査報告第42集
19. 横手市教育委員会『金沢城跡―後三年合戦関連遺跡調査事業に伴う第7次・第8次調査概報―』横手市文化財調査報告第43集

論文
20. 赤星純平「後期旧石器時代初頭における磨製石斧の形態と破損について」『安蒜政雄先生退職論集』雄山閣
21. 赤星純平・伊豆俊祐「西板戸遺跡」『木簡研究』第38号　木簡学会
22. 秋田考古学協会『秋田考古』第60号
　　　佐藤由紀男・平原英俊・三浦一樹・佐藤桃子「北海道・東北北部出土の緑色片岩・青色片岩製磨製石斧の蛍光Ｘ線分析」
　　　松本建速・市川慎太郎・中村利廣「秋田県大館市内遺跡出土須恵器の胎土分析」
　　　今野沙貴子「能代市徳昌寺の宝篋印塔―善民道の経塚―」／　今野沙貴子「秋田県の経石経塚2016」
23. 秋田県埋蔵文化財センター『秋田県埋蔵文化財センター研究紀要』第30号
　　　利部　修「古代土器の製作過程と技法の表記」／　山田祐子・加藤　竜「縄文時代竪穴建物跡集成Ⅱ（前期）」
　　〈平成28年度『開設35周年記念講演会』講演録〉
　　　武藤康弘「縄文時代　秋田の住まいと暮らし」／　熊谷公男「古代秋田の発展」
24. 磯村　亨　「『北海道・北東北の縄文遺跡群』の世界遺産登録推進について―現状と取組―」『出羽路』157　秋田県文化財保護協会
25. 井上雅孝　「陸奥・出羽の土器」『中世武士と土器かわらけ』高志書院

Ⅱ　各都道府県の動向

26. 小口雅史編『北方世界と秋田城』（考古学リーダー25）　六一書房
　　　伊藤武士「古代城柵秋田城の機能と特質」／　熊谷公男「秋田城の歴史的展開―国府問題を中心にして―」
　　　小口雅史「出土文字資料からみた秋田城」／　八木光則「城柵構造からみた秋田城の特質」
　　　宇田川浩一「土師器の色調変化が示す元慶の乱後の米代川流域在地集落の動態」
　　　柏木大延「土製支脚からみる出羽と石狩低地帯の交流について」
　　　齋藤　淳「土器からみた地域間交流―秋田・津軽・北海道―」
　　　鈴木琢也「須恵器からみた古代の北海道と秋田」／　小嶋芳孝「秋田城出土の羽釜・再検討」
　　　高橋　学「城柵と北東北の鉄」／　天野哲也「古代日本列島北部の諸集団間における鉄銅製品の流通問題」
27. 金子昭彦　「弥生時代の縄文土偶―東北地方北部における変化と消滅、その背景―」『青森県考古学』第25号　青森県考古学会
28. 窪田大介　「安倍・清原氏と仏教」『前九年・後三年合戦と兵の時代』東北の古代史5　吉川弘文館
29. 児玉　準　「続・天野少年が拾った石器（補遺）」『男鹿地域史研究ノート』第20号
30. 児玉　準　「地獄谷地の縄文土器」『男鹿地域史研究ノート』第24号
31. 今野沙貴子「秋田県鹿角市の礫石経塚」『青森県考古学』第25号　青森県考古学会
32. 島田祐悦　「出羽山北三郡と清原氏」『前九年・後三年合戦と兵の時代』東北の古代史5　吉川弘文館
33. 高橋　学　「十和田火山の噴火と胡桃館遺跡」『三十八年戦争と蝦夷政策の転換』東北の古代史4　吉川弘文館
34. 村上義直　「屋根の痕跡が確認された平安時代の埋没建物」『季刊考古学』第136号　雄山閣
35. 村上義直　「大館市片貝家ノ下遺跡の確認調査―火山泥流堆積物に埋もれた平安時代の集落―」『遺跡学研究』第13号　日本遺跡学会
36. 山村　剛　「峰吉川中村遺跡」『木簡研究』第38号　木簡学会
37. 吉川耕太郎・佐々木繁喜「秋田県・岩手県内遺跡出土黒曜石製石器の原産地推定」『秋田県立博物館研究報告』42号　秋田県立博物館
38. ニュー・サイエンス社『月刊　考古学ジャーナル』No.688
　　　八木光則「総論　考古学による蝦夷研究の現状」／　齋藤　淳「北奥『蝦夷』集落の動態」
　　　藤沢　敦「末期古墳と蝦夷社会の特質」／　伊藤武士「城柵と蝦夷社会」

その他
39. 秋田県教育会・縄文遺跡群世界遺産登録推進本部『遺跡が語る　北海道・北東北の縄文』平成28年度縄文遺跡群世界遺産登録推進秋田県フォーラム資料
　　　榎本剛治「縄文人のマツリ―伊勢堂岱遺跡が語る縄文の精神文化」
　　　赤坂朋美「縄文人のマツリ―大湯環状列石が語る縄文の精神文化」
40. 秋田考古学協会『平成28年度秋田考古学協会春季研究会資料』
　　　安田　創「縄文時代のアスファルト」／　小山美紀「東北地方における中世陶器窯の研究」
　　　乙戸　崇「板碑の銘文考証をどう活かすか―『陸奥州主』銘板碑の人物比定を中心に―」
　　　小松正夫「由理柵・駅家関連遺跡の発掘調査概要―井岡遺跡と土谷白山遺跡の調査を終えて―」
41. 秋田考古学協会『平成28年度秋田考古学協会秋季研究会資料』
　　　冨樫泰時「秋田考古学の今～秋田考古学協会60年のあゆみ～」／　吉川耕太郎「旧石器時代研究の今」
　　　新海和広「縄文時代研究の今」／　根岸　洋「弥生時代研究の今」
42. 秋田県埋蔵文化財センター『平成28年度秋田県埋蔵文化財発掘調査報告会資料』
43. 秋田県埋蔵文化財センター『齶田の原風景～考古学で巡る鳥海山麓、にかほと由利本荘～』平成28年度企画展第Ⅰ期リーフレット
44. 秋田県埋蔵文化財センター『齶田の原風景～考古学で巡る秋田・男鹿・八郎潟周辺～』平成28年度企画展第Ⅱ期リーフレット

秋 田 県

45. 秋田県埋蔵文化財センター『平成28年度第1回あきた埋文出張展示資料　秋田平野の縄文文化―松木台Ⅲ遺跡―』
46. 秋田県埋蔵文化財センター『平成28年度第2回あきた埋文出張展示パンフレット　鳥海山麓、日本海沿岸部の縄文文化―縄文時代の由利本荘市と遊佐町―』
47. 荒川隆史　「埋もれ木からわかること」『景勝地・象潟の成り立ち』にかほ市象潟郷土資料館
48. 加藤朋夏　「報告4　秋田県」『シンポジウム　縄文時代のアスファルト利用』いちのへ文化・芸術NPO
49. 加藤朋夏　「秋田県のアスファルト関連資料」『縄文時代のアスファルト利用Ⅰ』いちのへ文化・芸術NPO
50. 加藤朋夏　「秋田県の遮光器土偶」『第14回土偶研究会　青森県大会資料』土偶研究会
51. 北東北歴史懇話会『平安時代の北秋蝦夷社会』公開研究会
　　　八木光則「平安時代の北東北の蝦夷社会」／　高橋　学「秋田県北秋の蝦夷社会」
52. 小林　克　「鳥海山麓、日本海沿岸部の縄紋文化―縄紋時代の由利本荘と遊佐町―」『平成28年度第2回あきた埋文考古学セミナー資料』
53. 小林　克　「小山崎遺跡の動物遺存体と『サケ』をめぐる民俗文化」『現代に伝わる縄文の風景・くらしシンポジウム予稿集』遊佐町教育委員会
54. 古代城柵官衙遺跡検討会『第43回古代城柵官衙遺跡検討会資料集』
　　　神田和彦「秋田城跡　第107次調査成果報告」／　宇田川浩一「払田柵跡―平成28年度の調査概要―」
　　　村上義直「秋田県片貝家ノ下遺跡の確認調査」／　島田祐悦「陣館遺跡」「赤川沼頭遺跡」
55. 船木義勝　「『秋田城水洗トイレの建築年代』研究の再検討―SB1351建物の創建と終末の暦―」『第73回蝦夷研究会発表要旨』蝦夷研究会
56. 村上義直　「片貝家ノ下遺跡の概要」『2016年度東北史学会・秋大史学会　合同大会』
57. 安田　創　「縄文時代のアスファルト」『2016年度東北史学会・秋大史学会　合同大会』
58. 谷地　薫　「秋田県大館鳳鳴高等学校社会部の発掘活動」『全国高等学校考古名品展2016』九州国立博物館
59. 横手市教育委員会『平成28年度後三年合戦沼柵公開講座　雄勝城と沼柵―文献・考古資料から実像に迫る―』
　　　五十嵐一治「払田柵跡関連遺跡の調査―造山地区を中心に―」
　　　櫻井友梓「陸奥の須恵器からみた造山遺跡群の出土遺物―城柵営期の須恵器の生産と特徴」
　　　島田祐悦「在地豪族の台頭と沼柵―町屋敷遺跡を中心に―」
　　　村田晃一「奈良時代後半の城柵―陸奥国の城柵から第1次雄勝城を考える―」
　　　永田英明「古代横手盆地をめぐる交通路と政治・社会」
60. 横手市教育委員会『平成28年度後三年合戦金沢柵公開講座―陶磁器と地形・立地から見た金沢柵―資料』
　　　島田祐悦「金沢柵推定地金沢城跡（第8次調査）安本館の調査成果」／　亀井崇晃「鎧ケ崎城跡の調査成果」
　　　岩井浩人「出土遺物から見た金沢城跡―貿易陶磁器・鋳造関連遺物を中心に―」
　　　室野秀文「金沢城と周辺の城館を歩く（2）」／
　　　中野晴久「後三年合戦後の平泉時代　渥美・常滑窯の担った役割」
　　　八重樫忠郎「金沢柵発見前夜」／　藤沢良祐「古瀬戸・大窯製品の生産概要」
61. 横手市教育委員会『平成28年度後三年合戦シンポジウム　源義家の評価と清原氏研究の現在』
　　　島田祐悦「国史跡大鳥井山遺跡と金沢柵推定地（陣館遺跡・金沢城跡）―陣館遺跡の位置づけを中心に―」
62. 嶋影壮憲　「秋田県報告」『第14回土偶研究会　青森県大会資料』土偶研究会
63. 村上義直　「片貝家ノ下遺跡の概要」『国際教養大学文化遺産フォーラム2017』国際教養大学
64. 神田和彦　「東北地方北部の後期旧石器時代初頭の石器群：秋田県域の遺跡と遺物」『アジアの中の東北先史文化予稿集』東北大学大学院文学研究科考古学研究室
65. 吉川耕太郎「石材を巡る研究の現状と課題―特に黒曜石・珪質頁岩の産地・分布に関わる問題について―」『東北日本の旧石器時代研究―回顧と展望―』予稿集　第30回東北日本の旧石器文化を語る会

Ⅱ　各都道府県の動向

6　山　形　県

稲　村　圭　一

1.〔調　査〕

　2016年度の山形県内における発掘調査件数は27件で、そのうち開発行為に伴う記録保存調査が15件、学術調査が4件、保存目的や史跡整備に伴う調査が8件である。以下、時代毎に主な遺跡の概要・成果を述べる。

旧石器時代

　新庄市白山B遺跡で、昨年に引き続き東北大学による学術調査が実施された。杉久保型ナイフ形石器やエンド・スクレイパーが出土した他、接合資料も確認され石器製作址としての可能性が指摘されている。また、飯豊町上屋地B遺跡では町教育委員会により保存目的の調査を継続して実施している。上屋地B遺跡は本県の旧石器時代研究の学史に残る重要な遺跡であり、その価値を再確認することは今後の活用にとって非常に重要であり注目される。

縄文時代

　高畠町に所在する日向洞窟遺跡では、東北芸術工科大学による学術調査が継続して実施されている。今回の調査により、国史跡指定地の日向第Ⅰ～Ⅳ洞窟群域からさらに広く縄文時代草創期から早期にかけての遺物包含層が残存している可能性が強まっており、当該時期の編年研究に寄与する一括資料として注目されている。また、史跡指定範囲の拡大を目指すため、町教育委員会による範囲確認調査を実施し、遺跡東端に当たる第Ⅲ岩陰の南東付近の様相について確認を行った。長井市長者屋敷遺跡は昭和50年代から度々調査が実施され、縄文時代中期末の集落跡として県内で著名な遺跡であり、今回は過去の調査区に隣接して発掘調査が行われた。その結果、複式炉を有する竪穴住居跡等が確認され、一連の集落跡の様相が明らかとなった。また天童市高木石田遺跡からは縄文時代中期を中心とした集落跡が確認されており、米沢市野際遺跡では縄文時代後期後半の瘤付土器を主体とした土器や土偶が出土している。

弥生時代

　昨年に引き続き大蔵村上竹野遺跡で調査が行われた。当遺跡は古くから存在が知られ、昭和29年に山形大学により調査が行われており、出土した瓢箪壺は県指定文化財に指定されている。今回の調査では、竪穴住居群、柱穴や土坑の集中域、捨て場、土器埋設遺構や土坑で構成される墓域など、県内ではこれまで不明であった弥生時代前期から中期初頭にかけての集落の構成が明らかとなった。また、合口土器棺を用いた弥生時代前期を主とする再葬墓が確認されたことは大いに注目される。

古墳時代

　南陽市に所在する国史跡稲荷森古墳の南に位置する長岡南森遺跡として知られる独立丘陵に対して、市教育委員会が航空レーザー測量を行った。この丘陵地は以前から大型古墳と指摘されていた箇所であり、かつて二重口縁壺や底部穿孔土器の破片が採集されている。測量の結果、全長約160m超の東北地方でも最大級の前方後円墳の可能性が高まり、保存を視野に今後の動向が注目される。米沢市馳上遺跡・元立北遺跡では、古墳時代中期の集落跡が確認された。元立北遺跡で検出された大型の消失住居からは古式須恵器をはじめ、石製模造品や鉄滓などが出土している。また米沢市戸塚山古墳群では、市教育委員会による小山支群A区M199号の測量調査と森合東支群の分布調査を実施し、新たにマウンド状の遺構を確認した。

古　代

　大石田町駒籠楯跡では、延喜式に水駅のひとつとして記載されている野後駅の擬定地として、町教育委員会による保存目的の調査が継続的に行われている。今回は、以前確認された大型建物跡から真南に続く幅4.2mの道路側溝2条を検出した。最上川の船着場から駅館院に向かうメイン道路であった可能性が考えられる。しかし、トレンチ調査の限ら

山　形　県

れた範囲のため、今後もその拡がりを追跡する必要があるが、水駅の構造の一端を示す遺構として注目される。また、大型建物跡に隣接する付近において地中レーザー探査の測定を行い、柱穴や土坑等の遺構の分布状況を推定・確認している。川西町壇山古窯跡群では、8世紀末から9世紀初頭にかけての4基の須恵器窯跡を確認した。その内、これまで県内で調査事例のない地下式の窯跡が1基確認された。陸奥国側の影響をうかがわせる地下式窯跡の発見は、須恵器生産を担った地域の権力者たちが、出羽国の垣根を越えた独自の技術交流圏を持っていたことをうかがわせる。米沢市馳上遺跡では8次調査が行われた。多くの掘立柱建物や竪穴住居跡等が検出され、河川跡からは円面硯や皿・鞍・横櫛等の木製品や墨書土器、木簡も出土しており、役所に関係した集落・施設の可能性がうかがわれる。また、川西町八幡西遺跡からは竈形土製品や風字硯といった仏教関連遺物が出土し、その内容が注目される。他に米沢市大南遺跡からは、河川跡から墨書土器や石帯等の出土のほか、総柱建物を含む掘立柱建物群が確認され、山形城三の丸跡（19次）からは、8世紀の竪穴住居跡が調査されている。

　中　世

　寒河江市平塩積石遺跡では、昨年に続き國學院大學による学術調査が行われ、1号遺構の主体部から石幢とみられる八角柱型石製品が出土した。幢身には「康治」の元号（1142年～1143年）が刻字され、我が国で経塚造営が隆盛する時期と一致しており経塚の可能性が高まった。また石製儀鏡や大型刀子も数振埋納され、その成果が注目される。大江町に所在する国史跡左沢楯山城では、町教育委員会による史跡整備に伴う調査が継続的に行われている。今回は、以前確認された最上川に面する曲輪（千畳敷地区）の継続調査で、掘立柱建物とみられる柱穴を複数確認した。出土遺物から左沢楯山城が最上氏の支配下にあった16世紀末から17世紀前葉に活発に利用された様相がうかがわれる。また、尾根を断ち切る付近での調査（堀切南側）では、岩盤を整形して構築された箱堀の跡や古い城道とみられる地形等を確認し、谷部付近の調査（八幡座地区谷部登り口）では、城の中核へ至るルートの登り口とみられる地形を確認するなど、大きな成果を確認している。寒河江市上の寺遺跡では、市教育委員会による国史跡慈恩寺旧境内との関連で近世以前の慈恩寺境内の広がりを解明するため範囲確認調査を継続的に行っており、今回は伝・聞持院跡の土塁の造成構造と平場形成の状況を確認している。また、史跡慈恩寺旧境内の蓮池遺跡では珠洲焼の陶器片が出土しており、近在に中世期の生活の場が推定された。米沢市大南遺跡では方形を基調とした堀が巡り、さらに内部を区画している大規模な館跡が確認された。区画内には多数の柱穴が検出されている。国産・貿易陶磁器のほか、内耳土鍋や鎬蓮弁文青磁椀等が出土しており、館跡の成立から存続をうかがわせる遺物が多数確認されている。また、天童市高木石田遺跡・高木石田墳墓では、多数の柱穴のほか、街道の一部であった可能性のある溝跡が確認されている。

　近　世

　米沢市慶次清水ａ遺跡では、米澤前田慶次の会による学術調査が昨年に引き続き行われた。安土桃山期に活躍した武将、前田慶次の屋敷と伝承されるところである。調査では井戸跡が確認され、庫裏や厩等の施設の可能性があると指摘している。史跡山形城では、史跡整備に伴う本丸西堀跡・本丸御殿と二の丸跡の調査が市教育委員会により継続して行われている。本丸西堀跡埋門周辺からは石積遺構が確認され、最上時代の土留め遺構と推測している。また、本丸御殿では最上時代の堀跡とそれに伴う石垣を確認した。堀跡には多量の瓦の投棄が認められ、火災で焼けた黒瓦や金箔瓦も含まれる。最上時代の絵図に示されていない堀跡の発見は非常に注目されその成果は大きい。また北東部の二の丸土塁からは、艮櫓の櫓台となる石垣を検出し、雁木が付属し天端石が残存している状況が確認できた。付近からは土塀の存在を推測できる礎石の石列が検出され、その成果が注目される。上山市に所在する史跡羽州街道楢下宿金山越では、史跡全域にわたる遺構確認の必要性から市教育委員会による確認調査を実施している。今回は、山田音羽子「お国替え絵巻」金山峠の図等に描かれる茶屋に関する遺構の確認調査を行い、茶屋跡と想定される礎石建物跡を検出した。また、街道の道幅や構造を確認するトレンチ調査や、街道沿いの石碑や積石堤等の調査も行い、多くの成果を上げている。その他、近米沢市威徳寺東遺跡からは、溝跡とピットが調査され、近世威徳寺のその周辺での生業の一端を確認した。

Ⅱ　各都道府県の動向

2．〔文献一覧〕
報告書
1．飯豊町教育委員会『飯豊町内遺跡発掘調査報告書（2）』飯豊町教育委員会埋蔵文化財調査報告書第6集
2．大江町教育委員会『左沢楯山城跡調査報告書（16）史跡左沢楯山城跡第Ⅰ期保存整備に伴う確認調査総括報告書』大江町埋蔵文化財調査報告書第18集
3．上山市教育委員会『史跡羽州街道楢下宿金山越発掘調査報告書』上山市埋蔵文化財調査報告書第6号
4．寒河江市教育委員会『寒河江市内遺跡発掘調査報告書（23）』寒河江市埋蔵文化財調査報告書第40集
5．天童市・三協技術『天童市礼井戸遺跡　天童市高擶東遺跡　市道清池南小畑線道路工事に伴う埋蔵文化財発掘調査報告書』天童市埋蔵文化財調査報告書第39集
6．東北芸術工科大学東北文化研究センター『山形県高畠町日向洞窟遺跡の発掘調査概要（2013～2016年度）』
7．長井市教育委員会『市内遺跡発掘調査報告書（25）　森観音堂遺跡の調査　横沢山館の調査　館山館の調査他』長井市埋蔵文化財調査報告書第39集
8．南陽市教育委員会『沢田遺跡』南陽市埋蔵文化財調査報告書第14集
9．南陽市教育委員会『南陽市遺跡分布調査報告書（5）』南陽市埋蔵文化財調査報告書第15集
10．南陽市教育委員会『南森測量調査報告書（古墳推定地に関する調査）』南陽市埋蔵文化財調査報告書第16集
11．山形県教育委員会『分布調査報告書（43）』山形県埋蔵文化財調査報告書第222集
12．山形県埋蔵文化財センター『馳上遺跡第2～4・6次発掘調査報告書』山形県埋蔵文化財センター調査報告書第225号
13．山形県埋蔵文化財センター『蝉田遺跡第1・2次発掘調査報告書』山形県埋蔵文化財センター調査報告書第226号
14．山形県埋蔵文化財センター『押出遺跡第6次発掘調査報告書』山形県埋蔵文化財センター調査報告書第227号
15．山形県埋蔵文化財センター『壇山古窯跡群第9地点遺跡発掘調査報告書』山形県埋蔵文化財センター調査報告書第228号
16．米沢市教育委員会『遺跡詳細分布調査報告書第30集　開発に伴う包蔵地内分布調査　大規模開発に伴う分布調査　保存整備事業に伴う確認調査　分布調査』米沢市埋蔵文化財調査報告書第111集
17．米沢市教育委員会『威徳寺東遺跡発掘調査報告書』米沢市埋蔵文化財調査報告書第112集
18．米澤前田慶次の会『無苦庵跡第2次発掘調査報告書』

論　文
19．五十嵐貴久「山形城跡」『北日本における近世城郭　研究報告資料集』日本考古学協会2016年度弘前大会実行委員会
20．五十嵐貴久「北日本における近世城郭改築の様相」『北日本における近世城郭　研究報告資料集』日本考古学協会2016年度弘前大会実行委員会
21．植松暁彦　「山形県の様相」『東生第5号　特集：小型丸底土器』東日本古墳確立期土器検討会
22．うきたむ考古の会『うきたむ考古』第21号
　　　鈴木三男「第24回企画展記念講演会『縄文人がつくったふるさとの森』」
　　　佐藤鎮雄「大橋館と湯目氏」
　　　清野春樹「置賜のアイヌ語地名その一」
23．北村山地域史研究『北村山の歴史』15号
　　　植松暁彦「村山市清水西遺跡の旧石器時代　遺跡概要と性格について」
　　　菅原哲文「村山市西海渕遺跡　縄文時代中期の拠点集落の様相」
　　　川崎利夫「北村山の古墳」
　　　保角里志「中枢の城　楯山城を探る」
24．さあべい同人会『さあべい』第31号
　　　大類　誠「延沢城本丸跡の建物跡　本丸跡A地点の礎石をもつ建物跡と掘立建物跡」

　　　　　川崎利夫「山形の古墳とその時代（２）後半期の古墳の様相」
　　　　　松岡　進「鷹巣館（山形県大石田町）の再検討」
　　　　　三浦浩人「山辺町北山の楯の峰館跡について」
　　　　　保角里志「山形市成沢城跡の縄張り調査報告」
　　　　　加藤和徳「東村山郡中山町の中世石造美術　柳沢字楯堂（戸）墓戸から出土の遺品について」
　　　　　高橋　拓「深山焼蟹沢窯跡にみる置賜近世窯業の転換」
　　　　　楠千栄美「飯豊町天養寺観音堂に祀られる石仏群の調査と考察」
　　　　　須藤英之「山形県における文化財保護体制の課題について　未来への課題へ対応してゆくために」
25. 菅原哲文　「鶴ケ岡城跡」『北日本における近世城郭　研究報告資料集』日本考古学協会2016年度弘前大会実行委員会
26. 菅原哲文　「山形県報告」『第14回土偶研究会　青森県大会資料』土偶研究会
27. 高桑　登　「亀ケ岡城跡」『北日本における近世城郭　研究報告資料集』日本考古学協会2016年度弘前大会実行委員会
28. 東北芸術工科大学東北文化研究センター『研究紀要』15号
　　　　　安斎正人「縄紋時代像を考える『縄文人の生活世界』補遺」
　　　　　小林圭一「会津地方の大木６式土器と沼沢火山の噴火」
29. 東北芸術工科大学歴史遺産学科『歴史遺産研究』第11号
　　　　　長井謙治「日向洞窟発掘50年の歩み　その現代的意義」
　　　　　亀山絵莉香「米代川流域・米沢盆地・信濃川流域における三脚石器の地域性と影響関係についての一考察」
　　　　　須貝慎吾「舘山城下町の復元的考察　伊達氏における中近世移行期の城下町形態について」
30. 東北日本の旧石器文化を語る会『東北日本の旧石器時代研究　回顧と展望』
　　　　　大場正善「石器製作技術研究の展望と課題　型式学的技術研究から石器技術学研究へ」
　　　　　長井謙治「東北日本における旧石器・縄文時代移行期の研究　日向洞窟発掘50年を経て」
　　　　　泰　昭繁「米沢盆地の乱流堆積層に含まれる珪質頁岩の偽石器」
　　　　　熊谷亮介・里村　静・洪　恵媛・鹿又喜隆・阿子島香「山形県新庄市白山Ｂ遺跡第２次発掘調査」
　　　　　長井謙治「日向洞窟遺跡発掘調査の概要2016」
31. 西村山地域史研究会『西村山地域史の研究』第34号
　　　　　小林圭一「最上川中流域の縄文集落について」
　　　　　伊藤清郎「最上川を治める城館」
32. 保角里志　『山形県最上地方の城と楯　最上氏・大宝寺氏・小野寺氏境目争乱地の縄張調査報告書』さあべい同人会
33. 三浦一樹　「東北地方における弥生前期研究の現状と課題」『仙台平野に弥生文化はなかったのか　藤尾慎一郎氏の新説講演と意見交換　予稿集』弥生時代研究会
34. 山形県地域史研究協議会『山形地域史研究』42
　　　　　須賀井新人「平安初頭の南出羽における律令信仰の様相」
　　　　　水戸部泰子「左沢楯山城跡発掘調査概報」
　　　　　大宮富善「慈恩寺の法会」
　　　　　建部真也「平塩経塚発掘調査の紹介」
　　　　　山内善信「旧月光山本道寺遺跡調査報告」
35. 山形県埋蔵文化財センター『研究紀要』第９号
　　　　　大場正善「押圧の痕跡　先史時代珪質頁岩製石器資料に対する技術的理解のために　その２」
　　　　　小林圭一「宮城県七ケ宿町小梁川遺跡の集落構成について」

Ⅱ 各都道府県の動向

　　　菅原哲文「最上川中・下流域における縄文時代中期から後期の遺跡分布」
　　　高桑　登「Ｘ線ＣＴによる一括出土銭の調査」
36. 山形県立博物館『山形県立博物館研究報告』
　　　押切智紀「佐藤栄太採集考古資料について」
　　　山口博之「寶幢寺旧蔵の渡来品」
37. 山形県立米沢女子短期大学日本史学科米沢史学会『米沢史学』第32号
　　　落合義明「中世後期の土豪屋敷と『横堀』」
　　　高橋　拓「宮城県白石市蔵本字鍋石の近世窯業の研究　白石焼鍋石窯跡の表採資料から」
38. 山形考古学会『山形考古』第46号
　　　水戸部秀樹「口絵　壺形彩漆土器（山形県高畠町押出遺跡出土）解説」
　　　佐藤庄一「佐原真さんを想う」
　　　渋谷孝雄・安彦政信・佐々木繁喜「山形県中山町滝１遺跡の広郷型細石刃核と松岡山遺跡の尖頭器の原産地推定とその意義」
　　　佐々木繁喜・大類　誠「山形県尾花沢市内の縄文遺跡から出土した黒曜石製石器の蛍光Ｘ線分析による原産地推定」
　　　阿部明彦「庄内平野における古墳時代のはじまり　畑田遺跡の古墳時代前期土師器の編年を通して」
　　　青木　豊・中島金太郎「寒河江市平塩熊野神社境内地経塚発掘調査報告（概要）」
　　　稲村圭一「東根市柏原遺跡採集の石器について」
39. 遊佐町教育委員会『鳥海山麓　小山崎遺跡から　現代に伝わる縄文の風景・くらし　シンポジウム　報告書』
　　　渋谷孝雄「小山崎遺跡の概要　低地部の調査成果と課題」
　　　岡村道雄「低湿地遺跡の重要性」
　　　鈴木三男「小山崎遺跡の植生と植物利用文化」
　　　吉川純子「小山崎遺跡から出土した大型植物遺体」
　　　小林　克「小山崎遺跡の動物遺存体と『サケ』をめぐる民俗文化」
　　その他
40. 寒河江市教育委員会『第４回慈恩寺講演会　修験と仏堂』
　　　原田昌幸「考古学から見た山岳信仰の遺宝　大峰山・男体山・そして出羽三山」
　　　黒田龍二「中世仏堂について」
41. 山形県埋蔵文化財センター『年報　平成28年度』
42. 山形県立博物館『考古学講座　古代の村山』
　　　竹田純子「野後駅（のじりえき）擬定地を探る」
　　　高桑弘美「墨書土器が語る古代のくらし」
　　　阿部明彦「炉鍛冶施設をもつムラ」
　　　伊藤邦弘「瓦を供給した生産跡」
43. 山形県教育委員会『山形県発掘調査速報会2016』
　　　山形県教育委員会「平成28年度の県内の発掘調査の概要について」
　　　山形市教育委員会「史跡山形城跡（本丸・二ノ丸）」
　　　上山市教育委員会「羽州街道楢下宿金山越」
　　　米沢市教育委員会「大南遺跡」
　　　山形県埋蔵文化財センター「馳上遺跡・元立北遺跡」「壇山古窯跡群」「八幡西遺跡」「上竹野遺跡」
44. 山形県立うきたむ風土記の丘考古資料館『うきたむ学講座（全４回）』
　　　平吹利数「野仏に秘められたものＰⅡ」

山形県

　　　宮本晶朗「塩田行屋の仏像とその由来」
　　　今野賀章「伊達氏のふるさと梁川城」
　　　宮田直樹「伊達時代の米沢　舘山城跡を中心に」
　　　髙橋　拓「置賜の窯跡」
　　　渡辺芳郎「江戸前期の地方窯業」
　　　阿部宇洋「置賜の民俗」
　　　伊藤義隆「川西町の石造物」
45. 山形県立うきたむ風土記の丘考古資料館『第18期考古学セミナー（全３回）』
　　　渋谷孝雄「山形県内の縄文時代植物利用の概要」
　　　水戸部秀樹「押出遺跡の植物利用」
　　　大川貴弘「小山崎遺跡の植物利用」
　　　小林圭一「高瀬山遺跡の水場遺構と植物利用」
　　　吉川昌伸「縄文時代の植生史と植物利用」
　　　吉川純子「出土遺体にみる縄文時代の植物利用」
46. 山形県立うきたむ風土記の丘考古資料館『企画展記念講演会』
　　　鈴木三男「縄文人がつくったふるさとの森」
47. 山形県立うきたむ風土記の丘考古資料館『考古資料検討会』
　　　竹田純子「2016年県内の発掘調査の概要」
　　　天本昌希「壇山古窯群」
　　　菊池玄輝「八幡西遺跡」
　　　渡辺和行「馳上遺跡８次」
　　　佐藤智幸「大南遺跡」
　　　長井謙治「日向洞窟西地区遺跡」
　　　井田秀和「日向洞窟遺跡範囲確認調査」
48. 山形県立うきたむ風土記の丘考古資料館『第24回企画展　森と暮せば―縄文人の植物利用―』
49. 山形考古学会『平成28年度山形考古学会研究大会　遊佐大会』
　　　小野　忍「鶴岡市鷺畑山１号墳の調査」
　　　阿部明彦「庄内平野における古墳時代のはじまり」
　　　菅原哲文「大蔵村上竹野遺跡の調査」
　　　大川貴弘「小山崎遺跡の調査報告」
　　　佐藤庄一「小山崎遺跡の調査と課題」
　　　小林圭一「小山崎遺跡に対するコメント」
50. 山形市教育委員会『山形市埋蔵文化財調査年報―平成28年度―』
51. 米沢市上杉博物館『開館15周年記念特別展　米沢中納言上杉景勝』
52. 米沢市上杉博物館『開館15周年記念特別展　伊達氏と上杉氏　舘山城国史跡指定記念』
53. 米沢市上杉博物館『戦国時代展公式図録』
54. 米沢市教育委員会『舘山城跡国史跡指定記念講演会　ここまでわかった！国史跡舘山城跡　その実像とこれからの活用にむけて』
　　　佐藤鎮雄「舘山城と山形の中世城館」
　　　伊藤清郎「文献史料からみる舘山城」
　　　佐藤公保「国史跡舘山城跡の発掘調査成果について」
　　　近江俊秀「史跡舘山城跡の整備・活用に向けて」

Ⅱ　各都道府県の動向

7　福　島　県

岡　部　睦　美

1.〔調　査〕

　福島県における2016年度の文化財保護法のうち埋蔵文化財に関する届出・通知の件数は、法92条の通知が4件、法第93条の届出が262件、法第94条の通知が60件、法99条の届出が13件であった。そのほか保存目的の範囲確認調査・国史跡整備目的、過年度からの継続調査等を含め、本県内で実施された本発掘調査の遺跡数は、52件であった。

　傾向として、民間事業では中通りの都市部における個人住宅建設等の住居確保目的の工事が依然として多く、また浜通り、特に南相馬市における土砂採取が右肩上がりである。土砂採取対象の丘陵地は、古代製鉄遺跡が密に所在しており、市教委では重機使用が困難な山林を人力で試掘調査を実施しながら保存協議を続けている。

　公共工事では、復興庁が2016年度までの集中復興期間を終了し、後期5年間（2020年度まで）を「復興・創生期間」と位置付けたことにより、県内の復興に向けた取り組みが具体化してきた。一方で、原発事故による避難指示が継続している自治体では復旧工事に着手できない状況があり、県内の埋蔵文化財保護対応は複雑化している。特に、中間貯蔵施設建設が双葉町・大熊町において着手され、県教育委員会では埋蔵文化財調査の取扱方針を設け、試掘調査を実施した。

　さて震災後の新たな動きとして、整備活用目的の事業が増加傾向にあり、今後の文化財活用が果たす役割に繋がるものと期待される。また、8月に京都で開かれた世界考古学会議では福島大学菊地芳朗教授がコーディネーターを務めたセッション「Voices from Fukushima」により、本県の現況を世界に発信したことも特筆される。

旧石器時代

　会津若松市笹山原遺跡№16では、郡山女子大学短期大学部による第16次発掘調査が実施された。楢葉町大谷上ノ原遺跡5次調査では、出土した23点の石器のうち14点がまとまって分布するブロックと認定された。石器群は切出形ナイフ形石器で組成された後期旧石器時代後半期の始良Tn火山灰降灰直後の段階が主体と考えられる（文献35）。

縄文時代

　南相馬市の植松C遺跡では、集落に伴う可能性がある縄文時代前期から中期の遺物包含層が確認された。大量の土器、石器、土製品、動物の焼いた骨片が出土し、中でも沈線で文様が描かれた板状の小型土偶が注目される。矢祭町我満平遺跡では、縄文時代中期から後期を主体とする集落跡が確認された。本遺跡は、かつて硬玉製大珠が出土しており、複式炉を持つ2軒の竪穴住居跡を含め、当該期の拠点的な集落の一部が明らかとなった。同町中山遺跡では縄文時代早期、中期から後期の2時期を主とする遺物包含層を確認した（文献43）。楢葉町高橋遺跡では、昨年度に続き縄文時代後期から晩期の集落跡、田村市北ノ作遺跡は、縄文時代後期から晩期の集落跡の一部で竪穴住居跡と大型の礫を配置する配石遺構が検出された。下郷町の瀧ノ入遺跡では縄文時代後期から晩期の土坑1基、土器、石器が出土した。

弥生時代

　下郷町瀧ノ入遺跡からは、弥生時代中期後半の土壙墓を含む土坑20基、同時期の土器・石器が出土した。須賀川市高木遺跡では弥生時代後期の竪穴住居跡、同市虚空蔵遺跡で弥生時代後期の竪穴住居跡1軒が調査された。国重要文化財「磐城楢葉天神原遺跡出土品」が1979（昭和54）年度の発掘調査で出土した楢葉町天神原遺跡では、弥生時代中期の再葬墓群の範囲確認再調査を行い、南端の再葬墓の拡がりを確認した。また、1950（昭和25）年の発掘調査で多彩な植物性遺物が出土した白河市天王山遺跡では、往時の調査トレンチを再調査し、当時の出土層位等の確認を行った。

古墳時代

　大学による学術調査2件が行われ、まずは直径54m以上の円墳または前方後円墳の可能性がある須賀川市団子山古

墳の福島大学第6次調査では、墳頂調査区で墓壙の範囲を確認した。古墳の年代は出土埴輪等から4世紀後半と考えられる（文献38）。また、喜多方市灰塚山古墳では、東北学院大学第6次調査により2つの主体部の掘り下げを実施した。第1主体部で粘土床上に設置された木棺痕跡を確認し、小型仿製鏡、ガラス製腕飾り、多量の堅櫛、大刀が、第2主体部は、石棺を石組みで覆い、その上を粘土密封する構造で、石棺の蓋石上から多量の鉄製武器が出土した。出土遺物から古墳時代中期に位置付けられ、会津盆地の古墳時代空白期を埋める発見となった（文献23）。

行政調査では、南相馬市鹿島区で前方後円墳を含む永田古墳群Bが新発見された。復興事業に伴う民間の土砂採取が原因であったが、復興最前線の現場においても埋蔵文化財保護の基本を失わない南相馬市の姿勢に改めて敬意を表する事例であった。永田古墳群と同じ真野川流域の自然堤防上にある桶師屋遺跡では、古墳時代中期の集落跡が確認された。石製模造品が出土する竪穴住居跡6軒とそれを囲む溝跡・柵跡が検出された。その他集落跡として、南相馬市原町区の谷地中遺跡、梨木下西館跡、鹿島区南海老南町遺跡で調査が行われた。須賀川市高木遺跡では、古墳時代前期の密集する竪穴住居跡と畑跡、自然流路跡、土器集中地点が検出された。竪穴住居跡のうち枕石が置かれる形態は、南関東の様相との近似が指摘される。同市虚空蔵遺跡では竪穴住居跡3軒が確認された。会津坂下町境ノ沢古墳群は19基の方墳を中心とする古墳群で、周溝内の土坑から古墳時代前期の直径6.5cmの珠文鏡が出土した。豪族居館跡である国史跡の喜多方市古屋敷遺跡では、方形区画施設北東部で竪穴建物跡を確認した。

いわき市塚前古墳では周溝と墳丘の調査が行われ、周溝堆積土から円筒埴輪片が出土した（文献7）。後の福島大学の測量調査では前方後円墳の可能性が指摘されている。また2015年度に調査された神谷作101号墳の整理作業が進み、国重要文化財「埴輪男子跪坐像」の附である男子跪坐像に接合する脚部分が確認された（文献5）。浪江町大平山A横穴墓群で34基の横穴墓が調査されたが、時期を判別する明瞭な遺物は出土しなかった。

古 代

官衙関連として郡衙推定遺跡である、会津若松市郡山遺跡（会津郡衙）、郡山市清水台遺跡（安積郡衙）、二本松市郡山台遺跡（安達郡衙）、双葉町堂ノ上遺跡（標葉郡衙関連）で調査が実施された。集落跡では、須賀川市高木遺跡で奈良時代の竪穴住居跡、掘立柱建物跡、柵列、畑跡、溝跡が検出された。また南相馬市植松C遺跡において掘立柱建物跡6棟、竪穴住居跡11軒が確認され、その他梨木下西館跡、桶師屋遺跡、楢葉町高橋遺跡、下郷町瀧ノ入遺跡、桑折町新宿遺跡、川原田遺跡で集落跡の一部が確認された。宗教施設では、湯川村堂後遺跡では勝常寺伽藍の区画施設である堀跡の確認調査が行われた。その他、南相馬市谷地中遺跡で鍛冶炉跡、木炭焼成土坑が確認されている。

中 世

中世城館の調査では伊達市梁川城跡において伊達氏居城時代の整地層の把握、心字の池と館跡の関連を確認する調査を行った。また旧梁川亀岡八幡宮跡である堂庭遺跡では、三重塔礎石が原位置を留めていることを確認した。北塩原村柏木城跡では主郭のトレンチ調査が行われ、中でも櫓台と呼ばれる箇所で石積みと石列を組み合わせた施設が確認された。会津美里町の国史跡向羽黒山城跡では、二曲輪から一曲輪へ至るルートと推定される箇所で複数の礎石が検出された。さらに国見町の国史跡阿津賀志山防塁の調査では防塁を横断するトレンチを設定し、土塁と堀の構造を確認した。地山・岩盤を掘り下げた築造方法、埋没状況を把握した。西会津町横町館跡では、堀跡・多数の柱穴、「開元通宝」「皇宋通宝」等の渡来銭が出土した。伊達市上ノ台館跡では堀切、平場の規模と構造が判明した。中世の集落跡は、南相馬市桶師屋遺跡、南町南海老遺跡、下郷町瀧ノ入遺跡、伊達市沼ケ入遺跡、桑折町馬場遺跡、木製品が良好な状況で確認された須賀川市虚空蔵遺跡がある。なお10月3日に白河市白川城跡が国史跡として新指定されたことを付記しておく。

近 世

二本松市の国史跡二本松城跡では、保存目的調査で城内路（大手道）の位置の特定、また「遠裡門」の可能性がある遺構、本坂御殿における埋没石垣の根石構造を確認した。さらに幕末期の藩校「敬学館」跡と推定される建物跡や箕輪門正面通路の区画石列が検出された。棚倉町の棚倉城跡では、本丸土塁上の多門櫓礎石列が隅櫓に取り付く状況が明らかとなった。その他近世城郭では、白河市の国史跡小峰城跡において石垣の災害復旧工事に伴う構造確認調査が行われた。また、会津若松市において武家屋敷跡である岩田市右衛門邸跡（石高100石）の調査が行われた（文献1）。国史跡の磐梯町慧日寺跡では、中心伽藍の東方の範囲確認調査で近世前半までに畑地として開墾された状況を確認した。

Ⅱ　各都道府県の動向

2．〔文献一覧〕
報告書

1. 会津若松市教育委員会『若松城郭内武家屋敷跡岩田市右衛門邸跡』会津若松市文化財調査報告書第152集
2. 猪苗代町教育委員会『史跡会津藩主松平家墓所保存整備事業報告書』
3. いわき市教育委員会『後田遺跡・後田古墳群』いわき市埋蔵文化財調査報告第178冊
4. いわき市教育委員会『泉町Ｃ遺跡2』いわき市埋蔵文化財調査報告第179冊
5. いわき市教育委員会『神谷作古墳群』いわき市埋蔵文化財調査報告第180冊
6. いわき市教育委員会『平成28年度市内遺跡試掘調査報告』いわき市教育委員会181冊
7. いわき市教育委員会『塚前古墳』調査概報
8. 大熊町教育委員会『平成26年度町内遺跡試掘調査報告』大熊町埋蔵文化財調査報告第7冊
9. 喜多方市教育委員会『野田Ｂ遺跡（1次）』喜多方市埋蔵文化財調査報告書第22集
10. 喜多方市教育委員会『平成28年度　市内遺跡発掘調査報告書』喜多方市埋蔵文化財調査報告書第23集
11. 国見町教育委員会『国見町町内遺跡調査事業報告書1』国見町文化財調査報告書第27集
12. 国見町教育委員会『阿津賀志山防塁史跡整備調査報告2』国見町文化財調査報告書第28集
13. 郡山市教育委員会『郡山市埋蔵文化財分布調査報告23』
14. 白河市教育委員会『小峰城跡発掘調査報告書　城山公園整備に伴う調査4』白河市埋蔵文化財調査報告書第76集
15. 白河市教育委員会『小峰城跡災害復旧事業報告書1―搦手門―』白河市埋蔵文化財調査報告書第77集
16. 須賀川市教育委員会『須賀川城跡Ⅱ（加治町地点）』須賀川市文化財調査報告書第63集
17. 只見町教育委員会『宮前遺跡発掘調査報告書』只見町教育委員会第22集
18. 伊達市教育委員会『平成28年度市内遺跡調査報告書（試掘調査）』伊達市埋蔵文化財調査報告書第27集
19. 伊達市教育委員会『金秀寺遺跡（10次調査）』伊達市埋蔵文化財調査報告書第28集
20. 伊達市教育委員会『平成28年度市内遺跡調査報告書（堂庭遺跡）』伊達市埋蔵文化財調査報告書第29集
21. 棚倉町教育委員会『棚倉城跡』棚倉町埋蔵文化財調査報告書26
22. 田村市教育委員会『市内遺跡調査報告書Ⅳ　各種開発に伴う調査』田村市文化財調査報告書
23. 辻　秀人他「福島県喜多方市灰塚山古墳第6次発掘調査報告」『東北学院大学論集　歴史と文化』第56号
24. 二本松市教育委員会『郡山台遺跡Ⅺ』二本松市文化財調査報告書第61集
25. 二本松市教育委員会『二本松城跡25』二本松市文化財調査報告書第62集
26. 二本松市教育委員会『二本松城跡26』二本松市文化財調査報告書第63集
27. 福島県教育委員会『福島県内遺跡分布調査報告23』福島県文化財調査報告書第512集
28. 福島県教育委員会『会津縦貫南道路遺跡発掘調査報告書1』福島県文化財調査報告書第513集
29. 福島県教育委員会『一般国道115号相馬福島道路遺跡発掘調査報告書』福島県文化財調査報告書第514集
30. 福島県教育委員会『農山漁村地域復興基盤総合整備事業関連遺跡調査報告2』福島県文化財調査報告書第515集
31. 福島県教育委員会『県道北泉小高線関連遺跡発掘調査報告2』福島県文化財調査報告書第516集
32. 福島県教育委員会『県道広野小高線関連遺跡発掘調査報告1』福島県文化財調査報告書第517集
33. 福島県教育委員会『東日本大震災復興関連遺跡調査報告3』福島県文化財調査報告書第518集
34. 福島県教育委員会『保管場設置等工事予定地における埋蔵文化財調査報告』福島県文化財調査報告書第519集
35. 福島県教育委員会『常磐自動車道遺跡調査報告73』福島県文化財調査報告書第520集
36. 福島市教育委員会『平成28年度市内遺跡試掘調査報告書』福島市埋蔵文化財報告書233集
37. 福島市教育委員会『古舘跡』福島市埋蔵文化財報告書第232集
38. 福島大学考古学研究室『団子山古墳4・塚野目古墳群1』福島大学考古学研究報告第10集
39. 南会津町教育委員会『久川城跡試掘調査報告書』南会津町埋蔵文化財調査報告書1集
40. 南相馬市教育委員会『南相馬市内発掘調査報告書10』南相馬市埋蔵文化財調査報告書第24集

福 島 県

41. 南相馬市教育委員会『東日本大震災復興関連遺跡発掘調査報告書1』南相馬市埋蔵文化財調査報告書第25集
42. 南相馬市教育委員会『大悲山石仏保存修理事業報告書』
43. 矢祭町教育委員会『中山遺跡―国道349号改良工事に伴う発掘調査報告書―』矢祭町教育委員会第9集
44. 湯川村教育委員会『平成27・28年度　村内遺跡発掘調査報告書』湯川村文化財調査報告書第12集

論　文

45. 会田容弘　「特別企画『山中一郎とフランス旧石器考古学』に寄せて」『古代文化』
46. 会田容弘・桑野　聡・仲田佐和子「博物館実習実質化の試み―福島県立博物館冬の特集展『発掘ガール』―」『文化学科（資格課程）報告集』第18集
47. 会田容弘　「2016（平成28）年度文化学科考古学発掘実習報告―笹山原遺跡 No.16　第16次発掘調査―」『文化学科（資格課程）報告集』第19集
48. いわき地方史研究会『いわき地方史研究』第53号
　　石川太郎「いわき市における中世の石鉢」
　　大竹憲治「磐城・下山口磨崖仏瞥見記」
　　菅原文也「古墳時代における遺体を墳墓に葬るまでの過程について（2）―『殯（モガリ）儀礼』を中心に―」
　　中井忠和「石城地区における楯縫氏に関する初歩的考察」
　　中山雅弘「最後のゴミ穴―いわき市大谷遺跡の廃棄土坑―」
　　野坂知広「蚕形土製品の再検討」
49. 大竹憲治　「中国新石器時代墓坑埋葬施設（葬具）における二三の様式」『潮流』第43号　いわき地域学會
50. 大竹憲治　「河西回廊の石窟寺院に見る供養人物壁画考：炳霊寺石窟第一六九窟・敦煌莫高窟第六一窟などの事例を中心に」『考古学論究』（17）立正大学考古学会
51. 菊地芳朗　「福島県の被災博物館と『震災ミュージアム』」『博物館研究』
52. 菊地芳朗　「出土武器類からみた城の山古墳」『城の山古墳発掘調査報告書』胎内市教育委員会
53. 菊地芳朗　「福島県における被災文化財保護活動の現在」『文化財科学と自然災害　ふくしまの被災文化遺産の継承』日本文化財科学会
54. 菊地芳朗　「フクシマから考える災害と文化遺産」考古学研究
55. 佐川正敏・藤木　海「東北地方の6282-6721系軒瓦」『古代瓦研究Ⅶ―平城宮式軒瓦の展開1　6225-6663系―・―平城宮式軒瓦の展開2　6282-6721系―』奈良文化財研究所
56. 新進考古学同人会『史峰』第44号
　　大竹憲治「中国新石器時代の大汶口遺跡出土石鏃・玉鏃の再考」
　　野坂知広「縄文時代後期における配石墓の平面形態」
57. 菅原祥夫　「列島周縁の比較考古学」『日本古代考古学論集』同成社
58. 中山雅弘　「夏井廃寺をめぐる諸問題」『いわき市教育文化事業団研究紀要』第14号　いわき市教育文化事業団
59. 中山雅弘　「近代考古学研究論考」『近代考古学研究論考』前原文庫
60. 藤木　海　「泉官衙遺跡の保存と活用：震災復興と文化財」『明日への文化財』75号　文化財保存全国協議会
61. 仲田佐和子・会田容弘・桑野　聡「学芸員養成課程の実質化と地域貢献の試み―郡山女子大学短期大学部文化学科を例として―」『全博協研究紀要』第19号
62. 藤木　海　「官衙遺跡群としての郡衙」『考古学ジャーナル』No.692　ニュー・サイエンス社
63. 福島県考古学会『福島考古』第58号
　　大竹憲治「福島県浜通り地方における摩崖仏研究序説―大悲山石仏群（観音堂・薬師堂）と住吉・鴻草・下山口の三摩崖仏を中心に―」
　　木本元治「平安時代の土師器編年と^{14}C年代の有効性」
　　日下部善己「玉井城の位置と構造―先学の業績紹介を含めて―」

Ⅱ　各都道府県の動向

　　　菅原祥夫「もう1つの製鉄工人系譜―陸奥国信夫郡安岐里と安芸国―」
　　　中村五郎「鳥居龍蔵・喜田貞吉と会津大塚山古墳（その1）」
　　　柳内壽彦「会津若松市湊町岩倉山の板碑の基礎的考察」
　　　山本　誠「福島復興調査元年」
　　　横須賀倫達「双葉町清戸廹8号横穴出土遺物の研究Ⅰ―小札甲―」
64. 福島県文化財センター白河館『研究紀要2016』
　　　笠井崇吉「展示におけるフィクション活用の試み―ふくしま復興展『ふくしま平安ものがたり』を例に―」
　　　小暮伸之・和田伸哉「平成28年度の文化財研修と文化財講演会について」
　　　佐藤　啓「当館収蔵資料の新知見」
　　　福島県文化振興財団・加速器分析研究所「まほろん収蔵資料のAMS年代測定結果報告（平成28年度分）」
65. 福島県立博物館「長井前ノ山古墳発掘調査報告Ⅱ―発掘調査―」『福島県立博物館紀要』第31号
66. 吉田秀享　　「鉄製梵鐘」『モノと技術の古代史　金属編』吉川弘文館
67. 柳沼賢治　　「被災地における文化財の役割」『平成28年度年報』福島大学うつくしまふくしま未来支援センター
68. 柳沼賢治　　「被災文化財と震災遺産を次世代に」『経済同友』7通巻No.790　経済同友会

その他
69. 会田容弘　　「楢ノ木平遺跡の石刃製作技術変異」『津南シンポジウムⅩⅡ予稿集　津南段丘の杉久保石器群』新潟県津南町教育員会信濃川火焔街道連携協議会
70. 会津坂下町『会津坂下町史第四巻　資料編Ⅰ　考古』会津坂下町史編さん委員会
71. 泉崎村　　　『泉崎村文化財ガイドブック』
72. 及川良彦　　「支援と交流のing（アイ　エヌ　ジー）」『東日本大震災復興と埋蔵文化財の保護の取組（報告）―発掘調査の実施と活用への取組編―』文化庁記念物課
73. 北塩原村教育委員会『北塩原村の歴史・自然・文化2　伊達政宗の会津侵攻（講演録）』
74. 菊地芳朗　　「福島第1原発事故被災地域の文化財保護対策の課題」『日本考古学協会第82回（2016）総会発表要旨』日本考古学協会
75. 坂本和也　　「高橋遺跡」『発掘された日本列島2016新発見考古速報』文化庁
76. 白河市歴史民俗資料館「松平家と松浦家―秦姫の婚礼調度と松浦家の名宝―」特別企画展
77. 棚倉町教育委員会「棚倉城跡」『第14回全国城跡等石垣整備調査研究会　資料集』第14回全国城跡等石垣整備調査研究会実行委員会事務局（石川県金沢城調査研究所）
78. 富岡町・福島大学・福島大学うつくしまふくしま未来支援センター『ふるさとを　想う　まもる　つなぐ～地域の大学と町役場の試み～』
79. 東北日本の旧石器文化を語る会『東北日本の旧石器時代研究―回顧と展望―』
　　　会田容弘「笹山原遺跡No.16　第16次発掘調査」
　　　門脇秀典・佐藤　俊・山田和史「福島県大谷上ノ原遺跡（5次調査）」
80. 福島県考古学会『平成28年度福島県考古学会第58回大会』
　　　菊地芳朗「第8回世界考古学会議京都大会（WAC-8）と福島セッション」
　　　梶原文子「堂後遺跡」・藤木　海「観音堂石仏」・平澤　慎「団子山古墳」・佐藤　俊「五畝田・犬這遺跡」
　　　濱田千俊「横町館跡」・藤田直一・塚野聡史「棚倉城跡」・猪狩みち子「高橋遺跡」・渡部展好「古屋敷遺跡」
　　　中野幸大「高木遺跡」・木本元治「平安時代における^{14}C年代の有効性」
81. 福島県文化財センター白河館「城跡を掘るⅠ・Ⅱ」『開館15周年記念事業指定文化財展「城跡の考古学」関連シンポジウム』
82. 藤田直一・塚野聡史「棚倉城跡」『第Ⅲ分科会　北日本における近世城郭　研究報告資料集』日本考古学協会2016年度弘前大会実行委員会

83. 南相馬市　『原町市史　第一巻　通史編Ⅰ「原始・古代・中世・近世」』
84. Yoshio Kikuchi, "The Archaeology and cultural heritage in Fukushima: After the Great Northeast Japan Earthquake and the Fukushima Daiichi Power Plant accident," The Eighth World Archaeological Congress

8　茨　城　県

清　水　哲

1.〔調　査〕

　2016年度の茨城県における発掘調査は、保存・整備目的の学術調査が11件、開発事業に伴う発掘調査が64件で、総計75件であった。総調査面積は、177,651㎡である。以下、現地説明会や報道公開されたものなどを中心に、主な発掘事例について紹介する。

旧石器時代

　那珂市下大賀遺跡は、那珂市の北部、玉川南岸の標高40～42mの台地上に立地している。前年度から継続して石器集中地点1か所が調査され、槍先形尖頭器の製作跡であることが判明した。柴崎大堀遺跡は、つくば市の東部、桜川と花室川に挟まれた標高26mの台地上に立地している。石器集中地点1か所が確認され、拳大程度の礫が半分に割られた状態に復元できる石核、剥片の接合資料が出土している。

縄文時代

　東田中遺跡は、石岡市の南東部、山王川東岸の標高25mの台地上に立地し、中期中葉を中心とした竪穴建物跡3棟、土坑470基が確認された。鶴ケ居貝塚は、行方市の北東部、北浦南岸の標高34mの台地上に立地し、中期中葉の竪穴建物跡6棟、土坑560基が調査された。いずれも、谷に面した台地縁辺部に複雑に重なりあった袋状土坑群が展開しており、台地平坦部を居住域に、周辺の緩斜面部を貯蔵の場に利用していた集落景観が推定されている。

　その他、那珂市下大賀遺跡で前期初頭の竪穴建物跡2棟、潮来市清水原山遺跡で中期末～後期前葉の竪穴建物跡3棟、常陸太田市瑞龍遺跡で後期初頭の石囲炉が付設された竪穴建物跡1棟などが確認されている。

弥生時代

　見川塚畑遺跡は、水戸市の中央部に位置し、桜川と沢渡川の合流部の西岸、標高24～27mの台地上に立地している。後期の十王台式期の竪穴建物跡27棟が検出された。竪穴建物跡の規模や形状はバリエーションに富み、当時の居住形態がうかがえるとともに、各建物跡からは一括廃棄された土器群が多量に出土しており、十王台式土器の器種組成を示す良好な資料が得られている。

古墳時代

　下河原崎高山古墳群は、つくば市の南西部、西谷田川東岸の標高25mの台地縁辺部に立地している。墳長38mの前方後円墳（第5号墳）と一辺14mの方墳（第18号墳）が調査された。第5号墳は、埋葬施設2か所が確認されている。1号埋葬施設は箱式石棺で、内部は未盗掘である。人骨6体以上、副葬品として鉄刀、刀子、鏃、銅鋺などが出土している。2号埋葬施設も箱式石棺とみられるが、石材は全て抜き取られている。築造時期は、周溝から出土した須恵器のフラスコ瓶、提瓶などから、7世紀初め頃と推定されている。第18号墳は横穴式石室で、盗掘を受けており、人骨や副葬品は出土しておらず、詳しい築造時期は不明である。その他、つくば市島名本田遺跡では、中期の竪穴建物跡から小型仿製鏡が出土している。

古　代

　金田西遺跡は、つくば市の北東部、桜川西岸の標高25mの台地上に立地している。河内郡家跡の金田官衙遺跡群の北端部にあたり、奈良・平安時代の竪穴建物跡61棟、掘立柱建物跡3棟が検出された。平安時代の竪穴建物跡からは、

Ⅱ　各都道府県の動向

「厨」と墨書された須恵器盤や皇朝十二銭の「神功開宝」が出土しており、郡家に関わりのある人々の集落域と考えられている。島名本田遺跡は、つくば市の南西部、谷田川西岸の標高19～24mの台地上に立地している。奈良・平安時代の竪穴建物跡20棟、掘立柱建物跡5棟、精錬鍛冶の工房跡3基が確認されている。また、奈良時代の竪穴建物跡から把手付中空円面硯、平安時代の竪穴建物跡から石製の腰帯具7点（巡方3点、丸鞆4点）がまとまって出土しており、特筆される。那珂市下大賀遺跡は、常陸国久慈郡倭文郷の中心的な集落と考えられている。今回は第5次調査で、平安時代の竪穴建物跡21棟、掘立柱建物跡14棟が確認された。掘立柱建物跡群は、これまでに道路跡や棹秤の錘である権が出土していることから、倉庫としての機能が推測されている。その他、石岡市東田中遺跡では、平安時代の竪穴建物跡から県内5例目となる小型銅製仏像が出土している。

中　世

金田西坪B遺跡は、つくば市の北東部、桜川西岸の標高25mの台地上に立地している。室町時代の堀・溝跡36条、井戸跡13基、方形堅穴遺構17基、地下式坑7基、火葬施設2基などが確認された。周辺は「宿屋敷」と呼ばれており、大規模な堀による方形区画や鉤の手状の出入口部が設けられていることなどから、城館跡の一部と考えられている。また、隣接する柴崎大堀遺跡の第4次調査では、深さ2.5mの大規模な堀跡の西延長部が確認され、総延長が320m以上になることが判明した。つくば市島名本田遺跡では、室町時代の東西60m、南北40mの長方形に巡る区画溝が検出されている。区画内の各コーナー部には輪宝墨書土器を含む2～3枚のかわらけが埋納されており、地鎮行為と考えられる。

近　世

山王中坪遺跡は、五霞町の東部、利根川と江戸川の分岐点から江戸川を1kmほど下った標高12mの低台地上に立地している。江戸時代後半の堤防跡が確認されており、寶永通寶が出土している。

２．〔文献一覧〕
報告書
1．茨城県教育財団『埃倉遺跡　鐘打東遺跡　埃倉西遺跡』茨城県教育財団文化財調査報告第416集
2．茨城県教育財団『六方遺跡』茨城県教育財団文化財調査報告第417集
3．茨城県教育財団『釈迦新田遺跡2』茨城県教育財団文化財調査報告第418集
4．茨城県教育財団『吉十北遺跡　勘十郎堀跡』茨城県教育財団文化財調査報告第419集
5．茨城県教育財団『殿畠遺跡』茨城県教育財団文化財調査報告第420集
6．茨城県教育財団『髭釜遺跡　行人塚古墳』茨城県教育財団文化財調査報告第421集
7．茨城県教育財団『宮後遺跡2』茨城県教育財団文化財調査報告第422集
8．茨城県教育財団『五蔵遺跡2』茨城県教育財団文化財調査報告第423集
9．茨城県教育財団『宮中野古墳群』茨城県教育財団文化財調査報告第424集
10．牛久市教育委員会『牛久市内発掘調査報告書　平成27年度』牛久市文化財調査報告第14集
11．鹿嶋市文化スポーツ振興事業団『鹿嶋市内遺跡埋蔵文化財発掘調査報告書38』鹿嶋市の文化財第158集
12．かすみがうら市教育委員会『平成28年度かすみがうら市内遺跡発掘調査報告書』
13．土浦市教育委員会・上高津貝塚ふるさと歴史の広場『籾買場遺跡　第2次調査』
14．東海村教育委員会『東海村内遺跡発掘調査報告書　平成27年度』
15．常陸大宮市教育委員会『泉坂下遺跡Ⅴ』茨城県常陸大宮市埋蔵文化財調査報告第26集
16．常陸大宮市教育委員会『上ノ宿遺跡Ⅴ』茨城県常陸大宮市埋蔵文化財調査報告第27集
17．常陸大宮市教育委員会『石沢台遺跡Ⅲ』茨城県常陸大宮市埋蔵文化財調査報告第28集
18．常陸大宮市教育委員会『滝ノ上遺跡Ⅲ』茨城県常陸大宮市埋蔵文化財調査報告第29集
19．常陸大宮市教育委員会『滝ノ上遺跡Ⅳ』茨城県常陸大宮市埋蔵文化財調査報告第30集
20．日立市教育委員会『東海道常陸路及び長者山官衙遺跡—藻島駅家推定遺跡発掘調査成果総括報告書—』日立市文化財調査報告第108集

21. ひたちなか市生活・文化・スポーツ公社『十五郎穴横穴墓群—東日本最大級の横穴墓群の調査—』
22. ひたちなか市生活・文化・スポーツ公社『ひたちなか市内遺跡発掘調査報告書　平成28年度』
23. 水戸市教育委員会『河和田城跡（第26・28地点）』水戸市埋蔵文化財調査報告第71集
24. 水戸市教育委員会『小原遺跡（第16地点）』水戸市埋蔵文化財調査報告第86集
25. 水戸市教育委員会『東前原遺跡（第10地点）』水戸市埋蔵文化財調査報告第89集

論　文

26. 茨城県教育財団『研究ノート』第13号
    海老澤稔「『東田中遺跡』補足報告」
    江原美奈子「縄文時代後期後半から晩期前葉にみられる東北系文様の受容と変化—姥山Ⅱ式波状口縁深鉢の成立に関する予察—」
    奥沢哲也「瑞龍古墳群の方形周溝墓における遺物出土状況の検討」
    駒澤悦郎・小松崎百恵「ナイフと剣—茨城県稲敷郡阿見町吉原地区採集の考古資料の紹介—」
    駒澤悦郎「霞ケ浦西部地域における剣形模造品の出現から消滅—古墳時代中期の剣形模造品の形態分類と地域区分の検討—」
    木村光輝「石材を使用した竈について（2）—（1）の補足及び鹿嶋市における石材を使用した竈について—」
    川井正一「茨城県域における文字資料集成17」
    盛野浩一・内田勇樹「『寺』の文字は何を意味するか—茨城県内出土の墨書土器の検討（2）—」
    坂本勝彦「茨城県内における人面墨書土器の出土について」
    天野早苗・木村光輝・駒澤悦郎・長洲正博「茨城県における地下式坑の展開—地下式坑の形態分類とその分布—」
27. 茨城県考古学協会『茨城県考古学協会誌』第28号
    橋本勝雄「関東・中部における石鏃の出現とその系譜—縄文草創期から縄文早期前半まで—」
    井　博幸「大足舟塚古墳・要害山1号墳の再検討—茨城県央部における中期首長墓編年の確立をめざして—」
    川崎純徳「常陸大宮市梶巾遺跡の柳葉形石槍瞥見」
    瓦吹　堅「高萩市古墳瞥見」
    片平雅俊「神岡上遺跡群・仁井谷遺跡の道路状遺構—高萩市域以北の駅路推定に向けて—」
    森下松壽「『香取の海』と潮来の水運、そして東国三社」
    比毛君男「東城寺経塚群の再検討」
    橋本勝雄「茨城県鹿島台地出土の大型尖頭器3例」
    萩野谷悟・橋本勝雄「茨城県常陸大宮市採集の石槍2点」
    鈴木素行「イクシオンの落とし物—関東地方東部における縄文時代晩期の石棒製作について・Ⅱ—」
    早川麗司「日立市十王町上台廃寺について—研究史の整理と現地踏査から—」
28. 小美玉市史料館『小美玉市史料館報』Vol.10
    河西　学「部室貝塚出土縄文土器の胎土分析」
    佐々木憲一・小野寺洋介・佐藤リディア・九重明大・尾崎裕紀「小美玉市地藏塚古墳測量調査報告」
29. 婆良岐考古同人会『婆良岐考古』第38号
    鈴木素行「フェイク—十王台式土器研究史外伝・7—」
    佐々木義則「茨城県における奈良・平安時代漁網錘の分類とその用法」
    黒澤彰哉「常陸国風土記の歴史地理学的研究Ⅱ—郡における空間認識を中心として—」
    千葉隆司「盆地の考古学—常陸国最大の茨城国造を誕生させ、常陸国府を支えた八郷盆地の文化—」
    横倉要次「茨城県北部の大型石棒Ⅲ」
    青山俊明「日立市上の台遺跡出土の縄文時代後期前葉の土器について考える」

Ⅱ　各都道府県の動向

その他
30. 石岡市教育委員会「石岡を掘る　文化財調査報告関連展示・発掘調査遺跡速報展2」石岡市文化財調査報告会第2回
31. 石岡市教育委員会「常陸国分寺　東国の大寺」石岡市立ふるさと歴史館第8回企画展
32. 茨城県考古学協会『第38回茨城県考古学協会研究発表会資料』
　　　小玉秀成・山本達也・本田信之・和久法子「旧百里原海軍飛行場掩体壕群第12・13号掩体壕における米軍空襲の痕跡─出土した12.7mm機銃弾の分析─」
　　　後藤俊一「常陸大宮市泉坂下遺跡の調査」
　　　市毛美津子・早川麗司「北茨城市鍛冶前遺跡の調査」
　　　石橋美和子「鹿嶋市鹿島郡家跡郡庁の調査」
33. 茨城県立歴史館「三昧塚古墳とその時代」平成28年度特別展Ⅰ
34. 上高津貝塚ふるさと歴史の広場「みんなの知らない植物の世界　適材適所の考古学」第19回企画展
35. 上高津貝塚ふるさと歴史の広場「中世のみち鎌倉街道」第20回企画展
36. 東国古代遺跡研究会『「常陸国風土記」の世界─古代社会の形成─』第7回研究大会
　　　佐藤　信「『常陸国風土記』と東国社会」
　　　田中　裕「久慈郡にみる4・5世紀の集落」
　　　笹生　衛「鹿島神宮周辺の古墳時代集落と祭祀─神戸集落との関係を中心に─」
　　　小林佳南子「古墳にみる風土記の世界─宮中野古墳群・大生古墳群・装飾古墳について─」
　　　森下松壽「『常陸国風土記』の香島の大神の成立」
　　　石橋美和子「香島郡家について─沼尾から神野向へ─」
　　　猪狩俊哉「『常陸国風土記』にみる道と駅」
　　　清水　哲「『常陸国風土記』にみる井泉について」

9　栃　木　県

片　根　義　幸

1.〔調　査〕

　2016年度における栃木県の発掘調査の届出及び報告の件数は、文化財保護法第92条に基づく届出が18件、第99条に基づく通知が115件（史跡整備目的の発掘調査1件、保存目的の発掘調査12件を含む）あり、総計133件の調査が実施された。なお、第93・94条に基づく届出・通知件数は402件である。以下、時代毎に主な調査事例を紹介する。

縄文時代
　小山市から野木町に跨がる佐川南地区では、圃場整備に伴い2014年度から県埋蔵文化財センターにより発掘調査が続けられている。2016年度の調査では、南飯田前畑遺跡で前期黒浜式期の竪穴住居跡1軒、中妻遺跡で早期前半～前期中葉の遺物包含層、中期加曽利EⅡ式期の竪穴住居跡1軒、後期称名寺式期の埋甕1基等が確認された。下野市箕輪城跡では、前期黒浜式期の竪穴住居跡1軒、土坑2基が調査された。足利市あがた駅南遺跡では、低地部に形成された後・晩期の遺物包含層の下面から遺構が確認されている。栃木市中根八幡遺跡では、2015年度から國學院大學栃木短期大学と奈良大学が共同で、環状盛土遺構の測量と試掘調査等を実施しており、本年度も継続して調査が行われた。

弥生時代
　箕輪城跡では、後期後半の竪穴住居跡5軒が調査された。遺物は二軒屋式土器のほか、十王台式土器、吉ケ谷式土

器、南関東系壺など他地域との交流を示す土器が出土した。このうち、3軒の住居跡では弥生土器と土師器壺が共伴しており、弥生～古墳時代への過渡的な様相がみられる。土器以外の遺物は、炉の周辺から石鏃が出土した。

古墳時代

壬生町の国指定史跡車塚古墳では、町教育委員会による2014年度からの継続調査で、石室前面に川原石で構築された前庭部の一部が確認された。前庭部の規模は推定で幅約16m、石室入口から墳頂部までの葺き石の高さは約8mに達する壮大な施設であることが明らかとなった。遺物は前庭部付近から、人為的に割られた痕跡がある須恵器甕などの破片が多量に出土した。また、土採取工事に伴う同町教育委員会による三番塚古墳の発掘調査において、大規模な石室が発見された。石室は玄室・前室・羨道からなる複室構造の胴張りをもつ半地下式の横穴式石室で、羨道から玄室までの全長が約10mあり県内でも最大級の規模である。遺物は、耳環、帯金具、鉄鏃、鉄製鐔、須恵器大甕片等が出土した。複室胴張りの横穴式石室は栃木県内で初の出土である。

小山市の国史跡琵琶塚古墳では、2013年度から史跡整備のための調査が市教育委員会によって行われている。2016年度は、後円部の墳丘第三段部および前方部南側の外堀の調査が実施された。調査の結果、後円部から埋葬施設等はみつかっていないが、墳丘は大きな鹿沼土のブロックで積み上げられている状況が確認された。外堀の調査では、中央部でブリッジ状の掘り残しが確認され、また、前方部南東コーナー部分が途切れることが明らかとなった。

小山市西高椅遺跡は、2013年度から県埋蔵文化財センターが継続して調査を行っており、2016年度は前期から後期までの古墳38基が調査された。前期古墳は今回の調査で方墳5基を確認しており、このうちの1基は墳丘の一辺が約30m、幅6～7mの周溝が廻る小山市域で最も大型のものである。中期古墳では、後期古墳の墳丘下に取り込まれた状態で発見された2基の円墳や、5世紀末頃の円筒埴輪が出土した直径32mの円墳などがある。後期古墳では、側壁川原石積み横穴式石室が13基確認された。さらに、土坑墓や石室などの埋葬施設も多数確認された。

野木町中妻遺跡では、前期の方墳3基が確認された。最も大きいもので墳丘の一辺が約16mあり、周溝内からは大型の壺形土器を含む多くの土器類が出土した。

宇都宮市車塚古墳群では、2015年度に引き続き市教育委員会により、3・4号墳の主体部と2号墳の調査が行われた。3号墳の主体部からは管玉とガラス小玉が、2号墳の主体部から鉄鏃が出土した。また、2号墳の周溝から確認された榛名二ツ岳火山灰により、古墳の築造年代は5世紀末から6世紀初頭に位置付けられている。このほか、下野市小田坂古墳群では後期の円墳2基、上三川町坂上北原遺跡では後期の円墳9基と終末期の方墳1基の調査が行われた。

集落の調査事例としては、野木町中妻遺跡で中期の竪穴住居跡5軒、同南飯田前畑遺跡で中期2軒、後期2軒の都合4軒の竪穴住居跡が確認された。このうち、中期の1軒からは上屋構造の復元可能な焼失に伴う炭化材が大量に出土した。また、この住居跡は石製模造品の完成品や未製品、製作にかかわる石片が多数出土しており工房跡と考えられる。

下野市箕輪城跡では、6世紀後半の竪穴住居跡9軒が調査されており、遺物は土器類が使用時の状態で確認されたほか、外面に組紐文を施した韓式系の樽型甑片等が出土した。また、同市下谷田遺跡では、市教育委員会により6世紀末の竪穴住居跡14軒、井戸跡1基が調査された。このうちの4軒は、一辺の長さが約8mの大型住居跡である。周辺には集落と同時期の横塚古墳や下石橋愛宕塚古墳があり、その関連性が注目される。このほか、宇都宮市溜西南遺跡で前期、あがた駅南遺跡で前・中期、上三川町新出遺跡で後期の集落跡が確認されている。

なお、国指定等文化財については、2004年に調査された下野市甲塚古墳出土の形象埴輪（機織形埴輪・人物埴輪・馬形埴輪）23点、土器類（須恵器・土師器）74点など、計101点が2017年3月、重要文化財に指定された。考古資料として県内で重要文化財に指定されるのは、2000年の「藤岡神社遺跡出土品」以来である。また、史跡整備等については、前記のとおり小山市の国史跡琵琶塚古墳・摩利支天塚古墳周辺の史跡整備が進められており、近隣に建設中のガイダンス施設が2017年秋頃にオープン予定である。

古代・中世

箕輪城跡では、奈良・平安時代の竪穴住居跡8軒、土坑4基が確認された。土坑は直径3～4.5m、深さ2～3mの大型の「円形有段遺構」と呼ばれるもので、覆土中から土師器坏、同甕のほか、灰釉陶器長頸壺が出土した。上三川町西赤堀東遺跡では、9世紀前半頃の竪穴住居跡3軒が調査されており、遺物は墨書土器等が出土した。

Ⅱ　各都道府県の動向

　塩谷町の国史跡佐貫石仏は、岩肌に像高18mほどの大日如来座像が彫られた磨崖仏である。塩谷町による保存活用計画の一環として、3ケ年の予定で遺跡範囲の確認調査を行うこととなり、本年度はその初年度にあたる。調査は県埋蔵文化財センターが行った。調査の結果、崖面から5～6m離れた位置で崖に平行した石列が発見され、崖に線刻された蓮弁と石列の間に高さ1.5m、奥行き5～6mの構造物が築かれていた可能性が指摘された。また、石列から離れた位置で、東西に長い数棟の掘立柱建物跡や井戸跡が発見された。建物の時期は炭素分析の結果、12世紀後半から13世紀前葉と判断され、信仰に係わる施設と考えられている。遺物は石列の前から報賽銭とみられる中世から近現代の銭貨、釘、土師器灯明皿片、陶磁器等が出土した。

　下野市の県指定史跡である児山城跡では、本丸の土塁や堀などの状況確認を目的とした調査が市教育委員会によって行われた。調査の結果、上面幅約20m、底面幅約11m、残存の土塁上面から底面までの深さ約7m、断面の形状が箱型の堀跡が確認された。特徴的な遺物としては、合戦に使用されたと考えられる拳大の礫が堀底から多く出土した。

　野木町中妻遺跡では、中近世の遺構が多数発見されている中で、出土した土師質土器の特徴から鎌倉期に属すると判断されるものが確認された。中でも、長軸7mの方形竪穴遺構2軒や、柱穴内にチャートの割石による礎板を備える3×9軒の大型掘立柱建物跡は、極めて特異な存在であり注目される。

　足利市の国史跡樺崎寺跡では、史跡整備のための発掘調査が市教育委員会によって行われ、南北朝から室町期の園地東岸および池底が確認された。遺物は瓦、かわらけ、漆椀等が出土している。

近世・近代

　高根沢町会橋久保庚申塚では、町道の拡幅工事に伴い町教育委員会により発掘調査が行われた。塚は直径4m、高さ1.7mほどが遺存しており、頂部には寛政5（1793）年銘の石碑が建立していた。調査の結果、塚の内部には河原石の表裏面に法華経等が墨書された1978個の多字一石経が埋納されており、礫石経塚であることが判明した。

　日光市足尾では、市教育委員会による2015年度からの継続調査で、旧足尾銅山の象徴的な建物であった足尾鉱業所事務所跡（明治44年建設）の発掘調査が行われ、コンクリートの基礎が良好な状態で確認された。また、鉱業所の附属施設で同時期に建設され、現存する国登録文化財の書庫から鉱業所事務所の青図も見つかっている。

2．〔文献一覧〕
報告書

1．足利市教育委員会『掘り出された足利の歴史―平成27年度足利市埋蔵文化財発掘調査レポート―』足利市埋蔵文化財発掘調査報告書第69集
2．足利市教育委員会『史跡足利学校跡西側隣接地発掘調査報告書　第1次～第3次調査の調査報告』足利市埋蔵文化財発掘調査報告書第70集
3．宇都宮市教育委員会『北の前遺跡（C区）』宇都宮市埋蔵文化財調査報告書第96集
4．宇都宮市教育委員会『北の前遺跡（D区）』宇都宮市埋蔵文化財調査報告書第97集
5．宇都宮市教育委員会『宇都宮遺跡分布地図』
6．小山市教育委員会『牧ノ内Ⅲ』小山市文化財調査報告書第101集
7．上三川町教育委員会『坂上北原遺跡（東プレ地区）Ⅱ』上三川町埋蔵文化財調査報告第38集
8．黒仁田城発掘調査団『黒仁田城跡発掘調査報告書Ⅱ』
9．國學院大學栃木短期大学栃木市城内1号墳学術調査団『栃木市城内1号墳（圓通寺古墳）学術発掘調査概要報告―後円部の調査を中心に―』國學院大學栃木短期大学
10．佐野市教育委員会『唐沢山城跡調査報告書Ⅱ』佐野市文化財調査報告書第45集
11．佐野市教育委員会『新町遺跡Ⅱ』佐野市文化財調査報告書第46集
12．佐野市教育委員会『唐沢山城跡調査報告書Ⅲ』佐野市文化財調査報告書第47集
13．佐野市教育委員会『佐野市の文化財保護』佐野市文化財調査報告書第48集
14．佐野市教育委員会『黒袴台・黒袴前遺跡』佐野市文化財調査報告書第49集
15．佐野市教育委員会『唐沢山城跡整備基本計画方針書』

16. 下野市教育委員会『下野市歴史文化基本構想』
17. 栃木県教育委員会・とちぎ未来づくり財団『堀米遺跡』栃木県埋蔵文化財調査報告第385集
18. 栃木県教育委員会・とちぎ未来づくり財団『粟宮宮内遺跡』栃木県埋蔵文化財調査報告第386集
19. 栃木県教育委員会・とちぎ未来づくり財団『板戸愛宕塚古墳』栃木県埋蔵文化財調査報告第387集
20. 栃木県教育委員会・とちぎ未来づくり財団『刈沼遺跡・刈沼向原遺跡』栃木県埋蔵文化財調査報告第388集
21. 那須塩原市教育委員会『那須塩原市遺跡分布調査報告書』
22. 茂木町教育委員会『九石古宿遺跡発掘調査報告書Ⅰ』茂木町埋蔵文化財調査報告書第6集

論　文

23. 足立佳代　「両毛地域における埴輪の胎土分析」『埴輪研究会誌』第20号　埴輪研究会
24. 上野修一　「栃木県宇都宮市梨木平遺跡出土の大珠」『玉文化研究』第2号　日本玉文化学会
25. 唐沢考古会『唐澤考古』第35号
　　諸星良一「星野遺跡群採集の石器」
　　堀越正行「縄文早期遺跡出土の南海産貝類から考える」
　　竹澤　謙・細谷正策「佐野新都市開発関連の調査成果から見る縄文時代黒浜期の土層～貝塚の痕跡を求めて　その1～」
　　海老原郁雄・永岡弘章「北関東・堀之内期の柄鏡型住居」
　　斎藤　弘「下野における板碑造立数の推移」
　　大澤伸啓「武蔵国における浄土庭園をもつ寺院について」
　　矢島俊雄・熊木憲太郎・清水喜三・川田春樹「いわゆる『葛生原人』の足跡を求めて（6）」
26. とちぎ未来づくり財団埋蔵文化財センター『研究紀要』第25号
　　塚本師也「関東地方北東部における中期縄文土器の文様区画の変遷」
　　後藤信祐「栃木県における曽利式系土器の様相」
　　津野　仁「古代須恵器大甕の耐用―栃木県域の事例から―」
　　大木丈夫「雀宮宿跡について」
27. 今平利幸　「特集小型丸底土器 栃木県の様相」『東生』第5号 東日本古墳確立期土器検討会
28. 齋藤　弘　「下野の板碑」『板碑の考古学』高志書院
29. 塚本師也　「貯蔵穴の増加と集落の形成―縄文時代中期前葉の関東地方北東部の状況―」『考古学の地平Ⅰ―縄文社会を集落から読み解く―』六一書房
30. 栃木県考古学会『栃木県考古学会誌』第38集
　　山田康弘「縄文時代・文化の枠組み―時空間的多様性の理解に向けて―」講演会抄録
　　岩淵一男「栃木市大平地区分布調査の成果から」調査報告
　　國學院大學栃木短期大学栃木市城内1号墳学術調査団「栃木市城内1号墳（圓通寺古墳）学術発掘調査概要報告2―前方部の調査―」
　　秋元陽光「栃木県内窯業出土遺物の胎土分析―胎土分析から見た栃木の埴輪4―」
　　黒﨑　淳「『埋蔵物録』にみる栃木の古墳」
　　竹澤　謙「丸山瓦全と梵鐘の保護・鐘銘研究の仲間たち―丸山瓦全・渡辺龍瑞・佐藤行哉・小太刀源吉―」
　　小森哲也「古墳研究は国造制に言及できるか―考察の前提としての学史整理ノート―」
31. 中村岳彦　「栃木県・佐野地域における古墳時代後期集落の動態―地域考古学研究のための一試論―」『地域考古学』1号　地域考古学研究会
32. 大田原市なす風土記の丘湯津上資料館『中世那須のあけぼの―那須神田城を考える―』第二十四回特別展図録
　　橋口定志「中世前期の武士の屋敷地と那須神田城―神田城築城の背景を考える―」
　　橋本澄朗「神田城を考える」

33. 村山　卓　「栃木県足利市禅定院の『異形板碑』とその類例」『考古学論究』第18号　立正大学考古学会
34. 森嶋秀一　「平成28年度文化財三次元計測事業報告」『栃木県立博物館研究紀要』第34号　栃木県立博物館
35. 渡邊昌樹　「研究ノート　栃木県諏訪山城と新発見の遺構・諏訪山北城について」『中世城郭研究』第30号　中世城郭研究会

　その他
36. 宇都宮市教育委員会『栃木の城シリーズ⑩出土品から探る中世下野の茶文化―県央部の遺跡を中心に―』とびやま歴史体験館第22回企画展図録
37. 宇都宮市教育委員会『見て学ぶ！地図で知る宇都宮の歴史　その1』とびやま歴史体験館第23回企画展図録
38. 宇都宮市教育委員会『平成27年度宇都宮市文化財年報』宇都宮市文化財年報第32号
39. 内山敏行　「栃木県域の馬具と副葬古墳」『シンポジウム馬具副葬古墳の諸問題』第22回東北・関東前方後円墳研究会大会
40. 大田原市なす風土記の丘湯津上資料館『中世那須のあけぼの―那須神田城を考える―』第24回特別展図録
41. とちぎ未来づくり財団『遺跡の発掘と活用の記録―平成28年度埋蔵文化財センター年報―』
42. 木村友則　「最近の発掘から　下野薬師寺隣接地に関連遺構　栃木県下野市落内遺跡」『季刊考古学』第137号
43. 小林青樹　「縄文晩期終末の社会変動と農耕の受容」『季刊考古学』第138号
44. 塚本師也　「阿玉台Ⅳ式から加曽利ＥⅠ式古段階の土器様相―那珂川流域と鬼怒川・小貝川流域との対比―」『縄文研究の地平2017　土器から探る勝坂式と加曾利Ｅ式の間』研究集会発表要旨・資料集
45. 栃木県教育委員会『栃木県埋蔵文化財保護行政年報』39　平成27年度栃木県埋蔵文化財調査報告第384集
46. 栃木県考古学会編『とちぎを掘る　栃木の考古学到達点』随想舎
47. 栃木県那珂川町なす風土記の丘資料館・大田原市なす風土記の丘湯津上資料館『中世那須のあけぼの―那須神田城を考える―』平成28年度特別記念シンポジウム報告書
48. 真岡市教育委員会『真岡市文化財保護年報―平成27年度―』

10　群　馬　県

小　原　俊　行

1.〔調　査〕

　2016年度の群馬県内における文化財保護法第92条に基づく発掘調査の届出は97件あり、調査面積は437,802.16㎡に及んだ。主な大規模開発に関わる調査としては、八ッ場ダム建設事業に伴う発掘調査が継続して行われた他、一般国道17号（上武道路）改築工事に伴う発掘調査報告書の刊行が全て完了した。以下では、時代別に調査成果を概観する。

旧石器時代
　下仁田町金剛萱遺跡では、発掘調査の成果が昨年度から継続して報告された。みどり市岩宿遺跡Ｆ地点では浅間板鼻褐色軽石群の包含層と暗色帯上面から石器や礫が計5点出土した。これにより、岩宿遺跡の範囲が従前の想定よりも広がることが判明した。また、伊勢崎市今宮遺跡では浅間板鼻褐色軽石群の包含層付近から出土した黒曜石製の石器等が計11点報告された。

縄文時代
　みどり市西鹿田中島遺跡では、これまでに発掘調査された草創期の遺物・遺構に関する総括報告書が刊行され、爪形文期と多縄文期の住居状遺構等が報告された。國學院大學が発掘調査を実施している長野原町居家以岩陰遺跡からは、早期の埋葬人骨がほぼ完全な状態で出土したことが公表された。また、東吾妻町唐堀遺跡では後期後半から晩期前半の

集落や、配石遺構、水場遺構等が検出された他、晩期の遮光器土偶が県内で初めて出土したことが公表された。

弥生時代

高崎市高崎競馬場遺跡では昨年度から継続して環濠集落の発掘調査が行われ、多数の竪穴住居等が検出されると共に、昨年度調査において抉入柱状片刃石斧や、連弧文等の文様が刻まれた石製品が県内で初めて出土したことが公表された。また、高崎市鳴上Ⅰ遺跡では竪穴住居が15軒検出されると共に、非実用品と推定される大型の土製紡錘車の出土が報告された。

古墳時代

渋川市金井東裏遺跡から出土した甲着装人骨等の詳細調査に関する報告書が刊行された。出土した人骨の身体的特徴や幼少期の生育環境の他、甲冑の着装実態や、鹿角製小札等の有機質遺物と甲冑との組み合わせ方、これらの人骨や甲冑等が残存した要因の分析等に関する考古学的・理化学的分析の成果が報告された。伊勢崎市石山南古墳群では、6世紀中葉の大型円墳である赤堀村104号墳から出土した形象埴輪において、東京国立博物館所蔵品との接合関係が確認され、埴輪群の帰属が明確となった。また、伊勢崎市今宮遺跡では群集墳である波志江沼西古墳群中の終末期古墳が9基報告された。

古　代

2012年度から発掘調査が実施されていた上野国分寺跡の成果が報告された。従前まで不明だった中門と回廊を初めて検出すると共に、金堂とされてきた建物跡の前面において本来の金堂を発見したことで、伽藍配置の実態が明らかとなった。高崎市多胡郡正倉跡では、正倉跡の北辺にあたる区画溝が発見され、従前までの調査成果と合わせて正倉跡の範囲が確定した。前橋市日輪寺観音前遺跡では9～10世紀の竪穴住居が59軒検出すると共に、東海地方で生産された灰釉陶器が多量に出土した。

中世・近世

前橋市川端根岸遺跡では、中世の溝による区画及び区画内土坑・ピット群を検出したことが報告され、城館跡と推定された。長野原町東宮遺跡では天明三年浅間山噴火に伴う泥流堆積物下から10軒の屋敷跡が検出されたことが報告された。特に8号屋敷では母屋や付属建物、井戸や洗い場と推定される石組遺構等の検出によって屋敷全体の構造が明らかにされた。また、多数の建築部材や漆器、銭緡の状態で出土した寛永通寳、竹製の物差し等の生活用具が遺物として出土した。

近　代

下仁田町荒船風穴蚕種貯蔵所跡について、番舎跡及びその周辺地域に関する調査成果が報告された。

2. 〔文献一覧〕

報告書

1. 安中市教育委員会『桜林Ⅱ遺跡』
2. 安中市教育委員会『西横野中部地区遺跡群（人見西原遺跡・人見坂ノ上遺跡・人見三本松遺跡・人見上ノ原遺跡・人見上西原遺跡・二軒在家原田遺跡・二軒在家原田Ⅱ遺跡・二軒在家原田頭遺跡・行田二本杉原東遺跡）』
3. 伊勢崎市　『宮柴前遺跡3』伊勢崎市文化財調査報告書第120集
4. 伊勢崎市教育委員会『史跡上野国佐位郡正倉跡　保存活用計画』
5. 伊勢崎市教育委員会『下谷古墳群』伊勢崎市文化財調査報告書第121集
6. 伊勢崎市教育委員会『市内遺跡4』伊勢崎市文化財調査報告書第122集
7. 太田市教育委員会『世良田地区（ほ場整備）発掘調査報告書』
8. 太田市教育委員会『史跡上野国新田郡家跡　保存活用計画』
9. 太田市教育委員会『市内遺跡12』
10. 川場村教育委員会『生品小鳥沢遺跡』
11. 川場村教育委員会『生品宮山遺跡』
12. 甘楽町教育委員会『群馬県指定史跡　旧小幡藩武家屋敷松浦氏屋敷　整備事業報告書』

Ⅱ　各都道府県の動向

13. 甘楽町教育委員会『甘楽町指定史跡　織田氏七代の墓発掘調査報告書』甘楽町埋蔵文化財発掘調査報告書第13集
14. 技研コンサル『白井掛岩遺跡』
15. 群馬県教育委員会『群馬県内公共開発に伴う平成27年度県内遺跡発掘調査報告書』
16. 群馬県教育委員会『史跡上野国分寺跡第2期発掘調査概報』
17. 群馬県教育委員会『金井東裏遺跡甲着装人骨等詳細調査報告書』
18. 群馬県埋蔵文化財調査事業団『今宮遺跡』群馬県埋蔵文化財調査事業団調査報告書第620集
19. 群馬県埋蔵文化財調査事業団『茅畑遺跡・鴫上Ⅰ遺跡』群馬県埋蔵文化財調査事業団調査報告書第621集
20. 群馬県埋蔵文化財調査事業団『日輪寺観音前(前橋市0903)遺跡』群馬県埋蔵文化財調査事業団調査報告書第622集
21. 群馬県埋蔵文化財調査事業団『上ノ平Ⅰ遺跡（2）』群馬県埋蔵文化財調査事業団調査報告書第623集
22. 群馬県埋蔵文化財調査事業団『川端根岸遺跡』群馬県埋蔵文化財調査事業団調査報告書第624集
23. 群馬県埋蔵文化財調査事業団『田口下田尻遺跡』群馬県埋蔵文化財調査事業団調査報告書第625集
24. 群馬県埋蔵文化財調査事業団『川端山下遺跡』群馬県埋蔵文化財調査事業団調査報告書第626集
25. 群馬県埋蔵文化財調査事業団『上原Ⅲ遺跡（2）・久々戸遺跡（3）』群馬県埋蔵文化財調査事業団調査報告書第627集
26. 群馬県埋蔵文化財調査事業団『東宮遺跡（3）』群馬県埋蔵文化財調査事業団調査報告書第628集
27. 群馬県埋蔵文化財調査事業団『下田遺跡（2）』群馬県埋蔵文化財調査事業団調査報告書第629集
28. 毛野考古学研究所『天神前Ⅱ遺跡』伊勢崎市文化財調査報告書
29. 毛野考古学研究所『連雀町遺跡』高崎市文化財調査報告書第372集
30. 毛野考古学研究所『剣崎稲荷塚遺跡4』高崎市文化財調査報告書第373集
31. 毛野考古学研究所『剣崎稲荷塚遺跡5』高崎市文化財調査報告書第374集
32. 毛野考古学研究所『中泉十王堂遺跡』高崎市文化財調査報告書第378集
33. 毛野考古学研究所『中居町一丁目遺跡4』高崎市文化財調査報告書第380集
34. 国際文化財群馬作業所『豊岡後原遺跡3』高崎市文化財調査報告書第377集
35. 渋川市教育委員会『渋川市市内遺跡10』渋川市埋蔵文化財発掘調査報告書第39集
36. 渋川市教育委員会『史跡瀧沢石器時代遺跡─総括報告書─』
37. 下仁田町教育委員会『荒船風穴蚕種貯蔵所跡調査報告書6』
38. スナガ環境測設『上並榎下松遺跡4』高崎市文化財調査報告書第375集
39. スナガ環境測設『三ツ寺村前道下遺跡』高崎市文化財調査報告書第379集
40. 高崎市教育委員会『上中居宇名室遺跡2』高崎市文化財調査報告書第376集
41. 高崎市教育委員会『平成28年度市内遺跡』高崎市文化財調査報告書第382集
42. 高崎市教育委員会『池南遺跡』高崎市文化財調査報告書第383集
43. 高崎市教育委員会『石神原遺跡』高崎市文化財調査報告書第385集
44. 高崎市教育委員会『山名南若宮遺跡』高崎市文化財調査報告書第386集
45. 高崎市教育委員会『若田金堀塚遺跡』高崎市文化財調査報告書第387集
46. 高崎市教育委員会『上和田遺跡・上並榎仲沖遺跡2・剣崎大塚南遺跡・西明屋法峯寺前遺跡・正観寺弁財遺跡』高崎市文化財調査報告書第388集
47. 高崎市教育委員会『栄町遺跡4』高崎市文化財調査報告書第389集
48. 館林市教育委員会『館林市市内遺跡発掘調査報告書』第54集
49. 玉村町教育委員会『竹ノ内遺跡　布留坂Ⅱ遺跡』玉村町埋蔵文化財発掘調査報告書第96集
50. 玉村町教育委員会『向田Ⅱ遺跡』玉村町埋蔵文化財発掘調査報告書第97集
51. 嬬恋村教育委員会『東平遺跡調査報告書　平成11年度第6次発掘調査報告書』今井東平遺跡調査報告書第6集
52. 富岡市教育委員会『中里下原遺跡Ⅱ　中里中原遺跡Ⅱ　縄文時代編　中里宮平遺跡　中里原遺跡　二本杉遺跡（松義中部地区遺跡群Ⅳ）』富岡市埋蔵文化財発掘調査報告書第43集

53. 富岡市教育委員会『上北山遺跡 大牛下原遺跡（松義西部地区遺跡群Ⅰ）』富岡市埋蔵文化財発掘調査報告書第44集
54. 富岡市教育委員会『平成26年度 富岡市内遺跡確認調査報告書』富岡市埋蔵文化財発掘調査報告書第45集
55. 長野原町教育委員会『町内遺跡ⅩⅥ』
56. 藤岡市教育委員会『E30 神田神明B遺跡B地点』
57. 藤岡市教育委員会『市内遺跡23』
58. 前橋市教育委員会『推定上野国府 平成27年度調査報告』
59. 前橋市教育委員会『元総社蒼海遺跡群（62）（63）（64）』
60. 前橋市教育委員会『元総社蒼海遺跡群（74）～（80）・（92）～（94）』
61. 前橋市教育委員会『元総社蒼海遺跡群（117） 元総社蒼海遺跡群（118）』
62. 前橋市教育委員会『元総社蒼海遺跡群（120）』
63. 前橋市教育委員会『元総社蒼海遺跡群（121）』
64. 前橋市教育委員会『元総社蒼海遺跡群（122）』
65. 前橋市教育委員会『元総社蒼海遺跡群（93街区）』
66. 前橋市教育委員会『元総社中学校遺跡』
67. 前橋市教育委員会『大渡道場遺跡№2』
68. 前橋市教育委員会『川曲地蔵前遺跡№4』
69. 前橋市教育委員会『川曲阿弥陀西遺跡№3』
70. 前橋市教育委員会『五代東田遺跡』
71. みどり市教育委員会『西鹿田中島遺跡発掘調査報告書2』みどり市埋蔵文化財調査報告書第10集
72. みどり市教育委員会『岩宿遺跡F地点』みどり市埋蔵文化財調査報告書第11集
73. 山下工業『石山南古墳群』伊勢崎市文化財調査報告書
74. 吉岡町教育委員会『溝祭木戸3号古墳発掘調査報告書』吉岡町埋蔵文化財調査報告書第34集
75. 吉岡町教育委員会『茶ノ木古墳発掘調査報告書』吉岡町埋蔵文化財調査報告書第35集
76. 歴史考房まほら『大谷戸遺跡』伊勢崎市文化財調査報告書

論文等
77. 安蒜正雄先生古希記念論文集刊行委員会編『旧石器時代の知恵と技術の考古学』雄山閣
　　小菅将夫「スポットについての小考」
　　軽部達也「武井遺跡群の構造的研究における試論」
　　萩谷千明「『岩宿カレンダー』をつくる」
78. 井上慎也　「群馬の大陸系磨製石器」『古代』第139号　早稲田大学考古学会
79. 飯森康広・清水　豊・秋本太郎『ぐんまの城 三〇選―戦国への誘い―』上毛新聞社
80. 飯森康広　「山崎一『群馬県城館跡調査の手引き』連載を終えて」『群馬歴史散歩』第247号　群馬歴史散歩の会
81. 出浦　崇　「『上野国交替実録帳』と上野国における郡家の実態」『考古学ジャーナル』№692　ニュー・サイエンス社
82. 熊倉浩靖　『上野三碑を読む』雄山閣
83. 群馬県教育委員会『ぐんま古墳探訪―見て学ぶ　東国文化の輝き―』
84. 群馬県立自然史博物館『群馬県立自然史博物館研究報告』第20号
　　菅原久誠・大工原豊・中島啓治他「群馬県中西部妙義山の大黒乗越沢で発見された黒曜岩の産状および岩石記載」
　　久保誠二・中島啓治・中島正裕・宮沢公明「群馬県北東部片品村に分布するガラス質岩」
85. 群馬県地域文化研究協議会『群馬文化』第325号
　　田村　司「群馬県指定史跡　名胡桃城址保存整備」

Ⅱ　各都道府県の動向

　　　村田敬一「旧新町紡績所の文化財指定」
　　　前澤和之「若狭徹著　歴史文化ライブラリー『東国から読み解く古墳時代』」
　　　飯田浩光「保土田八幡塚古墳（高崎市）出土の人物埴輪―群馬県立歴史博物館蔵品資料No.126―」
86. 群馬県地域文化研究協議会『群馬文化』第327号
　　　能登　健「考古学特集号の刊行にあたって」
　　　日沖剛史「六世紀榛名山の火山災害と復興過程―古墳時代の土地利用と集落動向から―」
　　　神谷佳明・桜岡正信・梅澤克典「中ノ沢室沢遺跡群出土の原始灰釉陶器について」
　　　清水　豊「和田城並びに興禅寺境内古絵図を読み解く」
　　　大塚昌彦「天明三年浅間泥流下出土の守随秤」
　　　永井敬教「『川曲大溝』と前橋台地の条里」
　　　小島敦子「発掘された溜井とその歴史性」
　　　能登　健「有馬条里水田の成立前提」
　　　山崎芳春「杉久保石器群併行期の群馬県の旧石器時代」
　　　原　雅信・福田貫之「遺跡から出土するいわゆる『編物石』について」
　　　倉石広太「群馬県の環状石斧類再考―縄文時代の出土事例を中心として―」
　　　藤巻幸男・能登　健「両墓制の考古学的検討―群馬県八ッ場地域を例にして―」
　　　三宅敦気「矢瀬遺跡で社会の原点を見つめる」
　　　前原　豊「大室古墳群と大室はにわ館」
　　　深澤敦仁「本郷大塚古墳出土の内行花文鏡―群馬県立歴史博物館蔵品資料No.128―」
87. 群馬県地域文化研究協議会『群馬文化』第328号
　　　小林敏夫「藤岡地域の古墳」
　　　秋池　武「世界文化遺産『荒船風穴』建屋終焉の考察―一・三号風穴建屋解体と風穴石積について―」
　　　飯森康広「歴史文化遺産の保存と活用を考えるシンポジウム」
　　　関口荘右「館林市史編さん委員会編『館林市史　通史編2　近世館林の歴史』」
88. 群馬県埋蔵文化財調査事業団『研究紀要』第35号
　　　小原俊行「後期旧石器時代後半期前葉の赤城山南麓から大宮台地における小形ナイフ形石器群の研究」
　　　谷藤保彦・澁谷昌彦「群馬県内出土の石棒・石剣・石刀集成―縄文時代後期前葉以降―」
　　　田村　博「伊勢崎市下田遺跡出土石皿および太田市大道東遺跡出土石製品の再検討」
　　　石守　晃「銅鐸には音階は反映されていたのか―模鋳銅鐸等の二次資料を用いた試行的検討―」
　　　友廣哲也「群馬に入植民はいなかった」
　　　杉山秀宏「群馬県内古墳・祭祀跡出土鉄製農工具について―金井東裏遺跡出土鉄製農工具検討のための基礎作業―」
　　　宮下　寛・須田正久「金井東裏遺跡出土火山灰上の足跡について」
　　　神谷佳明「古墳群に展開した古代集落について」
　　　高島英之「群馬県前橋市上細井町新田上遺跡出土墨書土器についての一考察」
　　　齊藤英敏「水田跡の区画面積の時代変遷―『群馬県水田跡一覧表』の更新―」
　　　矢口裕之「神道集説話からみた榛名二ッ岳渋川・伊香保テフラの噴火とその災害」
89. 群馬県埋蔵文化財調査事業団『年報』第35号
90. 群馬県立歴史博物館『群馬県立歴史博物館紀要』第38号
　　　飯田浩光「群集墳における馬具副葬古墳の様相」
　　　新井　仁・梅澤重昭・井上慎也他「安中市上人見遺跡における弥生再葬墓の考察（2）」
　　　石田典子・津島秀章「旧石器時代復元画製作のための基礎的検討」
91. 小原俊行　「旧石器時代（関東）」『考古学ジャーナル』No.685　ニュー・サイエンス社

92. 佐久間正明「武具形石製模造品考」『考古學雜誌』第99巻第1号 日本考古学会
93. 澤口　宏　「女堀の地理的再検討」『群馬文化』第326号　群馬県地域文化研究協議会
94. 下仁田町自然史館研究報告編集委員会『下仁田町自然史館　研究報告』第2号
　　　中村由克「下鎌田遺跡の石製装身具の石材とその意義」
　　　金剛萱遺跡研究会「金剛萱遺跡の旧石器文化2—2015・2016—」
95. 縄文時代文化研究会『縄文時代』第27号
　　　長田友也「後期前半の石棒—緑泥石片岩石棒の展開—」
　　　谷藤保彦「土器型式編年論　前期」
　　　大工原豊「遺物論（石器）」
96. 関口功一　『東国の古代地域史』岩田書院
97. 関　俊明・小菅尉多・中島直樹・勢藤　力『1783天明泥流の記録』みやま文庫
98. 大工原豊　『石鏃を中心とする押圧剥離系列石器群の石材別広域編年の整備』朝日印刷工業
99. 髙島英之　「群馬・町遺跡」『木簡研究』第38号　木簡学会
100. 谷畑美帆・宮代栄一「群馬県高崎市漆山古墳出土の歯牙及びそこから推定される被葬者と時期の検討」『埼玉考古』
　　　第52号　埼玉考古学会
101. 谷藤保彦　「縄文時代前期初頭を画期とする玉飾り」『玉文化研究』第2号　日本玉文化学会
102. 地域考古学研究会『地域考古学』第1号
　　　鈴木徳雄「縄紋前期後半における型式の相互連鎖構造—諸磯b式期における型式間関係の諸相—」
　　　永井智教「古代上野国の条里と水路—前橋・高崎台地の調査事例を中心に—」
　　　日沖剛史「群馬県前橋市元総社地域における地形の形成と土地利用」
　　　山本良太「前橋市下川淵ムラ3号墳について—前橋台地における小規模前方後円墳の一例—」
　　　山口逸弘「鋸歯状口縁曲隆線文土器について—『横壁類型』の提唱—」
103. 塚口義信博士古稀記念会編『塚口義信博士古稀記念　日本古代学論叢』和泉書院
　　　犬木　努「保渡田八幡塚古墳の形象埴輪配置—「今城塚類型」との対比から—」
　　　右島和夫「山ノ上古墳の再検討」
104. 利根川同人『利根川』第38号
　　　諸星良一「芳見沢遺跡の分析（2）」
　　　加部二生「可美都気努A・D500-700—古墳時代毛野の虚像—」
　　　宮田圭祐「【資料紹介】館林市の後期旧石器時代末〜縄文時代草創期の石器について」
105. 埴輪研究会『埴輪研究会誌』第20号
　　　加部二生「群馬県東部地域における主要古墳出土の埴輪生産地推定」
　　　足立佳代「両毛地域における埴輪の胎土分析」
106. 橋本　淳　「上野国分寺の伽藍配置」『ぐんま地域文化』第47号　群馬地域文化振興会
107. 半澤利江　「奥多野の遺跡・奴郷2遺跡の調査から」『ぐんま地域文化』第47号　群馬地域文化振興会
108. 平石冬馬　「横穴式石室の石材架構順序と目地形成」『史叢』第96号　日本大学史学会
109. 右島和夫　「石室（竪穴式・横穴式）」『季刊考古学　特集　渡来人の考古学』第137号　雄山閣
110. 吉田智哉　「中世（関東）」『考古学ジャーナル』No.685　ニュー・サイエンス社
111. 若狭　徹　『古代の東国1　前方後円墳と東国社会』吉川弘文館
112. 若狭　徹　「東国の古墳時代集落」『考古学ジャーナル』No.691　ニュー・サイエンス社
113. 渡部光太郎「群馬県内古墳出土直刀に関する基礎的研究」『Archaeo-Clio』第14号　東京学芸大学考古学研究室
　　その他
114. 安中市学習の森ふるさと学習館『梁瀬二子塚古墳の世界』

Ⅱ　各都道府県の動向

115. 伊藤順一　「群馬県北・西部から長野県における前剝中葉の様相」『第30回縄文セミナー』縄文セミナーの会
116. 岩宿博物館『ナイフ形石器―発達期の石器群を追う―』
117. 岩宿博物館『方形周溝墓の世界』
118. 岩宿博物館『岩宿フォーラム2016　ナイフ形石器文化の発達期と変革期―浅間板鼻褐色軽石群降灰期の石器群―』
　　　長崎潤一「旧石器時代の前半期から後半期への変遷について」
　　　早田　勉「浅間板鼻褐色軽石群（As-BP Group）の層序と前橋泥流堆積物の層位」
　　　早田　勉・下岡順直・若井明彦「浅間板鼻褐色軽石群に含まれる火山ガラスと斜方輝石の屈折率特性に関する新資料」
　　　下岡順直「浅間板鼻褐色軽石群（As-BP Group）と前橋泥流の年代観―放射性炭素年代を中心に―」
　　　小原俊行「北関東方西部における浅間板鼻褐色軽石群降灰期の石器群」
　　　後藤圭一「赤城山西南麓における浅間板鼻褐色軽石群層序と石器群」
　　　菅頭明日香・濱田　翠・三浦麻衣子他「群馬県北町遺跡及び堀越甲真木Ｂ遺跡出土黒曜石石器群の産地分析」
　　　須藤隆司「赤城山麓におけるⅡ期の石刃石器群からⅢ期の剥片石器群への変革―地域集団と遊動領域の交替―」
119. 太田市教育委員会『いま解き明かされる　新田郡家の実像（資料集）』
120. 群馬県埋蔵文化財調査事業団『平成28年度　調査遺跡発表会　古代東国文化を学ぶ』
121. 志村　哲　「群馬県西毛地域における群集墳の様相」『第21回東北・関東前方後円墳研究会』東北・関東前方後円墳研究会
122. 高崎市観音塚考古資料館『前方後円墳が消えるとき　再考、観音塚古墳の史的意義』
123. 谷藤龍太郎「群馬県報告」『第14回土偶研究会　青森県大会資料』土偶研究会
124. 玉村町歴史資料館『玉村町の環濠屋敷と城館』
125. 津南町教育委員会『津南シンポジウムⅩⅡ　予稿集　津南段丘の杉久保石器群』
　　　山崎芳春「関東地方の彫刀面作出方法が神山型に類似した彫器の様相」
　　　小菅将夫「遺跡構造研究の中の『砂川』と『杉久保』」
126. 東北・関東前方後円墳研究会『第22回東北・関東前方後円墳研究会大会　馬具副葬古墳の諸問題』
　　　大野義人「群馬県における馬具出土古墳の様相」
　　　横澤真一「群馬県出土馬形埴輪の馬葬」
127. 日本考古学協会『日本考古学協会第82回総会研究発表要旨』
　　　右島和夫・深澤敦仁「群馬県における大型古墳の航空レーザー計測とその成果」
　　　桜岡正信・徳江秀夫・関　邦一他「金井東裏遺跡出土調査の中間報告について―鹿角製小札を中心に―」
128. 馬場伸一郎「資料集成　群馬県・埼玉県」『青銅器の模倣Ⅱ　発表要旨・資料集成』埋蔵文化財研究会
129. 前橋市教育委員会『大室古墳の教室　考古学講演会・講座の記録２』朝日印刷工業

11　埼　玉　県

上　野　真由美

1.〔調　査〕

　2016年度の埼玉県における記録保存の本調査は335件、調査面積の合計は130,585㎡である。保存目的の内容確認調査・学術調査・史跡整備の本調査は23件、調査面積の合計は28,187㎡である。文化財保護法93条・94条の件数は2,650件である。各時代における主な調査について、以下に紹介する。

埼　玉　県

旧石器時代

　朝霞市ハケタ・中通遺跡は、朝霞市宮戸に所在し、北東に新河岸川を臨む標高約19mの武蔵野台地縁辺部に立地している。旧石器時代の石器集中が、立川ロームⅦ～Ⅸ層中から発見された。調査中では、製品は確認されなかった。

縄文時代

　深谷市宮前遺跡は、深谷市榛沢に所在し、小山川と志戸川に挟まれた扇状地系の洪積台地に立地している。遺跡からは、草創期の尖頭器が出土した。二つに折れた状態で出土したが、長さ約17cmの大型品であった。類似する尖頭器が、深谷市四反歩遺跡から出土している。

　行田市諏訪山遺跡は、行田市佐間に位置し、埼玉古墳群の西方500m付近に広がっている。7次調査では、縄文時代中期の住居跡5軒が出土した。遺跡は、厚い場所で約1mの洪水堆積層が広がる台地上に位置しており、洪水堆積層上からは古墳時代の遺構が出土している。今回の調査では、洪水堆積層下に縄文時代の黒褐灰色土層が確認され、その下からはローム台地が検出された。調査の結果、埋没しているローム台地上に縄文時代中期の集落が営まれていたことが確認された。

　北本市デーノタメ遺跡は、北本市下石戸下地区に所在している。遺跡は大宮台地の北西部に位置し、荒川に流れ込む江川の支流に面している遺跡である。縄文時代中期の集落や低地が確認されていたが、今回は縄文時代後期集落部分の内容確認調査が行われた。その結果、後期の集落の時期は、堀之内Ⅰ式から加曽利Ｂ１式期であることが確認され、集落の規模は270mに及ぶことが判明した。低湿地から漆製品や植物遺体が多量に出土するなど、注目を集める遺跡だが、今回の調査結果から、遺跡は低湿地を囲むように、西側に縄文時代中期、東側に後期の大規模集落が立地していることが明らかになった。

　飯能市加能里遺跡は飯能市岩沢に所在し、入間川が形成した河岸段丘左岸に位置している。段丘は三段形成され、遺跡は入間川から2段目の段丘崖線下から3段目の段丘崖線の直上にかけて広がっている。今回は第75・76次調査が行われ、「礫敷遺構」と呼称する遺構が検出された。75次の礫敷遺構は、弧を描いて20m程の長さで帯状に分布して検出された。最大幅は約4mで、浅い溝状の落ち込み内に砂礫を盛り上げ、その上に拳大の礫を積んでいた。上面は緩く凸状で、当時の地表面から盛り上がっていた。遺構の直上や当時の地表面から縄文時代後期後半の土器片が検出されており、時期は縄文時代後期後葉以降と考えられている。76次では南北方向に直線状に、長さ31mに及んで検出された。幅3.5mの帯状に砂礫を盛り上げて作られ、上面は凸状となっていた。75次と構造は似ているが、構成される礫は小ぶりであった。遺構内からは後期後半の土器片が出土している。「礫敷遺構」の性格としては、構築時に周辺がぬかるんだ環境であったと考えられており、居住域と湧泉間の湿地を通る、足場や道としての機能が推定されている。

　加須市樋ノ口遺跡は、加須市大越に所在している。関東造盆地運動によって地下深く埋没したローム台地を覆うように形成された縄文時代の遺物包含層から、縄文時代最終末の土器が出土した。楕円形の中に三角形の文様や、平行線の文様が施されていた。縄文時代終末から弥生時代初頭にかけて南関東地方に主に分布する荒海式土器と同時期と考えられている。遺跡数が数少ない時期だが、加須低地周辺における様子を知る成果が得られた。

弥生時代

　さいたま市釣上高岡北遺跡は、岩槻区釣上に所在している。大宮台地鳩ケ谷支台と岩槻支台の間の沖積低地に南流する綾瀬川左岸の自然堤防上に立地している。第1次・2次調査が行われ、弥生時代中期後半の住居跡4軒、弥生時代中期の土壙30基などが検出された。出土土器は北島式土器、宮ノ台式土器が検出された。宮ノ台式土器では甕形土器が多く、壺形土器は北島式土器が多く出土している。北島式土器が多く出土したことなどから、妻沼低地との密接な関係が想定されている。

　川口市小谷場貝塚遺跡は、川口市伊刈に所在している。縄文時代前期の貝塚と弥生時代後期の環濠集落を中心とする複合遺跡である。第22次・24次調査が行われ、弥生時代後期の台地の崖際を巡る環濠や、大型の竪穴住居跡などが検出された。第22次調査はＡ～Ｃ区の3区に分かれており、西側の調査区であるＡ区からは、西辺にあたると考えられる環濠が検出された。また、北側の調査区であるＣ区の西側に第24次調査が位置しており、北辺にあたると考えられる環濠が検出された。遺物は覆土中層付近に集中して検出された。Ｃ区の南側に位置するＣ区からは、竪穴建物跡が

Ⅱ　各都道府県の動向

重複して検出された。火皿式炉や周提持ち貯蔵穴を備えるものや、長径8mを超す大型の建物跡が確認された。

　富士見市北通遺跡は、富士見市針ケ谷に所在し、柳瀬川を望む武蔵野台地縁辺に立地している。遺跡は旧石器時代から近世までの複合遺跡であるが、弥生時代では住居跡が100軒を超える大規模な集落跡であることが確認されている。第78・79地点の調査が行われ、第78地点からは弥生時代後期の住居跡5軒、第79地点からは弥生時代後期の住居跡29軒が検出された。第79地点の住居跡は重複して検出されており、集落の中心地であると考えられている。住居跡からは、土製の勾玉やガラス玉なども出土した。

古墳時代

　坂戸市五反田遺跡は、坂戸台地北東端に位置している。遺跡からは、古墳時代前期の方形周溝墓3基と古墳が検出された。方形周溝墓は3基が接するように検出され、中央に確認された方形周溝墓は一辺12mのやや大型であった。周溝内からは底部穿孔の土師器壺や甕などが出土した。いずれも埋葬施設は検出されなかった。

　行田市に所在する国指定史跡埼玉古墳群の一つである鉄砲山古墳は、2010年度から史跡整備を目的に学術調査が行われている。2016年度は石室周辺部、後円部、外堀東側の調査を実施した。石室周辺の調査では、前庭部の状態を確認するための調査を実施し、前庭部床面の状態と羨門東側の構造が明らかとなった。前庭部の床面は、羨門を中心に約3mの範囲に厚さ約10cmの白色粘土が貼り付けられていた。羨門東側では、羨門が5段の石積み構造になっていたことが明らかとなった。石材は角閃石安山岩で、石積みの先端には白色粘土が貼りつけられていた。さらに、その上層には黒色土を重ね固定していた。石積み上層の墳丘は、黒色土と黄色土の互層で構築している様子も明らかとなった。後円部の調査では、石室周辺の中段テラスに埴輪列が確認された以外は不明であったため、古墳の主軸に合わせ北側にトレンチを入れ、中段テラスの形状や埴輪列の確認を行った。その結果、墳丘裾部に埴輪の破片が確認された以外は、中段のテラス、埴輪列を確認することができなかった。一部、白色粘土が貼り付けられている状況が確認でき、土留めを意図した可能性がある。外堀東側の調査では、谷状の不整形な落ち込みを確認し、東側の外堀は一部自然地形を利用していると判断している。これまでの鉄砲山古墳の調査の結果、主体部は角閃石安山岩と緑泥片岩を主な石材とした横穴石室である。石室の入口部はチャートや角閃石安山岩の川原石を積み上げて閉塞している。前庭部の床面や羨門入口の石積みに白色粘土が検出されていることから、白色粘土を多用している特徴がみられる。前庭部西側から須恵器大甕と甕が据えられ、須恵器を用いた墓前祭祀が行われていたことが明らかにされた。

　川越市山王塚古墳は、川越市大東に所在し、入間川右岸の入間台地西端に立地する。古墳時代終末期の7世紀後半から8世紀初頭に造られた上円下方墳である。発掘調査で墳形が確認できたのは全国で6例である。川越市指定史跡で、保存整備に向けた調査を実施している。山王塚古墳は下方部一辺63m、上円部直径47m、高さ5mで、これらの中でも最大の規模を誇る。確認調査の結果、周溝は最大幅約18m、深さ0.5m、また、周溝南側には地山を掘り残したブリッジの存在が明らかとなった。下方部外縁には、ローム土と黒色土を交互に積んだ土手状の盛土が巡ることも明らかにされた。この他、地中レーダー探査では、全長10mを超えるハの字形に開く前庭部をもつ複式構造の横穴石室が想定されている。前庭部の調査では石敷きが検出され、7世紀後半の須恵器平瓶やフラスコ形長頸瓶が出土していることから築造年代を探る重要な資料である。

　東松山市野本将軍塚古墳は、東松山市下野本に所在し、都幾川を望む東松山台地南縁に立地している。比企地域最大の前方後円墳で、築造年代について前期、中期、後期説があり、結論が出ていない。埼玉の古墳時代を考える上で注目されている。確認調査は、東松山市教育委員会、早稲田大学文学部考古学コース、早稲田大学東アジア都城・シルクロード考古学研究所が共同で、埼玉県教育委員会の許可を得て非破壊によるデジタル三次元測量調査を実施した。調査方法は、トータルステーションとLayout Navigatorを使用して187,617点の測距を行い、点群による墳丘形態の図化を試みた。その結果、古墳の構造や年代を探り、古墳の定量的分析に基づいて設計企画の研究を目指している。また、東松山市若宮八幡古墳、附川1号墳、行田市地蔵塚古墳の横穴石室のデジタル三次元測量調査が実施している。

古　代

　熊谷市西別府廃寺は、熊谷市西別府に所在し、櫛引台地上に立地する。奈良から平安時代の幡羅郡家に付属する関連寺院である。発掘調査では、溝状の大きな掘り込みから多量の瓦が検出され、武蔵国分寺の瓦と共通の文様意匠をもつ

均整唐草文軒平瓦が出土している。また、大型建物の柱穴が検出され、これまでの調査成果と合わせ、寺院参道に位置する中門の可能性が推定できる。

熊谷市宮下遺跡は、熊谷市千代に所在し、江南台地の北東端で荒川右岸の低地を望む崖線上に立地する。奈良から平安時代の集落跡である。発掘調査では、竪穴住居跡74軒、掘立柱建物跡16棟、溝跡118条、井戸跡8基などが検出された。集落内からは、2軒の鍛冶工房跡が検出され、工房内からは、鍛冶炉、小口径羽口、金床石、鍛造剥片、椀形鍛冶滓などが検出された。

熊谷市北島遺跡は、熊谷市上川上に所在し、利根川と荒川に挟まれた地域で、荒川扇状地の自然堤防上に立地する。古墳時代後期から奈良・平安時代にかけての集落跡である。第25次の発掘調査では、平安時代の竪穴住居跡74軒、掘立柱建物跡5棟、土壙67基、井戸跡6基などが発見された。また、第26次の発掘調査では幅6mの両側溝を伴う古代の道路跡や平安時代の中央部に埋葬土壙を伴う円形周溝遺構も発見されている。

寄居町中平遺跡は、松久丘陵の南端緩斜面に立地し、奈良から平安時代の集落跡である。竪穴住居跡38軒、掘立柱建物跡15棟、集落の北限を区画する溝跡などが発見されている。特に、大型の掘立柱建物跡は、三間×二間の身舎部分に北、西、南の三面に廂を持つ構造である。中平遺跡は、隣接する北坂遺跡や製鉄遺跡の中山遺跡とともに古代那珂郡と榛澤郡の境界付近に位置し、遺跡の性格が注目される。

羽生市茂木遺跡は、羽生市常木に所在し、加須低地の利根川右岸に形成された自然堤防上に立地している。奈良から平安時代の集落跡である。発掘調査では、竪穴住居跡20軒、井戸跡2基、畠跡などが発見された。遺跡は、武蔵国の北辺にあたり、上野、下野、常陸、下総などの国境に接していることから、遺跡から出土する須恵器の産地は、在地の南比企、末野、東金子産以外に、太田金山、三鼈、三和、堀ノ内産などが確認されている。

中世・近世

北本市石戸城跡は、北本市石戸宿の荒川左岸の舌状台地上に立地する戦国時代の城館跡である。発掘調査では、堀跡、掘立柱建物跡、柵列、地鎮跡、土坑などが発見された。堀跡は曲輪を区画する遺構として認識され、並行するように柵列も検出された。掘立柱建物跡には、五間×二間の総柱建物跡があり、建て替えが行われている。土坑からは戦国時代から江戸時代初期の中国産磁器と一緒に鎌倉時代とみられる古瀬戸の瓶子が出土している。

加須市旧利根川堤防跡は、加須市大越の利根川右岸の埋没台地上に立地する。江戸時代に造られた旧利根川堤防の下面から中世の掘立柱建物跡1棟、竪穴状遺構1棟、井戸跡12基、人骨が埋葬された土壙墓群が発見された。

久喜市栗橋宿西本陣跡と栗橋宿跡は、日光街道の宿場町にあたる。発掘調査は、幕末の第一面と18世紀代の第二面の調査が行われている。栗橋宿西本陣跡では、建物跡、埋桶、井戸跡、池跡などが発見された。建物跡には、溝を掘り込み底面に丸太を敷き詰め、その上に直径50cmの丸太を据えた基礎構造が検出された。また、日光街道の道路跡の調査が実施された。道路跡は硬化面が確認され、両側に上水道の木樋が検出された。栗橋宿跡第8地点の調査では、建物跡、土壙、埋桶、杭列が発見されている。

2.〔文献一覧〕
報告書

1. 上尾市教育委員会『平成27年度市内遺跡発掘調査報告書　坂上遺跡(第6次調査)後山遺跡(第8次調査)』上尾市文化財調査報告第106集
2. 伊奈町教育委員会『平成27年度町指定文化財(本上遺跡環状盛土遺構出土品)』伊奈町文化財調査報告書第1集
3. 伊奈町教育委員会『本上遺跡[第2次調査]埋蔵文化財調査報告』伊奈町埋蔵文化財調査報告書第3集
4. 入間市教育委員会『市内遺跡報告書11―平成28年度市内遺跡試掘調査―』入間市埋蔵文化財報告書第11集
5. 加須市教育委員会『騎西城武家屋敷跡KB10区―中近世編―遺物1』加須市埋蔵文化財発掘調査報告書第10集
6. 神川町教育委員会『中道遺跡第27地点』神川町埋蔵文化財調査報告書第10集
7. 神川町教育委員会『南塚原60号墳』神川町埋蔵文化財調査報告第11集
8. 上里町教育委員会『上里町日月遺跡発掘調査報告書』上里町埋蔵文化財発掘調査報告書第13集
9. 上里町教育委員会『上里町第一次田中西遺跡発掘調査報告書』上里町埋蔵文化財発掘調査報告書第14集

Ⅱ　各都道府県の動向

10. 川口市教育委員会『安行中学校遺跡』川口市埋蔵文化財調査報告書
11. 川口市教育委員会『小谷場貝塚遺跡』川口市埋蔵文化財調査報告書
12. 川口市教育委員会（文化財課）『市内遺跡発掘調査報告書　平成27年度調査』
13. 北本市教育委員会『如意寺遺跡』北本市埋蔵文化財調査報告書第20集
14. 北本市教育委員会『デーノタメ遺跡』北本市埋蔵文化財調査報告書第21集
15. 久喜市教育委員会『天王山北遺跡』久喜市埋蔵文化財調査報告書第Ⅳ集
16. 越谷市教育委員会『越ケ谷御殿跡発掘調査報告書Ⅰ』越谷市埋蔵文化財発掘調査報告書第2集
17. さいたま市遺跡調査会『B-101号遺跡（第2次）』さいたま市遺跡調査会報告書第90集
18. さいたま市遺跡調査会『府内三丁目遺跡（第2次）』さいたま市遺跡調査会報告書第109集
19. さいたま市遺跡調査会『小村田東遺跡（第9次）』さいたま市遺跡調査会報告書第146集
20. さいたま市遺跡調査会『大戸本村1号遺跡（第4次）』さいたま市遺跡調査会報告書第174集
21. さいたま市遺跡調査会『前窪遺跡（第10次）』さいたま市遺跡調査会報告書第175集
22. さいたま市遺跡調査会『椚谷遺跡（第20次）』さいたま市遺跡調査会報告書第176集
23. さいたま市遺跡調査会『南鴻沼遺跡（第3分冊）』さいたま市遺跡調査会報告書第177集
24. さいたま市遺跡調査会『中野田堀ノ内遺跡（第4・5・6・7次）中野田島ノ前遺跡（第4次）中野田中原遺跡（第4次）』さいたま市遺跡調査会報告書第178集
25. さいたま市遺跡調査會『大間木内谷遺跡（第33区）』さいたま市遺跡調査会報告書第179集
26. さいたま市教育委員会『丸ケ崎館跡（第1次調査）新曲輪遺跡（第2地点）根切遺跡（第13次調査）大北遺跡（第10～13次調査）西原遺跡（第7地点）』さいたま市内遺跡発掘調査報告書第16集
27. さいたま市教育委員会『史跡真福寺貝塚総合調査概報（2）』さいたま市内遺跡発掘調査報告書第12集
28. 埼玉県埋蔵文化財調査事業団『浦山城跡』埼玉県埋蔵文化財調査事業団報告書第423集
29. 埼玉県埋蔵文化財調査事業団『大平遺跡』埼玉県埋蔵文化財調査事業団報告書第424集
30. 埼玉県埋蔵文化財調査事業団『北坂遺跡Ⅱ』埼玉県埋蔵文化財調査事業団報告書第425集
31. 埼玉県埋蔵文化財調査事業団『北坂遺跡Ⅲ』埼玉県埋蔵文化財調査事業団報告書第426集
32. 埼玉県埋蔵文化財調査事業団『高木稲荷前／高木氷川』埼玉県埋蔵文化財調査事業団報告書第427集
33. 埼玉県埋蔵文化財調査事業団『天神峯遺跡』埼玉県埋蔵文化財調査事業団報告書第428集
34. 埼玉県埋蔵文化財調査事業団『楽中遺跡』埼玉県埋蔵文化財調査事業団報告書第429集
35. 埼玉県埋蔵文化財調査事業団『前領家遺跡』埼玉県埋蔵文化財調査事業団報告書第430集
36. 埼玉県埋蔵文化財調査事業団『中平遺跡』埼玉県埋蔵文化財調査事業団報告書第431集
37. 埼玉県埋蔵文化財調査事業団『楽上・楽上Ⅱ／薬師堂／石神／石神Ⅲ』埼玉県埋蔵文化財調査事業団報告書第432集
38. 埼玉県埋蔵文化財調査事業団『中井遺跡』埼玉県埋蔵文化財調査事業団報告書第433集
39. 白岡市教育委員会『市内遺跡群発掘調査報告書ⅩⅩⅣ　七カマド遺跡（第1地点）赤砂利遺跡（第5・7・10・11地点）』白岡市埋蔵文化財調査報告書第26集
40. 鶴ケ島市教育委員会『仲道柴山遺跡第21次発掘調査報告書』白岡市埋蔵文化財発掘調査報告書第77集
41. 鶴ケ島市教育委員会『岸田氏館第2次発掘調査報告書』鶴ケ島市埋蔵文化財調査報告第78集
42. 鶴ケ島市教育委員会『鶴ケ島市内遺跡発掘調査報告書Ⅷ　―天狗遺跡S・U・V地点・第12次』鶴ケ島市埋蔵文化財調査報告第79集
43. 所沢市教育委員会『市内遺跡調査報告23　下安松遺跡第10次調査―附編平成28年度市内遺跡確認調査―（国庫・県費補助対象分）』所沢市埋蔵文化財調査報告書第69集
44. 所沢市教育委員会『東原遺跡―第1次調査―遺物編』所沢市埋蔵文化財調査報告書第70集
45. 戸田市教育委員会『南原遺跡Ⅶ　埋蔵文化財発掘調査報告書』戸田市文化財調査報告ⅩⅩⅥ

埼玉県

46. 新座市教育委員会『坂下遺跡第1地点発掘調査報告書』新座市埋蔵文化財報告第35集
47. 新座市教育委員会『新座市内遺跡20　新座市内遺跡確認調査報告書』新座市埋蔵文化財報告第36集
48. 蓮田市教育委員会『井沼遺跡―第3調査地点―黒浜貝塚詳細』
49. 羽生市教育委員会『永明寺古墳（保存目的の範囲確認調査）』羽生市発掘調査報告書第5集
50. 飯能市教育委員会『飯能の遺跡43』
51. 日高市教育委員会『若宮―45次調査―古道14次調査―』日高市埋蔵文化財調査報告第37集
52. 富士見市教育委員会『市内遺跡発掘調査Ⅹ』富士見市文化財報告第69集
53. 美里町遺跡調査会『長坂遺跡Ⅱ―長坂聖天塚古墳隣接地の調査―』美里町遺跡調査会報告書第11集
54. 美里町遺跡調査会『雷電神社裏古墳』美里町遺跡調査会報告書第12集
55. 美里町教育委員会『大仏古墳群美里町第189号古墳』美里町遺跡発掘調査報告書第26集
56. 宮代町教育委員会『道仏遺跡』宮代町文化財調査報告書第23集
57. 三芳町教育委員会『町内遺跡発掘調査報告書Ⅸ』三芳埋蔵文化財報告42
58. 毛呂山町教育委員会『毛呂山町町内遺跡発掘調査報告書（9）毛呂山町指定史跡　崇徳寺跡確認調査』毛呂山町埋蔵文化財調査報告第31集
59. 吉見町教育委員会『町内遺跡11　下遺跡第2地点』吉見町埋蔵文化財調査報告書第16集
60. 吉見町教育委員会『西吉見条里遺跡Ⅲ』吉見町埋蔵文化財調査報告書第17集
61. 寄居町教育委員会『町内遺跡19　赤浜宮前遺跡（赤浜仙元塚古墳）』寄居町文化財調査報告第36集

　論　文
62. 埼玉県埋蔵文化財調査事業団『研究紀要』第31号
　　　西井幸雄「埼玉県における後期旧石器時代前半期初頭の様相」
　　　金子直行「縄文早期末葉の刻み隆帯文羽状縄文土器の成立について―埼玉県日高市天神峯遺跡出土土器の分析から―」
　　　小茂田幹「大宮台地における磨製石斧の集成と形態変遷について―加曽利E式期を中心に―」
　　　鈴木佑太郎「『有段口縁』の粗製土器の検討―諏訪木遺跡と古宮遺跡を中心として―」
　　　福田　聖「関東地方における周溝持建物の展開」
　　　青木　弘「東国の横穴式石室に関する近年の研究について―研究史と三次元計測の利用動向―」
　　　瀧瀬芳之「桶川市樋詰6号墳出土の大刀について」
　　　渡邊理伊知「鉄鏃からみた『征矢』と『野矢』についての予察（2）」
63. 埼玉考古学会『埼玉考古』52号
　　　岩井聖吾「縄文時代後期における土偶体下部鋸歯文について―土偶文様の変遷と地域性、その解釈―」
　　　石川安司・柿沼幹夫・宅間清公「ときがわ町破岩遺跡―関東地方西部域弥生時代中期末葉の遺跡・遺物の一事例」
　　　青木克尚・松田　哲「深谷市宮ケ谷戸採集の石戈」
　　　谷畑美帆・宮代栄一「群馬県高崎市漆山古墳出土の歯牙及び推定される被葬者と時期の検討」
　　　元林恵子「埼玉県立嵐山史跡の博物館所蔵青白磁水柱」
　　　活動の記録
　　　埼玉考古学会設立60周年記念シンポジウム「鎌倉街道の風景～発掘でよみがえる埼玉の中世～」

　その他
64. 埼玉県埋蔵文化財調査事業団『さいたま埋文リポート2016』埼玉県埋蔵文化財調査事業団年報36
65. 戸田市郷土博物館「埴輪が語る戸田市の古墳時代」第32回特別展
66. さいたま市教育委員会「さいたま市内遺跡発掘調査成果発表会」発表要旨
67. さいたま市立博物館「真福寺貝塚―調査の軌跡―」第40回特別展　さいたま市内遺跡発掘調査成果発表会

Ⅱ　各都道府県の動向

68. 蓮田市教育委員会「埼玉県の関山式土器・黒浜式土器～縄文時代前期前半の文化形成～」黒浜貝塚国指定10周年記念企画展
69. ふじみ野市立大井郷土資料館「人々のすがた～土偶・埴輪・仏像・ひとがた～」平成28年度大井郷土資料館特別展
70. 立正博物館「横穴墓」第十一回特別展
71. 東部地区文化財担当者会「埼玉県東部地区の交通」第7回東部地区文化財担当者会巡回展

12　千　葉　県

小 笠 原 永 隆

1.〔調　査〕

　千葉県内における2016年度の発掘調査の件数は414件であった。このうち、学術調査は1件、保存目的のための範囲確認調査等が5件、開発に伴う事前調査等は408件である。件数全体としては、昨年度と比してやや増加しているものの、個人宅地や集合住宅などの小規模な調査が大半を占めている。比較的大規模な調査では、千葉県教育振興財団が継続して実施している東京外かく環状道路（外環道）、柏北部東地区などの関連調査が挙げられる。なお、2013年度より県が事業主体となる開発事業は千葉県教育委員会が直接実施し、国（公団等含む）関係機関が主体のもの従前通り千葉県教育振興財団が実施している。

旧石器時代

　県教育委員会が調査した柏市翁原（50）遺跡、県教育振興財団が調査した柏市小山台（88）遺跡においてそれぞれ8か所の遺物集中地点が検出されている。また、県教育振興財団が調査した成田市大安場Ⅱ遺跡からは、旧石器時代終末期の尖頭器14点を含む石器群が出土した。酒々井町に所在する墨古沢南遺跡では、大規模な環状ブロックの保存に向けた範囲確認調査が実施されている。

　報告書では、柏市小山台遺跡では、旧石器時代の調査成果をまとめた報告書が刊行された（文献45）。79か所もの石器集中地点のなかでも最も注目されるのは、第2文化層（Ⅸa層上部～Ⅶ層下部）から検出された、長径70m×短径50mにもなる大規模な環状ブロック群である。報告では石材別、母岩別分類、接合関係の詳細な分析が行われ、遠距離のブロック間接合資料が多くみられることが非常に興味深く、環状ブロックの実態解明につながる貴重な報告がなされている。

縄文時代

　習志野市不三戸貝塚の調査では、貝層を伴った前期竪穴住居跡が調査された。船橋市ついじ台貝塚（5）では、竪穴住居跡19軒、小竪穴16基及び住居内地点貝塚4か所をはじめとする中期集落の調査が行われた。柏市小山台遺跡は、1999年度から県教育振興財団により断続的に調査が行われており、中期の大規模な環状集落が複数存在することが確認されている。今年度も5回に分けて調査が実施され、あわせて竪穴住居跡6軒、小竪穴及び土坑24基をはじめ、炉跡、ピット状遺構等が検出されている。

　報告書では、東京外かく環状道路建設に伴って調査された遺跡の一つである市川市雷下遺跡第5・6地点から検出された早期茅山上層式～下沼部式期の貝塚及び遺物包含層が報告された（文献50）。当該期資料としては、県内で最もまとまった良好な資料であり、いまだ解明すべき点が多い早期末葉の実態解明に寄与するものとして今後の分析が待たれる。船橋市海老ケ作遺跡群は、海老ケ作貝塚をはじめとする中期の大規模な貝塚及び集落が知られている。今年度は海老ケ作北遺跡第5次調査分の報告書が刊行され、いずれも中期集落の一部をなす遺構群が、多くの遺物とともに報告されている（文献68）。本遺跡群は、徐々に宅地開発が進み、その都度調査が行われるという、都市部によくみられる事例の一つである。行政手続き上、やむを得ない部分が多いのは理解しなければならないが、大規模貝塚を中心として台

地上に集落が展開するという地域特有の遺跡の姿が可視化されないまま失われていくのは惜しまれる。松戸市秋山向山遺跡第7地点の報告（文献78）では、中期集落内にある加曽利E1式期の埋葬人骨が注目される。頭蓋には土器が被せられるように置かれ、左腕にイタボガキ製の貝輪を装着、副葬とみられる貝製品も出土している。我孫子市下ケ戸貝塚については、調査資料のうち、晩期を主体とする土製品の整理報告書が刊行されている（文献2）。土製品は、土偶、土版、耳飾、有孔円盤などバラエティーに富む組成で、県内でも有数の量がまとまっており、注目に値する内容である。首都圏中央連絡自動車道建設に伴い調査された東金市と大網白里市にまたがる養安寺遺跡では、中期中葉を主体として後期まで形成された大規模な斜面貝層の調査成果が報告されている（文献40）。急峻な斜面に形成された北斜面貝層は、最大層厚が1.92mにも達し、大量の土器、骨角歯牙製品が出土し、山武地域における当該期の生業実態を示すものであり、周辺遺跡と合わせた今後の分析が期待される。松戸市上本郷遺跡では、第8・15・16地点の調査区内包含層から出土した晩期の豊富な土器・土製品資料が報告された（文献77）。中でも大洞式系の資料が充実しており、今後の分析を期待したい。

弥生・古墳時代

2011・2012年度に発掘調査が行われ、2014年度に報告書が刊行された袖ケ浦市水神下遺跡の出土品のうち、小銅鐸・小型銅鏡・石製垂飾品に対する出土状況等の再分析を行い、再評価を行った報告書が刊行された（文献32）。自然流路内に廃棄されたとみられるこれらの遺物に対し、古墳時代前期中葉まで伝世され、祭祀の結果廃棄されたと結論づけられている。報告書作成時に分析が不十分であった出土状況について、詳細な再検討を行った関係者の努力は敬服に値しよう。富津市亀塚古墳（文献63）は、内裏塚古墳群に含まれ、最終末期の前方後円墳としてとらえられていたが、過去10回の調査でもその明確な根拠となる成果は得られず、不明点が多いとされてきた。今回報告された北東側周溝部分と予想された調査においても、奈良～平安時代の溝及び道路状遺構、祭祀関連の遺構・遺物が中心に検出され、古墳の存在を示す成果は得られていない。周溝部分を改変した可能性も指摘されているが判然とせず、今後の調査が注目される。木更津市請西遺跡群に含まれる山伏作遺跡については、君津郡市文化財センターが1992年度に調査を実施した部分を対象に、2014年度以降、国庫補助事業として整理作業が実施され、3編にわたる報告書が刊行される計画である。今年度は、その第1編として古墳時代中期の集落70軒を主な対象とした報告書が刊行された（文献25）。今後、前期の大規模集落及び前～後期にわたる墳墓群の報告が行われる予定であり、山伏作遺跡の全容はもとより、調査時点から注目されていた遺跡群全体の様相が明確になることが期待される流山市加村台遺跡K地点では、古墳時代後期及び奈良・平安時代を中心とする大規模な集落跡が報告されている（文献58）。古墳時代後期の住居跡からは脚部に3段の透かし孔を持つ須恵器高坏があり、県内初の事例として注目される。長生郡一宮町待山遺跡・待山古墳群では、円墳7基と方墳1基から構成され、1962・63・65年に実施された調査では、1号墳裾部から24個体からなる5世紀末～6世紀初頭と位置付けられる円筒埴輪列が出土している。今回は、古墳に隣接し保育所建設に伴う調査の報告書が刊行された（文献17）。古墳群に関連すると思われる住居跡、遺物のほか、少量ながら埴輪片も見られ興味深い。

古　代

柏市花前2遺跡は、常磐自動車道建設に伴った調査で奈良・平安時代に操業された製錬炉、鍛冶炉が発見された台地の南側斜面部から低地にかけた部分の調査成果が報告された（文献46）。排出・廃棄された炉壁や滓、使用済み羽口、鋳型等が検出され、当該域における古代製鉄の実態を解明する資料として着目される。東京外かく環状道路建設に伴って調査された市川市北下遺跡第14地点において、下総国分寺に関連するものとして注目された灰原、鋳造関連遺構及び自然流路における祭祀跡等の報告書が刊行された（文献48）。いずれの遺構からも大量の遺物（瓦塼類、土器、鋳造関連遺物、木製品等）が検出されており、今後の分析にも期待したい。

中世・近世

酒々井町に所在する本佐倉城跡では、遺跡本体及び周辺における史跡整備が断続的に進められ、当該年度では来訪者のための駐車場整備のため、内郭群の南側に帯状に展開する根古屋の一部が調査され、土坑・土塁などが検出されている。佐倉市に所在する佐倉城跡では、大手門付近を中心に、保存のための範囲確認調査が実施されている。

報告書では、船橋市の宮本台遺跡群の第61次調査の報告書が刊行され、14世紀後半～15世紀中葉の間に形成された

Ⅱ　各都道府県の動向

大規模な遺構群が注目される（文献70）。それぞれ独立した4か所の台地整形区画内の遺構はⅥ期にわたる変遷が明らかにされ、下総台地において集落形成の画期とされる15世紀中葉に遺構形成が終了していることが興味深い。富里市では、これまで調査を実施した幕府直轄の近世牧（佐倉牧に含まれる内野牧、高野牧）の成果を集約し、今後の活用を促すことを目的とした報告書が刊行された（文献56）。牧は野馬土手などの現認できる施設のみ、開発に伴って部分的に調査が何度も行われていくのが通例で、なかなか全容を把握しにくい現状がある。今回の試みは、そうした状況を打破し、今後の総合的な検討を可能にするものであり、地味ながら意欲的な取り組みとして評価したい。また、香取市油田牧においても保存にむけた確認調査が実施されている（文献22）。四街道市古屋城跡では、中世城郭の一部を調査した結果が報告され、大規模な地山成形跡、空堀や土塁等が明らかとなり、物井地域の支配層の実態を解明する資料として重要である（文献43）。

その他

展示会等としては、千葉県教育振興財団「印旛沼に栄えた文化　公津原再発見—成田ニュータウンの遺跡展—」、松戸市立博物館「石斧と人—3万年のあゆみ」、船橋市飛ノ台史跡公園博物館「第16回縄文コンテンポラリー展 in ふなばし　わたしたちのみなもと」、印旛郡市文化財センター「平成28年度企画展最新出土考古資料展」、千葉県酪農のさと「嶺岡牧の原点　命を守る！」がそれぞれ開催されている。

なお、千葉県酪農のさとでは、幕府直轄牧の一つである嶺岡牧の全容解明にむけた様々な取組みが継続して行われている。今年度はシンポジウム「嶺岡牧の姿に迫る」、講演会「命を守る！から始まった嶺岡牧」なども開催されている。また、下総考古学研究会は、これまで実施した松戸市中峠貝塚に対する学術調査の成果をまとめ、分析する作業を継続的に行っている（文献88）。こうした地道な地域研究の取り組みこそが、考古学的文化財の保護及び地域文化の基礎資料となるだけでなく、本当の意味での「活用」につながっていくと確信している。

2．〔文献一覧〕

報告書

1．市原市教育委員会『市原市稲荷台遺跡Ｌ 8 地点』
2．我孫子市教育委員会『下ケ戸貝塚Ⅳ』
3．我孫子市教育委員会『平成28年度市内遺跡発掘調査報告書』
4．我孫子市教育委員会『君作遺跡』
5．市川市教育委員会『平成18年度市川市内遺跡発掘調査報告』
6．市川市教育委員会『平成28年度市川市内文化財発掘調査報告』
7．市川市教育委員会・遠田建設『東新山遺跡』
8．市川市教育員会『曽谷遺跡』
9．市川市教育委員会・原史文化研究所『曽谷遺跡第55地点発掘調査報告』
10．市川市教育委員会・原史文化研究所『東新山遺跡第Ｒ－2地点発掘調査報告書』
11．市川市教育委員会・原史文化研究所『国府台遺跡第13－9地点発掘調査報告書7』
12．市川市教育委員会・国立国際医療研究センター・原史文化研究所『国府台遺跡』
13．市原市教育委員会『平成28年度市原市内遺跡発掘調査報告』
14．市原市教育委員会『市原市千草山遺跡第3地点』
15．印西教育委員会『平成27年度印西市内遺跡発掘調査報告書』
16．印旛郡市文化財センター『千葉県成田市寺台城跡（第1・2・3・4・5次）』印旛郡市文化財センター発掘調査報告書第348集
17．印旛郡市文化財センター『千葉長生郡一宮町待山遺跡・待山古墳群』印旛郡市文化財センター発掘調査報告書第349集
18．印旛郡市文化財センター『千葉県印西市山崎遺跡』印旛郡市文化財センター発掘調査報告書第350集
19．柏市教育委員会・勾玉工房 Mogi『柏市埋蔵文化財報告書83　呼塚遺跡83（第22次）』

千 葉 県

20. 柏市教育委員会『平成27年度柏市内遺跡発掘調査報告書』
21. 香取市教育委員会『香取市内遺跡発掘調査報告書11―平成28年度―』
22. 香取市教育委員会『油田牧馬土手跡』
23. 鎌ケ谷市教育委員会『鎌ケ谷市埋蔵文化財発掘調査報告第32集　平成28年度鎌ケ谷市内遺跡発掘調査概報』
24. 木更津市教育委員会『井尻遺跡発掘調査報告書』
25. 木更津市教育委員会『請西遺跡群発掘調査報告書ⅩⅥ―山伏作遺跡―』
26. 君津市教育委員会『平成28年度―千葉県―君津市内遺跡発掘調査報告書』
27. 君津市教育委員会『冨吉遺跡Ⅱ』
28. 栄町教育員会『岩谷古墳』栄町埋蔵文化財調査報告7
29. 佐倉市教育委員会『平成27年度佐倉市埋蔵文化財発掘調査報告書』
30. 芝山町教育委員会『平成28年度芝山町内遺跡発掘調査報告書』
31. 袖ケ浦市教育委員会『袖ケ浦市内遺跡発掘調査報告書　平成28年度』
32. 袖ケ浦市教育委員会『水神下遺跡―小銅鐸・小型銅鏡・石製垂飾品出土状況分析と遺跡の再評価―』
33. 千葉県教育庁教育振興部文化財課『千葉県埋蔵文化財発掘調査抄報　平成27年度』
34. 千葉県教育委員会『長南町川島遺跡』千葉県教育委員会埋蔵文化財調査報告第16集
35. 千葉県教育委員会『印西市天神台遺跡』千葉県教育委員会埋蔵文化財調査報告第17集
36. 千葉県教育委員会『柏北部中央地区埋蔵文化財調査報告書7―柏市須賀井遺跡　縄文時代以降編―』千葉県教育委員会埋蔵文化財調査報告第18集
37. 千葉県教育委員会『袖ケ浦市文脇遺跡（中・近世編）』千葉県教育委員会埋蔵文化財調査報告第19集
38. 千葉県教育委員会『流山市運動公園周辺地区埋蔵文化財調査報告書4―流山市中中屋敷遺跡―』千葉県教育委員会埋蔵文化財調査報告第20集
39. 千葉県教育委員会『横芝光町三反田遺跡』千葉県教育委員会埋蔵文化財調査報告第21集
40. 千葉県教育振興財団『首都圏中央連絡自動車道埋蔵文化財調査報告書32―東金市養安寺遺跡・大網白里市養安寺遺跡―』千葉県教育振興財団調査報告第758集
41. 千葉県教育振興財団『四街道市館ノ山遺跡（3）―物井地区埋蔵文化財発掘調査報告書―』千葉県教育振興財団調査報告第759集
42. 千葉県教育振興財団『首都圏中央連絡自動車道埋蔵文化財調査報告書33―東金市鉢ケ谷遺跡（1）・（2）、大網白里市若司谷遺跡―』千葉県教育振興財団調査報告第760集
43. 千葉県教育振興財団『四街道市古屋城跡―物井地区埋蔵文化財発掘調査報告書―』千葉県教育振興財団調査報告第761集
44. 千葉県教育振興財団『四街道市棒山・呼戸遺跡―物井地区埋蔵文化財発掘調査報告書―』千葉県教育振興財団調査報告第762集
45. 千葉県教育振興財団『柏北部東地区埋蔵文化財調査報告書10―柏市小山台遺跡　旧石器時代編―』千葉県教育振興財団調査報告第763集
46. 千葉県教育振興財団『柏北部東地区埋蔵文化財調査報告書11―柏市花前2遺跡・花前3遺跡・矢船1遺跡・矢船2遺跡・館林2遺跡・寺下前遺跡・八反目台遺跡　縄文時代以降編―』千葉県教育振興財団調査報告第764集
47. 千葉県教育振興財団『四街道市出口遺跡（3）・小屋ノ内遺跡（4）―物井地区埋蔵文化財発掘調査報告書―』千葉県教育振興財団調査報告第765集
48. 千葉県教育振興財団『東京外かく環状道路埋蔵文化財調査報告書11―市川市北下遺跡（14）・菅野遺跡（1）～（5）―』千葉県教育振興財団調査報告第766集
49. 千葉県教育振興財団『流山新市街地地区埋蔵文化財調査報告書9―流山市十太夫野馬土手、流山市・柏市市野谷駒木野馬土手、流山市駒木野馬土手―』千葉県教育振興財団調査報告第767集

Ⅱ　各都道府県の動向

50. 千葉県教育振興財団『東京外かく環状道路埋蔵文化財調査報告書12—市川市雷下遺跡（5）・（6）・上矢切南台遺跡（9）—』千葉県教育振興財団調査報告第768集
51. 千葉県教育振興財団『流山新市街地地区埋蔵文化財調査報告書10—流山市市野谷芋久保遺跡・市野谷中島遺跡・市野谷向山遺跡・市野谷立野遺跡・大久保遺跡（下層）・西初石五丁目遺跡・十太夫第3遺跡—』千葉県教育振興財団調査報告第769集
52. 千葉市教育委員会『埋蔵文化財調査（市内遺跡）報告書　平成28年度』
53. 千葉市教育振興財団『千葉市田向遺跡—宅地造成に伴う埋蔵文化財調査報告書』
54. 千葉大学文学部考古学研究室『千葉県南房総市永野台古墳第2次発掘調査概報』
55. 富里市教育委員会『富里市内遺跡発掘調査報告書　平成27年度』
56. 富里市教育委員会『内野牧・高野牧—富里市内所在の近世牧—』
57. 流山市教育委員会『平成26・27年度　流山市市内遺跡発掘調査報告書』
58. 流山市教育委員会・常陽エステート・大成エンジニアリング埋蔵文化財調査部門『加村台遺跡K地点発掘調査報告書』流山市埋蔵文化財調査報告書Vol.61
59. 成田市教育委員会『平成28年度成田市内遺跡発掘調査報告書』
60. 野田市教育委員会『野田市内遺跡発掘調査報告　平成28年度』
61. 野田市教育委員会・堀建設・地域文化研究所『下鹿野遺跡（第2次）』
62. 富津市教育委員会『富津市内遺跡発掘調査報告書　平成28年度』
63. 富津市教育委員会『青木亀塚古墳・亀塚遺跡発掘調査報告書』
64. 船橋市教育委員会『平成28年度船橋市内遺跡発掘調査報告書』
65. 船橋市教育委員会『前貝塚堀込貝塚（5）』
66. 船橋市教育委員会『印内台遺跡群第11次』
67. 船橋市教育委員会『院内台遺跡群第13次』
68. 船橋市教育員会『海老ケ作北遺跡（5）』
69. 船橋市教育委員会生涯学習部文化課埋蔵文化財調査事務所『中野木台遺跡（18）』
70. 船橋市教育委員会生涯学習部文化課埋蔵文化財調査事務所『宮本台遺跡群（61）』
71. 船橋市教育委員会生涯学習部文化課埋蔵文化財調査事務所『東中山台遺跡群（62）』
72. 船橋市教育委員会生涯学習部文化課埋蔵文化財調査事務所『印内台遺跡（66）』
73. 船橋市教育委員会生涯学習部文化課埋蔵文化財調査事務所『印内台遺跡（67）』
74. 船橋市教育委員会生涯学習部文化課埋蔵文化財調査事務所『夏見台西遺跡（2）』
75. 松戸市教育委員会『平成27年度松戸市内遺跡発掘調査報告書』
76. 松戸市教育委員会『八ケ崎遺跡第21地点発掘調査報告書』
77. 松戸市教育委員会『上本郷遺跡第8・15・16地点発掘調査報告書（2）』
78. 松戸市教育委員会・新和福祉会・地域文化財研究所『秋山向山遺跡第7地点』
79. 松戸市教育委員会・ノガミ『下水遺跡第13地点発掘調査報告書』
80. 松戸市教育委員会・WAVE住宅販売・地域文化財研究所『小野遺跡第34地点発掘調査報告書』
81. 松戸市教育委員会・エドケンハウス・地域文化財研究所『小野遺跡第36地点発掘調査報告書』
82. 八千代市教育委員会『八千代市内遺跡発掘調査報告書　平成28年度』
83. 八千代市教育委員会・鳳雄会『平沢遺跡e地点』
84. 八千代市教育委員会・心聖会『作山塚群3号塚・4号塚』
85. 八千代市教育委員会・恩田　晃『平戸台遺跡c地点』
86. 四街道市教育委員会『平成27年度市内遺跡発掘調査報告書』

千葉県

論文等

87. 千葉県教育振興財団『研究連絡誌第』第78号
    橋本勝雄「柏市小山台遺跡出土の旧石器・縄文時代の石器―本ノ木型尖頭器・木葉形薄型尖頭器・花輪台型五角形鏃の紹介と関連資料の検討―」
    白鳥　章「柏北部東地区小山台遺跡（88）出土の有撮石器について」
    西川博孝「柏市小山台遺跡に見る阿玉台Ⅲ式期の東北的土器様相」
    上守秀明「香取市大根磯花（上谷津）遺跡出土の中期前葉の異系統土器」

88. 下総考古学研究会『下総考古学―小特集　阿玉台式土器の研究（1）』第24号
    大内千年「『下総国香取郡阿玉台貝塚探究報告』再読」
    建石　徹「八幡一郎の『阿玉台式土器』について　姥山貝塚報告を中心に」
    大村　裕「山内清男の『阿玉台式土器』について」
    大熊佐智子・下総考古学研究会「高橋良治の『阿玉台式土器』について」
    小澤政彦「埼玉県域における阿玉台式（後半）の土器」
    合田恵美子「東京都域における阿玉台式（後半）の土器」
    下総考古学研究会「千葉県松戸市中峠遺跡第7次調査報告」
    植月　学「中峠遺跡第7次調査1号住居址出土の動物遺体」
    大工原豊「中峠遺跡第7次調査の石器について」
    菅頭明日香・建石　徹・大工原豊・二宮修治「中峠遺跡第7次調査出土黒曜石の原産地推定」
    大村　裕「高橋良治氏と下総考古学研究会　在野考古学研究者の軌跡」
    大村　裕・大内千年・大熊佐智子・小澤政彦・合田恵美子・建石　徹・千葉　毅「中峠遺跡第6次調査地点1号住居に隣接する『ピット』出土の土器群について」

89. 市川市　『市史研究いちかわ』第8号
    永塚俊司・弦巻賢介・杉原重夫・折茂克哉・領塚正浩「権現原遺跡から出土した黒曜石製遺物の原産地推定」
    白井久美子・今城未知・青笹基史「法皇塚古墳・弘法寺古墳の測量調査報告（附）弘法寺古墳・法皇塚古墳GPR（レーダー）探査成果報告」
    柴田　徹「市川市内石材の岩石種調査報告」
    白井久美子・内山敏行「法皇塚古墳の小札甲」

90. 千葉市加曽利貝塚博物館『貝塚博物館紀要』第43号
    堀越正行「日本の貝塚研究における加曽利貝塚の位置と意義」
    田中英世「舟形土器再考―東日本の資料集成をとおして―」

91. 佐倉市　『佐倉市史研究』第30号
    橋本勝雄「佐倉市太田・大篠塚遺跡出土の旧石器時代遺物の再評価―有樋尖頭器に関する一考察―（上）」

92. 埴輪研究会『埴輪研究会誌』第21号
    萩原恭一「千葉県内出土の埴輪胎土の蛍光X線分析」

93. 房総石造文化研究会『房総の石仏』第24号
    川戸　彰「道祖神雑記」
    藤平俊雄「君津・富津地域における江戸の石工」
    蕨　由美「印西市域と北総の『百庚申』について―最近の調査と知見から―」
    入谷雄二「庚申塔造立のタイミングを考える」
    稲本章宏「木更津の石造物」
    早川正司〈口絵写真解説〉石祠型庚申塔

Ⅱ　各都道府県の動向

94. 松戸市立博物館『研究紀要―〈小特集〉松戸市根木内遺跡』第25号
　　　峰村　篤「第5地点出土の人骨について」
　　　峰村　篤・渡辺　新「縄文時代中期における幼児葬の一事例―松戸市根木内遺跡第5地点出土幼児人骨の再検討―」
　　　米田　穣「松戸市根木内遺跡から出土した縄文時代中期人骨炭素・窒素同位体比」
　　　間宮正光「城郭からみた高城氏の防衛構想―発掘調査資料に基づく予察―」
　　　小林孝秀「松戸市河原塚4号墳の発掘調査と出土遺物」

13　東　京　都

大　網　信　良

1.〔調　査〕

旧石器時代

　府中市武蔵台遺跡の調査では、基部加工尖頭形石器や局部磨製石斧、また赤色顔料の原料となる鉄石英など、約1,300点の石器や礫が出土した。これらの遺物は立川ロームXb層を中心に出土しており、同層からは扁平な礫が集中する礫群も検出されている。練馬区比丘尼橋遺跡C地点の調査では、18箇所の遺物集中箇所が検出され、立川ロームⅦ層では黒曜石製のナイフ形石器がまとまって出土している。

縄文時代

　北区道合遺跡の調査では、早期の炉穴4基に加え、子母口式の良好な土器資料がまとまって出土した土坑（226号土坑）等が検出された。青梅市天ケ瀬遺跡の調査では、窪地部分より遺物集中地点が検出され、諸磯式土器や同時期の石器など約3,600点の遺物が出土した。八王子市日向四谷遺跡の調査では、前期中葉から中期初頭にかけての竪穴住居跡3軒が検出された。諸磯a式の良好な土器資料が蓄積されたことに加え、北白川下層式土器の破片資料が複数出土している点が注目される。あきる野市門口遺跡の調査では、中期中葉から後葉の竪穴住居跡23軒、墓壙14基、集石3基等が検出された。目黒区油面遺跡の調査では、中期後葉の竪穴住居跡3軒、土坑2基が検出されている。

弥生時代

　北区十条台遺跡群南橋遺跡の調査では、後期の竪穴建物跡1棟が検出され、鏡模倣土製品や管玉等の石材となる緑色凝灰岩の剥片が出土した。目黒区東山貝塚の調査では、検出された土坑2基のうち、SK2より後期の台付甕および小型壺が出土した。前掲・日向四谷遺跡では、弥生時代終末から古墳時代初頭に比定されるやや大型の竪穴住居跡が1軒調査されるとともに、S字状口縁台付甕が出土している。

古墳時代

　日野市平山遺跡の調査では、後期の円墳周溝が検出され、平山古墳群の拡がりを再検討するうえで重要な成果を得た。同遺跡ではほかに、前期に比定される竪穴建物跡5棟が検出された。前掲・南橋遺跡では、前期の竪穴建物跡4棟が検出された。八王子市中田遺跡の調査では、既往調査の成果に加えて新たに4棟の竪穴建物跡が検出されている。

古　代

　前掲・平山遺跡では、奈良時代9棟、平安時代1棟の竪穴建物跡が調査され、鉄製刀子や外底面に木葉痕を持つ土師器等が出土している。前掲・南橋遺跡では、平安時代の竪穴建物跡SI04から鉄滓や鞴羽口等の鍛冶関連遺物が出土しており、近隣の武蔵国豊島郡衙跡周辺の生産址との比較検討が期待される。

中世

前掲・平山遺跡では、竪穴状遺構2基と地下式坑12基等が調査された。竪穴状遺構は、小型で粘土を敷いた炉を有しており、何らかの作業小屋とされる。また地下式坑からは、常滑産等の陶器や茶臼、石鉢が出土している。本遺跡で検出された遺構群の性格について、浅川を挟んで対岸に位置する平山城址周辺地域との関係性が着目されている。小金井市では、市史編纂に伴い、板碑や長昌寺所蔵の薬師如来立像、また七軒家遺跡・野川中洲北遺跡の既往調査資料等の整理が進められている。

近世

新宿区市谷本村町遺跡防衛省地区では、尾張藩徳川家上屋敷跡のなかでも北東部分に位置する「長局」および「表長屋」地点が調査された。「長局」を構成する長屋建物の検討から、御殿の変遷に伴って建物が掘立柱構造から礎石構造へ変遷する様相が明らかとなった。また同遺跡の長龍寺跡地点の調査では、甕棺墓を中心とする埋葬施設160基が検出された。新宿区新小川町遺跡では、延宝年間の旗本野呂氏屋敷跡が調査され、池跡や水田跡等895基の遺構が検出された。神田川低地に立地する本遺跡では、水田や畑地が盛土造成され屋敷地となる一連の過程を捉えた。豊島区染井遺跡では、芥川製菓工場跡地区が調査され、植栽痕や地下室、採土坑、生垣、柱穴列等が検出された。また代表的な出土遺物として、18～19世紀代の土師質の植木鉢や瀬戸・美濃産陶器の半胴甕を転用した植木鉢が挙げられる。これらの遺構・遺物は、「染井植木屋」に関連するものと考えられている。新宿区四谷一丁目遺跡の調査では、旧四谷塩町一丁目屋敷および隣接屋敷地を調査対象とし、建物基礎や穴蔵、瓦溜、井戸など多岐にわたる遺構が検出された。とりわけ注目されるのが麹室で、調査当初から数えて総数26群100基に上る大規模なものである。4,100箱を越える豊富な出土遺物には、陶磁器類や瓦に加え、遺存状況の良好な木質遺物も含まれる。国分寺市に所在する市指定重要文化財・旧本多家住宅長屋門では、保存修理工事に伴う建物基礎部分の発掘調査が実施された。調査の結果、長屋門の基礎構造に堅牢な地業痕跡を確認するとともに、その下層で長屋門形式と思われる前身建物の壺掘地業が検出されている。

近代・現代

東村山市国立ハンセン病療養所多磨全生園では、前身となる全生学園跡地の学術調査が行われた。発掘調査の結果、史料を裏付けるかたちで幅4m、深さ2mの堀が約20mにわたって検出され、ハンセン病の隔離政策の一端が考古学的に明らかとなった。

2.〔文献一覧〕

報告書

1. 井草文化財研究所『東京都府中市武蔵国府関連遺跡調査報告プラウド府中セントラル地区の調査』
2. 榎本邦人　「豊島区染井遺跡芥川製菓工場跡地区染井植木屋の発掘調査」『東京の遺跡』No.107　東京考古談話会
3. 大田区教育委員会『南久が原二丁目4番横穴墓Ⅰ　久が原遺跡Ⅳ　発掘調査報告書』大田区の埋蔵文化財23集
4. 葛飾区遺跡調査会『御殿山遺跡・葛西城址』葛飾区遺跡調査会調査報告第60集
5. 加藤建設　『東京都文京区後楽一・二丁目遺跡』
6. 北区教育委員会『東京都北区稲付公園遺跡―平成28年度稲付公園再生整備工事に伴う発掘調査報告―』
7. 共和開発　『東京都板橋区志村遺跡第9地点発掘調査報告書』
8. 共和開発　『東京都板橋区志村坂上遺跡C地点第2次調査発掘調査報告書』
9. 共和開発　『東京都板橋区舟渡遺跡第15地点発掘調査報告書』
10. 共和開発　『東京都板橋区舟渡遺跡第16地点発掘調査報告書』
11. 共和開発　『東京都板橋区舟渡遺跡第17地点発掘調査報告書』
12. 共和開発　『東京都国立市円成院跡―第1地点―』
13. 共和開発　『恋ケ窪東遺跡発掘調査報告書第22次調査』
14. 共和開発　『下神明遺跡Ⅵ』
15. 共和開発　『東京都練馬区八ケ谷戸遺跡第五次調査』
16. 共和開発　『東京都府中市武蔵国府関連遺跡調査報告―国府地域の調査―アンタレス府中新築工事埋蔵文化財発

Ⅱ　各都道府県の動向

　　　　　　　掘調査報告』
17. 共和開発　　『東京都府中市武蔵国府関連遺跡調査報告―国府地域の調査―コープ府中寿町店埋蔵文化財発掘調査報告』
18. 共和開発　　『東京都府中市武蔵国府関連遺跡調査報告―国府地域の調査―（仮称）府中市八幡町一丁目計画新築工事地区』
19. 共和開発　　『東京都府中市武蔵国府関連遺跡調査報告―国府地域の調査―（仮称）ミオカステーロ府中緑町Ⅱ計画新築工事埋蔵文化財発掘調査報告』
20. 渋谷区教育委員会・共和開発『東京都渋谷区富ケ谷遺跡第1地点』
21. 四　　門　　『東京都新宿区尾張徳川家下屋敷跡Ⅸ』
22. 四　　門　　『町田市小山片所遺跡』
23. 四　　門　　『東京都町田市鶴間公園遺跡（町田市No.999遺跡）』
24. 新宿区　　　『東京都新宿区信濃町南遺跡Ⅶ』
25. 新宿区教育委員会・加藤建設『江戸城外堀跡市谷堀〈外濠公園地点の発掘調査〉』
26. 世田谷区教育委員会・共和開発『八幡山遺跡Ⅳ』
27. ＣＥＬ　　　『東京都北区十条台遺跡群南橋遺跡発掘調査報告書』
28. ＣＥＬ　　　『東京都北区中里峡上遺跡発掘調査報告書―中里3-15-1地点―』
29. ＣＥＬ　　　『東京都北区西ケ原貝塚』
30. ＣＥＬ　　　『東京都新宿区市谷仲之町西遺跡Ⅵ』
31. ＣＥＬ　　　『東京都墨田区永隆寺跡（隅田区No.38遺跡）』
32. 大成エンジニアリング『東京都北区志茂遺跡』
33. 大成エンジニアリング『東京都墨田区本庄松平家下屋敷跡』
34. 大成エンジニアリング『東京都府中市武蔵国府関連遺跡調査報告「レーベン府中西府」新築工事に伴う埋蔵文化財発掘調査』
35. 大成エンジニアリング『東京都文京区本郷台遺跡群第3地点』
36. 大成エンジニアリング『東京都目黒区東山貝塚遺跡第32次発掘調査報告書』
37. 武田浩司　「目黒区東山貝塚遺跡（東山3-19-1地点）発掘調査」『東京の遺跡』No.105　東京考古談話会
38. 武田浩司　「目黒区油面遺跡（中町2-26-11地点の発掘調査）『東京の遺跡』No.109　東京考古談話会
39. 玉川大学教育博物館『田端環状積石遺構―田端遺跡第1次・第2次発掘調査報告書―』
40. 多摩市教育委員会『有山屋敷』
41. 多摩市教育委員会『東京都多摩市落川・一の宮遺跡』
42. 中央区教育委員会『明石町遺跡Ⅳ』
43. 中央区教育委員会『新川二丁目遺跡Ⅱ』
44. 中央区教育委員会『東京都中央区八丁堀二丁目遺跡Ⅱ-2』
45. 調布市遺跡調査会『東京都調布市入間町城山遺跡第45地点』
46. 千代田区教育委員会『東京都千代田区　千代田区No.34遺跡』
47. テイケイトレード『東京都文京区円林寺跡』
48. テイケイトレード『東京都文京区切支丹屋敷跡［遺構・遺物・自然科学分析（1）・考察編］』
49. 東京航業研究所『東京都新宿区信濃町南遺跡Ⅵ』
50. 東京大学埋蔵文化財調査室『東京大学本郷構内の遺跡　医学部附属病院入院棟A地点　研究編』東京大学埋蔵文化財調査室発掘調査報告書13
51. 東京都埋蔵文化財センター『北区御殿前遺跡』東京都埋蔵文化財センター調査報告第314集
52. 東京都埋蔵文化財センター『あきる野市門口遺跡』東京都埋蔵文化財センター調査報告第315集

53. 東京都埋蔵文化財センター『青梅市天ケ瀬遺跡』東京都埋蔵文化財センター調査報告第316集
54. 東京都埋蔵文化財センター『北区道合遺跡』東京都埋蔵文化財センター調査報告第317集
55. 練馬区地域文化部文化・生涯学習課『埋蔵文化財調査報告31　平成27年度（2015年度）』
56. パスコ　　『東京都新宿区三栄町遺跡ⅩⅢ』
57. 府中市教育委員会・府中市遺跡調査会『武蔵国府の調査47―平成25年度府中市内遺跡発掘調査概報―』
58. 文京区教育委員会『東京都文京区切支丹屋敷跡［保存処理・自然科学分析（2）編］』
59. 文京区教育委員会『東京都文京区国指定特別史跡及び特別名勝小石川後楽園大泉水護岸修復工事に伴う第一次確認調査』
60. 文京区教育委員会『東京都文京区国指定名勝及び史跡小石川植物園（遠薬園跡及び養生所跡）第2地点』
61. 文京区教育委員会『東京都文京区国指定名勝懐徳館庭園（旧加賀藩主前田氏本郷本邸庭園）』
62. 宮川和也　「北区十条台遺跡群（王子本町2-4地点）発掘調査」『東京の遺跡』№105　東京考古談話会
63. 武蔵文化財研究所『東京都北区赤羽上ノ台遺跡』
64. 武蔵文化財研究所『東京都北区十条台遺跡群北区役所遺跡新別館用地地点』
65. 武蔵文化財研究所『瀬田遺跡・瀬田城跡Ⅸ』
66. 武蔵文化財研究所『東京都八王子市大町遺跡』
67. 武蔵文化財研究所『東京都八王子市日向四谷遺跡』
68. 明治大学校地内遺跡調査団『東京都三鷹市・調布市下原・富士見町遺跡Ⅲ　後期旧石器時代の発掘調査（1）』明治大学校地内遺跡調査団調査研究報告書5
69. 明治大学校地内遺跡調査団『東京都三鷹市・調布市下原・富士見町遺跡Ⅲ　後期旧石器時代の発掘調査（2）』明治大学校地内遺跡調査団調査研究報告書6
70. 依田亮一　「国分寺市指定重要有形文化財旧本多家住宅長屋門の発掘調査」『東京の遺跡』№106　東京考古談話会
71. 立正大学博物館『東京都多摩市中和田横穴墓群発掘報告書』館蔵資料「基礎文献」叢刊第7輯

論文等

72. 飯塚武司　「古墳時代の始まりの木器写しの器物と弧帯文（帯状文様）を刻む木器」『研究論集ⅩⅩⅩⅠ』東京都埋蔵文化財センター
73. 五十嵐彰　「緑川東問題―考古学的解釈の妥当性について―」『東京考古』34　東京考古談話会
74. 五十嵐彰　「緑川東・廃棄時設置という隘路」『東京の遺跡』№107　東京考古談話会
75. 石神裕之　「個別発見貨（single-finds）研究の可能性―江戸・京都を事例として―」『出土銭貨』第36号　出土銭貨研究会
76. 牛田守彦　「武蔵野の戦争遺跡―調布飛行場周辺と空襲被災遺跡を中心に―」『武蔵野』武蔵野會
77. 追川吉生　「大名屋敷の表長屋の出現について―屋敷境遺構と屋敷外郭部の土地利用状況を中心に―」『駿台史學』第160号　駿台史学会
78. 小田静夫　「関東ロームの花粉分析―列島最古の旧石器文化を探る⑤―」『多摩考古』46　多摩考古学研究会
79. 金子昭彦　「縄文土坑の記載方法と属性相関図」『東京考古』34　東京考古談話会
80. 小林謙一・黒尾和久・中山真治・山本典幸編『考古学の地平Ⅰ―縄文社会を集落から読み解く―』六一書房
81. 斉藤　進　「中世『地下式坑』をめぐる資料論―台地整形区画の再検討―」『研究論集ⅩⅩⅩⅠ』東京都埋蔵文化財センター
82. 笹森健一　「縄文中期集落の広場と土坑墓」『土曜考古』第38号　土曜考古学研究会
83. 白石浩之　「関東地方における最古級の石器群と狩猟具の展望」『国立歴史民俗博物館研究報告』第206集　国立歴史民俗博物館
84. 杉山祐一　「土器製作の伝統と革新・情報伝達―宮ノ台式から久ケ原式への変遷をモデルに―」『土曜考古』第38

Ⅱ　各都道府県の動向

号　土曜考古学研究会
85. 鈴木裕子　「江戸出土の貿易陶磁器―その近世的な様相の概要―」『関西近世考古学研究』24　関西近世考古学研究会
86. 谷口　榮　「入浴の今昔と考古学」『考古学ジャーナル』693　ニュー・サイエンス社
87. 寺田良喜　「南武蔵における埴輪の生産と流通―蛍光Ｘ線分析を中心として―」『埴輪研究会誌』第20号　埴輪研究会
88. 仲田大人　「関東地方の旧石器・縄文移行期をめぐる諸問題」『旧石器研究』第12号　日本旧石器学会
89. 西山博章　「江戸遺跡出土下駄の分類再考」『東京の遺跡』№104　東京考古談話会
90. 野本孝明　「中世荏原郡における地頭等の居館と板碑―荏原郡大森郷周辺を例として―」『東京考古』34　東京考古談話会
91. 野本孝明　「発想でヒント　クローン文化財技術を弥生土器の復元に応用を」『東京の遺跡』№107　東京考古談話会
92. 平野　修　「東北系土師器を焼いた焼成遺構について―東京都多摩市竜ケ峰遺跡検出ＳＫ１土坑の再検討―」『東京考古』34　東京考古談話会
93. 深澤靖幸　「府中市本宿の中世遺跡―旧弥勒寺跡再考―」『府中市郷土の森博物館紀要』第30号　府中市郷土の森博物館
94. 堀内秀樹　「近世期の貿易陶磁需要とその背景」『関西近世考古学研究』24　関西近世考古学研究会
95. 堀　恭介　「面取尖頭器を所持する集団の地域行動―南関東地方武蔵野台地における事例研究―」『研究論集ＸＸⅩⅠ』東京都埋蔵文化財センター
96. 松原典明　「近世大名家墓所からみたアイデンティティーの形成―大江姓永井家墓所形成を例として―」『日本考古学』第41号　日本考古学協会
97. 宮下孝優　「古代・竪穴建物の構造変化―武蔵国府関連遺跡の竪穴建物の小型・長方形化とその背景―」『東京考古』34　東京考古談話会
98. 湯瀬禎彦　「古代武蔵国府における信仰の諸相」『東京考古』34　東京考古談話会
99. 和田　哲　「続・多摩の敷石住居」『多摩考古』46　多摩考古学研究会

その他
100. 江戸遺跡研究会「江戸遺跡研究会第30回大会　江戸の遊び」（シンポジウム）
　　　古泉　弘「江戸の遊び　開催にあたって」
　　　中野高久「江戸の遊び―土人形・玩具類研究の現状と遊芸―」
　　　仲光克顕「江戸遺跡出土泥面子―分類と一流通―」
　　　能芝　勉「京都の人形・土製品について」
　　　湯浅淑子「19世紀の拳　狐拳―ジェスチャーからモノへの展開―」
　　　小池満紀子「描かれた江戸の遊び」
　　　澤田麻希「結城座―江戸時代の人形芝居―」
101. 江戸東京博物館「戦国時代展」（展示）
102. 江戸東京博物館「発掘された日本列島2016」（展示）
103. 大田区立郷土博物館「土器から見た大田区の弥生時代―久ケ原遺跡発見、90年―」（展示）
104. 國學院大學博物館「偶像（アイドル）の系譜―神々と藝能の一万年―」（展示）
105. 国立ハンセン病資料館「多磨全生園内『土塁・堀の考古学調査』についての成果報告会」（シンポジウム）
106. 埼玉県埋蔵文化財調査事業団「三都県公開セミナー　発掘された中世の姿」（シンポジウム）
　　　村山　卓「発掘された中世」
　　　斉藤　進「武蔵国　中世の道―『鎌倉街道』と枝道―」

東 京 都

　　　松葉　崇「大山山麓に広がる中世遺跡」
　　　坂詰秀一「中世考古学を考える」
　　　渡邉修一「利根川堤防の下に眠る中世の村と墓」
　　　砂生智江「地中に埋もれた板碑」
107.縄文研究の地平グループ・セツルメント研究会「縄文研究の地平2017―土器から探る勝坂式と加曽利Ｅ式の間―」
　　（シンポジウム）
　　　山本典幸「勝坂３式と加曽利Ｅ１式の『間』を取り巻く文化的諸問題」
　　　中山真治「勝坂３式の多様な系統と加曽利Ｅ１式との『間』 ９ｃ～10ａ期の武蔵野・多摩地域の土器類型再考」
　　　黒尾和久「加曽利Ｅ１式の多様な系統と勝坂３式との『間』 武蔵野台地型加曽利Ｅ式の成立（勝坂から加曽利
　　　　Ｅへ）について」
　　　德留彰紀「荒川中流域の勝坂３式と加曽利Ｅ１式」
　　　熊澤孝之「奥武蔵地域の勝坂３式と加曽利Ｅ１式　埼玉県飯能市の事例報告」
　　　塚本師也「阿玉台Ⅳ式期から加曽利Ｅ１式古段階の土器様相　那珂川流域と鬼怒川・小貝川流域との対比」
　　　今福利恵「甲府盆地周辺の勝坂３式と曽利Ｉ式／加曽利ＥＩ式」
　　　小林謙一「相模川・鶴見川流域の勝坂３式と加曽利Ｅ１式」
108.世田谷区立郷土資料館「国重要文化財指定記念　野毛大塚古墳展」（展示）
109.中央区立郷土天文館「江戸の装いと出土遺物」（展示）
110.千代田区立日比谷図書文化館「発掘された大名屋敷」（展示）
111.東京考古談話会「公開討論会　緑川東遺跡の大形石棒について考える」（シンポジウム）
112.東京大学総合研究博物館「赤門―溶姫御殿から東京大学へ―」（展示）
113.東京中世史研究会『東京中世史を拓く～その10年の成果と課題～」（シンポジウム）
　　　木村茂光「問題提起：中世東国史を振り返る」
　　　立川明子「東京の中世前期のかわらけ」
　　　本間岳人「東京の宝篋印塔・五輪塔」
　　　齋藤慎一「中世東京の道」
　　　内野　正「中世江戸『日比谷入江』の景観」
　　　鎌倉佐保「中世成立期の武蔵」
114.東京都教育委員会『東京都遺跡調査・研究発表会42　発表要旨』
115.東京都埋蔵文化財センター『遺跡発掘調査発表会2016（平成28年度）発表要旨』
116.東京都埋蔵文化財センター『東京都埋蔵文化財センター年報36　平成27（2015）年度』
117.東京都埋蔵文化財センター「南多摩発見伝　丘陵人の宝もの」（展示）
118.中野区立歴史民俗資料館「中野の遺跡新発見伝」（展示）
119.八王子市郷土資料館「掘りおこされた八王子の歴史」（展示）
120.文京区教育委員会「シドッチ神父と江戸のキリシタン文化」（シンポジウム）
121.町田市考古資料室「忠生遺跡セレクション」（展示）
122.明治大学黒耀石研究センター「国史跡が拓く　縄文の世界Ⅰ～先端研究が照らす縄文社会の実像～」（シンポジウ
　　ム）
　　　河本雅人「勝坂遺跡～縄文農耕論の新展開～」
　　　磯野治司「デーノタメ遺跡～関東地方最大級の縄文集落～」
　　　中村哲也「陸平貝塚～霞ケ浦沿岸の貝塚文化～」
　　　中島広顕「中里貝塚～ハマの巨大貝塚～」
　　　森山　高「神明貝塚～奥東京湾最奥の環状貝塚～」

Ⅱ　各都道府県の動向
　　　阿部芳郎「縄文社会の複雑化と生業活動の多様性」
　　　樋泉岳二「縄文貝塚の多様性と特質」
　　　佐々木由香「植物資源の利用から見た縄文分化の特性」
　　　米田　穣「同位体生態学からみた縄文人とその社会」
123.明治大学博物館「再葬墓と甕棺墓―弥生の墓の東西―」（展示）

14　神　奈　川　県

千　葉　　毅

1.〔調　　査〕

　記録保存のための発掘調査については、新東名高速道路あるいはそれに関連する県道整備に伴う大規模な継続的調査が多く実施されたことにより、2016年度も伊勢原市域、秦野市域での調査事例が多数を占める。

　学術目的の発掘調査は中央大学文学部、白石洞穴遺跡学術調査団、川崎市教育委員会・多摩川流域遺跡群研究会等により実施されている。

　国指定史跡小田原城の既指定地である小峯御鐘ノ台大堀切東堀の西に隣接する箇所で、東堀に付随する曲輪の一部および「百姓曲輪」と呼ばれる独立した曲輪が追加指定された。

　国指定史跡下寺尾官衙遺跡群（高座郡衙、下寺尾廃寺を中心とする官衙遺跡群）では、保存活用の進展のための確認調査が行われ、官衙との関連が想定される大形の掘立柱建物址や多数の遺物を伴う竪穴状遺構等が検出された。また古代面の下に弥生時代、縄文時代の遺構群が存在することも確認された。なお本遺跡群の一部が県立茅ケ崎北陵高校の敷地内にあたるため、調査にあたっては高校の協力を得つつ、その成果を学校教育にも反映されるよう保存活用計画が進められている。

　2010年に国指定史跡となった弥生時代環濠集落跡である神崎遺跡のガイダンス施設「神崎遺跡資料館」が開館した。現在は2018年度の遺跡公園全面開園に向け整備が進められている。

　平塚市では東海大学と連携したイベント「考古学の世界」が実施され、アンデス文明、古代エジプトをテーマとし市民を対象に大学の所蔵資料の見学、講義が行われた。

　出土品を活用した展示として、厚木市では縄文時代、藤沢市では古代、大磯町では近代をテーマにした展覧会が開催された他、小田原市、茅ケ崎市、秦野市等でも速報展示が実施された。また発掘調査成果を一般に公開する発表会等も県内各市町村等により開催されている。

　以下に2016年度に神奈川県内において実施された発掘調査のうち、発掘調査報告書、概報、現地説明会資料等により成果が公表されたものについて時代ごとにまとめる。なお、遺構、遺物等の呼称については基本的に報告者の呼称を採用し統一していない。

旧石器時代

　横須賀市船久保遺跡〈第3次調査〉では、AT降灰以前の（相模野B3L～B4U相当層を検出面とする）陥し穴状土坑が丘陵上で2基検出された。これらは覆土の観察から同時性が高いものとされている。旧石器時代の陥し穴状遺構が検出されるのは、本遺跡の位置する三浦半島のほか、静岡県愛鷹山麓などの太平洋側の一部に限られており、貴重な事例の蓄積となった。谷戸底部付近では相模野B4相当層から石器ブロック、多数の石器群が検出されている。

　秦野市蓑毛小林遺跡では、膨大な数の旧石器が出土している。相模野B1層からは槍先形尖頭器（製品、未製品を含む）が250点以上検出され、破片を含めると30,000点以上となる。相模野B2層ではナイフ形石器、掻器、礫群等の石器群が20,000点以上検出されている。この出土数は県内最多となるものである。

伊勢原市西富岡・長竹遺跡〈第3次調査〉では、相模野L1H層から石器の集中箇所が3箇所検出され、2次調査と合わせ計3,000点もの石器が出土した。石器集中部の1つは長さが20mを越え帯状となる。また同一石器集中部から細石刃石器群と槍先形尖頭器石器群が重複した状態で検出された。より下層の相模野B1層からは小形のナイフ形石器をはじめとする石器群が約700点出土した。上粕屋・石倉中遺跡〈第3次調査〉では、相模野BB1層から信州産黒曜石を主体とする石器集中部が2ケ所検出され、149点の剥片、砕片が出土した。

縄文時代

丘陵上に位置する秦野市柳川竹上遺跡では、中期の竪穴住居跡が12軒確認された。既調査箇所と合わせ18軒となり、中期後葉では環状集落となる可能性が指摘されている。中期前葉、中葉、後葉で遺構が検出される標高に差異があり、時期が下るにつれ集落の標高も低くなるようである。他にも草創期の槍先形尖頭器、前期後葉の関西系土器（北白川下層Ⅱc式）が検出されている。

伊勢原市神成松遺跡〈第9地点〉では、神子柴型打製石斧の未製品1点が包含層から出土した。西富岡・長竹遺跡〈第4次調査〉では、陥し穴状土坑が10基程検出された。

弥生時代

平塚市北金目塚越遺跡〈第17地点〉では、弥生時代後期〜古墳時代前期にかけての竪穴住居跡が極めて密集した状態で30軒検出された。遺構の重複が激しく、遺物の大半が破片のため帰属の判断にも困難が伴う。方形周溝墓等は検出されていない。竹之内遺跡〈第5地点〉では、11軒の竪穴住居跡が重複して検出され、勾玉等が出土している。桜畑遺跡〈第12地点〉では、竪穴住居跡1軒、竪穴状遺構2基、土坑2基、ピット11基が検出されている。遺跡は舌状台地上に所在するが、後世の削平のため包含層は薄く遺構の残存状況も不良のようである。

秦野市柳川竹上遺跡や秦野市菩提谷戸尻遺跡では狩猟用落とし穴が検出され、注目される。

古墳時代

相模湾に面する由比ケ浜の海岸砂丘上に位置する長谷小路周辺遺跡から、古墳時代後期の極めて保存状態の良い人骨が検出された。石棺墓に仰臥伸展葬で埋葬された人骨である。被葬者は15歳前後の男性で、身長は156.2㎝と推定されている。石棺には、部分的に加工された磯石の泥岩が用いられている。埋葬部床には砕かれた泥岩片が敷かれる。土坑墓においても仰臥伸展葬で埋葬された人骨が検出されている。これらは無墳丘の集団墓の一部と考えられている。神奈川県内での石棺墓調査例は横須賀市八幡神社遺跡に次いで2例目となる。同遺跡からは同時期の遺構として方形竪穴建物7軒、井戸1基、動物遺体（イヌ、ウマ）が検出されている。

川崎市蟹ケ谷古墳群では川崎市教育委員会と多摩川流域遺跡群研究会による学術調査が継続して行われている。既調査区の周辺にも古墳の可能性がある高まりが確認された。

伊勢原市上粕屋・子易遺跡では、横穴式石室を伴う古墳が2基確認された。いずれも墳丘は失われているが、石室や周溝の一部が確認されている。石室からは耳環が出土した。

厚木市愛甲御屋敷添遺跡〈第10地点〉では、古墳時代後期から古代にかけての遺構が多数検出された。竪穴住居址3軒、掘立柱建物址13棟、道路状遺構2条、溝状遺構2条等である。そのうち長辺8.5m程の大型住居址では、粘質土と黒色土が交互に層をなして堆積しており、近接地に掘立柱建物を構築する際に生じたものと考えられている。また掘立柱建物址についても3間×4間以上、3間×3間以上の大型のものが確認されている。これらのことから本遺跡は「一般の農村」とは区別されると推定されているが、「行政機関跡」を想起させるような遺物の出土は見られず、今後の検討が待たれる。

古 代

伊勢原市上粕屋・和田内遺跡〈第7次調査〉では、河川沿いの斜面で段切り状遺構が検出された。当該遺構には硬化面が見られ、他にも平場4段、溝状遺構6条、遺物集中2ケ所が伴って確認されている。通路および排水を主目的としたものと考えられている。遺跡からは墨書土器2点、線刻土器21点を含む大量の遺物が検出された。同市内では西富岡・長竹遺跡〈第4次調査〉でも竪穴住居址が1軒検出されている。西富岡・向畑遺跡では埋没谷から完形の柄を伴う刀子、複数の墨書土器、漆塗りの木製坏が検出された。

Ⅱ　各都道府県の動向

　秦野市柳川竹上遺跡では完形の鋤先が出土した。
　平塚市六ノ域遺跡〈第17地点〉では、柱間が２ｍを越える大型掘立柱建物跡が３棟確認された。近接して検出された「土師器廃棄遺構」は「饗宴」のような行為に伴うものと考えられているが、その行為が大型掘立柱建物で行われた可能性が指摘されている。また「凡人部豊子丸」と線刻された灰釉陶器が出土した。北金目遺跡〈第17地点〉からは、畿内系土師器や湖西窯の須恵器が出土した竪穴建物跡、銅製丸鞆が出土したピット群が検出されている。道半地遺跡〈第８地点〉では、竪穴建物跡１軒、掘立柱建物跡１棟が検出された。これまでの調査から、本遺跡は相模国府関連の曹司群の一部であると指摘されており、今次調査の検出遺構もそれらとの関連が推定されている。真田城跡〈第４地点〉では、段切り遺構、掘立柱建物跡、堀等が検出された。諏訪前Ａ遺跡〈第13地点〉では、竪穴建物跡、竪穴状遺構、溝状遺構、井戸跡等が多数検出された。
　鎌倉市長谷小路周辺遺跡では、竪穴住居12軒、土坑７基が検出された。厚木市愛名宮地遺跡〈第２地点〉では、丘陵上に営まれた平安時代の集落跡の一部が発掘され、９世紀末から10世紀初頭の竪穴住居跡４軒、掘立柱建物址９棟等が検出された。小田原市高田宮町遺跡〈第Ⅷ地点〉で舗装道路が検出されている。

　中　世
　伊勢原市子易・中川原遺跡では、丘陵を削った平坦面から寺院跡が発見された。大型の礎石建物跡を中央にし、南北にそれぞれやや小型の礎石建物跡が並んでいる。建物跡の西側背後には高い山があり、前面には池状遺構が検出されていることから、西方浄土を意識した伽藍配置の可能性が指摘されている。なお、この場所は明治時代に廃寺となった安楽寺が所在した場所で、上層からは近世の階段や石垣、石塔等が確認されている。西富岡・長竹遺跡〈第４次調査〉では、掘立柱建物跡の柱穴に五輪塔の一部（空風輪、台座）が埋納されている状況が検出された。遺跡からは青磁も少量出土している。上粕屋・子易遺跡でも、舶載陶磁器、常滑窯の甕破片、北宋銭等が出土した。
　鎌倉市名越坂北やぐら群の１号やぐらでは、高さ127cmの五輪塔が組み上がった状態（空風輪は欠落）で検出された。空風輪が残存していれば高さ175cm程度となると推定され、神奈川県内の五輪塔としては最大級のものとなる。水輪の納骨穴には火葬人骨（熟年男性１体分）が納められていた。
　伊勢原市上粕屋・石倉中遺跡〈第３次調査〉では、道路状の硬化面と溝跡が検出された。遺跡付近には現在の大山道が並行しており、それらの関係が示唆される。溝状遺構からは銭貨２枚（「開元通寳」「元祐通寳」）が出土した。上粕屋・和田内遺跡では火処、排水施設、貯水施設と考えられる遺構がまとまって検出され、湯屋の一部あるいは厨と考えられている。同様の遺構は小田原城跡御用米曲輪でも確認されているが類例は少なく重要な例となる。

　近　世
　秦野市菩提谷戸尻遺跡では、屋敷地を囲う区画溝の一部や屋敷墓と考えられる遺構が確認されている。
　伊勢原市域では道路跡が検出されている。伊勢原市神成松遺跡〈第９地点〉では、現在の県道の下から道状遺構と溝状遺構が並行して検出された。溝状遺構は道状遺構の両側に見られ、側溝の役割と推測されている。道状遺構には宝永火山灰が堆積していた他、中世陶器も出土しており、複数面の硬化面が確認されている。道利用の初源が中世まで遡り、近世以降に至るまで長期間にわたることが窺われる。上粕屋・石倉中遺跡〈第３次調査〉では、現在の大山道と並行して道路跡、溝跡が検出された。本遺跡の道路跡も複数面の硬化面を伴い、長期間の利用が想定される。
　秦野市横野山王原遺跡では、宝永火山灰に覆われた畑跡における大掛かりな「天地返し」の痕跡が検出されている。
　藤沢市用田大河内遺跡〈第９次調査〉では、畑作のための土地区画を示すと考えられる溝状遺構が４条、農作物の貯蔵穴と推定される長方形の土坑等が検出された。伴出した遺物は17世紀中頃～19世紀代のものが多いが、13世紀中頃～14世紀初頭の舶載磁器（青磁蓮弁文碗）も含まれ、この土地区画が中近世にわたり利用されていた可能性も指摘されている。溝状遺構は伊勢原市西富岡・長竹遺跡〈第４次調査〉でも検出された。大山東麓の尾根上に位置する本遺跡では斜面の傾斜に沿って平行あるいは直行するように溝状遺構が確認されている。平塚市桜畑遺跡〈第12地点〉では、覆土に宝永火山灰を含む畝状遺構３ケ所が検出された。伊勢原市上粕屋・子易遺跡では、畝状遺構、段切り、硬化面、竪穴状遺構、土坑、ピット等が検出されている。
　執筆にあたり次の方々からご協力を賜りました。記して感謝申し上げます（敬称略）。

若林勝司、佐藤健二、三戸芽、土屋健作、小林秀満、児玉優

2.〔文献一覧〕

報告書

1. アーク・フィールドワークシステム『下大曲一丁畑遺跡―平成27年度小出川河川改修工事に伴う発掘調査―』神奈川県埋蔵文化財発掘調査報告書50
2. アーク・フィールドワークシステム『神成松遺跡第9地点―県道603号（上粕屋厚木）道路改良工事に伴う発掘調査―』神奈川県埋蔵文化財発掘調査報告書51
3. 吾妻考古学研究所『日向・東新田原遺跡―県道64号（伊勢原津久井）道路改良工事に伴う発掘調査―』神奈川県埋蔵文化財発掘調査報告書45
4. 吾妻考古学研究所『用田大河内遺跡Ⅲ―県道22号（横浜伊勢原）道路改良工事に伴う発掘調査―』神奈川県埋蔵文化財発掘調査報告書46
5. 吾妻考古学研究所『神奈川県中郡大磯町馬場台遺跡第61地点―発掘調査報告書―』湘栄建設・吾妻考古学研究所
6. 吾妻考古学研究所『神奈川県逗子市五霊神社南台地遺跡―発掘調査報告書―』リバティーホーム・吾妻考古学研究所
7. 吾妻考古学研究所『横浜市瀬谷区竹村原遺跡―発掘調査報告書―』
8. 吾妻考古学研究所『横浜市中区山手120番館遺跡発掘調査報告書』野村不動産・吾妻考古学研究所
9. イビソク　『相模原市下溝稲荷林遺跡第2地点―宅地造成事業に伴う埋蔵文化財発掘調査報告書―』
10. 海老名市教育委員会『神奈川県海老名市上浜田古墳群第2号墳発掘調査報告書』
11. 小田原市教育委員会『千代寺院跡文化財調査報告書』小田原市文化財調査報告書182
12. 小田原市教育委員会『平成18年度小田原市緊急発掘調査報告書2　平成18年度試掘調査　Ⅰ小田原城とその城下関連遺跡　Ⅱ小田原市域の遺跡』小田原市文化財調査報告書181
13. 小田原市教育委員会『平成17年度小田原市緊急発掘調査報告書9　千代仲ノ町遺跡第Ⅹ地点』小田原市文化財調査報告書180
14. かながわ考古学財団『宮山中里遺跡Ⅲ――般国道468号（さがみ縦貫道路）建設事業に伴う発掘調査―』かながわ考古学団調査報告317
15. 鎌倉市教育委員会『鎌倉市埋蔵文化財緊急調査報告書33　平成28年度発掘調査報告（第2分冊）　米町遺跡　名越ケ谷遺跡　北条小町邸跡　長谷小路周辺遺跡　台山遺跡』
16. 鎌倉市教育委員会『鎌倉市埋蔵文化財緊急調査報告書33　平成28年度発掘調査報告（第1分冊）　長谷小路周辺遺跡　材木座町屋遺跡　下馬周辺遺跡　由比ケ浜南遺跡　今小路西遺跡　極楽寺旧境内遺跡』
17. 国際文化財『神奈川県相模原市下森鹿島遺跡第2地点―集合住宅建設事業に伴う発掘調査報告書―』
18. 斉藤建設　『神奈川県・鎌倉市　若宮大路周辺遺跡群発掘調査報告書―小町二丁目69番7、12、70番9、17地点―』
19. 斉藤建設　『神奈川県・鎌倉市　桑ケ谷療病院跡発掘調査報告書―長谷三丁目592番5ほか1筆―』
20. 斉藤建設　『神奈川県・鎌倉市　下馬周辺遺跡発掘調査報告書―由比ガ浜二丁目107番10、108番2地点―』
21. 斉藤建設　『神奈川県・鎌倉市　坂ノ下遺跡発掘調査報告書―坂ノ下93―3、180―1地点―』
22. 斉藤建設　『神奈川県・鎌倉市　長谷小路周辺遺跡発掘調査報告書―（仮称）由比ガ浜こどもセンター建設に伴う　由比ガ浜三丁目194番1、262番1地点の調査―』
23. 相模原市教育委員会『国指定史跡川尻石器時代遺跡総括報告書』相模原市埋蔵文化財調査報告53
24. 相模原市教育委員会『田名堀ノ内遺跡第7地点―消防団詰所・車庫建設事業に伴う埋蔵文化財発掘調査―』相模原市埋蔵文化財調査報告52　相模原市・相模原市教育委員会
25. 相模原市教育委員会『相原田通遺跡―個人住宅建設に伴う発掘調査―』相模原市埋蔵文化財調査報告51
26. 下麻生古墳群発掘調査団『神奈川県川崎市　下麻生古墳群』
27. 四　　門　『神奈川県横浜市港南区　笹下町山戸ケ谷遺跡―（仮称）港南区笹下三丁目地内分譲計画に伴う埋蔵文化財発掘調査報告書―』リストデベロップメント・四門

Ⅱ　各都道府県の動向

28. 逗子市教育委員会『神奈川県逗子市埋蔵文化財緊急調査報告書11―平成25年度―』
29. 大成エンジニアリング『神奈川県平塚市　竹之内遺跡第5地点　北金目塚越遺跡第18地点～宅地造成工事に伴う埋蔵文化財発掘調査報告書～』タクトホーム・大成エンジニアリング
30. 玉川文化財研究所『上粕屋・鳥居崎遺跡第3次調査―県道611号（大山板戸）交通安全施設等整備工事に伴う発掘調査―』神奈川県埋蔵文化財発掘調査報告書48
31. 玉川文化財研究所『名越坂北やぐら群―平成27年度急傾斜地崖壊対策工事に伴う発掘調査―』神奈川県埋蔵文化財発掘調査報告書49
32. 玉川文化財研究所『船久保遺跡第3次調査―県道26号（横須賀三崎）三浦縦貫道路Ⅱ期工事に伴う発掘調査―』神奈川県埋蔵文化財発掘調査報告書52
33. 玉川文化財研究所『上粕屋・和田内遺跡第7次調査―県道603号（上粕屋厚木）道路改良工事に伴う発掘調査―』神奈川県埋蔵文化財発掘調査報告書53
34. 玉川文化財研究所『神奈川県茅ケ崎市矢畑勝沼遺跡第4次調査発掘調査報告書』
35. 玉川文化財研究所『神奈川県茅ケ崎市前田A遺跡第4次調査発掘調査報告書』
36. 玉川文化財研究所『神奈川県茅ケ崎市石神遺跡第3次調査発掘調査報告書』玉川文化財研究所・安西工業
37. 玉川文化財研究所『神奈川県茅ケ崎市矢畑金山遺跡第21次調査発掘調査報告書』
38. 玉川文化財研究所『神奈川県藤沢市　藤沢市北部第二（三地区）土地区画整理事業区域内遺跡群　発掘調査報告書―下土棚諏訪ノ棚遺跡第4次調査―』
39. 玉川文化財研究所『神奈川県藤沢市　藤沢市北部第二（三地区）土地区画整理事業区域内遺跡群　発掘調査報告書―円行上河内遺跡第3次調査―』
40. 茅ケ崎市教育委員会『神奈川県茅ケ崎市市内遺跡試掘・確認調査報告ⅩⅤ―平成27（2015）年度実施の埋蔵文化財試掘・確認調査報告―』茅ケ崎市埋蔵文化財調査報告49
41. 中央大学文学部日本史専攻考古学ゼミ　小林謙一『中央大学文学部考古学研究室2016年度活動報告　上黒岩第2岩陰遺跡　滝坂遺跡　大日野原遺跡　2016年度発掘調査の概要』
42. 日本大学文理学部史学研究室『加瀬台遺跡群の研究―第4・7・8地点―』
43. 博　通『神奈川県鎌倉市　若宮大路周辺遺跡群（№242）発掘調査報告書　鎌倉雪ノ下一丁目148番4・190番1地点』博通発掘調査報告書86
44. 博　通『神奈川県鎌倉市　名越ケ谷遺跡（№231）発掘調査報告書　鎌倉市大町三丁目1255番の一部地点』博通発掘調査報告書82
45. 博　通『神奈川県鎌倉市　若宮大路周辺遺跡群（№242）発掘調査報告書　鎌倉市小町二丁目281番16・26・36、283番9・10地点』博通発掘調査報告書81
46. 博　通『神奈川県鎌倉市　若宮大路周辺遺跡群（№242）発掘調査報告書　鎌倉市御成町843番1地点』博通発掘調査報告書80
47. 博　通『神奈川県鎌倉市　崇寿寺跡（№284）発掘調査報告書　鎌倉市材木座四丁目617番3地点』博通発掘調査報告書79
48. 博　通『神奈川県鎌倉市　天神山下城（№358）発掘調査報告書　鎌倉市山崎字富士塚965番1外地点』博通発掘調査報告書78
49. 博　通『神奈川県鎌倉市　若宮大路周辺遺跡群（№242）発掘調査報告書　鎌倉市由比ガ浜一丁目128番21地点』博通発掘調査報告書77
50. 博　通『神奈川県鎌倉市　若宮大路周辺遺跡群（№242）発掘調査報告書　鎌倉市小町一丁目329番7地点』博通発掘調査報告書76
51. パスコ『上粕屋・和田内遺跡第5次調査―県道603号（上粕屋厚木）道路改良工事に伴う発掘調査―』神奈川県埋蔵文化財発掘調査報告書47

52. 平塚市教育委員会『神奈川県平塚市　東中原G／小熊原　北金目塚越　平成25年度市内遺跡緊急調査報告』平塚市埋蔵文化財緊急調査報告書18
53. 藤沢市教育委員会『南鍛冶山遺跡発掘調査報告書―藤沢都市計画事業北部第二（二地区）土地区画整理事業に伴う調査―　第13巻　古代9』
54. 三浦市教育委員会『市内遺跡発掘調査　Ⅰ国指定遺跡「赤坂遺跡」史跡整備事業に伴う確認調査報告　Ⅱ平成26・27年度試掘調査報告』三浦市埋蔵文化財調査報告書30
55. 横須賀市教育委員会『平成26年度・27年度新指定重要文化財等調査報告　近代化遺産・近代遺跡調査概報集Ⅸ　埋蔵文化財発掘調査概報集ⅩⅩⅢ』
56. 横浜市ふるさと歴史財団埋蔵文化財センター『権田原遺跡Ⅱ―弥生時代中期編　附：吉田十三塚遺跡弥生時代中期編　矢束遺跡弥生時代中期編―』港北ニュータウン地域内埋蔵文化財調査報告49　横浜市教育委員会

論　文

57. 稲村　繁　「神奈川県の古墳（Ⅷ）―神奈川県古墳地名表（6）―」『横須賀市博物館研究報告（人文科学）』第61号　横須賀市自然・人文博物館
58. 加賀谷眞良「神奈川県内出土の単鳳環頭太刀について」『湘南考古学同好会々報』144　湘南考古学同好会
59. 神奈川県考古学会『考古論叢　神奈河』第23集　2015年度講座「縄文時代の装い」記録集
　　五十嵐睦「『縄文時代の装い』を終えて」
　　金子浩昌「骨角製の装身具から見た縄文人の装ひ」
　　小林達雄「縄文人の装い」
　　小林達雄・金子浩昌「対談『縄文人の装い』」
　　五十嵐睦「真田・北金目遺跡群出土玉類の再評価」
60. 神奈川県立歴史博物館『神奈川県立博物館研究報告―人文科学―』第43号
　　千葉　毅「神奈川県立歴史博物館所蔵の縄文時代撚糸文期土器群―林國治氏旧蔵の横浜市十王堂免遺跡採集資料―」
　　吉永亜希子・千葉　毅「神奈川県立歴史博物館所蔵の縄文時代前期貝塚出土動物遺体―横浜市上台遺跡住居址内貝塚ブロックサンプル分析―」
　　高橋　健・千葉　毅「神奈川県立歴史博物館所蔵の骨角器―林國治氏、赤星直忠氏旧蔵の横浜市称名寺貝塚採集資料―」
　　建石　徹・降幡順子・千葉　毅「神奈川県立歴史博物館所蔵横浜市称名寺貝塚採集土器の胎土分析および赤色顔料分析」
　　鳥居和郎「山北中学校遺跡出土の武蔵型板碑について」
61. かながわ考古学財団『研究紀要22　かながわの考古学』
　　旧石器時代研究プロジェクト「神奈川県における国府系ナイフ形石器の様相」
　　縄文時代研究プロジェクト「神奈川県における縄文時代文化の変遷Ⅷ―後期前葉期　堀之内式土器文化期の様相　その7―」
　　弥生時代研究プロジェクト「神奈川県内出土の弥生時代土器棺（5）―弥生時代中期後葉から古墳時代前期　その4―」
　　古墳時代研究プロジェクト「考古学の先駆者　赤星直忠博士の軌跡（13）―通称「赤星ノート」の古墳時代資料の紹介―」
　　奈良・平安時代研究プロジェクト「神奈川県における古代の鉄（6）―生産関連遺構・遺物の集成―」
　　中世研究プロジェクト「神奈川県の県央地域の中世遺跡（1）」
　　近世研究プロジェクト「近世道状遺構の集成（1）」
62. 神奈川考古同人会『神奈川考古』第52号（40周年記念号）

Ⅱ　各都道府県の動向

　　　御堂島正「黒曜岩製石器の製作痕跡―剥離具との接触による微視的痕跡―」
　　　白石浩之「日本列島における尖頭器文化の存否論と尖頭器文化の確立」
　　　阿部友寿「縄文時代における獣骨と人骨の近接検出例」
　　　阿部友寿「関東南部における住居と墓の関係（2）」
　　　野坂知広「縄文後期配石墓群の基礎的研究―神奈川県下の資料を中心に―」
　　　山本暉久「縄文後・晩期社会論―住居・集落・社会の複雑化―」
　　　梅川光隆「巻き包みの壺」
　　　高橋　香「相模における後期・終末期古墳と初期寺院の諸問題について（1）」
　　　梅川光隆「かはらけの成立」
　　　大上周三「紡錘車からみた製糸活動の一端―古代相模の場合―」
　　　岡本孝之「逆川の再検討―その変遷と調査研究のあゆみ―」
　　　冨永樹之「大量に捨てられた古代の灯明皿―南関東の事例を中心に―」
　　　山口正紀「鎌倉の災害痕跡―発掘調査事例からみられる天災・人災―」
　　　天野賢一「伊勢原市域における近世の道状遺構について（1）」
　　　小林秀満・柏木善治・井関文明「さむかわの古墳」
63. 鎌倉考古学研究所『かまくら考古』第32号
　　　山口正紀「鎌倉時代の区画―若宮大路西側について―」
　　　河野眞知郎「鏑矢で小鳥を捕えた話と出土鏑」
64. 鎌倉考古学研究所『かまくら考古』第31号
　　　安藤龍馬「小町大路周辺の調査成果概観―鎌倉市小町一丁目329番1・10地点の調査を中心に―」
　　　河野眞知郎「火打石・火打鎌・火打袋」
　　　小野田宏「若宮大路周辺遺跡群の発掘調査」
65. 鎌倉考古学研究所『かまくら考古』第30号
　　　齋木秀雄「発掘調査からみる長谷小路周辺の地形」
　　　河野眞知郎「二文銭は鎌倉ではいくら？」
　　　押木弘己「調査速報　大倉幕府周辺遺跡群の調査」
66. 鎌倉考古学研究所『かまくら考古』第30号
　　　松吉大樹「中世都市鎌倉の宿所について―文献と考古の事例から―」
　　　河野眞知郎「武蔵鐙・片鐙」
　　　滝澤晶子「政所跡の発掘調査」
67. 古要祐慶　「前方後円墳の起源を求めて（4）」『湘南考古学同好会々報』143　湘南考古学同好会
68. 古要祐慶　「前方後円墳の築造に関する考察（1）」『湘南考古学同好会々報』144　湘南考古学同好会
69. 古要祐慶　「前方後円墳の築造に関する考察（2）」『湘南考古学同好会々報』145　湘南考古学同好会
70. 佐藤成美・栗山雄揮「御領宮遺跡で発見された壺形土器について」『平塚市博物館研究報告　自然と文化』40
71. 高橋　健　「金沢文庫所蔵の称名寺貝塚出土骨角器」『金澤文庫研究』第337号　神奈川県立金沢文庫
72. 玉川文化財研究所『神奈川を掘るⅡ　玉川文化財研究所研究論集2017』
　　　麻生順司「田名向原遺跡の研究―田名塩田遺跡群向原遺跡旧石器時代№4地点の再検討―」
　　　金子浩昌「小竹貝塚出土の骨角製装身具の分類―小田原市羽根尾貝塚出土骨角製品研究の比較資料としての試み―」
　　　坪田弘子「縄文時代のヘラ状垂飾―関東・中部地方の事例を中心に―」
　　　石川真紀「相模川中流域西岸の押型文土器出土遺跡について（承前）」
　　　中山　豊「小田原市中里遺跡の大陸系磨製石斧とその製作」

神奈川県

　　　西野吉論「弥生時代中期後半から後期前半の東相模の土器様相—藤沢市稲荷台地遺跡群の分析を通して—」
　　　坂本　彰「鶴見川下流の低地遺跡—鶴見神社境内遺跡の出土遺物—」
　　　河合英夫「古代相模地域における土器編年の暦年代に関する検討」
　　　小山裕之「寺尾城址中世墓および鶴見川流域中世墓の様相」
　　　林原利明「茅ケ崎市柳島出土の四爪鉄錨—水中文化遺産から見るかながわ—」
　　　中村哲也「藤沢・茅ケ崎・綾瀬市域の戦争遺跡について」
73. 中川真人・相模原縄文研究会「藤野地域で採集された縄文時代の考古資料—寄贈された表面採集資料の調査—」
　　　『相模原市立博物館研究報告』25
74. 西相模考古学研究会『西相模考古』第25号
　　　岡本孝之「長野県の弥生系石剣—その研究史と集成—」
　　　飯塚美保「宮ノ台式土器分布圏における竪穴住居の特色とその背景」
　　　白石哲也「大形壺の出現要因に関する考察（1）—東京湾西岸における宮ノ台式土器を対象として—」
　　　伊丹　徹「国家形成の普遍性と特殊性—日欧における多元的な国家形成をめぐる比較考古学—考古学研究会東京例会シンポジウム2015を聴講して」
75. 日本考古学協会『第82回総会研究発表要旨』
　　　白石哲也・中村賢太郎・野内秀明「弥生時代における沿岸部集落及び海蝕洞穴利用者の生業活動に関する基礎的研究」
　　　中村　勉「赤坂遺跡と海蝕洞穴—三浦半島南部の弥生社会—」
76. 松葉　崇「神奈川県伊勢原市上粕屋・和田内遺跡の石組み遺構」『考古学ジャーナル』693
77. 横須賀考古学会『横須賀考古学会研究紀要』第4号
　　　須田英一「黎明期における三浦半島地域の考古学的基盤の形成とその担い手—1921（大正10）年の赤星直忠による地域研究開始までを中心に—」
　　　川口徳治朗「三浦市間口洞窟遺跡出土の貝製利器の検討」
　　　岡本孝之「三浦市大浦山洞穴の虐殺事件—神奈川県三浦半島の東京湾口、弥生時代後期前半の冬—」
　　　諸橋千鶴子「三浦市松輪横穴採集の製塩土器」
　　　釼持輝久「三浦半島の海蝕洞穴出土の脊椎動物遺体について—イヌ—」
　　　清水洋隆「三浦市金田宮ノ脇貝塚採集の遺物」
　　　山口正憲「三浦市雨崎1号墳の測量調査成果」
　　　白石哲也・中村賢太郎・野内秀明「三浦半島における弥生時代の炭素14年代測定値の集成と再較正」
　　　中村　勉「三浦市勝谷砂丘遺跡実測調査の報告」
78. 横浜市歴史博物館『横浜市歴史博物館紀要』第21号
　　　橋口　豊「旧石器時代・縄文時代草創期遺跡の調査・研究その3」
　　　高橋　健「武相考古館旧蔵の称名寺貝塚出土骨角器」
　　　称名寺式土器検討会「シンポジウム『称名寺貝塚と称名寺式土器』の報告」
　　　高橋　健「国立スコットランド博物館所蔵のマンロー書簡（4）」

　その他
79. 小田原市教育委員会『シンポジウム　史跡江戸城石垣石丁場跡の実像に迫る～国指定を記念して～記録集』
80. 小田原市教育委員会『シンポジウム　史跡江戸城石垣石丁場跡の実像に迫る～国指定を記念して～資料集』
81. 小田原市教育委員会『平成28年　小田原市遺跡調査発表会』
82. 小田原市教育委員会『小田原の遺跡探訪シリーズ12　中里遺跡—東日本最大・最古級の弥生集落—』
83. 神奈川県教育委員会『平成28年度かながわの遺跡展・巡回展　かながわの最初の現代人—旧石器時代のヒトと社会—』

Ⅱ 各都道府県の動向

84. 神奈川県教育委員会『平成28年度考古学ゼミナール（考古学連続講座）ヒトと動物の関わり～考古学から考える～』
85. 神奈川県教育委員会『考古学講座　第3回　神奈川県発掘調査成果発表会2016』
86. 神奈川県考古学会『第40回神奈川県遺跡調査・研究発表会』
87. かながわ考古学財団『公開セミナー2016　発掘調査された小原台堡塁―東京湾要塞とその時代―』
88. かながわ考古学財団『考古学財団発掘帖』25・26
89. かながわ考古学財団『平成28年度発掘調査成果発表会』
90. かながわ考古学財団『平成28年度考古学特別研究講座　旧石器時代の吉岡遺跡群と用田バイパス関連遺跡群―石器の遺跡間接合とその意義―』
91. 鎌倉考古学研究所『集成　鎌倉の墨書―中世遺跡出土品―』
92. 鎌倉市教育委員会・鎌倉考古学研究所『第27回　鎌倉市遺跡調査研究発表会』
93. 相模原市立博物館『相模原の遺跡2017　博物館 de トレジャーハンター　お宝なぞ解き考古展』
94. 相模原市立博物館『考古企画展　相模原市の遺跡2016「つくいの発掘　いくつも発見！」』
95. 湘南考古学同好会「第34回藤沢市遺跡調査発表会」『湘南考古学同好会々報』146　湘南考古学同好会
96. 湘南考古学同好会「第33回藤沢市遺跡調査発表会」『湘南考古学同好会会報』141
97. 茅ケ崎市教育委員会『国史跡下寺尾官衙遺跡群の発掘調査現地見学資料～西方遺跡第3次確認調査の状況～』
98. 茅ケ崎市文化・スポーツ振興財団『「七堂伽藍跡」の碑建立60周年プレシンポジウム　下寺尾遺跡群シンポジウム「史跡とまちづくり」』
99. 茅ケ崎市文化・スポーツ振興財団『第27回茅ケ崎市遺跡調査発表会』
100. 永田史子　「中世都市鎌倉の建築遺構」『建築史学会大会記念シンポジウム「発掘成果が語る建築史研究」』
101. 永田史子　「考古学に見る鎌倉の世界～地中に残る武士の痕跡」『シンポジウム　鎌倉・平泉と甲斐源氏の武家文化を語る　発表要旨』
102. 日吉台地下壕保存の会『日吉台地下壕保存の会会報』125～129
103. 平塚市教育委員会『第5回平塚市遺跡調査・研究発表会』
104. 八重樫忠郎・高橋一樹編『中世武士と土器』高志書院
105. 横浜市歴史博物館『君も今日から考古学者！　横浜発掘物語2016』

15　新　潟　県

小　野　本　　敦

1．〔調　査〕

　2016年度の新潟県内における発掘調査は試掘確認調査を含めた総数で253件、そのうち開発に伴う緊急調査が19件、保存・活用のための確認調査が8件、大学による学術調査が3件であった。発掘調査総数は2015年度の229件に比べ約1割増加しているが、緊急調査に至った件数（2015年度27件）は減少した。確認調査・学術調査の件数はほぼ横ばいで推移している。

旧石器時代

　関川村荒川台遺跡では、昨年度に引き続き帝京大学による学術調査が行われた。調査面積は18㎡で、ナイフ形石器、石刃、剥片が出土した。このほか、小千谷市真人原遺跡で静岡大学による学術調査が行われた。開発に伴う緊急調査では、旧石器時代の遺跡を対象としたものはなかった。

新　潟　県

縄文時代

　見附市耳取遺跡は丘陵上に縄文時代中期・後期・晩期の集落が良好な状態で遺存しており、2015年に国史跡に指定された。2016年度には、晩期の集落の内容を把握するための追加の確認調査が見附市教育委員会によって行われた。晩期の建物はすべて掘立柱建物であり、平面形態には亀甲形、長方形、五角形、落棟式などがある。これらの建物が空閑地を中心に環状に配置される状況が判明した。

　このほか、十日町市田沢遺跡では信濃川上流域縄文時代草創期遺跡群の保存を目的とした範囲確認調査が十日町市教育委員会により昨年度に引き続き行われた。阿賀町五十島遺跡では、縄文時代中期後葉から後期前葉の石組み炉・埋設土器などが阿賀町教育委員会により調査された。

弥生時代

　国史跡斐太遺跡群釜蓋遺跡（上越市）は、史跡整備に伴い上越市教育委員会により700㎡が調査され、新たに竪穴建物4棟などが確認された。このうちの一棟は焼失住居の可能性がある。出土遺物では、サメを描いた線刻土器が注目される。

古墳時代

　新潟県唯一の円筒埴輪出土古墳である新潟市牡丹山諏訪神社古墳では2014年以降、新潟大学を中心とする発掘調査団により継続的な調査が行われている。2016年度には、墳丘南側において平坦面が確認され、造り出し付き円墳の可能性が指摘された。出土遺物は埴輪・土製勾玉・土器類・鉄製品などがあり、このうち墳頂から出土した鉄製品は革綴短甲の断片と報道された。

　柏崎市角田遺跡は市道改良に伴い柏崎市教育委員会により270㎡が調査された。検出遺構のうち、古墳時代中期の竪穴建物は中央に工作用ピットを穿ち、滑石製模造品の各製作工程の未製品、敲石、砥石が出土したことから玉作工房と考えられる。古墳時代の玉作関連遺構の検出は柏崎平野では初例となる。このほか、聖籠町菖蒲沼遺跡では古墳時代後期から古代の集落跡が聖籠町教育委員会により調査された。

古　代

　阿賀野市柄目木遺跡は阿賀野バイパス建設に伴い新潟県埋蔵文化財調査事業団により792㎡が調査され、8世紀後半から9世紀初頭に位置付けられる竪穴建物3棟などを検出した。断続的に6次にわたった調査全体での竪穴建物検出数は10棟となり、調査区域の東西2か所に居住域が偏在する状況が明らかとなった。このほか、三条市梅田遺跡・石田遺跡では平安時代から室町時代の集落跡が三条市教育委員会により調査された。

中　世

　阿賀野市石船戸東遺跡は、阿賀野バイパス建設に伴い新潟県埋蔵文化財調査事業団により3,826㎡が調査され、凹地遺構（掘込田）、井戸などを検出した。出土遺物の時期は14世紀を主体とする。井戸の側板には半裁した丸木舟が転用されている。丸木舟の全長は約7mで、転用時に切断された船尾と船首を除きほぼ完全に遺存しており、中世の丸木舟の構造を知る上で良好な資料である。

　新潟市細池寺道上遺跡は、県営ほ場整備に伴い新潟市文化財センターにより約8,700㎡が調査され、掘立柱建物、井戸、道路状遺構等のほか、方形の周溝を持つ墓が2基検出された。このうちの1基の主体部からは、12世紀後半から13世紀前半に位置付けられる完形の青白磁合子が出土した。

近　世

　佐渡市西三川砂金山跡は国史跡佐渡金銀山遺跡の一部である。砂金採掘に関わる集落の様相把握を目的として、佐渡市教育委員会により336㎡の保存目的の確認調査が行われた。遺構検出面は2面あり、上層では建物2棟、下層では溝・ピット等を検出した。出土遺物の年代観から、時期は上層が18世紀中葉以降、下層が16世紀末から17世紀代であり、上杉景勝の佐渡侵攻以後の遺構と考えられる。このほか、国史跡村上城跡（村上市）では、史跡整備に伴い村上市教育委員会により34㎡が調査され、門礎石・根固め石などを検出した。

Ⅱ　各都道府県の動向

2．〔文献一覧〕
報告書
1．糸魚川市教育委員会『寺地遺跡発掘調査報告書』
2．柏崎市教育委員会『柏崎市の遺跡26　新潟県柏崎市内遺跡平成26年度後半期・平成27年度試掘調査報告書』柏崎市埋蔵文化財調査報告書第84集
3．柏崎市教育委員会『磯辺Ⅰ　新潟県柏崎市磯辺遺跡発掘調査報告書』柏崎市埋蔵文化財調査報告書第85集
4．柏崎市教育委員会『長嶺前田　新潟県柏崎市長嶺前田遺跡発掘調査報告書』柏崎市埋蔵文化財調査報告書第86集
5．柏崎市教育委員会『磯辺Ⅱ　新潟県柏崎市善根遺跡群第2次発掘調査報告書』柏崎市埋蔵文化財調査報告書第87集
6．柏崎市教育委員会『中田下川原　新潟県柏崎市中田下川原遺跡発掘調査報告書』柏崎市埋蔵文化財調査報告書第88集
7．柏崎市教育委員会『久保田　新潟県柏崎市久保田遺跡発掘調査報告書』柏崎市埋蔵文化財調査報告書第89集
8．加茂市教育委員会『加茂市指定史跡加茂城跡測量・確認調査報告書』加茂市文化財調査報告（28）
9．加茂市教育委員会『加茂市内遺跡確認調査報告書平成27年度』加茂市文化財調査報告（29）
10．佐渡市教育委員会『佐渡市内遺跡発掘調査報告Ⅵ平成26・27年度の調査』
11．佐渡市世界遺産推進課・佐渡市教育委員会『蔵王遺跡・小谷地遺跡・平田遺跡』
12．佐渡市世界遺産推進課・佐渡市教育委員会『二宮加賀次郎遺跡第二次調査』
13．胎内市教育委員会『新潟県胎内市城の山古墳発掘調査報告書』胎内市埋蔵文化財調査報告第26集
14．津南町教育委員会『越那Ａ遺跡　国営農地再編整備事業に伴う発掘調査報告書』津南町文化財調査報告書71輯
15．十日町市教育委員会『野首遺跡発掘調査報告書Ⅱ遺物編1』
16．長岡市教育委員会『平成28年度長岡市内遺跡発掘調査報告書』
17．新潟県教育委員会『平成26・27年度県内遺跡試掘・確認調査』新潟県埋蔵文化財調査報告書第272集
18．新潟県教育委員会・新潟県埋蔵文化財調査事業団『堂古遺跡・下割遺跡Ⅳ・二反割遺跡Ⅱ』新潟県埋蔵文化財調査報告書第269集
19．新潟県教育委員会・新潟県埋蔵文化財調査事業団『柄目木遺跡Ⅲ』新潟県埋蔵文化財調査報告書第270集
20．新潟県埋蔵文化財調査事業団『新潟県埋蔵文化財調査事業団年報平成27年度』
21．新潟市教育委員会『平成27年度新潟市文化財調査概要』
22．新潟市教育委員会『鳥灘瀬遺跡第5次調査』
23．新潟市教育委員会『舟戸遺跡Ⅱ第25次調査』
24．新潟市教育委員会『細池寺道上遺跡Ⅵ第44次調査』
25．新潟市文化財センター『新潟市文化財センター年報第4号　平成27（2015）年度』
26．村上市教育委員会『平林城跡Ⅱ』村上市埋蔵文化財調査報告書第9集

論文等
27．阿部朝衛・高木暢亮「新潟県荒川台遺跡第15次調査略報」『帝京史学』32
28．春日真実　「古代蒲原郡の施釉陶磁器」『郷土史燕』10号　燕市教育委員会・燕市郷土誌研究連合会
29．越佐補遺些の会『越佐補遺些』第16号
　　大久保聡「津南町堂屋敷遺跡採集の抉入尖頭器」
　　佐藤信之「津南町屋敷田Ⅰ遺跡採集の王冠型土器の短冊状突起について」
　　佐藤雅一「湯沢町川久保遺跡採集の縄文土器」
　　長澤展生「根立遺跡出土の縄文時代後期の注口土器1例」
　　今井哲哉「中空土偶と推測できる破片資料について」
　　勝山百合「三条市藤平遺跡Ｃ地点の『アオトラ石』製磨製石斧」

桑原　健「魚沼市正安寺遺跡出土の異形石器」
小野本敦「北魚沼の古墳時代資料二題」
岡山亮子「魚沼市古林古墳群出土の土師器」
小林　弘「村上氏能化山山頂採集の珠洲焼について」
30. 奥三面を考える会『三面川流域の考古学』第14号
春日真実「古代越後の竪穴・掘立柱併用建物」
佐藤雅一「県北地域縄文時代中期の石匙を考える　石匙研究の視点を眺望する」
滝沢規朗「新潟県北半部における縄文時代後晩期の建物」
細井佳浩「新潟県における『馬鍬』について　春耕の農具（1）」
細井佳浩「新潟県における木製農具『杁』と『細杷』について　春耕の農具（2）付．苗代田について」
小林　弘「新潟県岩船郡関川村上ノ山遺跡採集の表裏縄文土器について」
野田豊文「新潟県村上市砂山遺跡出上の弥生時代中期後半の甕形土器の紹介」
31. 滝沢規朗　「北陸北東部の小型丸底系土器─越後を中心に─」『東生』第5号　東日本古墳確立期土器検討会
32. 新潟県考古学会『新潟考古』第28号
佐藤雅一「笹山遺跡から学ぶ」
今井哲哉「フラスコ状土坑の特性とその理解─新潟県魚沼地方と津南町上野スサキ遺跡を中心とした事例の分析─」
春日真実「越後平野の遺跡から検出された花粉─木本花粉と草本花粉の比率の検討─」
田中祐樹「新潟県における群集墳研究の現状と課題」
細井佳浩「新潟県における木製農具『竪杵』と『くびれ臼』について」
岡本郁栄・白井雅明「上越市板倉区貝喰遺跡採集の細石刃核と石鏃」
齊藤　準「光兎山山頂で採集の中世陶器と光兎山の信仰について」
高橋　勉「上越市灰塚字宮ノ脇出土の瓦について─高田城に瓦を供給した宮ノ脇瓦窯出土資料─」
33. 新潟県埋蔵文化財調査事業団『研究紀要』第9号
加藤　学「縄文時代前期『松原型石匙』の再検討─消費遺跡における分析から─」
加藤元康「新潟県における縄文時代墓制の基礎資料集成─遺物出土土坑を中心に─」
荒川隆史・卜部厚志「新潟県胎内市北成田発見の縄文時代前期の貝塚について」
荒川隆史「縄文時代におけるクリ果実の剥き方と保存方法について」
小野本敦「新潟平野の古墳と集落─GISを用いた遺跡分布の基礎的検討─」
葭原佳純「角田・弥彦山麓の前期古墳の空間把握について」
その他
34. 津南町教育委員会『氷河期を生きた狩猟・採集民の世界』津南学叢書第27輯
35. 津南町教育委員会『津南段丘の杉久保石器群　津南シンポジウムⅩⅡ予稿集』津南学叢書第28輯
36. 津南町教育委員会『火焔型土器まるごとガイドブック』小林達雄監修　津南学叢書第29輯
37. 新潟県考古学会『新潟県考古学会第28回大会研究発表会要旨』
高橋　保「下谷地遺跡の遺構と集落」
笹澤正史「下谷地遺跡出土土器について」
沢田　敦「出土石器とその位置付け」
田海義正「下谷地遺跡の管玉製作」
品田髙志「周辺の遺跡と弥生時代中期後半以降の動向」
品田髙志「剣野B遺跡の縄文集落─調査成果が語る縄文集落の諸相─」
高木公輔「魚沼市碇沢遺跡の調査概要」
橋本博文「新潟市牡丹山諏訪神社古墳─第2次発掘調査の成果─」

Ⅱ　各都道府県の動向

　　荒川隆史「阿賀野市境塚遺跡」
　　白井雅明「柏崎市山崎遺跡の調査成果」
　　吉井雅勇「村上市史跡平林城跡（殿屋敷地区）の発掘調査」
　　上田芳彰「妙高市旧関山宝蔵院庭園の発掘調査概要」
38．新潟市教育委員会『国史跡古津八幡山遺跡保存活用計画』
39．新潟市文化財センター『史跡古津八幡山弥生の丘展示館企画展関連講演会記録集平成28年度』
40．長岡市教育委員会『国指定史跡八幡林官衙遺跡　越後国古志郡の国づくりを担う役所跡』

16　富　山　県

青　山　　　晃

1．〔調　査〕

　富山県内では北陸新幹線建設に関わる発掘調査の増加は2009年度がピークとなり、その後の本調査件数は減少傾向にある。一方、近年は市立の埋蔵文化財センターの開所や再整備がなされ、展示や体験学習等の拠点となっている。加えて、フォーラム等の継続的な開催に取り組んでいる自治体もあり、考古学的資料を土台とした普及活動にも力点が置かれてる。なお、2016年度の県内における発掘調査件数等については、2017年度に刊行される『富山県埋蔵文化財センター年報—平成28年度—』に詳細に掲載されているので、そちらを参照されたい。以下、2016年度に実施された発掘調査を中心に、刊行された報告書による調査結果も含めて記載していく。

旧石器時代

　当該期の調査は実施されていないが、富山市直坂Ⅰ遺跡及び南砺市ウワダイラⅠ遺跡・立美遺跡から出土した石器群が、考古資料としては初めて県指定有形文化財の指定を受けた。

縄文時代

　富山市小糸尾萩野遺跡では中期前葉末～中葉を中心とした集落が検出された。土坑墓群を弧状に掘立柱建物が囲み、さらにその外周に竪穴建物が配置されており、河岸段丘上の狭い緩傾斜地という地形の制約下であるが、環状集落と同様な集落構造が意識されたと考えられる（文献7）。

　富山市平榎地区では、ほ場整備事業に伴い平榎亀田遺跡、浜黒崎野田・平榎遺跡、横越水窪遺跡の調査が実施されている。遺構は未検出だが、土器・石器が出土した。

　砺波市三合新遺跡では中期前葉～中葉の竪穴建物10棟を検出した。後世の削平を受けており、柱穴及び貯蔵穴のみが確認された。建物には重複関係があり、一定期間存続した集落と考えられる（文献5）。

　砺波市三合新芹谷遺跡では後期前葉～中葉の落とし穴状土坑2基を検出した（文献5）。

　立山町二ツ塚遺跡では不明遺構3基・樹木痕55基が検出された。過去の調査内容との比較から、遺跡北部に展開する中期中葉の集落の一部と考えられる（文献3）。

弥生時代

　富山市富山城下町遺跡主要部では、遺構は未検出だが、終末期～古墳時代初頭の東海系パレススタイル土器が出土した。胎土分析により在地の土を用いたことが判明し、近江から北陸南西部を通じて製作者や製作技術の流入があったと推測される。

　富山市小長沢Ⅱ遺跡では試掘調査であるが、中期の土器が出土した。遺跡は平野部に位置するが付近の丘陵部には後期以降に多数の墳墓群が形成されており、それらに先行する集落の存在を示すものとされ、今後の調査が注目される。

　平榎亀田遺跡、浜黒崎野田・平榎遺跡、横越水窪遺跡では、遺構は未検出だが、翡翠・緑色凝灰岩等の石製品製作に

関わる遺物が出土した。

　富山市杉谷4号墳では富山大学人文学部考古学研究室による第5次の学術調査が実施された。2015年度実施の第4次調査の報告書が刊行され、東側墳丘隅で墳丘築成の状況、墳丘北東側では周溝規模が明らかとなった（文献12）。

　高岡市江尻南遺跡では試掘調査で中期〜後期の遺構・遺物が確認され、当該期の集落と推測される。出土遺物には磨製石剣が含まれるが、縄文時代〜弥生時代前期の石刀に近い形状であることが指摘される（文献2）。

古墳時代

　滑川市上小泉西遺跡では後期の竪穴状遺構が検出され、土師器の甕・壺・甑と土製支脚が出土した。造り付けの竈は確認されておらず、竪穴建物であったかは明らかでない（文献13）。

古　代

　富山市境野新南Ⅲ遺跡では8世紀後半〜9世紀前半の波板状凹凸を伴う溝が検出され、道路遺構と推定される。また、炭焼施設とみられる焼壁土坑3基が検出され、内1基は7世紀前半頃のものと判明した（文献9）。

　平榎亀田遺跡では竪穴建物2棟・柱穴列を検出したが、詳細時期は不明である（文献8）。

　富山市富山城跡では2010年度の工事立会にて出土した「宅持」の墨書土器に付着した塗膜状の付着物が、精製された漆であることが判明し、漆の集荷や管理に関わる官衙関連施設や寺院の工房などの存在が指摘される（文献10）。

　氷見市中村大橋遺跡は掘立柱建物17棟・溝4条・土坑約250基からなる8世紀後半〜9世紀代の集落で、倉庫と推測される総柱建物を含む。遺跡は能登地方へ繋がる「志乎路」と上庄川に挟まれた位置にあり、水上・陸上交通の利便性が良く、物資の集積・運送に深く関わっていたと考えられる（文献6）。

中　世

　富山城跡では15〜16世紀代の溝3条、堀2条が検出された。堀は戦国時代前期の武家居館を取り囲む堀と戦国時代後期の中世富山城の堀と考えられる。

　平榎亀田遺跡、浜黒崎野田・平榎遺跡、横越水窪遺跡では、溝・土坑が多数検出された。遺物は陶磁器類の他、室町時代頃の菊花双雀鏡が出土した。なお、2015年度の調査で平榎亀田遺跡からは薬研堀が検出されており、天正年間に上杉謙信により攻め落とされたと伝えられる平榎城に関係するものと考えられる（文献8）。

　中村大橋遺跡では掘立柱建物1棟・井戸15基・溝11条・土坑14基が検出された。井戸は13世紀末〜14世紀代と考えられ、そのうちの1基には縦板組隅柱横桟留の井戸側が一部遺存し、いわゆる「息抜きの竹」による井戸廃棄行為も認められる（文献6）。

　砺波市柳瀬比賣神社石造物は、神社奥殿の改修工事に伴う基礎部分解体工事中に藪田石製の石造物が11点出土したものである。14〜15世紀代の製品と考えられ、石材産出地である氷見地域との交流や、その背景としての石動山信仰との関わりが指摘される（文献4）。

近　世

　富山城跡では17世紀代の溝2条、18〜19世紀後半の水溜状遺構2基が検出された。溝1条は古絵図との対比から屋敷境を示す溝と推測されている。水溜状遺構は富山城三の丸重臣屋敷に構築した防火水槽と考えられる。また、富山城本丸及び西の丸における2006・2009・2010・2013・2014年度調査の発掘調査報告書が刊行され、近世富山城のみならず、中世富山城や近代建築遺構等に関する多くの成果が得られた（文献10）。さらに、2014年度調査の富山城三の丸南の外堀では、17世紀前半に掘削された後、17世紀中頃に掘り直されていることが確認された（文献11）。

　富山城下町遺跡主要部では井戸・土坑が検出され、近世陶磁器が多く出土した。古絵図との対比から上級藩士の屋敷地と考えられ、その生活の様子を示す貴重な資料となる。また近代以降は陶器店が営まれた場所であったため、近代陶磁器も多く出土し、その中には1940（昭和15）年に開催が計画された東京五輪の記念盃も確認された。

　小糸尾萩野遺跡では17世紀前半代と推定される道路状遺構が検出され、近世飛騨街道東道の一部である可能性が高い。路面幅は2.7mで、文献史料に記載された規模とは異なるが、周辺の鉱山開発時期や地形的な条件により、路面幅が確保されたと推定される（文献7）。

〈謝辞〉今回、鹿島昌也氏から情報提供いただきました。記して感謝申しあげます。

Ⅱ 各都道府県の動向

2.〔文献一覧〕
報告書
1. 魚津市教育委員会『富山県魚津市埋蔵文化財分布調査報告4』
2. 高岡市教育委員会『市内遺跡調査概報26』
3. 立山町教育委員会『富山県中新川郡立山町二ツ塚遺跡』
4. 砺波市教育委員会『柳瀬比賣神社石造物報告』
5. 富山県文化振興財団埋蔵文化財調査事務所『三合新・三合新芹谷遺跡発掘調査報告』富山県文化振興財団埋蔵文化財発掘調査報告第71集
6. 富山県文化振興財団埋蔵文化財調査事務所『中村大橋遺跡発掘調査報告』富山県文化振興財団埋蔵文化財発掘調査報告第72集
7. 富山県文化振興財団埋蔵文化財調査事務所『小糸尾萩野遺跡発掘調査報告』富山県文化振興財団埋蔵文化財発掘調査報告第73集
8. 富山県文化振興財団埋蔵文化財調査事務所『平榎亀田遺跡発掘調査報告』富山県文化振興財団埋蔵文化財発掘調査報告第74集
9. 富山市教育委員会『富山市内遺跡発掘調査概要ⅩⅧ』富山市埋蔵文化財調査報告86
10. 富山市教育委員会『富山城跡発掘調査報告書』富山市埋蔵文化財調査報告87
11. 富山市教育委員会『富山城跡発掘調査報告書』富山市埋蔵文化財調査報告88
12. 富山大学人文学部考古学研究室『杉谷4号墳—第4次発掘調査報告書—』
13. 滑川市教育委員会『富山県滑川市上小泉西遺跡発掘調査報告書』

論文等
14. 越中史壇会『富山史壇』第181号
    古川知明「近世石工の出張製作—神通川中・上流域における動態—」
    三浦知徳「平成二十八年度研究発表大会発表要旨 史跡上市黒川遺跡群の調査と整備・活用」
15. 越中史壇会『富山史壇』第182号
    古川知明「常願寺川石工金山弥右衛門について」
16. 鹿島昌也 「富山・新潟県の瓦窯構造」『中部地方の瓦窯の構造—瓦窯の構造研究6』考古学研究会東海例会・窯跡研究会
17. 鹿島昌也 「江戸時代後期越中産流し掛け碗について」『中近世陶磁器の考古学』第4巻 雄山閣
18. 金子浩昌 「小竹貝塚出土の骨角製装身具の分類」『神奈川を掘るⅡ』玉川考古学研究所
19. 交通史学会『交通史研究』第89号
    鹿島昌也「大会発表要旨 遺跡から古代北陸道を探る」
    久々忠義「大会発表要旨 縄文・弥生のとやまの幹道」
    杉山大晋「大会発表要旨 越中国府の選地と陸上・水上交通」
20. 田上和彦 「富山県上市町弓庄城跡の発掘調査について」『織豊城郭』第16号 織豊期城郭研究会
21. 長 秋雄 「帯磁率ヒストグラムによる石垣石材の採石地同定」『号外地球』No.66 海洋出版
22. 次山 淳 「江代割遺跡出土の台付装飾壺と弥生時代後期の日本海交流」『特別展とやまの弥生王権—神通川と日本海交流—』富山市考古資料館
23. 富山県文化振興財団埋蔵文化財調査事務所『平成27年度埋蔵文化財年報』
    酒井英男・菅頭明日香・梅本亮平・泉 吉紀・川崎一雄・髙柳由紀子「砺波市徳万頼成遺跡の焼壁土工の考古地磁気研究」
    島田亮仁「小竹貝塚の古環境復元」
    町田賢一「小竹貝塚からみた縄文人の"持ち物"」

24. 富山考古学会『大境』第36号
    安念幹倫「登録有形文化財越中地域考古資料（早川荘作蒐集品）について」
    池野正男「越中の置き竈と手工業生産（上）」
    上野　章「古代・上底注口甑について」
    卜部厚志・酒井英男・麻柄一志「富山湾沿岸地域における潟湖の成立年代─貝塚および低湿地遺跡の成立に関して─」
    久々忠義「深道遺跡と投弾について」
    西井龍儀「早川コレクション特集について」
    早川　清・市島　昇「謝辞」
    藤田富士夫「早川コレクションの太陰暦『縄文数字』を記した三角壔形土製品について」
    古川知明「常願寺川石工金山六三郎について」
    宮本哲郎「小矢部川上流にある刀利城跡」
    山本正敏「早川コレクションにおける石冠について」
25. 富山市考古資料館『富山市考古資料館紀要』第36号
    藤田富士夫「呉羽山丘陵の古墳調査のころ─人・モノ・コトを振り返る─」
    納屋内高史・松岡廣繁「小竹貝塚出土の鳥類遺存体（予報）」
    堀内大介「近世土師器皿・越中瀬戸素焼皿の集成〜富山城跡・富山城下町遺跡主要部の出土遺物から〜」
26. 富山市埋蔵文化財センター『富山市の遺跡物語』No.18
    飯塚義之「ハンドベル蛍光Ｘ線分析装置を用いた石器石材分析の試み」
    木本秀樹「古代後期から中世前期にみえる婦負郡社会の一齣」
    西井龍儀「呉羽観光ホテル敷地内の石仏について」
    古川知明「医王山東薬寺蔵剣形木製品について」
27. 納屋内高史「縄文時代貝塚・貝層から見た北陸地域における生産活動の変遷─上久津呂中屋遺跡で検出された貝層の検討を中心に」『古代文化』第68巻2号　古代学協会
28. 西井龍儀　「湊晨と朝日貝塚」『古代文化』第68巻2号　古代学協会
29. 野垣好史　「考古学的成果からみた富山城下町の形成・変容」『中近世移行期前田家領国における城下町と権力─加賀・能登・越中─』城下町科研・金沢研究集会実行委員会
30. 長谷川豊　「富山湾沿岸地域における縄文時代前期のシカ猟・イノシシ猟」『動物考古学』第34号　日本動物考古学会
31. 藤田富士夫「孔位比率から見た翡翠製大珠について」『玉文化研究』第2号　日本玉文化学会
32. 町田賢一　"朝日Ｃ式"」『第30回縄文セミナー縄文前期中葉の型式間交渉の諸問題』縄文セミナーの会
33. 宮田康之　「富山・富山城跡・富山城下町遺跡主要部」『木簡研究』第38号　木簡学会

その他
34. 朝日町教育委員会・朝日町中央公民館・野外調査研究会『第2回翡翠フォーラムin朝日町「古墳時代の玉の謎」』
    久保貴志「浜山玉つくり遺跡における玉製品の原産地を探る」
    嶋田典子「富山県指定史跡　浜山玉つくり遺跡について」
    椙山林継「浜山玉つくり遺跡の発掘とその意義」
    髙橋浩二「浜山玉つくり遺跡出土玉類の再検討」
    藤田富士夫「朝日町の玉作遺跡形成史─明石Ａ遺跡から浜山玉つくり遺跡まで─」
    堀沢祐一「古墳から古代へのまじない」
35. 越中史壇会『平成28年度特別研究発表会　富山歴史講座石と人とのかかわり』
    大野　究「越中西部における中世石造物の生産と流通」

Ⅱ　各都道府県の動向

　　　　高岡　徹「産業遺跡としての桑山石切丁場」
36．大野淳也　　「富山県報告」『第14回土偶研究会　青森県大会資料』土偶研究会
37．国史跡不動堂遺跡再発見事業実行委員会『おおむかしのあさひまち』
　　　　石須秀知「環境から読む縄文時代の不動堂ムラの植生」
　　　　佐々木由香「縄文土器の圧痕調査からわかること」
　　　　町田賢一「圧痕発見！縄文とやま～小竹貝塚圧痕物語～」
　　　　川端典子「朝日町の圧痕速報～5,500年前の不動堂ムラの暮らし～」
38．黒川フェスティバル実行委員会『上市黒川遺跡群のこれから―山林寺院遺跡の整備・活用とまちづくり―』国指定10周年記念フォーラム
　　　　黒崎　直「史跡の整備・活用とまちづくり」
　　　　三浦知徳「上市黒川遺跡群のあゆみとこれから」
39．杉山大晋　　「古代寺院と国府～古代瓦と発掘調査～」『万葉を愛する会だより』第76号　万葉を愛する会
40．高岡市教育委員会『高岡城跡保存活用計画書』
41．高瀬遺跡保存協会『歴史講演会　高瀬遺跡が発見されたころ』
　　　　千秋謙治「高瀬遺跡が発見されたころ―当時のこと知っとる者少なくなったなぁ―」
42．富山県文化振興財団埋蔵文化財調査事務所『とやま発掘最前線3rd―平成28年度調査成果報告会―』
43．富山県埋蔵文化財センター『富山県埋蔵文化財センター年報―平成27年度―』
44．富山県埋蔵文化財センター『特別展霊峰立山―立山信仰を探る―』
45．富山県埋蔵文化財センター『埋文とやま』vol.135
　　　　久々忠義「立山山上遺跡が語ること」
46．富山県埋蔵文化財センター『埋文とやま』vol.136
　　　　田中道子「小糸尾萩野遺跡のすがた―発掘調査の成果から―」
47．富山県埋蔵文化財センター『埋文とやま』vol.137
　　　　黒崎　直「山岳信仰のはじまりと役行者」
48．富山県埋蔵文化財センター『埋文とやま』vol.138
　　　　神保孝造「ほ場整備事業の試掘調査―富山市田伏・佐野竹遺跡の調査―」
　　　　米原　寛「立山にみる『救済のこころ』」
49．富山考古学会・石川考古学研究会『白山と立山～北陸の山岳信仰について考える～』第4回合同例会
　　　　久々忠義「立山山上遺跡の調査」
　　　　三浦知徳「史跡上市黒川遺跡群から見た中世の剱岳・立山信仰」
50．富山市教育委員会『富山市北代縄文広場　復原建物等再整備事業報告書』
51．富山市考古資料館『特別展とやまの弥生王権―神通川と日本海交流―』図録
52．富山市考古資料館『特別展とやまの弥生王権―神通川と日本海交流―』記念講演会
　　　　高橋克壽「富山平野の古墳について」
　　　　次山　淳「杉谷4号墳と古墳出現前夜の神通川下流域」
53．富山市考古資料館『栗山コレクション目録Ⅱ』
54．博古研究会『2016年度博古研究会研究発表大会　城郭の考古学』
　　　　野原大輔「増山城の縄張りを紐解く」
55．氷見市博物館「特別展四角い古墳・丸い古墳―王墓の時代の氷見―」
56．藤田慎一・宮田佳樹・髙橋　敦・千葉博俊「古代、中世における付け木について―砺波（北陸）、岩国の出土例から―」『日本考古学協会第82回総会研究発表要旨』日本考古学協会
57．舟橋村　　　『舟橋村史』

17　石　川　県

西　田　昌　弘

1.〔調　査〕

　2016年度に行われた発掘調査の総数は46件、114,712㎡である。調査原因別にみると、開発事業に伴う記録保存調査が35件112,511㎡であり、そのうち、石川県・石川県埋蔵文化財センターが行なった発掘調査は9件78,990㎡、市町が行なった発掘調査は26件33,521㎡である。また、史跡整備等に係り保存を目的としたものが11件2,201㎡であり、そのうち、石川県金沢城調査研究所によるものが1件810㎡、市・町によるものが10件1,391㎡である。

　開発事業に伴う記録保存調査が、2015年度と比べ55,386㎡増加し、ほぼ倍増となった。その主な原因は、2022年度末に完成・開業を目指す北陸新幹線の敦賀駅までの延伸事業によるものである。本事業に係る発掘調査は71,030㎡と、記録保存調査総面積の63％を占め、調査にあたった石川県・石川県埋蔵文化財センターでは、富山県文化振興財団より2名の職員派遣を受け、全職員一丸となって北陸新幹線建設関連の調査に邁進する1年となった。

　一方、保存目的等の調査は件数・面積に減少がみられたものの、国指定名勝の能登町旧松波城庭園や国指定史跡の金沢市金沢城跡、野々市市末松廃寺跡、加賀市九谷磁器窯跡などで継続した調査が行なわれた。また、県下最古の中世庭園である県指定名勝金沢市二俣本泉寺九山八海の庭や、能登国国府の確認を目的とした七尾市古府総社遺跡、墳丘規模確認を目的とした加賀市三木古墳群などにおいて、新規の範囲確認調査が実施された。

旧石器時代

　当概期を対象とした発掘調査ではないものの、加賀市大菅波コショウズワリ遺跡において、終末期に位置づけられる凝灰岩製木葉形尖頭器が鞍部地形の堆積土より出土した。遺跡の背面に広がる丘陵部では旧石器時代から縄文時代にかけての遺跡が存在することから、丘陵部からの流れ込みと推測される。

縄文時代

　旧石器時代同様、加賀市弓波遺跡で土器片、石鏃、石斧、石錘が、大菅波コショウズワリ遺跡で中期の土器片と磨製石斧が散発的に出土する程度であった。

弥生時代

　中期の大規模環濠集落である小松市八日市地方遺跡において、2015年度より継続して調査が実施されている。遺跡の西端部を調査した2016年度は、集落を東西に貫流する川跡（埋積浅谷）右岸の居住域において、平地建物等の建物群を検出し、碧玉製管玉やヒスイ製勾玉の未成品といった玉作遺物が多く出土した。また、川の肩部では農具を主体とする木製品、加工前のミカン割り材や枝材、樹皮素材などが多く出土したほか、トチやドングリの貯蔵穴、シジミやカキを主体とする小規模な貝層が確認された。さらに、環濠の外側にあたる調査区では、約30基の方形周溝墓からなる墓域が確認され、詳細な集落様相が把握されている。

　弓波遺跡では31,290㎡を対象に調査が実施され、後期後半から古墳時代初頭にかけての掘立柱建物12棟、布掘建物9棟、平地建物37棟、方形周溝墓2基、木棺墓、丸木舟転用の井戸、粘土採掘坑と推測される土坑群などが検出された。特に西部調査区の平地建物では、古墳時代前期までの管玉を中心とした玉生産が確認されており、碧玉・緑色凝灰岩の搬入礫・管玉未成品のほか、碧玉製合子未成品、オパール製勾玉未成品、紫水晶や瑪瑙の剥片などが出土した。

　白山市横江荘遺跡、横江A遺跡では、後期の焼失痕跡をもつ竪穴建物や方形周溝墓が確認されたほか、後期から古墳時代にかけての川跡より鉄鏃が出土した。加賀市西任田遺跡、中ノ庄遺跡では、後期の平地建物や終末期の灌漑用水路など集落開発時の様相が確認された。また、終末期から古墳時代前期の溝では、護岸を目的とした杭・矢板列が検出され、連鋳式とみられる銅鏃が出土した。加賀市梶井衛生センター遺跡では、中期の平地建物や土坑が検出され、土坑か

らは管玉未成品が出土した。また、後期の河川跡からは鍬や網枠などの木製品が多数出土した。加賀市庄・西島遺跡では、後期後半から終末期にかけての平地建物5棟、竪穴建物3棟が微高地端部で検出され、比較的短期間になされた建て替えの様相が確認された。加賀市弓波コマダラヒモン遺跡では、後期から古墳時代前期の竪穴建物や掘立柱建物、平地建物が検出され、河道から木製品が多数出土した。

古墳時代

三木古墳群では、新規に墳丘規模の確認調査が実施され、径7mの円墳(三木5号墳(仮))を確認し、埋葬施設からは6世紀前半頃の須恵器が出土した。

弓波遺跡では、北辺に開口部をもつ一辺25mの方形区画溝と、西辺に開口部をもつ一辺26mの方形区画溝が隣接して検出された。後者の溝からは前期の土器が多量に出土しており、両区画溝で時期差が想定できるものの、前後関係や詳細時期については今後の検討課題である。また、中期後半の方墳(14×16m)、後期の円墳(直径10m)のほか、多量の土器とともにミニチュア土器や剣形石製模造品、刀形木製品、臼玉などが出土した中・後期以降の河跡、7世紀後半から8世紀初頭にかけての掘立柱建物70棟以上などが検出され、隣接する弓波廃寺との関連も想定されている。

白山市竹松C遺跡では、古墳時代前期までの自然流路より石製の刳貫円盤が出土した。白山市中ノ江遺跡では、総柱建物や丸木舟を転用した井戸などが検出され、石製模造品や臼玉、碧玉・緑色凝灰岩製の玉類未成品が出土した。

古 代

国指定史跡の末松廃寺跡では、2014年度より継続して再整備事業に伴う確認調査が実施されており、2016年度には大型の方形土坑や竪穴建物2棟、堀の想定箇所において整地痕跡が確認された。

同じく継続の確認調査が実施されている羽咋市柳田シャコデ廃寺跡では、方形の大型柱穴列、平安後期の土師器が多量に埋納された土坑などが確認された。

一方、新規の確認調査となる古府総社遺跡では、能登国総社の敷地内において調査が実施され、土塁状の高まりや小穴、土坑を確認し、須恵器のほか瓦片が2点出土した。

古代気多神社との関わりが想定され、多数の祭祀遺物の発見から「渚の正倉院」とも呼ばれている羽咋市寺家遺跡では、史跡範囲の隣接地において調査が実施され、溝や小穴が検出された。

西任田遺跡、中ノ庄遺跡では、礎板を伴う9世紀の掘立柱建物のほか、平安時代末頃の区画溝や井戸を伴う掘立柱建物群が検出され、調査区周辺に比定される鳥羽離宮内の安楽寿院に寄進された群家荘(板津荘)との関連が想定される。

庄・西島遺跡では、遺跡南西部において8世紀後半から9世紀の掘立柱建物や倉庫群が検出され、集落内における建物群の変遷が確認された。野々市市上新庄チャンバチ遺跡では、竪穴建物1棟が検出された。小松市高堂遺跡では、溝や井戸などが検出され、土師器・須恵器などが出土した。弓波コマダラヒモン遺跡では、鞍部上面で多量の須恵器とともに巡方が4点出土した。

中 世

松波城跡・旧松波城庭園では、国指定名勝の旧松波城庭園において礎石建物周辺の確認調査を実施するとともに、庭園を含めた松波城跡の全体的な保存活用を目的として城跡の範囲・内容確認調査が実施され、庭園とほぼ同じ15世紀後半の礎石建物や掘立柱建物、柵列の調査が進められた。

二俣本泉寺庭園遺跡では、園地推定地で州浜状の集石や整地または埋立土を確認し、中世土師器や陶磁器が出土した。

善徳寺遺跡(砂子坂道場跡・伝善徳寺地区)では、平坦地や堀、虎口に調査区を設定し、15世紀後半の土師器皿や青磁碗、珠洲焼、越前焼などが出土した。また、砂子坂道場跡(砂子坂道場跡・伝光徳寺地区)では、堀が確認された。

白山市小川新遺跡では、2014年度から継続的に調査が実施されており、315基に及ぶ井戸のほか、掘立柱建物や区画溝が検出され、行火や石臼、石鉢などの多数の石製品や呪符木簡などが出土した。海岸線にも近いことから、津に関連する施設が継続的に営まれていたことを想起させる。

柳田シャコデ遺跡では、中世の遺構面において柱穴、土坑、土器廃棄を伴う焼土遺構が検出された。金沢市木越光徳寺跡では、掘立柱建物や井戸、区画溝、畝状遺構などが検出され、中世土師器や陶磁器、木簡、銅銭などが出土した。

金沢市千田北遺跡では、掘立柱建物や竪穴状遺構、井戸、区画溝などが検出され、卒塔婆・転読札などの木製品や中世土師器、陶磁器などが出土した。野々市市富樫館跡では、溝１条と方形土坑１基が検出された。野々市市上林イシガネ遺跡では、中世の遺構面において、鉄製短刀を埋置した区画溝や伏せた擂鉢を埋設した土坑などが検出された。庄・西島遺跡では、掘立柱建物、井戸、区画溝などが検出された。弓波遺跡では、掘立柱建物、水路、井戸、道路状遺構などが検出された。

近世

国指定史跡の金沢城跡では、2015年度に引き続き鼠多門・鼠多門橋復元整備に係る確認調査が実施され、礎石痕跡、鼠多門焼失時の路面、戸室石製の側溝、橋脚、橋脚基礎が確認され、櫓部分の建物外周からは海鼠漆喰の破片などが出土した。このほか、数寄屋屋敷西堀縁と東ノ丸南面の石垣について三次元計測が、東ノ丸庭園遺構と数寄屋屋敷から本丸附段南側にかけてボーリング調査が、兼六園・尾山神社（金谷御殿）庭園において現地調査が実施された。

国指定史跡の九谷磁器窯跡では、2007年度より継続して江戸期の磁器生産の確認調査を実施しており、2016年度は陶石が多く出土した石組み溝や造成地北端において石垣を検出し、江戸時代前期磁器生産に係る作業場が確認された。

金沢城下町遺跡では、本多氏屋敷跡地区において金沢市指定史跡範囲内の石垣解体修理に伴う確認調査が実施され、解体した石垣で複数の刻印が確認された。また、北国街道沿いに位置する兼六元町15番地点において、整地土や穴跡から近世土師器や陶磁器、瓦などが出土した。

直臣の中下級武士屋敷跡である金沢市柿木畠遺跡では、礎石や石組建物の土台、石組みの地下室、石列、曲水遺構、大量の瓦による造成層が検出され、陶磁器や金属製品、建物部材などが出土した。

小松市小松城跡では、石垣や堀が検出され、いぶし瓦が出土した。

２．〔文献一覧〕

報告書

1. 石川県金沢城調査研究所『金沢城跡―玉泉院丸南石垣等―』金沢城史料叢書30
2. 石川県教育委員会・石川県埋蔵文化財センター『畝田・寺中遺跡、畝田遺跡、畝田大徳川遺跡、畝田Ｂ遺跡、畝田Ｃ遺跡、畝田・無量寺遺跡』
3. 石川県教育委員会・石川県埋蔵文化財センター『加賀爪Ｂ遺跡』
4. 石川県教育委員会・石川県埋蔵文化財センター『金沢城下町遺跡（東兼六町５番地区）』
5. 石川県教育委員会・石川県埋蔵文化財センター『古府・国分遺跡』
6. 石川県教育委員会・石川県埋蔵文化財センター『徳光聖興寺遺跡、徳光ヨノキヤマ遺跡、小川Ｂ遺跡』
7. 石川県教育委員会・石川県埋蔵文化財センター『二所宮サンマイダ遺跡』
8. 石川県教育委員会・石川県埋蔵文化財センター『福井ナカミチ遺跡』
9. 石川県教育委員会・石川県埋蔵文化財センター『細滝神社遺跡』
10. 石川県教育委員会・石川県埋蔵文化財センター『四柳白山下遺跡Ⅲ』
11. 加賀市教育委員会『国指定史跡九谷磁器窯跡確認調査報告書３』加賀市埋蔵文化財報告書第45集
12. 加賀市教育委員会『加賀市指定史跡大聖寺城跡大聖寺藩主前田家墓所確認調査報告書』加賀市埋蔵文化財報告書第46集
13. 金沢市（金沢市埋蔵文化財センター）『大友遺跡群』金沢市文化財紀要305
14. 金沢市（金沢市埋蔵文化財センター）『畝田・寺中遺跡ⅩⅡ』金沢市文化財紀要307
15. 金沢市（金沢市埋蔵文化財センター）『直江ボンノシロ遺跡Ⅲ』金沢市文化財紀要308
16. 金沢市（金沢市埋蔵文化財センター）『出雲じいさまだ遺跡Ⅳ』金沢市文化財紀要309
17. 金沢市（金沢市埋蔵文化財センター）『出雲じいさまだ遺跡Ⅴ』金沢市文化財紀要310
18. 金沢大学埋蔵文化財センター『金沢大学構内遺跡―角間遺跡、宝町・鶴間遺跡―』
19. 小松市埋蔵文化財センター『小松城跡発掘調査報告書Ⅱ―分譲宅地造成に係る埋蔵文化財発掘調査報告書―』
20. 小松市埋蔵文化財センター『小松市内遺跡発掘調査報告書ⅩⅡ』

Ⅱ　各都道府県の動向

21. 白山市教育委員会『史跡鳥越城跡附二曲城跡　二曲城跡環境整備報告書』
22. 白山市教育委員会『白山市竹松Ｃ遺跡Ⅱ』
23. 七尾市教育委員会『上畠テラマエ遺跡発掘調査報告書』七尾市埋蔵文化財調査報告書第41輯
24. 野々市市教育委員会『末松遺跡』
25. 野々市市教育委員会『徳用クヤダ遺跡3』
26. 野々市市教育委員会『三日市Ａ遺跡9』

　論　文
27. 石川県埋蔵文化財センター『石川県埋蔵文化財情報』第36号
　　　久田正弘「弥生時代における土器の移動について」
28. 石川考古学研究会『石川考古』第327号
　　　伊藤雅文「今、どうして潟湖の古墳なのか」
　　　中野知幸「『邑知潟の古墳』の報告」
　　　戸根比呂子「加賀三湖の古墳」
29. 石川考古学研究会『石川考古』第328号
　　　宮本哲郎「金沢市四十万町内山林にある遺構Ⅱ」
30. 石川考古学研究会『石川考古』第329号
　　　小嶋芳孝「渤海考古学の現状と課題」
31. 石川考古学研究会『石川考古』第330号
　　　湯尻修平「高堀勝喜先生と石川考古学研究会（1）」
　　　小坂　大「手取川中流域伝承遺跡の調査」
　　　宮本哲郎「白山堂のある緩斜面」
　　　田嶋正和「歴史遺産の方位配置の根拠について」
　　　河村好光「第8回世界考古学会議京都大会参加記」
32. 石川考古学研究会『石川考古』第331号
　　　湯尻修平「高堀勝喜先生と石川考古学研究会（2）」
33. 石川考古学研究会『石川考古学研究会々誌』第60号
　　　中司照世「再論・加賀における古墳時代の展開（前篇）―南加賀における動静を中心として―」
　　　小林正史・外山政子「ラオス・オイ族における伝統的米品種の粘り気度の変化要因：弥生・古墳時代の炊飯の茹で時間短縮化を説明するための民族誌モデル」
　　　中山誠二・下濱貴子・横幕　真・稲垣自由「八日市地方遺跡における弥生時代の植物圧痕」
　　　横　幕真・佐々木由香・小林和貴・米倉浩司「レプリカ法を用いた縄文・弥生土器木葉底の同定―小松市念仏林遺跡・八日市地方遺跡出土土器木葉底を中心に―」
　　　松本泰典「一乗谷朝倉氏遺跡における石垣の検討」
　　　宮本哲郎「津幡町小熊・大熊地区殿山にある遺構の考察」
　　　宮本哲郎「金沢市立湯涌小学校校下にある遺跡と遺物など」
34. 伊藤雅文　「製玉遺跡への素材搬入に関するメモ―金沢市塚崎遺跡の場合―」『玉文化研究第2号―寺村光晴先生卒寿記念号―』日本玉文化学会
35. 樫田　誠　「石川県小松市域の凝灰岩石切場」『遺跡学研究』第13号　日本遺跡学会
36. 川畑謙二　「中宮八院と加賀白山信仰」『白山平泉寺―よみがえる宗教都市―』吉川弘文館
37. 西田昌弘　「石川県における管玉製作技術と石材環境―弥生時代後期後半の手取川扇状地を中心として―」『阿部朝衛先生還暦記念論集』阿部朝衛先生の還暦を祝う会
38. 東四柳史明編『地域社会の文化と史料』同成社

三浦純夫「能登邑知潟周辺の古代交通路」
　　　善端　直「能登七尾城跡の調査の現状と今後の課題」
39. 久田正弘　　「近世金沢城下町における漆器の変遷（2）―広坂一丁目地点の分析例―」『紀要』第12号　石川県輪島漆芸美術館
40. 三浦純夫　　「『加能史料』未収録木簡の紹介（2）」『加能史料研究』第23号　石川県地域史研究振興会
41. 木簡学会　　『木簡研究』第38号
　　　川畑謙二「石川・大川遺跡」
　　　和田龍介「石川・畝田東遺跡群」
42. 横幕　真　　「白山市舟岡山遺跡出土の三角濤形土製品について」『小松市立博物館紀要』第51号
   その他
43. 石川県教育委員会・石川県埋蔵文化財センター「色へのあこがれ―昔人の色彩世界―」第18回いしかわの発掘展
44. 石川県教育委員会・石川県埋蔵文化財センター「古代人を魅了した色」講座考古学最前線
45. 石川県教育委員会・石川県埋蔵文化財センター「いしかわを掘る」発掘報告会
46. 石川県埋蔵文化財センター『環日本海文化交流史研究の展望』環日本海文化交流史研究集会
47. 石川県立歴史博物館『加賀・能登王墓の世界』春季特別展図録
　　　林　大智「古墳時代の『首長居館』を求めて」
　　　戸根比呂子「加賀片山津玉造遺跡の研究の現状と課題」
　　　伊藤雅文「加賀・能登の潟湖と古墳」
48. 石川県立歴史博物館「ヤマト政権の推移と加賀・能登の古墳時代」特別展記念講演会
49. 石川県立歴史博物館「副葬品にみる加賀・能登の古墳時代」れきはくゼミナール
50. 石川考古学研究会・富山考古学会『白山と立山〜北陸の山岳信仰について考える〜』第4回合同例会
51. 越前市・小松市・七尾市・高岡市・上越市『こしのくにの特産品―都に運ばれたモノ―』こしのくに国府サミットin能登国七尾
52. 金沢市　　　「縄文時代晩期に北陸地方が繁栄したのは何故か」市民ふるさと歴史研究会講演会
53. 金沢市　　　「金沢の縄文土器―縄文土器で知る！ふるさと金沢の歴史と文化―」金沢縄文ワールド企画展
54. 金沢市　　　「縄文土器のカタチ―カタチで知る縄文時代のくらし―」金沢縄文ワールド企画展
55. 金沢市　　　「文様の技術―土器に現れた人々の想い―」金沢縄文ワールド企画展
56. 金沢大学国際文化資源学研究センター『ハイパー縄紋文化の難点』金沢大学文化資源学セミナー
57. 川名　俊　　「能登畠山氏とその家臣たち」平成28年度七尾城址文化事業団事業講演会
58. 小松市埋蔵文化財センター『縄文こまつびとの一万年』夏季特別展
59. 小松市埋蔵文化財センター「こまつ石の文化誌」日本遺産認定記念特別展
60. 小松市埋蔵文化財センター「那谷寺の奇石を読み解く」シンポジウム
61. 小松市埋蔵文化財センター「加賀国府を考えるpart 5　最新の研究からみた加賀国府・国分寺」市民講座
62. 下濱貴子　　「弥生時代の機織り（輪状式原始機）復元と活用―八日市地方遺跡出土事例をもとに―」『麻の糸・布と腰樹』はたや研究フォーラム
63. 野々市市教育委員会「弥生時代のむら」埋蔵文化財企画展
64. 野々市市教育委員会「弥生時代のむらとくらし」ふるさと歴史講演会
65. 文化庁・石川県・石川県教育委員会『石垣を守り伝えるために―現状把握に基づく整備方法の選択―』第14回全国城跡石垣整備調査研究会
66. 望月精司　　「福井・石川」『中部地方の瓦窯の構造』第27回考古学研究会東海例会・第14回窯跡研究会
67. 宮田佳樹・南　雅代・下濱貴子・長尾誠也・多田洋平・佐野雅規・中塚　武・中村俊夫「八日市地方遺跡出土の動物骨の安定同位体組成と炭素年代を用いた遺跡環境復元」動物考古学会第4回大会

18 福井県

御嶽 貞義

1．〔調　査〕

　福井県における2016年度の発掘調査件数は19件で、調査面積は35,304㎡（県：9件27,575㎡、市町：10件7,729㎡）である。このうち開発事業に伴う調査は12件34,455㎡（県：8件27,275㎡、市町：4件7,180㎡）で、残る825㎡が史跡整備等に関わる内容確認のための調査（県：1件300㎡、市町：6件525㎡）である。開発事業に伴う調査は、北陸新幹線建設に伴う調査（20,895㎡）と、それに付随する事業であるえちぜん鉄道高架化（5,180㎡）・土地区画整理（2,804㎡）・公園再整備（1,400㎡）等に伴う調査が、そのうちの大きな割合を占める。以下、時代ごとに調査事例を挙げる。

縄文時代

　縄文時代を中心とする遺跡の調査事例はないが、福井市糞置遺跡と大野市犬山遺跡では、ともに自然流路中から晩期の土器が多数出土した。糞置遺跡では流路北岸に複数の小規模な貯蔵穴を検出しており、水に浸る位置の貯蔵穴からはどんぐりが、岸辺の乾いた部分の貯蔵穴からは胡桃等が確認された。犬山遺跡では打製石斧や磨石等も出土した。

弥生時代

　糞置遺跡の自然流路は、縄文時代以後流路を変更しながら存続しており、その自然流路の両岸にておもに弥生時代の遺構・遺物が検出された。平地建物2棟・掘立柱建物7棟・方形周溝墓1基等が検出され、平地建物の周溝から多量の土器や木製の腰掛が出土した。なお、自然流路の左岸（北側）に方形周溝墓、右岸（東側）に各種建物が検出された。また、自然流路からは多量の木製品（腰掛・田舟・田下駄・鍬・縦杵・弓・容器・蓋等）や加工部材が出土した。

　犬山遺跡の自然流路も流路を変えつつ弥生時代以降も存続しており、両岸にて溝2条（SD1・6）を検出した。弥生時代後期の土器が中心に出土したが、遺物・遺構ともに希薄であり、集落の縁辺部に当たるものと考えられている。

　あわら市南稲越遺跡は、調査区南側に自然流路を検出しており、弥生時代後期の土器とともに赤色顔料が付着したL字状石杵が出土した。なお、調査区の広範囲にわたり弥生時代中期から古墳時代前期の土器が出土した。

古墳時代

　南稲越遺跡は、弥生時代後期から古墳時代前期を中心とする集落遺跡であり、自然流路の北側に展開する。竪穴建物2棟、掘立柱建物11棟、井戸3基等を検出しており、それらの配置は溝（SD1・8）によって区画されるように見える。また、土坑33基のうち8基（SK3・4・8～11・13・14）は土壙墓と判断されるという。

　鯖江市今北山・磯部古墳群は、隣接する弁財天古墳群を含めた国史跡指定のための内容確認調査を、2010（平成22）年から継続しており、その最終年度に当たった。今北山古墳群では、前方後円墳である今北山古墳の北から北西へ延びる尾根と、西へ延びる尾根にて調査を実施した。今北山古墳の北に隣接する古墳は、これまで前方後円墳の可能性があるとして今北山北古墳と呼ばれることがあったが、径約24mの円墳と小型の方墳であることが確認された。その方墳の墳頂で墓壙1基（4.7×1.9m）を確認した。さらに北西に円墳1基と方墳4基があり、北西端の方墳は墳丘規模18.6×15.6mで墳丘山（東）側を溝で切断する。西尾根先端の径約16mの円墳では墓壙2基（4.6×2.6m・2.0～×1.2～m）とその一部を掘り込む盗掘坑を確認した。この円墳の墳頂では、広範にわたり古墳時代中期末から後期初頭の須恵器が出土したほか、メノウ製勾玉1点、不明鉄製品1点が出土した。磯部古墳群では、6基の方墳のうち3基の調査を実施した。東から3基目は長軸16.8m、西から2基目は一辺7m前後、西端は一辺13m前後であり、いずれも墳丘山（西）側のみ溝で切断する。西から2基目のトレンチからは概ね弥生時代終末期から古墳時代前期とみられる土器が出土したとされ、磯部古墳群中に弥生時代に遡る墳墓が含まれる可能性がある。

福 井 県

古 代

　糞置遺跡は、1952（昭和27）年来8次にわたる調査が実施されたが、東大寺正倉院に残る東大寺領糞置荘開田地図の北西隅から範囲外となる位置の調査がほとんどであり、これまで古代の遺構・遺物は僅かに確認されたのみであった。今回の調査地は地図内に収まる位置であり、遺構は溝1条（幅約2m、深さ約0.4m）と湿地跡を検出したに過ぎないが、平安時代の須恵器や木製品（人形・火錐材）等、初めてまとまった量の古代の遺物が出土した。須恵器には「南無」等の墨書の認められるものがある。なお、検出した溝は、直線的に南北へ延びるが北がわずかに西へ振れており、その位置と方向性から、復元される足羽郡条理の西南七条六里九坪と十六坪の境に関わる可能性がある。

中 世

　坂井市長崎遺跡は、『太平記』に長崎城と記載される長崎称念寺に東接する地点を調査した。遺物は、13～15世紀の陶磁器や土師皿、漆器椀等の木製品が出土したが、とくに13～14世紀に集中しており、称念寺が南朝の拠点として利用された時期と重複する。遺構は溝9条以上、柵（塀）址、掘立柱建物5棟以上、井戸14基、土坑（柱穴）および廃棄土坑200基以上、溜枡等が検出された。溝のうち幅約1.5mの大型のものは概ね東西方向に並行して延びており、約15m間隔で単独もしくは数条がまとまっており、それらの間に建物や井戸等が配置される。なお、調査区のほぼ中央に2条の溝が約3.5mの間隔をあけて平行に延びており、その間は遺構が希薄であるため土塁跡と推定されている。しかし、土塁とされる部分の南側に平行して柵（塀）址があることから、土塁ではなく道路跡と見做す方が妥当と考えられる。

　坂井市寄安遺跡では、鎌倉時代後期から室町時代前期に存続した屋敷地を検出した。屋敷地の周囲は少なくともコの字状に溝が囲繞しており、屋敷地境の溝あるいは区画設備の基礎構造痕跡とみられる。遺構は、区画の外側のものを含めて、掘立柱建物4棟、溝10条、井戸23基、土坑・柱穴多数があり、重複状況から建て替えされていることは明らかながら、これらの多くが区画の溝と方向を揃えて配置されている。遺物は、越前焼・土師皿を中心とする陶磁器類、漆器椀、箸、曲物、下駄等の木製品、粉挽臼、盤、五輪塔、宝篋印塔等の石製品がある。

　美浜町国吉城址関連遺跡では、史跡公園整備のための第17次確認調査として本丸東虎口跡調査区の最終調査が実施された。東虎口は門外側に石垣に囲われた平坦面があり、そこから石段で下りて山道へ至る外枡形構造と認識される。

　福井市一乗谷朝倉氏遺跡では、上城戸周辺の調査が実施され、複数の道路跡や溝、土塁等が検出された。

近 世

　坂井市丸岡城跡は、国宝再指定を目指す5か年計画の内容確認調査の4年目である。本丸の天守北東の平坦面で、柱穴列や石積遺構（水路）が検出され、絵図や文献に記載がある番代所と呼ばれる建物に該当するものと推測される。

　福井市福井城跡では、本丸東方の城ノ橋・中之馬場・松原と呼ばれる外曲輪と、本丸西側の二ノ丸と三ノ丸の間に当たる地点を調査した。外曲輪はおもに武家屋敷地として利用されており、屋敷地の区画設備の基礎痕跡とみられる屋敷地境の溝や、井戸・廃棄土坑等の深い遺構が検出されたが、後世の改変により屋敷地内の建物等の詳細は不明瞭だった。

　中之馬場では、曲輪の南北を区画する石垣・堀も検出した。石垣は、残存状況の良好な部分で2m以上、5、6石の石材が積まれた状態で残存した。最下段の1石は根石として埋め込まれた状態だったが、自重による沈下も窺えた。石垣石材は笏谷石であり、裏込め栗石は一部に川原石を含むもののほぼ笏谷石の割石や砕石である。石垣下には胴木組が辛うじて残存した。胴木は腐朽消滅した部材が多いが、周りを固めた笏谷石割石に認められる直線的な空隙から、胴木の元の位置が窺える。跳木は比較的良好に残存し、等間隔に並んで検出された。また、中之馬場では藩祖秀康の義父、結城晴朝の屋敷地から、礎石のほとんどが残存しないものの礎石の抜き跡を確認することができ、当時の礎石建物痕跡が検出された。このほか、秀康の妻の弟である水戸三七（江戸宣通）の屋敷地で、部分的ながら苑池とみられる遺構（導水路・池・石組溜枡・板石敷等）が検出された。松原では、城郭の北東端となる外堀・土居を検出した。

　二ノ丸・三ノ丸の間では堀の位置を確認しており、堀底は未確認であるが、東側に二ノ丸表側の石垣を、西側に三ノ丸背後側の石垣を検出した。二ノ丸の石垣は、残存状況の良好な部分で高さ約2m、4石の石材が積まれた状態で残存し、その前面には犬走りが設けられていた。犬走りは幅約2.8m、高さ約1.2mで数石による石垣が残存した。ともに石垣石材は笏谷石であるが、石垣本体には整形された石材を布積みするのに対し、犬走り部分では不整形な石材を乱積み

Ⅱ　各都道府県の動向

する。ともに石垣下に胴木組が確認されている。三ノ丸の石垣は、残存状況の良好な部分で高さ約2ｍ、6石の石材が積まれた状態で残存した。根石を含む下段3石は不整形な石材を乱積みする。その上には整形された石材を布積みするが、石材を横向きに積んだ部分が多く、幾度かの積み直しが窺える。石垣下に胴木組は確認されていない。

このほかに福井城跡では、天守台の南東に位置する「福の井」と呼ばれる井戸の調査が工事立会として実施された。福の井は、円形石組井戸で、上部に笏谷石製の井桁が組まれる。現在の井桁は造り直されたものであるが、当時の本丸指図等にも認められ、当時も存在したようである。井戸の石組は、地震などの影響により平面形が楕円形に変形しており、現代の周囲の嵩上げとともに4段分の石材が追加されている。しかし、調査の結果、現代の補填以外は、築城当初から積み直し等の改変を受けていなかったことが明らかとなった。井戸周囲には笏谷石製の石樋が部分的に残存し、井戸周囲を方形もしくはコ字状に囲繞したことが確認された。検出された石樋はいずれも長さ約1.8ｍ、幅約0.35ｍである。なお、この調査により、福井城の天守台がすべて人為的に盛り上げられたものであることが確認された。

2.〔文献一覧〕

報告書

1. 福井県教育庁埋蔵文化財調査センター『上蔵垣内遺跡』福井県埋蔵文化財調査報告第163集
2. 福井県教育庁埋蔵文化財調査センター『本堂漆橋遺跡』福井県埋蔵文化財調査報告第164集
3. 福井県教育庁埋蔵文化財調査センター『特別史跡一乗谷朝倉氏遺跡発掘調査報告14』宅地等現状変更に伴う発掘調査
4. 福井県教育庁埋蔵文化財調査センター『特別史跡一乗谷朝倉氏遺跡発掘調査報告15』第124次調査
5. 福井市教育委員会・タカラレーベン『福井城跡ⅩⅩ』レーベン福井日之出新築工事に伴う発掘調査報告書
6. 福井市教育委員会『福井城跡ⅩⅩⅠ』平成11・12年度における福井城跡発掘調査報告書
7. 鯖江市教育委員会『兜山北古墳・石田中遺跡』鯖江市埋蔵文化財調査報告第11集
8. 鯖江市教育委員会『今北山古墳群』鯖江市埋蔵文化財調査報告第12集
9. 越前町教育委員会・福井県陶芸館・越前焼・たいら窯工房調査会『越前焼たいら窯工房調査報告書』
10. 越前町教育委員会『越知山大権現の神仏と石造物』

論文など

11. 阿部　来　「中世後期における越前若狭の貿易陶磁―白山平泉寺旧境内と一乗谷朝倉氏遺跡を中心に―」『貿易陶磁研究』36　日本貿易陶磁研究会
12. 産業環境管理協会『環境管理』Vol.52 No.9
    北川淳子「気候変動メカニズム解明の鍵となる水月湖年縞堆積物の高精度な環境変動記録」
    小島秀彰「水月湖年縞の発見と研究の進展―鳥浜貝塚の発掘調査から近年の動向について―」
13. 小島秀彰　「福井県鳥浜貝塚出土の大型ブリ属遺体」『動物考古学』第33号　日本動物考古学会
14. 中島啓太　「上長佐窯出土資料について」『越前町織田文化歴史館研究紀要』第2集　越前町教育委員会
15. 日本植生史学会『植生史研究』第24巻第2号
    工藤雄一郎・網谷克彦・吉川純子・佐々木由香・鯵本眞友美・能城修一「福井県鳥浜貝塚から出土した大型植物遺体の^{14}C年代測定―縄文時代草創期から前期の堆積層序と土器型式の年代の再検討―」
    工藤雄一郎・鈴木三男・能城修一・鯵本眞友美・網谷克彦「福井県鳥浜貝塚から出土した縄文時代草創期および早期のクリ材の年代」
    吉川昌伸・吉川純子・能城修一・工藤雄一郎・佐々木由香・鈴木三男・網谷克彦・鯵本眞友美「福井県鳥浜貝塚周辺における縄文時代草創期から前期の植生史と植物利用」
16. 古川　登　「福井市高雄神社石造多層塔の研究」『若越郷土研究』第61巻2号　福井県郷土誌懇談会
17. 松本泰典　「一乗谷朝倉氏遺跡における石垣の検討」『石川考古学研究会々誌』第60号
18. 山口欧志・阿部　来「矢穴の非接触三次元計測による石割技法の検討」『日本考古学協会第82回総会研究発表要旨』日本考古学協会

福 井 県

その他

19. 青木豊昭　『三床山城跡(御床ケ嵩城跡)と中世豪族千秋氏』三床山を愛する会主催現地説明会資料
20. 赤澤憲明　「日本海沿岸部の中世石造物の石材と製品分布　福井県で産出する笏谷石と日引石に焦点を絞って」
　　『中世の物流と鉄―日本海域を中心に―』(テーマ研究「たたら製鉄の成立過程」第2回客員研究員共同検討会)
　　島根県古代文化センター
21. 勝山市編　『白山平泉寺　よみがえる宗教都市』
　　　阿部　来「白山平泉寺の繁栄と富」
　　　藤本康司「東尋坊と白山平泉寺」
　　　吉岡泰英「一乗谷と平泉寺の建物・都市計画」
　　　仁木　宏「村岡山合戦と勝山城下町の成立」「中世都市としての白山平泉寺の魅力」
　　　宝珍伸一郎「白山信仰研究の現状」
　　　小阪　大「白山山頂と禅定道の遺跡群」
　　　中井　均「白山平泉寺とその時代―寺・城・館―」
　　　千田嘉博「日本と世界の城郭史における白山平泉寺」
　　　宇野隆夫「世界の宗教都市と白山平泉寺」
22. 工藤雄一郎・国立歴史民俗博物館編『さらにわかった！縄文人の植物利用』新泉社
　　　鰺本眞友美「縄文時代の低湿地遺跡―鳥浜貝塚が教えてくれること―」
　　　鈴木三男「鳥浜貝塚から半世紀―さらにわかった！縄文人の植物利用―」
　　　能城修一「鳥浜貝塚から見えてきた縄文時代の前半期の植物利用」
23. 小島秀彰　『鳥浜貝塚―若狭に花開いた縄文の文化拠点―』日本の遺跡51　同成社
24. 小島秀彰　「三方五湖周辺縄文遺跡及び水月湖年縞とその活用」『まもりつたえる富沢遺跡・山田上ノ台遺跡―これまで／これからの20年・10年』地底の森ミュージアム開館20周年・縄文の森広場開館10周年記念シンポジウム予稿集　仙台市教育委員会
25. 白川　綾　「空間的セリエーションの方法論的整備―大杉谷式を素材として―」『咲畑式土器とその周辺その3』東海縄文研究会第6回例会予稿集
26. 田中祐二　『縄文のタイムカプセル鳥浜貝塚』(シリーズ「遺跡を学ぶ」113)　新泉社
27. 宮崎　認　「福井県の外来系玉類」『第2回古代歴史文化協議会講演会資料』古代歴史文化協議会
28. 山本孝一　「越前地域における多系統土器構成の理解」『咲畑式土器とその周辺その3』東海縄文研究会第6回例会予稿集
29. 福井県教育庁埋蔵文化財調査センター『第31回福井県発掘調査報告会資料　平成27年度に発掘調査された遺跡』
30. 福井県立歴史博物館・秋季特別展図録『城下町福井の町と人』
31. 福井県立若狭歴史博物館　『平成28年度特別展図録　若狭のたから～知る・まもる・つなぐ～』
32. 福井県陶芸館『平成28年度春季特別展　古常滑と古越前―越前焼のルーツを探る―』簡易図録
33. 福井県陶芸館『平成28年度夏季特別展　福井城下の陶磁器』簡易図録
34. 福井県里山里海湖研究所『歴史の物差し　水月湖の年縞』
35. 福井市文化財保護センター『古墳終焉』パンフレット
36. 福井市文化財保護センター『発掘速報展2017』パンフレット
37. 鯖江市教育委員会『今北山古墳の謎に迫る―地域首長墳の実像と将来的な活用について―』鯖江市・歴史シンポジウム記録集
38. 美浜町教育委員会『古代、若狭海道～潟湖、港湾、水上交通から考える』歴史シンポジウム記録集十一
39. 美浜町教育委員会『興道寺廃寺』パンフレット
40. 越前市教育委員会『文化財からみる越前市の歴史文化図鑑』

Ⅱ 各都道府県の動向

19 山 梨 県

今 福 利 恵

1.〔調 査〕

2016年度に山梨県内で文化財保護法に基づく届出は、法92条が8件、法93条162件、法94条36件であり、これに伴う法99条は194件であった。前年度と比較すると民間開発における個人住宅や宅地造成および太陽光発電施設の開発が増加して目立っている。また公共事業では道路建設事業や開発面積の広い農業基盤整備事業が増加している。現在、国指定史跡では武田氏館跡（甲府市）、新府城跡（韮崎市）、梅之木遺跡（北杜市）、勝沼氏館跡（甲州市）、御勅使川旧堤防（南アルプス市）、甲斐国分寺・国分尼寺（笛吹市）で史跡整備事業等が進められている。また県指定史跡の連方屋敷（山梨市）、竜塚古墳（笛吹市）、於曽屋敷（甲州市）においても整備事業が実施されている。

縄文時代

上原遺跡は、県北西部の北杜市明野町浅尾、茅ケ岳西麓を流れる河川が開析した最上流部の丘陵地で標高800mに所在する。縄文時代後期の集落が川の最上流部となる湧水地点から展開している。尾根筋を挟んだ北側にも縄文時代後期の大規模集落の上ノ原遺跡が知られている。2012（平成24）年度から2016（平成28）年度にわたって調査され、中期末から後期前葉の敷石住居150軒以上、墓あるいは貯蔵穴と思われる土坑約1,500基、石棺墓、掘立柱建物などが検出されている。また古墳時代前期・平安時代の住居跡も200軒以上、縄文時代から平安時代の掘立柱建物90棟以上がみつかっている。上コブケ遺跡は山梨市南地内に所在し、兄川と弟川に挟まれた南緩斜面、標高約375mに位置している。かつて新山梨環状道路建設に伴って発掘調査した地点に隣接する。縄文時代中期曽利式期の埋甕や井戸尻式期の炉跡、配石、焼土跡、五領ケ台式期の土器が集中して出土したほか、平安時代の住居跡、焼土跡、ピット、溝などを検出した。諏訪原遺跡は、北杜市明野町に所在し、昭和女子大学の調査により縄文時代中期井戸尻式期～曽利式期の住居2軒などがみつかっている。西久保遺跡は、北杜市長坂町大八田地内に所在し、縄文時代中期井戸尻式期の住居3軒、古墳時代後期の住居2軒、平安時代の住居8軒、溝6条などがみつかっている。下横屋遺跡は、韮崎市藤井町南下条に所在し、縄文時代後期・弥生時代・古墳時代の土器等が出土している。千手院前遺跡は、甲州市塩山上塩後に所在し、縄文時代とみられる土坑8基、ピット等のほか平安期の溝、近代以降の2条平行した溝を検出した。

弥生時代

御岳田遺跡は甲府盆地北部の甲斐市大下条地内に所在し、荒川によって形成された扇状地上に立地している。今年度第7次調査で初めて弥生時代後期の住居跡2軒と遺物がみつかった。滝沢遺跡は、富士河口湖町河口に所在し、富士山北麓の河口湖の北東岸に位置する。今回第5次調査では弥生時代～古墳時代前期初頭にかけての土器の破片が300点、磨製石鏃などの石器が3点出土したほか、土坑5基、溝状遺構1条、焼土遺構2基などが検出された。土器には東海、中部、南関東、北陸地方のものが含まれており、広域的な交流があったことをうかがい知ることができる。

古墳時代

朝気遺跡は、甲府盆地北部の甲府市朝気一丁目に所在する。調査により古墳前期の土器集積遺構が見つかり、高坏、壺、甕などを主とする多量の土師器類が土製品などとともに帯状に出土した。また同一面では2軒の火災住居となる竪穴住居跡が検出された。下層からは弥生時代後期の溝、竪穴住居跡1軒を検出した。塩部遺跡は甲府市塩部二丁目に所在し、甲府市中央部を流れる相川と荒川に挟まれた場所に位置している。調査では古墳時代の河川や集落がみつかり、調査区西側でみつかった幅推定5mの古墳時代の河川は、現地面から約3m下にあって古墳時代の大量の土器とともに原形を留めた弓や木製容器、横槌など木製品が出土している。榎田遺跡は、甲府盆地北部の甲府市千塚五丁目に所在し、弥生時代末～古墳時代前期末・後期、奈良～平安時代の遺構・遺物群の他、中・近世段階の遺構・遺物を検出し

山 梨 県

た。御座田遺跡は、甲府盆地北西部で韮崎市南端の龍岡町下條南割に所在し、遺跡西側には釜無川に削られて形成された河岸段丘崖下に位置する。古墳時代後期（6世紀後半）の須恵器の蓋坏や甕とともに、窯の使用により高温のために土等が融けて固まった遺物が多数出土し、窯本体は未確認だが、灰原及び遺物は崖側の傾斜地から出土している。破損品等を窯の下側に廃棄しているならば窯本体は西側の段丘崖の斜面に想定される。県内で古墳時代の窯跡はこれまで数基しか確認されておらず、その中でも最も古い窯の存在となる。狐原Ⅰ遺跡は県東部の上野原市新田に所在し、桂川に面した河岸段丘上に位置する。縄文時代のものと思われる花弁状の集石1基、古墳時代後期から奈良・平安時代の竪穴状遺構2軒、ピット2基、円形土坑1基を調査した。竪穴は部分的な検出に止まったが、このうち1号竪穴は出土遺物から古墳時代後期の土器が多数出土した。

　古　代
　后畑西・ケカチ遺跡は甲府盆地東部の甲州市塩山下於曽に所在し、重川と塩川に挟まれた南北に細長い扇状地上に立地している。両遺跡は連続しておりあわせて100軒近くにおよぶ奈良・平安時代の竪穴住居跡がみつかった。后畑西遺跡では重複しながら竪穴住居跡55軒を検出した。ケカチ遺跡では40軒の竪穴住居跡がみつかり、一辺が約8mに及ぶ大形竪穴住居跡からは硯と鉄製の錘が出土した。中でも住居跡から出土した土器に和歌が刻書されたものがみつかり、国内でも例のないものとして注目をあつめた。この土器は10世紀中ごろのほぼ完形の甲斐型坏で、焼成前に平仮名で和歌一首がまるまる31文字（1字欠）刻まれたものである。三ノ側遺跡は県東部の都留市上谷五丁目に所在し、桂川右岸の河岸段丘上に立地する。遺跡は、奈良・平安時代の都留郡の多良郷の中心と考えられている。発掘調査では、土砂災害で埋まってしまった畠の跡などが広範囲にわたってみつかった。坂井堂ノ前遺跡は、県北部の韮崎市藤井町坂井に所在する。奈良時代の竪穴住居跡20軒を調査した。馬の土製品が出土し、後ろ足一本を含めた後部を欠損するが、顔や鬣がはっきりと表現されている。柳坪B遺跡は、県北部の北杜市長坂町大八田地内に所在し、平安時代の住居8軒、溝6条を調査した。旭西久保B遺跡は、県北部北杜市高根町村山北割に所在し、平安時代の住居1軒を調査した。

　中　世
　史跡武田氏館跡（梅翁曲輪）は、甲府盆地北部の甲府市屋形三丁目に所在する国史跡であり、2015（平成27）年度に検出した暗渠の追加調査を実施した。暗渠の入口には受水口があり、曲輪内の水を溜めて流す仕組みで蛇行していた。西耕地B遺跡は、甲府盆地中央の沖積地の甲府市大里町字西耕地に所在し、釜無川により形成された微高地上に立地する。主に中世段階の地境溝、人骨と古銭が出土した土坑墓、遺物では手捏ねかわらけ、小刀などが出土した。高室氏館跡は、甲府盆地中央部の甲府市高室町に所在し、中世土豪屋敷に関わる堀状遺構や土坑等を検出した。遺物は護岸に関係する木材や漆器椀が良好な状態で検出している。野牛島・石橋遺跡第3地点は、甲府盆地西部の南アルプス市野牛島に所在し、御勅使川扇状地先端部に立地する。中世の土坑群が発見され、北頭で屈葬された人骨と六道銭や棒状鉄製品を検出した。隼遺跡は、甲府盆地北東部で山梨市牧丘町隼に所在し、二つの窟遺構を総称している。この窟は、目下には笛吹川が流れる隼山という小山の東側の崖中腹に開口している。急傾斜地における転石・崩落防止対策工事に伴って発掘調査を行った。二つの窟は、近世に「大黒窟」と「大土窟」と呼ばれ、発掘調査の結果、大黒窟は鎌倉地方でよくみられる"やぐら"と呼ばれる墳墓窟に類似していることが明らかとなった。また大土窟は江戸時代の銭貨や陶磁器片が出土した。於曽屋敷遺跡は県東部の甲州市塩山下於曽に所在し、県指定史跡於曽屋敷の北東部にあたる。二重土塁内側に引き込んだ堀跡内、周辺から五輪塔、12～13世紀の渥美・常滑、三筋壺片、手捏ねかわらけが出土した。遺構は16世紀代の掘立柱建物跡、方形の平積による石組をもつ穴倉状の地下施設が見つかった。

　近　世
　甲府城下町遺跡は、甲府盆地北部に築城された甲府城を中心として成立した家屋敷や町人地を含む広域に広がる江戸時代の都市遺跡で、甲府駅南口を中心とした駅前広場等の整備に伴って調査を行っている。甲府城の西側の一の堀の近接地で、近世の瓦片が多数見つかった。また、県庁前交差点南、中央分離帯では立会調査を行い、甲府城跡西側の一の堀の立ち上がりを確認している。

　近　代
　下圷堰および石積出五番堤は、甲府盆地西部の南アルプス市有野の御勅使川沿いに位置する堤防遺跡で、下圷堰のU

― 213 ―

Ⅱ 各都道府県の動向

字溝敷設工事に伴う調査を行った。現在の堰は両側に落し積みの石、底面には石張りである。御勅使川右岸を守る石積出五番堤と交差する地点は、堤体内を南北に通じる暗渠構造で、五番堤と堰が洪水により流失した後、両者が一体として大正から昭和初期に復旧されたことが明らかとなった。

2.〔文献一覧〕

報告書

1. 甲府市教育委員会『甲府城跡（清水曲輪地点他）』甲府市文化財調査報告89
2. 甲府市教育委員会『朝気遺跡（朝気一丁目21-17地点）』甲府市文化財調査報告94
3. 甲州市教育委員会『山梨県甲州市平成27年度市内遺跡発掘調査等事業報告書』甲州市文化財調査報告書第21集
4. 昭和女子大学人間文化学部歴史文化学科『山梨県北杜市明野町上神取 諏訪原遺跡発掘調査概報 2016年度』
5. 都留市教育委員会『美通遺跡』都留市埋蔵文化財調査報告第16集
6. 韮崎市教育委員会『史跡 新府城跡』山梨県韮崎市埋蔵文化財発掘調査報告書Ⅴ
7. 韮崎市教育委員会『平成28年度韮崎市内発掘調査報告書』山梨県韮崎市埋蔵文化財発掘調査報告書
8. 笛吹市教育委員会『身洗沢遺跡』笛吹市文化財調査報告書第36集
9. 富士河口湖町教育委員会『滝沢遺跡（第5次）』富士河口湖町埋蔵文化財調査報告書第2集
10. 南アルプス市教育委員会『南アルプス市文化財年報―平成28年度―』
11. 南アルプス市教育委員会『平成27年度埋蔵文化財試掘調査報告書』南アルプス市埋蔵文化財調査報告書第51集
12. 山梨県埋蔵文化財センター『山梨県埋蔵文化財センター年報32 2015年度（平成27年度）』
13. 山梨県埋蔵文化財センター『身洗沢遺跡』山梨県埋蔵文化財センター調査報告書第310集
14. 山梨県埋蔵文化財センター『谷村城』山梨県埋蔵文化財センター調査報告書第311集
15. 山梨県埋蔵文化財センター『大月バイパス関連遺跡』山梨県埋蔵文化財センター調査報告書第312集
16. 山梨県埋蔵文化財センター『甲府城跡』山梨県埋蔵文化財センター調査報告書第313集
17. 山梨県埋蔵文化財センター『三ノ側遺跡（県立都留興譲館高校地点）』山梨県埋蔵文化財センター調査報告書第314集
18. 山梨県埋蔵文化財センター『山梨県内分布調査報告書（平成28年1月～12月）』山梨県埋蔵文化財センター調査報告書第315集
19. 山梨県立富士山世界遺産センター『山梨県立富士山世界遺産センター研究紀要・山梨県富士山総合学術調査研究報告 世界遺産富士山第1集 特集「御中道調査報告」』
20. 山梨市　　『江曽原遺跡』山梨市文化財調査報告書第25集

論文・書籍

21. 長澤宏昌　『今、先祖観を問う　埋葬の歴史と現代社会』石文社
22. 山下孝司・平山　優『甲信越の名城を歩く　山梨編』吉川弘文館
23. 帝京大学文化財研究所『帝京大学文化財研究所研究報告第16集』
　　　萩原三雄「甲州金成立期の一過程」
　　　宮澤公雄「山梨県における横穴式石室の受容」
　　　櫛原功一「竪穴住居の類型と系譜―長野県増野新切遺跡の分析―」
　　　畑　大介「中近世における河川堤防の構造と技術」
　　　畑　大介「『川除』を冠する人々にみる近世初期の治水技術者のかたち」
　　　鈴木　稔「地域文化の遺産としての神社の保存」
　　　河西　学「古代製塩土器の胎土分析による産地推定―神奈川県小田原市内遺跡、山梨県南アルプス市内遺跡の例から―」
　　　平野　修「内陸地域における古代の堅塩生産と流通―山梨県南アルプス市鋳物師屋遺跡群出土資料を中心とした考古学的検討から―」

　　　　南　啓治「近世国学史上における甲斐国」
24. 山梨県考古学協会『山梨県考古学協会誌』第24号
　　　　櫛原功一「縄文集落の構造分析―静岡県桜畑上遺跡の検討―」
　　　　中山誠二・金子直行・佐野　隆「越後山遺跡のダイズ属の種子圧痕」
　　　　熊谷晋祐「笛吹市楽音寺古墳群の新資料から」
　　　　原　正人「渡来人と建郡―甲斐国巨麻郡から武蔵国高麗郡へ―」
　　　　大鴬正之「松尾社領甲斐国志麻荘域における古代集落の実態」
　　　　室伏　徹「甲斐国三郡の郡名石」
　　　　杉本悠樹「富士河口湖町大嵐出土の古代土器について（資料紹介）」
　　　　覚張隆史・植月　学「同位体化学分析に基づく山梨県域遺跡出土馬の給餌形態の復元」
　　　　長谷川哲也「平地における中世城館跡の立地についての試論」
　　　　新津　健「文化的景観の視点からみた山梨の歴史環境（3）―南アルプス市落合地区の天井川景観・その歴史と
　　　　　現状―」
　　　　坂本美夫「山梨県の中世石仏―六地蔵―」
25. 山梨県考古学協会「大塚古墳から探る市川三郷町の古墳時代」『山梨考古第141号』山梨県考古学協会2016年度地
　　域大会
　　　　和田　豊「大塚古墳の調査―前方部調査を中心として―」
　　　　保坂和博「大塚古墳の調査―墳丘調査成果と文化遺産としての重要性―」
　　　　宮澤公雄「甲斐の5世紀と大塚古墳」
　　　　古谷　毅「大塚古墳が築かれた時代―副葬品から見た古墳時代中期における大塚古墳―」
26. 山梨県考古学協会『考古学からみた近世の治水技術資料集』山梨県考古学協会2016年度研究集会
　　　　畑　大介「中近世の治水遺構の動向と研究視点」
　　　　荒川　史「宇治川太閤堤の構造と技術」
　　　　渡邉理伊知「旧利根川堤防跡について」
　　　　馬場保之「石川除と天竜川の治水」
　　　　斎藤秀樹「近代の堤防遺跡と河川工法」
27. 山梨県立考古博物館・山梨県埋蔵文化財センター『山梨県立考古博物館・山梨県埋蔵文化財センター研究紀要33』
　　　　中山誠二・西願麻以・赤司千恵・前川　優「山梨県花鳥山遺跡における縄文時代前期後葉の植物圧痕」
　　　　今福利恵「曽利式土器における水煙把手土器の成立と展開」
　　　　一之瀬敬一「甲府盆地の周溝墓／低墳丘墓」
　　　　石神孝子「甲府盆地における古墳時代の玉作り」
　　　　久保田健太郎「甲府城野面積石垣にみられる打割り加工」
　　　　網倉邦生「谷村陣屋から出土した錘について―近世棹秤資料の位置づけを巡って―」
　　　　熊谷晋祐「考古学的考察に基づく甲府城下町町屋構造の事例研究―平成28年度立会調査地点の考察から―」
　　　　中山誠二・石神孝子・小池準一「ダイズとツルマメの発酵に関する実験ノート」
　　　　上野　桜「甲斐国岩手郷の中世武家屋敷についてⅡ―上野氏屋敷に関連する石垣と屋敷周辺の字名―」
　　　　加々美鮎実「甲府城の野面積み石垣における矢穴の出現率について」
　　　　笠原みゆき「大月市出土の土師器甕について」
　　その他（展示活動・シンポジウム・講演会等）
28. 釈迦堂遺跡博物館『第28回特別展縄文序章―山梨県内の縄文時代草創期から前期の土器たち』
29. 釈迦堂遺跡博物館『平成28年度企画展峡東の土偶―笛吹市・甲州市域を中心に』
30. 中央市豊富郷土資料館『平成28年度第3回企画展王塚と甲斐の五世紀』

Ⅱ　各都道府県の動向

31. ふじさんミュージアム『平成28年度企画展縄文人が目撃した富士山噴火―約五千〜四千五百年前の火山災害と復興への歩み』
32. 北杜市考古資料館『平成28年度企画展祈りの風景〜北杜の石棒と丸石〜』
33. 北杜市考古資料館『21世紀の縄文人展2016』
34. ミュージアム都留『都留の土器展』
35. 山梨県立考古博物館『春季企画展お肌のキレイな縄文土器〜一の沢遺跡と酒呑場遺跡〜』
36. 山梨県立考古博物館『夏季企画展山梨のはにわ〜埴輪から見た古墳時代の地域社会〜』
37. 山梨県立考古博物館『第34回特別展「よみがえる武士の魂―鎌倉・平泉と甲斐源氏の武家文化―」』
38. 山梨県立考古博物館『冬季企画展甲斐市の出土品Ⅰ〜敷島の遺跡〜』
39. 山梨県埋蔵文化財センター『埋蔵文化財が語る山梨の歴史！山梨の遺跡発掘展2017』
40. 山梨県立富士山世界遺産センター『富士山世界遺産センター企画展深訪富士山巡礼路』
41. 山梨県立考古博物館『鎌倉・平泉と甲斐源氏の武家文化を語る』記念シンポジウム
    五味文彦「甲斐源氏と鎌倉・平泉」
    八重樫忠郎「考古学にみる平泉の世界」
    永田史子「考古学にみる鎌倉の世界」
    西川広平「甲斐源氏と源頼朝」
    閏間俊明「甲斐源氏の伝承地を探る」
42. 山梨県埋蔵文化財センター『甲斐の城下町を探る〜谷村城、甲府城下町遺跡発掘調査を中心として〜資料集』第11回山梨県埋蔵文化財センターシンポジウム
    堀内秀樹「陶磁器からみる近世甲斐国の様相について」
    奈良泰史「谷村城下町の形成と変遷」
    網倉邦生「高山源五郎屋敷と谷村陣屋の位置づけについて」
    佐々木満「甲府城下町の形成と変遷」
    植月　学「谷村城下町と近世の甲斐における動物資源利用」
    西願麻以「谷村城下町と近世における金属利用」
43. 山梨県埋蔵文化財センター『野面積み石垣サミット近世城郭以前の野面積み石垣と比較する予稿集』第2回甲府城シンポジウム
    北垣聰一郎「魅力にみちた甲府城の野面積み石垣」
    宮田　毅「史跡金山城跡の野面積み石垣」
    村山　修「史跡八王子城跡の野面積み石垣」
    渡邉泰彦「市指定史跡獅子吼城跡の野面積み石垣」
    久保田健太郎「県史跡甲府城跡の野面積み石垣」
44. 積石塚・渡来人研究会『古代東国の渡来人を考える　第2回総会記念講演会』
    平川　南「古代東国の渡来人と俘囚」
    田中史生「渡来人とは何か」
    平野　修「考古学からみた渡来人と俘囚の遺構・遺物」
45. 積石塚・渡来人研究会研究例会
    大嶌正之「古墳から寺院へ　6世紀から7世紀の原風景」
    原　正人「渡来人の建郡　甲斐国巨麻郡から武蔵国高麗郡へ」
    十菱駿武「山梨郡成立の前後〜後期古墳と寺本廃寺の創建〜」
    山下孝司「墨書土器から見た巨麻郡の役所と村〜韮崎市・宮ノ前遺跡を中心として〜」
46. 縄文王国山梨実行委員会『山梨縄文語り』縄文王国山梨巡回ゼミ

保坂康夫「石（モノ）が語る南アルプス市の縄文世界」
　　　田代　孝「釈迦堂遺跡をかく掘れり」
　　　末木　健「中央道建設に伴った発掘調査とその成果」
　　　山下孝司「武田の里で語る縄文世界〜謎多き仮面土偶の魅力に迫る〜」
　　　上杉　陽「遺跡から紐解く富士山火山」
　　　出月洋文「黒駒地域に花開いた縄文パワーに迫る」
　　　新津　健「回想・金生遺跡〜発掘、保存、そして整備〜」
47. 山梨県立考古博物館『古代の甲斐』考古学講座
　　　平野　修「古代の甲斐と考古学：総論」
　　　御山亮済「古代の木材利用」
　　　杉本悠樹「古代の道と駅」
　　　佐野　隆「発掘された牧」
48. 山梨県立考古博物館『縄文問答なるほど！考古博』考古学ミニ講座
　　　新津　健「縄文人とイノシシの話」
　　　長沢宏昌「有孔鍔付土器の話」
　　　今福利恵「縄文土器文様の話」
49. 山梨県埋蔵文化財センター『2016年度上半期遺跡調査発表会要旨』
50. 山梨県考古学協会『2016年度下半期遺跡調査発表会要旨』

20　長　野　県

石　丸　敦　史

1.〔調　査〕

　2016年度の長野県における文化財保護法に係る届出・通知は、93条届出が2,177件、94条通知が439件あった。発掘調査は299件にのぼり、その数は前年（234件）を上回っている。その一方で専門職員数は減少しており、とくに市町村における職員配置率は45％となり、前年（61％）より大きく下回った。県教育委員会では四半世紀ぶりに専門職員の新規採用を行ったが、依然として人材の確保・長期育成は喫緊の課題となっている。

旧石器時代

　民家敷地内から採集された石器の特徴がみられる石の調査依頼を受けて、同志社大学を中心とする調査団が木崎小丸山遺跡（木崎夏期大学遺跡、大町市）の発掘調査を行った。そこでは石器（両面加工石器、使用痕のある剥片、台石）、剥片類が確認され、テフラ分析などによって約8.6万年前に遡るものであるとしている。

　長野県埋蔵文化財センターが調査した矢出川遺跡（南牧村）の発掘調査報告書が刊行された。細石刃石器群を中心とする著名な遺跡であり、報告書では約3万年前の石器群が報告されている。なかでも黒曜石のナイフ形石器のほか、結晶形が残る水晶製の石核が注目される。

　シンポジウム「竹佐中原遺跡と旧石器時代研究」が開催された。いわゆる前期・中期旧石器ねつ造事件の翌年に行われた竹佐中原遺跡の発掘調査では、全国でも稀にみる緻密な出土状況の記録が行われた。その調査から15年経過し開催されたシンポジウムではあらためて調査課題が浮き彫りにされた。

縄文時代

　長野県埋蔵文化財センターの調査した山烏場遺跡（朝日村）では、中期後葉の竪穴建物跡群が確認され、土偶も出土

している。その他、後期～晩期に位置づけられる土製耳飾りも出土している。

長野県埋蔵文化財センターが調査したひんご遺跡（栄村）は、新潟県境に位置しており、中期の土坑や後期の敷石住居跡・竪穴住居跡が確認された。とくに後期前半には信越両地域の土器が共伴するなど両地域の交流関係をみることができる。

弥生時代

長野県埋蔵文化財センターが調査した浅川扇状地遺跡群本村南沖遺跡（長野市）の発掘調査報告書が刊行された。出土土器には後期のいわゆる吉田式が認められ、とくに集落としての「吉田式」期を捉えるためには欠かせない好例である。

古墳時代

國學院大學考古学研究室が穂高古墳群Ｆ９号墳（安曇野市）の学術調査を行なった。そこでは鉄製馬具（兵庫鎖）やガラス玉が出土したほか、墳丘の盛土状況が詳細に調査されている。

発掘調査報告書では、飯田市教育委員会から『北方西の原遺跡』が刊行され、前期前方後円墳である笛吹２号古墳の周溝内からは焼成前穿孔を施した壺形土器が出土している。

千曲市教育委員会による森将軍塚古墳の補修工事の報告書がまとめられた。2013（平成25）年から2016（平成28）年までの４カ年にわたって崩落した葺石の補修工事が実施され、その工事が完了した墳丘では将来的な墳丘形態維持のための基礎資料として３Ｄレーザー測量が行われた。

古　代

長野県埋蔵文化財センターが調査した小島・柳原遺跡群（長野市）では塔鋺形合子の蓋が出土した。塔鋺形合子は日本国内においては正倉院宝物とされているものが多く、集落跡から出土したのは国内初である。

長野県埋蔵文化財センターが調査した塩崎遺跡群（長野市）では石製の分銅が出土している。

安曇野市教育委員会が行った潮新明宮遺跡の調査では、平安時代の竪穴建物跡が確認されている。この遺跡のある明科地区には明科廃寺があり、その関係性が注目される。

発掘調査報告書では、明科廃寺（安曇野市）の４次調査成果がまとめられた。そこでは寺域西部を調査し、南北方向に走る掘立柱柵列を確認している。この柵列は、これまで地籍図等で寺域西辺と推定されていた箇所にあたり、寺域を区画するものであったとしている。

中　世

松本市の小笠原氏城跡が国史跡に新たに指定された。信濃守護小笠原氏の居城跡で、室町時代から戦国時代に至る領主の居城のあり方を示すとともに、信濃を取り巻く諸勢力の政治、軍事的な動向を知る上でも重要である。

松本市教育委員会が行った殿村遺跡は、中世を主とする祭祀空間とみられており、2008年度に始まった調査は８次に及んでいる。石積みを施す大規模な平場を造成したことがわかっており、その遺跡範囲は300ｍ四方に及ぶことが確認された。

長野県埋蔵文化財センターが調査した石川条里遺跡群（長野市）では鎌倉時代とされる大型の掘立柱建物跡が確認された。３×７間の総柱建物跡で、その柱穴の底には礎板状の石が設置されていた。

近　世

諏訪市・茅野市の高島藩主諏訪家墓所が国史跡に新たに指定された。初代藩主諏訪頼水とその両親の墓、ならびに二代藩主忠恒から八代忠恕までの墓のほか、その室や子供の墓などがある。近世墓所のあり方や墓石研究においても重要なものである。

２．〔文献一覧〕

報告書

1．安曇野市教育委員会『芝宮南遺跡』安曇野市の埋蔵文化財第10集
2．安曇野市教育委員会『平成27年度安曇野市埋蔵文化財調査報告書』安曇野市の埋蔵文化財第11集
3．安曇野市教育委員会『明科遺跡群明科廃寺４』安曇野市の埋蔵文化財第12集

長　野　県

4．安曇野市教育委員会『新林遺跡3』安曇野市の埋蔵文化財第13集
5．飯田市教育委員会『北方西の原遺跡』
6．飯田市教育委員会『明遺跡』
7．飯田市教育委員会『羽場獅子塚古墳―平成24・25年度範囲確認調査報告書―』
8．飯田市教育委員会『飯田城下町遺跡―菱田春草生誕地公園整備事業に先立つ発掘調査報告書―』
9．飯田市教育委員会『飯田城下町遺跡』
10．飯山市教育委員会『北飯山遺跡』飯山市埋蔵文化財調査報告第90集
11．飯山市教育委員会『飯山城跡―西曲輪B地点・桜井戸跡発掘調査報告書―』飯山市埋蔵文化財調査報告第91集
12．木崎小丸山遺跡学術発掘調査団『長野県木崎小丸山旧石器遺跡の調査―長野県大町市平所在木崎小丸山遺跡発掘調査報告書―』真陽社
13．坂城町教育委員会『金井東遺跡群大木久保遺跡Ⅰ・Ⅱ・Ⅲ―長野県埴科郡坂城町　町立南条小学校改築事業に係る緊急発掘調査報告書―』坂城町埋蔵文化財調査報告書第46集
14．佐久市教育委員会『薬師平遺跡Ⅰ』佐久市発掘調査報告書第236集
15．佐久市教育委員会『長土呂遺跡群下聖端遺跡Ⅴ』佐久市発掘調査報告書第237集
16．佐久市教育委員会『上の城遺跡Ⅱ』佐久市埋蔵文化財調査報告書238
17．佐久市教育委員会『周防畑遺跡群南上北原遺跡』佐久市発掘調査報告書第239集
18．諏訪市教育委員会『市内遺跡発掘調査報告書（平成28年度）―長野県諏訪市内遺跡発掘調査報告書―』
19．高森町教育委員会『平成26年度高森町埋蔵文化財発掘調査報告書』
20．茅野市教育委員会『上原城下町遺跡―集合住宅建築工事に伴う埋蔵文化財調査報告書―』
21．茅野市教育委員会『国史跡　高島藩主諏訪家墓所―上原籟岳寺高島藩初代藩主廟所調査報告書―』
22．茅野市教育委員会『市内遺跡10―平成27年度埋蔵文化財調査報告書―』
23．長野県埋蔵文化財センター『浅川扇状地遺跡群本村南沖遺跡　新県立大学施設整備事業に伴う埋蔵文化財発掘調査報告書』長野県埋蔵文化財センター発掘調査報告書113
24．長野県埋蔵文化財センター『龍源寺跡　社会資本整備総合交付金（道路）事業に伴う埋蔵文化財発掘調査報告書（国）256号飯田市上久堅拡幅（1）』長野県埋蔵文化財センター発掘調査報告書114
25．長野県埋蔵文化財センター『矢出川遺跡群矢出川第Ⅷ遺跡　県営畑地帯総合土地改良事業南牧地区農道6号改修工事埋蔵文化財発掘調査報告書』長野県埋蔵文化財センター発掘調査報告書115
26．長野県埋蔵文化財センター『黒部遺跡　二ツ石前遺跡　県営中山間総合整備事業に伴う埋蔵文化財発掘調査報告書　信州高山地区』長野県埋蔵文化財センター発掘調査報告書116
27．長野市教育委員会・長野市埋蔵文化財センター『浅川扇状地遺跡群徳間中南遺跡　徳間番場遺跡』長野市の埋蔵文化財第144集
28．長野市教育委員会・長野市埋蔵文化財センター『桐原牧野遺跡（2）・桐原要害（高野氏館跡）』長野市の埋蔵文化財第145集
29．長野市教育委員会・長野市埋蔵文化財センター『浅川扇状地遺跡群中越遺跡』長野市の埋蔵文化財第146集
30．原村教育委員会『大横道上・ワナバ遺跡（第7次）　徳久利遺跡（第8次）　宮平遺跡　雁頭沢遺跡（第16・17次）　家裏遺跡（試掘）』
31．原村教育委員会『比丘尼原北遺跡（第4次)』
32．松本市教育委員会『殿村遺跡―第7次発掘調査報告書―』
33．松本市教育委員会『松本市四賀地区の中世石造物―殿村遺跡調査事業に係る調査報告書―』
34．松本市教育委員会『小笠原氏城館群―井川城址試掘・第1次・第2次発掘調査報告書―』

論　文

35．会田　進・酒井幸則・佐々木由香・山田武文・那須浩郎・中沢道彦「アズキ亜属種子が多量に混入する縄文土器

Ⅱ　各都道府県の動向

　　　　と種実が多量に混入する意味」『資源環境と人類：明治大学黒曜石研究センター紀要』7　明治大学黒曜石研究センター
36.　石原　元・河野　博・櫻井秀雄「縄文時代の土器と弥生時代の青銅剣に描かれたシュモクザメ類について」『板鰓類研究会会報』52号
37.　伊藤順一　「群馬県北・西部から長野県における前剃中葉の様相」『第30回縄文セミナー　縄文前期中葉の型式間交渉の諸問題』縄文セミナーの会
38.　市橋雄一　「水晶山山頂は後期旧石器時代の遺跡」『伊那』第64巻第4号　伊那史学会
39.　鵜飼幸雄　「尖石縄文集落の墓域における立柱祭祀の一様相」『長野県考古学会誌』153号　長野県考古学会
40.　岡本孝之　「長野県の弥生系石剣―その研究史と集成―」『西相模考古』第25号　西相模考古学研究会
41.　尾見智志　「塩田城再考」『信濃』第69巻第3号　信濃史学会
42.　及川　譲他「長野県霧ケ峰地域における黒曜石原産地の研究報告（5）―長和町男女倉北地区、同南地区、ツチヤ沢地区と下諏訪町星ケ台地区の成果―」『資源環境と人類：明治大学黒曜石研究センター紀要』7　明治大学黒曜石研究センター
43.　風間栄一　「長野市大室古墳群北谷支群356号墳の出土遺物―長野市立寺尾小学校収蔵資料の調査―」『長野県考古学会誌』153号　長野県考古学会
44.　片山祐介　「古代松本の人口動態」『長野県考古学会誌』153号　長野県考古学会
45.　加藤　学　「中部地方北部における更新世末の環境変動と人類活動」『旧石器研究』第12号　日本旧石器学会
46.　川崎　保　「玦状耳飾の製作技術から見た起源と編年研究について―長野大会の成果と課題―」『玉文化研究』第2号　玉文化学会
47.　桐原　健　「古墳への馬供献―殉殺と供犠―」『伊那』第64巻第4号　伊那史学会
48.　桐原　健　「古代にみる伊那・九州間交流」『伊那』第64巻第11号　伊那史学会
49.　桐原　健　「河童形土偶案検」『長野県考古学会誌』153号　長野県考古学会
50.　小林公明　「土偶のつむじ」『長野県考古学会誌』153号　長野県考古学会
51.　小林正春　「高森町山吹下平1号古墳について」『伊那』第64巻第4号　伊那史学会
52.　小山岳夫　「前方後円墳未築造地域における弥生から古墳時代前期の集落―佐久盆地の集落分布の変遷を中心として―」『専修考古学』第15号　専修大学考古学会
53.　小山奈津実「松本市の埋蔵文化財保護体制について」『専修考古学』第15号　専修大学考古学会
54.　近藤孝光・宇賀神恵「開田高原大原遺跡1998年採集遺物資料紹介」『アルカ研究論集』5　アルカ
55.　島田和高・橋詰　潤・小野　昭「長野県中部高地における先史時代人類誌：広原遺跡群第1次～第3次調査報告書―発掘・遺物写真編（デジタル版）―」『資源環境と人類：明治大学黒曜石研究センター紀要』7　明治大学黒曜石研究センター
56.　鳥羽英継　「雨宮廃寺の建物跡とその変遷」『長野県考古学会誌』153号　長野県考古学会
57.　直井雅尚　「弥生時代後期の集落と墓域―松本平南部の事例を巡って―」『長野県考古学会誌』153号　長野県考古学会
58.　中沢道彦　「長野県御社宮司遺跡の生業復元試論」『魂の考古学―豆谷和之さん追悼論文集―』豆谷和之さん追悼事業会
59.　西山克己　「象嵌装大刀を持ったシナノの舎人たち2」『長野県立歴史館研究紀要』第23号　長野県立歴史館
60.　馬場伸一郎・遠藤英子「弥生時代中期の栗林式土器分布圏における栽培穀物」『資源環境と人類：明治大学黒曜石研究センター紀要』7　明治大学黒曜石研究センター
61.　原　明芳　「佐久平の古代末期から中世」『長野県考古学会誌』153号　長野県考古学会
62.　平林大樹　「信濃における後期・終末期古墳副葬矢の製作」『信濃』第69巻第3号　信濃史学会
63.　平野　修　「平安時代黒色土器の出現契機とその系譜（予察）」『信濃』第69巻第3号　信濃史学会

64. 藤森英二　「南佐久の縄文時代概観」『千曲』161号　東信史学会
65. 古川　學　「古墳保存活動その後」『伊那』第64巻第4号　伊那史学会
66. 宮崎朝雄・金子直行「中部地方における高山寺式土器及び後続段階土器群の変遷」『アルカ研究論集』5　アルカ
67. 宮澤恒之　「恒川清水の今昔」『伊那』第64巻第4号　伊那史学会
68. 宮村誠二　「平安時代の信濃における横穴式石室の再利用」『信濃』第69巻第3号　信濃史学会
69. 綿田弘実　「千曲川下流域における縄文時代中期後葉土器群：長野県中野市千田遺跡の『栃倉式』土器素描」『考古学論究』17　立正大学考古学会
70. 綿田弘実　「阿久Ⅲ期及び釈迦堂ZⅢ式土器」『第30回縄文セミナー　縄文前期中葉の型式間交渉の諸問題』縄文セミナーの会

　その他
71. 井戸尻考古館『坂上遺跡出土土偶　重要文化財指定記念　講演録集』
72. 長野県立歴史館『信濃の城と城下町―発掘調査から謎を解く―』
73. 藤森英二　『信州の縄文時代が実はすごかったという本』信濃毎日新聞社

21　岐　阜　県

藤　村　　俊

1.〔調　査〕

　岐阜県の2016年度における文化財保護法93条に基づく届出は857件、同法94条に基づく通知は274件であった。そして、同法92条に伴う発掘調査が5件、同法99条が26件、史跡の現状変更が2件であり、合計は33件（そのうち、公共事業は11件）となる。また、遺跡整備事業では6件を数え、黒野城下町遺跡（岐阜市）、柄山古墳（各務原市）、坊の塚古墳（各務原市）、弥七田古窯跡（可児市）、八幡城跡（郡上市）、葛洞遺跡（土岐市）で調査が進められた。前年度に比べ、届出・通知・発掘調査は増加している。

旧石器時代
　発掘調査で該当事例はみられなかった。しかしながら、1967年に河出書房から刊行された『日本の考古学Ⅰ　先土器時代』で藤森栄一によって広く知られることとなった海老山遺跡（加茂郡富加町）、赤土坂遺跡（関市）（＊当時県下では2例のみが示された）の遺物について、現所蔵者から美濃加茂市民ミュージアムへ寄贈されたことで、整理・調査が進められることになった。なお遺物の収集は、吉田英敏によるもの。吉田は、1959年に紅村弘らと共に「岐阜県海老山遺跡における無土器文化の石器について」『考古学雑誌』（第44巻第4号）をはじめとして、当該資料の一部を機会のあるごとに紹介してきた。調査が継続中のために様々な課題があるものの、これまでの器種判別に基づく主なものの点数は、海老山遺跡：ナイフ形石器4点、掻器13点、細石刃27点、細石核33点、石核22点、有舌尖頭器2点、尖頭器14点ほか。赤土坂遺跡：ナイフ形石器19点ほか。海老山遺跡に近接する北野遺跡（美濃加茂市）では、ナイフ形石器49点、細石刃95点、有舌尖頭器17点、尖頭器24点、細石核25点、石核27点ほかが挙げられる。また、星塚遺跡（各務原市）をはじめとする県下各地の資料がある。

縄文時代
　御望A遺跡（岐阜市）、おはっちょうじ遺跡（関市）、宿遺跡（可児市）、妻木平遺跡（土岐市）、上切寺尾古墳群・日焼遺跡（高山市）等で調査が行われた。なお、御望A遺跡では縄文時代前期の集落、墓域がみつかった。
　六里遺跡（揖斐郡大野町）は、河川によって形成された自然堤防上に立地している。県道拡幅工事に伴う調査では、晩期の遺構面が検出された。遺構は、土器埋設遺構11基、焼土3基、溝状遺構1基、土坑等があり、包含層から

Ⅱ　各都道府県の動向

も多量の遺物が出土している。遺跡は河川による堆積土が厚くなっており、良好な状態であった。土器埋設遺構は、2個体以上を組み合わせて設置され、4つの形態がみられた。それらは、（1）1個体を他の土器片で覆ったもの、（2）口縁を他の土器で蓋をしたもの、（3）合わせ口のもの、（2）（3）の複合である。土器は、いずれも煮炊具としての使用後に転用されたものであり、突帯文をもつ。なお東に近接する稲荷遺跡でも当該期の遺物が出土している。

弥生時代

御望A遺跡（岐阜市）、鵜沼古市場遺跡（各務原市）、国分寺遺跡（大垣市）、上保本郷遺跡（本巣市）、唐鋤遺跡（関市）等で調査が行われた。

杉洞1号古墳（加茂郡富加町）は、中位段丘を見下ろす低い尾根上に立地している。本墳は、前方後円墳として以前から知られていたが、2009（平成21）年度以降継続的に行われてきた夕田茶臼山古墳（同町）が前方後円形の墳丘墓とされたことから、関連等を把握するために調査されることになった。後世の損壊が大きいものの、現況の詳細な測量、墳丘の盛土や形を確認できるような4つのトレンチ調査が実施された。その結果、墳丘の基底部盛土が遺存し、それが現況地形の起伏としても確認できたことから、前方後円形を呈する墳形復元のための根拠とされている。後円部（円丘部）盛土の堆積状況からは、旧地表面の整地後に黒褐色土を敷き均した基盤造成、周堤状の盛土とその中央部への埋め土及び墓壙の構築、木棺直葬の可能性があること等が指摘されている。そして周堤盛土の基底部は、特に土器の出土が多く、それらは廻間式期に比定されている。また、後方部（突出部）でも同様な基盤造成等がみられる。そして墳丘構築中に、土坑（SK02）が掘削され、人為的に割られた高杯が埋納されていた。高杯の形状からは、廻間式期に比定できる。なお、先の夕田茶臼山古墳でも墳丘造成時に同様な段階で土坑の構築がみられる点は留意すべきとされる。以上から同墳は、全長約30mで墳形が前方後円形（後円部径約18m、前方部長約12m）とされ、弥生時代終末期の墓域として考えられる一定の範囲内で、複数の前方後円形の墳丘墓が存在することを確認できる非常に重要な発見となった。

古墳時代

洞第2古墳群（岐阜市）、霞間ケ渓9号古墳（揖斐郡池田町）、柄山古墳（各務原市）、寺前遺跡（関市）、根本遺跡（多治見市）等で調査が行われた。

坊の塚古墳（各務原市、県史跡）は、台地東部の段丘崖上に立地している。4世紀末から5世紀前半の前方後円墳で全長約120mを測る。2015（平成27）年度から保存・整備のため、初めての確認調査が行われており、5ヵ年を計画している。今回は、後円部北東にトレンチ（約80㎡）を設定し、墳丘の形状や周濠等の把握を目的とした。墳丘は、斜面に山石を用いて葺石とされており、斜面と平坦面の境には、基底石がみられた。そして、周濠は深さ1mを越えるようであり、幅は16～24mを測る。それらによって、後円部径が約67m、三段築成であることが確認された。また、後円部の墳頂では墳形に沿って埴輪列（円筒、赤彩あり、底部より2～3段まで）が検出され、良好な状態であることが判明した。

古　代

初めて確認調査が実施され、竪穴建物13軒が発見された真名越遺跡（各務原市）、鉄製紡錘車等の金属製品を有する竪穴建物が検出された鵜沼古市場遺跡（各務原市）、10世紀前半に碗や皿、広口・長頸瓶の灰釉陶器が生産された大針屋作8号窯跡（多治見市）、重竹遺跡（関市）等で調査が行われた。

正家廃寺跡（恵那市、国史跡）は、丘陵先端の平坦面上に立地する。2013（平成25）年度から継続された調査の最終年度であり、今回は（1）中門の検出や回廊の繋がり、（2）課題のあった伽藍西側等の把握を目的として400㎡について実施された。（1）に関する調査では、中門は不明瞭であったが回廊は検出されている。（2）について、10基の回廊柱穴が検出されたことで南西コーナーを確認できたため、伽藍地を回廊が取り囲んでいた姿が復元できるようになった。また、明確な築地塀は確認できなかったものの、想定部分では地山に盛土された土塁状の遺構が検出されている。その両脇には溝が構築されていた。ここではほかに寺院建立以前の竪穴建物（7世紀代、カマドを伴う）の一部がみられると共に、寺院廃絶後とされる層位に、山崩れ等の流出土が主に伽藍地南側の一部で堆積していることが確認された。本調査区では、土師器、須恵器甕が多く出土していた。

岐阜県

　飛騨国郡衙に関連するとされる上町遺跡（飛騨市）は、段丘面及び河川氾濫原の平坦面に立地する。今回の調査では、現地表下約0.5mで地山面を確認した。6軒の竪穴建物を検出し、うち3軒はカマドを伴うようである。出土した須恵器の年代から8世紀代に属する。現状で掘立柱建物は3棟を確認している。竪穴建物を切る柱穴と切られる柱穴があり、検出作業時には灰釉陶器も出土していることから、8～9世紀代に属するものと考えられる。ただし古代に属する遺物に加え、珠洲焼甕等の中世陶磁器が出土しており、柱穴は複数の時期となる可能性がある。

中世

　調査は、大垣城跡・城下町（大垣市）、生櫛遺物散布地（美濃市）、寺前遺跡（関市）、中山1号古窯跡（土岐市）等がある。

　岐阜城跡（岐阜市、国史跡）では、織田信長公居館跡の解明のために岐阜市千畳敷（現岐阜公園）で450㎡の調査が行われた。館の中心建物のあるC地区南西部では、高さ2m程度と推定される石垣が円弧状に約6m連なることが確認された。また南北最大6.0m、東西検出長5.4m、深さ約15cmの浅い池状の凹み、その北に位置する溝と粘質土がつまった土坑等が検出された。同地区北斜面では、上下二段に分けて作られた推定高さ6mの石垣、石組を伴う水路がみられた。水路には橋脚基礎と考えられる礎石があり、その周囲は庭園のように景石が配されている。また、約15cmの段差が検出された。以上から、中心建物への入口の構造がほぼ確認されたこと、庭園としては景色や水音を楽しむための遊水池あるいは他庭園への給水用の池と捉えられることが、特筆される。

　黒野城下町遺跡（岐阜市、市史跡）では、2013（平成25）年度から本丸跡の調査が継続されている。今年度は12.5㎡について、石垣屈曲部分の西を把握するために調査が行われた。その結果、石垣に直交して検出幅0.8m以上、検出長6.5m、厚さ0.3mの円礫集積遺構がみつかり、土塁裾部の構造に関連すると考えられている。また遺物として、丸瓦、平瓦、菊丸瓦の出土があったことで、虎口に装飾された瓦の葺かれた建物が存在した可能性が高まった。なお菊丸瓦は豊臣秀吉の居城で使用が開始された可能性があり、同時期の地方での採用例として貴重な事例とされる。

　大針屋作古窯跡群（多治見市）では、12世紀中葉の山茶碗を生産していた7号窯、15世紀後半～16世紀中葉の炭焼窯が調査された。7号窯は、同市大針地区や可児市南西部のみにみられる最古段階の窯の一つと位置づけられる。急斜面地に築かれており、床面の傾斜角は最大46度を測る。窯体は全長8.9m、粘土質の脆弱な土壌に構築された完全な地下式の窖窯である。そのためか、窯を掘削した時の土を盛り上げた掘り抜き排土において、遺物を含まないと考えられる焼土や木炭がみられた。稼働前に空焚きして、天井を焼き固めた可能性が考えられる。物原からは、約3,000個の焼台が出土しており、生産は比較的長期間・複数回に及んでいたと推測される。なお煙道部では、土師器高坏を焼成していた。

　桜堂遺跡（瑞浪市）では、笹山遺跡と併せて2010（平成22）年度から調査が行われている。今年度は、両遺跡や周辺に残る石像物の把握が進められた。その結果、五輪塔や宝篋印塔が主に14世紀末～16世紀に造立されており、特に15世紀後葉～16世紀の石塔が主体となることが判明した。これらは山腹の集石墓群の年代に併行するばかりでなく、後世まで墓の造営が継続したことを示している。また市域全体の動向と比較すると、14世紀末以降各地に展開してきたものが、15世紀後葉になると、桜堂・笹山遺跡に集中するようになることが確認された。

　八幡城跡（郡上市）では、現在の城山公園内の中央と西において、計40㎡のトレンチ調査が行われた。出土遺物はみられなかったが、地山や城が造成される山地の自然堆積土、現代の改変へと至る土層が把握された。トレンチ1では、礎石の根固めと考えられる遺構を検出した。

近世

　新加納坪内陣屋跡（各務原市）では、2011（平成23）年に第一次調査が行われ、今回が二次となるものである。前回に課題となっていた区画道路の一部について調査が行われ、陣屋敷地を囲む濠の延長部分を検出した。そのことで、陣屋の位置をほぼ確定することができるようになった。また溝や土坑、陶磁器の出土がみられた。

　正傳寺跡（本巣市）は、郡府山（標高110m）の南斜面に立地しており、安永年中（1772～1780年）に創立した。寺院は、山裾を切土した後、版築による基壇が造営されたようであり、周囲の石段は最大三段を数える。また調査区からは、建物礎石や根石が検出された。

Ⅱ　各都道府県の動向

　弥七田古窯跡（可児市）は、大萱古窯跡群（県史跡）のうちの一つであり、17世紀初頭に弥七田織部を生産した連房式登窯として知られている。同古窯跡群では、2012（平成24）年度から調査が続けられている。今回の調査では、2基の窯跡が確認され、1号窯→2号窯の順で主軸を変えて築窯されたようである。1号窯は、全長20mを越え、燃焼室が9室、隔壁・狭間の無い構造となっている。それに対して2号窯は、全長9mを越える有段斜狭間構造であり、焼成室は5室以上あると考えられる。調査から伺える本窯の主要な器種は碗類であり、弥七田織部はもとより、皿や擂鉢も極わずかであった。窯道具のうちには、線刻のあるエブタが出土している。

　以上、岐阜県の調査事例と次に文献等について概観・記載した。本稿作成にあたり、情報の遺漏等はご容赦願いたい。また掲載した内容に関するご教示は、各調査担当者の方々ほかから得ました。記して感謝いたします。（本文中の敬称は省略）

2．〔文献一覧〕

報告書

1．愛知学院大学文学部歴史学科『大萱古窯跡群弥七田窯跡』愛知学院大学考古学発掘調査報告24
2．海津市教育委員会『円満寺山古墳群　第2次〜第7次範囲確認調査成果報告書』海津市文化財調査報告書第2冊
3．各務原市教育委員会『各務原市内遺跡発掘調査報告書　平成26・27年度』
4．可児市教育委員会『大森奥山11号古窯跡発掘調査報告書』可児市埋文調査報告49
5．可児市教育委員会『可児市市内遺跡発掘調査報告書（平成26〜27年度）』可児市埋文調査報告50
6．岐阜県文化財保護センター『開拓地B地点遺跡』岐阜県文化財保護センター調査報告書第137集
7．岐阜県文化財保護センター『番場遺跡』岐阜県文化財保護センター調査報告書第138集
8．岐阜市教育委員会『岐阜市市内遺跡発掘調査報告書　平成26年度』
9．関市教育委員会『関市市内遺跡発掘調査報告書　第1部市内遺跡発掘調査平成25〜26年度　第2部国指定史跡弥勒寺官衙遺跡群弥勒寺東遺跡Ⅳ』関市文化財調査報告第38号
10．関市教育委員会『関市埋蔵文化財発掘調査報告書』関市文化財調査報告第39号
11．飛騨市教育委員会『沢遺跡』飛騨市文化財調査報告書第10集
12．飛騨市教育委員会『信包中原山古窯跡　圃場整備事業に伴う発掘調査報告書』飛騨市文化財調査報告書第11集
13．本巣市教育委員会『本巣市船来山古墳群総括報告書　本文編　資料編』本巣市文化財調査報告書第14集
14．養老町教育委員会『養老町埋蔵文化財試掘確認立会調査報告書　平成24〜27年度の調査の成果』養老町埋蔵文化財調査報告書第11集

論文

15．石黒立人　「濃尾の土器と文化」『三遠南信の弥生中期の土器と文化』浜松市博物館
16．磯谷祐子　「尾崎遺跡出土須恵器高坏」『紀要』第16集　美濃加茂市民ミュージアム
17．纐纈　茂　「縄文時代中期後半における東海地方と中部高地・関東地方」『咲畑式土器とその周辺』東海縄文研究会
18．小林新平　「美濃地域の瓦窯」『中部地方の瓦窯の構造』考古学研究会東海例会
19．城下町研・美濃研究集会「中世・近世移行期における美濃の様相〜拠点的な場の形成と変容〜」
　　　内堀信雄「拠点的場の広域空間構造変遷試案」
　　　島田崇正「中濃の中世集落の動き」
　　　森島一貴「中世関の様相」
　　　長沼　毅「15〜16世紀における可児地域の動向と美濃金山城」
　　　石川美咲「戦国期美濃後斎藤氏の権力構造」
　　　三宅唯美「16世紀東美濃の領主層の動向」
　　　砂田晋司「瑞浪市における中近世遺跡の動向〜土岐地区を対象として〜」
　　　中嶋　茂「土岐市における中近世遺跡の動向〜妻木地区を対象として〜」

鐸木厚太「西濃における中・近世遺跡の動向」
20. 三好清超　「飛驒の瓦窯」『中部地方の瓦窯の構造』考古学研究会東海例会
21. 森島一貴　「美濃における古墳時代の手工業生産―西濃・中濃地域を中心として―」『東海における古墳時代の手工業生産の展開を考える』考古学研究会東海例会
22. 吉田　靖他「ふるさとの歴史に興味・関心がもてる出前授業のあり方」『研究紀要』第2号　岐阜県文化財保護センター

その他
23. 今津勝紀　　「半布里戸籍からみた古代の家族と女性」（講演会・富加町教育委員会）
24. 賀来孝代　　「鵜飼いの始まりと古代の鵜飼い」（講演会・関市文化財保護センター）
25. 岐阜県博物館「弥生から古墳へ～可児・加茂地域の墳墓と集落～」（展覧会）
26. 岐阜市歴史博物館「葵の時代―徳川将軍家と美濃―」（展覧会）
27. 垂井町教育委員会「遺跡発見！？―垂井町遺跡詳細分布調査で分かったこと―」（展覧会）
28. 中津川市鉱物博物館「美濃焼・瀬戸物と花崗岩」（展覧会）
29. 早川万年　　「元正天皇多芸行幸と壬申の乱」（講演会・養老町）
30. 美濃陶磁歴史館「土岐市の古窯―定林寺古窯跡群―」（展覧会）
31. 渡辺博人　　「船来山古墳群と7世紀の須恵器」（講演会・本巣市教育委員会）

22　静　岡　県

井　口　智　博

1.〔調　査〕

2016年度の静岡県における文化財保護法の届出件数は、92条が0件、93条が644件、94条が199件であった。これらのうち99条に基づく試掘・確認調査が310件、99条に基づく本調査が30件であった。

旧石器時代

磐田市の広野遺跡では、磐田原台地上に展開する遺跡内から、礫群63基、配石22基、土坑1基、礫ブロック2基、石器ブロック19基が検出された。石器は槍先形尖頭器などが出土している。

縄文時代

長泉町の大峰A遺跡では、縄文時代前期から中期に至る集落跡を検出した。住居跡は32軒が検出されているが、うち22軒が中期のものであり、井戸尻式から曽利式期に属する。住居跡は前期は標高が高い位置に分布しているのに対し、中期は標高がやや下がった位置に分布していることを確認した。また、埋甕17基を検出し、うち2基は底部穿孔土器が倒置されていた。

沼津市の大泉寺畑遺跡では、区画整理事業に伴う発掘調査が実施され早期前半の撚糸文土器や石器などが出土した。

富士宮市の草創期から早期の集落遺跡である大鹿窪遺跡では、史跡整備に伴う確認調査が実施され、竪穴建物跡と推定される遺構や柱穴などが検出された。過去の調査結果と合わせ、谷状地形と溶岩帯に挟まれた狭い範囲の平地に竪穴建物を築いて集落を形成していることが明らかになった。

静岡市清水区に所在する清水天王山遺跡出土品一括が、静岡県指定文化財に指定された。清水天王山遺跡は有度山東麓の扇状地に立地する縄文時代後・晩期の集落跡である。今回の指定では、過去5回の発掘調査で出土したもののうち、土器や石器、骨角器など計2,205点が指定文化財となった。

浜松市の高塚遺跡では、砂堤上に広がる遺跡内から中期前葉の土坑と土器が検出された。浜松市内の海岸平野内にお

Ⅱ　各都道府県の動向

ける縄文土器の検出事例が増えており、砂堤列の形成時期について今後の検討を要する。

弥生時代

浜松市の東原遺跡では、弥生時代後期の方形周溝墓や小穴が検出された。近傍の調査においても方形周溝墓の周溝内から大量の弥生土器が出土しており、一帯に墓域が存在すると考えられる。また、梶子遺跡では、弥生時代後期の環濠集落の一部を調査し、掘立柱建物や土坑が検出された。

古墳時代

静岡市の町屋遺跡では、前期の竪穴建物跡が2軒、方形周溝墓が4基検出されたほか、溝状遺構や小穴などを確認した。また、一丁田遺跡では、中期の水田が検出され、土師器や木製品が出土した。

袋井市の西向遺跡では、河川改修事業に伴う発掘調査が継続して実施されており、2016年度の調査では、中期の掘立柱建物跡、井戸と土器集中箇所が検出された。土器集中箇所から出土した土器は高坏が主体を占め、意図的に破壊された形跡があるほか、手づくね土器が含まれていることから祭祀に関わる遺構と推定される。

広野遺跡では、中期の円墳3基が検出された。直径10～12m程度の規模であり、いずれも墳丘と埋葬施設は削平されていたが、周溝内より土師器と紡錘車が出土した。

古　代

沼津市の日吉廃寺跡では、奈良・平安時代の柱穴列や大型溝状遺構が検出された。柱穴は方形を呈し、一部には柱の基部が残存していた。寺院に関わる建物跡の可能性が高いが、周辺の撹乱が著しく明確にはできなかった。大型溝状遺構は2013年度の調査で検出されたものと同一の遺構であるが、今回の調査で溝底面から出土した遺物の時期から、平安時代後半の遺構と判明した。また、御幸町遺跡では西側縁辺部にあたる箇所を調査し、奈良・平安時代の住居跡が確認されているほか、中原遺跡でも同時期の掘立柱建物や竪穴建物跡が確認されている。

富士市の東平遺跡では、奈良・平安時代の竪穴建物跡が19軒検出されたほか、別の調査地点では、奈良時代の竪穴建物跡が2軒検出され、カマド内から螺旋暗文を施した坏が出土した。東平遺跡内には、富士郡の郡家が存在したと考えられており、今回検出された建物群も富士郡家と関わる集落のものと推定される。また、宇東川遺跡では奈良・平安時代の竪穴建物跡が多くの切り合いをもって検出された。船久保遺跡では、平安時代の竪穴建物跡4軒が検出された。周辺は高低差の激しい地形を形成しており、その地形区分に対応するように空間利用がなされている可能性が高い。

静岡市の片山廃寺跡では、史跡整備に伴う確認調査が行われ、奈良時代の瓦集積や集石遺構が検出された。片山廃寺跡は近年の発掘調査結果から、駿河国分寺とする見方が有力となっている。また、町屋遺跡では平安時代の竪穴建物跡35軒と掘立柱建物跡1棟が検出されている。遺物は土器のほか土製品や石製品、金属製品が出土した。一丁田遺跡では、奈良・平安時代の水田を検出し、土器や木製品、馬骨が出土している。

浜松市の笠井西浦遺跡では、奈良時代の土坑や溝、小穴を検出し、奈良・平安時代の遺物が出土した。明確な建物跡は確認できなかったが、近傍の笠井若林遺跡で過去に実施された調査では、当該期の竪穴建物跡を確認していることから、今回の調査箇所は、同一の集落の縁辺に位置する可能性が高いと考えられる。

中　世

浜松市の宮竹野際遺跡では、鎌倉時代の溝や小穴、井戸が検出された。素掘りの井戸内からは山茶碗が多数出土したほか、木製品や繊維製品が出土した。溝は方形の区画を呈し、過去の調査区でも同様の遺構が検出されていることから、集落の区画に関わるものと推定される。

近　世

伊豆の国市の韮山役所跡では、戦国時代から江戸時代に至る整地層を確認し、かわらけや陶磁器が出土した。

静岡市の駿府城跡では、本丸内において天守台の残存状況を確認するための発掘調査を実施した。天守台の上部は、明治時代の陸軍施設設置により既に失われているが、調査では天守台西辺の石垣を検出し、天守台基部の規模が68mであることが判明した。また、小島陣屋跡では、史跡整備に伴う確認調査が実施され、御殿建物跡を確認した。

藤枝市の千貫堤遺跡では、堤防遺構の調査が行われた。千貫堤は江戸時代に田中藩領を大井川の氾濫から守るために築かれた堤防である。調査の結果、基礎となる石積を行いその上に盛土をして堤体を構築していることが確認された。

静 岡 県

　島田市の川越遺跡では、川会所・二番宿の調査が行われた。調査の結果、川会所は水田を埋め立てて整地を行い、建物を構築したことを確認した。また、二番宿は通路となる石敷きや倉庫跡が検出された。

　浜松市の浜松城下町遺跡では、戦国時代から江戸時代の遺構と遺物が検出された。調査箇所は東海道に面しており、調査成果と江戸時代の絵図等から町人地に位置すると推定される。

2.〔文献一覧〕
報告書
1. 磐田市教育委員会『市内遺跡確認調査報告書』
2. 磐田市教育委員会『特別史跡遠江国分寺跡─本編補遺・遺物資料編─』
3. 菊川市教育委員会『子ケ崎遺跡─第2次調査─鹿島・打上遺跡─第13次調査─発掘調査報告書』菊川市埋蔵文化財調査報告書第17集
4. 静岡市教育委員会『一丁田遺跡(第13次)』
5. 静岡市教育委員会『町屋遺跡』
6. 静岡県埋蔵文化財センター『上土遺跡・岳美遺跡』静岡県埋蔵文化財センター調査報告第54集
7. 静岡県埋蔵文化財センター『淵ケ沢遺跡Ⅱ』静岡県埋蔵文化財センター調査報告第55集
8. 静岡大学人文社会科学部考古学研究室『考古学研究室調査研究集報2016』
9. 島田市教育委員会『市内遺跡発掘調査報告書』静岡県島田市埋蔵文化財報告第52集
10. 浜松市教育委員会『平成27年度浜松市文化財調査報告』
11. 浜松市教育委員会『高塚遺跡3』
12. 浜松市教育委員会『芝本遺跡』
13. 浜松市教育委員会『二俣城跡・鳥羽山城跡総合調査報告書』
14. 浜松市教育委員会『浜松城下町遺跡』
15. 浜松市教育委員会『宮口における遺跡の調査─北新屋B古墳群・大屋敷古窯跡群・譲栄Ⅲ遺跡・北新屋遺跡─』
16. 浜松市教育委員会『梶子遺跡18次』
17. 沼津市教育委員会『銭神第Ⅱ遺跡・茗荷沢遺跡』沼津市文化財調査報告第116集
18. 沼津市教育委員会『御幸町遺跡第4次発掘調査報告書』沼津市文化財調査報告第117集
19. 富士市教育委員会『富士市内遺跡発掘調査報告書─平成26・27年度─』富士埋蔵文化財発掘調査報告第60集
20. 富士市教育委員会『東平遺跡第20地区』富士市埋蔵文化財発掘調査報告第61集
21. 富士宮市教育委員会『富士宮市の遺跡Ⅵ』富士宮市文化財発掘調査報告第52集
22. 牧之原市教育委員会『宮下遺跡Ⅰ(若宮地内)』牧之原市文化財調査報告第4集
23. 三島市教育委員会『三島市埋蔵文化財発掘調査報告ⅩⅩⅠ』
24. 三島市教育委員会『山中城D遺跡　山中城E遺跡』

論 文
25. 後藤建一「古代浜名湖周辺にみる自然の変化と社会の変容」『環境変動と社会変容』考古学研究会第62回研究集会
26. 静岡県考古学会『静岡県考古学研究』48
　　池田　純「榛原郡川根本町天王原遺跡の表採土器」
　　中山誠二・木村　聡「愛鷹丘陵上の弥生遺跡群における栽培植物種子の圧痕分析」
　　笠原　隆「『松東2号銅鐸』推定復元と三遠地域の近畿式銅鐸追考」
　　岩田　歩「菊川市下本所横穴群出土の須恵器について」
27. 静岡県埋蔵文化財センター『研究紀要』第5号
　　大谷宏治「兵庫鎮立聞素環状鏡板付轡の特質」
　　田村隆太郎「駿河東部の横穴式石室と埋葬に関する検討」

Ⅱ　各都道府県の動向

　　　笹原千賀子「静岡県東部の近代保養地の形成について」
　　　中川律子「菊川市赤土政所遺跡出土の土鈴について」
28. 静岡産業大学『環境と経営』静岡産業大学論集第22巻第1号
　　　加藤理文「社山城と二俣城攻防戦」
　　　佐口節司「『見付』というまち～発掘調査から見た『見付』」
29. 織豊城郭研究会『織豊城郭』第16号
　　　溝口彰啓「東海地方の城郭石垣―城郭石垣成立期の事例から―」
　　　松井一明「戦国期～織豊系城郭の門跡―門遺構研究の方向性を探る―」
30. 鈴木一有　「武器・武具生産　渡来人と武装具のかかわり」『季刊考古学　古墳時代・渡来人の考古学』第137号
　その他
31. 御前崎市教育委員会『文化財年報Ⅶ』
32. 第28回考古学研究会東海例会『東海における古墳時代の手工業生産の展開を考える』
33. 静岡県考古学会『富士山信仰への複合的アプローチ』静岡県考古学会2016年度シンポジウム
34. 地域と考古学の会『三遠南信地域における中期弥生土器と交流―稲作導入期の社会―（報告編）』
35. 地域と考古学の会『三遠南信地域における中期弥生土器と交流―稲作導入期の社会―（資料編）』
36. 富士宮市教育委員会『富士宮市文化財年報』第6号
37. 三島市教育委員会『文化財年報』第28号

23　愛　知　県

三　田　敦　司

1．〔調　査〕

　2016年度の愛知県内の開発事業に伴う発掘届・通知は1,570件（文化財保護法93条の届出1,285件、94条の通知285件）で、試掘・確認調査を含む発掘調査の件数は215件（99条の地方公共団体による発掘調査205件、92条の地方公共団体以外の調査主体による発掘調査10件）であった。大規模な調査では、奥三河の設楽町において進められている設楽ダムの建設に伴って、山間部に位置する4遺跡約10,000㎡の発掘調査が愛知県埋蔵文化財センターによって実施された（3）。このほか、春日井市、東海市、豊田市、安城市、豊橋市などで区画整理に伴う調査が継続して実施されている。

　2016年度の考古関係の国指定文化財の答申は、重要文化財（考古資料）が安城市亀塚遺跡出土の弥生時代終末期の人面文壺形土器、名勝が豊田市の猿投神社神宮寺に江戸時代初期に造営された旧龍性院庭園の2件であった。

　11月に「考古学セミナーあいちの考古学2016」が名古屋市博物館を会場として開催された。愛知県埋蔵文化財センターの主催により、愛知県内の教育委員会や大学、民間調査機関など考古学に関連する各種団体が参加して、市民向けに最新の調査研究成果を紹介する講座や出展が行われた。

旧石器・縄文時代

　愛知学院大学によって学術調査が継続されている新城市の萩平遺跡A地点で、旧石器時代の礫群及び、縄文時代草創期の配石遺構が見つかった。ナイフ形石器を含む旧石器時代の石器群のほか、縄文時代草創期及び早期の土器が出土した（1）。

　設楽ダム建設に伴う事前調査で縄文時代の遺跡が複数か所で発掘調査された（3）。川向東貝津遺跡では、前年度に旧石器時代から縄文時代草創期の遺物が発見された範囲について下層の発掘調査が実施された。旧石器時代の遺構面では4か所程度の石器群のまとまり（ユニット）が発見され、縄文時代草創期の面からは尖頭器が20点以上出土した。

愛 知 県

　西地・東地遺跡では、貯蔵穴を含む直径1m以上の大型の土坑が10基ほど集中して見つかった。土坑内からは台石や礫が多く出土し、一部には被熱した礫も含まれていた。出土した土器は後期初頭が中心で、磨石・敲石や石皿なども多く出土した。大栗遺跡では、中期の竪穴建物1棟のほか、早期の煙道付炉穴や集石炉、陥し穴6基などが確認された。滝瀬遺跡では、早期の押型文土器や中期後半の石囲炉をもつ竪穴建物、敷石建物、土器埋納炉など縄文時代の各種遺構が確認された。黒曜石の剥片100点以上が集中して出土し、石器の加工を行ったとみられる場所も発見されている（3）。
　刈谷市の宮東1号貝塚では市教育委員会による調査で晩期前葉の遺構が発見され、元刈谷式などの土器が出土した。豊橋市の西側北遺跡では、市教育委員会による発掘調査で保存状態のよい縄文時代草創期とみられる竪穴建物が1棟発見された。建物の平面形は卵形で、長軸3.48m、短軸3.1mを測り、4本の主柱穴とともに壁溝内で大小のピットが検出された。
　田原市の渥美郷土資料館で企画展「渥美半島の縄文貝塚と保美貝塚」が開催されるとともに、保美貝塚の発掘調査報告書が刊行された。保美貝塚の過去の発掘調査から近年の緊急調査の成果までを網羅した初めての包括的な発掘報告書で、墓域を含む遺跡の空間構成や漁撈や狩猟といった生業の内容などが明らかにされた（22）。

弥生時代

　名古屋市の富士見町遺跡で弥生時代の竪穴建物3棟、方形周溝墓2基などが発見された。河川改修事業に伴って県埋蔵文化財センターによって継続的に発掘調査が実施されている安城市の鹿乗川流域遺跡群で、亀塚遺跡の発掘調査が実施された。重要文化財に指定された人面文土器が出土した地区の隣接地の調査であったが、確認された遺構・遺物は少なかった（3）。遺跡群の北端に位置する坂戸・三本木遺跡では、安城市教育委員会の発掘調査で銅鐸形土製品が2点出土するとともに、弥生時代後期から古墳時代前期の竪穴建物が4棟以上確認された（52）。また、安城市教育委員会による長先遺跡の発掘調査では、中期後葉の方形周溝墓が8基発見された（52）。豊橋市の西側遺跡、坂津寺貝塚の両遺跡では、市教育委員会による調査で既に確認されていた環濠の延長部分が新たに検出された。坂津寺貝塚の環濠は、段丘崖の傾斜地に掘削されていた。
　愛知県陶磁美術館にて「弥生への旅　朝日遺跡―2000年前のキャラヴァンサライ―」と題して、2012（平成24）年に重要文化財指定を受けた朝日遺跡出土品を一堂に公開するはじめて大規模な展示会が開催された。関連してシンポジウム「倭国への歴程」「狗奴国創世記」が開催された。

古墳時代

　志段味古墳群の整備事業に伴って名古屋市教育委員会により、大塚3号墳、白鳥5号墳、白鳥6号墳の確認調査が実施された。大塚3号墳は埴輪をもたない直径20m弱の円墳、白鳥5・6号墳はいずれも横穴式石室を有する後期古墳であることが判明した。長久寺遺跡では、中学校校舎建築に伴う調査で埴輪棺が出土し、付近に古墳が所在する可能性が高まった（9）。猿投窯に属する名古屋市東部の丘陵に位置するH-95号窯の発掘調査が市教育委員会により実施され、前庭部、灰原を含む7世紀前葉の須恵器窯の全体構造が明らかになった。遺物では鳥紐の出土が注目される。豊田市では市教育委員会によって根川1号墳、2号墳の確認調査が昨年度に続いて実施され、横穴式石室をもつ円墳2基が隣接して築かれていたことが判明した。安城市の国指定史跡姫小川古墳では市教育委員会による確認調査が実施された。墳丘に4か所のトレンチが設定され、今回初めて埴輪の可能性がある破片1点が出土した（52）。西尾市の善光寺沢南古墳では、市より委託を受けた南山大学によって墳丘の確認調査が実施された。調査によって古墳は長軸35m程度の方墳である可能性が高まり、墳丘の中段から極端に長胴化した壺型埴輪が1点発見された。壺型埴輪は隣接する中根山遺跡の竪穴建物から1987（昭和62）年に出土した埴輪と同一品で、中期前葉の築造と考えられる。同じく西尾市の岡山南遺跡では、県道建設に伴って県埋蔵文化財センターによる調査が行われた。一連の調査の最終区にあたり、自然流路から加工材を含む木製品が出土したほか、古墳時代の土坑や溝、中期の土器集積などが検出された（3）。豊川市の六光寺遺跡の発掘調査が市教育委員会によって実施され、古墳時代後期の竪穴建物が2棟確認された。豊橋市の西側北遺跡では、前期末から中期初頭の円墳の周溝とみられる溝の一部が市教育委員会によって発掘調査された。渥美半島の先端部に位置する八幡上貝塚では古墳時代前期の竪穴建物1棟が調査された（23）。
　展示会では10～11月に蒲郡市博物館にて「企画展蒲郡の古墳」が開催された。研究会では6月に考古学フォーラム

Ⅱ　各都道府県の動向

定例会「開窯期の東山窯とその周辺」が開催され、陶邑との比較を含めて5世紀の東山窯の特色が検討された。3月に学術研究集会「海の古墳を考えるⅥ三河と伊勢の海─古墳時代の海道を往還する─」が豊橋市で開催され、主に三河と伊勢・志摩との三河湾伊勢湾を通じた古墳時代の交流について発表と検討が行われた（41）。

古　代

名古屋市の尾張元興寺遺跡の調査では古墳時代から古代の竪穴建物が複数調査された（12）。古墳時代の遺構が確認された西尾市の岡山南遺跡では、古代の掘立柱建物や7世紀の溝などが確認された（3）。豊川市では区画整理に伴って白鳥遺跡（三河国府跡）の発掘調査が市教育委員会によって行われ、政庁跡の北東側隣接地から国府に関連するとみられる掘立柱建物が10棟以上発見された。出土遺物には緑釉陶器や瓦が含まれる。田原市の製塩遺跡と考えられる八幡上貝塚の発掘調査が実施され、製塩土器を含む古代の貝層が確認された（23）。

7月に考古学研究会東海例会と窯跡研究会の共催で「瓦窯の構造研究6中部地方の瓦窯の構造」が開催された。10月に東海土器研究会・名古屋大学文学研究科考古学研究室共催の研究集会「10・11世紀の灰釉陶器と猿投窯」が開催され、灰釉陶器から山茶碗への変遷期の様相について検討が行われた。

中　世

春日井市の田楽城跡の発掘調査が市教育委員会によって実施され、幅2.6m、深さ最大1.34mの断面逆台形の堀が確認された（7）。瀬戸市の大平窯跡での開発行為に伴う確認調査が市文化振興財団によって実施され、室町時代の古瀬戸後期Ⅰ期～Ⅱ期の遺物が出土した（21）。東海市の畑間遺跡では市教育委員会による発掘調査が行われ、埋納銭とみられる多量の銅銭が入った古瀬戸と常滑の壺各1点がそれぞれ土坑に納められた状態で発見された。埋納銭が見つかった近くからは、密教法具である独鈷や和鏡が出土した。豊田市旧下山村に位置する北野田B遺跡では、県埋蔵文化財調査センターによる調査で、13世紀代の木製品加工の作業小屋とみられる竪穴建物が発見され、この近くから原木や加工痕のある材、曲物などが出土した。中世の山間地における生業の実態を示す遺跡として注目される（3）。安城市の桜井城跡では市教育委員会による区画整理に伴う発掘調査が2015（平成27）年度に続いて実施された。主郭の外側の西で幅4～5mの戦国時代の溝が約70mにわたって検出され、付近に屋敷地が広がることが判明した（52）。西尾市の志籠谷遺跡では、市教育委員会による調査で16世紀の溝や井戸が複数検出され、近くに所在した志籠谷城に伴う屋敷地と推定される。

瀬戸市の瀬戸蔵ミュージアムにて「新出土品展中世赤津の窯跡─門前B窯跡と音玄窯跡を中心に─」及び、「織豊期の瀬戸窯と美濃窯」をテーマとした中世瀬戸窯に関連する展示会が開催された。

近　世

国指定名勝の名古屋城二之丸庭園の確認調査が名古屋市により2016（平成28）年度も実施された。岡崎城跡では菅生川端石垣の確認調査が市教育委員会により実施され、堤防の機能を兼ねた総高5.4m、全長約400mに及ぶ一連の石垣であることが確認された。菅生川端石垣は3代藩主本多忠利が正保元（1644）年に完成させた石垣で、今回の調査では、石垣の基礎に据えられた胴木が検出されたほか、計12種類の刻印が確認された。同じく岡崎市に所在する松應寺の徳川家康父松平広忠廟所にて、土塀など外郭施設の確認調査が実施された。設楽ダム建設に伴う滝瀬遺跡の発掘調査で近世以降の伊那街道とみられる遺構が検出された。道路状の遺構は最大幅2.5mで、両側に溝があり小砂利が敷かれた道路面は硬化していたという。吉田城址では、陸上競技場スタンド建設に伴って豊橋市教育委員会により重臣の屋敷地跡の発掘調査が実施された。「川毛通」と呼ばれた道路遺構が検出されたほか、塀・井戸・池などが見つかった。近世の遺構のほか、平安時代後期の大型井戸や鎌倉時代の建物跡が検出され、当地がその中心地に比定されている伊勢神宮領の飽海神戸に関連する遺構である可能性が指摘されている。

幸田町では、町教育委員会主催のシンポジウム「深溝城から島原城へ─深溝松平家と幕藩体制下の城─」が開催され、深溝松平家の城の特徴について議論された。1月に犬山市で「犬山城シンポジウム」が開催され、総合調査報告書執筆者による研究発表等が行われた。同月刈谷市でも「刈谷城シンポジウム～城郭復元と歴史まちづくり」が開催され、計画中の刈谷城の復元について議論された。

愛 知 県

2．〔文献一覧〕
報告書

1. 愛知学院大学文学部歴史学科『愛知県新城市川路萩平遺跡A地点隣接地の発掘記録3』愛知学院大学考古学発掘調査報告23
2. 愛知学院大学文学部歴史学科『岐阜県可児市大萱窯跡群弥七田窯跡第1次発掘調査概要報告書』愛知学院大学考古学発掘調査報告24
3. 愛知県埋蔵文化財センター『平成28年度愛知県埋蔵文化財センター年報』
4. 愛知県埋蔵文化財センター『寄島遺跡』愛知県埋蔵文化財センター調査報告書第204集
5. 愛知県埋蔵文化財センター『権六遺跡』愛知県埋蔵文化財センター調査報告書第207集
6. 愛知県埋蔵文化財センター『東小笹遺跡』愛知県埋蔵文化財センター調査報告書第208集
7. 春日井市教育委員会『平成28年度市内遺跡調査概要報告書』
8. 春日井市教育委員会『西山遺跡』春日井市遺跡発掘調査報告第17集
9. 金城学院・二友組『長久寺遺跡発掘調査報告書―金城学院中学校建築工事に伴う埋蔵文化財発掘調査―』
10. 蒲郡市教育委員会『愛知県蒲郡市埋蔵文化財発掘調査報告書―馬乗古墳群・平古古墳・権現山古墳・三月田第2・3号墳・丸山古墳―』
11. 刈谷市　『中条遺跡発掘調査報告書2（平成10年度調査）』
12. 幸田町教育委員会『深溝城跡』幸田町埋蔵文化財調査報告第1集
13. 幸田町教育委員会『松平忠雄墓所出土祝婚青色ガラス杯調査報告』幸田町社寺文化財調査報告第3集
14. 新城市教育委員会『新城城跡発掘調査報告書Ⅴ―新城市新庁舎建設工事に伴う発掘調査―』
15. 瀬戸市文化振興財団『陶祖公園内窯跡発掘調査報告書』瀬戸市文化振興財団調査報告第62集
16. 瀬戸市文化振興財団『中水野遺跡発掘調査報告書』瀬戸市文化振興財団調査報告第63集
17. 瀬戸市文化振興財団『大平窯跡・大平縄文遺跡』瀬戸市文化振興財団調査報告第64集
18. 田原市教育委員会『保美貝塚　渥美半島における縄文時代晩期の大貝塚』田原市埋蔵文化財調査報告書第11集
19. 田原市教育委員会『八幡上貝塚発掘調査報告書福江分団3号車詰所・車庫整備工事に伴う発掘調査概要』田原市埋蔵文化財調査報告書第12集
20. 知立市教育委員会『鍛治荒井遺跡―平成26年発掘調査報告書―』
21. 東海市教育委員会『愛知県東海市平成27年度畑間遺跡発掘調査報告』
22. 豊田市教育委員会『平成27年度市内遺跡発掘調査事業概要報告書』
23. 豊田市教育委員会『鷹見城跡・宮口元屋敷遺跡・鳳面館跡・竹元町1号塚』豊田市埋蔵文化財発掘調査報告書第71集
24. 豊田市教育委員会『勧学院文護寺跡』豊田市埋蔵文化財発掘調査報告書第72集
25. 豊田市教育委員会『寺部遺跡Ⅶ―15A・15B・15C・15D・15E・15F区―』豊田市埋蔵文化財発掘調査報告書第73集
26. 豊橋市教育委員会『若宮遺跡（Ⅹ）・境松遺跡（Ⅵ）・内田貝塚（Ⅴ）―豊橋牟呂坂津土地区画整理事業に伴う埋蔵文化財調査報告書―』豊橋市埋蔵文化財調査報告書第142集
27. 豊橋市教育委員会『行合遺跡』豊橋市埋蔵文化財調査報告書第143集
28. 豊橋市教育委員会『市内遺跡発掘調査―平成26年度―』豊橋市埋蔵文化財調査報告書第144集
29. ナカシャクリエイティブ『名古屋城三の丸遺跡第12次発掘調査報告書（中央新幹線「名城非常口」地点）』
30. ナカシャクリエイティブ『名古屋城三の丸遺跡第13次発掘調査報告書』
31. ナカシャクリエイティブ『尾張元興寺跡第16次発掘調査報告書』
32. ナカシャクリエイティブ『富士見町遺跡第9次発掘調査報告書』
33. 名古屋市　『名勝名古屋城二之丸庭園発掘調査報告書第1次（2013）～第3次（2015）』

Ⅱ　各都道府県の動向

34. 名古屋市教育委員会『志段味古墳群Ⅲ―志段味大塚古墳の副葬品―』名古屋市埋蔵文化財発掘調査報告書77
35. 名古屋市教育委員会『幅下遺跡（第5次）』名古屋市埋蔵文化財発掘調査報告書78
36. 名古屋市教育委員会『特別史跡名古屋城跡―本丸御殿（第9次）―』名古屋市埋蔵文化財発掘調査報告書77
37. 名古屋大学大学院文学研究科考古学研究室『東山72号窯発掘調査報告書』

論　文

38. 愛知県埋蔵文化財センター『紀要』第17号
　　鬼頭　剛「考古学に関わる自然科学はいかにして『科学』たりうるか」
　　川添和暁「縄文時代後晩期における剥片石器石材について―尾張・三河地域の剥片石核類から―」
　　永井宏幸「尾張平野における縄文文化より弥生文化への移行過程」
　　石黒立人「方形周溝墓の時期決定をめぐる二、三の問題―伊勢湾岸域を中心として―」
　　樋上　昇「朝日遺跡出土木製品の出土地点および器種・樹種組成についての再検討」
　　宮腰健司「『柳ケ坪型土器』について」
　　早野浩二「東三河の淡輪系円筒埴輪―豊川市石堂野B遺跡出土円筒埴輪の再検討―」
　　鈴木恵介・堀木真美子「古墳時代後期ガラス小玉の製作技法その2」
　　池本正明「八巻古窯群の木葉状線刻（木葉圧痕）について」
　　永井邦仁「続・東海地方の古代瓦塔研究ノオト」
　　蔭山誠一「愛知県一宮市清郷遺跡の鍛冶遺構」
　　鈴木正貴「西三河における中世集落の成立と展開」
　　武部真木「大窯成立期の工房の様相について―桑下東窯跡の事例から―」
　　松田　訓「近世焼塩製産と『その後』」

39. 愛知中世城郭研究会『愛城研報告』第20号
　　丸井国治「昭和40年代における尾張とその周辺の城郭　その2」
　　白峰　旬「関ケ原の戦い当日の戦闘経過・戦闘状況について―島津家家臣史料の検討―」
　　高田　徹「柳城残映―絵葉書から見た名古屋城・二之丸編―」
　　山崎裕太「沓掛城付近の城郭類似遺構について」
　　高田　徹「豊田市・上野上村城（上野城）について」
　　奥田敏春「調査報告寺津城と長縄城―三河幡豆郡（西尾市）大河内氏の城館―」
　　伊藤尚武「正保城絵図天守一層減の考察―大垣城・西尾城の城郭記録から―」
　　高田　徹「豊田市・則定椎城について」
　　関口和也「皆川氏の『新地』」
　　中西裕樹「摂津西部の山城―鷹尾城の築城と滝山城の構造をめぐって―」
　　白峰　旬「関ケ原の戦いをどのように考えるべきか―拙著に対する藤本正行氏によるご批判への反論―」
　　堀口健弐「倭城の縄張りについて（補遺編その2）」
　　石川浩治「浄土真宗系寺院の太鼓楼について」
　　福永素久「大分に伝わった徳島城絵図―三河岡崎藩元家老中根家所蔵『阿州渭津城図』について―」
　　高田　徹「浅井敏さんを悼む」
　　石川浩治「浅井敏さんの思い出」

40. 愛知大学綜合郷土研究所『愛知大学綜合郷土研究所紀要』第62輯
　　井口善晴「新城市川田原古墳群の発掘調査報告Ⅰ　川田原15、16号墳」
　　栞原将人「河原田遺跡発掘50年」

41. 海の古墳を考えるⅥ実行委員会・海の古墳を考える会『学術研究集会海の古墳を考えるⅥ　三河と伊勢の海―古墳時代の海道を往還する―』

愛知県

　　　三田敦司「正法寺古墳の出現と矢作川河口地域の古墳時代中期の動向」
　　　宮原佑治「おじょか古墳の横穴式石室の起源に関する一試論」
　　　三好元樹「おじょか古墳の出土遺物とその評価」
　　　高松雅文「伊勢と三河における横穴式石室の社会性」
　　　西島庸介「三河湾三島の古墳」
　　　岩原　剛「牟呂遺跡群の歴史的動態」
　　　早野浩二「知多・渥美・三河湾の製塩土器とその特質」
　　　大賀克彦「東海市烏帽子遺跡00B区SK61出土の玉類」
　　　穂積裕昌「古墳時代の『海洋祭祀』」
　　　西島庸介「東海における石枕と立花」
　　　小林孝秀「太平洋岸における横穴式石室の伝播」
　　　内田律雄「日間賀島の古墳と漁撈具」
　　　大西　遼・中川　永・尾崎綾亮「北地古墳群と山崎古墳の須恵器」
　　　渡辺和仁「脚付短頸壺と岸岡山窯」
　　　渥美賢吾「伊勢湾岸における古墳時代後期の関東系土器」
　　　海の古墳を考えるⅥ実行委員会「武豊町山崎古墳の研究」
　　　清水俊輝「渥美半島先端の製塩土器について」
42. 考古学研究会東海例会『シンポジウム記録10　東海例会第24回例会　木製品からみた鉄器化の諸問題』
　　　樋上　昇「木製品からみた鉄器化の諸問題―尾張・三河の状況について―」
43. 地域と考古学の会『三遠南信周辺における中期弥生土器と交流―稲作導入期の社会―』
　　　石黒立人「貝田町式土器とその前後」
　　　鈴木とよ江「瓜郷式土器とその前後」
　　　石黒立人「尾張・美濃の生産用具と墓制」
　　　前田清彦「三河の生産用具と墓制」
44. 瀬戸市文化振興財団『研究紀要』第20輯
　　　青木　修「中世常滑窯における広口壺について―いわゆる『不識壺』の文様と形態的特徴を中心として―」
　　　松澤和人「矢田川流域古墳群の一様相―庵寺古墳とその周辺―」
45. 知多古文化研究会『伊勢湾考古』26　愛知県知多市・二股貝塚第1次調査50周年記念号
　　　真田泰光「二股貝塚第1次調査50周年記念誌に寄せて」
　　　高橋秀光「二股貝塚における石鏃分析の試論」
　　　坂野俊哉「知多半島地域における縄文早期末遺跡の動態モデル山下勝年氏の筆による遺跡復元画の紹介」
　　　遠部　慎・畑山智史「二股貝塚出土貝類の年代測定」
　　　増子康眞「知多市森西貝塚の土器と縄文前期の塩干物生産の可能性」
　　　西野順二「知多半島における数値地図を利用した未周知遺跡の推定法―縄文遺跡を中心に―」
　　　小栗康寛「縄文時代草創期における板状有溝砥石の再検討」
46. 豊田市　　　『豊田市史研究』第8号
　　　川合　剛「豊田のナイフ形石器」
　　　川添和暁「足助地区の縄文時代遺跡―その資料報告―」
47. 名古屋市博物館『研究紀要』第40巻
　　　瀬川貴文「三河地域の古墳出土の玉類～小栗コレクションから～」
48. 名古屋大学文学部『研究論集』188　史学63
　　　伊藤伸幸「様式化したジャガー頭部石彫について（2）―メソアメリカ南東部太平洋側における意味を考える―」

Ⅱ　各都道府県の動向

　　　梶原義美「信越地方の国分寺瓦」
　　　山本直人「縄文時代の植物質遺物の較正年代と土器内面炭化物の炭素・窒素安定同位体比─石川県の遺跡を対象
　　　　として─」
49．西尾市　　　『新編西尾市史研究』第3号
　　　浅岡　優・黒澤　浩「清水遺跡に関する稲垣晋也氏草稿と人類学博物館資料」
50．三河考古学談話会『三河考古』第26号
　　　清水正明・神取龍生「設楽町東納倉坂下遺跡採集の有舌尖頭器」
　　　伊藤正人「新城市観音前遺跡出土の板状土偶について」
　　　大西　遼「猿投窯 H-218-Ⅰ（48）号窯の系統に関する一考察」
　　　宮代栄一「愛知県豊橋市馬越長火塚古墳の馬装─多数の馬具を伴うアセンブリッジに関する一考察─」
　　　野澤則幸「豊橋市・市道遺跡出土の『船方所』刻書陶硯について」
　　　中川　永「灰釉陶器生産の技術拡散に関する一考察─近江窯における導入と展開を巡って─」
51．天野雄矢　「三河地域最大級の前方後円墳の調査─愛知県豊川市船山第1号墳─」『古代文化』第68巻第2号
　　その他
52．愛知県　　　『愛知県史資料編考古5　鎌倉～江戸』
53．安城市埋蔵文化財センター『平成28年度市内遺跡発掘調査速報展』
54．犬山市教育委員会『犬山城総合調査報告書』
55．東照宮　　　『名勝・天然記念物鳳来寺山石垣等保存修理事業整備報告書』
56．豊田市　　　『新修豊田市史資料編考古Ⅲ奈良～江戸』

24　三　重　県

和　澄　さやか

1．〔調　査〕

　2016年度の三重県における発掘調査件数は、文化財保護法第92条に基づく届出が3件、第99条に基づく報告が53件、第93条に基づく届出が1,032件、第94条に基づく通知が186件であった。県埋蔵文化財センターによって継続的に行われてきた一般国道23号中勢道路と新名神高速道路に関わる大規模調査は、本年度をもって概ね終了した。

縄文時代

　縄文時代の調査は、いなべ市照光寺遺跡・菰野町鈴山遺跡・松阪市朝見遺跡など、前年度に引き続き調査が行われた遺跡で成果があがった。

　県北部の照光寺遺跡では、遺跡北部の調査区で縄文時代の石組炉を確認し、縄文土器・石器が出土した。2013（平成25）年度の1次調査と今回の調査で出土した縄文土器は、早期前半の押型文土器と、後期の条痕文系土器に大別され、石器はチャート製や砂岩製の石匙・磨石がある。同じく県北部に位置する鈴山遺跡では、早期の煙道付炉穴が複数基、中期の竪穴住居5基が確認され、北勢地域を代表する集落遺跡であることが明らかになった。

　県南部の朝見遺跡では、縄文時代中期末から後期前葉の埋設土器や縄文土器・石器類が確認された。特に今年度の調査では、竪穴住居の可能性がある落ち込みが3基みつかったことが特筆される。

　そのほか、鈴鹿市の岡田南遺跡で縄文時代中期末の土器敷き土坑・ピット、晩期のピットを確認した。

弥生時代

　弥生時代の調査は比較的少ないが、継続的な調査が実施されている鈴鹿市の磐城山遺跡では、約850㎡の調査区で後期の竪穴住居が複数棟重複して検出された。特に、南北11.0m、南北9.2mの大型建物は注目される。同じく鈴鹿市内では、岡田南遺跡から中期後半の方形周溝墓2基が確認されている。

　朝見遺跡では、弥生時代終末期から古墳時代前期初頭の方形周溝墓が1基検出され、周溝内から壺やS字状口縁台付甕が出土した。この方形周溝墓は2014（平成26）年度で確認されていた溝に繋がるもので、今回の調査によって方形周溝墓の形状や時期が明確に判明した。朝見遺跡の方形周溝墓群は、隣接する瀬干遺跡とあわせて、伊勢湾西岸域における墓域の様相を考える上で重要である。

　伊賀市野台城跡では、城館跡の調査に伴って弥生時代中期の土坑が確認された。

古墳時代

　四日市市上野1号墳では、7世紀前半の横穴式石室が1基確認された。横穴式石室の石材はほぼ抜き取られていたものの、東側の基底石が一部残存しており、それらは古墳群に近い海蔵川流域で産出されたものではなく員弁川上流域の砂岩であると考えられる。副葬品としては、須恵器、刀子、滑石製臼玉がみられ、複数回の埋葬が行われていたことが推測されている。

　明和町城掘遺跡では、後期とみられる古墳の周溝の一部を検出し、須恵器が出土した。

　玉城町の大仏山丘陵では、間無事古墳・尾崎古墳群の範囲確認調査・発掘調査が始まった。間無事古墳は後期の前方後円墳と考えられ、2基の主体部から土器類をはじめ鉄刀や玉類が出土するなど重要な成果があがっている。これらの事業は次年度も継続的に調査が行われるため、古墳群の様相が明らかになることが期待される。

古　代

　古代の調査では、斎宮跡や伊勢国府跡における学術調査が実施されたほか、集落遺跡や土師器製作遺跡で多様な成果があがっている。鈴鹿市伊勢国府跡に関連する長者屋敷遺跡では、方格地割の東辺区画が南に伸びることが確認された。2条の溝が2.4mの間隔で平行し、築地塀により区画される可能性がある。区画内には、東西約19mの礎石建ち瓦葺き建物が建っていたことが明らかになった。

　明和町斎宮跡では、第188次・189次調査が行われた。方格地割の外側、史跡西部から東に延びる古代伊勢道の南側で実施された第188次調査では、奈良時代から鎌倉時代にかけての遺構が確認された。東西4m、南北3.5mの竪穴状の方形掘り込みは小規模な鍛冶遺構と考えられ、平安時代後期から末期にかけて古代伊勢道沿いに南北溝で区画された屋敷地が広がり、その一画で小規模な鍛冶が行われていたことが明らかになった。第189次調査では南北方向に走る大型の柱穴群が確認され、これらは奈良時代の掘立柱塀と推測される。さらに、同時期の掘立柱塀と考えられる柱列と竪穴住居もみつかっており、初期斎宮の実態解明につながる調査となった。

　明和町の露越遺跡・安養寺跡・北野遺跡・古掘遺跡では、奈良時代の土師器焼成坑が6基確認された。斎宮跡周辺に広がる土師器製作遺跡の規模を考える上で大きな成果となった。

　玉城町との山・アレキリ遺跡は、縄文時代から近世にかけた複合遺跡である。2次に渡る広域な調査区から飛鳥時代の竪穴住居が複数基確認され、いくつかの居住単位からなる集落構造が想定されている。今年度は、飛鳥時代から奈良時代前半の土坑から甑や長胴甕などの煮沸具が一括して出土した点が特筆される。

　そのほか、鈴鹿市越塚遺跡では古墳時代後期から飛鳥時代の可能性がある竪穴住居3棟、土坑5基を確認した。野台城跡では、古代の土坑墓が検出されている。

中　世

　四日市市の上野遺跡では、鎌倉～室町時代の土坑20基が確認された。常滑産や猿投産などの陶器類のほか、持ち手の銅線が付着した茶釜や和鏡が出土していることから、墓域として利用された可能性が指摘されている。

　鈴鹿市十宮古里遺跡では、2,034㎡の調査区から中世から近世の井戸が多数確認される。同じく鈴鹿市の越塚遺跡では、鎌倉時代の総柱掘立柱建物2棟が検出された。建物のうち1棟は桁行6間と規模が大きく、いわゆる南東隅土坑が伴うものである。

Ⅱ 各都道府県の動向

　野台城跡では、2,429㎡の調査区から15世紀中頃の土塁や堀が確認され、擂鉢などが出土した。土塁は西向きの虎口で、城館の前身にあたるとみられる区画溝と柱穴群もみつかっている。伊賀市中山寺院跡では、石組のある墓坑と陶器製の骨壺が露出しており、緊急調査によってそれらの状況や五輪塔の散在状況が記録された。

近 世

　近世の調査は、十宮古里遺跡、松坂城下町遺跡、朝見遺跡などで行われた小規模な調査によって、現在の市街地や集落の成り立ちを知る上で貴重な成果があがっている。多気町では近世を含む水銀鉱採掘跡の詳細分布調査が行われており、地域の成立や特性における重要性から、保護および調査の対象となる事例が目立った。

　県北部の調査としては、桑名市の桑名城跡で土坑2基が確認された。また、いなべ市の四辻遺跡では江戸時代後期の溝が3条確認された。十宮古里遺跡では、井戸25基及び竪穴住居2棟、多数の土坑等を検出した。遺物は中世後期〜近世初頭のものが中心で、土師器羽釜や陶器類が多量に出土している。亀山市の関宿重要伝統的建造物群保存地区内に位置する鈴鹿関跡では、江戸時代末頃の土坑や近代の石垣を確認した。

　県南部の松阪市松坂城下町遺跡では、2008（平成20）年度から継続して行われている小規模な工事立会によって、城下町の様相が明らかになってきている。第6次調査では、溝や土坑、井戸、埋甕など町屋の一部と考えられる多数の遺構がみつかり、土坑からは鉄滓が大量に出土した。土坑の埋土には、炭や焼土塊も含まれており、周辺で鉄製品の加工を行っていた可能性が推測されている。朝見遺跡では、現在の集落部北東に沿う区画溝が確認された。複合遺跡である朝見遺跡で近世の遺構・遺物が確認された事例は初めてであり、区画溝は用排水の機能を有していると考えられている。溝からは江戸時代中期の陶磁器や木簡が出土し、木簡に書かれた文字は「？谷」もしくは「御釜」などの字が推測されている。

　多気町では、2014年から2016年にかけて実施された、丹生地区の水銀鉱採掘跡の分布調査報告書が刊行された（文献8）。報告には、古代から近世にかけてつくられた丹生地区周辺の坑口跡のうち223ヶ所の計測結果のほか、分布調査概要やその歴史などが掲載されている。今回の調査結果は、古代以降と考えられる丹生水銀鉱採掘跡の保護と活用を計るにあたって、基礎的な資料となろう。

2．〔文献一覧〕
報告書

1. 菰野町　　　　　『三重県指定史跡杉谷遺跡出土遺物に関する調査報告書』菰野町埋蔵文化財調査報告4
2. 斎宮歴史博物館『史跡斎宮跡平成26年度現状変更緊急発掘調査報告書』
3. 鈴鹿市考古博物館『鈴鹿市考古博物館年報第18号平成27年度版』
4. 鈴鹿市考古博物館『宮ノ前遺跡（第3次）発掘調査報告書』
5. 鈴鹿市考古博物館『伊勢国府跡19』
6. 多気町教育委員会『丹生水銀鉱採掘跡分布調査報告』
7. 津市教育委員会『津市文化財年報11』
8. 津市教育委員会『平成27年度市内遺跡試掘・確認調査報告』津市埋蔵文化財調査報告書45
9. 鳥羽市教育委員会『鳥羽城跡本丸跡発掘調査報告—第6次〜8次発掘調査—』
10. 三重県埋蔵文化財センター『近畿自動車道名古屋神戸線（四日市JCT〜亀山西JCT）建設事業に伴う埋蔵文化財発掘調査概報』Ⅴ
11. 三重県埋蔵文化財センター『平成27年度三重県埋蔵文化財年報』
12. 三重県埋蔵文化財センター『北山A遺跡（第2・3・5・6次）発掘調査報告』三重県埋蔵文化財調査報告323-5
13. 三重県埋蔵文化財センター『中坪遺跡（第1次）発掘調査報告』三重県埋蔵文化財調査報告370
14. 三重県埋蔵文化財センター『市場庄遺跡発掘調査報告』三重県埋蔵文化財調査報告371
15. 三重県埋蔵文化財センター『大久保遺跡（第3次）発掘調査報告』三重県埋蔵文化財調査報告372
16. 三重県埋蔵文化財センター『野添大辻遺跡（第4次）発掘調査報告』三重県埋蔵文化財調査報告373

論　文

17. 石井智大　「集落動態からみた弥生時代から古墳時代へ―伊勢湾沿岸地域―」『集落動態からみた弥生時代から古墳時代への社会変化』六一書房
18. 石井智大　「伊勢国における瓦窯の様相」『中部地域の瓦窯の構造―瓦窯の構造研究6―』第27回考古学研究会東海例会・窯跡研究会第14回研究会資料集　考古学研究会東海例会・窯跡研究会
19. 伊藤裕偉　「畿内周辺部における板碑の展開」『板碑の考古学』高志書院
20. 伊藤裕偉　「もうひとつの『大湊』―伊勢国二見郷の位相を探る―」『中世湊町論の射程　港町の現像：下』岩田書院
21. 伊藤裕偉　「近世瓦の刻銘から人と地域の諸相を読む」『三重県史研究』第32号　三重県
22. 学術研究集会「海の古墳を考えるⅥ」実行委員会・海の古墳を考える会『海の古墳を考えるⅥ　三河と伊勢の海―古墳時代の海道を往還する―』
　　　髙松雅文「伊勢と三河における横穴式石室の社会性」
　　　穂積裕昌「古墳時代の『海洋祭祀』」
　　　宮原佑治「おじょか古墳の横穴式石室の起源に関する一試論」
　　　三好元樹「おじょか古墳の出土遺物とその評価」
　　　渡辺和仁「脚付短頸壺と岸岡山窯」
23. 川部浩司　「弥生時代前期環濠／環壕と墓葬」『近畿で「弥生」はどうはじまったか！？』平成25～28年度科学研究費助成事業基盤研究（B）「近畿地方における初期農耕集落形成をめぐる考古学的研究」（発表要旨集）
24. 川部浩司　「墓葬儀礼にみる地域間関係―土器供献を中心として―」『古墳出現前夜の広域地域間交流』考古学研究会第1回合同例会
25. 斎宮歴史博物館『斎宮歴史博物館研究紀要』26
　　　大川勝宏「斎宮跡出土の金属製熨斗」
　　　宮原佑治「斎宮跡の古代掘立柱建物の検討」
26. 櫻井拓馬　「大陸系磨製石器の伝播と選択的受容」『近畿で「弥生」はどうはじまったか！？』平成25～28年度科学研究費助成事業基盤研究（B）「近畿地方における初期農耕集落形成をめぐる考古学的研究」（発表要旨集）
27. 櫻井拓馬　「木製品からみた鉄器化の諸相・三重県―石器・骨角器の使用痕・加工痕を加えて―」『木製品からみた鉄器化の諸問題』（考古学研究会シンポジウム記録10）考古学研究会
28. 東海縄文研究会『三重県における縄文時代中期末』東海縄文研究会第13回研究会発表資料集
　　　石田由紀子「三重県内の中期末土器について」
　　　櫻井拓馬「近年の三重県の調査事例～朝見上地区遺跡群・小牧南遺跡・鈴山遺跡～」
　　　田部剛士「縄文時代中期の石器」『三重県における縄文時代中期末』
　　　中村法道「三重県の縄文時代掘立柱建物について」
29. 豆谷和之さん追悼事業会『魂の考古学―豆谷和之さん追悼論文編―』
　　　石井智大「東海地方西部における弥生時代墳丘墓の批判的再検討」
　　　川部浩司「弥生時代前期墓葬の土器供献」
　　　櫻井拓馬「近畿地方・弥生前期における石包丁製作技法の再検討～流紋岩・安山岩～」
　　　穂積裕昌「伊勢神宮『御田種蒔下始』の考古学的検討」
30. 三重県歴史文化研究会『Mie history』Vol.23
　　　小原雄也「陶邑窯の地域性と地方窯成立の再検討」
　　　穂積裕昌「伊賀・観菩提寺正月堂に関する諸問題」
　　　宮原佑治「畔名泊り古墳の研究―志摩における後期古墳の研究（2）―」
　　　三好元樹「三重県の更新世における石器石材利用について」

Ⅱ　各都道府県の動向

　　　山田　猛「縄生廃寺・直線的基準線・朝明評衙」
　　　渡辺和仁「伊賀地域における古墳時代集落構造についての予察～木津川上流域の小盆地内に展開する集落を中心に～」
31. 穂積裕昌　「人物・動物埴輪群像の景観と意義」『古墳時代美術図鑑』別冊太陽246　平凡社
32. 宮原佑治　「伊勢における古墳時代手工業生産の展開─土器生産・鍛冶関連遺物を中心として─」『東海における古墳時代の手工業生産の展開を考える』（第28回考古学研究会東海例会）考古学研究会東海例会
　その他
33. 亀山市歴史博物館『鈴鹿関』
34. 斎宮歴史博物館『古代の出雲～その限りない魅力～』
35. 鈴鹿市考古博物館『伊勢の瓦　大和の瓦』
36. 鈴鹿市考古博物館『鈴鹿の古墳─ちいさなちいさな古墳たち─』
37. 津市・津市教育委員会・三重県総合博物館『過去から未来へ～津のあゆみ～』
38. 松阪市文化財センターはにわ館『氏郷の城とまち─松阪の誕生と発展─』
39. 三重県総合博物館『伊勢・志摩─常世の浪の重浪よする国へ、いざNOW！─』
40. 三重県埋蔵文化財センター『高速道路発掘物語～新発見ぞくぞく！朝明のいにしえ～』第35回三重県埋蔵文化財展
41. 三重県埋蔵文化財センター『おもろいもん出ましたんやわ＠三重─平成28年度発掘成果報告会─』
※紙面の都合から、資料集や図録が刊行されていない研究会、博物館等の展示は割愛した。

25　滋　賀　県

才　本　佳　孝

1．〔調　査〕

　2016年度における滋賀県の発掘調査などの届け出件数は、文化財保護法第93条・第94条が1,991件（2015年度は1,991件）であった。ここ数年は、増減はあるものの2,000件前後とほぼ横ばいの状況である。主な調査は、時代に偏りがあるが、古墳時代の稲部遺跡の調査、古代の官衙に関連する遺跡の調査などで成果が積み上げられている。

弥生時代

　栗東市の下鈎遺跡で、民間開発に伴い調査が行われた。下鈎遺跡は弥生時代から近世までの複合遺跡であり、特に弥生時代後期には大型建物3棟が確認されており、守山市の伊勢遺跡とともに近江南部地域を代表する集落遺跡として知られている。伊勢遺跡は政治、祭りを掌る中心的な集落と考えられ、一方で下鈎遺跡は銅製品や朱の生産を中心に行っていた集落と考えられている。下鈎遺跡の過去の調査では、検出された3棟の大型建物のうち2棟が河川に沿った特殊な位置に立地し、その中間にあたる空間には祭祀場と推定される遺構が確認されている。遺物では銅鏃22点、前漢鏡、銅環などの青銅器やこれらを製作していたと考えられる鋳型や銅滓が出土している。今回の調査では、弥生時代後期の大溝が確認された。大溝は長さ約35m、幅約3.5m、深さ約1.3mが検出され、弥生土器のほか朱塗りの木製高坏片が出土した。この大溝は、大型建物、祭祀場を含む集落の中心である特殊区域の東側を区切るものと考えられ、特殊区域は河川と大溝に囲まれた長径約250m、短径約100mの楕円状の区画と推定される。伊勢遺跡では、集落の特殊区域に大溝を馬蹄形にめぐらせ大型建物を計画的に配置していたことが明らかになっていたが、下鈎遺跡でも同様の形態をとっていたことが明らかとなった。下鈎遺跡、伊勢遺跡には共通点も多く、弥生時代集落の様相を伺い知ることができる資料と言える。

　野洲市の斎ノ神遺跡・三上遺跡で、国道8号野洲栗東バイパス工事に伴い調査が行われた。斎ノ神遺跡では、弥生時

滋賀県

代後期の方形周溝墓5基が検出された。最も規模が大きい方形周溝墓は、一辺約14m程であり、周溝の底から手焙形土器が出土した。その他の4基は最も規模が大きいものから40～50m程度離れた位置でまとまって検出された。規模は一辺10m弱と比較的小規模なものである。5基とも埋葬主体部は削平のためか検出されていない。三上遺跡では、弥生時代中期頃の埋設土器、土坑が検出された。埋設土器は、地面に穴を掘り、その中に甕を納め、さらに別の甕の底部で口を塞いで蓋とする。甕の中からは小礫以外確認されなかったが、子供を埋葬した棺と想定される。

古墳時代

彦根市の稲部遺跡で、市道改良工事に伴い調査が実施された。稲部遺跡は、1981（昭和56）年の宅地造成工事に伴い第1次調査が実施され、それ以降市道建設地を中心に13次の調査が実施されている。遺跡は、弥生時代後期後半から古墳時代中期の集落跡であり、最盛期は弥生時代終末から古墳時代前期前半となる。竪穴建物180棟以上、掘立柱建物30棟以上、周溝付建物9棟以上、溝、井戸、多数の土坑、河道などの遺構が検出されており、集落の範囲は径約500mの大規模なものであったと推定されている。今回の調査では、遺跡の最盛期に該当する弥生時代終末から古墳時代初頭と古墳時代前期前半の遺構が検出された。弥生時代終末から古墳時代初頭の遺構は、竪穴建物30棟以上、土坑5基以上、区画溝2条、方形区画施設の区画溝と柵列が検出され、方形区画施設内で独立棟持柱建物1棟が確認された。竪穴建物は、一辺3.5～5.3mの方形である。竪穴建物からの土器の出土は少ないが、23棟からは鉄片が多数出土し、床面には鉄片とともに微細な焼土が約2cm以下の大きさにブロック状に残る。台石や石槌の出土、周辺の土坑からの鉄鏃の出土から居住用の建物ではなく、鉄器の生産を行う鍛冶関連遺構と考えられ、鍛冶工房の存在が推定される。方形区画施設は、溝によって一辺13～14m以上に方形に区画されており、二つの区画が南北方向に並列して検出された。南側区画の溝の底には木質が残ることから板塀のような構造物の存在が推定される。また北側の区画では柵が確認されていないが、南側の区画では溝の内側に柵が確認されており、南側区画は厳重に囲まれていたものと推定される。この厳重に区画された南側方形施設内で大型の独立棟持柱建物1棟が検出された。大型の独立棟持柱建物は、5間×2間（桁行10.5m、梁間4.1m）、床面積43.0㎡を測る。次いで、古墳時代前期前半には、方形区画施設を切って大型の掘立柱建物が北側に柵を伴って建てられる。5間×2間（桁行16.2m、梁間11.6m）、床面積188.0㎡を測り、同時期のものでは全国屈指の規模となる。柱穴は大きいもので1.5mを測る。南西部に柱穴2基が伴うことから、南面に露台を持つ総柱建物に復元される。その後、古墳時代前期後半以降に大型の掘立柱建物が建てられる。2間×2間の（桁行14.5m、梁間10.0m）、床面積145.0㎡を測る総柱建物で、倉庫と考えられる。弥生時代終末期以降の大型建物は首長居館と推定され、湖東地域の拠点集落と考えられる。

下鈎遺跡で、弥生時代後期の大溝等の遺構以外に、古墳時代前期の祭祀跡が検出された。祭祀跡は溝SD103の肩口での水辺の祭祀と推定されるものと古墳の周溝SD12で行われた祭祀跡の2カ所で確認されている。SD103からは、壺を中心とする多量の土器とともに滑石製臼玉70点、滑石製有効円盤大小8点、滑石製鏡形模造品1点が出土した。SD103の周辺の溝や川には砂が多く堆積する状況を見ることができ、短時間に埋没しているものと判断でき、水害等が頻繁にあったことが推測される。そのため水辺の祭祀の性格としては、好天を祈るものと考えられている。また、古墳の周溝SD12からは、臼玉140点、勾玉2点、有孔円盤8点が出土した。下鈎遺跡では、過去の調査において滑石製品を多数使用した祭祀がムラの各地で行われており、玉つくり集団との関連が想定され、古墳の被葬者は滑石製品を多量に入手できる玉つくり集団に関わる人物と想定される。

野洲市の三上遺跡で、弥生時代中期頃の埋設土器等の遺構以外に、古墳時代前期頃の竪穴建物が検出された。竪穴建物は一辺5m程度のもので、床面に炭化したムシロ状の有機質の痕跡が残り、その上面で土師器がまとまって出土している。建物の床面にムシロのような敷物を敷き、その上で生活をしていたと考えられる。

栗東市の椿山古墳で、民間開発に伴い調査が実施された。椿山古墳は全長99m、周溝を含めると135mにも達する県下最大の帆立貝形前方後円墳として知られている。1952（昭和27）年の工事により前方部のほとんどが消失しているが、この際に実施された発掘調査によって、粘土郭が見つかり、長方板革綴短甲1両、鉄剣17本、鉄刀13本、鉄鉾14本、鉄鏃などが原位置を保ち出土している。また粘土郭の外側からは鉄槍、革製の盾が出土している。これらの遺物や周溝より出土した埴輪から古墳時代中期に時期比定されている。今回の調査では、後円部周溝が検出され、周溝の底か

ら笠形木製品6点が出土した。笠形木製品はいずれもコウヤマキ製である。直径75cm程度のものもあり、これは大阪府誉田御廟山古墳（応神天皇陵）に次ぐ大きさで、全国でも最大級のものとなる。出土遺物から、椿山古墳の被葬者は、豊富な山林資源を掌握するとともに、大和政権と深い結びつきを持つ豪族と推定される。

古 代

大津市の近江国府跡で、民間開発に伴い調査が実施された。近江国府跡は、遺跡の南方に位置する「近江国庁跡」を中心とし、奈良時代・平安時代の遺構・遺物が確認されている。今回の調査では、少なくとも2棟以上の掘立柱建物、柵列、土器埋納ピットなどが検出された。土器埋納ピットは、掘立柱建物に近接した位置で検出された。径40cm程度、深さ15cmの穴の中に完形品の土師器（皿）17点が埋納され、埋土には炭が含まれる。土器埋納ピットの北側には一時期前のものではあるが、流路と見られる遺構が検出されており、この流路の近く、水辺において禊（ミソギ）や祓（ハライ）などの祭祀が行われたものと考えられている。この他に、注目される遺物として緑釉陶器、灰釉陶器といった施釉陶器とともに出土した「白色土器」がある。「白色土器」は主に平安京で出土し、伝統的な行事や祭祀などの特殊な用途に供されるものと考えられている土器である。大津市内では上仰木遺跡、近江国府跡で数点が出土している程度であったが、今回の調査では三足盤、高杯、椀がそろって出土している。特に三足盤の出土は県内では初例となる。掘立柱建物、土器埋納ピットなどの遺構、白色土器、施釉陶器などの遺物は10世紀後半から11世紀に時期比定されるが、この時期は近江国庁が衰退する時期にあたり、平安京との強い関連は想定しにくい時期と従来は考えられていた。そのような中で、平安京と関連が強い白色土器や水辺の祭祀跡が確認されたことから、この時期にも依然として近江が平安京と密接な関係を保っていたことを伺うことができ、今回調査地点周辺は役所として重要な場所であったと考えられている。この他に、近江国庁をはじめとする国府域で主に見られる飛雲文の鬼瓦や軒平瓦などの多数の瓦類が出土している。瓦類は8～9世紀頃のものであり、掘立柱建物より古い時期のものである。建物跡は検出されていないが、瓦葺の建物の存在が推定される。

草津市の黒土遺跡・榊差遺跡・榊差古墳群で、土地区画事業に伴い調査が実施された。2015（平成27）年度から調査が実施されており、飛鳥時代前半の竪穴住居、奈良時代から近世までの道路状遺構、奈良時代から室町時代までの掘立柱建物などが確認されている。今回の調査では、古代の長舎、道路状遺構などが検出された。長舎は、梁間2間（6m）、桁行15間（45m）、床面積270㎡を測る。掘方は一辺0.8～1.1mの平面長方形または正方形を呈し、深さは浅いものでも50cmを測る。掘方の中からは直径30cm程度の柱痕が確認された。各柱穴間の距離は、10尺（3m）を測る。県内では桁行15間以上の古代の長舎は、基壇が確認されている近江国庁を含めて4遺跡9棟が検出されている。長舎は、政庁を構成する建物、古代の駅家を構成する建物、馬房、倉関係等で見つかっており、今回検出された長舎もこれらのいずれかの可能性が考えられる。古代の駅家としては勢多の駅家に比定されている大津市の堂ノ上遺跡から近すぎ、また倉関係としては倉庫と考えられる遺構が周辺から検出されておらずどちらも可能性が低い。一方で、今回見つかった長舎の大きさは、梁間2間（6m）、桁行15間（45m）で、近江国庁の東脇殿の基壇（9.2m×48.5m）に重ねると同じ大きさになり、政庁に関連する遺構の可能性が考えられる。遺跡は旧栗太郡にあたり、古代の国庁や郡庁に類する古代の役所的な施設が存在したものとみることができる。道路状遺構は、12m幅のものと3m幅のものが検出された。12m幅の道路状遺構は、両側に側溝を持つ構造で、2015（平成27）年度の調査で東側側溝を、今回の調査で西側側溝が検出された。東側側溝は幅1.23m、深さ0.9m、西側側溝は幅1.2m、深さ0.9mを測る。平安時代中期頃に路面にあたる部分に木棺墓が造られており、平安時代中期には道路幅が縮小していたと推測される。12m幅で両側側溝を持つ直線道路は、当時の官道であると考えられ、今回検出された道路状遺構は東山道の可能性が高い。

竜王町のブタイ遺跡で、民間開発に伴い調査が実施された。ブタイ遺跡は、県下最大の須恵器生産の遺跡として知られている鏡山古窯趾群が築かれていた鏡山の麓に位置し、2002（平成14）年度に行われた調査で、7世紀後半～8世紀後半頃の大きな柱穴からなる掘立柱建物群と、それら建物群を囲む溝などが確認されている。今回の調査では、8世紀頃の掘立柱建物、大溝が検出された。大溝は幅約5m、深さ1.7mを測る。この大溝からは多量の須恵器や土師器、木器などが出土した。大溝から出土した須恵器は、焼きが弱いものや焼け歪んだものが多く含まれる。土器の他には長さ2～3mほどの板材や槽や皿などの木製品が多く出土した。これら木製品は、須恵器生産とともに、鏡山の山林資

滋 賀 県

源を利用して作られたものと考えられている。また大溝からは「桐原郷薏原史（きりはらごういはらのふひと）」とかかれた荷札木簡が出土した。木簡は長さ221㎜、幅18㎜、厚さ3㎜の下端が尖った形状で、何らかの荷物に突き刺して使用したものと思われる。木札に書かれている桐原郷は近江八幡市の南西地域にあたり現在も地名として残る。また薏原史ついては、正倉院文書にその名が見られ、主に写経生として記録に残り、薏原史宿奈麻呂という人物が近江国野洲群敷智郷にいたことが分かっている。この他に、鉸具、巡方などの帯金具が出土していうことから、ブタイ遺跡は公的施設である可能性が高く、遺跡の立地と焼きが弱いものや焼け歪んだ須恵器の多量の出土などから、鏡山の須恵器生産を管理する施設と推定される。大溝は幅が深いことや、水深が深いことから、船の航行を意識した人口水路と考えられ、窯から搬出された製品を、集積するために施設に一度運び込み、選別した後に船を用いて出荷するための運河的な役割が想定される。大溝から多量に出土した土器や木器は、選別場で投棄されたものと考えられる。鏡山山麓だけでなく、平野部においても関連する施設が広がっていたことが明らかになり、古代の須恵器、木器生産に伴い、それらの製品の管理、出荷に関わる集落の様相を知ることができるものであり、インフラが整備された小都市的な景観を伺うことができる。

　野洲市の西河原森ノ内遺跡で、民間開発に伴い調査が実施された。西河原森ノ内遺跡では、これまでの調査において飛鳥〜平安時代（7世紀後半〜9世紀）の区画溝や掘立柱建物、倉庫建物などの建物群が確認され、18点の木簡と71点の墨書土器、須恵器を転用した転用硯が26点出土するなど、多くの文字資料が発見されており、一帯には湖上交通の関連や郡に関連する官衙が存在したものと考えられている。今回の調査では、上層で奈良〜平安時代（8世紀後半〜9世紀初頭）にかけての溝・井戸・柱穴、下層で飛鳥〜奈良時代（7世紀末〜8世紀前半）頃の溝と水田が検出され、上層の遺構から墨書土器15点、転用硯3点が出土した。判読できる墨書は「㓛」（あざ）が4点、「神主」が1点、「□□史」1点である。「㓛」は隣接する西河原遺跡から「㓛万□（呂カ）」と記された人名と見られる墨書土器が出土しており、人名の一部と考えられる。「神主」は、過去の調査において「神」が28点、「神主」が5点出土しており、「神・神主・神主家」に深く関わる人物が周辺に居住していた可能性がある。「□□史」は地方官人の職名か人名と考えられている。

中 世

　大津市の生津城遺跡で、県道伊香立浜大津線補助道路整備工事に伴い調査が実施された。遺跡は「城山」と呼ばれる段丘の先端部に立地し、3方向を谷に囲まれた自然地形を巧みに利用し選地、築城がなされている。遺跡の東方向には堅田から京都大原へと続く途中越えがあり、北西方向には山間部を通って大原に至る伊香立越えが通じる交通の要衝に位置する。城主は、江戸時代に書かれた地誌『近江輿地志略』には、「林宗林坊（はやしそうりんぼう）」と記載される。地表面観察で堀切や土塁などの遺構が確認できるが、その詳細については明らかになっていなかった。今回の調査では、石垣を伴う櫓台、礎石建物、堀切、土塁などが検出された。遺物は、戦国時代（16世紀中頃）の土師器皿、信楽焼擂鉢、瀬戸焼天目茶碗・小皿、輸入陶磁器皿などの土器類、瓦、鉄釘が出土した。石垣を伴う櫓台は、生津城の最高所となる曲輪北側で検出された。北側の2辺は土塁によって囲まれ、内側に小規模な平坦面があることから櫓の土台と想定され、北方を通る伊香立越えを監視する役割が推測される。また南側の2辺には石垣を築く。築石は30〜50㎝前後の石材の長辺を奥にして積み上げ、隙間や裏込めには10〜20㎝の小振りな石材が詰め込まれる。築石の背面下部には厚さ1〜2㎝ほどの扁平な石材を挟んで、石垣前面の勾配を60°あるいは70°に揃うように調整が行われている。礎石建物は、3間×4間（約2.8m×4m）を測り、周囲には排水または区画用と考えられる方形の溝が巡る。側柱の礎石間には10㎝前後の石材を帯状に敷きならべており、内部にも礎石を据える重さに強い構造物であることから、蔵などの役割が想定される。堀切は、現況では曲輪の南西部と北東部に残っており、現在は分断されているが、当初はつながっていたとみられ、尾根筋を分断していたと考えられている。調査が行われた南西部で、幅約9.5m、深さ約5mを測る大規模なものである。近江の築城技術の高さを示す石垣の構築、櫓台、蔵、大規模な堀切や曲輪を囲む土塁といった本格的な城郭施設を備えていたことが明らかとなり、これまで実態が不明であった伊香立地域の土豪クラスの中世城郭の姿を知ることができる資料と言える。

　多賀町の国史跡・敏満寺石仏谷墓跡で、保存整備のため調査が実施された。今回の調査では、墳墓跡が確認された。

Ⅱ　各都道府県の動向

墳墓跡は12世紀中頃～後半にかけて造墓が始まり、13世紀に整備されたことが明らかとなった。規模は南北約17m、東西約8mあり、鎌倉、室町時代の中世墳墓としては国内最大規模である。また墳墓は、石積みなどで区画が行われており、盛土を石で囲った中心部の墳丘は南北10m、東西3mの規模を測る。規模などから敏満寺の有力者の墳墓と想定されており、中世寺社勢力の政治力を示す遺構と評価できる。

2.〔文献一覧〕
報告書

1. 近江八幡市・近江八幡市教育委員会『近江八幡市埋蔵文化財発掘調査報告書57』近江八幡市埋蔵文化財発掘調査報告書57集
2. 大津市教育委員会『滋賀里遺跡発掘調査報告書Ⅵ』大津市埋蔵文化財調査報告書（110）
3. 大津市教育委員会『大津市埋蔵文化財調査年報―平成27（2015）年度』
4. 草津市教育委員会『草津宿場町遺跡第14次発掘調査報告書』草津市文化財調査報告書112
5. 草津市教育委員会『大将軍遺跡第31次発掘調査報告書』草津市文化財調査報告書113
6. 甲賀市教育委員会『西藪ノ内遺跡1次発掘調査報告書』甲賀市文化財調査報告書第27集
7. 甲賀市教育委員会『市内遺跡発掘調査報告書』甲賀市文化財調査報告書第28集
8. 滋賀県教育委員会・滋賀県文化財保護協会『金森西遺跡』
9. 滋賀県教育委員会・滋賀県文化財保護協会『堤ケ谷遺跡』
10. 滋賀県教育委員会・滋賀県文化財保護協会『安養寺遺跡』
11. 滋賀県教育委員会・滋賀県文化財保護協会『蛭子田遺跡』
12. 滋賀県教育委員会・滋賀県文化財保護協会『平成27年度埋蔵文化財緊急調査費国庫補助事業（県内遺跡発掘調査等）』
13. 高島市教育委員会『高島市内遺跡調査報告書―平成28年度―』高島市文化財調査報告書第28集
14. 高島市教育委員会『下花貝遺跡』高島市文化財調査報告書第29集
15. 高島市教育委員会『弘川末次遺跡』高島市文化財調査報告書第30集
16. 長浜市教育委員会『地蔵堂遺跡第21次調査報告書』長浜市埋蔵文化財調査資料第158集
17. 長浜市教育委員会『長浜城遺跡第272次発掘調査報告書』長浜市埋蔵文化財調査資料第159集
18. 長浜市教育委員会『宮司遺跡第100次発掘調査報告書』長浜市埋蔵文化財調査資料第160集
19. 長浜市教育委員会『高月南遺跡第66・第73次発掘調査報告書』長浜市埋蔵文化財調査資料第161集
20. 長浜市教育委員会『平成27年度小規模開発関連発掘調査報告書・垣見氏館跡確認調査報告書・史跡小谷城跡本丸石垣測量調査報告書』長浜市埋蔵文化財調査資料第162集
21. 長浜市教育委員会『下坂中町遺跡第14次発掘調査報告書』長浜市埋蔵文化財調査資料集第163集
22. 東近江市教育委員会『市内遺跡の調査』東近江市埋蔵文化財調査報告書第30集
23. 東近江市教育委員会『中沢遺跡（25次）、小脇寿遺跡』東近江市埋蔵文化財調査報告書第31集
24. 守山市教育委員会『平成27年度国庫補助対象遺跡発掘調査報告書』
25. 守山市教育委員会『伊勢遺跡確認調査報告書Ⅸ』
26. 守山市教育委員会『下之郷遺跡関連発掘調査報告書Ⅲ―第23次調査報告書―』
27. 守山市教育委員会『下之郷遺跡確認調査報告書ⅩⅠ―第95次調査報告書―』
28. 守山市教育委員会『下之郷遺跡発掘調査報告書―総括編―』
29. 野洲市教育委員会『平成28年度野洲市文化財調査概要報告書』
30. 野洲市教育委員会『平成28年度野洲市埋蔵文化財調査概要報告書』
31. 野洲市教育委員会『平成28年度野洲市内遺跡発掘調査報告書』
32. 栗東市教育委員会・栗東市体育協会『2015（平成27）年度年報』栗東市埋蔵文化財調査報告
33. 竜王町教育委員会『竜王町内遺跡発掘調査概要報告書 平成26、27年度』竜王町埋蔵文化財発掘調査報告書第15集

論 文

34. 淡海文化財論叢刊行会『淡海文化財論叢』第八輯
　　松井悠美「近江の木製容器について」
　　柳原麻子「遺跡出土モモ核にみられる『えぐり痕』の観察」
　　白井忠雄「磐井の乱　プロローグ」
　　細川修平「継体天皇と近江」
　　辻川哲郎「守山市越之塚遺跡出土陶質土器について」
　　才本佳孝「東漸寺古墳群西墳出土の徳利形平底壺について」
　　西中久典「渡来系横穴式石室にみる葬送儀礼について」
　　田井中洋介・伊藤航貴「昭和十五年甲賀郡三雲村発見の古墳について」
　　林　修平「近江の横穴式石室にみる羨道の変遷」
　　雨森智美「琴柱出土遺跡をめぐって」
　　田中勝弘「古代集落と地域開発（7）」
　　近藤　滋「古代愛知郡八木郷の位置比定について」
　　大道和人「近畿地方の製鉄遺跡に関する研究序説」
　　戸塚洋輔「犬上郡衙と竹ケ鼻廃寺遺跡」
　　山本一博「『鯰江の城』」
　　宮﨑雅充「大溝城本丸跡の発掘調査と古絵図の検討」
　　畑中英二「安土城の茶陶」
　　木戸雅寿「多羅尾氏と甲賀・小川城をめぐる地域相」
　　下高大輔「佐和山城形成過程考」
　　上垣幸徳「石工が描く『五輪塔』」
　　三尾次郎「近世大名庭園の系譜についての一試論」
　　西澤光希「近世大名墓の考古学的研究」
35. 滋賀県文化財保護協会『紀要』30
　　重田　勉「縄文時代初頭の移動とルートについて」
　　辻川哲郎「近江地域のカマド形土器―渡来系集団の動向把握にむけて―」
　　濱　　治「出土文字資料に近江古代史を求めて―付表『滋賀県下の発掘調査で出土した地震跡―』」
　　小松葉子「正倉院文書に見える三雲寺の所在地について」
　　中村智孝「奈良時代の地域開発と神社本殿―蒲生野・金貝遺跡の調査成果から―」
　　堀　真人「近江における瓦器の基礎的研究」
　　大沼芳幸「安土城の空間特性―安土城は神社だ―」
　　小林裕季「高島郡における山城の築城画期」
　　三宅　弘「将棋史研究ノート8―歩兵の存在感―」
　　小島孝修「研究ノート　近代化の痕跡―彦根市松原内湖遺跡の鉄道遺構・遺物―」
　　林　竜馬・佐々木尚子・瀬口眞司「琵琶湖地域における人と森の相互関係史の解明に向けて―滋賀県の遺跡における古生態学データの集成―」
36. 滋賀県立安土城考古博物館『紀要』第24号
　　細川修平「東近江市所在　八幡社46号墳の検討」
37. 滋賀県立大学人間文化学部『人間文化』Vol.41
　　中川　永・大西　遼「平成6年琵琶湖大渇水に関わる考古学資料」
38. 滋賀県立大学人間文化学部『人間文化』Vol.42

Ⅱ　各都道府県の動向

　　　岡山仁美「真野廃寺出土軒丸瓦の研究」
　　　樫木規秀・仲田周平・岡山仁美・西澤光希「荒神山古墳群および石切場の測量成果報告」
39. 野洲市歴史民俗博物館『野洲市歴史民俗博物館研究紀要』第21号
　　　角　建一「土馬に関する二、三の考察　補遺―吉地薬師堂遺跡・大篠原東遺跡出土事例について―」
　その他
40. 大津市歴史博物館『渡来した人々の足跡―大津の古墳群と集落跡―』発掘調査日本列島2016地域展示
41. 滋賀県文化財保護協会『レトロ・レトロの展覧会2016』滋賀県発掘調査成果展
42. 滋賀県立安土城考古博物館『飛鳥から近江へ　天智天皇の意図を探る』平成28年度秋季特別展
43. 滋賀県立安土城考古博物館『近江の古墳時代』第54回企画展

26　京　都　府

古　川　　匠・熊　井　亮　介

1.〔調　査〕

　2016年度の京都府では、前年度末に国史跡指定された「乙訓古墳群」をはじめ、各地の首長墳の調査が進展した。また、考古学の分野で世界最大の国際会議、世界考古学会議第8回京都大会（WAC-8）が同志社大学今出川キャンパスで開催された。本会議以外にも様々な取り組みが行われ、日本考古学協会と世界考古学会議京都大会実行委員会の共催による市民向けの公開シンポジウムの他、京都市内のサテライト会場で芸術と考古学をテーマにした展示やワークショップが開催され、京都市、京都府の関連機関でもWAC-8関連のイベントが実施された。

旧石器時代・縄文時代
　京都市左京区聖護院河原町遺跡では、縄文時代早期の押型文土器（黄島式及び山形文盛行期）が出土しており、当該期の遺跡の広がりを理解する上で重要な成果が得られている。京都市下京区平安京右京七条一坊七町跡では、幅約8mを測る北東から南西に傾く流路1条をおよそ30mにわたって検出している。縄文時代と考えられるサヌカイト製無茎石鏃が出土している。

弥生時代
　京都市左京区岡崎遺跡では、弥生時代後期から古墳時代後期にかけての流路跡、護岸施設が検出されている。流路跡は幅25～28m、検出長63m以上、深さ0.8mを測り、東岸の一部を埋め立て、自然木と杭を用いた護岸施設が造られていた。投棄されたとみられる完形に近い土器が多数出土している。京都市南区唐橋遺跡（西寺跡）では、方形周溝墓が2基検出されている。西半部を検出した1基は一辺11mを測り、もう1基と南西部で周溝を共有する。近接する土坑から弥生時代中期初頭の壺型土器2個体がほぼ完形で出土している。また、同区の上久世遺跡では弥生時代の竪穴建物群を検出した。

　向日市北山遺跡では、方形周溝墓が1基検出された。周溝を検出したのみで、埋葬施設は確認されていない。南側隣接地では、弥生時代中期後葉から後期の方形周溝墓が5基検出されており、今回の調査地点まで墓域が広がっていることが確認された。

　京丹後市女布遺跡では弥生後期の竪穴建物跡が2基検出された。既往の調査では佐濃谷川に面する弥生集落が検出されており、その一部と考えられる。

古墳時代
　2014年度から継続して発掘調査を実施している京都市西京区の芝古墳では、後円部東側に造出もしくは陸橋が存在することが明らかになった。また、前年度に調査を行った横穴式石室に伴う墓道を検出し、横穴式石室の構造を考える

上で貴重な知見を得た。京都市伏見区では、2013年に発見された削平古墳（奉行前町古墳）の南端を検出し、規模が明らかとなった。周辺調査事例とあわせ、桃山丘陵付近に所在する古墳の実態の一端を明らかにした。京都市右京区西京極遺跡では、古墳時代中期から後期にかけての竪穴建物跡が重複する形で14棟検出された。一辺4〜7mを測る方形で、そのうち2棟は竈を有していた。上京区常盤井殿町遺跡でも竪穴建物跡が検出されている。

城陽市久津川車塚古墳では、墳丘西側くびれ部の調査を実施し、西側造り出しの規模が確定した。また、3種類の形象埴輪（囲形埴輪・木樋形埴輪・家形埴輪）が一体となって配置されている状況が確認され、導水施設の表現と考えられている。

向日市五塚原古墳では、後円部西側で調査が実施され、後円部の東西幅が約55mを計ることが確定した。また、墳丘裾から妙見山古墳の埴輪を転用した埴輪棺が1基検出され、「周辺埋葬」を検討する成果が得られた。

長岡京市井ノ内車塚古墳では、埋葬施設の解明を目的に発掘調査が実施され、横穴式石室であったことが判明し、併せて墳丘と石室の構築状況を確認した。

八幡市女谷・荒坂横穴群では、新たに7基の横穴が検出された。一部には人骨の遺存が確認された。

舞鶴市東光寺跡の調査では、新たに6世紀後半頃の古墳が1基確認され横穴式石室が検出された。墳丘はすでに失われていたが、残存した周溝から直径12mの規模に復元されている。須恵器杯身・杯蓋・壺、土師器壺などが出土した。

京丹後市網野銚子山古墳では2015年度から整備目的の調査が実施されている。京丹後市の丹波丸山古墳群は丘陵上に立地する総数34基の古墳群で、2016年度には中心的な32号墳を含む7基の古墳を調査した。32号墳は墳丘規模28mの楕円形墳で、中心の第1埋葬施設は船底状木棺から鉄製鉈1本が出土した。第2、第3埋葬施設は組み合わせ式木棺で、第4埋葬施設は船底状木棺である。墳丘裾部から出土した土師器から、古墳時代前期前半と推定される。

古　代

京都市上京区の平安宮では大極殿院跡で調査を実施し、東軒廊基壇に関する遺構を初めて確認したことで復元を行う上で重要な知見を得た。京都市上京区の公家町遺跡では、一条大路末に伴う平安時代前期の溝を検出した。調査の結果、この溝は9世紀後半には廃絶し、鎌倉時代には一条大路末は道路幅が縮小されていたことが判明した。このことから、平安京造営後の比較的早い段階から京外にのびる道路が造られ、平安時代前期以降は京外北東部で宅地化が進んだことが明らかとなり、平安京近郊における土地利用の一端が明らかになった。京都市左京区円勝寺跡・成勝寺跡では、円勝寺と成勝寺の南限を画する東西溝を確認したことから、円勝寺の寺域南北幅が約100mであることが判明した。京都市東山区の法住寺殿跡では、三十三間堂創建期の大規模な地業を確認した。この調査では、版築状の工法を用いた地業の畝状単位が確認され、これまで情報が希薄であった三十三間堂の創建に関する知見のみならず、院政期の大規模造成事業の実態を示す事例として注目される。

平安京内では、右京六条三坊二町跡で平安時代前期から中期にかけての掘立柱建物や井戸などが検出された。また、六条坊門小路北側溝の想定位置で検出された幅6m以上の大溝は、道祖川より取水していたと考えられ、右京域における排水ないし灌漑もしくは物資輸送のあり方を考える上で興味深い。下京区の平安京右京七条一坊七町跡では、皇嘉門大路の東側溝、築地基底部などを検出した。東側溝の内側からは多量の平安時代前期の瓦が出土し、当該地点では築地塀は瓦葺だったと考えられた。下京区の左京五条三坊七町跡・烏丸綾小路遺跡では、平安時代前期の竪穴状遺構や、鍋が正位で据え置かれた、後期の地鎮遺構などを検出した。南区の右京九条一坊九町跡（西寺跡）では、西寺の付属施設である大衆院推定地から、平安時代の建物跡2棟を検出した。建物1は、梁行2間、桁行2間以上の東西建物で、東面に庇が付く。中京区の右京三条一坊十町跡では、平安時代中期の掘立柱建物跡や柵列群を確認した。官人宅の一角であった可能性が高い。全国でも出土例の少ない緑釉陶器の唾壺が出土した。上京区の左京一条三坊二町跡では、平安時代後期の掘立柱建物跡や鎌倉時代の柵列、平安時代から近世初頭にかけての西洞院大路の道路側溝跡などを確認した。東山区の法住寺殿跡では、三十三間堂創建期の平安時代後期の大規模な地業跡を確認した。

向日市の長岡宮跡（第515次）では、大極殿跡の北西部で、西回廊の基壇外装材である凝灰岩の抜き取り痕跡と柱穴を確認した。西回廊幅が北面回廊と同じ、8.3mであることが判明した。

大山崎町の百々遺跡では、平安時代の西国街道の側溝縁辺の整地土と柵列を検出した。同大山崎瓦窯群では整備事業

Ⅱ　各都道府県の動向

に伴う第75次調査で2基の瓦窯を新たに検出し、今回の調査で瓦窯の範囲が確定した。

　城陽市の芝山遺跡では、奈良時代の掘立柱建物跡7棟ほかを検出した。建物は、方位から新旧の2時期あった。古道に沿って配置されていることから、公的施設の一部と推定された。

　木津川市の史跡恭仁宮跡（第96次）では、朝集院の北東角を区画した塀跡と溝を検出し、朝集院の四隅を確定した。また木津川市の岡田国遺跡では、奈良時代の恭仁京との関わりが推測される正方位の掘立柱建物跡や道路跡を確認した。

　亀岡市篠窯業生産遺跡群では、9世紀は初頭から中頃の半地下式の穴窯1基と、10世紀初頭の三角形の平窯1基を検出した。いずれも須恵器窯で、平窯跡の灰原からは緑釉陶器が出土した。

　宮津市の安国寺遺跡では、直径約0.8mの複数の柱穴列を検出した。未発見の丹後国府に関連する建物遺構の可能性がある。

中　世

　京都市山科区の山科本願寺南殿跡では、内郭を囲む堀と土塁が検出され、当該期の土塁の構築法の一端が明らかとなった。堀は幅約8.5m、深さ約1.2mで、内郭の規模が南北約125m、東西約100mとなることが判明した。また、堀には2回ないし3回の掘り直しが認められることから、蓮如示寂後から焼亡までの間に、改修があった可能性を示す資料として注目される。京都市左京区の白河街区跡では、鎌倉時代の墓を検出した。これまで、付近の調査で同様の遺構が確認されていたものの、性格が判然とせず土坑と報告されていた。しかし、今回の調査成果からこれらの土坑が墓である可能性が示唆され、白河街区内における土地利用を考える上で重要な成果となった。また、白河街区跡・円勝寺跡・成勝寺跡・岡崎遺跡では、鎌倉時代後期まで機能した円勝寺と成勝寺を区画する南北溝や、雑舎の一角を確認した。

　下京区の平安京跡では、鎌倉時代の鍛冶工房の作業場跡を確認した。付近は平安京の「東市」の一角で、鎌倉時代以降も同地で商業活動が継続していたことがわかった。上京区の相国寺旧境内では、同境内の南限とみられる室町時代の溝跡を確認した。上京区の左京一条三坊二町跡では、上京の惣構の一部とみられる、戦国時代の大規模な堀跡を約75mにわたって検出した。幅約5m、深さ3.5mを測る規模で、秀吉の聚楽第建設に伴う大名・武家屋敷の造成によって埋められていた。大名屋敷に伴う金箔瓦や陶磁器類も出土した。

　東山区の方広寺跡では、安土桃山時代の方広寺大仏殿南回廊とそれに伴う雨落溝を検出した。秀頼による再建期の遺構で、複廊式の回廊であった。右京区の嵯峨遺跡の調査では、室町時代の有力者の屋敷跡とみられる建物跡や井戸跡などを検出した。北区の金閣寺境内では、足利義満が15世紀初頭に当寺境内に建立した七重塔、北山大塔の相輪の一部とみられる金属片が出土した。表面を金鍍金した青銅製で、直径2.4mを計る。

　上京区の旧二条城跡では、足利義昭の旧二条城や足利義輝の武衛陣御所に伴う複数の堀跡が確認され、これまで想定されていた復元案に一石を投じる成果となった。いまだ課題は残されているものの、今調査成果がルイス・フロイスの『書簡』・『日本史』の記述と一致する点は注目され、今後の調査の進展が期待される。上京区の聚楽第跡では、表面波探査が行われ、未発見の外堀が検出された。北区の御土居跡では、北西部の土塁の基部を約44m検出した。自然段丘を約4.5m掘下げて外堀とし、掘削土を版築状に盛土して土塁を構築していた。土塁には地下排水溝を設けていた。伏見区の伏見城跡では、初期伏見城（指月城）とみられる石垣を、長さ約14.5m検出した。石垣には自然石を用いて6～7段を積み、高さは2.8m以上を測る。幅約14mの堀を伴っていた。山科区の山科石切場跡では、地元地域史研究グループによって、新たな刻印「十」が入った石材が発見されたほか、それらの分布などをまとめた報告書が刊行された。

　向日市の物集女城跡第10次調査では、一辺約70mを測る方形主郭内部の調査が行われ、東土塁に平行する区画土塀跡、廃棄土坑、礎石を伴う柱穴が検出され、15、16世紀の遺物が出土した。

　城陽市の下水主遺跡では、中世の島畑群を検出し、区画が現代まで踏襲されていたことが判明した。

　八幡市の馬場遺跡では、石清水八幡宮祀官家・善法寺家旧邸の比定地で、13世紀頃と14世紀頃の大型礎石建物が各1棟検出された。

　京丹後市の女布遺跡では中世のピットが検出され、さらに長楕円形土坑1基で中国製青磁碗片などが出土した。遺構

の形状や出土遺物から、中世墓の可能性がある。

舞鶴市東光寺跡では、15世紀代に地形を平坦にした造成の痕跡が確認され、平坦面上部では16世紀後半段階のすり鉢などの遺物と、石製五輪塔の一部が出土した。15基程度の柱穴を検出した。

近 世

京都市中京区の妙満寺跡では、宗祖日蓮聖人を祀った祖師堂跡を検出した。柱や壁を漆喰で塗り固めた防火性の高い土蔵造であり、大火に備えた構造であったことが判明した。上京区の寺町旧域・御土居跡では、古絵図『洛中絵図寛永後万治前』に記された「生蓮寺」の基壇跡や庫裡の一部、墓地跡などのほか、宝永の大火（1708）後の高辻家の屋敷跡に伴う建物跡や井戸、漆喰塗りの池が検出され、同家の家紋である梅鉢文を施した火鉢や染付椀などが出土した。左京区の聖護院河原町遺跡では、室町時代と江戸時代後期の粘土採掘穴が確認された。また、幕末に頻発した洪水で耕作溝が埋没した状況が発見されている。上京区の常盤井殿町遺跡・公家町遺跡・相国寺旧境内では、公家二條家邸に伴う、幕末の池跡及び土取穴の集積を検出した。池跡は二條家邸廃絶後も同志社女学校初期まで機能していた。上京区の平安京左京一条三坊二町跡では、1865（慶応元）年に完成した京都守護職上屋敷跡に伴う建物3棟を検出した。「守護職上屋舗絵図」『大工頭中井家建築指図集』に描かれた、長屋風の東西棟2棟、南北棟1棟の一部であったことが判明した。

近 代

東山区では、1909（明治42）年に築造された五条坂京焼登り窯（旧藤平陶芸登り窯）で発掘調査が実施され、窯の構造に関する知見が得られた。また、同区の京都国立博物館内で実施された調査では明治初頭に造営された恭明宮に伴う溝を確認した。確認した溝は、絵図と比較すると敷地境界および区画を示す溝と考えられ、恭明宮の位置や構造について具体的な様相が明らかとなった。

2．〔文献一覧〕

報告書

1. イビソク『長岡京跡・大藪遺跡―工場建設に伴う埋蔵文化財発掘調査報告書―』イビソク京都市内遺跡調査報告第13輯
2. イビソク『平安京左京五条三坊七町跡・烏丸綾小路遺跡―白楽天町集合住宅建設に伴う埋蔵文化財発掘調査報告書―』イビソク京都市内遺跡調査報告第15輯
3. 京丹後市教育委員会『平成28年度　市内遺跡発掘調査報告書』京丹後市文化財調査報告書第14集
4. 京丹後市教育委員会『女布遺跡発掘調査報告書Ⅲ』京丹後市文化財調査報告書第15集
5. 京丹後市教育委員会『湧田山1号墳発掘調査概報Ⅱ』京丹後市文化財調査報告書第16集
6. 京都市文化市民局『京都市内遺跡発掘調査報告　平成28年度』
7. 京都市文化市民局『京都市内遺跡試掘調査報告　平成28年度』
8. 京都市文化市民局『京都市内遺跡詳細分布調査報告　平成28年度』
9. 京都市文化市民局『平成28年度京都市埋蔵文化財出土遺物文化財指定準備業務報告書　鳥羽離宮金剛心院跡出土品』
10. 京都市埋蔵文化財研究所『平安京左京四条三坊四町跡・烏丸綾小路遺跡』京都市埋蔵文化財研究所発掘調査報告2015-15
11. 京都市埋蔵文化財研究所『平安京右京六条四坊一町跡・西京極遺跡』京都市埋蔵文化財研究所発掘調査報告2016-1
12. 京都市埋蔵文化財研究所『平安京右京七条一坊七町跡』京都市埋蔵文化財研究所発掘調査報告2016-2
13. 京都市埋蔵文化財研究所『法住寺殿跡』京都市埋蔵文化財研究所発掘調査報告2016-3
14. 京都市埋蔵文化財研究所『平安京右京九条一坊九町跡・唐橋遺跡』京都市埋蔵文化財研究所発掘調査報告2016-4
15. 京都市埋蔵文化財研究所『植物園北遺跡』京都市埋蔵文化財研究所発掘調査報告2016-5
16. 京都市埋蔵文化財研究所『平安京右京八条三坊七町跡』京都市埋蔵文化財研究所発掘調査報告2016-7

Ⅱ　各都道府県の動向

17. 京都市埋蔵文化財研究所『平安京左京五条二坊十一町跡・烏丸綾小路遺跡』京都市埋蔵文化財研究所発掘調査報告2016- 8
18. 京都市埋蔵文化財研究所『史跡　教王護国寺境内・平安京跡』京都市埋蔵文化財研究所発掘調査報告2016- 9
19. 京都市埋蔵文化財研究所『平安京左京三条三坊十三町跡・烏丸御池遺跡』京都市埋蔵文化財研究所発掘調査報告2016-10
20. 京都市埋蔵文化財研究所『御土居跡』京都市埋蔵文化財研究所発掘調査報告2016-11
21. 京都大学文化財総合研究センター『京都大学構内遺跡調査研究年報　2015年度』
22. 京都府教育委員会『京都府埋蔵文化財調査報告書』平成28年度
23. 京都府埋蔵文化財調査研究センター『京都府遺跡調査報告集』第168集
24. 京都府埋蔵文化財調査研究センター『京都府遺跡調査報告集』第169集
25. 京都府埋蔵文化財調査研究センター『京都府遺跡調査報告集』第170集
26. 国際文化財『平安京左京八条二坊十五町跡』
27. 国際文化財『平安京左京八条一坊一町跡・御土居跡埋蔵文化財発掘調査報告書』
28. 国際文化財『平安京右京一条四坊十三町跡埋蔵文化財発掘調査報告書』
29. 古代文化調査会『平安京左京二条三坊九町・旧二条城跡・烏丸丸太町遺跡―大門町の調査―』
30. 古代文化調査会『平安京右京三条一坊十町西ノ京永本町の調査』
31. 城陽市教育委員会『城陽市埋蔵文化財調査報告書』第71集
32. 長岡京市埋蔵文化財センター『友岡遺跡　長岡京跡右京第325次発掘調査報告』長岡京市埋蔵文化財調査報告集第57集
33. 長岡京市埋蔵文化財センター『長岡京市埋蔵文化財発掘調査資料選（七）』
34. 伏見城研究会『淀城跡（天守台跡)』伏見城研究会発掘調査報告書
35. 向日市埋蔵文化財センター『長岡京跡・中海道遺跡』向日市埋蔵文化財調査報告書第105集
36. 向日市埋蔵文化財センター『長岡京跡・西小路遺跡』向日市埋蔵文化財調査報告書第103集

論　文

37. 京都橘大学大学院文学研究科『京都橘大学大学院研究論集』第15号
　　福家　恭・高田祐一・広瀬侑紀「伏見桃山城（桃山陵墓地）および山科石切場の矢穴からみた採石技術の変遷（試案)」
　　中川亀造・永井太一郎・池部龍夫・久保　孝・青地一郎・武内良一「『伏見桃山陵域』への立ち入り調査の報告」
　　奥田　尚「伏見桃山城跡の石材」
　　森岡秀人「木幡山伏見城跡の桃山陵墓地内観察と『豊徳』期城郭提唱の意義」
　　竹村亮仁「ゴーランド・コレクション報告　玉類について」
38. 京都府埋蔵文化財研究会『近世城郭から考える諸問題』第23回京都府埋蔵文化財研究集会発表資料集
　　松本学博「福知山城について」
　　松本達也「田辺城跡」
　　東　高志「宮津城下の成立と展開について」
　　福島克彦・原　秀樹「神足城館について」
　　山下大輝「木畑山伏見城大名屋敷の空間復元について―『島津右馬頭』屋敷地の発掘調査事例を中心に―」
　　一瀬和夫・嵯峨根絵美「伏見城関連、山城大塚・小山石切丁場」
　　森島康雄「城郭石垣の課題」
　　芝野康之「大阪城と加茂・笠置の切石」
　　河森一浩「成相寺旧境内の調査」
　　國下多美樹・神所尚輝「上中城の発掘調査」

39. 丹波の文化を伝承する会『旦波』第10号
    吉野健一「羽衣伝説」雑感
    高野陽子「丹後地域王権の祭儀―浅後谷南遺跡の導水祭祀―」
    藤村裕孝「海部氏『勘注系図』の疑問」
    吉田　誠「京丹後市出土の鏡」
40. 同志社大学歴史資料館『木津川・淀川流域における弥生～古墳時代：集落・墳墓の動態に関する研究』調査研究報告第14集
    伊藤淳史「京都盆地の弥生時代動態」
    宇野隆志「京都盆地における古墳と集落の動態」
    濱田延充「淀川流域の弥生時代遺跡群の動態」
    藤井　整「弥生墓制からみた淀川・木津川水系の集団関係」
    古川　匠「山城地域の古墳時代集落の動態」
    吉田知史「交野の古墳時代集落動態」
    真鍋成史「金属器生産からみた木津川・淀川流域の弥生～古墳時代集落」
    若林邦彦「集落と墳墓の立地からみた弥生～古墳の社会変化」
    若林邦彦「交野市郡津丸山古墳の測量成果」
    若林邦彦・手島美香「木津川・淀川流域の弥生～古墳時代集落遺跡調査データ」
41. 綾部侑真・竹村亮仁・伊野近富「日本海沿岸の貿易陶磁」『京都府埋蔵文化財情報』第131号　京都府埋蔵文化財調査研究センター
42. 家原圭太　　「平安京の邸宅分布と園池」『古代文化』第68巻3号
43. 犬飼　隆　　「資料散歩　平安京出土『難波津歌』木簡の価値」『日本歴史』824号
44. 柏田有香・古川　匠・浅井猛宏「山城地域」『集落動態からみた弥生時代から古墳時代への社会変化』古代学研究会編
45. 梶川敏夫　　「京都市の文化財保護44年を振り返って（その1）」『古代文化』第68巻1号
46. 梶川敏夫　　「京都市の文化財保護44年を振り返って（その2）」『古代文化』第68巻2号
47. 古閑正浩　　「平安京初期の造瓦組織」『考古学雑誌』第99巻第1号
48. 神野　恵・尾野善裕「奈良山須恵器窯の分布調査」『奈良文化財研究所紀要2016』国立文化財機構奈良文化財研究所
49. 高野陽子・福山博章「日本海沿岸における弥生時代木製品にみる地域間交流―桶形容器を中心に―」『京都府埋蔵文化財情報』第131号　京都府埋蔵文化財調査研究センター
50. 土屋隆史　　「明治期の公文書にみる鹿谷古墳群出土品」『ゴーランド・コレクション総合研究の新知見に基づく日本古墳時代像・研究史の再構築』ゴーランド・コレクション調査プロジェクト
51. 南條佳代　　「藤原良相邸跡出土墨書土器の仮名表記に関する考察Ⅱ」『京都語文　第24号』佛教大学国語文学会
52. 西森正晃　　「長岡・平安京の造成の実態」『日本古代の都城を造る』都城制研究11　奈良女子大学古代学学術研究センター
53. 菱田哲郎　　「京都でのワークショップについて」『ゴーランド・コレクション総合研究の新知見に基づく日本古墳時代像・研究史の再構築』ゴーランド・コレクション調査プロジェクト
54. 菱田哲郎　　「宮津市府中地区の板碑調査から」『『丹後の海』の歴史と文化』京都府立大学文学部歴史学科
55. 松崎俊郎　　「長岡京廃都に伴う祭祀の一形態―長岡京跡左京第486次調査検出の祭祀跡―」『都城』28　向日市埋蔵文化財センター
56. 山田邦和　　「平安京の都市的変容：京・鎌倉時代における展開」『条里制・古代都市研究』32号　条里制・古代都市研究会

Ⅱ　各都道府県の動向

57. 吉野秋二　「平安京跡左京四条一坊二町出土の木簡」『古代文化』第68巻2号
　　その他（刊行物）
58. 京都市文化財ブックス『天下人の城』第31集
59. 龍谷大学文学部考古学実習室『龍谷大学考古学実習』No.13
60. 立命館大学文学部考古学・文化遺産専攻編集『畿内の首長墳』
　　その他（展示・シンポジウム等）
61. 京都市・京都市埋蔵文化財研究所『御土居の実像―豊臣から徳川へ―』講演会
62. 京都市考古資料館『伏見城と淀城』特別展示
63. 京都市考古資料館『HEIAN 掘る！』京都市考古資料館・龍谷大学付属平安高等学校・中学校合同企画展
64. 京都市考古資料館『世界遺産を掘る！』特別展示
65. 京都大学総合資料館『文化財発掘Ⅲ―激動の幕末と京大キャンパス―』特別展
66. 読売新聞社『戦国時代展― A Century of dreams ―』
67. 第8回世界考古学会議京都大会『世界考古学会議第8回京都大会（WAC-8）』
68. WAC-8京都大会日本実行委員会・京都市『世界考古学会議第8回京都大会（WAC-8）市民向け公開講演会』
69. WAC-8京都大会日本実行委員会・WAC JAPAN『世界考古学会議第8回京都大会サテライトイベント』
　　　京都文化博物館『アートと考古学展～物の声を、土の声を聴け～』図録
　　　第8回世界考古学会議京都大会『第8回世界考古学考古学会議発表要旨集』（英語。一部日本語）

27　大　阪　府

寺　井　　誠

1．〔調　査〕

　2016年度の大阪府における文化財保護法による届出等の件数は、第92条に基づく届け出が192件、第99条に基づく報告が778件、第93条に基づく届け出が7936件、第94条に基づく通知が634件、第96条に基づく届け出が29件、第97条に基づく通知が5件である。以下では、所在市町村名、遺跡の後に発掘調査実施主体を示し、府市町村は（府・市・町・村）、大阪府文化財センターは（府財）、大阪市博物館協会大阪文化財研究所・枚方市文化財調査研究会・八尾市文化財調査研究会は（市財）と表記する。

旧石器時代～縄文時代
　茨木市西福井遺跡（府）にて、縄文時代の骨を埋納した土壙が検出された。骨の大半は火を受けていた。展示では四條畷市立歴史民俗資料館にて、『ヒスイのきらめき―北河内からみた交流と縄文のまつり―』が催された。更良岡山遺跡出土の翡翠製大珠など近畿地方出土の翡翠製大珠に加え、彫刻石棒や土偶といった祭祀遺物を展示し、北陸地方との交流について解説された。

弥生時代
　高槻市安満遺跡（市）では、遺跡南側で弥生時代中～後期の水田と水路、北側で弥生時代後期の流路が確認された。高槻市慈願寺山遺跡（市）では、弥生時代中期後半の竪穴建物3棟を検出し、多量の土器や石器が出土した。摂津市明和池遺跡（市・府財）では、弥生時代後期の竪穴建物が6棟見つかり、うち3棟には外周溝が巡っていた。枚方市鷹塚山遺跡（市財）で弥生時代の竪穴建物や集落をめぐる溝が検出された。茨木市郡遺跡・倍賀遺跡では、弥生時代中期～後期の方形周溝墓140基と竪穴建物22棟が検出された。方形周溝墓については溝を共有しながら調査地16,500㎡のほぼ全域で見つかり、周溝からは供献土器や人形土製品が出土した。方形周溝墓98では墓壙から木棺の底板と人の歯と顎

の骨の一部が出土し、骨の周りには朱が残っていた。交野市坊領遺跡（市・府財）では、弥生時代中期の方形周溝墓、後期の井戸が検出された。

古墳時代

前期古墳である池田市池田茶臼山古墳（市）では、くびれ付近の基底や後円部端で葺石を確認し、全長57mの前方後円墳であることが確認された。慈願寺山遺跡（市）では、古墳時代前期・後期の方墳をそれぞれ1基検出した。前期の古墳からは鉄製農工具が一括して出土し、後期の古墳では円筒埴輪列が確認されたとともに、木棺直葬の主体部からは鉄刀・鉄剣、馬具などが出土した。和泉市府中遺跡（府）では、弥生時代後期から古墳時代初頭にかけての河川跡、古墳時代中期の竪穴建物が検出された。上石津ミサンザイ古墳（履中天皇陵古墳）の陪塚である堺市寺山南山古墳（市）は、44.8×36.2mの5世紀初頭の方墳であることがわかっていたが、発掘調査によって新たに東側に造り出しを設けていたことが明らかになったとともに、造り出し近くの墳丘テラス上で囲形埴輪や家形埴輪とともに円筒埴輪列が確認された。坊領遺跡（市・府財）では、古墳時代中期の竈を有する竪穴建物が検出された。寝屋川市小路遺跡（市）で古墳時代初めごろの竪穴住居跡や多数の柱穴や、集落の南側では自然河川と、そこから取水している溝、取水部分で溝の壁面補強のための護岸施設が検出された。終末期古墳である太子町二子塚古墳（町）では、墳丘の形状や表面の残存状況を確認するための調査が行われた。墳丘形状を示す周囲の溝や墳丘上の敷石が検出され、東側の石室内では石敷きの床面と壁面に塗られていた漆喰の堆積が確認された。岬町淡輪ニサンザイ古墳（五十瓊敷入彦命宇土墓）では、宮内庁書陵部により陵墓保全工事に伴って学会向けに立会調査見学会が行われた。

古　代

枚方市禁野本町遺跡で奈良時代後半の掘立柱建物・溝・井戸などが検出された（市財）。大阪市難波宮跡では、朝堂院西方にて、後期難波宮の官衙と「五間門区画」の一部が検出された（市財）。八尾市東弓削遺跡では、東大寺や興福寺と同型の瓦が出土し、一辺20mの塔の基壇跡が検出された（市財）。塔の基壇は大安寺七重塔と同規模であり、七重塔であった可能性が高く、道鏡にゆかりのある由義寺の遺構と考えられている。白鳳期に創建された寝屋川市高宮廃寺跡（市）では、金堂基壇について断ち割り調査が行われ、明瞭な版築が確認された。

中　世

大阪市住吉行宮跡遺跡（市財）では、16世紀後半に廃絶する推定幅7m、深さ2.2mの溝が検出された。住吉社の社家である津守氏の居館の堀と推定される。なお、堀の下層からは地中海地方原産のマメ科ウマゴヤシ属の果実が出土した。堺市堺環濠都市遺跡（市）では、中世自治都市「堺」の東端をめぐる濠の一部が検出された。検出された幅は8.5m、深さ2.2mで、中国製磁器や漆器などが出土した。堺市宮園遺跡（府）では、中世後期の土取り穴を検出、瓦質土器が出土した。高宮廃寺跡（市）では、中世に再建された講堂の基壇南辺付近で土師器皿が重なった状態で出土した。基壇を築盛する際の地鎮の痕跡と考えられる。また、講堂の別の部分では瓦が屋根から重なって落ちた状態で検出され、焼けた瓦や炭層も確認できたことから、火災にあって倒壊したことが明らかになった。島本町広瀬遺跡（町）では、20万点を超える鎌倉時代の土器や瓦類が出土した。これらは後鳥羽上皇の水無瀬離宮に関連するものと考えられる。泉佐野市日根荘遺跡長福寺跡（市）で、境内に築かれた石積みや堂を取り囲んだと思われる石列などが検出された。なお、長福寺は、1501〜1504年に日根荘の荘園領主である貴族の九条政基が記した日記である『政基公旅引付』に登場する寺である。三好長慶の居城として知られる飯盛城跡では、四條畷市で石垣調査、大東市で発掘調査が行われ、3月に両市主催で現地説明会が行われた。国指定史跡を目指した調査研究が進んでいる。

近世・近代

大阪市大坂城下町跡（市財）では、町屋の屋敷裏手の土壙からスイギュウの角や象牙、その他加工痕のある骨がまとまって出土した。骨細工・角細工にかかわるものと思われる。大阪市上本町遺跡（市財）では、18世紀後葉〜19世紀初頭の梵鐘などの鋳型が多数出土した。大阪市海老江遺跡（市財）では、中世から近世にかけての耕作地が調査され、土を水洗したところ、スイカ・カボチャ・メロン（瓜）といった種子が多数検出された。茨木市千提寺菱ケ谷遺跡（市）では、炭化物を埋納した土壙や、矢穴の痕跡が残る割石が埋まった土壙が検出された。当遺跡は江戸時代の墓地遺跡であるが、今回の調査で異なる側面が明らかになることが期待できる。また、2015（平成27）年度に調査された墓で出

Ⅱ　各都道府県の動向

土した人骨を分析したところ、何らかの疾病を患った江戸時代前期以降に出生した熟年男性であることが明らかになった。

　なお、本年度は大河ドラマ『真田丸』がヒットし、大坂の陣の頃の歴史や史跡に対しての世間の関心が非常に高まった。それに伴って、大阪市天王寺区の宰相山遺跡（真田丸推定地）にて、民間団体である真田丸発掘推進協議会と大阪府教育委員会・大阪市教育委員会によって発掘調査が行われた。その調査地点は文献68で真田丸の南側の堀と推定される地点であったが、堀やその他真田丸に関連する遺構は検出されなかった。

2．〔文献一覧〕
報告書

1. 池田市教育委員会『池田市埋蔵文化財発掘調査概報　2016年度』
2. 和泉市教育委員会『府中遺跡　16-90地点の発掘調査』
3. 和泉市教育委員会『和泉市埋蔵文化財発掘調査概報』
4. 和泉市教育委員会『史跡池上曽根遺跡発掘調査報告書2011〜2013―史跡整備に伴う第3期発掘調査―』
5. 和泉市教育委員会『和泉市史紀要第25集　和泉市考古学調査報告書Ⅱ　和泉市域の須恵器研究―調査と編年―』
6. 泉大津市教育委員会『泉大津市埋蔵文化財発掘調査概報』36
7. 泉佐野市教育委員会『泉佐野市埋蔵文化財発掘調査概要　平成28年度』
8. 茨木市教育委員会『平成28年度茨木市埋蔵文化財発掘調査概報9―国庫補助事業に伴う発掘調査―』茨木市文化財資料集第68集
9. 茨木市教育委員会『宿久庄西遺跡2』茨木市文化財資料集第69集
10. 大阪狭山市教育委員会『大阪狭山市内遺跡群発掘調査概要報告書26』
11. 大阪市教育委員会・大阪文化財研究所『大阪市内埋蔵文化財包蔵地発掘調査報告書（2015）』
12. 大阪府教育委員会『上垣内遺跡Ⅱ―都市計画道路梅が丘高柳線の建設に伴う発掘調査―』
13. 大阪府教育委員会『西福井遺跡―一般府道余野茨木線歩道整備工事に伴う発掘調査―』
14. 大阪府教育委員会『水越遺跡・太田川遺跡―寝屋川流域下水道　枚岡河内南幹線（二）下水管渠築造工事に伴う発掘調査―』
15. 大阪府教育委員会『尺度遺跡―動物愛護管理センター（仮称）建設に伴う発掘調査―』
16. 大阪府教育委員会『瓜破北遺跡Ⅳ―府営瓜破二丁目住宅建替えに伴う発掘調査―』
17. 大阪府教育委員会『大和川今池遺跡―都市計画道路堺港大堀線整備事業に伴う発掘調査―』
18. 大阪府教育委員会『大阪府教育庁文化財調査事務所年報20』
19. 大阪府教育委員会『北・中河内における中世城館の調査』
20. 大阪府文化財センター『明和池遺跡4』第267集
21. 大阪府文化財センター『大県郡条里遺跡3・山ノ井遺跡』第268集
22. 大阪府文化財センター『大坂城跡7』第269集
23. 大阪府文化財センター『吹田操車場遺跡12』第270集
24. 大阪府文化財センター『伯太藩陣屋跡・信太千塚古墳群』第271集
25. 大阪府文化財センター『津堂遺跡』第273集
26. 大阪府文化財センター『吹田操車場遺跡13』第274集
27. 大阪府文化財センター『船橋遺跡5』第275集
28. 大阪府文化財センター『井尻遺跡2』第276集
29. 大阪府文化財センター『中ノ坪遺跡』第277集
30. 大阪府文化財センター『招提北代遺跡』第278集
31. 貝塚市教育委員会『貝塚市遺跡群発掘調査概要39』
32. 柏原市教育委員会『柏原市内遺跡群発掘調査概報　平成26・27年度』

大　阪　府

33. 交野市教育委員会『平成28年度交野市埋蔵文化財発掘調査概要』（交野市埋蔵文化財調査報告2016-Ⅰ）
34. 交野市教育委員会『森遺跡ⅩⅠ―交野市森北所在―』（交野市埋蔵文化財調査報告2016-Ⅱ）
35. 門真市教育委員会・大阪府文化財センター『西三荘遺跡』（センター第272集）
36. 河内長野市教育委員会『喜多町遺跡Ⅱ』河内長野市文化財調査報告書第63輯
37. 宮内庁書陵部「履中天皇　百舌鳥耳原南陵飛地い号外構柵整備その他工事に伴う立会調査」『書陵部紀要』第68号〔陵墓篇〕
38. 堺市教育委員会『平成28年度　国庫補助事業発掘調査報告書』
39. 四條畷市教育委員会『四條畷市文化財調査年報』第4号　大上遺跡（大上古墳群）
40. 四條畷市教育委員会『上清滝遺跡・清滝海道発掘調査報告書』第53集
41. 島本町教育委員会『大薮浄水場浄水池新設工事に伴う埋蔵文化財発掘調査報告書　広瀬遺跡発掘調査報告書』
42. 島本町教育委員会『青葉地区・山崎地区・百山地区・水無瀬地区遺跡範囲確認調査概要報告　広瀬遺跡発掘調査報告書』
43. 吹田市教育委員会『平成28（2016）年度　埋蔵文化財緊急発掘調査概報』
44. 泉南市教育委員会『泉南市遺跡群発掘調査報告書ⅩⅩⅩⅣ』
45. 高石市教育委員会『大園遺跡他の発掘調査概要』
46. 高槻市教育委員会『嶋上遺跡群41』
47. 高槻市教育委員会『高槻市文化財年報　平成26年度』
48. 豊中市教育委員会『豊中市埋蔵文化財発掘調査概要　平成28年度』
49. 寝屋川市教育委員会『国史跡高宮廃寺跡　内容確認発掘調査概要Ⅳ』
50. 羽曳野市教育委員会『古市遺跡群ⅩⅩⅩⅧ』（羽曳野市埋蔵文化財調査報告書79）
51. 羽曳野市教育委員会『羽曳野市内遺跡調査報告書―平成26年度―』（羽曳野市埋蔵文化財調査報告書80）
52. 東大阪市教育委員会『東大阪市埋蔵文化財発掘調査概報―平成28年度―』
53. 枚方市教育委員会『枚方市埋蔵文化財発掘調査概要　2016』
54. 枚方市教育委員会・大阪文化財研究所『枚方宿遺跡調査報告書』
55. 藤井寺市教育委員会『藤井寺市発掘調査概報35　野中宮山古墳　MYY2015-1区』
56. 藤井寺市教育委員会『藤井寺市発掘調査概報36　はざみ山遺跡　HM2015-5区』
57. 藤井寺市教育委員会『藤井寺市発掘調査概報37　北岡遺跡　KT2015-5区』
58. 藤井寺市教育委員会『藤井寺市発掘調査概報38　葛井寺遺跡　FJ2015-5区』
59. 藤井寺市教育委員会『藤井寺市発掘調査概報39　国府遺跡　KO2016-1区』
60. 藤井寺市教育委員会『古室山古墳・大鳥塚古墳　附章狼塚古墳』藤井寺市文化財報告第41集
61. 藤井寺市教育委員会『石川流域遺跡群発掘調査報告書ⅩⅩⅩⅡ』藤井寺市文化財報告第40集
62. 八尾市教育委員会『八尾市内遺跡平成28年度発掘調査報告書』
63. 八尾市文化財調査研究会『公益財団法人八尾市文化財調査研究会報告152　Ⅰ　跡部遺跡（第43次調査）　Ⅱ　恩智遺跡（第42次調査）　Ⅲ　田井中遺跡（第23次調査）・木の本遺跡（第30次調査）』
64. 八尾市文化財調査研究会『公益財団法人八尾市文化財調査研究会報告153　Ⅰ　植松遺跡（第14次調査）　Ⅱ　西郡遺跡（第2次調査）　Ⅲ　八尾南遺跡（第40次調査）　Ⅳ　矢作遺跡（第11次調査）』
65. 八尾市文化財調査研究会『公益財団法人八尾市文化財調査研究会報告154　Ⅰ　成法寺遺跡（第28次調査）　Ⅱ　太子堂遺跡（第16次調査）』

論　文

66. 市川　創　「難波宮・京の設計と実際」『都城制研究（11）―日本古代の都城を造る―』奈良女子大学古代学学術研究センター
67. 一瀬和夫・富山直人・前田俊雄「大英博物館所蔵コーランド・コレクション天皇陵古墳関係の土器」『古代学研究』

Ⅱ　各都道府県の動向

　　　　第209号　古代學研究会
68. 大澤研一・松尾信裕「真田丸について―『真田丸図』と構造の検討―」『2016年NHK大河ドラマ特別展　真田丸』
69. 大阪府文化財センター『大阪文化財研究』第48号
　　　島崎久恵・松元美由紀・井上智博「柏原市大県郡条里遺跡から出土した縄文時代後期末のアズキ亜属種子」
　　　井上智博「河内平野北東部における弥生時代以降の地形形成と土地利用」
　　　笹栗　拓「北摂三島の群集墳と成合地区の後―終末期古墳の位置づけをめぐって―」
70. 大阪府文化財センター『大阪文化財研究』第49号
　　　井上智博「河内平野北東部における弥生時代以降の地形形成と土地利用（補遺）」
　　　初宿成彦・後川恵太郎「讃良郡条里遺跡11-1・13-1の昆虫遺体」
　　　合田幸美「茨木市日奈戸遺跡出土の袋状鉄斧をめぐって」
　　　若林幸子「信太千塚古墳群における新規発見の古墳について」
71. 大阪府文化財センター『大阪文化財研究』第50号
　　　井上智博「池島・福万寺遺跡における弥生時代中～後期水田の変遷過程」
　　　笹栗　拓「津堂遺跡における古墳時代中期の土器編年―古市古墳群周辺集落の土器様相とその特質―」
　　　塚下浩司「紀淡海峡地帯の土器製塩について」
72. 大阪府立近つ飛鳥博物館『大阪府立近つ飛鳥博物館館報』20
　　　白石太一郎「古墳からみた物部氏」
　　　市村慎太郎「古市古墳群東部における古墳群成立期の集落」
　　　小野寺洋介「古墳における儀礼の場とその順序―中期古墳を中心に―」
　　　廣瀬時習「子持勾玉に関する一考察」
　　　森本　徹「継体大王支援勢力の古墳と儀礼」
73. 大阪歴史博物館『大阪歴史博物館研究紀要』第15号
　　　佐藤　隆「難波と飛鳥、ふたつの都は土器からどう見えるか」
　　　栄原永遠男「難波屯倉と古代王権―難波長柄豊碕宮の前夜―」
　　　村元健一「隋唐初の複都制―七世紀複都制解明の手掛かりとして」
　　　松尾信裕「『諸国古城之図』所収「摂津真田丸」図の再検討」
74. 大阪歴史博物館『共同研究成果報告書』11
　　　杉本厚典「『難波丸』からうかがえる近世前期の大阪の産業の統計分析」
　　　松尾信裕「近世における大坂市街地の拡大」
　　　豆谷浩之「大坂蔵屋敷の多様な分析視覚について」
75. 太田宏明「古墳時代における政権と畿内地域　支配構造・物資移動から畿内地域の役割を考える」『古代学研究』第210号　古代學研究会
76. 太田宏明「古墳にみられる地域色と畿内地域―古墳時代中期の長持形石棺と後期の剌抜式家形石棺を中心として―」『古代学研究』第210号　古代學研究会
77. 大庭重信「弥生時代中期生駒西麓型土器広口壺の施文手法」『大阪文化財研究所研究紀要』第18号
78. 大庭重信「地形発達と耕地利用からみた弥生・古墳時代の地域社会―河内平野南部を対象に―」『考古学研究』第63巻第2号
79. 奥田　尚「倭国高安城の外郭線」『古代学研究』第210号　古代學研究会
80. 木村　理「円筒埴輪からみた百舌鳥・古市古墳群における陪冢の性格」『古代学研究』第212号　古代學研究会
81. 京嶋　覚「＜私の古代学＞（6）大阪市長原遺跡の調査研究と埋蔵文化財保護」『古代文化』第68巻第3号　古代学協会
82. 坂本　俊「大坂城再築普請における石材運搬経路の一考察」『ヒストリア』258号　大阪歴史学会

83. 積山　洋　「古代難波の考古学研究史を振り返って（1）」『古代文化』第68巻第4号　古代学協会
84. 道上祥武　「古代畿内における集落再編成と土地開発」『考古学研究』第63巻第4号
85. 中原　計　「政権による森林資源の調達」『古代学研究』第210号　古代學研究会
86. 中村博司　「豊臣期大坂の『惣構』をめぐる諸問題」『ヒストリア』259号　大阪歴史学会
87. 藤田和尊・尼子奈美枝「古墳副葬品の配布からみた畿内地域」『古代学研究』第210号　古代學研究会
88. 松本百合子「大阪市内出土の近世貿易陶磁器」『関西近世考古学研究』24
89. 三好　玄　「畿内の古墳時代集落」『考古学ジャーナル』691　ニュー・サイエンス社
90. 吉田野乃　「生駒西麓における群集墳の比較検討—高安千塚古墳群との比較及び中小型群集墳の検討—」『古代学研究』第209号　古代學研究会
91. 松本啓子　「マジョリカ陶器における文様の同時代性と模倣」『田中良之先生追悼論文集：考古学は科学か』
92. 森田克行　「今城塚古墳の保存と活用（特集　古墳群の整備：保存と活用）」『月刊考古学ジャーナル』684　ニュー・サイエンス社
93. 李　陽浩　「中期難波宮をめぐって—朱鳥火災後の整理作業と後期難波宮の造営過程」『ヒストリア』256号　大阪歴史学会

その他

94. 堺市教育委員会『倭の五王と百舌鳥・古市古墳群—東アジアからみた巨大古墳—』第7回百舌鳥古墳群講演会
　　鈴木靖民「東アジアから見た『倭の五王』の時代」
　　古市　晃「5・6世紀における倭王と王族」
　　岸本直文「倭の五王と百舌鳥・古市の巨大古墳」
95. 大阪文化財研究所『難波宮前の上町台地の都市化—とくに物資（木材等）の需給から』古墳時代における都市化の実証的比較研究—大阪上町台地・博多湾岸・奈良盆地—　第1回研究講演会
　　樋上　昇「樹木と暮らす古代人—木材資源の流通から考える『都市化』の要件」
　　青柳泰介「奈良盆地における木材の生産・流通消費」
　　南　秀雄「上町台地の都市化と難波屯倉建物群」
　　大庭重信「大阪地域における先史・古代の木材獲得と流通」
　　杉本厚典「手工業生産からみた上町台地の都市化」
96. 和泉市いずみの国歴史館「回顧　池上曽根遺跡のいま・むかし」（特別展）
97. 茨木市立文化財資料館「発掘された文字—市域出土の墨書土器・刻書土器・硯—」（企画展）
98. 今城塚古代歴史館「継体大王と筑紫君磐井」（特別展）
99. 今城塚古代歴史館「ハニワールドへようこそ」（企画展）
100. 今城塚古代歴史館「王権儀礼に奉仕する人々—今城塚古墳の人物埴輪—」（企画展）
101. 今城塚古代歴史館「高槻丘陵の遺跡—古曽部・芝谷遺跡の最新成果—」（企画展）
102. 今城塚古代歴史館「太田茶臼山古墳の時代—王権の進出と三島—」（特別展）
103. 大阪府立狭山池博物館「南河内の発掘成果展」（ミニ展示）
104. 大阪府立狭山池博物館「河内の開発と渡来人—蔀屋北遺跡の世界—」（特別展）
105. 大阪府立近つ飛鳥博物館「古墳とは何か—葬送儀礼からみた古墳—」（特別展）
106. 大阪府立近つ飛鳥博物館「古代人がみた色と光—色彩と輝きの考古学—」（企画展）
107. 大阪府立近つ飛鳥博物館「大王と豪族—6世紀の大和と河内—」（特別展）
108. 大阪府立近つ飛鳥博物館「館蔵資料の紹介—寛弘寺の中期古墳—」（スポット展示）
109. 大阪府立近つ飛鳥博物館「歴史発掘おおさか2016—大阪府発掘調査最新情報—」（企画展）
110. 大阪府立弥生文化博物館「鉄の弥生時代—鉄器は社会を変えたのか？—」（特別展）
111. 大阪府立弥生文化博物館「摂河泉シリーズ3　摂津　キリシタン墓とその前史—摂津の人びとが生きた証」（企画

Ⅱ　各都道府県の動向

　　展）
112. 大阪歴史博物館「真田丸」（特別展）
113. 大阪歴史博物館・大阪文化財研究所「都市大阪の起源をさぐる　難波宮前夜の王権と都市」（特別企画展）
114. 大阪歴史博物館・大阪文化財研究所「新発見！なにわの考古学2016」（特集展示）
115. 河内長野市立ふるさと歴史学習館「観心寺がつくった中世世界」（企画展）
116. 堺市博物館「ニサンザイ古墳発掘調査速報展」
117. 堺市立みはら歴史博物館「河内鋳物師の誇り3―よみがえる東大寺の大仏―」（特別展）
118. 吹田市立博物館「古代の港か？祭場か？―五反島遺跡の謎に迫る―」（特別展）
119. 四條畷市立歴史民俗資料館「ヒスイのきらめき―北河内からみた交流と縄文のまつり―」（特別展）
120. 太子町立竹内街道歴史資料館「国指定史跡二子塚古墳と大方墳の時代」（企画展）
121. 歴史館いずみさの「卑弥呼の時代と泉州―拠点集落「下田遺跡」を探る―」（特別展）
122. 歴史館いずみさの「奈良の都と泉佐野」（特別展）

28　兵　庫　県

篠宮　　正・大本　朋弥

1.〔調　　査〕

　2016年度の兵庫県における発掘調査は、遺跡の範囲確認を含む学術調査1件、整備に伴う調査6件、開発に伴う本発掘調査100件、開発に伴う試掘確認調査495件、工事立会384件である。以下、主要な調査を時代ごとに概述する。

縄文時代

　摂津地域では、神戸市灘区篠原遺跡・中央区楠荒田町遺跡・同宇治川南遺跡より突帯文土器が出土し、宇治川南遺跡では中期の土器片も見つかっている。

　播磨地域では、姫路市鍛冶田遺跡で弥生時代の遺構面下層より晩期後半の土器とともに水田畦畔状の遺構が見つかっている。西脇市国影遺跡の確認調査では、晩期と考えられる土器片が出土しており、周囲に遺跡が広がっていることが期待される。

弥生時代

　摂津地域では、神戸市中央区楠・荒田町遺跡で前期～中期前半の土坑が多数見つかり、土坑中よりまとまった量の土器が出土している。同市東灘区深江北町遺跡では中期の方形周溝墓を検出した。

　播磨地域では、姫路市竹の前遺跡の調査で後期前半の一○土坑を持つ円形の竪穴建物跡2棟と中期を遡る溝跡を検出し、多数のサヌカイト剥片が出土した。同市鍛冶田遺跡では前年度調査区より続く中期の竪穴建物跡2棟を検出し、前年度と合わせて7棟となった。同市市之郷遺跡では弥生時代中期の方形周溝墓1基が見つかった。

　淡路地域では、淡路市舟木遺跡で弥生時代後期後半の竪穴建物跡4棟を検出し、鉄製品57点が出土した。3棟は直径10m前後の大型の円形で、1棟は隅丸方形を呈するもの。円形のもののうち1棟は床面から4箇所の炉跡を検出した。建物内からは刀子や針状鉄器、加工時の鉄片などの鉄製品のほかに敲石や台石が出土している。史跡五斗垣外遺跡と6km程度の距離であることから、その関係についても注目される。また、1991年の発掘調査で竪穴建物跡より出土していた青銅器を再調査した結果、4点が接合して後漢鏡の鈕（2.4cm×1.7cm×0.9cm）であることを確認し、県内4例目、淡路島内では初の事例となった。中国南部産の材料で製作したことも判明し、2世紀前半に製作された後漢鏡が短期間に流入した過程を知りうる資料と位置付けられる。

　淡路市大円道向遺跡では、弥生時代前期の土器とともに土器廃棄土坑や溝などが出土しており、集落の周辺部である

と思われる。南あわじ市入田稲荷前遺跡では古代～中世の包含層より貨泉3枚が重なった状態で出土している。また、同市出土の松帆銅鐸について、松帆5号鐸と島根県荒神谷6号鐸、松帆3号鐸と島根県加茂岩倉27号鐸、松帆2号鐸・4号鐸・南あわじ市日光寺所蔵銅鐸が同范であることが新たに判明した。

古墳時代

摂津地域では、神戸市東灘区住吉宮町遺跡で縦5m、横10mの中期前半の粘土郭を有する方墳が埋没している状態で発見された。棺内からは方格規矩鏡・勾玉・管玉・鉄斧、棺外より鉄剣などが出土している。墳丘は2段築盛で、テラスには円筒埴輪・朝顔形埴輪など7点が2m間隔で原位置に樹立した状態で出土した。宝塚市万籟山古墳の調査により全長64m、高さ8.4mと判明し、後円部からは葺石が出土した。西宮市高塚1号墳は横穴式石室内から須恵器のほかにガラス製装身具が出土し、6世紀後半～7世紀前半に築造されたことが明らかになった。集落遺跡では西宮市高畑町遺跡では5世紀中頃の水田跡から竪杵や束ねられた状態と思われる稲架、むしろや鍬先などの木製農耕具がまとまって出土しており、農具の保管状況を示す事例である。

播磨地域では、姫路市関ノ口遺跡で2基の埋没墳が見つかった。1号墳は直径約10m、古墳時代中期後半、2号墳は直径約11mで後期に造成されたとみられ、中世の大規模な開墾で削平されたものとみられる。1号墳より東約25mには2号墳と同時期の高床建物跡（東西9m、南北5～6m、掘方最大径70cm）があり、住居より大型。このほかに多数の竪穴建物跡を検出している。また、同市鍛冶田遺跡では中期の竪穴建物跡1棟を検出し、滑石製の玉類などが出土している。揖保郡太子町城山遺跡では後期の竈付竪穴建物跡2棟が見つかっている。

但馬地域では、豊岡市大木谷古墳群で2基の古墳を調査した。

古代

摂津地域では、深江北町遺跡で澪・砂嘴および海成堆積を検出した。飛鳥～奈良時代の木簡などが出土し、葦屋駅家と関連する可能性がある。

播磨地域では、姫路市姫路城城下町遺跡の下層で一辺80cmの隅丸方形柱跡を持つ総柱建物跡1棟と4つの柵跡を検出した。播磨国府の中心施設とみられる姫路市本町遺跡より南に500mの地点である。瓦は出土しておらず、倉庫（屯倉）と想定している。同市前田遺跡では条里に沿って並行する奈良時代の溝2条を検出しており、周辺の条里型地割がこの頃まで遡る可能性を示している。また、地割に合わせて一辺1mの大型方形柱穴を持つ総柱建物跡も複数見つかっている。このほか、瓦や飛鳥時代の土器なども出土している。加古川市上村池遺跡では奈良時代後期の掘立柱建物跡や竪穴建物跡、平安時代後期（12世紀）の溝状遺構を検出。大型方形掘方を持つ大型建物跡や瓦が出土する地点もあり、『播磨国風土記』の「宇須伎津」に想定される魚吹八幡神社がすぐ南にあることから、揖保川水運の拠点の一部であった可能性がある。加西市吸谷廃寺では塔心礎が新たに見つかった。

丹波地域では、丹波市稲塚窯跡で7世紀後半の須恵器窯1基を検出した。

但馬地域では、豊岡市但馬国分寺跡で主要伽藍より東約50mで南北に走る第2の回廊を発見した。主要伽藍以外での回廊は全国初。2列の礎石が南北に計14個出土し、両脇には雨落溝も検出している。これまでの調査結果と合わせて南北70mに及ぶことが判明。但馬国分寺創建時（8世紀中頃）の遺物は出土しておらず、9世紀半ば以降に建て増しされたものとみられる。

中世

播磨地域では、竹の前遺跡で平安時代末頃の掘立柱建物跡6棟や井戸1基、木棺墓2基が見つかった。木棺墓には白磁の碗と小壺が副葬されていた。同市市之郷遺跡では鎌倉時代の掘立柱建物跡2棟が見つかった。加古川市中道子山城では無線塔建設に先立ち発掘調査が実施され、遺構を検出している。この無線塔建設に対して、日本考古学協会は建設反対の要望書を提出した。上郡町赤松円心居館跡では確認調査の結果11地点で大量の14世紀頃の土師器や43cmの柱穴・礎板が出土し、近隣の集落に多い備前焼・鍋が見られず、土師器皿が多いことから居館跡と想定。同地域は江戸末期の絵図に「円心居館跡」と記されており、発掘調査により明確になった。

近世

摂津地域では、神戸市兵庫津遺跡第69次調査において兵庫城隣接地で町屋とみられる遺構8棟を検出。絵図にかか

Ⅱ　各都道府県の動向

れた3.5m幅の街路ほかに中に魚骨・貝殻の入った埋桶遺構が見つかっている。尼崎市富松城跡北側で長さ31m、幅4m深さ1.5mの堀跡を検出した。従来の調査と合わせると同時期のもので南北200m以上の規模となる。伊丹市有岡城跡・伊丹郷町第368次調査で有岡城期の掘建柱建物跡が見つかっている。

播磨地域では、多可町宮前鉱山跡で銅製錬をしていたとみられる平坦面が見つかっており、掘立柱建物跡や方形石敷を検出している。江戸時代中期の陶磁器などが出土しており、50年程度のごく短期間に操業した鉱山跡であると思われる。姫路市姫路城では内堀の石垣修理に伴い実施した調査で斜面に対して上下方向に延びる竪堀が出土した。江戸期の城の絵図には溝の記載はないが、並行する位置に土塀が記されている。また、姫路城城下町跡では、姫路城外曲輪にあたり、18世紀中頃の道路跡（幅3m）とみられる側溝（幅40cm、深さ70cm）および町屋の屋敷境跡を検出した。外曲輪での道路跡の発見は初めてである。屋敷境跡は側溝に隣接して出土し、建物礎石から間口は約5.9m。江戸期の絵図と照合すると、西から平兵衛邸、忠五郎邸、藤兵衛邸の3軒と判明し、絵図の正確性を裏付ける内容である。高砂市高砂町遺跡（工楽松右衛門旧宅）では確認調査の結果、南堀川西詰の港湾遺構として姫路藩などの船が荷揚げをしていた江戸時代後半とみられる石垣や雁木が見つかった。

近代

播磨地域の神河町では日本初の産業用道路であるとされる「銀の馬車道」の発掘調査をした結果、石の少ない土を小石混じりの土で挟む3層構造の土層断面と道路端の縁石が見つかり、文献にみられる「マカダム式」工法をこれまでの調査ではじめて確認した。

2016年度には明石市報恩寺跡本堂基壇出土瓦が県重要文化財に指定された。

2016年度には三木市立みき歴史資料館が開館した。

2016年度に開催された主な展覧会を列挙する。明石市立文化博物館「発掘された明石の歴史展　明石の中世Ⅱ　戦国時代の城館」。赤穂市立有年考古館「発掘された上水道」・「新発見速報展2016」・「松岡秀夫を偲ぶ―赤穂市立有年考古館開館5周年記念展」。朝来市埋蔵文化財センター「鳥と翔ける王～池田古墳出土資料一斉公開～」。芦屋市三条文化財整理事務所で「弥生時代の芦屋」。尼崎市立田能資料館「THE田能遺跡―あまがさきのキセキ」・「弥生のガラス―二千年前の青い装飾品―」・「田能遺跡と弥生時代」。尼崎市立文化財収蔵庫「発掘調査で分かったことⅢ」。神戸市埋蔵文化財センター「"でっかいお墓"の誕生―弥生の墓から古墳へ―」・「発掘！古代のお役所」・「住吉宮町遺跡速報展」。淡路市北淡歴史民俗資料館「海人の島　淡路の歴史」。豊岡市立歴史博物館「知られざる！！豊岡の二大城」・「ふるさとの宝もの―日高地区の文化遺産」。たつの市立室津海駅館「播磨灘の考古学～室津と海に眠る宝もの～」。たつの市埋蔵文化財センター「新宮宮内遺跡の時代」。播磨町郷土資料館「大中遺跡『再』発見！東播磨の弥生遺跡」・「オポナカムラの生業―弥生時代の漁業」。姫路市埋蔵文化財センター「発掘調査速報展2016」・「黄泉の国の考古学―姫路の後期古墳―」・「家島諸島の考古学」。兵庫県立陶芸美術館「やきものを分析する―釉薬編―」。兵庫県立考古博物館「築城―職人たちの輝き―」・「夏休みこども博物館　探検！古代の世界」・「江戸時代の兵庫津」・「ひょうごの遺跡2017―調査研究速報―」。三木市立みき歴史資料館「三木合戦を知る」・「吉川の遺跡展」。

2016年度に県内で開催された主なシンポジウムや研究会を列挙する。明石市立文化博物館で「明石の中世Ⅱ―戦国時代の城館」。芦屋市ルナ・ホールで「『陵墓』公開をめぐる成果と未来」・「会下山遺跡と高地性集落―弥生人はなぜ山の上に住んだのか―」。たつの市立新宮公民館で「新宮宮内遺跡を考える」。兵庫県立考古博物館で「大中遺跡再発見」。姫路市教育会館で第18回播磨考古学研究集会「武器からみた古墳時代の播磨―古墳時代社会の軍事的側面を探る」。

2．〔文献一覧〕

報告書

1．明石市教育委員会『林崎三本松瓦窯跡群発掘報告書』
2．赤穂市教育委員会『有年地区埋蔵文化財詳細分布調査報告書1　有年原地区・有年牟礼地区』赤穂市文化財調査報告書84
3．芦屋市教育委員会『平成8年度国庫補助事業（4）芦屋市内遺跡発掘調査概要報告書阪神・淡路大震災復旧・復興事業に伴う埋蔵文化財発掘調査　寺田遺跡（第40地点）』芦屋市文化財調査報告第105集

兵 庫 県

4. 芦屋市教育委員会『八十塚古墳群岩ケ平支群第61号墳出土双龍環頭大刀調査・分析報告書』芦屋市文化財調査報告第106集
5. 芦屋市教育委員会『山芦屋古墳発掘調査概要報告書』芦屋市文化財調査報告第107集
6. 尼崎市教育委員会『平成27年度国庫補助事業尼崎市内遺跡発掘調査等概要報告書』尼崎市文化財調査報告第46集
7. 尼崎市教育委員会『尼崎市埋蔵文化財調査年報　平成22年度―前畑遺跡第19・20・21次調査、春日神社遺跡第9・12次他調査の概要―』
8. 淡路市教育委員会『天神遺跡発掘調査報告書【弥生時代編】』
9. 伊丹市教育委員会『有岡城跡発掘調査報告書ⅩⅩⅠ―第302次調査―』
10. 猪名川町教育委員会『肝川　桶ノ上間歩群　多田銀銅山遺跡銀山地区（猪木谷間歩群）　木津　木津地区間歩群』猪名川町文化財調査報告書7
11. 小野市教育委員会『王子町内遺跡発掘調査報告書　王子辻ノ内遺跡3　王子山ノ下北遺跡　王子山ノ下西遺跡　王子城ノ下遺跡』小野市文化財調査報告第36集
12. 小野市教育委員会『原田郷地区ほ場整備に伴う発掘調査報告書』小野市文化財調査報告第37集
13. 加古川市教育委員会『西条古墳群人塚古墳』加古川市文化財調査報告25
14. 加古川市教育委員会『史跡西条古墳群保存整備事業報告書』加古川市文化財調査報告26
15. 加西市教育委員会『玉丘古墳Ⅱ　主体部盗掘坑及び長持形石棺の調査』加西市埋蔵文化財調査報告76
16. 川西市教育委員会『平成27年度川西市発掘調査報告』
17. 加東市教育委員会『加東市文化財年報―2015年度―』
18. 神戸市教育委員会『平成26年度神戸市埋蔵文化財年報』
19. 神戸市教育委員会『兵庫津遺跡第62次発掘調査報告書』
20. 佐用町教育委員会『利神城跡等調査報告書』佐用町文化財報告書第32集
21. 佐用町教育委員会『平成26年度埋蔵文化財調査年報』佐用町文化財報告第33集
22. 三田市教育委員会『上相野・石代遺跡、下相野・上沢明田遺跡発掘調査報告書』三田市文化財調査報告第22冊
23. 三田市教育委員会『福島・長町遺跡、福島・龍王谷遺跡発掘調査報告書』三田市文化財調査報告第23冊
24. 新温泉町歴史文化遺産活用実行委員会・新温泉町教育委員会『但馬国新温泉町の城郭集成』
25. 洲本市教育委員会『旧益習館庭園調査報告書』洲本市文化財調査報告書第11冊
26. 多可町教育委員会『中野間・山口遺跡』多可町文化財報告29
27. 丹波市教育委員会『丹波市埋蔵文化財試掘調査概要報告書Ⅴ（平成25・26年度）』丹波市埋蔵文化財発掘調査報告書第5集
28. 豊岡市教育委員会『豊岡市立歴史博物館館報平成27年度　祢布ケ森遺跡（第47次）　但馬国分寺跡（第34次）』
29. 豊岡市教育委員会『平成26・27年度豊岡市埋蔵文化財試掘調査概要報告書』豊岡市文化財調査報告書第7集
30. 豊岡市教育委員会『小河江中黒窯跡・南構遺跡』豊岡市文化財調査報告書第8集
31. 西宮市教育委員会『西宮市重要文化財「考古小録」及び関係品調査報告書』西宮市文化財資料第46号
32. 播磨町郷土資料館『本荘蓮華寺構居跡』播磨町文化財調査第7集
33. 南あわじ市教育委員会『南あわじ市埋蔵文化財調査年報Ⅸ　2012年度埋蔵文化財調査』南あわじ市文化財調査報告書第14集
34. 南あわじ市教育委員会『大野遺跡Ⅰ』南あわじ市文化財調査報告書第15集
35. 姫路市教育委員会『豆田遺跡』姫路市埋蔵文化財センター調査報告第42集
36. 姫路市教育委員会『姫路城城下町跡338次』姫路市埋蔵文化財センター調査報告第43集
37. 姫路市教育委員会『姫路城城下町跡343次』姫路市埋蔵文化財センター調査報告第44集
38. 姫路市教育委員会『姫路城城下町跡349次』姫路市埋蔵文化財センター調査報告第45集
39. 姫路市教育委員会『姫路城城下町跡351次』姫路市埋蔵文化財センター調査報告第46集

Ⅱ　各都道府県の動向

40. 姫路市教育委員会『播磨国分寺跡』姫路市埋蔵文化財センター調査報告第47集
41. 姫路市教育委員会『姫路城城下町跡353次』姫路市埋蔵文化財センター調査報告第48集
42. 姫路市教育委員会『姫路城城下町跡354次』姫路市埋蔵文化財センター調査報告第49集
43. 姫路市教育委員会『姫路城城下町跡356次』姫路市埋蔵文化財センター調査報告第50集
44. 姫路市教育委員会『豆田遺跡』姫路市埋蔵文化財センター調査報告第51集
45. 姫路市教育委員会『丁・柳ケ瀬遺跡』姫路市埋蔵文化財センター調査報告第52集
46. 姫路市教育委員会『丁・柳ケ瀬遺跡』姫路市埋蔵文化財センター調査報告第53集
47. 姫路市教育委員会『姫路城城下町跡』姫路市埋蔵文化財センター調査報告第54集
48. 姫路市教育委員会『豆田遺跡』姫路市埋蔵文化財センター調査報告第55集
49. 兵庫県教育委員会『平成27年度指定　兵庫県文化財調査報告書』
50. 兵庫県教育委員会『西脇市大門畑瀬遺跡　大伏北山遺跡』兵庫県文化財調査報告第486冊
51. 兵庫県教育委員会『多可郡多可町勝浦鉱山跡』兵庫県文化財調査報告第487冊
52. 兵庫県教育委員会『姫路市飯田遺跡』兵庫県文化財調査報告第488冊
53. 兵庫県教育委員会『姫路市姫路城城下町跡』兵庫県文化財調査報告第489冊
54. 兵庫県教育委員会『美方郡新温泉町　タルガ山遺跡　対田清水谷古墳群　小坂谷古墳群　浅谷下山古墳群』兵庫県文化財調査報告第490冊
55. 兵庫県教育委員会『丹波市山田大山古墳群』兵庫県文化財調査報告第491冊
56. 兵庫県教育委員会『川辺郡猪名川町広根遺跡』兵庫県文化財調査報告第492冊
57. 兵庫県教育委員会『川辺郡猪名川町猪渕谷坑道群間歩ケ谷支群他』兵庫県文化財調査報告第493冊
58. 兵庫県教育委員会『兵庫県古代官道関連遺跡調査報告書Ⅲ』兵庫県文化財調査報告第494冊
59. 東　昭吾　『兵庫県丹波市所在鴨庄古窯跡群詳細調査報告書（1）―鴨庄古窯跡郡詳細分布調査報告』

論文等

60. 赤松和佳　「伊丹郷町遺跡出土の貿易陶磁」『関西近世考古学研究』24　関西近世考古学研究会
61. 柏原正民　「『竹田城跡保存活用計画』の策定―文化財を守り伝える視点の明確化―」『遺跡学研究』第13号　日本遺跡学会
62. 合田茂伸　「西宮神社社頭遺跡について」『西宮市立郷土資料館学芸員論集　2015年西川卓志館長退職記念』西宮市立郷土資料館
63. ゴーランド・コレクション調査プロジェクト『兵庫県宝塚市白鳥塚古墳・山本古墳群―ゴーランド調査古墳の研究1』ゴーランド・コレクション調査研究報告第1号
64. 古墳出現期土器研究会『古墳出現期土器研究』第4号
　　池田　毅「神戸市出合遺跡の出土資料―過渡期検討の一指標―」
　　桐井理揮「古墳出現期の猪名川流域　外来系土器の検討を中心として」
65. 是川　長　「1. 邑智駅家」『太子町立歴史博物館館報』18　太子町立歴史博物館
66. 進村真之　『国宝桜ケ丘銅鐸の総合診断調査と今後の保存活用―発見50年目を迎えるにあたって―』九州国立博物館・神戸市立博物館
67. 須藤　宏　「中世以降の有馬温泉―中世の有馬温泉および近世以降の温泉入浴施設の端緒としての湯山御殿―」『考古学ジャーナル』693　ニュー・サイエンス社
68. 第18回播磨考古学研究集会実行委員会『武器から見た古墳時代の播磨』
69. 中世城郭研究会『中世城郭研究』第30号
　　谷　允伸「但馬磯部城」
　　萩　能幸「宇喜多・織田両勢の播備（ばんび）境目城郭」
70. 乗岡　実　「兵庫・中国地方における織豊系の城石垣の成立」『織豊城郭』第16号　織豊期城郭研究会

71. 東播磨地域史懇話会『東播磨地域史論集』
    山本祐作「加古川下流域における6・7世紀の地域社会を考える」
    小澤善郎・友久伸子「加古川採集の石器」
72. 兵庫県立考古博物館『兵庫県立考古博物館研究紀要』第10号
    塚本敏夫・中村　弘「文堂古墳出土金銅装頭椎大刀の復元」
    山田清朝「兵庫県朝来市池田古墳出土水鳥形埴輪の検討―津堂城山古墳・巣山古墳・応神陵古墳出土例との比較から―」
    藤田　淳・甲斐昭光・村上賢治「第8回世界考古学会議京都大会（WAC-8）参加記」
    甲斐昭光・松岡千寿「兵庫県立考古博物館ボランティアの現状と展望」
73. ひょうご歴史研究室『ひょうご歴史研究室紀要』第2号
    島田　拓「上郡町域の赤松氏関連遺跡の調査成果」
    山上雅弘「兵庫県の国指定城館と保護について」
74. 広瀬和雄　「但馬・大藪古墳群の歴史的意義―中央政権の交通政策をめぐって―」『同志社考古』14　同志社大学考古学研究会
75. 山崎敏昭　「弥生時代の山村・山林集落のあり方『見えない集落試論』（続）・兵庫県域東南部の事例から」『魂の考古学―豆谷和之さん追悼論文編―』豆谷和之さん追悼事業会
76. 山中リュウ「加古川市溝之口遺跡・美乃利遺跡の調査」『近畿弥生の会第19回発表要旨集』近畿弥生の会
77. 脇山佳奈　「松帆銅鐸発見記念シンポジウムに参加して」『考古学研究』63-1　考古学研究会

その他

78. 赤穂市教育委員会『有年考古第4号　赤穂市有年考古館年報（平成27年度）』赤穂市文化財調査報告書85　赤穂市有年考古館報告書第4冊
79. 朝来市大蔵自治協議会『大蔵の古墳』
80. 朝来市埋蔵文化財センター古代あさご館『開館10周年記念特別展　鳥と翔ける王』
81. 井原正昭　『拾い集めた花江戸面子　考　一』
82. 井原正昭　『柳町出土報告　作業の概要と姫路土面子』
83. 大手前大学史学研究所「公開講座『摂津の弥生文化』の記録」『大手前大学史学研究所紀要』第11号
84. 加古川市教育委員会『史跡西条古墳群保存整備事業の概要』
85. 神戸市教育委員会『発掘！古代のお役所』
86. 神戸市教育委員会『神戸の弥生遺跡』神戸の遺跡シリーズⅥ
87. 神戸市教育委員会『神戸の古墳Ⅱ』神戸の遺跡シリーズⅦ
88. 城郭談話会『但馬竹田城』戎光祥出版
89. 第17回播磨考古学研究集会実行委員会『播磨の埴輪』
90. 高砂市教育委員会『史跡石の宝殿及び竜山石採石遺跡保存活用計画』
91. 但馬歴史文化研究所『但馬国出石の城を解剖する　山名氏の城と城下を考える第6集』
92. たつの市立埋蔵文化財センター『特別展　新宮宮内遺跡の時代』たつの市立埋蔵文化財センター図録13
93. たつの市立室津海駅館『特別展　播磨灘の考古学～室津と海に眠る宝もの～』
94. 播磨町郷土資料館『平成28年度兵庫県立考古博物館ふるさと発掘展　大中遺跡発見55周年記念大中遺跡「再」発見！東播磨の弥生遺跡』
95. 姫路市埋蔵文化財センター『姫路の横穴式石室をたずねて』
96. 兵庫県立考古博物館『特別展　築城　職人たちの輝き』
97. 兵庫県立考古博物館『特別展　江戸時代の兵庫津』
98. 兵庫県立考古博物館『特別展　兵庫の古鏡』

Ⅱ　各都道府県の動向

99. 兵庫県立考古博物館『古代体験交流事業全国古代体験フェスティバル2016　事業実施報告書』
100. 兵庫県立考古博物館『東播磨の弥生遺跡』
101. 兵庫県立考古博物館『兵庫の遺跡2017―調査研究速報―鑑賞の手引き』
102. 兵庫県立考古博物館『兵庫県立考古博物館 NEWS』18号～19号
103. 兵庫県立考古博物館分館開設準備室『千石コレクション―鏡鑑編―』
104. 兵庫県まちづくり技術センター『兵庫の遺跡』94号～95号
105. 兵庫陶芸美術館『特別展　やきものを分析する　釉薬編』
106. 三木市教育委員会『三木市の文化財図録』三木市文化研究資料第31集

29　奈　良　県

前　田　俊　雄

1．〔調　査〕

縄文時代・弥生時代

　田原本町唐古・鍵遺跡では小形水差形土器が出土した井戸や弥生時代前期の大溝が検出された。このうち大溝は第74次調査地で検出した大溝と同一のものと考えられる。また上牧町久渡古墳群の下層調査では、弥生時代後期や庄内式期の遺構が検出され、高地性の小集落が存在したことが確認された。この集落の存在は遺跡の北に位置する上牧銅鐸出土地の存在や、出現期古墳である久度3号墳の築造を考えるうえで重要である。

　御所市中西遺跡では継続的に調査がおこなわれているが、今年度の調査では弥生時代前期の水田と溝、流路を検出し、溝や流路を境界として水田域が規定されている様子を検出した。また奈良盆地ではこれまで南西部を中心として弥生時代の水田遺構が調査されてきたが、今年度は奈良市平城京左京三条二坊十四坪の下層調査において、弥生時代前期の水田遺構を検出した。奈良盆地では近年ますます多くの水田遺構が各地で検出されており、今後も弥生時代水田に関する研究が深化していくことが期待される。

　今年度の奈良県では、弥生時代墓制に関して大きな発見があった。橿原市瀬田遺跡で弥生時代終末期の墳丘墓が検出された。墳丘墓は円形周溝墓で陸橋をもち、前方後円形を呈する。県内で検出された最古の前方後円形の墳墓であり、前方後円墳の出現過程を考えるうえで重要な資料である。

古墳時代

　今年度は古墳の調査が活発におこなわれ、多数の成果があがっている。前期古墳の調査では、天理市ヒエ塚古墳で後円部北東側において葺石基底石を検出した。その結果、これまでの調査成果とあわせると後円部径70mとなり、また埴輪が出土せず、出土土器の様相から、前期前半築造の可能性が高くなった。上牧町久渡古墳群では1号墳と3号墳の調査がおこなわれた。1号墳は墳丘調査ではこれまで想定されていた墳長60mの不整形の前方後円墳という墳丘が追認され、また出土遺物から前期前半頃の築造と考えられる。3号墳の調査でもこれまでの調査成果を大きく変更するような状況とはなっておらず、古墳時代前期初頭に築造された一辺15mの方墳と考えられる。また今年度の陵墓立ち入り調査は、天理市行燈山古墳で実施され、墳丘の段築の様相が確認された。

　中期古墳の調査では、五條市猫塚古墳では、墳丘北西側で墳丘の西角部付近と堤の葺石および堀を検出した。これまでの調査成果を総合すると、北東-南西方向で約37m、北西-南東方向で34m以上の方墳であったことが判明した。広陵町巣山古墳では後円部東側で墳丘基底石、区画石列、葺石を検出し、基底石の下に石を追加する改修がおこなわれていたことが判明した。この改修は出島状遺構を造り出すためのものと考えられる。また東側外堤でも基底石と葺石が検出された。斑鳩町斑鳩大塚古墳では今年度は墳丘東側および南側、西側で調査をおこなった。今回の調査で墳丘と周濠

の一部を確認し、これまでの調査成果を総合すると、径43mで幅約8mの周濠をもつ円墳に復元することができる。

後期古墳の調査では、天理市豊田狐塚古墳で横穴式石室が調査された。径20mの円墳で、石室内から3棺以上の木棺の埋葬が確認され、旋回式神獣鏡や馬具、須恵器などの多数の遺物が出土した。6世紀中～後葉の築造と考えられる。葛城市茶山古墳では、家形石棺が露出した状態にあったため、遺跡の保護をおもな目的として70年ぶりの調査がおこなわれた。本年度の調査で、家形石棺の風化状況が確認された。三宅町瓢箪山古墳では昨年度に引き続き調査がおこなわれ、前方部墳端が確認されたことから、墳丘長40mという墳丘規模が確定した。また周濠内から円筒埴輪のほか、線刻をもつ犬形埴輪や女性人物埴輪などの多彩な埴輪が出土し、注目される。御所市條ウル神古墳では墳丘西側で調査がおこなわれ、前方部に埋葬施設が1基存在していた可能性が浮上した。

終末期古墳の調査では、明日香村小山田遺跡において横穴式石室の痕跡が確認され、古墳であることが確定した。また横穴式石室の位置とこれまでの調査成果から、一辺70mの方墳となる可能性が高まった。これをうけて遺跡名についても、小山田古墳と変更された。また墳丘盛土中から7世紀前半の軒丸瓦片が出土しており、古墳の築造時期が7世紀前半以降であることが判明した。これらの調査成果を受けて、今後もさらにその被葬者に関する議論が活発になるものと思われる。また同じく明日香村牽牛子塚古墳では、古墳の周囲ですくなくとも谷筋から47m、高さ8.5mにわたり版築の土台が確認された。古墳築造の際の負荷に地盤が耐えられるように、周囲の大規模な造成がおこなわれたものと考えられる。高取町与楽古墳群では新規に終末期古墳が発見された。与楽キタヤマ1号墳と命名された古墳は掘割から一辺14mの方墳に復元することができ、横口式石槨の底石部分が検出された。横口式石槨の構造から、7世紀中頃に築造されたものと考えられ、東漢氏を被葬者とする見解も示されている。

一方、集落の調査においても大きな成果が得られた。橿原市新堂遺跡では古墳時代中期の河道や井戸、土坑などが検出され、河道からは大量の初期須恵器や木製品、馬骨などが出土した。今回の調査成果は、奈良盆地における大陸を起源とする当時の最先端文化の受容過程を研究するうえできわめて重要である。

古　代

飛鳥京跡苑池では南池の東に位置する高台部分で調査をおこない、掘立柱建物や石列を検出し、南池東側における遺構の変遷が明らかとなった。飛鳥寺西方遺跡では、石組溝と石列、掘立柱建物、足場穴が検出された。遺跡の南端で検出された掘立柱建物は総柱建物で、建物周囲では建物解体にともなう足場穴が検出されたことから大型建物であったと考えられ、遺跡の性格や範囲を考えるうえで重要である。

藤原京内では藤原宮大極殿院において東門の南端部が検出され、東門の規模が東西2間、南北7間と確定した。また東門と東面回廊の接続部分の構造も明らかとなり、回廊の東西両側で雨落ち溝や基壇内側で外装の痕跡を検出した。藤原宮朝堂院朝庭では幢幡を設置したと考えられる柱穴が3基検出され、これまでの調査成果から藤原宮の中軸線をはさんで計7基が左右対称に配置されていたことがわかった。『続日本紀』中の記述との共通性から注目される。右京五条七・八坊では西七坊大路の東西両側溝および掘立柱建物、井戸、溝など宅地にかかわる遺構が検出された。

平城京内では朱雀門の南西部で二条大路を横断する排水溝が検出され、朱雀門前の排水システムに関して具体的な資料が得られた。左京二条三坊一・八坪では東三坊坊間西小路の道路側溝を検出し、またこの道路と重複する遺構が検出されたことから道路を挟んで東西に2町分を利用していた時期があったと想定され、当地には平城宮に隣接した2町以上の大規模な邸宅または公的機関が存在していたことが考えられる。また吉野町宮瀧遺跡では2015年度におこなわれた試掘調査を踏まえ、史跡整備に向けた発掘調査がおこなわれた。本年度は史跡指定範囲内で石敷き遺構や石組溝が再検出され、これらの遺構をもとに聖武期の吉野離宮の詳細なプランをあきらかになることが期待できる。

寺院の調査は平城京内のおもだったものでは、東大寺、大安寺、平松廃寺があげられる。東大寺では東塔院跡で、奈良時代の創建時の基壇外装や階段が検出された。基壇の規模は一辺約24.2mに確定し、また昨年の調査成果とあわせると、鎌倉時代の再建は創建時の様式を踏襲せずに構造を変えておこなわれたことが判明した。大安寺では講堂の調査がおこなわれ、講堂基壇の北辺および西辺の列延石列が検出され、講堂の基壇位置が確定した。また基壇北西隅から出土した隅木蓋瓦は、平城宮第二次大極殿出土資料を超える大きさで注目される。平松廃寺は文献資料が残されておらず詳細が不明であったが、今年度はじめて発掘調査がおこなわれた。これまでに橿原市田中廃寺と同笵の瓦が採集されてい

Ⅱ　各都道府県の動向

たが、今回の調査ではこれに加え薬師寺同范瓦も出土した。本寺院の実態解明が今回の調査成果をもとに進むことが期待される。また奈良盆地の東に位置する山添村毛原廃寺は奈良時代に創建された寺院であるが、こちらも文献資料は残されておらず、不明な点が多い寺院であった。1938年に測量調査された礎石建物部分の発掘調査の結果、礎石や礎石の抜き取り穴、版築基壇が確認された。礎石の柱座や地覆座の加工は平城京内の寺院と比較しても丁寧であり、伽藍全体に平城宮系の軒瓦が用いられている。また建物規模が平城京内の東大寺や興福寺といった大寺院に匹敵するものであったことが判明した。

中　世

東大寺東塔院跡では、治承4（1180）年の平重盛による南都焼き討ちによる大規模な火災の痕跡が確認された。また桜井市大神神社旧境内では14世紀の御鏡池と考えられる遺構が検出され、室町時代の大神神社境内の様子および当時の境内でおこなわれた儀礼のありかたを知るうえで重要な成果が得られた。唐古・鍵遺跡では16世紀頃の大溝が検出され、輸入磁器や桃核が多数出土している。また大溝の同時期の上段石組、下段木組の井戸が1基検出された。平群町椿井城跡では範囲確認調査がおこなわれ、本年度は南第1郭と北第2郭で発掘調査がおこなわれた。南第1郭では石列を検出し、櫓のような建物の礎石の可能性が想定される。また石材の配置後の整地土から16世紀後半から17世紀初頭と考えられる瓦質擂鉢が出土し、椿井城の最終整備時期を考えるうえで重要である。一方北第2郭では副郭に通じる橋脚の可能性がある柱穴が検出された。

近　世

大和郡山市郡山城跡では2013年度以来継続的におこなわれてきた、郡山城天守台展望施設整備事業にともなう天守台の発掘調査が完了した。本年度は多聞櫓や埋門の推定地である天守台東方と付櫓台石垣基底部で発掘調査がおこなわれた。多聞櫓推定地では集積遺構が検出され、多聞櫓の基礎と考えられる。付櫓台の石垣は基底石を基盤土に直接据えて積み上げており、基盤を掘り下げる入念な造作である天守台石垣基底石とは対照的な構造である。また構築順序についても、天守台ののちに付櫓台が築造されたことが判明した。これまでの調査で天守台は造成土中や石垣解体中に出土した瓦類から、築造時期は豊臣政権期のなかでも後半にあたる、文禄から慶長初頭となる可能性が高くなった。

曽爾村では伊勢本街道の整備にともなう発掘調査がおこなわれた。今年度は旧状をとどめる峠部分のうち、近世文書によると茶屋があったとされる平坦面部分の調査がおこなわれた。調査の結果、近世の切り通しや土塁、礎石建物が検出され、このうち礎石建物は街道に沿って位置することから、湯茶の接待所のような機能をもっていたと考えられる。

2.〔文献一覧〕
報告書
1. 上牧町教育委員会『史跡上牧古墳群発掘調査報告書Ⅱ』上牧町文化財調査報告第4集
2. 宮内庁書陵部陵墓課『宇和奈辺陵墓参考地旧陪冢ろ号（大和6号墳）―出土遺物の整理報告―』
3. 御所市教育委員会『玉手遺跡』御所市文化財調査報告書第52集
4. 桜井市教育委員会『平成27年度国庫補助による発掘調査報告書』
5. 桜井市文化財協会『芝遺跡第32次発掘調査報告書』
6. 桜井市文化財協会『2005年度発掘調査報告書Ⅰ』
7. 史跡東大寺旧境内発掘調査団『東大寺東塔院跡―平成27年度境内史跡整備事業に係る発掘調査―』
8. 奈良県立橿原考古学研究所『奈良県遺跡調査概報2015年度第二分冊』
9. 奈良県立橿原考古学研究所『奈良県遺跡調査概報2016年度第一分冊』
10. 奈良県立橿原考古学研究所『観音寺本馬遺跡Ⅲ』奈良県立橿原考古学研究所調査報告書第121冊
11. 奈良県立橿原考古学研究所『名勝奈良公園・興福寺跡』奈良県立橿原考古学研究所調査報告書第122冊
12. 奈良県立橿原考古学研究所『中西遺跡Ⅰ』奈良県立橿原考古学研究所調査報告書第123冊
13. 奈良県立橿原考古学研究所『藤原京右京十一条一坊・左京十一条一坊』奈良県立橿原考古学研究所調査報告書第124冊
14. 奈良県立橿原考古学研究所『大塩城跡』奈良県文化財調査報告書第171集

奈　良　県

15. 奈良県立橿原考古学研究所『藤原京右京十一条三坊・四坊』奈良県文化財調査報告書第172集
16. 奈良県立橿原考古学研究所『法貴寺斎宮前遺跡　小阪榎木遺跡』奈良県文化財調査報告書第173集
17. 奈良県立橿原考古学研究所『太田遺跡』奈良県文化財調査報告書第174集
18. 奈良県立橿原考古学研究所『立花遺跡』奈良県文化財調査報告書第175集
19. 奈良県立橿原考古学研究所『藤原京左京八条二坊・九条三坊』奈良県文化財調査報告書第176集
20. 唐招提寺・奈良県立橿原考古学研究所『史跡唐招提寺旧境内』奈良県文化財調査報告書第177集
21. 奈良県立橿原考古学研究所『伊勢本街道』曽爾村文化財調査報告書第2集
22. 奈良国立博物館『北和城南古墳出土品調査報告書』
23. 奈良大学文学部文化財学科『斑鳩大塚古墳発掘調査報告者Ⅲ』
24. 奈良文化財研究所『独立行政法人国立文化財機構奈良文化財研究所概要2016』
25. 奈良文化財研究所『飛鳥・藤原宮発掘調査報告Ⅴ—藤原京左京六条三坊の調査—』奈良文化財研究所学報第94冊

論　文

26. 青柳泰介・覚張隆史・丸山真史「南郷大東遺跡から出土した馬歯の化学分析」『青陵』第146号　奈良県立橿原考古学研究所
27. 石田由紀子「平城宮の6225-6663型式軒瓦」『古代瓦研究Ⅶ』奈良文化財研究所
28. 井上竜也・平田政彦「斑鳩町上宮遺跡出土の埴輪について」『斑鳩文化財センター年報』第6号（平成27年度）斑鳩町教育委員会
29. 太田三喜　「布留遺跡出土の縄紋土器について—天理式土器とその後」『研究紀要』第20集　由良大和古代文化研究協会
30. 大西貴夫　「宮都と周辺の山寺—飛鳥・奈良時代を中心に—」『日本の古代山寺』高志書院
31. 岡見知紀　「葛城市・御所市　新村・柳原遺跡—弥生時代の遺構群と水田跡の調査—」『第19回近畿弥生の会　大阪場所　発表要旨』近畿弥生の会
32. 小澤　毅　「小山田古墳の被葬者をめぐって」『三重大史学』第17号　三重大学人文学部考古学・日本史研究室
33. 小田裕樹　「古代宮都とその周辺の土器様相—『律令的土器様式』の再検討—」『官衙・集落と土器2—宮都・官衙・集落と土器—』奈良文化財研究所
34. 小田裕樹　「藤原宮の運河」『考古学ジャーナル』No.695　ニュー・サイエンス社
35. 北田正弘・奥山誠義・柳田明進「高松塚古墳壁画の白色顔料、金箔および石材の材料科学的研究」『青陵』第147号　奈良県立橿原考古学研究所
36. 絹畠　歩・木村理恵・水野敏典「弥山山頂遺跡採集の須恵器壺について」『青陵』第148号　奈良県立橿原考古学研究所
37. 古墳出現期土器研究会『古墳出現期土器研究』第4号
　　　中野　咲「奈良盆地北縁における弥生時代から古墳時代への集落動態の実態」
　　　村瀬　陸「古墳時代前期における菅原東遺跡の研究Ⅰ—方形区画溝とその周辺出土土器の検討—」
　　　山本　亮「平城宮下層SD6030下層出土土器の基礎情報の整理」
38. 条里制・古代都市研究会『条里制・古代都市研究』第32号
　　　鈴木一議「藤原京右京十一条二坊における発掘調査と藤原宮・京の長舎」
　　　原田憲二郎「平城京左京五条四坊の調査成果」
39. 白石太一郎「古墳からみた物部氏」『大阪府立近つ飛鳥博物館館報20』大阪府立近つ飛鳥博物館
40. 新出高久　「高市大寺の所在地について」『古代学研究』第209号　古代学研究会
41. 須藤好直　「松林苑と奈良時代の築地（上）・（下）」『青陵』第149・150号　奈良県立橿原考古学研究所
42. 田中良之先生追悼論文集編集委員会『考古学は科学か　田中良之先生追悼論文集』
　　　西藤清秀「赤色立体地図を用いての大和・高取城古写真の合成と撮影地の同定」

Ⅱ　各都道府県の動向

43. 中野　咲・福辻　淳・杉山拓己・青柳泰介「大和地域」『集落動態からみた弥生時代から古墳時代への社会変化』古代学研究会
44. 奈良県立橿原考古学研究所『考古学論攷』第40冊
　　絹畠　歩・前田俊雄・持田大輔「奈良市中山横穴墓の研究」
　　重見　泰「新城の造営計画と藤原京の造営」
　　鈴木裕明・青柳泰介・福田さよ子・高橋　敦「古墳時代大和の木器生産遺跡の検討―奈良盆地東山間部の谷遺跡から―」
45. 奈良女子大学古代学学術研究センター『都城制研究（11）』日本古代の都城を作る
　　池田裕英「平城京東市の造営と東堀河の掘削」
　　佐藤亜聖「平城京造営と造営集団について」
　　神野　恵「平城宮周辺の造営工事―佐伯門前と朱雀大路門前の事例から―」
　　舘野和己「日本古代都城の造営―問題提起として―」
46. 原田憲二郎「平城京内出土の6225・6663系軒瓦」『古代瓦研究Ⅶ』奈良文化財研究所
47. 坂　　靖「蘇我氏の遺跡学―飛鳥と渡来人」『古代学研究』第212号　古代学研究会
48. 豆谷和之さん追悼事業会『魂の考古学―豆谷和之さん追悼論文編―』
　　相原嘉之「磐余の諸宮と磐余池　古代磐余をめぐる諸問題」
　　有本昭子・有本雅己「川西根成柿遺跡の石器についての覚書」
　　岡田雅彦「奈良時代における施釉瓦の動向について」
　　久住猛雄「『纒向』異論　纒向古墳群の検討序説」
　　増田　啓「唐古・鍵遺跡　第22・38次調査出土絵画土器の復元」
　　吉田　広「唐古・鍵遺跡における銅鐸模倣の諸相」
49. 水野敏典「上牧久渡3号墳出土の画文帯神獣鏡をめぐる諸問題」『史跡上牧古墳群発掘調査報告書Ⅱ』上牧町教育委員会
50. 光石鳴巳「奈良盆地西部における有茎尖頭器の再発見―伊瀬敏郎コレクション中の2点の資料とその来歴について―」『古代文化』第68巻第1号　古代学協会
51. 山田隆史「高安城」『季刊考古学』第136号　雄山閣
52. 吉村公男「馬見古墳群の保存と活用」『考古学ジャーナル』No.684　ニュー・サイエンス社
53. 米川仁一「大和盆地南西部の葛城地域―4・5世紀の豪族とヤマト政権の動向―」『考古学ジャーナル』No.693　ニュー・サイエンス社

その他
54. 青柳泰介『国家形成期の畿内における馬の飼育と利用に関する基礎的研究』平成26年度～平成28年度科学研究費基盤研究（C）（一般）成果報告書
55. 斑鳩文化財センター『藤ノ木古墳の武器・武具展―武装から藤ノ木古墳を考える―』
56. 今尾文昭『藤ノ木古墳出土品からみた考古系博物館における展示・公開に関する総合的研究』平成25年度～平成28年度科学研究費基盤研究（A）（一般）成果報告書
57. 上田宏範『前方後円墳の型式学的研究』由良大和古代文化研究協会
58. 葛城市歴史博物館『葛城古寺探訪―二上・葛城・金剛山麓の古代寺院―』第17回特別展
59. 唐古・鍵考古学ミュージアム『弥生遺跡Ⅳ～唐古・鍵遺跡の土製品・ガラス etc.～』展示図録 Vol.20
60. 桜井市文化財協会『拓かれた扉～桜井の郷土史研究はいかにして始まったか～』
61. 桜井市文化財協会『埴輪があった！古墳もあった？』
62. 帝塚山大学考古学研究所『瓦の来た道～東アジアの瓦の歴史～』
63. 奈良県教育委員会事務局文化財保存課『奈良県指定文化財平成26・27年度版』第52集

64. 奈良県立橿原考古学研究所『吉野と高野―信仰の道の考古学』第36回橿原考古学研究所公開演会資料
65. 奈良県立橿原考古学研究所『国際シンポジウム　ユーラシアからのまなざし』
66. 奈良県立橿原考古学研究所『橿考研通信』Vol. 1
67. 奈良県立橿原考古学研究所『橿考研通信』Vol. 2
68. 奈良県立橿原考古学研究所付属博物館『やまとのみやけと女性司祭者―史跡島の山古墳発掘20年―』特別展示図録第85冊
69. 奈良県立橿原考古学研究所付属博物館『シンポジウム　島の山古墳の調査成果と課題予稿集』
70. 奈良県立橿原考古学研究所付属博物館『大和を掘る34―2015年度発掘調査速報展―』
71. 奈良県立橿原考古学研究所付属博物館『蘇我氏を掘る』特別展示図録第86冊
72. 奈良県立橿原考古学研究所付属博物館『ヤマトの戦士　古墳時代の武器・武具』特別陳列
73. 奈良文化財研究所飛鳥資料館『文化財を撮る―写真が遺す歴史』図録第64冊
74. 奈良文化財研究所飛鳥資料館『祈りをこめた小塔』図録第65冊
75. 奈良文化財研究所飛鳥資料館『早川和子が描く飛鳥むかしむかし』図録第66冊
76. 奈良文化財研究所平城宮跡資料館『地下の正倉院展式部省木簡の世界―役人の勤務評価と昇進―』平成28年度秋期特別展
77. 纒向学研究センター『纒向学研究』第5号
78. 水野敏典　『三次元計測を応用した青銅器製作技術からみた三角縁神獣鏡の総合的研究』平成25年度～平成28年度科学研究費基盤研究（B）（一般）成果報告書
79. 由良大和古代文化研究協会・奈良県立橿原考古学研究所付属博物館『森本六爾関係資料集Ⅲ』
80. 歴史に憩う橿原市博物館『宮崎市の古墳　生目古墳群と下北方古墳群の至宝』春期特別展図録

30　和　歌　山　県

瀬　谷　今　日　子

1.〔調　査〕

　2016年度における文化財保護法に基づく届出等の件数は、法第92条の届出が14件、法第93条の届出が432件、法第94条の通知が89件、法第99条の報告が50件であり、法第97条の通知は0件であった。発掘調査については、近畿自動車などの道路建設関連事業に伴う調査をはじめ、都市防災事業に伴う津波避難場所建設や庁舎建設に伴う調査のほか、和歌山市を中心に例年に続いて一定数の発掘調査が実施された。以下、時期別に県内の主要な遺跡の調査内容について概要を記す。

縄文時代
　和歌山市東部にある福飯ケ峯の北西麓に位置する井辺遺跡・津秦Ⅱ遺跡では、縄文時代晩期後半以前に形成されたと考えられる自然堤防が確認された。自然堤防上部における低地への稜線部分では、突帯文土器を棺として利用した墓が検出されたほか、土器や石器が多数出土し、縄文晩期後半から弥生時代前期にかけて当該地に集落が営まれていたことが明らかとなった。

弥生時代
　井辺遺跡・津秦Ⅱ遺跡では、縄文時代晩期後半以降、洪水などの自然災害で周辺の低地が埋没していたが、弥生時代後期後半から古墳時代前期にかけて水田や灌漑水路、畠などとして利用されていたことが明らかとなった。調査では、弥生時代後期から古墳時代前期の水田（生産域）と集落（居住域）が見つかり、その境には区画または灌漑用の水路と

Ⅱ　各都道府県の動向

して多数の溝が検出された。灌漑用水路には、木杭を打ち込み水位の調節を行う井堰を伴うものや、2条の溝間を敷葉工法による堤で補修したものがあり、当時の治水技術を窺うことができる。また、溝に区画された内側の範囲では、竪穴建物、掘建柱建物、柵列と、大量の土器と炭の廃棄土坑が検出されている。

古墳時代

和歌山市相方遺跡では、尾根部に寺内古墳群が展開する丘陵の裾部に、弥生時代後期から古墳時代初頭に帰属するとみられる竪穴建物8棟が検出された。出土遺物や遺構の傾向から、谷の緩斜面に、弥生時代後期、弥生時代終末から古墳時代初頭、鎌倉時代に断続的に集落が営まれていたことが判明した。

このほか、2015（平成27）年度に発掘調査が行われた和歌山市天王塚古墳と和歌山市大谷山22号墳が国特別史跡岩橋千塚古墳群に追加指定された。また岩橋千塚古墳群内の大日山35号墳から出土した埴輪等が国指定重要文化財に指定された。和歌山市の平井1号墳及び平井埴輪窯跡群は和歌山県指定史跡に指定された。

古　代

紀ノ川の支流である貴志川が形成した河岸段丘上に位置する紀の川市菩提池窯跡では、8世紀後半の須恵器窯跡が確認された。調査では菩提池西側斜面の広い範囲で被熱した地面が検出されたほか、多数の須恵器片が出土した。窯の可能性がある箇所は、5カ所であった。出土した須恵器が8世紀後半に限られていることや、窯跡から北西約2.4kmの位置に8世紀以降に伽藍が拡張された北山廃寺跡が位置することなどから、生産の背景や供給先との関係が注目される。

中　世

紀伊半島西側中央に位置する日高郡美浜町吉原遺跡では、中近世の火葬墓24基と土坑1基が検出された。火葬墓は、いずれも円形又は楕円形の平面形を呈し、規模は長さ0.8～1.2m、幅1.2～2.1m、深さ0.4mであった。火葬墓からは焼けた人骨片や鉄釘、土師器、古寛永銭が出土した。火葬墓は墓坑壁に被熱痕跡がないことから、他所で荼毘に付された人骨が埋納されたものとみられる。調査地の北側はこれまでの調査で弥生時代から平安時代の墓域であったことが知られており、今回の調査結果と合わせて、中世から近世においても立地を海側へ移動させながら墓域として利用され続けていたことが判明した。

紀伊半島南部新宮市新宮城下町遺跡は、北側に熊野川、東側に新宮城跡、西側に熊野速玉大社をのぞむ河岸段丘上に立地する。調査では、鎌倉から室町時代にかけての掘立柱建物跡、地下式倉庫跡、大型土坑列、石階段、鍛冶遺構等が検出され、土師器、常滑焼、備前焼、中国製陶磁器等が出土した。遺構や出土品から中世の川湊跡と推定され、三河国碧海荘の御供米に関する文書（永仁3（1296）年）に見られる「新宮津」の存在を示すものと見られる。川湊に関する遺構が一体となって検出されたことで、各施設の配置等が判明し、川湊の構造が明らかとなった。また鎌倉や博多といった東西の要素を持つ遺構や遺物が確認されていることから、東西日本の中継地点として機能していた可能性が高く、中世の海上交通を窺う上で重要な知見を得た。

井辺遺跡・津秦Ⅱ遺跡では、平安時代から鎌倉時代にかけての耕地開発を示す素掘り井戸や石組み井戸、水田や畑作に係る耕作溝などが多数検出された。特に鎌倉時代の耕地開発は、自然堤防の高まりを削り、平坦な農地を造成するという大規模な土地改変であった。当該地は平安時代の終わりから鎌倉時代にかけて日前宮領であったことから、こうした土地利用は当時の荘園経営によるものと推定される。また、当該地では地震痕活動に関わる痕跡として液状化の跡（噴砂）が確認されているが、この噴砂は鎌倉時代の耕地開発が行われる前に発生していることから、鎌倉時代以前の地震痕跡とみられる。

近　世

和歌山市友田町遺跡では、日本三大水攻めの一つとして知られる天正13（1585）年の羽柴秀吉の太田城の水攻めに関連する遺構が確認された。調査では、幅20m以上、長さ100m以上にわたる範囲に、深さ0.8～1.5mの土取り穴が検出された。この場所が太田城水攻め堤跡推定地に隣接していることや、水攻めの時期と齟齬がないことから、土取り穴は水攻めの築堤に伴うものと推定されている。また、過去の調査でも同様の土取り穴が検出されていることが判明し、現在は遺存しない水攻め堤の位置を復元できる重要な手がかりとなった。

和歌山市史跡和歌山城では西の丸西部の石垣修理に伴い第39次調査が行われ、御勘定御門東櫓台の東隣に接続する

櫓台に関する遺構が確認された。調査の結果、櫓台の西半分は、浅野期（1600～1619年）に御勘定御門東側櫓台と一連のものとして構築されたこと、櫓台上に浅野期の基礎建物を確認し、その構造が徳川期（1619年～）に至っても存続していたこと、櫓台の東半分は徳川期に付け足されたもので櫓台東側の石垣は昭和初期に積まれていたことなどが判明した。櫓台の成立時期や構造、その変遷が明らかになり、また「和歌山御城内惣御絵図」をはじめとした絵図に描かれていない浅野期の建物遺構が確認されたことで、今後の整備における重要な知見を得た。

　新宮城下町遺跡では、新宮城下町に関連する2本の道路と武家屋敷地が確認された。2本の道路は、江戸時代の絵図に符号する形で区画が検出され、幅約5mの「河原町通」と約3mの「竹矢町通」と判明した。道路面は掘割状に屋敷地より低く構築され、道路端には石組みの排水溝が設けられていた。また、屋敷地からは、入口石段、石組土坑、埋甕、埋桶、集石遺構などが検出されたほか、敷地の区画には熊野川沿いで調達できる花崗斑岩を使用し、城内と遜色のない石垣が築かれていたことが確認された。

2.〔文献一覧〕
報告書
1. 有田川町教育委員会『平成28年度有田川町埋蔵文化財調査年報』
2. 海南市教育委員会『海南市内遺跡発掘調査概報―平成27年度―』
3. かつらぎ町教育委員会『かつらぎ町埋蔵文化財調査年報―平成27年度―』
4. 紀の川市教育委員会『紀の川市内遺跡発掘調査概要報告書―平成27年度―』
5. 和歌山県教育委員会『和歌山県埋蔵文化財調査年報―平成27年度―』
6. 和歌山県教育委員会『岩橋千塚古墳群―大谷山4・5・6・39号墳　発掘調査報告書―』
7. 和歌山県文化財センター『和歌山県文化財センター年報2015』
8. 和歌山県文化財センター『根来寺遺跡、山口古墳群――般国道24号京奈和自動車道建設に伴う発掘調査報告書―』
9. 和歌山県文化財センター『寺内古墳群、相方遺跡―和歌山橋本道路改良工事及び近畿自動車道松原那智勝浦線（仮称）和歌山南スマートインターチェンジ建設事業、海草振興局建設部庁舎移転外事業に伴う発掘調査報告書―』
10. 和歌山県文化財センター『吉原遺跡―都市防災総合推進事業に伴う発掘調査報告書―』
11. 和歌山県文化財センター『中飯降遺跡――般国道24号京奈和自動車道（紀北東道路）改築事業に伴う発掘調査報告書―』
12. 和歌山県文化財センター『平井遺跡、平井Ⅱ遺跡―第二阪和国道建設に伴う発掘調査報告書―』
13. 和歌山市教育委員会『和歌山市内遺跡発掘調査概報―平成27年度―』
14. 和歌山市文化スポーツ振興財団『和歌山市埋蔵文化財発掘調査年報―平成26年度（2014年度）―』
15. 和歌山市文化スポーツ振興財団『田屋遺跡　第18次発掘調査報告書』
16. 和歌山市立博物館『研究紀要』第31号

論文等
17. 大木　要「和歌山平野南部における土地利用と水田開発」『魂の考古学―豆谷和之さん追悼論文編―』豆谷和之さん追悼事業会
18. 大木　要・菊井佳弥「太田城水攻めの関連遺構について―友田町遺跡第10次発掘調査成果を中心に―」『和歌山市立博物館研究紀要』第31号　和歌山市立博物館
19. 関西近世考古学研究会『関西近世考古学研究』第24号
　　北野隆亮「和歌山城跡出土の貿易陶磁器」
　　鳥羽正剛「高野山・金剛峯寺遺跡出土の近世貿易陶磁器の概要」
20. 紀伊考古学研究会『紀伊考古学研究』第19号
　　岩井顕彦「和歌山県紀の川市貴志川町丸山古墳出土遺物　旧浦宏収集資料の図化成果」
　　大木　要「和歌山城三の丸整備時の土地利用とその後の展開」
　　奥村　薫「和歌山城の鯱瓦について」

Ⅱ　各都道府県の動向

　　　　河内一浩「那賀郡内考古学事情」
　　　　北野隆亮「和歌山城跡における埋蔵文化財調査の歩み」
　　　　北村純治「桃山町元の桃畑から出土したサヌカイト礫と剥片について」
　　　　新谷和之「文献・絵図からみた和歌山城『三の丸』」
　　　　瀬谷今日子「紀伊半島南部笠嶋遺跡における津波痕跡の検証―弥生時代終末から古墳時代初頭の南海トラフ地震について―」
　　　　丹野　拓「和歌山城三の丸東部の造成について」
　　　　藤藪勝則「秋月遺跡出土の淡輪技法をもつ円筒形埴輪」
21. 新谷和之　「わたしたちの文化財　和歌山城」『ヒストリア』256　大阪歴史学会
22. 武内雅人　「煉瓦の規格比較による旧池田トンネル竣工年代の推定」『考古学研究』第63巻第2号　考古学研究会
23. 立岡和人　「『遠賀川文化』の構図　和歌山県徳蔵地区遺跡のおける弥生時代前期の再評価とともに」『魂の考古学―豆谷和之さん追悼論文編―』豆谷和之さん追悼事業会
24. 田中元浩　「開発の進展と集落の展開からみた畿内地域」『古代学研究』211　古代学研究会
25. 田中元浩　「紀伊地域」「総括」『集落動態からみた弥生時代から古墳時代への社会変化』六一書房
26. 丹野　拓　「本土決戦陣地の調査：和歌山・紀ノ川流域の防衛」『月刊考古学ジャーナル』No.689　ニュー・サイエンス社
27. 冨永里菜　「和歌山市内の由良要塞の砲台について」『和歌山市立博物館研究紀要』第31号　和歌山市立博物館
28. 萩野谷正宏「紀伊半島南部沿岸出土の弥生中期東海系土器の系譜」『古代』139　早稲田大学考古学会
29. 萩野谷正宏「岩橋千塚古墳群の保存と活用」『明日への文化財』76号　文化財保存全国協議会
30. 藤藪勝則　「和歌山市井辺・津秦Ⅱ遺跡の調査　突帯文土器を共伴する弥生集落」『近畿弥生の会　第19回発表要旨集』近畿弥生の会
31. 和歌山県文化財センター『地宝のひびき―和歌山県内文化財調査報告会資料集―』
　　　　田中元浩「甦える岩橋千塚の王墓―天王塚古墳の発掘調査―」
　　　　藤藪勝則「大池遺跡と火山灰考古学―旧石器時代から縄文時代の遺跡調査―」
　　　　村田　弘「中世荘園の再開発拠点？―寺内古墳群、相方遺跡の発掘調査―」
　　　　和田大作「住民との協働―佐野寺跡の県史跡指定―」
　　　　川﨑雅史「新宮城武家屋敷と中世の物流拠点―新宮城下町遺跡の発掘調査―」
　　　　丹野　拓「御坊市小松原銅鐸・亀山城跡―新規県指定文化財の紹介―」
32. 和歌山県立紀伊風土記の丘『紀伊風土記の丘研究紀要』第5号
　　　　河内一浩「大日山1号墳の大刀形埴輪―楕円形柄頭大刀の系譜―」
　　　　佐々木宏治「弥生時代の岩橋丘陵―紀ノ川下流域南岸の高地性集落―」
　　　　瀬谷今日子「地震考古学の成果を用いた地震災害史の展示の意義と課題」
　　　　萩野谷正宏「和歌山県新宮市八反田遺跡出土中期弥生土器の検討（1）」
33. 和歌山県立紀伊風土記の丘『岩橋千塚とその時代―紀ノ川流域の古墳文化―』特別展図録
　　　　瀬谷今日子「付論　岩橋千塚古墳群における副葬品の様相」
　　　　仲辻慧大「付論　紀伊の首長と須恵器生産」
　　　　萩野谷正宏「付論　紀ノ川流域の群集墳について」
34. 和歌山城郭研究調査研究会『和歌山城郭研究』15
　　　　川﨑雅史「御坊市野口城跡の発掘調査」
　　　　白石博則「日置川流域及び周辺の中世城郭群の風景：安宅荘城館調査二〇年の成果」
　　　　水島大二「田辺城を知る（2）石垣編　水門内石垣を中心に（石垣変遷史）」

その他
35. 橋本市教育委員会『橋本市郷土資料館年報』平成28年度
36. 冨加見泰彦・藤森寛志「谷井コレクションに残る写真群(朝鮮・中国)」『紀伊風土記の丘研究紀要』第3号
37. 埋蔵文化財研究会「資料集成　和歌山県」『青銅器の模倣2』
38. 和歌山県文化財センター『地宝のひびき―和歌山県内文化財調査報告会資料集―』
39. 和歌山県文化財センター『風車』No.76～78
40. 和歌山県立紀伊風土記の丘『岩橋千塚とその時代―紀ノ川流域の古墳文化』特別展図録
41. 和歌山県立紀伊風土記の丘『平成27年度紀伊風土記の丘年報　第43号・紀伊風土記の丘研究紀要　第5号』
42. 和歌山県立博物館『和歌山県立博物館紀要』第23号
43. 和歌山県立博物館『特別展　戦乱の世から太平の世へ―16～17世紀の紀北・泉南地域―』特別展図録
44. 和歌山市立博物館『和歌山市立博物館紀要』第31号

31　鳥　取　県

髙　田　健　一

　2016年度、鳥取県内で行われた発掘調査件数は、少なくとも43件である。この数字は、鳥取県埋蔵文化財センターが2017年8月7日までの時点で把握した資料に基づく。その内訳は、開発事前の試掘・確認調査が17件、本発掘調査が22件、史跡指定等保存目的の内容確認調査が4件である。ただし、文化財保護法第99条に基づいて行われる試掘調査は、把握されていない場合があるようだ。また、調査に関する情報を得ようとしても、行政外部の者にとっては情報へのアクセスが容易でない場合もあり、遺漏がある。ご寛恕いただきたい。

　鳥取県全体では、2000年代初頭から本格化した国道9号線バイパス建設に伴う発掘調査は、十数年を経て収束に向かいつつある。また、保存問題で揺れた妻木晩田遺跡が史跡指定されてから15年以上経過した。妻木晩田以前には中四国地方で最も調査員の数が少なかった県の体制が、現在では最も多い組織にまで拡充されたのであるが、今後の発掘調査量の減少にどのように対処していくかが課題となろう。他府県と同様に、文化財保護行政の立ち上げ期を経験した人々が退職して世代交代が進んでいる。過去の様々な経験や経緯の継承がうまくなされていくような、仕組みや配慮が今後必要である。

1.〔調　　査〕
旧石器・縄文時代

　旧石器時代の調査はない。縄文時代では、鳥取市気高町・日光長谷遺跡で縄文早期の押型文土器(高山寺式)が出土している。本調査よりも前年の試掘調査時の資料が質量ともに優れているが、鳥取県東部ではこの時期の資料が非常に少ない上に、分布が山間部に偏っているため、当該期の人類活動を復元する上で重要な手がかりになると考えられる。

　鳥取市福部町・直浪遺跡で、縄文時代中期後半～後期中葉頃の土器を出す包含層が調査された。鳥取砂丘(旧砂丘)の形成期以前に遡ると考えられ、砂丘発達史の初期を知る資料となる。

弥生時代

　鳥取市・秋里遺跡では、県立病院建設に伴って、遺跡南西側の広い範囲が調査された。弥生時代後期～古墳時代初頭の包含層で多数の土器が出土している他、焼失住居が1棟見つかった。放射状に倒れこむ建築材の下には床面と考えられる硬化面、焼土層があり、土器などが原位置を保って出土した。竪穴状の掘り込みを伴わず、壁板を設置したと考えうる円形周溝の存在から平地式住居と考えられている。遺跡の立地は千代川の河口に近い自然堤防上であるが、標高が低い地点での住居構造を考える上で示唆に富む。

Ⅱ　各都道府県の動向

　鳥取市青谷町・史跡青谷上寺地遺跡では、史跡整備計画に基づいて継続的に範囲・内容確認調査が行われてきたが、2016年度は集落の中心部と目される部分の調査が開始された。調査は、主眼とする弥生時代の包含層に達していないが、弥生時代後期のものと考えうる銅鏃が多数出土している他、ガラス小玉やガラス滓も出土しており、多様な手工業生産が展開したと考えられる中心部の片鱗がうかがえる。

　鳥取市気高町・乙亥正屋敷廻遺跡では、昨年度に巴形銅器や中国鏡の破鏡などが出土して話題になった地区の隣接地点が調査された。スギ材の横矢板を杭で固定した護岸をもつ小水路が複数見つかっている。弥生時代後期後半〜古墳時代初頭に位置付けられ、木製容器類も多く出土している。護岸された水路の性格は本稿作成時点で確定的でないが、竪穴住居に伴う周堤溝の護岸施設という可能性を考えうるようだ。そうだとすると、焼失住居以外では失われてしまう住居構造の木質部が判明する意義がある。

古墳時代

　鳥取市・鍋山古墳群が調査された。因幡最大の前方後円墳と目される椀間1号墳に隣接する丘陵頂部に位置する。削平などによって墳丘形態も規模も定かでなく、埋葬施設が検出されなかったものもあるが、墓壙内の土器枕に転用された土師器甕から、存続時期の一端が古墳時代中期末であることが判明した。

　前述の直浪遺跡では、砂丘の中に形成されたクロスナ層の調査が行われ、3層のクロスナ層が認識されている。下位の2層は弥生時代のものであるが、上位のクロスナ層から古墳時代前期末〜後期後半の土器が多量に出土した。特に多いのは中期後半〜後期前半に位置づけうる土師器であり、この時期に砂丘が草原化し、人間活動の舞台になったと考えられる。多量のイネのプラント・オパールが検出される部分もあり、古墳時代における砂丘の農地開発を物語る可能性がある。

　八頭町・郡家西向田遺跡では、団地造成工事に伴って、古代の掘立柱建物群の他に古墳時代終末期の土壙墓群が見つかっている。墓壙埋土の土層断面からは箱形木棺の存在が窺え、少数の須恵器の供献がある。横穴式石室墳の周辺に埋葬小群を形成しながら分布するようであり、興味深い。

　倉吉市・中尾遺跡（第2次）では、弥生時代中期後半の集落遺跡に隣接して、古墳時代中期後半以降と考えられる径17m程度の円墳が調査されている。組合式箱形石棺に男性とみられる人骨が遺存していた。

　米子市淀江町・史跡向山古墳群で3号墳、6号墳の盛土の崩落が認められ、流出防止策の検討のために試掘調査が行われた。埴輪片、須恵器片などが出土しているが、墳丘裾部は墓地造成によって大きく改変されていることが判明した。

　なお、日南町・新屋小タイ遺跡では、国道183号線建設に伴う調査で古墳時代の竪穴住居などがみつかっている。

古　代

　国道9号線バイパス・鳥取西道路建設に伴って調査された鳥取市青谷町・青谷横木遺跡は、現地調査後の報告書作成に向けた遺物整理の進行に伴って、遺跡の重要性を物語る発見が相次いでいる。多数の木簡は、県内最古の文字資料となる一群で、他の西道路関係の遺跡で増加した文字資料（墨書土器、木簡など）とともに、古代史においても重要な意義を持つと考えられる。また、古代山陰道の盛土内からみつかった板状品に、6人の人物像を墨書で描いた絵画が存在することが判明した。描かれた人物の服装は、7世紀後半の唐・新城公主墓、李爽墓に描かれる侍女図、あるいは法隆寺五重塔塔本塑像の女子像に類似するという。さらに、古代山陰道に沿って築かれた盛土上で検出された樹根について樹種同定したところ、柳であり、街路樹であった可能性が高いと考えられた。

　米子市淀江町・史跡上淀廃寺跡で指定地内の侵食防止工事検討に先立つ試掘調査が行われた。寺域の東限域でも伽藍整備時の造成土と考えられる土層を検出するとともに、寺院に先立つ時期の土器もみられた。

中・近世

　上述の秋里遺跡では、鎌倉時代の井戸跡から馬の全身骨格が良好な状態で出土した。在来馬の形質的特徴をもち、動物学的にも重要な知見をもたらすと考えられるが、井戸跡への埋置の仕方も特徴的で、祭祀研究にとっても重要な事例となりそうだ。

　倉吉市・山ノ下遺跡では、国道313号線改良工事に伴って平安時代末期〜鎌倉時代にかけての集落跡が調査され、大

鳥 取 県

型の総柱建物跡も見つかっている。周辺は、平安時代以降、在庁官人を務めた小鴨氏の勢力範囲と考えられる。また、同じく、国道313号線改良工事に伴って小鴨道祖神遺跡が調査され、銅銭（北宋銭）を副葬した木棺墓がみつかった。出土した土師器皿から15世紀頃のものと考えられ、人骨から被葬者は若年後半〜壮年前半の女性と判明した。

米子市・史跡米子城跡では、史跡整備・活用の基本計画策定に伴って内容確認調査が行われており、藩政期以前の初期の石垣の構築状況や性格などが明らかになりつつある。海側に面した尾根の稜線上に、倭城に特徴的な登り石垣が構築されていることが明確になり、吉川広家時代の造作と考えられた。また、船着き場があった深浦側の石垣の一部が破却された状態で見つかり、海城としての性格が強かった戦国期の様子が読み取れる。

伯耆町・福島城跡では平安時代〜鎌倉時代の製鉄炉跡と推測される遺構がみつかった。径１〜1.4ｍの竪型炉と考えられ、排滓溝も確認できるらしい。多量の鉄滓も出土している。

その他

2016年10月21日、倉吉市〜三朝町を震源とする震度６弱の大きな地震があった。幸いにも直接の死者が生じるような災害にはならなかったが、建物には相当な被害があり、倉吉打吹玉川重要伝統的建造物群保存地区をはじめ、文化財関係にも大きな被害があった。考古学に関係するところでは、上野遺跡出土の重要文化財「子持壺形須恵器、脚付子持壺形須恵器」や県指定保護文化財「阿弥大寺墳丘墓出土品」など、土器を中心に被災した。これらの保管展示施設である倉吉博物館は、前年に耐震補強工事が済んだところであったが、展示室内の仕切り壁に亀裂が生じ、しばらく閉館を余儀なくされた（2017年８月１日に再開館）。倉吉市の北側の湯梨浜町では、重要文化財「長瀬高浜遺跡出土埴輪」の一部も転倒し、破損した。また、史跡「三明寺古墳」の横穴式石室石材のずれ、県指定史跡「大日寺古墓群」で複数の石塔が転倒するなどの被害があった。総じて国・県指定の考古資料の被害はそれほど深刻ではないが、市指定史跡（荒尾氏墓所）や未指定文化財（向山６号墳横穴式石室など）は被害程度が大きく、復旧のめどが立たない。未指定の横穴式石室などでは、被災の有無が把握されていないものもある。未指定文化財の被災状況調査は、鳥取県教育委員会、倉吉市教育委員会の支援・協力を得ながら鳥取大学考古学研究室と保存科学研究室が合同で行っている。

遺跡の整備・活用面では、史跡妻木晩田遺跡で行われた『むきばんだ祭』（2016年９月22日）が盛況であった。雨天にもかかわらず、3,900名とこの種のイベントとしては過去最高の来場者があった。

史跡青谷上寺地遺跡でも、第１回とっとり弥生の王国シンポジウムとして『倭人の食卓　青谷上寺地遺跡と鳥取の食文化』が開催された（2017年３月18日）。記念講演は、五島淑子氏（山口大学）による「倭食から和食へ」。この他、青谷上寺地遺跡では、青谷上寺地遺跡や周辺の遺跡調査も踏まえた土曜講座が、埋蔵文化財センター職員や外部講師によって、継続的に開催されている。さらに、「AR（拡張現実）技術を用いた国史跡青谷上寺地遺跡の整備活用事業」を朝日新聞文化財団の助成を受けて実施し、スマートフォン・タブレットPC用アプリケーションソフト「青谷上寺地遺跡ARアプリ」が開発された。これによって発掘調査時の遺構の検出状況などが現地で追体験できる。低湿地遺跡の整備・公開の新手法として活用が期待される。

青谷横木遺跡から出土した木簡を取り上げた『とっとり考古学フォーラム　文字が語る鳥取の古代世界』が開催され（2016年10月８日）、多数の参加者があった。渡辺晃宏氏（奈良文化財研究所）による特別講演「出土文字資料からみた青谷横木遺跡と古代の鳥取」が行われた。また、高松塚古墳壁画に類した「女子群像」が描かれた板絵が存在することが判明し、埋蔵文化財センターにおいて特別公開（2016年12月17日）が行われるなど、積極的な情報発信が行われている。

史跡米子城における今後の整備活用を図るための基本計画が示された。米子城の成り立ちや現況を多面的に明らかにした成果に基づくものであり、研究上の基礎資料としても重要なものとなっている。今後、指定地の拡大や整備活用の進展が期待される。

2006年に開始された新鳥取県史編さん事業により、順次各時代の資料編の刊行が進められている。考古学関係では、『新鳥取県史』考古１旧石器・縄文・弥生時代が刊行された。旧『鳥取県史』第１巻の原始・古代（1972年）からおよそ45年ぶりに、既報告資料の再整理・再評価を施して内容を刷新した。県立公文書館・県史編さん室が進めてきた事業に対して、必ずしも全県的な協力体制が得られていない点などに課題を残すが、考古資料によって各時代を通史的に

Ⅱ　各都道府県の動向

見通す足がかりができた点は評価できる。次年度以降、奈良時代以降編、古墳時代編が刊行される予定である。

2．〔文献一覧〕

報告書

1. 鳥取県教育委員会『高住宮ノ谷遺跡』
2. 鳥取県教育委員会『大桶遺跡Ⅰ』
3. 鳥取県教育委員会『大桶遺跡Ⅱ』鳥取県教育委員会
4. 鳥取県教育委員会『下坂本清合遺跡Ⅱ』鳥取県教育委員会
5. 鳥取県教育委員会『史跡妻木晩田遺跡仙谷墳丘墓群発掘調査報告書』
6. 鳥取県教育委員会『妻木晩田遺跡発掘調査研究年報2016』
7. 鳥取県埋蔵文化財センター『乙亥正大角遺跡』
8. 鳥取県埋蔵文化財センター『弥生の港湾集落　青谷上寺地遺跡』
9. 鳥取市文化財団『鍋山城跡・鍋山古墳群』
10. 鳥取市文化財団『重山墳墓群』
11. 鳥取市文化財団『里仁墳墓群』
12. 鳥取市文化財団『日光長谷遺跡』
13. 鳥取市文化財団『乙亥正城跡・乙亥正小川谷遺跡』
14. 鳥取市文化財団『倉見古墳群』
15. 倉吉市教育委員会『倉吉市内遺跡分布調査報告書19』
16. 倉吉市教育委員会『小鴨道祖神遺跡発掘調査報告書』
17. 倉吉市教育委員会『中尾遺跡第2次発掘調査報告書』
18. 米子市教育委員会『米子市内遺跡発掘調査報告書』
19. 米子市教育委員会『史跡向山古墳群』
20. 米子市教育委員会『史跡上淀廃寺跡』
21. 米子市文化財団『坂長越城ノ原遺跡・越敷山古墳群（坂長地区）』
22. 米子市文化財団『金廻家ノ上ノ内遺跡・金廻家ノ上遺跡・越敷山古墳群（金廻地区）』
23. 琴浦町教育委員会『鳥取県東伯郡琴浦町町内遺跡発掘調査報告書（別所第4遺跡）』
24. 琴浦町教育委員会『別所22号墳発掘調査報告書』
25. 浅井11号墳発掘調査団・島根大学法文学部考古学研究室『浅井11号墳発掘調査概要報告書Ⅰ―第1次調査―』

論　文

26. 河合章行　「山陰地域における農耕具の鉄器化―青谷上寺地遺跡を中心に―」『シンポジウム記録10木製品からみた鉄器化の諸問題』考古学研究会
27. 國田俊雄先生傘寿記念論集刊行会『國田俊雄先生傘寿記念考古学小論集だんだん』
　　　湯村　功「日野町鵜ノ池採集の姫島産黒曜石」
　　　濱　隆造「大山山麓における縄文時代落し穴の一事例―米子市尾高御建山遺跡1～3区の検討―」
　　　高田健一「鳥取砂丘における遺物の分布」
　　　小原貴樹「『伝・彦名出土』の三稜鏃について―彦名出土の真偽をめぐって―」
　　　濱田竜彦「弥生絵画に描かれた人物像」
　　　濱野浩美「米子市立山陰歴史館所蔵の飯蛸壺形土器について」
　　　下江健太「山陰における古代交通の様相―古代会見郡を中心として―」
　　　坂本嘉和「続・会見郡衙少考」
　　　君嶋俊行「『伯州勝田庄』はどこか」
　　　八峠　興「大山山麓における中世前期の集落と墓について―いわゆる『屋敷墓』を例に―」

佐伯純也「スキャナーを利用した城郭瓦の資料化について」
　　　笹尾千恵子「西伯耆の廻国塔」
　　　中原　斉・下高瑞哉・長尾かおり「旧美保海軍航空隊の飛行機用掩体について―鳥取県における戦争遺跡の一例―」
28．鳥取県埋蔵文化財センター『調査研究紀要』8
　　　久保穰二朗「土師百井廃寺の瓦について」
　　　下江健太「西日本における縄文時代の水場利用について（上）―本高弓ノ木遺跡710溝の歴史的意義―」
　　　森藤徳子「古墳群の動態と階層構造―鳥取県千代川流域を中心に―」
　　　東方仁史・君嶋俊行・岩垣　命・中原　斉「東郷池周辺大型前方後円墳の埴輪」
29．第44回山陰考古学研究集会事務局『第44回山陰考古学研究集会　山陰の古代道』
　　　坂本嘉和「因幡国の古代道路　青谷横木遺跡と青谷上寺地遺跡を中心に」
　　　下江健太「鳥取県西部（伯耆国）」
30．高田健一・中原　計「砂丘遺跡・遺物からみた人々の暮らし」『鳥取砂丘学』古今書院
31．高田健一　「考古学からみた鳥取平野の形成過程」『岡山大学埋蔵文化財調査研究センター紀要2015』岡山大学埋蔵文化財調査研究センター
32．濱田竜彦　「西伯耆地域」『集落動態からみた弥生時代から古墳時代への社会変化』六一書房
33．濱田竜彦　「妻木晩田遺跡の保存・整備・活用の現状と課題」『平成27年度東北芸術工科大学文化財保存修復研究センター紀要』東北芸術工科大学文化財保存修復研究センター
34．八峠　興　「鳥取・湖山池周辺の中世墓群について（下）―桂見・西桂見・湖山地域ほか―」『鳥取地域史研究』第19号
　その他
35．小玉芳敬・永松　大・高田健一編『鳥取砂丘学』古今書院
36．鳥取県立公文書館県史編さん室『新鳥取県史　考古1　旧石器・縄文・弥生時代』鳥取県
37．鳥取県埋蔵文化財センター『とっとり弥生の王国・2017Spring　特集倭人の食卓』（シンポジウム資料）
38．濱田竜彦　『日本海を望む「倭の国邑」妻木晩田遺跡』新泉社
39．米子市教育委員会『史跡米子城跡　保存活用計画書』

32　島　根　県

勝　部　智　明

1．〔調　査〕

　2016年度の島根県内における発掘調査件数は、文化財保護法第99条によるものが65件、同92条によるものが0件の計65件で、前年度より12件の減であった。調査目的の内訳は、学術目的4件、整備・保存目的で行う範囲・内容確認調査8件、残る53件が開発行為に伴うものであった。
　発掘調査件数は、近年減少傾向にあるが、道路建設や河川改修といった大規模開発に伴う発掘調査は横這い、市域における民間開発に伴う調査は増加傾向にある。

縄文時代
　出雲市京田遺跡は、島根県と出雲市によって調査が行われた。先行して行われた県の調査では、後期中葉の土器多数とピット4基、土坑2基が確認された。土坑は、配石炉もしくは廃棄土坑と考えられる。その後に隣接地で実施された

Ⅱ　各都道府県の動向

出雲市による調査では、縄文時代後期中葉の竪穴建物２棟のほか、土坑６基、集石遺構３基が確認された。いずれの調査でも、縄文土器は在地系土器のほか、九州系土器（小池原下層式・鐘崎式）や関東系土器（加曾利Ｂ式）といった他地域の土器が確認されており、多方面との文化交流が窺われる。

弥生時代
大田市平ノ前遺跡は弥生時代から古代にかけての複合遺跡で、弥生時代後期頃の溝跡が確認された。

古墳時代
江津市森原上ノ原遺跡は弥生時代後期後半から中世にかけての遺跡で、古墳時代中期の土坑群とミニチュア土器や高坏の出土が顕著なことから、祭祀的色彩の強い遺跡と推定されている。大田市大西大師山遺跡では古墳時代後期の横穴墓が新たに２基確認され、平成26年度から通算で19穴の横穴墓が調査されたことになる。前述した大田市平ノ前遺跡では古墳時代を通じて遺構・遺物が確認されているが、特に５世紀から７世紀後半にかけての遺構遺物が顕著である。７世紀中葉を上限とする掘立柱建物跡は５棟確認されており、このうち１棟は３間×６間の大型建物である。特筆すべき遺物として、水路跡から出土した金銅製歩揺付空玉があげられ、５世紀か６世紀にかけての朝鮮半島産もしくはそれをもとにして製作されたものと考えられている。水路跡とその周辺からは須恵器・土師器・石製品・碧玉や滑石製の玉類など様々な遺物がまとまって出土しており、水辺の祭祀に用いられたと推定される。このほか、漆付着土器や墨書土器も確認されており、古墳時代中期以降に有力な勢力が存在していた様子がうかがわれる。

古　代
県指定史跡山代郷南新造院跡の南側に隣接する松江市山代大畑遺跡では、民間宅地造成に先立って試掘調査が実施された。その結果、倉庫の可能性のある大型建物跡や門跡の可能性がある施設、さらにこれら建物群を区画するとみられる大溝など、既指定地の金堂跡と考えらえる基壇と主軸方向が一致する奈良時代の遺構と多数の瓦が確認されたことから、山代郷南新造院跡の一部として追加指定して保護された。出雲市浅柄Ⅲ遺跡は、７世紀後半を中心とする集落遺跡で、丘陵斜面から加工段と掘立柱建物跡を検出したほか、出雲平野では初出となる作り付けの竈も確認された。その一方で、移動式竈や土製支脚も出土しており、異なる様相が見られる点で注目される。

中　世
大田市静間城跡は標高27ｍの低丘陵に築かれた山城で、主郭から掘立柱建物跡４棟、礎石建物跡２棟、土塁が確認された。土塁の一部には礫石が多数置かれた状態で検出され、その他に鍛冶炉跡も２基見つかっている。遺物は15世紀後半〜16世紀後半の備前焼や青磁碗・皿のほか、水指や天目碗、茶臼などが出土しており、館跡の特徴も備えていることで注目される。松江市光泉寺遺跡では、全容は不明だが、直径70〜80㎝の柱穴をもつ掘立柱建物跡が確認された。８〜９世紀の須恵器が出土しているが、隣接する山代沖田遺跡の中世前半の建物群との関連性が類推される。

近世・近代
松江市松江城下町遺跡（母衣町115）では、上下２面（１面：松平期、２面：堀尾期）の遺構面が確認された。１面では井戸跡や礎石建物跡を検出しており、出土品から18世紀代の絵図に見られる唐人屋敷と推定されている。また、２面では堀尾期絵図にある重臣堀尾因幡屋敷の一部とみられる礎石建物跡や関連遺構が検出された。２面より下層については、これまで造成土として理解されてきた初期造成土直上の砂層が、洪水砂である可能性が指摘されており、城下町の造成過程について既調査分も含めての再検証が必要となっている。このほか、松江市臼畑Ⅱ遺跡では中世末から江戸時代初頭の墓４基が調査され、浜田市廻り田遺跡と益田市・江津市でそれぞれ近世山陰道の調査が行われた。

２．〔文献一覧〕
報告書
1．出雲市教育委員会『上塩冶横穴墓群　第40支群』出雲市の文化財報告32
2．出雲市教育委員会『出雲国古代山陰道発掘調査報告書―出雲市三井Ⅱ・杉沢・長原遺跡の調査』出雲市の文化財報告33
3．出雲市教育委員会『祇園原Ⅲ遺跡』出雲市の文化財報告34
4．出雲市教育委員会『平成28年度出雲市文化財調査報告書　出雲大社境内遺跡』出雲市の文化財報告35

島根県

5. 大田市教育委員会『石見銀山遺跡―昆布山谷地区・宗岡家地点・金森家地点―』石見銀山遺跡発掘調査概要25
6. 大田市教育委員会『鯛渕遺跡』一般国道9号（大田静間道路）改築工事・和江地区漁港関連道整備工事に伴う埋蔵文化財発掘調査報告書
7. 隠岐の島町教育委員会『隠岐国分寺　埋蔵文化財調査報告書』隠岐の島町埋蔵文化財調査報告書1
8. 隠岐の島町教育委員会『久見高丸遺跡』隠岐の島町埋蔵文化財調査報告書2
9. 島根県教育委員会・大田市教育委員会『石見銀山遺跡―昆布山谷地区妙本寺上墓地A地点の石造物調査―』石見銀山遺跡石造物調査報告書17
10. 島根県教育委員会『古屋敷遺跡（A・E区）』一般国道9号（静間仁摩道路）改築工事に伴う埋蔵文化財発掘調査報告書1
11. 島根県教育委員会『古屋敷遺跡（D区）』一般国道9号（静間仁摩道路）改築工事に伴う埋蔵文化財発掘調査報告書2
12. 島根県教育委員会『古屋敷遺跡（C・F・H・I区）』一般国道9号（静間仁摩道路）改築工事に伴う埋蔵文化財発掘調査報告書3
13. 島根県教育委員会『大西大師山遺跡』一般国道9号（朝山大田道路）改築工事に伴う埋蔵文化財発掘調査報告書7
14. 島根県教育委員会『鈴見B遺跡（3区）』一般国道9号（朝山大田道路）改築工事に伴う埋蔵文化財発掘調査報告書8
15. 島根県教育委員会『官道下遺跡・灘遺跡』斐伊川水系大橋川河川改修に伴う埋蔵文化財発掘調査報告書1
16. 浜田市教育委員会『浜田市内遺跡発掘調査報告書　平成28年度』
17. 松江市教育委員会・松江市スポーツ振興財団『上岡遺跡』交通安全施設整備事業（市道大野上岡線視距改良工事）に伴う発掘調査報告書
18. 松江市教育委員会・松江市スポーツ振興財団『森屋敷遺跡』宍道複合施設進入路整備事業に伴う埋蔵文化財調査報告書
19. 松江市教育委員会・松江市スポーツ振興財団『外屋敷遺跡』大庭センターハイツ宅地造成工事に伴う発掘調査報告書
20. 松江市教育委員会・松江市スポーツ振興財団『光泉寺遺跡』（仮称）アークタウン山代造成工事に伴う発掘調査報告書
21. 松江市教育委員会・松江市スポーツ振興財団『広垣遺跡』市道古浦西長江線整備事業に伴う発掘調査報告書2
22. 安来市教育委員会『史跡富田城跡発掘調査報告書千畳平地区2』

論文等

23. 池淵俊一　「古墳時代史にみる古代出雲成立の起源」『松江市ふるさと文庫』18
24. 隠岐の島町教育委員会「隠岐国分寺発掘調査について」『隠岐の文化財』第34号
25. 山陰考古学研究集会『第44回山陰考古学研究集会　山陰の古代道』
　　　黄　曉芬「東洋最古のハイウエー―秦直道の発掘と認識―」
　　　坂本嘉和「鳥取県東部」
　　　下江健太「鳥取県西部」
　　　江角　健「島根県東部」
　　　伊藤　創「島根県西部」
26. 島根県教育委員会・大田市教育委員会『石見銀山』石見銀山遺跡テーマ別調査研究報告書2
27. 島根県古代文化センター『古代文化研究』第25号
　　　澤田正明・足立克己「荒神谷遺跡出土銅剣の配列と個体番号について」
　　　岩本真美「松江市東部所在の後期～終末期古墳採集遺物について」

Ⅱ　各都道府県の動向

　　　池淵俊一「松江市東淵寺古墳の埴輪について（補遺）―出雲市上塩冶築山古墳の埴輪との比較を中心に―」
　　　池淵俊一・上山晶子「松江市魚見塚古墳・東淵寺古墳出土子持壺の胎土分析」
　　　田中　大「出雲市出西小丸1号墳出土の出雲型子持壺」
　　　林健　亮「松江市坂本町澄水寺跡の再検討」
　　　東山信治「益田市中須西原遺跡の鉄関連遺物について」
　　　廣瀬文太郎「昆布山谷における石見銀山遺跡の間歩と鉱脈の関係の一例」
　　　角田徳幸「飯南町立石鈩の製鉄関連資料」
29. 島根県古代文化センター『近世・近代の石見焼の研究』古代文化センター研究論集第17集
　　　間野大丞・中安恵一「陶磁器研究の諸相と石見焼」
　　　間野大丞・東森　晋・伊藤徳広「大田市域における陶器生産について」
　　　西尾克己「石見銀山遺跡出土の石見焼について」
　　　間野大丞「邑智郡における陶器生産について」
　　　伊藤　創「江津市における石見焼生産の特徴」
　　　榊原博英「浜田市の石見焼窯跡について」
　　　佐伯昌俊「益田地域における陶器生産について」
　　　宮田健一「津和野地域における石見焼について」
　　　間野大丞「考古学から見た石見焼　石見焼の製品・窯道具・登窯．石見焼の製品について」
　　　榊原英博「石見焼の窯道具と登窯について」
　　　熱田貴保「考古学から見た石見焼　石見焼と来待釉赤瓦．来待釉赤瓦の成立」
　　　向田裕始「広島県における石見系陶器の生産活動について」
　　　田畑直彦「山口県の窯業と石見焼」
　　　佐伯昌俊「須佐焼の生産・流通と石見焼」
　　　家田淳一「肥前の甕作りと窯」
　　　乗岡　実「石見焼と東方の窯業地」
　　　榊原博英・間野大丞「石見焼の成立と変遷」
　　　中安恵一「近世・近代における石見焼の商品流通と窯場経営」
　　　鳥谷智文「明治中・後期における窯業生産の展開」
　　　矢野健太郎「大正・昭和期の陶器販売帳簿にみる石見焼」
　　　錦織稔之「石見の丸物師・瓦師による信仰について」
　　　上山晶子「石見焼・石州瓦の胎土・釉薬の蛍光X線分析」
　　　鳥谷智文・中安恵一「五嶋屋文書目録解題」
30. 島根県古代文化センター・島根県埋蔵文化財調査センター・島根県立古代出雲歴史博物館『志谷奥遺跡出土青銅器群の研究』古代文化センター調査研究報告書54
31. 島根考古学会『島根考古学会誌』第34集
　　　灘　友佳「山陰・中国山地の後期旧石器時代前半期における石材別資料の分布と遺跡構成」
　　　青木和寛「土坑を伴う配石遺構の基礎的研究―縄文時代の山陰地方を対象として―」
　　　平郡達哉「日本列島出土磨製石剣再考―縄文時代晩期～弥生時代前期の資料を中心に」
　　　岩本　崇「西晋鏡と古墳時代前期の暦年代―島根県古城山古墳の鏡と土器をめぐって―」
　　　角田徳幸「海士町郡山西古墳の鉄鋌」
　　　内田律雄・曳野律夫・松本岩雄「出雲市馬木町刈山古墳群在中の前方後円墳墳丘測量報告（下）」
　　　今岡　稔「山陰の石塔二三について―22―」
32. 乗岡　実　「石垣と瓦から読み解く松江城」『松江市ふるさと文庫』19

33. 花谷　浩　「出雲における中近世の瓦と松江城築城時の瓦」『松江市史研究』8号
    その他
34. 出雲弥生の森博物館『出雲王登場―とことん解剖　西谷3号墓―』
35. 島根県教育委員会・大田市教育委員会『世界遺産石見銀山遺跡の調査研究7』
36. 島根県教育委員会『島根県教育庁埋蔵文化財調査センター年報25　平成28年度』
37. 島根県古代文化センター『しまねの古代文化』第24号
38. 島根県立古代出雲歴史博物館『いわみもの　暮らしを形づくる石見のやきもの』
39. 松江市スポーツ振興財団『埋蔵文化財課年報〈20〉平成27年度』
40. 八雲立つ風土記の丘『平成28年度企画展出雲の仏教考古～出雲人と仏の関わり～』

33　岡　山　県

豊　島　雪　絵

1.〔調　査〕

　2016年度の岡山県内における文化財保護法に基づく埋蔵文化財発掘届出・通知件数は岡山県教育委員会の集計によると、全部で635件（前年比109％）である。内訳は、第93条に基づく発掘の届出は506件（前年比109％）、第94条の規定による発掘の通知が129件（前年比108％）であった。第99条の規定による本発掘調査は25件、調査面積は約30,495㎡で前年比114％と増加している。一方、試掘・確認調査については51件の実施で、前年比82％と減少している。第92条による発掘調査の届出は4件でいずれも学術調査である。

縄文時代

　岡山県古代吉備文化財センターにより、2015（平成27）年度から国道2号（玉島笠岡道路）改築工事に伴う発掘調査が実施されている。その中に位置する遺跡の一つである浅口市マキサヤ遺跡では南から北へ流れる2つの大きな河川跡が発見され、そのうち東側の川岸から縄文時代後期の土器がまとまって出土した。遺跡近くに生活していた人々が廃棄したものと推測されている。県南部で縄文土器がまとまって出土する事例は少なく、今後の縄文土器研究にとって貴重な例になると考えられる。

弥生時代

　岡山県古代吉備文化財センターにより、一般国道180号バイパスの改築工事に伴う発掘調査が2013（平成25）年度から実施されている。総社市刑部遺跡では、これまでの調査で弥生時代中頃から古墳時代中頃にかけての竪穴住居や掘立柱建物が確認され、ヒスイ製勾玉や内行花文鏡など中心的な集落の存在を示す遺物が出土している。今年度は調査面積が485㎡と狭小であったが、弥生時代後期の掘立柱建物が見つかった。建物の中央には屋内貯蔵穴と考えられる土坑を伴っている。

　総社市狩谷遺跡群は、新本川左岸の丘陵上に位置している。2012（平成24）年度に発掘調査が実施され、弥生時代の住居群や柱穴群、古墳時代の土壙墓や古墳群が確認された。今回の調査では丘陵の土砂採取事業に伴い遺跡の存在する丘陵の一部の発掘調査が総社市教育委員会により行われ、新たに土壙墓群10数基、及び土器棺1基が確認された。遺構に伴う遺物はみられなかったが、斜面下から後期から終末期の土器や古式土師器、特殊器台等が出土した。

古墳時代

　岡山市に位置する古墳時代前期の前方後方墳である津倉古墳は、2014年度から岡山大学考古学研究室により発掘調査が実施されており、今年で3年目にあたる。これまでの調査により、後方部に竪穴式石室が2基存在することが判明している。調査は、2基の主体部のうち、新しい西側の石室について行われた。調査の結果、石室内小口付近からほぼ

Ⅱ　各都道府県の動向

完形の土師器壺が出土した。また、前方部前面の調査区からも壺の破片が出土したことから、古墳の築造時期が古墳時代前期前半に絞られることが明らかになった。築造年代の分かる遺物の出土により、周辺の前期古墳との比較検討に役立つものと考えられる。

岡山市教育委員会により、岡山市北山古墳群の発掘調査が実施された。北山古墳群は吉備最古の前方後円墳とされる浦間茶臼山古墳の北約500mの丘陵尾根上に位置している。調査の結果、古墳群は4基の方墳から構成され、1号墳は東西約10m、南北約13mで、木棺墓と推測され、人骨やガラス玉が出土した。2号墳は、埋葬施設は失われていたが、古墳群の中で最も規模が大きく、東西約12m、南北約17mをはかる。3号墳は東西約8m、南北約11mをはかり、3基の粘土槨が確認され、そのうち中央から鉄剣が出土した。4号墳は東西約10m、南北約14mで、埋葬施設は不明だが、鉄斧、鉄刀片等が出土した。埋葬施設の構造や出土遺物から、古墳群は前期から中期の築造であると推測される。

全長350m、全国でも4位の規模を誇る前方後円墳である国史跡、岡山市造山古墳の範囲確認調査が岡山市教育委員会により実施された。調査は、主に前方部南西隅周辺の墳丘残存状況の確認と前方部南側の旧地形の把握を目的として行われた。一部の調査区は後世の改変によって葺石が既に失われていたものの、別の調査区で葺石の一部が確認された。そのうち前方部南西隅角の調査区では、墳端に置かれた基底部の石と考えられる大きな礫が敷かれ、その上にやや小ぶりの礫が置かれた状態が確認された。出土遺物は多数の円筒埴輪や蓋形埴輪などの形象埴輪などがある。調査成果は、造山古墳の規模や詳細な墳形を知る大きな手がかりとなるもので、今後の調査によってさらに詳細な墳形や、築造当時の地形等が明らかになると期待される。

岡山市金蔵山古墳は、造山古墳など吉備の巨大古墳が出現する前段階である4世紀末頃～5世紀初頭に築かれた全長165mの前方後円墳で、1953年に倉敷考古館が中心となって後円部墳頂付近の発掘調査が実施されている。岡山市教育委員会により、2014年度からは墳丘規模や形態の把握と、史跡等の保護措置を図る目的で発掘調査が継続的に実施されており、これまでにくびれ部西側の造り出しで石敷きが確認されるなどの新たな発見がみられる。今回は、造り出しとは反対の東くびれ部の調査が行われた。東くびれ部には、「島状遺構」とよばれる施設の存在が推測されていたが、調査により、この部分は一辺10m、高さ2mの方形壇と推定され、上面には祭祀場を仕切るとされる柵形埴輪片が出土し、河原石が敷かれていたことが明らかになった。また、墳丘本体と「島状遺構」とは通路（長さ7m、幅推定2m）でつながっていることも判明した。これらの成果は、古墳の構造や規模の解明のみならず、吉備における祭祀形式の性格を知る上で重要な発見となった。

総社市一丁坑古墳群は、県指定史跡の前方後方墳である1号墳を中心とした方墳を主体とする古墳群である。古墳群の概要を明らかにするため、一丁坑15号墳の確認調査が総社市教育委員会により実施された。古墳は北西部では尾根の稜線を大きく削って成形されており、他の部分では垂直に石を立てた葺石が巡らされていることが判明した。墳丘中央に築かれた竪穴式石室は、割石を垂直に積んで構築されており、床面には板石と円礫が敷かれ、赤色顔料も一部残存していた。石室は盗掘されているが、石室内からは鉇、玉類が、石室外では釘や土器片が出土した。今回の調査により、古墳が5世紀代の築造である可能性が高く、石室構造が渡来系の要素を備えたものであることが判明した。

総社市狩谷遺跡群では、分布調査により新たに古墳2基（4号墳・5号墳）が確認され、発掘調査によりこれらと6号墳を含む3基の古墳の発掘調査が総社市教育委員会により行われた。4号墳は横穴式石室をもつ方墳で、畿内産土師器が出土し、終末期の古墳であることが判明した。5号墳は東西約18m、南北約15m円墳で、箱式石棺から人骨の一部や副葬品である小形仿製鏡、刀子、針などが出土した。6号墳は直径6mの円墳で、箱式石棺の棺内に2体の人骨が埋葬されていた。そのうちの1体は頭部のない埋葬であった可能性が高い。

国道2号（玉島笠岡道路）改築工事に伴い岡山県古代吉備文化財センターにより調査が実施されている浅口市和田谷遺跡では、これまでの調査で弥生時代から中世にかけての遺構が確認されている。今回の調査では、後期の段状遺構や土坑がみつかっており、この時代から本格的に集落が営まれはじめたことが判明した。

浅口市マキサヤ遺跡では、発見された2つの河川跡のうち、西側に位置する川の一部で、木杭を等間隔に打ち込み、その間に枝木を組み合わせた護岸が発見された。検出された護岸は約30mにも及ぶ。この護岸は古墳時代後期から中世の間につくられたものと考えられている。

岡山県

　県道倉敷笠岡線道路改築工事に伴い、岡山県古代吉備文化財センターによって調査が実施された倉敷市前田遺跡では、古墳時代後期の製塩に関わる遺構と考えられる敷石を伴った炉跡や土坑などがみつかった。土坑からは製塩土器や炭が検出され、当地で塩作りが行われていたことが明らかになった。

　古　代
　備前市に位置する備前邑久窯跡群は、岡山理科大学考古学研究室により学術調査が継続的に実施されている。今年度は、2012（平成24）年から実施している8世紀後半の窯跡である佐山東山窯跡の調査が行われた。過去の調査では、窯の先端部である焚き口や煙突部分が確認されており、これまで上下に並んだ2基の窯とみられていたが、今回の調査により、これらが1つの窯であること、窯の全長は須恵器窯としては最大級の約16mに及ぶことなどが判明した。調査は今後も継続されることから、窯跡の詳細な構造解明と備前邑久窯跡群全体の解明が期待される。

　浅口市和田谷遺跡では、奈良時代の鍛冶炉が確認されており、周辺には鉄器や鉄滓などが少量ながら出土していることから、鉄器生産や補修などが集落の一角で行われていたことが推測される。平安時代になると、総柱建物を含む掘立柱建物複数棟や土坑などがみつかっており、集落がさらに拡大していることが判明した。

　岡山市教育委員会によって調査が行われた大供本町遺跡では、平安時代の9世紀段階から室町時代にかけての井戸や溝、居館跡などが確認された。

　中　世
　浅口市和田谷遺跡では、鎌倉時代以降も掘立柱建物や土坑が確認されており、古墳時代以降、断続的に集落が営まれていたことが明らかになった。

　圃場整備事業に伴い、倉敷市教育委員会により発掘調査が実施された門ノ前遺跡では、掘立柱建物1棟が確認された。建物の周囲には庇あるいは縁と考えられる柱穴もみられた。出土遺物から、建物の年代は14世紀半ば頃と考えられる。

　中世の東寺領荘園である新見荘における鉄生産の実態を明らかにするため、愛媛大学東アジア古代鉄文化研究センター教授　村上恭通を代表とする研究グループにより、新見市三谷床畑遺跡においてトレンチ調査が実施された。調査では製鉄関連の作業面などが確認され、鉄滓や土器が出土した。調査は今後も継続される予定である。

　岡山県古代吉備文化財センターにより2013（平成25）年度より7か年の計画で進められている中世城館跡総合調査は、真庭市・井原市・笠岡市・里庄町・久米南町・新庄村に所在する226か所を対象に現地調査がなされ、曲輪や土塁などの遺構が確認された。

　国史跡「備前陶器窯跡」のひとつ、「伊部西大窯跡」の整備と、周辺の窯跡の様相を明らかにするため、備前市教育委員会により発掘調査が実施された。トレンチによる調査の結果、16世紀代を中心とする窯の構造が確認された。指定地南側の医王山東麓3号窯は全長16.8m以上、幅2.1mの窯で、地面を掘り込み、内面に石組みをし、粘土を貼り付けて窯が築かれたことが判明した。操業時期は遺物から16世紀第3四半期と推定される。指定地北側の医王山東麓4号窯は、全長13.5m以上、焚口付近の幅2.3mをはかり、出土遺物から、15世紀に操業した窯を改修し、16世紀末から17世紀初頭にかけて再利用したと推測される。指定地北西部の医王山東麓5号窯は、窯の床面の一部が検出され、3回から4回の張り替えが行われたことが確認された。窯の操業時期は1500年代前後と推測される。

　近　世
　高梁市教育委員会により、史跡備中松山城跡の保存整備事業として、2016（平成28）年度から7年の計画で大池周辺の発掘調査を実施している。初年度となる今回の調査では、大池の構造を把握するための調査がおこなわれ、瓦や陶磁器などが出土した。今後も周辺の整備方針を検討するため、継続して発掘調査が実施される予定である。

　岡山県古代吉備文化財センターにより、百間川と本流である旭川との分流部に位置する百間川「一の荒手」及び、「二の荒手」遺跡の発掘調査が実施された。「荒手」とは百間川の分流部に築かれた3箇所の越流堤（洪水を調整するために一部分を低くした堤）で、貞享3（1686）年から翌年にかけて築かれたと考えられ、上流から「一の荒手」「二の荒手」「三の荒手」とされる。「三の荒手」は明治25（1892）年の洪水で流出しており、現在は「一の荒手」、「二の荒手」が残る。「一の荒手」は、百間川と旭川本流を隔てる「背割堤」の北端近くに位置し、洪水を百間川に流すための

越流部と、背割堤の端部を保護する巻石部からなり、全長は約180mに及ぶ。発掘調査では、南北に位置する巻石部が検出された。上流側、下流側ともに間知石の谷積みで築かれており、いずれも石材の一部に削岩機の痕跡があることから近代以降に作り直されたものと考えられる。「二の荒手」は、「一の荒手」の下流にあり、調査によって全長約160m、幅約20mの全体が明らかになった。堤本体は盛土で築かれ、表面は張り石がなされている。張り石は後世に補修されたあとがみられ、長年に渡り洪水と戦ってきたことが判明した。

津山市教育委員会により史跡津山城跡の保存整備事業として、本丸搦手の建物の一つである七間廊下周辺、及び二の丸裏中門周辺の発掘調査が実施された。調査は整備方針を検討するためのもので、在城時の地表面の高さや遺構の遺存状況を確認することを目的として行われた。本丸の調査では、七間廊下の礎石や、枡の痕跡、地下室(ちかむろ)と考えられる遺構や、磚敷きの通路跡などが確認された。また、二の丸裏中門周辺の調査では、石製の暗渠排水溝や、櫓石垣の地業の痕跡などがみつかった。

ホテル建設に伴い津山市教育委員会により実施された津山城跡の確認調査では、江戸時代の絵図から武家屋敷や蔵の存在が想定され、瓦廃棄土坑や井戸などが確認された。調査は継続して行われる。

岡山城二の丸跡は、警察本部庁舎整備に伴い岡山県古代吉備文化財センターにより発掘調査が行われた。江戸時代に描かれた絵図から、調査地は二の丸の東部にあたり、藩の家老屋敷などが広がる地点である。調査の結果、江戸時代末から明治・大正時代にかけての道路側溝跡、江戸時代末の廃棄穴などが検出され、廃棄穴からは多数の陶磁器、瓦片、貝殻や動物の骨などが出土した。

2.〔文献一覧〕

報告書

1. 赤磐市教育委員会『大池尻遺跡』赤磐市文化財調査報告第10集
2. 赤磐市教育委員会『山の間遺跡』赤磐市文化財調査報告第11集
3. 浅口市教育委員会『竹林寺天文台遺跡2』
4. 岡山県教育委員会『初和古墓』岡山県埋蔵文化財発掘調査報告243
5. 岡山市教育委員会『上伊福(済生会)遺跡3 岡山済生会総合病院管理棟・立体駐車場建設に伴う発掘調査 古墳時代以降編』
6. 岡山市教育委員会『南方遺跡―岡山済生会総合病院新病院建設に伴う発掘調査―』〈第2分冊〉
7. 岡山市教育委員会『津島江道遺跡―岡山市立岡北中学校校舎改築に伴う発掘調査―』
8. 岡山市教育委員会『清水廃寺瓦窯跡―本堂池改修工事に伴う発掘調査報告書―』
9. 岡山市教育委員会『雄町遺跡―弥生時代の拠点的集落の発掘調査報告―』
10. 岡山大学埋蔵文化財調査研究センター『鹿田遺跡10―第9次・11次調査―岡山大学病院病棟新営に伴う発掘調査』岡山大学構内遺跡発掘調査報告第32冊
11. 岡山理科大学生物地球学部考古学研究室『佐山東山窯跡群第6次発掘調査概報』
12. 倉敷市埋蔵文化財センター『酒津―水江遺跡範囲確認調査 上水島遺跡範囲確認調査』倉敷市埋蔵文化財発掘調査報告第16集
13. 総社市教育委員会『牛塚古墳群』総社市埋蔵文化財発掘調査報告26
14. 高梁市教育委員会『史跡備中松山城跡 小松山城跡保存整備・災害復旧工事報告書』
15. 津山市教育委員会『史跡津山城跡保存整備事業報告書Ⅲ』津山市埋蔵文化財発掘調査報告第87集
16. 備前市教育委員会『医王山東麓窯跡群発掘調査報告書Ⅱ』備前市埋蔵文化財発掘調査報告12

論 文

17. 石井 啓 「窯構造の変化と生産」『中近世陶磁器の考古学』第五巻 佐々木達夫編 雄山閣
18. 岡山県立博物館『研究報告 第37号』
    中園 聡・平川ひろみ・太郎良真妃・若松花帆・春成秀爾「宮山遺跡特殊器台の産地分析」
    春成秀爾「宮山系特殊器台の研究」

19. 岡山市教育委員会『岡山市埋蔵文化財センター紀要』第9号
    田嶋正憲「大悲観岩陰遺跡採集の縄紋時代遺物（1）」
    西田和浩「造山古墳後円部出土の石材について」
    草原孝典「備前国西半の古代山陽道のルート変更について」
    長谷川一英「熊谷城跡出土の遺物について―鉄製品・石製品・銭貨編―」
    岡本芳明「天然記念物アユモドキの飼育研究ノート―人工繁殖個体の卵移動実験および野外飼育実験―」
    森川奈津美「児島湾干拓地民俗文化財保存状況調査の結果報告（2）」
20. 岡山理科大学『半田山地理考古』第4号
    岡本芳明「備前の瓦窯」
    田嶋正憲「特殊な叩き目を有する製塩土器について―瀬戸内市師楽遺跡と磯遺跡出土資料を中心に―」
21. 亀田修一　「西日本の渡来人」『季刊考古学』第137号　雄山閣
22. 絹畠　歩　「吉備地域における陶棺の採用過程とその論理」『考古学は科学か　田中良之先生追悼論文集』田中良之先生追悼論文集編集委員会
23. 古代吉備研究会『古代吉備』第27集
    福永伸哉・宇垣匡雅・古市秀治「平井西山（操山109号）古墳資料の研究」
    南　武志「平井西山（操山109号）古墳出土朱の硫黄同位体分析による産地推定」
    米田克彦「岡山県窪木宮後遺跡出土とヒスイ勾玉未製品の再検討」
    宇垣匡雅「特殊器台祭祀の性格とその波及」
    平井典子「岡山県における弥生時代後期の絵画土器」
24. 重根弘和　「中世備前焼の分類と分布」『中近世陶磁器の考古学』第四巻　佐々木達夫編　雄山閣
25. 乗岡　実　「兵庫・中国地方における織豊系の城石垣の成立」『織豊城郭』第16号　織豊記城郭研究会
26. 乗岡　実　「岡山城下出土の近世貿易陶磁」『関西近世考古学研究』24　関西近世考古学研究会
27. 乗岡　実　「近世城郭の改修と破城」『近世城郭の考古学』高志書院
28. 春成秀爾　「津雲集団の墓地と親族組織」『海と山と里の考古学　山崎純男博士古稀記念論集』
29. 平井典子　「鬼城山（鬼ノ城）」『季刊考古学』第136号　雄山閣
30. 南　健太郎「銅鐸の使用形態に関する試論」『アジア鋳造技術史学会研究発表資料集』10号
31. 南　健太郎「漢・三国・西晋期の銅鏡編年に関する新視角―特に方格規矩鏡と内行花文鏡について―」『ヒストリア』第259号
32. 南　健太郎「瀬戸内海沿岸における古代山城の年代論」『徹底追究！大宰府と古代山城の誕生』九州国立博物館・熊本県教育委員会
33. 村田　晋　「弥生時代中国地方における脚付長頸壺形土器について」『広島大学文学研究科考古学研究室紀要』8号　広島大学大学院文学研究科考古学研究室
34. 山崎　健　「西日本における縄文時代の動物遺体―縄文海進最盛期の研究動向―」『月刊考古学ジャーナル』2月号　ニュー・サイエンス社

その他

35. 赤磐市教育委員会『両宮山古墳とその時代』シンポジウム記録集1　赤磐市制施行10周年記念事業史跡シンポジウム
36. 井原市文化財センター『井原市文化財センター「古代まほろば館」年報』7　平成26年度
37. 岡山県教育委員会『岡山県埋蔵文化財報告』46
38. 岡山県古代吉備文化財センター『所報吉備』61・62
39. 岡山市教育委員会『岡山市埋蔵文化財センター年報』16　2015（平成27）年度
40. 岡山市教育委員会『平成28年度特別展　超巨大古墳の時代～吉備の至宝・千足古墳、榊山古墳出土品の里帰り展～』

41. 岡山大学埋蔵文化財調査研究センター『岡山大学埋蔵文化財調査研究センター紀要2015』
42. 岡山大学埋蔵文化財調査研究センター『岡山大学埋蔵文化財調査研究センター報』56・57
43. 総社市教育委員会『総社市埋蔵文化財調査年報』26（平成27年度）
44. 津山市教育委員会『年報　津山弥生の里』第24号（平成27年度）
45. 備前市教育委員会『備前市文化財レポート2016【年報】』
46. 備前市教育委員会『備前焼をサイエンスする～科学と歴史の対話～』備前歴史フォーラム2016資料集
47. 備前市埋蔵文化財管理センター『中世の備前焼を再現する　プロジェクトの記録―2017―』
48. 村上恭通『東寺領荘園（新見荘・弓削荘）の考古学的基礎研究―2016年度の研究成果―』愛媛大学東アジア古代鉄文化研究センター

34　広　島　県

荒　川　正　己

1. 〔調　査〕

2016年度、文化財保護法第93・94条に基づく土木工事届出・通知件数は138件（93条112件・94条26件）である。第92条による発掘調査が8件（開発対応8件、学術目的0件）、第99条による発掘調査が15件（開発対応10件、保存整備・確認調査5件）、第125条に基づく史跡などの発掘調査が4件であった。

旧石器時代

今年度は調査事例がなかった。

縄文時代

広島大学考古学研究室が中心となって長年継続してきた帝釈峡遺跡群（庄原市・神石高原町）の調査は、2015年度の大風呂洞窟遺跡第20次をもっていったん休止となった。報告書の刊行と、新たな展望に基づく調査の再開に期待したい。

弥生時代

湯伝遺跡（福山市山手町）は、前期末から中期のものと推定される集落跡の一部で、土坑や溝状遺構、ピットなどが確認された。石包丁が出土しており、遺跡周辺での稲作の開始が前期末まで遡ることをうかがわせる。なお溝状遺構やピットは、低湿地と居住地を区画する施設であった可能性が推定されている。

地頭分溝渕遺跡（福山市瀬戸町）では、中期の竪穴住居跡が確認された。昨年度も他の調査区で同時期の溝状遺構が確認されている。中期の集落跡は当該地域では初例である。

御領遺跡（福山市神辺町）は、2013年度の第7次調査において日本最古の屋形船が描かれた壺の複合口縁部が出土したことで話題になったが、さらに今年度に実施した整理作業によって、この口縁部につながる頸部が発見された。この頸部は貼り付け突帯を有しており、その特徴からこの土器が後期後半の伊予地方で製作され、備後にもたらされたものであることが明らかになった。

古墳時代

中山西遺跡（広島市東区中山）は、高速道路建設工事中に人骨が残存する箱式石棺が発見されたことで急遽調査が行なわれた。周囲は重機による掘削が進んでおり墳墓群の全容は不明であるが、最終的に小型の石棺と石蓋土坑を併せ3基の埋葬施設が確認された。遺物が無いため時期は不明であるが、同市域の他の事例から古墳時代初頭に形成された可能性が高い。なお人骨は若くない女性と分析されている。

稲山第7号古墳（安芸高田市吉田町）は、墳丘斜面に貼石状の葺石をもつ方墳（長辺10m×短辺8.3m×最大高1.9m）

で、5世紀中～後半の築造と推定される。本古墳は四隅突出型墳丘墓である稲山墳墓（2013年度調査：安芸高田市指定重要文化財）を含む13基からなる稲山墳墓・古墳群のうちの1基で、今回の発掘調査は2015年度から開始された同墳墓・古墳群の範囲・内容確認調査の一環である。調査は今後も継続される見込で、弥生時代から古墳時代後半まで続く地域墓制の変遷を知る上で重要な成果が期待される。

長宇根10号墳（三次市三良坂町）は広島大学が測量調査を実施した。後世の地形改変が著しいものの、墳長約20mの帆立貝形古墳に復元している。墳丘上を中心に6世紀後半～7世紀初頭の須恵器片が40点以上採取されており、埋葬主体は三次盆地周辺に多く見られる須恵器床を持つ横穴式石室を想定している。

鳥越古墳（広島市安佐南区緑井）は、7世紀前半期に営まれた円墳である。本古墳が位置する広島市安佐南区緑井・八木地区は市域の中でも後期古墳が比較的多く分布する地域であるが、その大半が概ね2～3基で群集するのに対し本古墳は単独で築かれており石室の規模もやや大きいこと、暗文土師器片が出土していることなどから、被葬者は畿内政権とつながりの深い在地系豪族と考えられている。

　古　代

下岡田遺跡（安芸郡府中町）は、1963（昭和38）年からこれまで9次にわたる発掘調査によって礎石建物跡・掘立柱建物跡・井戸などの遺構が確認されるとともに、重圏文軒丸瓦・重郭文軒平瓦や多量の土器類などが出土しており、古代安芸駅家跡と推定されている。現在国史跡指定を目指しており、通算第10次となる今年度の発掘調査では、本遺跡の中心施設である礎石建物跡SB002南側の発掘が行なわれ、SB002の規模が3間×6軒（11m×18m）であることが確定した。また新たに1間×2間以上の規模を持つ掘立柱建物跡や、牛骨が納められた土坑2基が確認されている。遺物は多数の瓦や須恵器、土師器・土師質土器、陶磁器等が出土している。本遺跡は2017年度も継続して発掘調査が実施されるとともに、これまでの調査で出土した大量の遺物の分析を行い、遺跡の性格についてより詳細な検討が行なわれる予定である。

弥生時代でも取り上げた地頭分溝渕遺跡は、2015年度の調査で中世集落跡が確認されており、中世荘園長和荘との関連が推測されている。今年度の調査では、さらに下層から段状遺構や溝状遺構（削平された段状遺構と思われる）、土坑が確認された。出土遺物から8～9世紀に営まれた古代の集落跡であったと推定され、長和荘が古代集落をベースとして成立した可能性を示唆している。

　中　世

夕倉遺跡（福山市津之郷町）では溝状遺構・段状遺構・井戸跡等が確認されるとともに、多くの土師質土器が出土した。周辺の地形や、建物跡が存在しないことから、中世集落跡の縁辺部と推定されている。

奥山製鉄遺跡（三次市君田町）では、製鉄炉本体は確認できなかったものの、木呂孔（送風管差込口）が残る炉壁や鉄滓が多数出土した。また鞴羽口片や椀形滓が出土していることから、精錬鍛冶も行なわれていた可能性が高く、炉壁にスサが入っている特長と併せて、中世後半の製鉄遺跡と推定される。

　近　世

亀居城跡（大竹市）が位置する丘陵の先端は「台場」と呼ばれており、上下2ケ所の平坦面が確認された。柱穴等具体的な遺構は確認されなかったが、江戸時代後期の関東碗が出土していること、調査範囲外の周辺地形などを併せると、幕末期に瀬戸内海航路を監視するために設置されたと伝えられる砲台跡である可能性が高い。

　その他

広島平和記念資料館耐震工事に係る発掘調査

ここで筆者が担当した広島平和記念資料館耐震工事に係る埋蔵文化財発掘調査について少し詳しく述べたい。

広島市では、重要文化財広島平和記念資料館本館の耐震工事に先立ち、工事によって掘削される約2,200㎡を対象に、2015・2016の2カ年をかけて発掘調査が行われた。平和記念資料館本館周辺は、資料館建設時まで材木町と呼ばれ、被爆時まで寺院や銭湯、民家、商家などが立ち並んでいた地域である。発掘調査は、舗装直下から自然堆積層が出土する地下2～3mまで掘削・精査した結果、地下約70cm前後において材木町筋と呼ばれた主要道路や石列、建物の基礎や土間、寺院の石垣や墓地など被爆時の街並み＝被爆面が確認されるとともに、被爆瓦や溶けたガラス瓶、陶磁器類や

Ⅱ　各都道府県の動向

機械部品等が大量に出土した。また被爆面より下層には近世〜近代の街並みが概ね6面遺存しており、自然堆積層直上に形成された最も古い遺構群は、広島城下町が築かれはじめた16世紀代に遡る可能性があることが明らかになった。

今回の発掘調査は、被爆面を対象としたものとしては初めて考古学的な手法・精度を用いて行なわれたものである。その成果として、主要道路や寺院・銭湯といった当時のランドマークの位置が特定・記録されたことで、これまで様々な取り組みが行なわれてきた材木町を含む周辺地域（いわゆる旧中島地区）のより正確な街並み復元への活用が期待できること、コンクリートや煉瓦で造られた頑丈な建物の基礎や地下室、防空壕、観賞魚用とおぼしき池や多数の便槽、そして縦横に張り巡らされた下水道など、近代都市の構造や暮らしぶりを具体的・立体的に知る多量なデータを得る事ができたことなどが挙げられよう。

広島市では（そしておそらく長崎市でも）被爆者の高齢化が進む中、その体験の継承が大きな問題となっている。地下に遺存していた被爆遺構や遺物は、被爆の実相をダイレクトに示す「もの言わぬ証言者」として、今後重要な役割を果たし得る可能性がある。今回の調査では炭化したしゃもじが被爆面に密着した状態で出土したが、広島市はこれを被爆直後の状況を残す特徴的な遺構として切り取り保存し、現在平和記念資料館で公開している。また、被爆75周年を迎える2020年までに、平和記念公園内の別の地点を発掘調査し、現地で被爆面を保存公開する考えを明らかにしている。

ところで、近代遺跡の保存・活用については、重要な課題として様々な場面で言及されるようになって久しい。戦前軍都として発展した広島市においても、市街地中心部における周知の埋蔵文化財包蔵地は、原則として広島城跡外堀以内の近世に属するものに限定されている。今回の調査では、前述のとおり近代市街地の複数の遺構面とこれに伴う大量の遺物が出土し、被爆遺跡としてだけでなく、近代遺跡の持つ文化財としての可能性を示す貴重な調査例となった。近代遺跡を発掘調査の対象とするか否かは文化財保護部局の判断によるが、その判断の前提は市民が共有する地域の歴史観によるところが少なくない。被爆遺構の保存を考える市民団体も誕生しており、調査者の一人として、改めて広く調査成果の周知を図る責務を痛感している。

最後に、本稿作成にあたり、県内の研究者や自治体担当者から情報をご教示いただいた。深く感謝申し上げる。

2．〔文献一覧〕
報告書

1．尾道市教育委員会『尾道市内遺跡　平成27年度』尾道市埋蔵文化財調査報告第49集
2．庄原市教育委員会『佐田谷・佐田峠墳墓群発掘調査報告書　調査編（2）』庄原市教育委員会発掘調査報告書29
3．広島県教育事業団『都市計画道路吉行飯田線街路改良事業に伴う埋蔵文化財発掘調査報告書狐川1号遺跡・福原2号遺跡・福原3号遺跡』広島県教育事業団発掘調査報告書第76集
4．広島県教育事業団『国道313号道路改良事業に伴う埋蔵文化財発掘調査報告（5）御領遺跡（第7次調査2013）』広島県教育事業団発掘調査報告書第77集
5．広島県立博物館『草戸千軒町遺跡漆器関係資料2―出土漆器等の科学分析と食漆器の諸問題―』草戸千軒町遺跡調査研究報告12
6．広島市文化財団『鳥越古墳―広島市安佐南区緑井八丁目所在―』広島市文化財団発掘調査報告書第3集
7．広島市文化財団・広島文化財センター『中山西遺跡―広島市東区中山西二丁目所在―』広島市文化財団発掘調査報告書第4集
8．広島文化財センター『陣が平西2号遺跡発掘調査報告書―西条下見 D-room 新築工事に係る発掘調査―』
9．福山市教育委員会『福山市内遺跡発掘調査概要XI―2015年度（平成27年度）―』福山市埋蔵文化財調査報告第37集
10．福山市教育委員会『史跡朝鮮通信使遺跡鞆福禅寺境内第1次発掘調査報告書―史跡整備事業に係る範囲・内容確認調査―』福山市埋蔵文化財調査報告第38集
11．三原市教育委員会『史跡小早川氏城跡（三原城跡）　史跡整備にかかる通り丁濠端保存整備事業報告書』三原市文化財調査報告書第18集

広 島 県

12. 三次市教育委員会『四拾貫小原第16号古墳・下山南遺跡発掘調査報告書』広島県三次市文化財調査報告書第10集
    論文等
13. 芸備友の会『芸備』第47集
    沖　憲明「三次市段遺跡の再検討」
    小野　隆・西尾克己・守岡正司「安芸鈴尾城跡と採集遺物」
    角田徳幸「三次市西城川カケハンノ瀬採集の錬鉄」
    和田麻衣子「広島県北部における弥生時代中期後半の土器資料について」
14. 広島県教育事業団『平成28年度ひろしまの遺跡を語る「幕末動乱期の西国街道―亀居城関連遺跡・廿日市町屋跡の発掘調査と史実―」資料集』
    石田雅春「亀居城周辺の地形変遷と幕長戦争」
    島田朋之「廿日市町屋敷の発掘調査」
    三宅紹宣「幕長戦争と西国街道」
    恵谷泰典「亀居城関連遺跡の第2次発掘調査」
    渡邊昭人「亀居城関連遺跡の第1次発掘調査」
15. 広島大学大学院文学研究科考古学研究室『広島大学大学院文学研究科考古学研究室紀要』第8号
    Hisasi NOJIMA, Yui ARIMATSU, Masahiro FUJII, Shin MURATA, Norihiro ICHIKAWA, Shohei FUJII & Naoto MORIMOTO. Bronze-Hilted Iron Swords from Western Asia at the Department of Archaeology
    村田　晋「弥生時代中国地方における脚付長頸壺形土器について」
    池西美咲・實盛良彦・近藤直毅・佐々木尚也・永野智朗・名村威彦・真木大空「庄原市新庄町新庄龍王1号墳の測量調査」
    池西美咲・近藤直毅・佐々木尚也・永野智朗・名村威彦・真木大空「三次市三良坂町長宇根10号墳の測量調査」
    市川伯博・平尾英希「帝釈峡大風呂洞窟遺跡（第19・20次）の調査」
16. 広島大学考古学研究室50周年記念論文集・文集刊行会『広島大学大学院文学研究科考古学研究室50周年記念論文集・文集』
    河村善也・河村　愛「広島県帝釈峡遺跡群出土の哺乳類遺体研究」
    沖　憲明「広島県北東部における旧石器時代石器群の編年と地域性」
    藤野次史「中・四国地方における角錐状石器群から見た石材需給」
    藤井翔平「石包丁の形態的多様性に関する一考察」
    今福拓哉「備後北部の弥生墳丘墓」
    横山瑛一「鉄製武器の錆化状況に基づく一考察」
    安間拓巳「安芸・備後における鉄・鉄器生産」
    伊藤　実「三好盆地の空墓」
    春成秀爾「神武東征伝説と宗像女神」
    小林新平「寺町廃寺出土平瓦に関する一考察」
    鈴木康之「草戸千軒町遺跡における集落の画期とその暦年代」
17. 石丸恵利子・大近美穂「鏡千人塚遺跡・鏡西谷遺跡出土の中世煮炊具について」『広島大学埋蔵文化財調査研究紀要』第8号　広島大学総合博物館埋蔵文化財調査部門
18. 妹尾周三　「瀬戸内に伝わった山田寺式軒丸瓦」『考古学研究』63　考古学研究会
19. 野島　永　「弥生時代鉄器文化の実態をめぐって」『鉄の弥生時代―鉄器は社会を変えたのか？―』大阪府立弥生文化博物館図録58
    その他
20. ウェルナー・シュタインハウス編『An Illustrated Companion to Japanese Archaeology』Archaeopress

Ⅱ　各都道府県の動向

21. 尾道市教育委員会『尾道近世遺跡―北前船と港町尾道』尾道の歴史と遺跡シリーズ4
22. 芸備友の会『芸備』第47集
23. 広島大学考古学研究室50周年記念論文集・文集刊行会『広島大学大学院文学研究科考古学研究室50周年記念論文集・文集』
24. 広島大学大学院文学研究科考古学研究室「広島大学大学院文学研究科考古学研究室紀要」第8号
25. 広島大学総合博物館埋蔵文化財調査部門『広島大学埋蔵文化財調査研究紀要』第8号
26. 広島県教育事業団『平成27年度ひろしまの遺跡を語る「鉄の古代史―ひろしまの鉄の歴史―」記録集』広島県教育事業段埋蔵文化財調査室活動報告第6集
27. 広島県教育事業団『平成28年度ひろしまの遺跡を語る「幕末動乱期の西国街道―亀居城関連遺跡・廿日市町屋跡の発掘調査と史実―」資料集』 広島県教育事業団埋蔵文化財調査室活動報告第7集
28. 広島県教育事業団『ひろしまの遺跡』第116・117号
29. 広島市・広島市文化財団『広島平和記念資料館発掘調査現地説明会』
30. 福山市教育委員会『福山市文化財年報45　2015年度（平成27年度）』
31. 福山市教育委員会『史跡朝鮮通信使遺跡鞆福禅寺境内保存活用計画』
32. 福山市教育委員会『特別史跡廉塾ならびに菅茶山旧宅保存活用計画』

35　山　口　県

増　野　晋　次

1.〔調　査〕

　山口県内では近年、93条の届出件数は増加傾向にあり、平成27年度・平成28年度と過去最多記録を更新し、平成28年度は441件に至った。この主因として個人住宅建築の件数増加と市町の体制整備の進展が挙げられる。94条は毎年度100件前後で安定しており、平成28年度は103件である。そのうちの4割程度を上下水道工事が占める。次いで、学校関連、道路関連が10件程度ある。農業基盤整備は8件あり、今後も継続的な実施が見込まれる。発掘調査件数は近年、92条が10件弱、99条が30件弱で安定しており、平成28年度も同様であるが、総調査面積は減少傾向にある。

　調査原因では、史跡の内容確認や整備に向けた調査が古代以降の遺跡の調査のうち一定量を占める。開発に伴う発掘調査では、ここ数年、県東部の柳井市、熊毛郡田布施町においてほ場整備に伴う発掘調査が行われており、弥生時代から中世にかけての資料の蓄積が進んでいる。平成28年度には縄文時代から近世にかけての遺跡の調査が行われた。なお、旧石器時代の調査例は無い。

縄文時代

　防府市下右田遺跡では第35次調査において扇状地の堆積を確認し、科学分析の結果縄文時代中期に右田ケ岳からの土砂（斜面）災害が頻発していたことが明らかとなった。

　下関市武久川下流域条里遺跡では早期後半の堆積層から貝化石が多数出土し、響灘沿岸部における縄文海進期の湾岸環境の復元に貴重な成果が得られた。また、縄文時代前期後半の堆積層から大型加工木材が出土し、周辺における人々の活動が示唆された。

弥生時代

　防府市下右田遺跡では第35次調査において終末期の竪穴建物、後期の土坑が確認され、集落域が山麓部まで広がることが明らかになった。第37次調査においては後期～終末期の竪穴建物や溝が確認され、当該期の集落が西へ広がることが判明した。第38次調査においては遺跡内で検出例の少ない中期の遺構群が確認された。

山　口　県

　山口市上東遺跡では弥生時代中期を中心とした土坑12基のほか終末期の竪穴建物が確認された。
　下関市武久川下流域条里遺跡では弥生時代中期の水田堆積層から木製鍬先や木杭が出土した。響灘沿岸部における水田稲作の展開を考えるうえで貴重な成果が得られた。綾羅木郷台地遺跡（木舩地区）では、前期末から中期初頭を中心とする貯蔵用竪穴13基と土坑1基が確認された。貯蔵用竪穴のうち1基からは中期中頃の須玖式土器が出土した。本遺跡は中期前半に廃絶すると考えられているが、中期中頃にも土地利用があったことが明らかとなった。土坑は床面が硬化しており弥生土器とともに焼土塊や炭化米などが出土したことから、土器焼成坑の可能性が考えられている。

古墳時代
　柳井市明力遺跡では竪穴建物、掘立柱建物が確認された。
　熊毛郡田布施町鳥越古墳は新たに発見された古墳で、調査の結果、横穴式石室を内部主体にもつ後期古墳であることが明らかとなった。
　周南市垣外遺跡では土坑が確認され、その一つからは土師器2点が据えられた状態で出土した。
　山口市上東遺跡では後期の竪穴建物等が確認された。
　防府市下津令遺跡（下瑞光寺地区）では後期の竈を伴う竪穴建物1軒が検出された。造り付け竈に土製支脚が据えられた状態で出土した。
　下関市丸小山古墳においては開発に伴う確認調査が行われ、横穴式石室が確認された。綾羅木郷台地遺跡（宝前地区）では中期の竪穴住居1軒が確認された。

古　代
　防府市下右田遺跡では第37次調査において9～10世紀の掘立柱（総柱）建物のほか、埋土に炭・焼土や冶金関連遺物を含む土坑等が確認された。佐波郡家の可能性が指摘されている。周防国府跡では第186次調査において建物群の外周を方形に巡る溝の一部が調査され、溝の廃絶が8世紀後半まで下ることが明らかになった。第187次調査においては国司館推定地南限の確認調査が実施され、8世紀後半に南限を区画する溝が廃絶した後、建物群がさらに南へ広がることが明らかとなった。
　山口市上東遺跡では古代から中世の溝状遺構1条、柱穴多数が確認された。
　下関市重武屋敷遺跡では、8世紀から14世紀を主体とする集落跡が確認された。古代の出土遺物には畿内系土師器などが含まれており、周辺に官衙関連遺構の分布が想定されている。史跡長州藩下関前田台場跡近接地では台場が削平された際の土砂から多量の古代瓦が出土した。対象地は古代山陽道の終着駅である「臨門駅」や外国使節を迎え入れるための「臨海館」の有力な候補地であり、関連が注目される。

中　世
　岩国市中津居館跡では土塁の調査が行われ、土塁の構築に石積がなされていたことが判明した。また、洪水の痕跡が確認され、居館廃絶の要因が判明しつつある。
　柳井市明力遺跡では中世前期を中心とする集落が発掘され、掘立柱建物、竪穴建物等が検出された。竪穴建物のうち1軒からは木炭や灰が多量に出土し、鞴羽口や鉱滓も見られることから鍛冶工房と考えられている。
　熊毛郡田布施町石ノ口E遺跡では掘立柱建物、溝等が確認された。
　防府市下右田遺跡では第36次において遺跡範囲の西端で中世後半の条里溝が確認された。条里施工範囲が遺跡の範囲外まで延びる可能性が高まった。下津令遺跡では室町時代の掘立柱建物群が確認された。下瑞光寺地区では、溝で区画された範囲内に掘立柱建物・井戸・柱穴群が集中して検出された。出土遺物から、13世紀後半から16世紀に至る中世の幅広い時期にわたって集落が存続していたことが明らかとなった。朝鮮製象嵌青磁や陶器瓶が出土した。
　山口市凌雲寺跡では史跡南部において調査が行われた。寺院の時期に遡ることが確実な遺構・遺物はほとんど確認できなかったことから、調査地は寺域の外の可能性が考えられる。大内氏関連町並遺跡では6回の調査が行われ、柱穴、土坑等が確認された。また、多くの調査地点で整地層が確認された。上東遺跡では柱穴、井戸が検出された。
　下関市重武屋敷遺跡では、径34cm、深さ20cmの柱穴から14世紀代と推定される土師器坏13点・皿48点が重なって出土した。地鎮を意図した儀礼行為が行われた可能性が考えられる。延行条里遺跡（白河内地区）では古代から中世の柱

Ⅱ 各都道府県の動向

穴、溝、土坑などが確認された。延行条里遺跡に隣接する秋根遺跡東南部で確認されている集落の東側への広がりが把握された。長門国府跡（亀の甲地区）では、柱穴や土坑など中世期の遺構分布を確認。また、造成土中には土師器や輸入陶磁器など12〜13世紀代の遺物が多量に含まれ、周辺で当該時期の遺構が濃密に分布する可能性が考えられている。中ノ浜遺跡では鎌倉時代から室町時代の集落が確認された。遺構には3基の墓や鍛冶滓を廃棄した土坑も含まれる。過去の調査成果を考え合せれば、出土遺物に銅銭および中国・韓国陶磁器を比較的多く含むことや、遺跡が入江に面して立地することなどから港としての機能をもっていたと考えられる。

県教委が2011（平成23）年度から行った中世城館遺跡総合調査のうち長門国編の報告書が公刊された。222の城館遺跡が報告され、うち87か所の図面が掲載された。

近世以降

近世以降の発掘調査はいずれも史跡等の内容確認、整備のために行われたものである。

山口市史跡周防灘名田島新開作南蛮樋では堤防の構造確認のための調査が行われ、堤防の石垣が二重に積まれていることが判明した。名勝常徳寺庭園では実施設計のため、池泉護岸において護岸石据え付け痕の有無を確認する調査が、また排水路において流路を確認する調査が行われた。

下関市史跡長州藩下関前田台場跡近接地では史跡隣接地の試掘調査により、台場施設の整地面が史跡指定地外に広がることが判明した。また、幕末期のミニエー銃弾が出土した。長門国府跡（亀の甲地区）では県教委が未指定文化財調査を実施した「諏訪家庭園」の確認調査が行われ、作庭時期が近世後期以降であることが判明した。

萩市史跡恵美須ケ鼻造船所跡では丙辰丸造船場・庚申丸造船場及び切組木屋の遺構範囲を確認する調査が行われ、幅約10m、残存深さ約1.5mの庚申丸造船場に伴う掘方が検出された。また、切組木屋の遺構検出を目的としたトレンチでは柱穴が検出された。2015（平成27）年度の調査で確認した柱穴と合わせ、「丙辰丸製造沙汰控」（山口県文書館）に示す建物規模が桁行19.7m、梁行9.9mの切組木屋遺構である蓋然性が高まった。史跡旧萩藩校明倫館では史跡旧萩藩校明倫館内の聖廟（孔子廟）とその周辺遺構の残存状況を明らかにするため、旧明倫小学校屋内体育館の周辺でトレンチ調査が行われた。各トレンチでは北西隅角をなす石列（南北2.9m、東西3.4m）、北側に面を持つ東西石列（東西1.5m）、東側に面を持つ南北石列（南北1.0m）が検出された。検出遺構と「明倫館差図」（山口県文書館）を照合の結果、前二者は孔子廟境内の北西隅及び北面を示す玉垣の位置と合致し、後者は孔子廟境内南側外周を「コ」字形に取り囲む泮水の縁辺部と合致することが判明した。

本稿執筆にあたり、県内の自治体担当者及び研究者から情報提供をいただきました。ありがとうございました。

2．〔文献一覧〕

報告書

1. 岩国市教育委員会『中津居館跡Ⅱ』岩国市文化財調査報告第2集
2. 下関市教育委員会『下関市埋蔵文化財調査年報8─平成27年度の記録─』
3. 周南市教育委員会『垣外遺跡発掘調査報告書2』周南市埋蔵文化財調査報告第2集
4. 田布施町教育委員会『鳥越古墳』田布施町文化財調査報告第7集
5. 防府市教育委員会『周防国府跡発掘調査報告6─国府北西部の調査─』
6. 防府市教育委員会『平成27年度防府市内遺跡発掘調査報告書』
7. 防府市教育委員会・周防国府跡調査会『仁井令条里跡第1・2次発掘調査報告書』
8. 柳井市教育委員会『柳井市日積地区　南大原遺跡　鳥屋尾遺跡』柳井市埋蔵文化財調査報告書第14集
9. 山口県教育委員会『山口県中世城館遺跡総合調査報告書─長門国編─』
10. 山口県埋蔵文化財センター『下津令遺跡4（沖ノ下2地区、下瑞光寺地区）』山口県埋蔵文化財センター調査報告第98集
11. 山口県埋蔵文化財センター『中ノ浜遺跡』山口県埋蔵文化財センター調査報告第99集
12. 山口市教育委員会『大内氏関連町並遺跡10』山口市埋蔵文化財調査報告第118集
13. 山口市教育委員会『下東遺跡3』山口市埋葬文化財調査報告第119集

山　口　県

14. 山口市教育委員会『山口市文化財年報10―平成27（2015年）度―』
15. 山口大学埋蔵文化財資料館『見島ジーコンボ古墳群　第123号墳・第152号墳（再）・西部域』
16. 山口大学埋蔵文化財資料館『山口大学構内遺跡調査研究年報ⅩⅩ』

　論　文
17. 岩崎仁志　「尾浦石の砕石・加工と石屋たちの経営戦略」『遺跡学研究』第13号　日本遺跡学研究会
18. 岡田裕之　「防府市下津令遺跡の鋳造関連遺構について」『陶塤　山口県埋蔵文化財センター年報―平成27年度―』第29号
19. 北島大輔　「赤妻をめぐる人びと―近代山口の考古学研究と文化財保護―」『古文化談叢』第77集　九州古文化研究会
20. 古賀信幸　「中世都市山口の黄昏と曙光」『博多研究会誌』第13号　博多研究会
21. 田中晋作　「和泉地域に投影された政権中枢勢力の動静」『塚口義信博士古稀記念　日本古代学論叢』塚口義信博士古稀記念会
22. 土井ケ浜遺跡・人類学ミュージアム『研究紀要』第12号
　　松下孝幸・松下真実・綾香奈江「土井ケ浜弥生人の抜歯型式」
　　松下孝幸「土井ケ浜弥生人四肢骨の研究」
　　松下孝幸「下関市若宮1号墳出土の古墳人骨」
　　綾香奈江・松下孝幸「土井ケ浜遺跡出土人骨補遺（2）」
　　沖田絵麻「土井ケ浜遺跡第1次～第19次調査において出土した動物遺存体の一覧」
23. 宮下孝優　「古代・竪穴建物の構造変化―武蔵国府関連遺跡の竪穴建物も小型・長方形化とその背景―」『東京考古』No.34　東京考古談話会
24. 山口考古学会『山口考古』第36号　乗安和二三氏追悼号
　　柏本秋生「萩市内の礫石経について」
　　小南裕一「西部瀬戸内における姫島産黒曜石の流通―主に後・晩期を対象として―」
　　森田孝一「山口盆地における竪穴式石室・石棺系竪穴式石室の検討」
　　岩崎　仁「朝田墳墓群第Ⅱ地区第13号墳の再評価」
　　増野晋次「山口市朝田墳墓群の箱式石棺墓について」
　　田中晋作「古墳時代前期後半における畿内政権内の主導権をめぐる確執―大和盆地東南部地域の勢力から佐紀・馬見古墳群の勢力へ―」
　　宇野愼敏「周防・長門における初期横穴式石室の出現とその背景」
　　松下孝幸「下関市若宮第3号墳出土の人骨」
　　松下真実「山口市浅田墳墓群第Ⅵ地区出土の古墳人骨」
　　市来真澄「江戸時代萩焼の生産について」

　その他
25. 神崎　前　「中津居館跡」『発掘された日本列島2016　新発見考古速報』共同通信社
26. 古代武器研究会・山口大学考古学研究室『第13回「古代武器研究会」発表資料集』
27. 小林善也　「周防・長門の7世紀の土師器」第178回九州古文化研究会（第12回7世紀史研究部会）『7世紀の土師器』
28. 下関市立考古博物館『研究紀要』第21号
29. 中国四国前方後円墳研究会第19回研究集会（山口大会）実行委員会『「中国四国前方後円墳第19回研究集会　前期古墳編年を再考するⅢ～地域の画期と社会変動～」発表要旨・資料集』
30. 博多・山口・大分三都市研究会第6回研究集会実行委員会『博多・山口・大分三都市研究会第6回研究集会　中世後期における検出遺構からみた三都市の様相』（研究会）
31. 藤田慎一・宮田佳樹・高橋　敦・千葉博俊「古代、中世における付け木について―砺波（北陸）、岩国の出土例か

Ⅱ　各都道府県の動向

　　　ら─」『一般社団法人日本考古学協会第82回総会　研究発表要旨』日本考古学協会
32．増野晋次　「山口県出土の朝鮮陶磁」『第15回山陰中世土器検討会資料集　山陰における高麗・朝鮮陶磁』山陰中世土器検討会
33．山口県埋蔵文化財センター『山口県埋蔵文化財センター第46回展示　掘っちょる山口2016　─遺跡が語る　ふるさと今昔物語─』
34．山口大学・山口市教育委員会『周防鋳銭司発掘50周年＆鋳銭司・陶地区文化財総合調査事業開始記念シンポジウム予稿集　古代テクノポリス鋳銭司・陶─これまでとこれから─』シンポジウム

36　徳　島　県

大　橋　育　順

1．〔調　査〕

　2016年度の徳島県における発掘調査件数は、文化財保護法第92条に基づく届出が5件、第99条に基づく報告が24件、第93条の届出が212件、第94条の届出が63件である。特に大規模発掘調査としては、近年継続的に実施されている国土交通省の四国横断自動車道建設に伴う発掘調査に加えて、那賀川河川改修事業に伴う発掘調査が開始されたため、一時的に緊急調査が増加する見込みとなった。一方、史跡整備に伴う調査も実施されている。

弥生時代
　本年度より調査が開始された阿南市加茂町の加茂宮ノ前遺跡では、国土交通省の那賀川河川改修事業に伴う発掘調査により、弥生時代中期後半から古墳時代前期初頭の竪穴住居等が検出された。遺跡からは辰砂が付着した石器や辰砂原石が出土した。同町には、辰砂採掘遺跡として知られる若杉山遺跡が所在しているため、辰砂採掘に関連した集落として注目される。徳島県教育委員会では、赤色顔料生産遺跡及び関連遺跡出土遺物の調査を実施し、報告書を刊行した。

古墳時代
　徳島市教育委員会では、国史跡渋野丸山古墳の史跡整備に向けた発掘調査を継続している。古墳は墳丘長105m、周壕を含めると118mで、県内最大級の前方後円墳である。今年度の調査では、造出部の確認調査が行われ、東西12m南北5mの長方形であることを確認した。また周壕からは多数の埴輪片とともに小型の土師器壺や高坏、笊形土器が出土した。

　石井町教育委員会では、山ノ神古墳群の確認調査を継続している。全長約56mの前方後円墳と確認され、渋野丸山古墳（徳島市）、愛宕山古墳（板野町）に次いで、県内の前方後円墳で3番目に大きいことが判明した。今年度の発掘調査では、隣接する山ノ神2号墳の調査も実施した。区画溝からは埴輪片や鉄製品とともに、筒形銅器が出土した。筒形銅器は長さ約11cm、直径最大約3cmで、県内では2例目の出土である。

古　代
　美馬市願勝寺の中山路遺跡では、道の駅整備に伴って発掘調査を実施し、古代の瓦片、銅製の馬鈴などが出土した。国史跡郡里廃寺に近接しているため、寺院または官衙との関連がうかがえる。

中　世
　徳島市国府町の川原田遺跡では、徳島環状線国府藍住工区の建設に伴って調査が継続されている。これまでの調査によって平安時代から近世の水田面、中世の屋敷地が検出されている。本年度の調査区では、16世紀代の水田を検出した。また、阿南市加茂町の加茂宮ノ前遺跡でも掘立柱建物、土坑墓等が検出された。

　藍住町教育委員会では、勝瑞城館跡の整備に伴う発掘調査が継続している。

近世

徳島市の徳島城下町跡新南福島1丁目地点では、街路事業に伴って発掘調査が実施された。徳島城から南東部に約1kmに位置し、18世紀代の遺構や遺物を確認した。

徳島市教育委員会による蜂須賀家万年山墓所の整備に伴う発掘調査も継続している。神山町教育委員会では2014（平成26）年度より「阿波遍路道焼山寺道」の調査を実施し、遍路道の形状や石造物の位置の把握を行った。徳島県教育委員会においても、史跡指定を目指して札所寺院と遍路道の調査を継続的に実施している。当年度は第5番札所地蔵寺、12番札所焼山寺、66番札所雲辺寺の3ケ寺の総合調査を実施した。

その他

徳島県教育委員会では、1946年の昭和南海地震から70年を迎えたことから、南海地震の被害を現在に伝える地震津波碑の登録記念物への登録を目指して調査を実施し、報告書を刊行した。

2．〔文献一覧〕

報告書

1. 徳島大学埋蔵文化財調査室『常三島遺跡3―地域連携プラザ地点・フロンティア研究センター地点―』徳島大学埋蔵文化財調査報告書第6巻
2. 徳島県教育委員会『赤色顔料生産遺跡及び関連遺跡の調査　採掘遺跡土器編』徳島県埋蔵文化財調査報告書第2集
3. 徳島県教育委員会『南海地震徳島県地震津波碑調査報告書』徳島県埋蔵文化財調査報告書第3集
4. 徳島県教育委員会『阿波遍路道雲辺寺道・大興寺道調査報告書』四国八十八箇所霊場と遍路道調査報告書9
5. 徳島県教育委員会・徳島県埋蔵文化財センター『徳島県立農林水産総合支援センター整備運営事業に係る埋蔵文化財発掘調査報告書　清成遺跡』徳島県埋蔵文化財センター調査報告書第89集

論文

6. 考古フォーラム蔵本『青藍』第12号
   氏家敏之「阿波町八丁原遺跡採集の石器（2）」
   栗林誠治「鳴門市大津町カニ塚古墳出土勾玉」
   中村　豊「徳島平野における縄文／弥生移行期の遺跡立地の特徴」
   G.Ereszen・L Ishtseren（モンゴル科学アカデミー考古学研究所）・栗林誠治「ホスティン・ボラグ遺跡群ナムスライン・オハー地点匈奴墓4号墓出土遺物について」
7. 徳島県立鳥居龍蔵記念博物館『研究報告』第3号
   湯浅利彦「徳島市城山貝塚発掘調査の復元的研究（上）―鳥居龍蔵等による1922（大正11）年発掘調査の出土遺物の様相―」
   石井伸夫「開発と埋蔵文化財保護をめぐる大正期の鳥居龍蔵とその周囲の動向―『勢見岩の鼻』問題に寄せて―」
   松永友和「鳥居きみ子宛坪井正五郎書簡」
   岡本治代「鳥居龍蔵の愛知調査関連資料」
   長谷川賢二「鳥居龍蔵の小学校在学歴に関する資料と検討―履歴書・回顧文・卒業証書―」
8. 中村　豊「縄文／弥生移行期における農耕の実態解明に関する研究」平成26～28年度日本学術振興会科学研究費補助金基盤研究（C）研究成果報告書　徳島大学大学院総合科学研究部

その他

9. 阿波学会　「鳴門市の板碑」『阿波学会紀要』第61号
10. 徳島大学埋蔵文化財調査室『紀要』3
    端野晋平「徳島大学埋蔵文化財調査室所蔵の古人骨資料」
    熊代修一・村上由美子・小林和貴・鈴木三男「庄・蔵本遺跡第27次調査から出土した弥生時代の木製品類の樹種」

Ⅱ　各都道府県の動向

　　　三阪一徳「庄・蔵本遺跡第27次調査出土の木製品」
　　　金原裕美子・田中友貴恵「トレハロース含浸法による木製品保存処理」
　　　渡邊英明・金原裕美子「庄・蔵本遺跡第27次調査出土木製品の樹種同定」
　　　伊藤　茂・安昭炫・佐藤正教・廣田正史・山形秀樹・小林紘一・Zaur Lomtatidze・黒沼保子「庄・蔵本遺跡出土炭化物の放射性炭素年代測定」
　　　米田恭子・佐々木由佳「庄・蔵本遺跡出土の土器付着炭化鱗茎の同定」
　　　三阪一徳「庄・蔵本遺跡の年代測定試料と炭化鱗茎付着土器」
　　　那須浩郎「庄・蔵本遺跡第20次調査SD312から出土した炭化種実」
　　　渡辺正巳「庄・蔵本遺跡における耕作土壌の自然化学分析」
　　　加速器分析研究所「常三島遺跡第3・5次調査出土木材の樹種」
　　　加速器分析研究所「常三島遺跡第3・5次調査における放射性炭素年代測定」
11.　徳島県立鳥居龍蔵記念博物館「遙かなるマチュピチュ－鳥居龍蔵、南アメリカを行く」『平成28年度徳島県立鳥居龍蔵記念博物館企画展図録』
12.　美馬市教育委員会「お帰り故郷へⅡ―徳島県立博物館所蔵の郡里廃寺跡出土品たち―」『平成二十八年度特別展図録』

37　香　川　県

真　鍋　貴　匡

1.〔調　査〕

　香川県県下における93条及び94条に基づく発掘届出・通知122件、その内発掘調査は25件あった。2016年度の香川県下の動向は、古墳時代と古代の調査で貴重な成果があがっている。古墳時代は各時期の主要な古墳の発掘調査が実施され、時期や構造など詳細が明らかとなっている。古代においては、推定南海道に隣接した箇所で見つかった大規模な総柱建物群や讃岐国府跡の計画的な建物配置の把握など、大きな成果がでている。なお、県内の動向については、白木亨、信里芳紀、乗松真也、丸本啓貴、渡邊誠よりご教示をいただきました。記して感謝申し上げます。

縄文時代
　多度津町の中又北遺跡では、縄文時代後期から晩期の旧河道が確認されており、その旧河道上面では水田が確認されている。

弥生時代
　高松平野南部の川島本町遺跡では、弥生時代前期の土器が見つかっている。高松平野中央部にある林宗高遺跡では、低地の埋没土より弥生時代後半期頃の多くの土器が出土した。既往調査で確認されている低地の続きと考えられる。また、南側の微高地では弥生時代終末期～古墳時代前期と古墳時代中期の集落跡も確認されており、竪穴建物の重複関係や数から大規模な集落を形成していたと考えられる。

古墳時代
　継続して調査が行われている石清尾山古墳群内の、稲荷山北端1号墳では、北側方丘部西側面で二つの段が検出された。塊石を列状に配置した構造で、墳端付近では内側から外側に造り足すようにして構築したことが判明。北側方丘部前端では段は検出されなかった。3か年の調査成果から、全長は64m以上（推定約69m）、中円部径約28mの積石塚双方中円墳であることが判明した。立地や方丘部が低平で立体感に乏しいなどの状況から、古墳時代前期前半の築造と考えられる。さらに稲荷山1号墳では、後円部端と前方部端の調査がされ、全長約38mの積石塚前方後円墳であること

が判明した。墳端は塊石を岩盤の上に直接積んで構築し、板石は使用しない。出土遺物は壺形埴輪片で、円筒埴輪は有していないことが確認されている。稲荷山山塊での主要な古墳の調査より、積石塚の段の構造や時期による変化をとらえることができた重要な成果と言える。高松平野南部に位置する三谷石舟古墳の調査は、石棺周辺の精査及び石棺の清掃が実施された。後円部墳丘上に露出した石棺について、破損状況を観察するとともに、調整等詳細観察を行い、三次元写真測量が実施された。石棺蓋の破材の散布とみられていた大型の石材について、少なくとも石棺の旧状を留めた面は一面も確認できず、蓋と確定する要素は認めがたいことが確認されている。石清尾山より西の平野部に位置する相作馬塚は、古墳時代中期後半（TK23・47型式併行期）の未盗掘墳の調査で、貴重な成果があがっている。墳形は帆立貝形もしくは造り出し付円墳で、推定全長20m以上。渡来系竪穴式石室が未盗掘で検出され、内部から鏨（おそらく木棺構築材）と、多量の副葬品がほぼ原位置で確認された。棺内副葬品は大刀1振、花仙山産碧玉製管玉11点で、棺外副葬品は土師器・須恵器直口壺各1点、短甲1領、眉庇付冑1点、肩甲1点、頸甲1点、ヤリ2本、長頸鉄鏃2束である。

観音寺市の青塚古墳は、古墳時代中期後半の古墳で、従来から帆立貝形墳であると報告されていた。今回の調査でも、従前の説が追認された。確認された遺構は前方部で埴輪列と周溝、後円部で葺石、出土遺物に埴輪や須恵器、阿蘇溶結凝灰岩製石棺の破片や石室石材と思われる板石が近現代の流入土中より出土している。

次に集落遺跡は、高松平野中央部に位置する萩前・一本木遺跡で、5世紀後半から7世紀前葉にかけての竪穴建物が中心の大規模集落で、集落の北側を継続して調査を実施している。高松平野南部の川島本町遺跡では、弥生時代前期、古墳時代前・中・後期、古代の遺構・遺物からなる複合遺跡であることが確認された。主要な時期は、古墳時代前期と後期、古代の3時期である。古墳時代前期は土器を埋納した土坑、後期は基幹的な水路と考えられる大型の溝を検出し、各期の集落の一端が分かった。古代の遺構は南北方向の溝のみで、現状の条里型地割に合致するが、今後の周辺の調査成果を待って評価すべきと考えられる。

古 代

古代山城がある屋嶋城では、浦生地区と北嶺山上で発掘調査が実施されている。浦生地区の城壁の最北部で、雉城と呼ばれる張り出し部の形状を解明するための調査では、残存する石積みから、方形の張り出しであることが確認された。北嶺山上の千間堂跡周辺で調査では、千間堂跡にかかわる直接的な遺構は未確認であるが、9世紀以降の遺物がまとまって出土しており、周辺に当該期の遺構の存在が想定される。佐藤遺跡では勝賀山から延びる丘陵の縁辺で、試掘調査により遺構が確認されている。出土遺物に、花瓶ないしは水瓶と考えられる須恵器が出土しており、仏具的な性格が想定でき、近在に寺院が存在した可能性がある。丸亀市飯山町に位置する岸の上遺跡は、古墳時代後期後半から平安時代までの長期間、断絶も含みながら連綿と形成された遺跡である。推定南街道の道路側溝が検出された範囲より南側微高地の調査である。古墳時代後期後半の竪穴建物と総柱建物がそれぞれ十数棟検出されている。遺構の重複関係より、概ね竪穴建物が先行し、その後に総柱建物が建てられるようだ。その後、7世紀後葉に真北を基準とした、西側の桁行の軸線を合わせた5棟直列する大型の総柱建物が検出されている。桁の軸線を合わせた大型の総柱建物群は県下でも類例がなく、時期や建物の計画的な配置など、公的施設に関係する施設の可能性が高い。2009（平成21）年度から香川県埋蔵文化財センターで実施している坂出市に所在する讃岐国府跡の34次調査が実施され、過去最大規模の面積の調査である。34次調査の成果として、①周辺の条里型地割と傾きを同じにする約80㎡の掘立柱建物（東西棟）2棟が梁行を合わせて建てられており、北側の1棟は間仕切りを持つ構造である。②①で確認された建物の桁行に直行する庇付掘立柱建物（南北棟）が確認されている。③7世紀後半から末にかけて、真北を指向する、梁や桁行を合わせてL字に配置された建物群とそれらとはやや傾きは異なるが真北を指向する建物群を確認。④県下では島嶼部を除けば初となる奈良三彩、鍍金された銅鋲、不明金銅製品（龍頭）が出土するなど、優品が出土。開法寺東方地区の具体的な建物配置、それらの長期にわたる継続性、国府が設置される前史、城山城とほぼ同時期の様相も明らかとなり、国府域南側の具体的な歴史的様相が明らかとなりつつある。開法寺東方地区に隣接する開法寺地区では、北方建物と呼称される礎石立建物の調査が実施され、建物規模・礎石の据付穴・基壇の構造など一定程度明らかとなった。また、北方建物に先行する建物も確認されており、その建物の時期や構造によって、今まで考えられていた建物の評価についても多少変化

中 世

　高松市にある林宗高遺跡では、弥生時代の低地であった部分が鎌倉時代以降に、居住域として使用されていることが分かった。また、埋没は近世以降と考えられる流路もしくは溝跡から多量の人骨が出土している。高松市の勝賀山山頂に位置する勝賀城跡は、香西氏によって建てられた中世の山城で、発掘調査では約40年前に行った調査の位置や、基盤層の確認を主眼とした調査が実施されている。出土したピットの深さ等新たな情報が得られている。また、主郭の造成は盛土をせずに削平を行うことによって平地面を確保したことが判明している。堀切に面する北側の土塁では土塁の内側にのみ石を若干積みながら並べて構築するという手法であることも判明している。香西氏滅亡後の廃城になってからの造作もみられるようで、オリジナルと改変されている部分の解明やその時期などこれからの調査に期待が寄せられる。

近 世

　史跡高松城跡は、近年石垣の修理が各所で行われていたが、桜御門では2014（平成26）年度から開始した石垣修理工事が完了した。高松空襲により被熱した石垣の補強と再利用のために種々の調査を行い、強度確認と再利用率の向上を両立している。また2017（平成29）年度から石垣上に桜御門の復元整備工事を開始する計画である。丸亀市大手町に位置する丸亀城跡大手町地区は、丸亀城北西の内堀と外堀に挟まれた屋敷地である。17世紀後半から19世紀末までの遺構が確認されており、大部分は廃棄土坑が占め、その他に井戸・区画溝・柱穴・便甕などが確認されている。丸亀城城下の調査数は少ないが、広域の調査が近年増加しており、丸亀城城下の絵図に描かれた区画の復元やその時期の解明に期待が寄せられる。

近 代

　林宗高遺跡では、初期の学校建設に用いられた近代の刻印瓦が多量に出土し、近代の農村部における瓦生産を考える上で重要である。また、亀城跡大手町地区の調査では、1875（明治8）年に丸亀城北側の内堀と外堀に挟まれた範囲に、日本帝国陸軍歩兵第12連隊の兵舎が建てられており、調査では、2時期の建物基礎とそれらに伴う付属施設なども確認された。出土した瓦には菊間瓦といった愛媛から供給していたと考えられる瓦も認められる。

2．〔文献一覧〕

報告書

1．高松市教育委員会『高松市埋蔵文化財調査報告第174集　保育園新築工事に伴う埋蔵文化財調査報告書六条上青木遺跡』
2．高松市教育委員会『高松市埋蔵文化財調査報告第175集　大野地区統合保育所用地埋蔵文化財発掘調査報告書北口遺跡』
3．高松市教育委員会『高松市埋蔵文化財調査報告第176集　寿町一丁目マンション建設工事に伴う埋蔵文化財発掘調査報告書高松城跡』
4．高松市教育委員会『高松市埋蔵文化財調査報告第177集　新病院整備事業に伴う埋蔵文化財発掘調査報告書萩前・一本木遺跡』
5．高松市教育委員会『高松市埋蔵文化財調査報告第178集　西植田町所在神内城跡』
6．高松市教育委員会『高松市埋蔵文化財調査報告第179集　高松市内遺跡発掘調査概報平成28年度国庫補助事業』
7．高松市教育委員会『高松市埋蔵文化財調査報告第180集　都市計画道路朝日町仏生山線整備事業に伴う埋蔵文化財発掘調査報告書多肥平塚遺跡』
8．高松市教育委員会・徳島文理大学文学部『高松市埋蔵文化財調査報告第181集　高松市教育委員会・徳島文理大学文学部連携協定調査報告書第1冊船岡山古墳群（遺構編）』
9．高松市教育委員会『高松市埋蔵文化財調査報告第182集　アパート建設工事に伴う埋蔵文化財発掘調査報告書林・坊城遺跡』
10．高松市教育委員会『高松市埋蔵文化財調査報告第183集　史跡讃岐国分尼寺跡第7〜14次調査』

香 川 県

11. 高松市教育委員会『むかしの高松』第30号
12. 高松市歴史民俗協会『遺跡が語る昔の海岸線』
13. 綾川町教育委員会『経営体育成基盤整備事業羽床西地区圃場事業に伴う発掘調査報告　観音台遺跡』
14. 綾川町教育委員会『丸山窯跡』
15. 善通寺市教育委員会『善通寺市内遺跡発掘調査事業に伴う埋蔵文化財発掘調査報告書 五条遺跡・夫婦岩2号墳』17
16. 東かがわ市教育委員会『引田城跡総合調査報告書』
17. 善通寺市文化財保護協会『文化財協会報』第35号
18. 観音寺市文化財保護協会『文化財協会報』第11号
19. さぬき市文化財保護協会『さぬき市の文化財』№14
20. 坂出市教育委員会『讃岐国府を語る』讃岐国府跡第34次調査地　平成28年度開法寺跡調査地　発掘調査報告会
21. 丸亀市文化財保護協会『まるがめ』第12号
22. 東かがわ市歴史民俗資料館友の会『東かがわ市歴史民俗資料館友の会創立20周年記念誌　資料館を支える人々の記録』
23. 多度津町文化財保護協会『文化財協会報』第45号
24. 善通寺市文化財保護協会『文化財協会報』第36号
25. 香川県　　　『四国八十八ケ所霊場第七十番札所本山寺調査報告書』
26. 香川県　　　『四国八十八ケ所霊場第七十五番札所善通寺調査報告書』
27. 香川県　　　『四国八十八ケ所霊場第七十四番札所甲山寺調査報告書』
28. 香川県教育委員会『香川県埋蔵文化財センター年報　平成27年度』
29. 香川県教育委員会『香川県文化財年報　平成27年度』
30. 香川県教育委員会『県道太田上町志度線道路改築工事に伴う埋蔵文化財発掘調査報告太田原高州遺跡2』
31. 香川県教育委員会『小豆地域県立学校再編整備事業（小豆地区統合校）に伴う埋蔵文化財発掘調査報告蒲生遺跡』
32. 香川県教育委員会『県道白鳥引田線及び大内白鳥インター線建設に伴う埋蔵文化財発掘調査報告川北遺跡・住屋遺跡』
33. 香川県教育委員会『地震対策ため池防災工事（宮池）に伴う発掘調査報告ぎょくだい遺跡』
34. 香川県教育委員会『国道438号道路改築事業（飯山工区）に伴う埋蔵文化財発掘調査報告第4冊東坂元北岡遺跡飯山北土居遺跡』
35. 香川県教育委員会『国道438号道路改築事業（飯山工区）に伴う埋蔵文化財発掘調査報告第5冊北岸南遺跡』
36. 香川県教育委員会『国道11号大内白鳥バイパス改築工事に伴う埋蔵文化財発掘調査報告第3冊田中遺跡』
37. 香川県教育委員会『県道紫雲山線建設に伴う埋蔵文化財発掘調査報告第1冊本村中遺跡』
38. 香川県教育委員会『県道高松長尾大内線道路改良事業に伴う埋蔵文化財発掘調査報告十川東・平田遺跡』
39. 香川県教育委員会『県道11号大内白鳥バイパス改築工事に伴う埋蔵文化財発掘調査報告第2冊誉水中筋遺跡』
40. 香川県埋蔵文化財センター『いにしえの讃岐』90〜93号

論文等
41. 大久保徹也「書評和田勝彦著『遺跡保護の制度と行政』」『考古学研究』63（2）　考古学研究会
42. 大嶋和則　　「櫓台と天守台」『近世城郭の考古学入門』高志書院
43. 梶原慎司・高上　拓「香川県高松市　相作馬塚古墳の調査」『考古学研究』63（4）
44. 蔵本晋司　　「四国における前半期古墳出土埴輪の基礎的研究」『香川県埋蔵文化財センター年報　平成27年度』香川県埋蔵文化財センター
45. 高上　拓　　「高松城下の貿易陶磁」『関西近世考古学研究』24　関西近世考古学研究会
46. 高上　拓　　「高松市相作馬塚古墳の調査」『古代武器研究会』古代武器研究会
47. 梶原慎司　　「汲田式の成立過程」『九州考古学』第91号　九州考古学会

Ⅱ　各都道府県の動向

48. 渡邊　誠　　「甦る屋嶋城」『遺跡学研究会』第13号　奈良文化財研究所
49. 乗松真也　　「紫雲出山と荘内半島における戦後の観光開発─伝説の流布、遺跡の発見、桜植樹の起点としての開発計画─」『ミュージアム調査研究報告』第8号　香川県立ミュージアム
50. 山元敏裕・松田朝由「屋島東町立石の板碑と石場石切場跡」『香川史学』第43号　香川歴史学会
51. 渡部明夫　　「平瓦からみた開法寺」『開法寺通信Ⅱ』坂出市教育委員会文化振興課
52. 渡邊　誠　　「遺跡が語る昔の海岸線〜古代以前の古・高松湾〜」『遺跡が語る昔の海岸線』高松市歴史民俗協会
53. 渡邊　誠　　「屋嶋城」『季刊考古学　西日本の「天智紀」山城』第136号　雄山閣出版
54. 東かがわ市歴史民俗資料館『東かがわ市歴史民俗資料館年報・紀要』第13号
　　松田朝由「円光寺の中世瓦（2）─軒平瓦・平瓦編─」
　　松田朝由「白鳥神社御旅所周辺の石幢群─」
　　占部日出明「引田町の宝篋印塔─主として江戸時代─」
55. 奈良文化財研究所『デジタルコンテンツを用いた遺跡の活用』
　　渡邊　誠「アプリ『甦る屋嶋城』」
　　高上　拓「VR高松城について」
　　後藤幸功「VR／AR技術を活かした丸亀城体験アプリ作成とその活用─観光的活用と教育的活用─」

38　愛　媛　県

岡崎　壮一

1. 〔調　査〕

　2016年度における埋蔵文化財発掘調査の届出・通知件数は、文化財保護法第93条276件、第94条91件であった。このうち、第92条と第99条に基づく届出・報告件数は34件で、昨年度の36件に比べ2件減少した。内訳は緊急調査28件、学術調査6件（宮ノ浦遺跡、猿楽遺跡、上黒岩遺跡、戸雁遺跡2件、樺崎砲台跡）である。緊急調査は、今治市の国道196号今治道路関連による新谷森ノ前遺跡、新谷赤田遺跡、新谷古新谷遺跡、また、松山市の国道56号松山外環状道路関連による南吉田南代遺跡、余戸柳井田遺跡、東垣生八反地遺跡、余戸中の孝遺跡など、道路建設に伴う調査の占める割合が多い。以下、主要な調査、文献等についてまとめる。なお、県内の動向については、県内の研究者、自治体担当者各氏から情報を提供頂いた。

旧石器時代
　伊予市双海町の高見Ⅰ遺跡2次調査、東峰遺跡第4地点2次調査では、平成7〜8年に四国縦貫自動車道建設に伴って調査された1次調査の隣接地が調査され、後期旧石器のブロックを形成する石器が複数検出され、ブロックに近接して礫群が確認された。礫群は赤く変色しており、多くが被熱したものと考えられる。石器はナイフ形石器、剥片尖頭器、角錐状石器、スクレイパー、彫器、石錘などが出土した。

縄文時代
　今治市の北日吉吉川遺跡では、晩期の溝状遺構や土坑が検出された。直線的で人工的な溝状遺構は、比較的長期間に渡って生活域を区画した溝の可能性がある。また、土坑からは多くのサヌカイトの剥片が見つかるなど、道具を製作した工房域とも考えられる。
　松山市の道後湯之町遺跡2次調査では、後期前半〜晩期後半の土坑などが検出された。後期の土器、石鏃、刃器と、晩期の突帯文土器、石鏃、石錘、石斧、姫島産黒曜石の残核などが出土した。
　久万高原町では町教育委員会と中央大学小林謙一研究室によって上黒岩第2岩陰遺跡の調査が実施され、早期の人骨

愛媛県

が発見された。イモガイ製装身具などが出土しており岩陰での埋葬事例となる可能性がある。
　伊予市の高見Ⅰ遺跡2次調査では7基の土坑が検出され、なかには逆茂木の痕跡が残るものも見られることから落とし穴群と考えられる。厚手無文土器や石鏃が出土したが、遺物量は極めて少ないことから狩猟場的様相が推定される。近接する高見Ⅱ遺跡では、早期の土層が無文土器単純層と無文土器＋押型文土器の2層に分層でき、これら早期の土器型式が層位的に判別された事例は県内初である。

弥生時代

　西条市の道場遺跡では前期末～中期初頭の土坑が検出され、土坑内からは壺や甕などの土器がまとまって出土したほか、少数ではあるが被熱した土器なども出土した。
　今治市では一般国道196号今治道路建設に伴って新谷森ノ前遺跡、新谷赤田遺跡、新谷古新谷遺跡の調査が実施され、山地からヤツデ状に伸びる丘陵裾部とその谷部からなる起伏に富んだ部分を横断するように調査が行われた。
　新谷森ノ前遺跡2次調査では本年度は10・12区の調査が実施された。10区の谷底からは板や杭などの木製品がまとまって出土したほか、12区の自然流路からは頸部に幾何学文様の入った絵画土器が出土した。
　新谷赤田遺跡では後期の竪穴建物が検出され、建物内には中央土坑、周壁溝、放射状の溝、柱穴が見られた。
　新谷古新谷遺跡2次調査では、本年度は1～5区の調査が実施された。1区では狭い範囲に竪穴建物が集中しており、その東側では掘立柱建物群、北東側では壺棺墓が検出された。後期後半と考えられる円形の竪穴建物では、少なくとも5回以上の建替えが行われ、最終的に直径約9.8mの大型の建物に拡張されたものも確認された。2区では竪穴建物、掘立柱建物、溝などが検出され、後期後半と考えられる円形の竪穴建物では鍛冶炉を伴うと思われるものが2棟検出され、いずれも数回の拡張が確認された。また、溝は区画溝あるいは排水溝と考えられ、溝の廃絶過程のなかで廃棄されたと考えられる多量の土器が出土した。4区では竪穴建物、埋没谷などが検出され、後期後半～末と考えられる方形の竪穴建物では、主柱穴間に一文字状の溝が1条確認された。埋没谷は幅24m以上、深さ3m以上の規模で検出された。埋土は大きく上・中・下層に大きく分けられ、中層からは弥生～古墳時代後期の遺物、植物遺存体、昆虫遺体のほか農耕具や建築部材などの木製品が、下層からは後期後半の多量の土器が出土した。5区では丘陵とその裾部の調査が実施され、中期～後期の竪穴建物、土坑、溝などが検出された。竪穴建物には焼土、炭化物や炭化材が多く検出され焼失建物と考えられるものなども確認された。また、丘陵斜面部では貯蔵穴と考えられる大型土坑が複数検出された。
　松山市の祝谷大地ケ田遺跡6次調査では、中期の貯蔵穴が190基検出され集落の貯蔵域だった可能性が考えられる。
　松山市の文京遺跡では、国内最古となる縄文時代晩期末～弥生時代前期初頭の畠跡が確認された。調査は平成26年度に実施された60次調査で、調査後のデータ分析によって明らかになった。畠跡は谷の落ち際の緩斜面に立地し、畝立てをしていない南北幅6～7m以下の小規模なもので、木製の手鋤によって繰り返し耕耘作業が行われた状況も確認された。
　久万高原町では町教育委員会と愛媛大学柴田昌児研究室によって猿楽遺跡の調査が実施された。本遺跡は高知県境に近い標高約1,100mの山稜に位置しており、今回の調査で前期前半や後期後半の土器や石器が確認され、西日本で最も標高の高い弥生集落の一つであることが明らかになった。また、本遺跡から連なる稜線上には複数の弥生遺跡が点在することも分かってきており、平野部の一般的な弥生集落とは異なる集落経営や生業活動を行った山稜の弥生遺跡群として、今後の実態解明が期待される。
　大洲市の村島宮の首遺跡では3次調査が実施された。本遺跡は昭和初期頃に発見され早くから石斧製作遺跡である可能性が指摘されてきたが、近年、本遺跡出土と伝わる資料が数多く寄贈されたことから遺跡の所在・範囲を確認するための試掘調査が実施されている。本年度は標高約60m付近のA区の調査が実施され、傾斜地をカットして平坦部を造り出した段状遺構が複数検出された。緑色玄武岩製の石斧やその未成品のほか、製作道具と思われる叩石、砥石、台石、製作時に生じたとみられる剥片などが多数出土したことにより石斧製作遺跡である可能性が高まった。製作された石斧には全面が研磨された伐採石斧と刃部のみが研磨された板状石斧の2種類あることや、赤色珪質岩製の石鏃や小型刃器などが製作された可能性が高いことも明らかになった。石斧やその未成品は過去の出土資料を合わせると300点近くになり四国内では随一の出土数となった。石材産出地の特定や工房跡の発見などが課題ではあるが、希少な石斧製作

遺跡として今後の調査が期待される。

　宇和島市の戸雁遺跡では、後期～終末期にかけての溝や掘立柱建物が検出され、溝内では土器溜りなども確認された。掘立柱建物については調査時点では弥生期と判断されているが、全面的には未検出であり今後も継続して調査される予定である。

古墳時代

　上島町の宮ノ浦遺跡では町教育委員会と愛媛大学考古学研究室によって6次調査が実施された。浜堤上で前期の製塩炉とともに多量の製塩土器が出土し、製塩炉の構造も確認された。また、温暖・湿潤期に地表が植物・動物遺体の腐食によって分解され形成された「クロスナ層」と呼ばれる砂層が検出され、古墳時代前期、弥生時代中期、縄文時代の3時期の堆積が確認された。一方、浜堤北側の平坦面では、古墳時代、古代、中世の土器が面的に出土し、周辺に当時の生活域が存在する可能性が高まった。

　今治市の新谷赤田遺跡では、後期の竪穴建物が5棟検出され、うち4棟でカマドの痕跡と考えられる赤化した部分が確認された。同市の新谷古新谷遺跡2次調査では、後期の竪穴建物や掘立柱建物、溝などが検出された。2区では方形プランの竪穴建物が複数棟検出され、4区では4間×3間以上の掘立柱建物が検出された。1区の溝からは、高床建物に使用されたと考えられる木製の梯子が出土した。

　松山市の祝谷大地ケ田遺跡6次調査では、中期の前方後円墳1基（祝谷9号墳）が新たに発見された。全長31.5m、墳長27.1m、後円部径19.4m、前方部長7.7mで、古墳の周囲には幅3～4、深さ約2mの周壕があり、馬蹄形の周壕としては県内では初の検出となった。また、周壕には内側だけでなく外側にも石列が積み上げられており、こうした構造が発見されたのは四国で初である。埋葬跡は残っていなかったが、円筒・朝顔・馬形埴輪のほか、鳳凰の文様が描かれた鉄製太刀柄などが出土した。5世紀後半頃の首長墓と考えられる。

古　代

　西条市の道場遺跡では、奈良時代中頃～後半頃と考えられる掘立柱建物4棟、掘立柱列4列、溝が検出された。掘立柱建物や掘立柱列は概ね方位が揃えられていた。暗文土師器、赤色塗彩土師器、須恵器、緑釉陶器などが出土した。また、同市の永納山城跡では、南東部ゾーンで城壁整備に向けた調査が実施され、列石や土塁が良好な形で残存している箇所や、自然地形を利用して城壁とした箇所が確認された。

　宇和島市三間町の戸雁遺跡では、宇和郡4郷の一つ「三間郷」関連の遺跡となる可能性があることから試掘調査が実施された。未だ明確な痕跡は確認されていないが、南予地域では希少な古代の遺跡であり今後の調査が期待される。

中　世

　今治市の北日吉吉川遺跡では、微高地上で複数の掘立柱建物や井戸が検出されたほか、石敷の火葬墓なども検出された。中世前期の武家階級の居住域である可能性が考えられる。また、同市の八町1号遺跡6次調査でも中世前期の掘立柱建物などが検出された。周辺では、過去の調査において同時期の遺構や遺物が多数確認されていることから、一帯に大規模な集落が展開する可能性が推定される。

　松山市の東垣生八反地遺跡1～4次調査および隣接する余戸柳井田遺跡5～7次調査では、2面の文化面が確認され、上層で室町期の水田跡、下層で鎌倉期の集落跡が検出された。上層の水田跡では人や偶蹄目等の足跡が多数検出されたほか、当時の水田区画になると思われる溝状遺構やそれに並行する畦状遺構が検出された。また、畑と思われる畦状遺構がまとまって検出された箇所もあり、畑の区域があった可能性も考えられる。下層の集落跡では井戸、溝状遺構、土坑、柱穴などが検出され、3個の曲物を入れ子状に重ねて水溜とした井戸なども検出された。時期は、上層が14世紀頃で下層が11～13世紀頃と考えられる。本遺跡群が所在する地域は、これまで遺跡の分布が希薄だった地域であり、当時の海岸線を考える上でも大きな成果となった。

　鬼北町の等妙寺旧境内では、寺院中枢の本堂及び本坊跡のある平坦部Aの調査が実施された。検出された旧本堂は、遺存した礎石の配列や基壇の地覆石列などから、和様もしくは唐様の三間三面堂とみられ、15世紀前半頃までに火災等により消滅したものと考えられる。15世紀後半頃には再建されているが、これに合わせて石積みを積み増して平坦部を拡幅造成する大土木事業が行われたことが明らかになった。また、本坊跡の整地層下層においては鍛冶工房跡と考

えられる長辺11.8m×短辺8.4mの掘立柱建物が検出され、本堂再建にあたって建築用鉄製品が製造されたものと考えられる。建屋を伴う鍛冶工房としては貴重な事例となった。本坊は15世紀末から16世紀前半までに建てられるが、その建物は客殿と庫裏が一体建築されたものであり、全国的に見ても非常に早い段階の建築事例となった。

松野町の河後森城跡では、西第十曲輪南部斜面の堀切や竪堀群の調査が実施され、傾斜の緩やかな尾根上で鎹状を呈する3基の堀切が検出された。谷部には複数の竪堀が連続して設けられており、これらと堀切の一部は連動する形で機能していたことが明らかになった。

近 世

今治市の八町1号遺跡6次調査では、桶棺墓と考えられる土坑が検出され陶磁器、銅銭、骨、底板などが出土した。同市の新谷赤田遺跡でも近世墓が10基検出され、桶棺の下部が残存したものなども検出された。これらは遍路道の脇に点在しており遍路との関係性も考えられる。

松山市の松山城三之丸跡19次調査では、馬場土手や三之丸御殿東端付近にあたる石組溝が検出された。また、炭混じりの灰色土層からは陶磁器や瓦などが多量に出土しており、これらは三之丸御殿で使用された可能性の高いもので、明治3年の焼失後に埋められたものと考えられる。

大洲市の大洲城二の丸奥御殿の調査では、奥御殿に伴うと考えられる2時期の石敷遺構が検出された。また、奥御殿の整地層下で鍛冶関連の遺構が確認され、複数の鍛冶炉や炭置き場などが検出された。大洲城が近世城郭化された頃の遺構となる可能性があり、近世大洲城の成立時期を考えるうえで注目される。

宇和島市の宇和島城本丸では、台風災害の復旧工事に伴う崩落法面の調査が実施された。崩落した箇所は、17世紀代に築かれた高さ約12mで3段構築の石垣で、その約半分は19世紀代に2段構築に修築されたと推定され、崩落はその繋ぎ目部分で発生した。排水設備や自然地形により本丸雨水の約4分の1が本箇所に集中しているが、江戸期の処置が表面的な石垣修築にとどまり根本的な排水対策が施されていなかったことが、今回の崩落を招いた原因であると考えられる。

近 代

松山城三之丸跡19次調査では、日本陸軍関連施設の石垣、礎石、水路などが検出された。発見された石垣は江戸期のものよりも石が角張っており、目地や水路の底にはコンクリートが使用されていた。

伊方町の御籠島にある砲台跡では、佐田岬灯台周辺の公園整備工事中に三八式12cm榴弾砲の一部が発見された。本砲台跡は佐田岬半島の先端部に「豊予要塞」として整備された洞窟式砲台で、太平洋戦争末期に造営された。発見された部品は約50点あり、長さ約1.8mの車軸が2点含まれることから大砲は2基あったことが明らかになった。実際に配備された大砲の一部が見つかったのは県内初である。

2．〔文献一覧〕

報告書

1. 今治市教育委員会『朝倉下岡遺跡』
2. 今治市教育委員会『高橋佐夜ノ谷Ⅱ遺跡第3次調査―平成27年度個人住宅建設工事等に伴う発掘調査報告書―』
3. 今治市教育委員会『市内遺跡試掘確認調査報告書（平成27年度個人民間開発に伴う調査）』
4. 今治市教育委員会『市内遺跡試掘確認調査報告書（平成27年度公共事業に伴う調査）』
5. 今治市教育委員会『史跡能島城跡平成27年度城内通路（第2次）調査報告書』
6. 愛媛県埋蔵文化財センター『今若遺跡2―一般国道196号今治道路（湯ノ浦IC～朝倉IC間）埋蔵文化財調査報告書―』
7. 愛媛県埋蔵文化財センター『妙住院屋敷遺跡―萬翠荘埋蔵文化財調査事業報告書―』
8. 愛媛大学考古学研究室・上島町教育委員会『2016年度宮ノ浦遺跡発掘速報』
9. 愛媛大学埋蔵文化財調査室『文京遺跡Ⅷ―文京遺跡60次調査―』
10. 愛媛大学埋蔵文化財調査室『愛媛大学埋蔵文化財調査室年報―2015年度―』
11. 久万高原町教育委員会『上黒岩第2岩陰遺跡―久万高原の岩陰遺跡確認調査概要報告書―』

Ⅱ　各都道府県の動向

12. 久万高原町教育委員会『猿楽遺跡―山稜の弥生集落確認調査概要報告書―』
13. 西予市教育委員会・愛媛大学考古学研究室『笠置峠古墳』
14. 西予市教育委員会『西予市内遺跡詳細分布調査報告書Ⅳ』
15. 松野町教育委員会『国指定史跡河後森城跡環境整備事業概要報告書Ⅺ―東部・風呂ケ谷ゾーン―』
16. 松山市文化・スポーツ振興財団埋蔵文化財センター『樽味四反地遺跡23次調査』
17. 松山市文化・スポーツ振興財団埋蔵文化財センター『大峰ケ台遺跡13次調査・道後今市遺跡12次調査』
18. 松山市文化・スポーツ振興財団埋蔵文化財センター『姫原遺跡2次調査』
19. 松山市文化・スポーツ振興財団埋蔵文化財センター『宮前川流域の遺跡Ⅲ―辻遺跡5次調査・辻町遺跡3次調査・朝美辻遺跡1次調査・朝美辻遺跡2次調査―』

論文等

20. 岡田敏彦　「土壇原遺跡群の内容―古墳群を除く遺跡の概要―」『紀要愛媛』第12号　愛媛県埋蔵文化財センター
21. 沖野　実　「肱川流域試論―後期旧石器時代石器群を対象として―」『紀要愛媛』第12号　愛媛県埋蔵文化財センター
22. 遠部　慎・及川　穣・小林謙一「上黒岩第二岩陰遺跡の調査―近年の調査成果から―」『後期旧石器時代西日本における交流―中・四国とその周辺の瀬戸内技法の広がりとその背景―第33回中・四国旧石器文化談話会発表要旨集』中・四国旧石器文化談話会
23. 楠　寛輝　「石垣の修理を追う」『近世城郭の考古学入門』高志書院
24. 幸泉満夫　「縄文土器にみるもう一つの地域間交流―Stage 1 ; 縄文中期末～後期初頭併行期を事例として―」『中四国地方における縄文時代の地域間交流』第27回　中四国縄文研究会山口大会
25. 幸泉満夫　「四国新発見の縄文土製品―文化財保管庫に埋もれていた博物館資料の再整理を通じて―」『人文学論叢』18号　愛媛大学法文学部
26. 柴田圭子　「中国龍泉窯探訪記」『紀要愛媛』第12号　愛媛県埋蔵文化財センター
27. 柴田昌児　「考古学から見た愛媛の地震災害」『伊予史談』383号　伊予史談会
28. 清水真一　「南予における古代装身具」『遺跡』第50号　遺跡発行会
29. 下條信行　「古墳の時期と飲食儀礼」『笠置峠古墳』西予市教育委員会・愛媛大学法文学部考古学研究室
30. 白石　純　「湯築城、岡豊城、中村城出土瓦の胎土分析について」『紀要愛媛』第12号　愛媛県埋蔵文化財センター
31. 十亀幸雄　「道後平野南部と久万高原の古代装身具」『遺跡』第50号　遺跡発行会
32. 髙木邦宏　「宇和盆地における弥生遺跡の展開と笠置峠古墳」『笠置峠古墳』西予市教育委員会・愛媛大学法文学部考古学研究室
33. 多田　仁　「西南四国における瀬戸内技法の伝播」『後期旧石器時代西日本における交流―中・四国とその周辺の瀬戸内技法の広がりとその背景―第33回中・四国旧石器文化談話会発表要旨集』中・四国旧石器文化談話会
34. 多田　仁・増田晴美「由良岬防備衛所跡の採集遺物―愛媛県南宇和郡愛南町における戦争遺物―」『紀要愛媛』第12号　愛媛県埋蔵文化財センター
35. 田中　謙　「村上水軍の歴史と文化―『海城』研究を中心に―」『怒麻』第38号大西町史談会
36. 田中　謙　「木工具」『モノと技術の古代史　金属編』吉川弘文館
37. 田中　謙　「折り曲げ鉄器副葬と笠置峠古墳」『笠置峠古墳』西予市教育委員会・愛媛大学法文学部考古学研究室
38. 冨田尚夫　「研究ノート　考古資料教材化についての一試論―れきハコ弥生のくらしパックを中心に―」『研究紀要』第22号　愛媛県歴史文化博物館
39. 冨田尚夫　「地域報告四国西部（愛媛県・高知県）の前期古墳編年」『前期古墳編年を再考する発表要旨集・資料集』中国四国前方後円墳研究会
40. 中野良一　「湯築城出土瓦と墨書土師器杯について最新の知見」『紀要愛媛』第12号　愛媛県埋蔵文化財センター

41. 西村直人　「伊予松山城下出土の近世貿易陶磁」『関西近世考古学研究』24　関西近世考古学研究会
42. 幡上敬一　「南予地域における弥生遺跡の動向と文化的特色―内陸高地の弥生文化について考える―」『瀬戸内海考古学研究会　第6回公開大会予稿集』瀬戸内海考古学研究会
43. 松永悦枝　「土製模造品からみた古墳祭祀と笠置峠古墳」『笠置峠古墳』西予市教育委員会・愛媛大学法文学部考古学研究室
44. 松村さを里「小森古墳出土の土師器について」『笠置峠古墳』西予市教育委員会・愛媛大学法文学部考古学研究室
45. 三吉秀充　「弥生時代における煮炊きの方法」『人文学論叢』18号　愛媛大学法文学部
46. 三吉秀充　「市場南組窯跡産須恵器の型式分類と編年」『古文化談叢』第77集　九州古文化研究会
47. 村上恭通編『モノと技術の古代史　金属編』吉川弘文館
48. 吉田　広　「青銅器のまつり」『国立歴史民俗博物館研究叢書1　弥生時代って、どんな時代だったのか？』朝倉書店
49. 吉田　広　「唐古・鍵遺跡における銅鐸模倣の諸相」『魂の考古学―豆谷和之さん追悼論文編―』豆谷和之さん追悼事業会
50. 吉田　広　「日本列島の初期青銅器文化」『季刊考古学』第135号　雄山閣
51. 吉田　広　「列島の弥生時代集落研究からみた西川津遺跡」『季刊文化財』第138号　島根県文化財愛護協会
52. 善永光一　「愛媛県出土三足壺関連資料と若干の考察」『伊予史談』381号　伊予史談会
53. 渡邊芳貴　「笠置峠古墳出土の鉄製農工具」『笠置峠古墳』西予市教育委員会・愛媛大学法文学部考古学研究室

その他
54. 愛媛大学東アジア古代鉄文化研究センター編『瀬戸内海考古学研究会　第6回公開大会予稿集』瀬戸内海考古学研究会
55. 愛媛県埋蔵文化財センター編『平成28年度愛媛県埋蔵文化財センター・愛媛県生涯学習センター共同企画展　伊予の古代―未知なる伊予国府の探求に向けて―』愛媛県埋蔵文化財センター
56. 遠部　慎編『久万発掘』久万高原町教育委員会
57. 遠部　慎編『久万高原町発掘2016記録集』久万高原町教育委員会
58. 古代山城サミット西条大会実行委員会編『第6回古代山城サミット西条大会資料集・記録集』古代山城サミット西条大会実行委員会（西条市教育委員会）
59. 古代山城サミット西条大会実行委員会編『古代山城サミット学術資料　古代山城の鍛冶関連遺構・遺物』古代山城サミット西条大会実行委員会（西条市教育委員会）
60. 冨田尚夫編『はに坊と行く！えひめの古墳探訪』平成28年度特別展図録　愛媛県歴史文化博物館
61. 兵頭　勲編『久万高原町上黒岩岩陰遺跡出土遺物』資料目録第25集　愛媛県歴史文化博物館
62. 松山市文化・スポーツ振興財団埋蔵文化財センター『平成28年度特別展　松山の飛鳥・奈良時代～来住廃寺のルーツを求めて～』松山市考古館

39　高　知　県

松　村　信　博

1.〔調　　査〕

　高知県における2016年度の文化財保護法に係る届け出件数は、92条4件、93条61件、94条18件、99条8件である。本発掘調査は12件、試掘確認調査は24件、うち学術調査は3件、それ以外は緊急発掘調査となっている。
　道路建設を原因とする調査は、南国安芸道路建設に伴う香南市高田遺跡、国道195号バイパスの建設に伴う香美市伏

Ⅱ　各都道府県の動向

原遺跡、都市計画道路高知南国線に伴う南国市若宮ノ東遺跡の3遺跡、いずれも高知県埋蔵文化財センターによる調査である。

市町村の緊急調査は6件、宅地造成に伴う黒潮町入野城跡、市役所新庁舎建設に伴う市立図書館跡地の高知市帯屋町遺跡、店舗建設と保育園移転に伴う2地点で調査が行われた高知市秦泉寺廃寺跡、消火水槽設置に伴う香美市ひびのき遺跡、住宅建設に伴う香南市仁王堂遺跡である。

また、学術調査としては南国市教育委員会による寺域確認を目的とした南国市国分寺遺跡の調査、高知大学による市史編纂事業に伴う高知市浦戸城下町遺跡と高知市朝倉城跡の調査が行われている。

高知県では例年通り、弥生時代以降の遺跡の調査が中心であり、本年度も旧石器・縄文時代については遺構・遺物ともに確認されていない。

弥生時代

南国市国分寺遺跡では、弥生時代後期後半から終末・古墳初頭にかけて竪穴住居跡3棟が確認されている。同じく南国市若宮東遺跡では、弥生時代後期終末から古墳時代初頭の竪穴住居跡や掘立柱建物跡、井戸跡などが確認されている。調査された竪穴住居は25棟以上にのぼる。

香美市伏原遺跡では、弥生後期末から古墳時代後期にかけての竪穴住居跡3棟（方形2棟・多角形1棟）や掘立柱建物跡2棟が確認されている。掘立柱建物1棟は30㎡の規模を持つ。同じく香美市ひびのき遺跡では、弥生時代後期末の竪穴住居跡の床面部分が確認されており、先行する時期の柱穴群も見つかっている。

香南市高田遺跡では、竪穴住居跡1棟、掘立柱建物跡2棟、土器棺墓4基が確認されている。同じく香南市仁王堂遺跡では、丘陵部の斜面に集落跡が確認されており、弥生時代中期から後期末の竪穴住居跡が確認されている。

高知市浦戸城下町遺跡では、高知大学によって調査が行われ弥生時代終末から古墳時代初頭の文化層が確認されている。

古墳時代

若宮東遺跡では、古墳時代後期のL字型で幅2mの溝が確認されている。この溝に沿うように一辺1.2mの大型の柱穴列が検出されているが、柱穴の所属時期は古代の可能性が高いとされる。

国分寺遺跡では、古墳時代後期（6世紀後半～7世紀）の竪穴住居跡3棟が確認されている。

伏原遺跡では、6世紀後半の竪穴住居跡が3棟確認されており、カマドの周辺から須恵器が纏まって出土している。

古　代

高知市秦泉寺廃寺跡では2地点の調査が行われ、古代寺院の寺域を区画する溝や竪穴住居、掘立柱建物跡が確認されており、赤彩土師器、脚付円面硯、素弁八葉蓮華文軒丸瓦などが出土している。溝から出土する遺物は7世紀から8世紀前半が中心であり、寺の存続時期を示す。1次調査では鉄鉢など僧坊関連とみられる遺物が溝から纏まって出土、僧坊の可能性が指摘されている。また、2次調査では7世紀の竪穴住居や建物群が確認された。

国分寺遺跡では、寺域の北限を区画する2条の溝が確認され、国分寺が一辺200m以上の範囲に広がることが明らかになった。

高田遺跡では掘立柱建物跡17棟、土坑墓1基、溝跡、柱穴群を確認しており、赤彩の土師器坏や皿、刀子、硯、蛇尾、鉄製紡錘車などが出土している。

若宮東遺跡では、3間×4間の総柱建物跡を確認されている。古墳時代後期の溝に沿って検出された一辺1.2m、深さ1.1m、柱痕径30cmの方形大型柱穴7基など方形ピット群は古代の遺構である。この7基の柱穴列の柱間距離は3mであり、全長18m、県内最大級の建造物となる。これらの遺構から若宮東遺跡は官衙関連の遺跡だと考えられている。

中　世

幡多郡黒潮町では、土豪入野氏の居城である入野城跡の調査で、城構築当時の整地層や野鍛冶跡、土坑、礎石が確認された。斜面部からは郭で使用された貿易陶磁器や土師質土器などが出土し、15世紀前半から16世紀にかけて存続した山城であることが明らかになった。

高知市朝倉城跡では、詰の段から溝跡や柱穴が確認されており、16世紀代の陶磁器が出土している。

近世

高知市帯屋町遺跡では、屋敷区画溝や杭列、ごみ穴と考えられる大型土坑群、石列が確認され、江戸時代前期からの遺構の変遷と侍屋敷の構造が明らかになった。調査地は家老屋敷（山内織部など）や藩主一族の屋敷のあった場所である。上級武士の生活を復原可能な近世陶磁器類や土製品、貝殻・動物骨・魚骨など食材の滓や生活用具などの遺物が大量に出土している。木製品の中には荷札と考えられる墨書が記された木札約50点があり注目される。

2. 〔文献一覧〕

報告書

1. 高知県・高知県教育委員会『醫王山鏡智院清瀧寺—四国八十八箇所霊場第三十五番札所』高知県「四国八十八箇所霊場と遍路道」総合調査報告書2
2. 高知市教育委員会『帯屋町遺跡』高知市文化財調査報告書41集
3. 高知市教育委員会『土佐へんろ道　竹林寺道・禅師峰寺道』高知市文化財調査報告書42集
4. 土佐市教育委員会『井尻村中遺跡』土佐市埋蔵文化財発掘調査報告書4集

論文等

5. 出原恵三　「本土決戦陣地の調査―高知平野の防衛―」『考古学ジャーナル』689号　ニュー・サイエンス社
6. 出原恵三　「黒潮と土佐の縄文文化」『大平山』第43号　三里史談会
7. 出原恵三　「戦争遺跡保存の現状と課題2016」『まほろば』信州の教育と自治研究所
8. 宮里　修　「南四国の縄文晩期磨研浅鉢について」『海南史学』54号　高知海南史学会
9. 松田直則　「高知県の中世考古学研究と長宗我部地検帳」『駒澤考古』41　駒澤大学考古学研究室
10. 久家隆芳　「土佐の高知地域」『平成28年度瀬戸内海考古学研究会　第6回公開大会予稿集』瀬戸内海考古学研究会

その他

11. 高知県教育委員会『文化財こうち』第3号
12. 高知県教育委員会『高知県埋蔵文化財年報』13
13. 高知県文化財団埋蔵文化財センター『高知県埋蔵文化財センター年報』25

40　福　岡　県

城　門　義　廣

1. 〔調　査〕

福岡県における2016年度の文化財保護法に関わる届出・通知件数は、法第93条：2,346件（指示内訳：発掘調査120件、工事立会592件、慎重工事1,634件）、法第94条：307件（指示内訳：発掘調査21件、工事立会174件、慎重工事112件）、法96条1件（工事立会）、法97条1件（発掘調査）、法第92条6件、法第99条168件、発掘調査を伴う現状変更15件である。法93・94条の届出・通知については前年度とほぼ同一だが、発掘調査の件数としてはわずかに増加している。

また、平成28年4月に発生した熊本地震で、本県においても国指定名勝立花氏庭園・水郷柳川（共に柳川市）、櫛に低重要文化財旧吉原家住宅（大川市）・旧筑後川橋梁（筑後川昇開橋）など、国指定・登録16件、県指定14件、市町村指定13件、計43件の文化財に被害が認められた。

以下、福岡県内の主要な調査成果をまとめる。

弥生時代

福岡市の顕孝寺遺跡第1次調査では、中期前半の甕棺墓が8基検出され、全てに赤色顔料の散布が見られ、4基からは細形銅剣3本、細形銅矛3本が出土した。また、前期の貯蔵穴では埋土に多量の焼土と炭が含まれることから、上屋

Ⅱ　各都道府県の動向

等の焼失が想定されている。

　春日市の須玖タカウタ遺跡では2014年に出土した銅戈の再現実験を行っている。CTでの分析を元に土の鋳型を作成し、観察された所見に基づいた鋳造実験を行うことで実際に製作が可能であったことが立証されたと言える。他に、春日市の上平田・天田遺跡5次調査では、中期前半の糸魚川産ヒスイ垂飾が出土した。定形勾玉の前段階の縄文的要素を示す遺物として注目される。

　久留米市高三潴遺跡では国内3例目のガラス製連玉が出土した。糸島市井原鑓溝遺跡の甕棺など伊都国の厚葬墓出土例に類似しており注目される。また、同遺跡では6次調査において、弥生前期の環濠が検出されている。断面V字形を呈し、残存で深さ50cm、幅1mを測り、長さ10m分が検出された。

　筑後市蔵数長原山遺跡第2次調査では中期末～後期を中心とした土坑墓、木蓋土坑墓、箱式石棺墓、甕棺墓、計7基が検出され、土坑墓からは青銅製鋤先1点と鉄製鋤先4点が一括して出土した。

古墳時代

　2017（平成29）年秋に国史跡となる糸島市三雲・井原遺跡番上地区では、古墳時代前期の大型掘立柱建物跡が検出された。2間×3間の規模で、東には庇が付く可能性もある柱穴も確認された。首長の居館か倉庫などと想定され、南側約50mの地点に立地する端山古墳との関連性も指摘されている。

　福岡市比恵遺跡143次調査では、弥生時代末～古墳時代前期に属する幅6mの道路状遺構の東側側溝が検出された。

　2016（平成28）年10月3日に国史跡となった古賀市船原古墳では、馬冑の保存処理が終了し、表面には馬冑を入れていた箱の木材とみられる痕跡が付着しており、杉ということが判明した。

　宗像市大井下ノ原遺跡A区では、古墳時代後期に属する直径約20mの円墳の調査が行われ、鈴付子持ハソウが出土している。

古　代

　特別史跡水城跡では、太宰府市の整備に伴う調査で、東門付近を調査し、1930（昭和5）年発見の木樋を再検出している。底板と側板、ふた板を組み合わせた構造で、幅約1.2m、高さ約80cmを測る。残存部分は築造時のままで、底板には部材を固定するほぞ穴が認められた。この他、土塁の土層には670年代後半の筑紫地震とみられる痕跡も確認されたとされる。同史跡の大野城市側でも西門付近で整備に伴う調査を行っており、西門前面に溝及び官道の側溝を確認している。

　特別史跡大宰府跡の蔵司地区では、福岡県九州歴史資料館による内容確認調査が行われており、7世紀末～8世紀初頭に掘立柱建物群が官衙的に配置され、8世紀前半には9間×4間、二面庇構造の大型礎石建物が整備されるという変遷が明らかになった。

　太宰府市大宰府条坊跡315次調査は、菅原道真の在所であった大宰府の南館推定地である榎社境内に位置しており、9世紀後半～10世紀初頭の建物跡や溝を確認した。

　粕屋町阿恵遺跡では、継続的な内容確認調査を行っている。政庁の東側に掘立柱建物群が展開している状況を確認し、複数時期の政庁変遷が想定されるようになった。

　北九州市北浦廃寺では、東西11m以上の規模の方形基壇が明らかとなった。大宰府系鬼瓦や一枚作り平瓦などが出土しており、大宰府との技術的な関連が伺える資料となった。

　福岡市比恵遺跡141次調査では、古墳時代中期と7世紀台の井戸などが検出されており、獣脚円面硯の脚部片が出土している。

　新宮町相島海底遺跡では、音波探査装置を用いて海底地形図を作成する調査が行われ、30枚以上の瓦が新たに発見された。地方自治体が主体となって水中遺跡の調査を行っており、全国的にもモデルケースになると考えられる。

　筑紫野市前畑遺跡では、古代（7世紀）の可能性のある土塁が検出された。大宰府の南東側に総延長500m分が検出されており、外郭線等のような機能を持つと考えられており、大宰府との関連性が推測される。

中　世

　福岡市箱崎遺跡では、九州大学による調査が行われた。3段の石垣が検出され、構造や規模、位置などから元寇防塁

跡と考えられる。高さ0.9m、幅約2m、長さ17m以上が残存しているものと見られる。また、福岡市西区今津地内においても整備に伴う調査が行われ、内部に砂を充填している構造が見られるなど、地点により造り方に差異が見られることが明らかとなった。

太宰府市原遺跡第22次調査では、中世寺院原山の階段状遺構が検出された。

近世

北九州市小倉城三の丸跡第10地点では、江戸時代の道路、石列溝などが検出され、同市京町遺跡第11地点では小倉城城郭と考えられる近世・近代の石垣が検出されている。

小郡市干潟京ノ坪遺跡では、薩摩街道の一部が検出された。陸橋状の高まりに石垣をつくなど、低地部での街道の築造方法がわかる好例となった。

近代

久留米市白川遺跡は、第一次世界大戦の参戦に伴い設置された久留米衛戍病院新病棟にあたる。1914（大正3）年〜1919（大正8）年にかけて、青島で降伏したドイツ兵捕虜を収容した久留米俘虜収容所として使われていた施設で、いくつかの建物「バラック」跡が検出された。

その他

先に述べた、船原古墳が国史跡となったほか、添田町英彦山が国指定の答申を受けた。英彦山は南岳・北岳・中岳の3峰から成る信仰の山である。中岳山頂に英彦山神宮の上宮が建ち、山頂には末法思想に基づく経塚が多数営まれた。また、玉屋般若窟に代表される修行窟が整備され、谷ごとに院坊が配置されている。広大な面積を含む信仰の山であり、今後の整備・活用が期待される。他に、北九州市重留遺跡第二地点一号竪穴住居跡出土銅矛が重要文化財に指定され、博多遺跡群出土品が同答申を受けた。

2. 〔文献一覧〕

報告書

1. 朝倉市教育委員会『秋月城下町遺跡　第9次調査』朝倉市文化財調査報告書第30集
2. 朝倉市教育委員会『朝倉市文化財年報（平成27年度）』朝倉市文化財調査報告書32集
3. 糸島市教育委員会『井原久保園遺跡』糸島市文化財調査報告書第14集
4. 糸島市教育委員会『篠原東遺跡群Ⅰ』糸島市文化財調査報告書第15集
5. うきは市教育委員会『千年小森遺跡』うきは市文化財調査報告書第22集
6. うきは市教育委員会『生葉北遺跡3』うきは市文化財調査報告書第23集
7. うきは市教育委員会『うきは円形劇場』うきは市文化財調査報告書第24集
8. 大野城市教育委員会『乙金地区遺跡群16』大野城市文化財調査報告書第143集
9. 大野城市教育委員会『乙金地区遺跡群17』大野城市文化財調査報告書第144集
10. 大野城市教育委員会『乙金地区遺跡群18』大野城市文化財調査報告書第145集
11. 大野城市教育委員会『乙金地区遺跡群19』大野城市文化財調査報告書第146集
12. 大野城市教育委員会『上大利小水城跡』大野城市文化財調査報告書第147集
13. 大野城市教育委員会『仲島遺跡13』大野城市文化財調査報告書第148集
14. 大野城市教育委員会『天神田遺跡1』大野城市文化財調査報告書第149集
15. 大野城市教育委員会『御供田遺跡4』大野城市文化財調査報告書第150集
16. 大野城市教育委員会『花園遺跡1・仲島本間尺遺跡2』大野城市文化財調査報告書第151集
17. 大野城市教育委員会『原田遺跡1』大野城市文化財調査報告書第152集
18. 大野城市教育委員会『御笠の森遺跡7』大野城市文化財調査報告書第153集
19. 大野城市教育委員会『古賀遺跡』大野城市文化財調査報告書第154集
20. 小郡市教育委員会『平田氏庭園』小郡市文化財調査報告書第308集
21. 小郡市教育委員会『干潟猿山遺跡2』小郡市文化財調査報告書第309集

Ⅱ　各都道府県の動向

22. 小郡市教育委員会『小郡若山遺跡8　福童町遺跡13　大保西小路遺跡7』小郡市文化財調査報告書第310集
23. 小郡市教育委員会『三国小学校遺跡5』小郡市文化財調査報告書第311集
24. 小郡市教育委員会『横隈上ノ原上遺跡3』小郡市文化財調査報告書第312集
25. 小郡市教育委員会『大崎小園遺跡4』小郡市文化財調査報告書第313集
26. 遠賀町教育委員会『鳥見山遺跡群』遠賀町文化財調査報告書第21集
27. 春日市教育委員会『西ケ浦遺跡』春日市文化財調査報告書第76集
28. 春日市教育委員会『須玖タカウタ遺跡3』春日市文化財調査報告書第77集
29. 粕屋町教育委員会『内橋鏡遺跡2次調査・内橋カラヤ遺跡』粕屋町文化財調査報告書第40集
30. 粕屋町教育委員会『戸原寺田遺跡』粕屋町文化財調査報告書第41集
31. 川崎町教育委員会『川崎町内遺跡群』川崎町文化財調査報告書第17集
32. 川崎町教育委員会『田原遺跡7次調査』川崎町文化財調査報告書第18集
33. 北九州市教育委員会『屏賀坂遺跡第3地点』北九州市文化財調査報告書第147集
34. 北九州市教育委員会『石田遺跡第3・4・5地点』北九州市文化財調査報告書第148集
35. 北九州市教育委員会『城野遺跡第2・4地点』北九州市文化財調査報告書第149集
36. 北九州市教育委員会『稗田川遺跡第3地点』北九州市文化財調査報告書第150集
37. 北九州市教育委員会『津田神社遺跡第2地点』北九州市文化財調査報告書第151集
38. 北九州市教育委員会『高野山田遺跡第1・第2地点』北九州市文化財調査報告書第152集
39. 北九州市教育委員会『馬借遺跡第2地点』北九州市文化財調査報告書第153集
40. 北九州市芸術文化振興財団『菅原神社遺跡4』北九州市埋蔵文化財調査報告書第555集
41. 北九州市芸術文化振興財団『祇園町遺跡第10地点』北九州市埋蔵文化財調査報告書第556集
42. 北九州市芸術文化振興財団『守恒遺跡第14地点』北九州市埋蔵文化財調査報告書第557集
43. 北九州市芸術文化振興財団『重住遺跡第5地点』北九州市埋蔵文化財調査報告書第558集
44. 北九州市芸術文化振興財団『三郎丸遺跡第4地点』北九州市埋蔵文化財調査報告書第559集
45. 北九州市芸術文化振興財団『三郎丸遺跡第5地点』北九州市埋蔵文化財調査報告書第560集
46. 北九州市芸術文化振興財団『山王遺跡第1地点』北九州市埋蔵文化財調査報告書第561集
47. 北九州市芸術文化振興財団『山王遺跡第2地点』北九州市埋蔵文化財調査報告書第562集
48. 北九州市芸術文化振興財団『下貫遺跡第3次調査』北九州市埋蔵文化財調査報告書第563集
49. 北九州市芸術文化振興財団『室町遺跡第12地点』北九州市埋蔵文化財調査報告書第564集
50. 北九州市芸術文化振興財団『大手町遺跡第14地点』北九州市埋蔵文化財調査報告書第565集
51. 北九州市芸術文化振興財団『北方遺跡第14次調査』北九州市埋蔵文化財調査報告書第566集
52. 北九州市芸術文化振興財団『石田・岡屋敷遺跡第2地点』北九州市埋蔵文化財調査報告書第567集
53. 北九州市芸術文化振興財団『下上津役大塚遺跡』北九州市埋蔵文化財調査報告書第568集
54. 北九州市芸術文化振興財団『馬借遺跡』北九州市埋蔵文化財調査報告書第569集
55. 北九州市芸術文化振興財団『安倍山祭祀遺跡』北九州市埋蔵文化財調査報告書第570集
56. 北九州市芸術文化振興財団『三条の国境石』北九州市埋蔵文化財調査報告書第571集
57. 九州歴史資料館『大宰府周辺官衙跡Ⅸ―大楠地区　総括・図版編―』
58. 九州歴史資料館『大宰府周辺官衙跡Ⅹ―広丸地区　遺構編―』
59. 九州歴史資料館『伊良原Ⅳ』福岡県文化財調査報告書第255集
60. 九州歴史資料館『伊良原Ⅴ』福岡県文化財調査報告書第256集
61. 九州歴史資料館『伊良原Ⅵ』福岡県文化財調査報告書第257集
62. 九州歴史資料館『五ケ山Ⅲ』福岡県文化財調査報告書第258集
63. 九州歴史資料館『智恩寺跡』福岡県文化財調査報告書第259集

福岡県

64. 九州歴史資料館『福岡県の中近世城館跡Ⅳ―筑後地域・総括編―』福岡県文化財調査報告書第260集
65. 久留米市教育委員会『櫛原侍屋敷遺跡―第20次発掘調査報告―』久留米市文化財調査報告書第370集
66. 久留米市教育委員会『庄島侍屋敷遺跡―第10次調査―』久留米市文化財調査報告書第371集
67. 久留米市教育委員会『久留米城下町遺跡―第25次発掘調査報告―』久留米市文化財調査報告書第372集
68. 久留米市教育委員会『三反田遺跡―第1次発掘調査概要報告―』久留米市文化財調査報告書第373集
69. 久留米市教育委員会『久留米城外郭遺跡―第24次発掘調査報告―』久留米市文化財調査報告書第374集
70. 久留米市教育委員会『京隈侍屋敷遺跡―第28次発掘調査報告―』久留米市文化財調査報告書第375集
71. 久留米市教育委員会『碇遺跡―第5次発掘調査報告―』久留米市文化財調査報告書第376集
72. 久留米市教育委員会『白川遺跡―第6次発掘調査報告―』久留米市文化財調査報告書第377集
73. 久留米市教育委員会『高三潴遺跡―第5次発掘調査概要報告―』久留米市文化財調査報告書第378集
74. 久留米市教育委員会『久留米市埋蔵文化財調査集報ⅩⅦ』久留米市文化財調査報告書第379集
75. 久留米市教育委員会『正福寺遺跡―第7次調査―』久留米市文化財調査報告書第380集
76. 久留米市教育委員会『筑後国府跡―平成27・28年度発掘調査報告―』久留米市文化財調査報告書第381集
77. 久留米市教育委員会『平成28年度久留米市内遺跡群』久留米市文化財調査報告書第382集
78. 久留米市教育委員会『筑後国府跡―Ⅰ期政庁地区―』久留米市文化財調査報告書第383集
79. 久留米市教育委員会『久留米藩主有馬家墓所Ⅱ』久留米市文化財調査報告書第384集
80. 久留米市教育委員会『小川区有中世文書』久留米市文化財調査報告書第385集
81. 久留米市教育委員会『久留米市文化財保護課年報 Vol.12 平成26・27年度版』
82. 古賀市教育委員会『流遺跡4』古賀市文化財調査報告書第70集
83. 篠栗町教育委員会『鬼ケ浦横穴墓群』篠栗町文化財調査報告書第9集
84. 太宰府市教育委員会『太宰府・国分地区遺跡群4』太宰府市の文化財第130集
85. 太宰府市教育委員会『大宰府条坊跡47』太宰府市の文化財第131集
86. 大刀洗町教育委員会『高樋辻遺跡（総括・考察編）』大刀洗町文化財調査報告書第62集
87. 筑後市教育委員会『筑後市内遺跡群ⅩⅥ』筑後市文化財調査報告書第114集
88. 筑紫野市教育委員会『旧九州鉄道城山三連橋梁』筑紫野市文化財調査報告書第111集
89. 筑紫野市教育委員会『堀池遺跡第3・5・6次発掘調査』筑紫野市文化財調査報告書第112集
90. 筑紫野市教育委員会『原口遺跡第2次・第3次発掘調査』筑紫野市文化財調査報告書第113集
91. 築上町教育委員会『史跡船迫窯跡保存整備事業報告書』築上町文化財調査報告書第15集
92. 筑前町教育委員会『朝倉古窯跡群』筑前町文化財調査報告書第21集
93. 那珂川町教育委員会『松木遺跡群Ⅵ』那珂川町文化財調査報告書第94集
94. 那珂川町教育委員会『倉谷遺跡群・尼寺遺跡群・白土城跡』那珂川町文化財調査報告書第95集
95. 中間市教育委員会『垣生遺跡』中間市文化財調査報告書第7集
96. 直方市教育委員会『平原池ノ上遺跡』直方市文化財調査報告書第47集
97. 福岡市教育委員会『原遺跡20』福岡市埋蔵文化財調査報告書第1304集
98. 福岡市教育委員会『有田・小田部57』福岡市埋蔵文化財調査報告書第1305集
99. 福岡市教育委員会『飯倉B遺跡』福岡市埋蔵文化財調査報告書第1306集
100. 福岡市教育委員会『井尻B遺跡27』福岡市埋蔵文化財調査報告書第1307集
101. 福岡市教育委員会『クエゾノ遺跡2』福岡市埋蔵文化財調査報告書第1308集
102. 福岡市教育委員会『山王遺跡8』福岡市埋蔵文化財調査報告書第1309集
103. 福岡市教育委員会『下山門遺跡2』福岡市埋蔵文化財調査報告書第1310集
104. 福岡市教育委員会『住吉神社遺跡2』福岡市埋蔵文化財調査報告書第1311集
105. 福岡市教育委員会『那珂76』福岡市埋蔵文化財調査報告書第1312集

Ⅱ　各都道府県の動向

106. 福岡市教育委員会『野方平原遺跡2』福岡市埋蔵文化財調査報告書第1313集
107. 福岡市教育委員会『野多目C遺跡5』福岡市埋蔵文化財調査報告書第1314集
108. 福岡市教育委員会『博多157』福岡市埋蔵文化財調査報告書第1315集
109. 福岡市教育委員会『箱崎49』福岡市埋蔵文化財調査報告書第1316集
110. 福岡市教育委員会『箱崎50』福岡市埋蔵文化財調査報告書第1317集
111. 福岡市教育委員会『箱崎51』福岡市埋蔵文化財調査報告書第1318集
112. 福岡市教育委員会『比恵76』福岡市埋蔵文化財調査報告書第1319集
113. 福岡市教育委員会『比恵77』福岡市埋蔵文化財調査報告書第1320集
114. 福岡市教育委員会『比恵78』福岡市埋蔵文化財調査報告書第1321集
115. 福岡市教育委員会『福岡城下町遺跡1』福岡市埋蔵文化財調査報告書第1322集
116. 福岡市教育委員会『麦野A遺跡9』福岡市埋蔵文化財調査報告書第1323集
117. 福岡市教育委員会『弥永原8』福岡市埋蔵文化財調査報告書第1324集
118. 福岡市教育委員会『藤崎遺跡21・千里遺跡2・千里向川原遺跡1』福岡市埋蔵文化財調査報告書第1325集
119. 福岡市教育委員会『史跡鴻臚館跡23』福岡市埋蔵文化財調査報告書第1326集
120. 福岡市教育委員会『「国史跡福岡城跡」本丸武具櫓跡発掘調査報告』福岡市埋蔵文化財調査報告書第1327集
121. 福岡市教育委員会『元岡・桑原遺跡群28』福岡市埋蔵文化財調査報告書第1328集
122. 福岡市教育委員会『福岡市埋蔵文化財年報 Vol. 30―平成27（2015）年度版―』
123. 福岡市教育委員会『福岡市埋蔵文化財センター年報第35号』
124. 福津市教育委員会『福津市遺跡等分布地図』
125. 福津市教育委員会『上西郷ヲヲモリババガタニ遺跡』福津市文化財調査報告書第18集
126. 福津市教育委員会『亀山城』福津市文化財調査報告書第19集
127. 豊前市教育委員会『中村ヒバル遺跡』豊前市文化財調査報告書第40集
128. 水巻町教育委員会『堀川文化財総合調査報告』水巻町文化財調査報告書第10集
129. みやこ町教育委員会『みやこ町内遺跡群Ⅸ』みやこ町文化財調査報告書第15集
130. みやま市教育委員会『松延遺跡』みやま市文化財調査報告書第13集
131. 宮若市教育委員会『金丸西ノ浦古墳』宮若市文化財調査報告書第11集
132. 宮若市教育委員会『乙野前田原遺跡』宮若市文化財調査報告書第12集
133. 柳川市教育委員会『下百町遺跡群Ⅱ』柳川市文化財調査報告書第12集
134. 柳川市教育委員会『出来町遺跡』柳川市文化財調査報告書第13集
135. 八女市教育委員会『弥五郎遺跡』八女市文化財調査報告書第115集
136. 八女市教育委員会『蒲原・代官田遺跡』八女市文化財調査報告書第116集
137. 八女市教育委員会『八女市内遺跡群10』八女市文化財調査報告書第117集
138. 八女市教育委員会『八女市内遺跡群11』八女市文化財調査報告書第118集
139. 八女市教育委員会『八女市内遺跡群12』八女市文化財調査報告書第119集
140. 八女市教育委員会『八女市内遺跡群13』八女市文化財調査報告書第120集
141. 行橋市教育委員会『西谷経塚古墓』行橋市文化財調査報告書第61集

論　文
142. 九州歴史資料館『九州歴史資料館研究論集』42
　　　小田和利「Ⅰ期大宰府の成立について」
　　　下原幸裕「鴻臚館Ⅰ式軒瓦の再検討」
　　　酒井芳司「大野城跡出土柱根刻書再考」
　　　渡部邦昭「永江文書における九州鉄道関係資料―経路選定を中心に―」

大庭孝夫「八女市亀ノ甲・山ノ上遺跡出土の鑿状鉄器について―岩崎光氏収集資料の紹介（一）―」
　　　小澤佳憲「大野城跡出土の鉄製武器」
143. 九州考古学会『九州考古学』91
　　　福永将大「北久根山式土器の再検討」
　　　梶原慎司「汲田式の成立過程―弥生時代前期後半から中期前半における大型甕棺の分類と編年―」
　　　松田麻里「中世瓦にみる同短関係とその意義―端部に宝珠文を伴う蓮華均整唐草文軒平瓦と梅鉢均整唐草文軒平瓦を対象として―」
　　　木下浩良「柳川城の石垣刻印」
　　　辻田淳一郎「古墳時代開始期における銅鏡研究の動向　10年間の回顧と展望」
144. 髙橋愼二　「福岡県の動向」『九州旧石器』20　九州旧石器文化研究会
145. 田中克子　「日宋貿易期における博多遺跡群出土中国陶磁器の変遷と流通」『中近世陶磁器の考古学』第三巻　雄山閣
146. 江野道和　「北部九州の玉　糸島と博多湾沿岸地域の玉作」『玉文化研究』第2号　玉文化学会
147. 吉田東明　「福岡県の外来系玉類」『玉から古代日韓交流を探る』第2回古代歴史文化協議会講演会　古代歴史文化協議会
148. 小林青樹編『季刊考古学』第135号　雄山閣出版
　　　吉田　広「日本列島の初期青銅器文化」
　　　常松幹雄「弥生時代の青銅武器副葬」
　　　森井千賀子「弥生時代中期の石製・土製の青銅製鋳型―福岡県春日市須玖タカウタ遺跡」
149. 小田富士雄編『季刊考古学』第136号　雄山閣出版
　　　小田富士雄「大宰府都城の形成と東アジア」
　　　杉原敏之「水城」
　　　下原幸裕「大野城」
　　　林　重徳「水城」
　　　入佐友一郎「大野城」
　　　小澤佳憲「日韓の古代山城出土軸摺金具」
　　　小鹿野亮「古代山城へつづく道」、「阿志岐山城跡」
150. 石田智子　「弥生土器の生産と移動―胎土分析の活用―」『月刊考古学ジャーナル』696　ニュー・サイエンス社
151. 九州古文化研究会『古文化談叢』第76集
　　　武末純一・平尾和久「（速報）三雲・井原遺跡番上地区出土の石硯」
　　　輪内　遼「弥生時代の権衡　九州の新出資料を中心に」
　　　三好千絵・武末純一「福岡県筑前町大木遺跡の甕棺絵画」
　　　西　幸子「福岡平野における馬具在地生産の可能性の検討」
　　　松田麻里「北九州市大興善寺の中世瓦と同文関係」
152. 大重優花　「油山天福寺鐘と沙弥生蓮」『古文化談叢』第77集　九州古文化研究会
153. 田中良之　『縄文文化構造変動論　もう一人の田中良之』すいれん舎
154. 田中良之先生追悼論文集編集委員会『考古学は科学か　田中良之先生追悼論文集』
　　　高倉洋彰「考古学研究者は科学者か」
　　　山根謙二「後期旧石器時代における石器群の変容とその背景　始良カルデラ噴火前後の九州における一考察」
　　　杉本岳史「形態と配列から読み解く『おとし穴状遺構』による狩猟法」
　　　三阪一徳「日本列島・朝鮮半島南部の稲作受容期における土器製作技術の変容過程解明への予察」
　　　小澤佳憲「弥生時代成立期前後の集落の一類型」

Ⅱ　各都道府県の動向

　　　端野晋平「板付Ⅰ式成立前後の壺形土器　分類と編年の検討」
　　　宮本一夫「土器情報の社会的意味に関する試論　板付土器様式の出現過程を中心に」
　　　山崎頼人「弥生時代剥片石器石材の動向2　蛍光X線分析による産地同定分析からみた剥片石器石材獲得の動向」
　　　能登原孝道「科学としての弥生時代石器研究　生産・流通研究における scientific cycle の構築に向けて」
　　　梅崎惠司「弥生石器の層灰岩」
　　　武末純一「タタキ技法東へ、南へ」
　　　森　貴教「砥石の消費形態からみた鉄器化とその意義　弥生時代北部九州を対象として」
　　　白井久美子「列島の小銅鐸　青銅祭器としての使途と意義」
　　　渋谷　格「桜馬場式のゆくえ」
　　　溝口孝司「過去の記憶とその動員：北部九州弥生時代Ⅴ期を事例として」
　　　石田智子「高精度胎土分析による地域社会構造の解明」
　　　谷澤亜里「古墳時代前期における玉類副葬の論理」
　　　辻田淳一郎「同型鏡群と倭製鏡」
　　　重藤輝行「古墳の埋葬施設の階層性と地域間関係　古墳時代中期の九州北部を例として」
　　　城門義廣「九州における古墳時代導水施設の展開」
　　　田村　悟「北部九州における横穴墓の埋葬姿勢」
　　　平尾和久「石製紡錘車未製品の出土傾向と製作工程」
　　　岩永省三「古墳時代親族構造論と古代史研究」
　　　小嶋　篤「九州北部の鉄生産」
　　　中島恒次郎「古代大宰府を取り巻く集落遺跡理解にむけて」
　　　早川和賀子「国分寺造営の造瓦の様相に関する試論　豊前国分寺を例に」
　　　主税英徳「九州出土の高麗陶器」
　　　宇野愼敏「北九州市域における古代・中世墳墓にみる階層性と地域性」
　　　田尻義了「九州帝國大學附属醫院跡出土の病院食器に関する考古学的研究」
155. 豆谷和之さん追悼事業会『魂の考古学—豆谷和之さん追悼論文集—』
　　　八木健一郎「遠賀川上流域における遠賀川式土器の具体相」
　　　永見秀徳「弥生時代中期前半における筑後型甕の設定福岡県南部の土器製作技法からみた画期の再考」
　　　山崎頼人「『環濠』調査考—調査における限界性の認識をこえて—」
156. 埋蔵文化財研究会『青銅器の模倣Ⅱ』第65回埋蔵文化財研究集会
　　　常松幹雄「青銅器の模倣—描かれた武器と祭器—」
　　　吉田大輔「九州における青銅武器・武器形祭器の模倣品」
　　　小川原励「九州の銅鐸模倣品」
157. 九州前方後円墳研究会『九州島における古式土師器』第19回九州前方後円墳研究会
　　　久住猛雄「福岡県（糸島・早良・福岡平野）」
　　　田上浩司「筑前北部の古式土師器」
　　　田子森千子「二日市地峡帯以南〜筑後川以北地域における弥生終末期〜古墳時代前期における土器様相」
　　　檀　佳克「福岡県（筑後川以南-南筑後地域）」
　　　松浦宇哲・福本　寛「筑豊の古式土師器」
　　　中村利至久「北九州市域の古式土師器について」
　　　秦　憲二「豊前北西部（福岡県）」
158. 長　直信　「豊前・豊後の官衙・集落と土器様相」『官衙・集落と土器2』奈良文化財研究所

159. 九州国立博物館・熊本県教育委員会『徹底追求！大宰府と古代山城の誕生―発表資料集―』
　　　赤司善彦「大宰府と古代山城の誕生」
　　　石木秀啓「西海道北部の土器生産～牛頸窯跡群を中心として～」
　　　杉原敏之「大宰府造営の年代論」
160. 中村修身　『北九州・京築・田川の城　戦国史を歩く』花乱社
　その他
161. 糸島市立伊都国歴史博物館『王の鏡～平原王墓とその時代～』平成二十八年度伊都国歴史博物館秋季特別展
162. 海の道むなかた館『平成28年度秋の特別展　むなかたの山岳信仰』ムナカタの考古学6
163. 九州歴史資料館『特別展「八女の名宝」』
164. 九州歴史資料館『大宰府の役人と文房具』九州歴史資料館第三七回企画展
165. 久留米市市民文化部文化財保護課『東日本大震災から五年・大地に残る地震の爪あと』
166. 古賀市教育委員会『船原古墳展』国史跡指定記念企画展
167. 行橋市教育委員会『平成二十八年度特別展　後藤又兵衛の出奔と細川忠興』
168. 九州国立博物館『特別展　宗像・沖ノ島と大和朝廷』
169. 行橋市・行橋市教育委員会『シンポジウム豊前国府誕生　福原長者原遺跡とその時代』
170. 筑紫野市歴史博物館『ちくしの博覧会―指定文化財からたどる筑紫野市の歴史と文化』
171.「宗像・沖ノ島と関連遺産群」世界遺産推進会議『沖ノ島研究』第三号
172. World Archaeology Congress- 8 KYOTO 2016
　　　Koken Kajisako. Reconstructing an exchange mechanism in prehistory: the case of tipped stone tools in Jomon and Yayoi period in northern Kyushu, Japan
　　　Yoshinori Tajiri. A forgotten university logo-an example of Kyushu University

41　佐　賀　県

渕ノ上　隆　介

1.〔調　査〕

　佐賀県では、近年特に近世から近代にかけての重要遺跡確認調査、本調査の事例が増加しており、近世の城郭や窯跡などの内容確認や史跡整備を行うための確認調査が多く実施されている。また、2003（平成15）年度より実施されてきた佐賀県中近世城館跡緊急分布調査が、東松浦・西松浦地区編の報告書刊行をもって終了した（文献9）。

　旧石器時代・縄文時代
　伊万里市腰岳遺跡群では、黒曜石原産地における産状と原産地遺跡の分布状況を把握することを目的とした悉皆調査が、腰岳黒曜石原産地研究グループによって2014年3月から継続的に実施されている。

　弥生時代・古墳時代
　上峰町樫寺遺跡では、宅地造成に伴う発掘調査が実施され、弥生時代から古墳時代にかけての竪穴住居跡や土壙、ピット、小児用甕棺の可能性のある土器片などが出土している。みやき町西寒水四本柳遺跡（11区）では、弥生時代中期後半～末にかけての竪穴住居跡12棟や土坑、古墳時代前期の竪穴住居跡1棟が検出されている。

　中　世
　武雄市袴野城山城跡は、標高約80mの尾根上に位置する中世山城跡で、九州新幹線西九州ルート建設に伴う発掘調査が行われた。最頂部には、周囲を土塁で囲繞した東西55m、南北17mの主郭（曲輪1）を設け、その西側に上幅約

Ⅱ　各都道府県の動向

11m、深さ約4.5mにもおよぶ大規模な堀切が設けられ、それより西に続く尾根上に曲輪2・3とその間に小規模な堀切が設けられている。発掘調査は、主郭の西端部の一部とそれより西側の曲輪群を中心に行われ、曲輪2・3では柵列と思われる柱穴が検出されており、主郭部では瓦質土器の風炉が出土している。

　鳥栖市京町遺跡は、マンション建設に伴う発掘調査が実施され、弥生時代中期の溝跡や土坑、中世の小穴や土坑が検出されている。中世の小穴は掘立柱建物を構成するものと思われ、土坑からは龍泉窯の青磁などが出土している。

　2003（平成15）年度から実施されている佐賀県中近世城館跡緊急分布調査について、報告書Ⅳ（西松浦・東松浦編）の刊行をもって終了した。その結果、伝承等のみで所在が判然としないものも含めて、総数約1,000ケ所の城館跡が把握されるとともに、佐賀県下の城館のもつ地域的な特色が明らかとなった。今後、これらの城館跡について周知化を図り、史跡指定を含めた保護措置を講じる必要がある。

近世・近代

　唐津市名護屋城跡では、城跡の西に位置する「太閤井戸」と呼ばれる井戸跡の発掘調査が実施され、当該期の可能性のある石段が検出されている。周囲を取り囲む石垣の大部分は、後世の積み直しの可能性が高いが、井戸内部及び溜枡部分については、地山に直接石垣を積み上げたもので、水を取り込むための取水口と、鯱鉾池へと排水する出水口を伴う構造であることが確認されている。また、唐津市島津義弘陣跡では、主郭北側及び東側の虎口周辺と、主郭南側の石垣中央部での発掘調査が実施され、虎口に伴う土塁（石塁）や石垣が確認され、主郭南側石垣では後世に積みなおされた栗石を除去し、石垣の出隅・入隅が良好に残存していることが確認された。

　唐津市唐津城跡では、本丸東辺の石垣修理に先行して本丸南東部の大手門の発掘調査が実施され、大手門両側の石垣上に櫓台跡が検出され、大手門が櫓門形式であったことが確認された。また、虎口内部では、当該期の石段（最下段のみ）と砂岩製の石樋による排水溝が確認されている。

　佐賀市牛嶋口跡は、佐賀城下を横断する長崎街道の東の玄関口であり、公園整備に伴う発掘調査が実施された。多布施川に向かって台形状に張り出す石垣が確認され、近世の絵図と一致する遺構が残存していることが判明した。東面の石垣上面には、橋桁を支える枕土台基礎を確認している。佐賀市教育委員会では良好な遺構が確認されたことを受けて、公園整備にあたっては遺構の保護・保全を行うとともに、遺構を活かした整備を行うよう計画している。

　神埼市神埼宿遺跡（Ⅱ区）は、長崎街道の主要な宿場町の一つである「神埼宿」に関連する遺跡であり、公園整備によって遺構の保全が困難な地点について、記録保存のための本調査が実施されている。近世期の建物跡が検出され、薄赤色の竿石を並べて基礎とした土蔵と思われる建物跡も確認している。また、土坑内からは瓦や陶磁器などの遺物と共に、焼土や炭が確認されており、文献等で確認される嘉永から万延期にかけての神埼宿の大火、もしくは明治7（1874）年の佐賀の乱による兵火との関連が指摘されている。

　武雄市甕屋窯跡は、九州新幹線西九州ルートの建設に伴う発掘調査が実施され、17世紀から18世紀にかけて甕や擂鉢、壺などの陶器を焼成した窯跡2基と物原が確認されている。1号窯跡は、全長約40mの連房式登窯と推定され、焼成室が3室検出され、平面形が胴張りの形状となっていることが確認された。そのうち、第3室の奥壁が良好に残存しており、砂岩の基礎にトンバイを積み上げて御座の巣を構築していたことが確認された。2号窯跡は、全長約60mの連房式登窯と推定され、焼成室が4室検出された。平面形がほぼ方形の形状となり、1号窯より後出する特徴が確認されている。

　唐津市飯洞甕上窯跡・下窯跡では、史跡整備に先立ち下窯跡周辺と工房跡の検出を目的として発掘調査が実施されている。下窯の北側からは、幅約2m、深さ40cmの溝状遺構が検出され、窯構築土の採掘痕跡である可能性が指摘されている。また、上窯と下窯の中間にある上下2段の平坦面の調査を行い、上段からは用途不明の板石組遺構が検出され、周辺から朝鮮半島製の可能性が高いと思われる青銅製の箸が出土している。一方、下段からは白色粘土塊やハマが数多く出土しており、作陶および窯出し後の作業空間であったと考えられている。

　伊万里市日峯社下窯跡は、史跡整備に伴う発掘調査が実施され、全長約52mにも及ぶ階段状連房式登窯のうち、中央部分の第8焼成室とその西側の物原部分の調査を行った。奥壁が重複して構築されていることから、補修が行われていたことが確認でき、焼成室の東側で確認された溝状遺構は、階段状となることが判明した。焼成室西側の作業段部分

では、大半が削平されていたものの、一部に黄褐色粘質土を貼り床状に施した部分が確認されている。物原部分からは初期鍋島の破片が40点程度出土している。

佐賀市三重津海軍所跡では、船屋地区の発掘調査が実施され、入り江の南東側、早津江川河畔部分の調査が行われた。18世紀末や幕末期に描かれた絵図にみられる土堤の一部が確認され、その内側に長さ46.8m以上にもなる大型の建物跡が確認された。また、建物遺構の下層から小型の牡蠣殻で構成さらえた厚さ1.5m程度の貝殻層が確認され、造成に伴う基礎地業としていた可能性が指摘されている。

その他

11月20日に、県教育委員会主催で前年度に実施された最新の発掘調査成果についての情報発信を目的とした遺跡報告会「発掘された佐賀2016—佐賀県発掘調査成果速報—」（佐賀大学）が初めて開催された（文献45）。佐賀大学の重藤輝行氏が佐賀県の発掘調査の歴史を総括するとともに2015年度に実施された主な発掘調査や整理作業の成果について、各調査担当者による報告が行われ、会場内で伊万里市日峯社下窯跡および佐賀市三重津海軍所跡出土遺物のミニ展示が行われた。2017年度以降は、毎年7月に同遺跡報告会を開催し、発掘調査成果の発信を行う予定である。

2016年10月3日に指定された国史跡「東名遺跡」について、国史跡指定記念展示「縄文の奇跡！東名遺跡」（於：佐賀県立博物館）を開催し、併せて『縄文の奇跡！東名遺跡"有明海に沈んだまぼろしの縄文文化"』と題する記念シンポジウムを開催している（文献46）。また、2014年度に指定された国史跡「唐津松浦墳墓群」の記念シンポジウム『末盧国の自叙伝—末盧国の成立に迫る—』が開催された（文献41）。

2016年には有田焼創業400年を迎え、有田を中心に県内外各所で展覧会や各種イベントが多く開催された。県立九州陶磁文化館では、有田での磁器創業の開始から現代に至るまでの400年の歴史を振り返る特別企画展「日本磁器誕生」が開催された（文献43）。続けて2015年度に冨永樹之氏によって寄贈された「冨永コレクション」を中心として、中国磁器と肥前陶磁器との関わりを探る特別企画展「日本磁器の源流」が開催され（文献44）、あわせて第7回近世陶磁研究会「日本における明清の中国磁器」が開催されている（文献42）。また、東京の紅ミュージアムでは、有田焼の化粧道具に焦点を当てた企画展「悦楽の磁器—有田の化粧道具」が開催されている。

2.〔文献一覧〕

報告書

1. 有田町教育委員会『山辺田遺跡—国指定史跡山辺田窯跡に関わる陶磁器生産工房跡の発掘調査報告書—』（平成26・27年度の調査）
2. 小城市教育委員会『小城市内遺跡7—2008～2010年度における佐賀県小城市内の確認・試掘調査記録—』小城市文化財調査報告書第35集
3. 鹿島市教育委員会『旭ケ岡遺跡Ⅱ・鹿島城跡Ⅳ　佐賀県立鹿島高等学校普通教室棟新築工事に伴う埋蔵文化財発掘調査』鹿島市文化財調査報告書第20集
4. 上峰町教育委員会『上峰町内遺跡確認調査Ⅷ　上峰町内における開発行為に伴う埋蔵文化財確認調査報告書—平成27年度—』上峰町文化財調査報告書第43集
5. 唐津市教育委員会『唐津市内遺跡確認調査（33）—土地開発に伴う市内遺跡確認調査報告—』唐津市文化財調査報告書第175集
6. 神埼市教育委員会『市内遺跡確認調査概要報告書Ⅸ—神埼市内埋蔵文化財確認調査（平成27年度）の概要—』神埼市文化財調査報告書第25集
7. 佐賀県教育委員会『吉野ケ里遺跡—弥生時代の墓地—』佐賀県文化財調査報告書第214集
8. 佐賀県教育委員会『汐井川古墳群』西九州自動車道建設に係る文化財調査報告書（18）　佐賀県文化財調査報告書第215集
9. 佐賀県教育委員会『佐賀県の中近世城館』第4集各説編3（東松浦・西松浦地区）佐賀県中近世城館跡緊急分布調査報告書Ⅳ　佐賀県文化財調査報告書第216集
10. 佐賀県立名護屋城博物館『特別史跡「名護屋城跡並びに陣跡」徳川家康陣跡（№10陣跡）』佐賀県立名護屋城博物

Ⅱ　各都道府県の動向

　　　館調査報告書第13集
11. 佐賀市教育委員会『佐賀市埋蔵文化財確認調査報告書―2014年度―』佐賀市埋蔵文化財調査報告書第103集
12. 佐賀市教育委員会『蛎久遺跡―3区の調査―』佐賀市埋蔵文化財調査報告書第104集
13. 多久市教育委員会『多久市内遺跡発掘調査報告書（8）平成24年度～26年度の調査』多久市文化財調査報告書第57集
14. 鳥栖市教育委員会『勝尾城筑紫氏遺跡』勝尾城筑紫氏遺跡確認調査報告書（3）　鳥栖市文化財調査報告書第88集
15. 鳥栖市教育委員会『本原遺跡　宅地造成・共同住宅建設に伴う埋蔵文化財発掘調査報告書』鳥栖市文化財調査報告書第89集
16. 鳥栖市教育委員会『京町遺跡　京町遺跡4区埋蔵文化財発掘調査報告書』鳥栖市文化財調査報告書第90集
17. みやき町教育委員会『大塚遺跡2区―個人住宅建設工事に伴う埋蔵文化財発掘調査―』みやき町文化財調査報告書第15集

論文等

18. 岩永雅彦　「佐賀県多久出土の尖頭器の研究―製作実験を通じて―」安蒜政雄先生古希記念論文集刊行委員会編『旧石器時代の知恵と技術の考古学』雄山閣
19. 大橋康二　「柿右衛門様式後の柿右衛門窯系色絵磁器の推定試案」『亀井明徳氏追悼・貿易陶磁研究等論文集』亀井明徳さん追悼文集刊行会
20. 大橋康二　「17世紀後半、中国磁器の量を超えた肥前磁器の流通」『中近世陶磁器の考古学』第4巻　雄山閣
21. 大庭敏男　「肥前基肄・養父地域における弥生時代終末期～古墳時代前期の土師器」『九州島における古式土師器』第19回九州前方後円墳研究会長崎大会資料　九州前方後円墳研究会
22. 越知睦和　「佐賀県の動向」『九州旧石器』20号　九州旧石器文化研究会
23. 加田隆志・渋谷　格「佐賀県鹿島市旭ケ岡遺跡の発掘調査について」『平成28年度九州考古学会』発表要旨
24. 蒲原宏行　「佐賀・唐津平野」『九州島における古式土師器』第19回九州前方後円墳研究会長崎大会資料　九州前方後円墳研究会
25. 川道　寛・岩永雅彦・越知睦和・本村浩二「多久周辺の安山岩原産地の研究（1）」『九州旧石器』20号　九州旧石器文化研究会
26. 坂井清春　「唐津城跡本丸における城内最古の旧石垣」『織豊城郭』第16号　織豊期城郭研究会
27. 重藤輝行　「古墳の埋葬施設の階層性と地域間関係　古墳時代中期の九州北部を例として」田中良之先生追悼論文集編集委員会編『考古学は科学か』中国書店
28. 渋谷　格　「桜馬場式のゆくえ」田中良之先生追悼論文集編集委員会編『考古学は科学か』中国書店
29. 主税英徳　「九州出土の高麗陶器」田中良之先生追悼論文集編集委員会編『考古学は科学か』中国書店
30. 堤　英明　「佐賀県の縄文時代後期中葉土器の様相」『九州の縄文時代後期中葉土器　北久根山第二型式～西平式併行期を中心に』第27回九州縄文研究会長崎大会発表要旨・資料集　九州縄文研究会
31. 長﨑　浩　「江戸時代における徳川家康陣跡のすがた」『研究紀要』第23集　佐賀県立名護屋城博物館
32. 広瀬雄一　「土器の製作技法から見た西唐津海底出土の土器の変遷―土器断面の詳細観察を通して―」『研究紀要』第23集　佐賀県立名護屋城博物館
33. 古庄秀樹　「姫御前古墳調査報告」『調査研究報告書―平成27年度事業報告―』第10集　小城市立歴史資料館・小城市立中林悟竹記念館
34. 細川金也　「佐賀県」『青銅器の模倣』第65回埋蔵文化財研究集会発表要旨資料集　埋蔵文化財研究会
35. 松尾法博・西田怜美・藤丸泰成「NHKや地域との連携―真田丸全国巡回展と史跡の活用に係る覚書―」『研究紀要』第23集　佐賀県立名護屋城博物館
36. 宮崎博司・市川浩文「肥前名護屋城跡の天守・多聞櫓」『織豊期城郭の石垣上の礎石建物』織豊期城郭研究会2016年度集会資料集

37. 宮武正登 「中世松浦地方の港湾地と領主拠点」『佐賀学Ⅲ　佐賀をめぐる「交流」の展開』　海鳥社
38. 村松洋介 「歴史に記された名護屋城」『研究紀要』第23集　佐賀県立名護屋城博物館
39. 山本文子 「肥前芙蓉手皿のサイズと特徴―非ヨーロッパ向けの芙蓉手皿―」『亀井明徳氏追悼・貿易陶磁研究等論文集』亀井明徳さん追悼文集刊行会
40. 渡部芳久 「玄武岩質安山岩製石包丁の製作技術」『調査研究書』第41集　佐賀県立博物館・佐賀県立美術館

　その他
41. 唐津市教育委員会『末盧国の自叙伝―末盧国の成立に迫る―』唐津松浦墳墓群国史跡指定記念シンポジウム
　　仁田坂聡「唐津松浦墳墓群　国史跡指定の意義」
　　小田富士雄「末盧国調査研究史」
　　西谷　正「東アジアからみた末盧国」
42. 近世陶磁研究会『日本における明清の中国磁器』第7回近世陶磁研究会資料　近世陶磁研究会
　　冨永樹之「漳州窯青花大皿（盤）の盛行について」
　　大橋康二「日本などにおいて出土の明清の中国磁器（染付中心に）」
　　中野充「幕末期佐賀藩海軍用食器の生産地調査―化学分析調査の現状報告―」
　　田端正明・中野　充・中野雄二「幕末～明治初期の肥前磁器の態度分析による生産地識別（中間報告）―佐賀市三重津海軍所跡出土磁器との比較―」
　　扇浦正義「長崎出土の中国磁器と国内流通」
　　山本文子「肥前の芙蓉手皿―中国芙蓉手皿の模倣と独自性―」
　　堀内秀樹「江戸出土の明・清代の中国陶磁」
　　中山　圭「天草陶磁器の海外輸出について～採集品の分析を中心に～」
43. 佐賀県立九州陶磁文化館『日本磁器誕生』
44. 佐賀県立九州陶磁文化館『日本磁器の源流』
　　大橋康二「中国染付磁器の始まりから発展と、有田磁器の関わり」
　　冨永樹之「輸入中国青花の高級食器としての受容の過程―戦国～近世の出土品と伝世品の観点から―」
　　山本文子「肥前芙蓉手皿の展開―中国磁器輸出の中断と再開―」
45. 佐賀県教育委員会・佐賀大学『発掘された佐賀2016―佐賀県発掘調査成果速報―』
　　重藤輝行「佐賀県の発掘調査の歴史」
　　中野　充「化学分析からみた三重津海軍所跡」
　　船井向洋「初期鍋島を生み出した窯跡―伊万里市日峯社下窯跡の調査成果―」
　　美浦雄二「山頂に残された"残念石"―唐津市谷口石切丁場跡の調査成果―」
　　渋谷　格「整理からみえてきた妙法寺―吉野ケ里遺跡（妙法寺跡）の調査成果―」
46. 佐賀市教育委員会『縄文の奇跡！東名遺跡"有明海に沈んだまぼろしの縄文文化"』東名遺跡国史跡指定記念シンポジウム
　　西田　巌「東名遺跡のこれまで」
　　泉　拓良「縄文文化の中の東名遺跡」
　　金原正明「環境変動を読み解く」
　　丸山真史「東名遺跡における狩猟と漁撈」
　　早川和子「東名遺跡を描く！」
　　水ノ江和同「九州縄文文化と東名遺跡」
47. 北部九州中近世城郭研究会『石が語る近世城郭～石垣修理からわかったこと～―熊本城震災復興支援―』第3回九州城郭研究大会資料集　北部九州中近世城郭研究大会資料集第16集
　　松尾法博「肥前名護屋城の石垣保存と修理～その経過と課題～」

Ⅱ　各都道府県の動向
　　坂井清春「唐津城本丸跡での発掘調査と石垣修理」
　　赤坂　亨「福岡城の石垣」
　　野口典良「大分県玖珠町角牟礼城跡の石垣」
　　宇土靖之「島原城の石垣修復」
　　西野元勝「鹿児島城の発掘調査成果報告」
　　鶴嶋俊彦「熊本城の地震被害」

42　長　崎　県

古　澤　義　久

1．〔調　査〕

　2016年度の長崎県における文化財保護法に基づく届出・通知件数は93条届出157件、94条通知136件、92条届出1件、99条報告51件であった。

旧石器時代・縄文時代
　壱岐市原の辻遺跡（市調査）では縄文時代草創期以前の河道が確認され、黒曜石製剥片や細石核が出土した。松浦市大石Ｃ遺跡（市調査）では黒曜石製細石核などが出土した。南島原市中萩原遺跡、東大窪遺跡（市調査）では縄文時代早期と晩期の包含層が確認された。諫早市一里松遺跡（県調査）では縄文時代前期と後期初頭の包含層が確認され、早期末から後期初頭の土器、石灰岩製の装身具が出土した。対馬市越高遺跡（熊本大学・市調査）では遺物包含層が分層調査され、韓半島新石器時代早期の隆起文土器や石鏃、スクレイパー、砥石、敲石などが出土した。大村市竹松遺跡（県調査）では包含層から黒川式土器や石製垂飾2点が出土した。大村市竹松遺跡（市調査）では縄文時代晩期の包含層が確認された。大村市立小路遺跡（県調査）では縄文時代晩期の2点の粗製土器を組み合わせた埋甕が2基検出され、包含層からは黒川式期の土器が出土した。雲仙市源次広野遺跡（市調査）では縄文時代晩期土器、石鏃などが出土した。雲仙市永中道遺跡（市調査）では黒川式〜夜臼式土器、磨製石斧などが出土した。南島原市出口遺跡（市調査）では打製石斧埋納遺構が確認された。このほか南島原市新堂原遺跡、石原遺跡、東石原遺跡、野中Ａ遺跡、野中Ｄ遺跡、養台寺跡（いずれも市調査）では縄文土器などが出土した。

弥生時代
　大村市黒丸遺跡（市調査）では弥生時代前期末の可能性もある畦畔状遺構が確認され、石庖丁も出土した。平戸市根獅子遺跡（市調査）では、弥生時代中期の配石墓とみられる墓地でタマキガイ系とアカガイ系の部品による組み合わせ式貝輪を左前腕に着装した壮年女性人骨（16号人骨）が確認された。壱岐市原の辻遺跡（市調査）では弥生時代中期の自然河道や河川堆積後に構築された溝状遺構などが確認された。壱岐市カラカミ遺跡（市調査）では弥生時代中期前葉から後期前葉にかけての落込み状遺構が確認され、青銅鏡や鋳造鉄斧、素環頭刀子、鉄素材などが出土した。佐世保市宮の本遺跡（市調査）では12基以上の石棺墓が確認され、磨製石剣などが出土した。大村市立小路遺跡（県調査）では弥生時代中期〜後期の竪穴建物跡2基が検出された。包含層からは舶載鏡の破鏡やガラス玉が出土した。大村市富の原遺跡（市調査）では竪穴建物跡3基が確認された。

古墳時代
　壱岐市原の辻遺跡（県調査）では古墳時代前期の溝2条および溝状遺構2条が確認され、古式土師器のほか楽浪系土器や陶質土器が出土した。壱岐市西福寺古墳（市調査）では墳丘確認調査が行われ、6世紀初頭〜8世紀初頭の土師器、須恵器などが出土した。壱岐市人羅古墳（市調査）では測量調査が行われ、石室構造から6世紀第4四半期に属するものであると判断された。

長 崎 県

古 代

　壱岐市串山ミルメ浦遺跡（市調査）では須恵器、土師器、移動式カマドなどが出土した。大村市立小路遺跡（県調査）では包含層から9～10世紀代の須恵器などが出土した。大村市竹松遺跡（市調査）では古代の自然流路が確認された。

中 世

　大村市立小路遺跡（県調査）では11世紀後半～12世紀の掘立柱建物跡2基、土坑などが検出された。大村市今富城跡（県調査）では土師器のほか大宰府分類白磁碗Ⅳ類、龍泉窯系青磁碗、明青花などが出土した。大村市冷泉遺跡（市調査）では中世前期の柱穴が検出され、滑石製石鍋などが出土した。大村市竹松遺跡（県調査）では12～13世紀の掘立柱建物跡、ピット列、集石遺構などが確認され、土師器、須恵器のほか中国産青磁・白磁が出土した。大村市竹松遺跡（市調査）では13～14世紀の包含層が確認された。大村市富の原遺跡（市調査）では中世後期の屋敷区画溝が検出された。大村市平ノ前城跡（県調査）では石積遺構などが検出され、15～16世紀の漳州窯産磁器などが出土した。佐世保市広田城跡（市調査）では戦国期～近世の大型溝状遺構、石列遺構などが確認された。松浦市鷹島海底遺跡（県調査）では音波探査が実施され、100箇所の異常反射体が確認された。同じく鷹島海底遺跡（市調査）では音波探査の異常反応地点での突き棒調査が実施された。

近世・近代

　諫早市千々石ミゲル墓所推定地（浅田昌彦氏ら調査）では墓石の前方を発掘したところ、大小の石が敷き詰められており墓石の築き直しが複数回行われていたものと推定された。佐世保市早岐瀬戸遺跡（市調査）では埋立地業に関連する石組遺構が確認された。大村市三城城下跡（県調査）では16世紀末～18世紀前半の土塁・柵列、掘立柱建物、土坑、井戸、石列などが検出された。大村市聖宝寺跡（市調査）では掘立柱建物跡が確認された。長崎市八百屋町遺跡（市調査）では近世初期の土坑が検出され、約70cmの厚さで人骨が多量に埋められていた。長崎市桜町遺跡（市調査）では江戸時代中・後期の遺構面やその下層で江戸時代前期の包含層が検出された。長崎市野中墓地（市調査）では「（ローマがある方向とされた）南に向け、膝を曲げて寝かせていた」という地元の口承と一致する形で、潜伏キリシタンとみられる10歳前後の人骨が確認された。長崎市唐人屋敷跡（市調査）では石列、石列溝、土坑、1784（天明4）年の火災層などが確認され、陶磁器や被熱瓦などが出土した。長崎市銅座町遺跡（市調査）では江戸時代中期及び後期の整地層が確認された。長崎市出島和蘭商館跡（市調査）では表門架橋工事部分で一部が5段積の石垣が検出された。また中島川護岸工事部分では江戸時代後期の護岸石垣や明治期の船着き場に伴う階段遺構が検出された。長崎市小島養生所跡（市調査）では建物基礎や石垣などが検出された。長崎市長崎原爆遺跡（山王神社）（市調査）では被爆の痕跡とみられる厚さ5cm程度の黒土層が確認され、被爆クスノキの根とみられる木片や被熱した陶磁器、瓦、ガラス片などが出土した。

2．〔文献一覧〕

報告書

1．壱岐市教育委員会『市史跡カラカミ遺跡5次　西福寺古墳　串山ミルメ浦遺跡　人羅古墳』壱岐市文化財調査報告書第27集
2．雲仙市教育委員会『栗山遺跡・下栗山遺跡』雲仙市文化財調査報告書第15集
3．雲仙市教育委員会『十園遺跡Ⅲ・伊古遺跡Ⅳ』雲仙市文化財調査報告書第16集
4．大村市教育委員会『竹松遺跡』大村市文化財調査報告書第41集
5．大村市教育委員会『大村市市内遺跡発掘調査概報8』大村市文化財調査報告書第42集
6．佐世保市教育委員会『国指定名勝　平戸領地方八竒勝』佐世保市文化財調査報告書第15集
7．対馬市教育委員会『金石城跡』対馬市文化財整備報告書第2集
8．長崎県教育委員会『小路口遺跡』長崎県文化財調査報告書第213集
9．長崎県教育委員会『竹松遺跡』長崎県文化財調査報告書第214集
10．長崎県教育委員会『黒丸遺跡』長崎県文化財調査報告書第215集
11．長崎県教育委員会『中田遺跡　専岩遺跡』新幹線文化財調査事務所調査報告書第1集

Ⅱ　各都道府県の動向

12. 長崎県教育委員会『平野遺跡』新幹線文化財調査事務所調査報告書第2集
13. 長崎県教育委員会『上三反田遺跡』新幹線文化財調査事務所調査報告書第3集
14. 長崎県教育委員会『竹松遺跡1』新幹線文化財調査事務所調査報告書第4集
15. 長崎県教育委員会『長崎県埋蔵文化財調査年報24』長崎県埋蔵文化財センター調査報告書第19集
16. 長崎県教育委員会『原の辻遺跡』長崎県埋蔵文化財センター調査報告書第20集
17. 長崎県教育委員会『井樋堤塘跡』長崎県埋蔵文化財センター調査報告書第21集
18. 長崎県教育委員会『諫早家御屋敷跡Ⅱ』長崎県埋蔵文化財センター調査報告書第22集
19. 長崎市教育委員会『女神台場跡』
20. 平戸市教育委員会『市内遺跡確認調査報告書ⅩⅥ』平戸市の文化財72

論文等

21. 壱岐市教育委員会『「魏志」倭人伝に記された一支国の世界』
　　　松見裕二「海の王都・一支国」
22. 壱岐市立一支国博物館「平戸松浦家と対馬宗家の家宝展」
23. 香芝市二上山博物館友の会「ふたかみ史遊会」『邪馬台国時代の狗邪韓国と対馬・壱岐』
　　　井上主税「邪馬台国時代の狗邪韓国」
　　　川上洋一「楽浪海中の倭人」
　　　古澤義久「邪馬台国時代の壱岐」
　　　俵　寛司「邪馬台国時代の対馬」
　　　石野博信「狗邪韓国と対馬・壱岐への考古の旅」
24. 片多雅樹　「保存処理成果展」『南北市糴』9
25. 片多雅樹・今西亮太・古澤義久「原の辻遺跡出土『漆塗り木製品』の三次元計測を用いた復元」『日本文化財科学会第33回大会研究発表要旨集』
26. 川畑敏則・田島陽子「遺跡速報　長崎県　竹松遺跡」『考古学ジャーナル』688
27. 九州旧石器研究会『九州旧石器』20
　　　岡本東三「福井洞穴の現代的意義—日本石器時代史における位置づけ—」
　　　鹿又喜隆「福井洞穴の研究における課題と指針—土器と石器に関する新たな視座から—」
　　　栁田祐三「福井洞窟の再調査からみえるもの」
　　　芝康次郎「九州地方における初源期の細石刃石器群—北部・中九州における細石刃技術と石材運用—」
　　　辻田直人「土器出現期の洞穴遺跡と開地遺跡」
　　　松本　茂「展望：南九州を視座に据えて」
　　　辻田直人「長崎県の動向」
　　　藤木　聡「九州北部出土『旧石器』の検討—鉄石英・チャートに注目して—」
　　　川道　寛・岩永雅彦・越知睦和・本村浩二「多久周辺の安山岩原産地の研究（1）」
　　　杉原敏之「福井洞穴の学史的課題」
28. 九州縄文研究会『九州の縄文時代後期中葉土器』
　　　古門雅高「『西海考古』にみる長崎県の縄文文化研究の足跡」
　　　福永将大「九州縄文後期中葉土器群の変遷とその歴史的意義」
　　　古澤義久「長崎県のおける縄文時代後期中葉土器の様相」
29. 九州前方後円墳研究会『九州島における古式土師器』
　　　次山　淳「畿内・中四国からみた九州の古式土師器」
　　　馬場晶平「九州島内における古式土師器—肥前西部—」
　　　宮木貴史・松元一浩「壱岐島の古式土師器」

30. 久住猛雄 「3世紀のチクシと三韓と倭国」『魏都・洛陽から「親魏倭王」印の旅』
31. 国立晋州博物館『国際貿易港 勒島와 하루노쓰지』
32. 国立晋州博物館『勒島와 하루노쓰지를 通해 본 東아시아 交流의 様相』
　　　古澤義久「原の辻遺跡の性格と他地域との関係」
　　　武末純一「原の辻の対外交渉」
　　　鄭仁盛「勒島와 하루노쓰지 時期의 東아시아 交流体系」
　　　久住猛雄「『原の辻遺跡の性格と他地域との関係』（古澤義久）への討論文」「『原の辻の対外交渉』（武末純一）
　　　　への討論文」
33. 西海考古同人会『西海考古』9
　　　大坪芳典「西北九州における貝殻文円筒形土器と押型文土器の編年」
　　　上岐耕司「春日式土器の分類・変遷と長崎市深堀遺跡出土資料の検討」
　　　土岐耕司「長崎市深堀遺跡におけるフネガイ科製貝輪について」
　　　伊藤敬太郎「五万長者遺跡出土の老司式軒瓦について」
　　　柴田　亮「大村湾沿岸地域一帯における瓦器椀の再検討」
　　　溝上隼弘「平戸領内における17世紀海外輸出陶磁器の一考察」
　　　村子晴奈「伊古遺跡出土遺物について」
　　　古澤義久「新生児と土偶」
34. 佐々木達夫編『中近世陶磁器の考古学』第三巻　雄山閣
　　　弦本美菜子「日本における漳州窯系陶磁器の流通・消費」
　　　小林　克「温かな飲み物の普及とそのうつわ」
　　　野上建紀「ラテンアメリカに流通した肥前磁器」
35. 佐々木達夫編『中近世陶磁器の考古学』第四巻　雄山閣
　　　桐山秀穂「中世日本における朝鮮王朝陶磁の流通の様相」
　　　大橋康二「17世紀前半、中国陶磁の量を超えた肥前磁器の流通」
　　　扇浦正義「唐人屋敷建設期の貿易陶磁」
36. 田中淳也 「金田城（長崎県）」『季刊考古学』136
37. 俵　寛司 「まちなみ景観と遺跡保存―日韓国境、対馬における調査事例から、内なる『越境』に向けて―」『長崎国際大学論叢』17
38. 長崎県考古学会『平成28年度長崎県考古学会総会発表要旨』
　　　中尾篤志「平成27年度竹松遺跡の調査成果―11世紀の建物群を中心に―」
　　　小川慶晴「竹松遺跡（平成27年度車両基地③）発掘調査概報」
　　　中田敦之「鷹島海底遺跡～元軍が残したもの～」
　　　松元一浩「井樋堤塘跡発掘調査概要報告」
　　　前田加美「『諫早家御屋敷跡』の発掘調査概要報告」
　　　山口美由紀「出島和蘭商館跡―橋梁及び護岸整備に伴う発掘調査―」
　　　松下孝幸・松下真実「平戸市根獅子15号人骨発掘調査・所見概要」
39. 長崎県考古学会『9～11世紀における大村湾海域の展開』
　　　川畑敏則・堀内和宏「大村市竹松遺跡の調査概要」
　　　宮﨑貴夫「遺跡からみた長崎県本土地域の古代の状況」
　　　柴田　亮「初期貿易陶磁の出現と竹松遺跡」
　　　松尾秀昭「縦耳付石鍋の生産と流通」
　　　竹中哲朗「高来郡と三つの海」

Ⅱ　各都道府県の動向

　　　細井浩志「長崎県本土地域の古代史研究」
　　　田中史生「東アジア海域の国際交流と交易」
　　　池田栄史「中世前期（11～13世紀）の南島」
　　　堀内和宏「肥前平氏と薩摩・南島との交流について」
40．長崎県埋蔵文化財センター『南北市糴』10
　　　古澤義久「大海を渡り、一支国にもたらされた土器」
　　　片多雅樹「鷹島海底遺跡の分布調査」
　　　松元一浩「井樋堤塘跡」
41．長崎県埋蔵文化財センター『大海を渡り、一支国に至る。―国境の島　壱岐・原の辻遺跡における日韓交流』
　　　古澤義久「原の辻遺跡における日韓交流」
　　　安海成　「三韓時代韓半島土器文化の展開と韓日交流の一側面」
　　　武末純一「弥生時代の日韓交流」
42．長崎県埋蔵文化財センター『長崎県埋蔵文化財センター研究紀要』7
　　　古澤義久「平成27年度東アジア国際シンポジウム『ロード・オブ・ザ・コイン―弥生時代中国貨幣からみる交流―』の成果」
　　　権旭宅　「韓半島～中国東北地域古代中国貨幣の出土様相」
　　　川道　寛・片多雅樹・辻田直人「長崎県における黒曜石原産地研究の進展」
　　　片多雅樹「長崎県壱岐市・原の辻遺跡出土ガラス製品の蛍光Ｘ線分析」
　　　古澤義久「壱岐市名切遺跡出土韓半島系土器について」
　　　端野晋平「中村大介著『支石墓の多様性と交流』に対するコメント」
43．野上建紀　『伊万里焼の生産流通史―近世肥前磁器における考古学的研究』中央公論美術出版
44．野村俊之・加藤久雄「旧木の口墓所調査の概要」『平成28年度九州考古学会総会研究発表資料集』
45．平戸市　　『平戸紀要』5
　　　松下真実・松下孝幸「長崎県平戸市根獅子遺跡出土の弥生人骨」
　　　黒住耐二「2016年度発掘の根獅子16号人骨着装の貝輪について」
46．古澤義久　「壱岐市石田町中尾遺跡採集資料」『島の科学』54
47．山本文子　「肥前の芙蓉手皿―流通圏と特徴」『日本考古学』41
48．嶺南考古学会・九州考古学会『韓・日의　装身具』
　　　許　俊亮「区分磨研　技術의　出現과　展開」
　　　楊娥琳　「原三国時代　韓・日　水晶製　구슬의　比較研究」
　　　谷澤亜里「弥生時代後半期における玉類の舶載」
　　　田尻義了「弥生時代における金属製装身具の展開」

43　熊　本　県

竹　田　宏　司

1．〔調　査〕

　4月に発生した平成28年熊本地震により文化財にも多大な被害が生じ、文化財保護行政の動きにも大きな影響が出ている。被災した市町村の文化財担当者は、避難所の運営や罹災証明に伴う調査などに携わりながら、文化財の被災状

熊 本 県

況調査や保存のための措置、復旧事業などに追われることとなった。

　文化財保護法にかかる埋蔵文化財発掘の件数は、第93条による届出1,847件、第94条による通知243件で、第99条による発掘の施行は43件であった。第93条による届出が前年度の1,266件に比べ146%と極端に増加している。これは平成28年熊本地震の影響とみられ、市街地が被災した熊本市では年度後半から増加傾向にあった。今後、官民含めて種々の復旧事業に伴う発掘調査が増加するものとみられる。

旧石器時代

　人吉市が調査を行った赤池原遺跡で、ナイフ形石器や剥片が出土している。

縄文時代

　轟貝塚では、宇土市教育委員会が継続して調査を行っている。轟式土器の標式遺跡として知られていながら、これまで遺跡の全体構造や変遷などが明確になっていなかった。貝塚中心部の堆積状況等を確認するため、過去の調査区の再掘削を基本とする発掘調査を実施し、2次調査区の下部で早〜前期の遺物包含層と集石遺構、焼土を伴う土坑など縄文時代早期〜前期の生活痕跡を初めて確認した。また、それに前後する層位から人骨を検出するなど、大きな成果を上げている。

　白川中流域では2012（平成24）年7月九州北部豪雨を受けて、河川改修事業に伴う熊本県による発掘調査が継続している。熊本市託麻弓削遺跡群5区では後期のものと推定される石組炉4基が検出されている。

　製塩土器で知られる天草市沖の原遺跡は、1959（昭和34）年の第1次調査から1973（昭和48）年の第4次調査に続いて、第5次調査として遺跡範囲と内容把握を目的に確認調査を実施している。北久根山式土器期の貝塚であることが確認され、貝層中から埋葬人骨1体ほか土器、石器、骨角器等の遺物が多量に出土した。

　人吉市赤池原遺跡の調査では、押型文土器のほか、轟式土器、特徴的な天道ケ尾式土器が出土。宇城市松橋大野貝塚では、縄文時代の包含層を確認している。

弥生時代

　熊本市神水遺跡は、弥生時代中期から後期まで継続する拠点的な集落であるが、第54次調査区、第55次調査区で弥生時代中期の集落が調査されている。

　熊本市上代町遺跡群第5次調査区は、浸水対策事業に伴い大規模な発掘調査が継続している。弥生中期〜古墳時代にかけての流路、溝を検出しており、大量の木製品と、赤漆塗剣柄の出土で注目を浴びた。

　熊本県による熊本市下南部遺跡の調査では、弥生時代中期から後期の遺物が出土している。

　支石墓で知られる玉名市年の神遺跡では、甕棺墓1基、土坑墓1基などが調査された。

古墳時代

　水俣市北園上野古墳群では、南九州西回り自動車道のインターチェンジ建設に伴い熊本県が発掘調査を実施し、地下式板石積石室墓25基、土坑墓2基などが調査されている。5世紀前半と報じられており、副葬品は、鉄鏃、鉄剣のほか銅鏃が出土し、地下式板石積石室墓からの出土は初例である。墓域の南側ではやや先行する竪穴住居群が検出されている。

　熊本市上代町遺跡群第5次調査区では、古墳時代後期の土坑から、馬の全身骨格が出土している。

　宇城市松橋大野貝塚では古墳時代の住居址1基が調査され、土師器、須恵器、ミニチュア土器が出土した。玉名市庄山中ノ尾遺跡では、古墳時代の住居跡1基などが調査された。

　開発に伴う調査以外に、上天草市龍ケ岳町の大道鬼の釜古墳では、熊本大学考古学研究室による測量調査、相良村石坂鍋野古墳群では琉球大学考古学研究室により確認調査が行われている。

　宇土市天神山古墳は、前期後半とされる前方後円墳である。熊本地震により生じた亀裂と大雨により墳丘の一部が崩落したため、崩落土断ち割りと崩落斜面の精査による墳丘の土層観察等を行っている。

古　代

　古代から明治初頭まで継続した山岳寺院である国指定史跡池辺寺跡では、熊本市によって1986（昭和61）年から継続して調査が行われており、金子塔地区において石積み基壇、石列等が確認されている。

Ⅱ　各都道府県の動向

　幾度かの変遷が想定されている肥後国府推定地のひとつである熊本市二本木遺跡群では、第83次調査区で奈良・平安時代の溝、第84次調査区で竪穴住居址1軒、掘立柱建物1棟、第85次調査区で土坑墓1基、土坑13基、溝4条などが調査されている。

　熊本市大江遺跡群は、奈良・平安時代を主体とした集落であり、古代西海道駅路が南北に貫き、郡衙・郡寺の推定地を含む。市街地に位置しており、熊本市による開発に伴う調査が多い遺跡である。第150次調査区で8世紀後半～9世紀初頭の竪穴住居址2軒、溝1条を検出。第151次調査区で8世紀後半～9世紀初頭の竪穴住居址6軒を検出。第152次調査区で8世紀後半～9世紀初頭の竪穴住居址1軒、溝7条、道路19条を検出。第153次調査区で8世紀後半～9世紀初頭の道路25条、溝2条を検出している。また、大江遺跡群北側に連なる新屋敷遺跡でも、第65次調査区で奈良・平安時代の竪穴住居址14軒、掘立柱建物1棟、土坑を検出されている。同様に周辺に連なる渡鹿遺跡群第8次調査区で、奈良・平安時代の溝・道路・土坑を検出。北水前寺町遺跡第5次調査区奈良・平安時代の竪穴住居址9軒、掘立柱建物1棟、土坑8基、井戸1基を検出している。

　古代西海道駅路や駅（蚕養駅）、飽田郡家の存在などが推定されている黒髪町遺跡群第13次調査区では、奈良・平安時代の溝6条、道路3条を検出している。

　そのほか熊本市では南小迫遺跡第3次調査区、沼山津遺跡第8次調査区、沖遺跡第2次調査区、熊本県による下南部遺跡の調査で、奈良・平安時代の集落が調査されている。

　宇城市寺尾遺跡では、溝1条及び蔵骨器と思われる土器2点が出土している。

　氷川町の条里跡では、奈良・平安時代の溝跡、土坑などが検出されている。

　　中　世

　戦国時代の天草五人衆関係の城郭である天草市国史跡棚底城跡では、天草市により調査が行われている。第4次調査では、領主居館であるⅠ郭の北側土段状遺構の確認調査を実施。段状の高まりは、岩盤削り残しによる土塁である可能性が高いことが確認された。また隣接する削平面から、縁石を有する桁行3間×梁間1間の小型掘立柱建物跡1棟が検出され、領主居館に付随する施設と想定している。

　熊本市硯川遺跡群第8次調査区では、中世の堀を検出している。幅6～8m、深さ1.5～2.5mを測る大規模なもので、L字状に展開する。鹿子木氏の居館推定地も近く、関連する施設として考えている。

　熊本市二本木遺跡群では、第83次調査区で奈良・平安時代の溝、中世の東西方向の天端幅7m前後、路面幅4m前後を測る切通し道路を検出しており、中世阿蘇大路の可能性があるとしている。第84次調査区では土坑、井戸を検出。第85次調査区で土坑墓3基、土坑23基、井戸5基、溝10条、竪穴建物1軒を検出。また熊本県も発掘調査を行っており、隅丸方形の土壙墓が確認され人骨が出土している。

　合志市船入遺跡は、須屋城跡の南側約100mの丘陵末端に位置する。保育園建設に伴う発掘調査で、溝状遺構4基、土坑8基、集石遺構2基を検出した。調査地のほぼ中央に4基の方形土坑が同じ方位軸に並んでおり、炭化物や焼土が底面付近に広がっていた。青磁、すり鉢、鉄鎌が出土している。中世から近世の墓域としており、溝状遺構は、居住域と墓域を分ける区画溝と考えている。

　益城町秋永遺跡では、熊本県による道路工事に伴う調査で溝が確認され、青磁、須恵器、瓦質の火鉢などが出土している。玉名市庄山中ノ尾遺跡では、土坑4基などが調査された。

　　近　世

　天草市﨑津古墓は、潜伏キリシタン集落であった﨑津集落の18世紀初頭から20世紀にかけての共同墓地で、地滑りによって埋没した墓塔15基が検出された。地滑りについては、記録では文化14（1817）年の風雨災害による可能性がある。被葬者達は宗門改帳に記載された潜伏キリシタンの可能性が高く、表向きは仏教徒として葬られていたことが想定される。

　平成28年熊本地震で被災した国指定特別史跡熊本城跡では、石垣の被害調査が行われている。973面・約79,000m^2に及ぶ石垣の中で、築石の崩落が229面・約8,200m^2で全体の約1割、緩みや膨らみのため積直しを要するのが517面・約23,600m^2で全体の約3割の面積に及んでいる。一部が崩落した百間石垣などで、復旧に伴う確認調査が行われている。

苓北町富岡城大手門跡では、整備工事に伴い苓北町教育委員会による調査が行われている。

近　代

あさぎり町の戦争遺跡陸軍人吉秘匿飛行場跡では、町教育委員会により木製有蓋掩体壕、1号～5号掩体壕の調査が行われ、戦争末期の軍の状況を示す良好な資料となった。

玉東町の国指定史跡西南戦争遺跡では、町教育委員会が半高山・吉次峠古戦場、横平山古戦場で確認調査を行ったが、遺構、遺物ともに確認されていない。

2.〔文献一覧〕

報告書

1. あさぎり町教育委員会『陸軍人吉秘匿飛行場跡　木製有蓋掩体壕跡の埋蔵文化財発掘調査』あさぎり町文化財調査報告書第4集
2. 宇土市教育委員会『轟貝塚Ⅱ―平成23～28年度（第9～13次）発掘調査概要報告書―』宇土市埋蔵文化財調査報告書第36集
3. 熊本県教育委員会『清水町遺跡―八代公共職業安定所建て替えに伴う埋蔵文化財発掘調査報告―』熊本県文化財調査報告第324集
4. 熊本県教育委員会『下南部遺跡―白川河川激甚災害対策特別緊急事業に伴う埋蔵文化財発掘調査報告（3）―』熊本県文化財調査報告第325集
5. 熊本県教育委員会『上南部遺跡群―白川河川激甚災害対策特別緊急事業に伴う埋蔵文化財発掘調査報告（4）―』熊本県文化財調査報告第326集
6. 熊本市教育委員会『熊本市埋蔵文化財調査年報』第19号　熊本市の文化財第59集
7. 熊本市教育委員会『大江遺跡群12―平成27年度―』熊本市の文化財第60集
8. 熊本市教育委員会『熊本市埋蔵文化財発掘調査報告集―平成27年度―』熊本市の文化財第61集
9. 熊本市教育委員会『熊本市埋蔵文化財発掘調査報告集―平成27年度―（第2分冊）』熊本市の文化財第62集
10. 熊本市教育委員会『大江遺跡群13―大江遺跡群第149次調査区―』熊本市の文化財第63集
11. 熊本市教育委員会『平成6～10年度植木町内遺跡発掘調査報告書』熊本市の文化財第64集
12. 熊本市教育委員会『今宿遺跡』熊本市の文化財第65集
13. 熊本市教育委員会『古閑天神平遺跡』熊本市の文化財第66集
14. 熊本市教育委員会『池辺寺跡保存整備報告書』熊本市の文化財第67集
15. 熊本市教育委員会『諏訪原遺跡』熊本市の文化財第68集
16. 熊本城調査研究センター『熊本城跡発掘調査報告書4―熊本博物館増改築工事に伴う三の丸地区の発掘調査―』
17. 熊本市教育委員会「岩倉山中腹遺跡昭和55年（1980）岩倉台ニュータウン造成に伴う発掘調査報告」『熊本博物館館報』No.28
18. 熊本城調査研究センター『熊本城調査研究センター年報2　平成27年度』
19. 熊本大学埋蔵文化財調査センター『熊本大学構内遺跡発掘調査報告ⅩⅡ』熊本大学埋蔵文化財調査報告書第12集
20. 熊本大学埋蔵文化財調査センター『熊本大学埋蔵文化財調査センター年報』22
21. 玉名市教育委員会『庄山中ノ尾―玉名市岱明町庄山における店舗新築工事に伴う文化財調査報告書―』玉名市文化財調査報告第32集
22. 玉名市教育委員会『玉名市内遺跡調査報告書―平成24・25年度の調査―』玉名市文化財調査報告第33集
23. 玉名市教育委員会『木船西遺跡Ⅰ　市道岱明玉名線道路改良事業に伴う埋蔵文化財調査報告書』玉名市文化財調査報告第34集
24. 玉名市教育委員会『高岡原遺跡―玉名市山田における店舗新築工事に伴う文化財調査報告書―』玉名市文化財調査報告第35集
25. 玉名市教育委員会『塚原遺跡Ⅰ　市道岱明玉名線道路改良事業に伴う埋蔵文化財調査報告書』玉名市文化財調査

Ⅱ 各都道府県の動向

　　　報告第36集
26. 八代市　　『西片町稲村遺跡・西片下通丸遺跡・西片乙津遺跡』八代市文化財調査報告書第47集
27. 水上村教育委員会『千人塚古墳群　熊本県球磨郡水上村本野所在千人塚古墳群の確認調査報告書』熊本県球磨郡
　　　水上村文化財調査報告書第1集
　論　文
28. 九州古文化研究会『古文化談叢』第77集
　　　高木正文「熊本県荒尾市三ノ宮古墳の装飾石材」
　　　山元瞭平「肥後国宇城窯跡群における須恵器生産の一様相」
29. 九州前方後円墳研究会『九州島における古式土師器』第19回九州前方後円墳研究会長崎大会
　　　入江由真「熊本平野における古式土師器の様相」
　　　福田匡朗「人吉盆地・球磨川流域における古式土師器」
30. 熊本県教育委員会『鞠智城と古代社会　平成二八年度鞠智城跡「特別研究」論文集』第五号
　　　近藤浩一「八世紀（Ⅱ期～Ⅲ期）の鞠智城と肥後地域─新羅山城との比較検討から─」
　　　須永　忍「古代肥後の氏族と鞠智城─阿蘇君氏とヤマト王権─」
　　　野木雄大「十世紀における国家軍制と鞠智城」
　　　山口裕平「AR・VR技術を応用した鞠智城跡整備の一例─城門遺構について─」
31. 熊本県立装飾古墳館『熊本県立装飾古墳館研究紀要』第13集
　　　木﨑康弘「考古学史断片─中山平次郎、曽畑貝塚踏査の再評価─」
　　　坂口圭太郎「伝統的修復部材である『ガンゼキ』を用いた装飾古墳の修復の試み～熊本県山鹿市所在・国史跡オ
　　　　ブサン古墳における例～」
　　　福田匡朗「装飾古墳の石室環境と公開時期についてⅡ」
32. 熊本県立装飾古墳館分館歴史公園鞠智城・温故創生館『鞠智城研究』第2号
　　　西住欣一郎「長者伝説の成立と背景─米原長者伝説を中心として─」
　　　北本裕子「『福田兼親軍忠状写』の中の『米原城』について」
　　　木村龍生「SfMによる三次元データの活用について─温故創生館における一事例─」
33. 熊本市教育員会『熊本博物館館報』No28
　　　美濃口紀子・南部靖幸・前田佳代子「熊本博物館収蔵の旧石器時代石器資料」
　　　宮代栄一・栗林誠治・美濃口紀子「熊本博物館所蔵の古墳時代鉄製品二題」
34. 高木正文　　「熊本県御船町今城大塚古墳の腰掛形石製品」『古文化談叢』第78集
35. 高橋信武　　『西南戦争の考古学的研究』吉川弘文館
36. 田中良之先生追悼論文集編集委員会『考古学は科学か田中良之先生追悼論文集』
　　　福田匡朗「国越古墳の被葬者について」
　　　島津義昭「御領式以降」
37. 手柴友美子「免田式土器について」『ひとよし歴史研究第20号』人吉市教育委員会・人吉市文化財保護委員会
38. 前川清一　　「玉名地域の庚申信仰遺物について」『歴史玉名』第75号　玉名歴史研究会
39. 前川清一　　「玉名地域の板碑について（五）」『歴史玉名』第76号　玉名歴史研究会
40. 中山　圭　　「天草に来た畿内キリシタン」『戦国河内キリシタンの世界』批評社
41. 山崎純男博士古稀記念論集編集委員会『海と山と里の考古学─山崎純男博士古稀記念論集』
　　　山崎純男「熊本県頭地下手遺跡出土の擦切石斧について」
　　　山崎純男「足形土器の祖形と展開」
　　　山崎純男「西日本における蛇の装飾」
　　　水ノ江和同「洞穴遺跡の調査研究と保護」

綿貫俊一「森の木遺跡における縄文時代草創期後半の集落」
小畑弘己「害虫と食糧貯蔵―縄文コクゾウムシが語る多様な堅果類貯蔵」
春成秀爾「津雲集団の墓地と親族組織」
中沢道彦「縄文時代食料採集経済説の成立背景」
河合章行「韓国の骨角器」
禰宜田佳男「再び高地性集落の軍事的性格について―弥生時代の石器組成から―」
内田律雄「九州型石錘についての覚書―下條分類 AI 型＝涙滴形石錘の成立と展開―」
池田朋生「京都大学所蔵『装飾石材破片（熊本県上天草市広浦古墳）』を巡る一考察」
甲元眞之「諏訪瀬島切石遺跡の再検討」
赤司善彦「鞠智城の建物景観の推移」
松本博幸「天草砂岩の海岸石切り場」
高橋信武「高床山について」
山下義満「舟徳利―この特異な器形のこと―」
冨加見泰彦「鯨考―紀伊半島の古式捕鯨について―」
柳本照男「交差資料から見る韓日古墳の編年と年代観」
藤田憲司「渡来系遺物から見た韓半島と倭人社会」
土田純子「百済・馬韓土器の器種に関する考察」
辻尾榮市「中国河南省山彪鎮出土銅鑑の水陸攻戦図像紋について」

42. 雄山閣　　『季刊考古学』第136号
矢野祐介「山城の調査と成果　鞠智城（熊本県）」
矢野祐介「築城技術・復元事業　鞠智城の築城―貯水池・土塁を中心に」
木村龍生「古代山城の諸問題　鞠智城の役割について」

その他
43. 天草市観光文化部文化課『天草の﨑津集落と今富・大江、長崎外海〜禁教下での祈りと復活　ハルブ神父、ガルニエ神父、ド・ロ神父たちの活躍〜』平成28年度天草市世界遺産推進事業資料館連携巡回特別展
44. 天草市教育委員会『史跡棚底城跡整備活用基本計画書』
45. 熊本県教育委員会『鞠智城の終焉と平安社会〜古代山城の退場〜』鞠智城東京シンポジウム2016成果報告書
西住欣一郎「平安時代の鞠智城跡」
井上和人「古代山城の真実―鞠智城はなんのためにつくられたのか―」
榎本淳一「東アジア世界の変貌と鞠智城―国際環境から見た九世紀以降の鞠智城―」
松川博一「平安時代の大宰府と古代山城」
46. 熊本県立装飾古墳館『熊本県北の装飾古墳―円文と三角文がウミダシタモノ―』平成28年度企画展Ⅱ
47. 杉井　健　「平成28年（2016年）熊本地震による熊本県内の古墳被害」『九前研通信』第33号
48. 杉井　健　「平成28年（2016年）熊本地震による文化財被害および今考えること」『考古学研究』第63巻第2号
49. 中山　圭　「天草陶磁器の海外輸出について―採集品の分析を中心に―」『日本における明清の中国磁器』第7回近世陶磁研究会
50. 日本文化財科学会『日本文化財科学会第33回大会研究発表要旨集』
末永　崇・田中康雄「熊本県玉名市内の装飾古墳保護施設と石室内温度状況」
芥子円香・小椋大輔・鉾井　修・坂口圭太郎・福田匡朗・三好栄太郎「釜尾古墳における装飾壁画の保存施設の改修方法の検討」
51. 人吉市教育委員会『免田式土器がつなぐクマモト』平成28年度人吉城歴史館特別展図録
52. 美濃口雅朗「九州の譜代・親藩墓所」『第8回大名墓研究会』大名墓研究会

Ⅱ　各都道府県の動向

53. 宮本千恵子「国指定史跡西南戦争遺跡の活用について―学校教育における教材化を目指して―」『社会と人間』熊本県社会科学会
54. 矢野裕介　「有明海沿岸における古代山城の年代論」『徹底追究！大宰府と古代山城の誕生』発表資料集
55. 山野ケン陽次郎「黒髪キャンパスに埋もれた歴史―遺跡サインとアプリの紹介―」『熊本大学工業会会報』第101号
56. 山元瞭平　「古代肥後国の須恵器生産　宇城窯跡群の踏査成果を中心に」『平成28年度九州考古学会総会研究発表資料集』

44　大　分　県

池邉　千太郎

1.〔調　査〕

　大分県における2016年度の文化財保護法に関わる届出・通知件数は、法92条が1件、法93条が904件、法94条が125件の総計1030件であった。これは、過去最多の届出件数となっている。このうち、発掘調査に至ったのが100件（内訳：法93条69件、法94条31件）であり、前年度の発掘調査件数が171件であることから、発掘件数は減少している。

　史跡指定については、杵築市「小熊山古墳・御塔山古墳」が国史跡指定となった。小熊山古墳は、九州では最古級の円筒埴輪が出土し、畿内地域で出現した埴輪祭祀の展開状況を知ることができ、御塔山古墳では、九州では稀な家形・囲形・木樋形・船形・短甲形など多様な形象埴輪が出土するなど九州における古墳時代開始期から中期にかけての展開状況を知る重要な古墳である。また、別府市実相寺古墳3基が追加指定され、装飾古墳2基と4基の古墳で構成する「鬼ノ岩屋・実相寺古墳群」と名称が変更になった。中津市「長者屋敷官衙遺跡」は、溝や柵で長方形に区画された中に掘立柱建物や総柱の礎石建物等が逆L字状に配置された豊前国下毛郡家（郡衙）の正倉跡であり、その一部が追加指定された。大分市大友氏遺跡では、これまで戦国大名大友氏の領国支配の拠点となった大友氏館跡・旧万寿寺地区・推定御蔵場跡・上原館跡が順次追加指定されており、今回は「大友氏館跡」の一部とその北側に隣接する「唐人町跡」の一部がさらに追加された。

旧石器時代

　該当する遺跡の調査はおこなわれていない。佐伯市歴史資料館では、旧石器を含む古代までの出土資料を通して、身近に遺跡があることを知り、郷土の歴史と文化の源流を学べる「発掘さいきの遺跡」展が開催された。

縄文時代

　中津市耶馬溪町古戸遺跡2次では、縄文晩期の埋甕や土坑が見られ、粗製甕・浅鉢・深鉢・石斧・石鏃・勾玉状石製品が出土した。中津市教育委員会では、道の駅なかつ情報休憩室において「縄文時代の狩りと採集」展が行なわれた。大分市清水遺跡2次では、晩期後半の黒川式の浅鉢を伴う土坑が確認された。

弥生時代

　中津市耶馬溪町古戸遺跡2次では、前期〜後期の竪穴建物跡9棟、土坑10基以上、前期の壺を用いた小児棺、中期の小児甕棺、土器を埋納したピットが確認され、弥生土器・石包丁・石鏃・土製勾玉などが出土した。大分市清水遺跡2次では、中期前半の円形で炉が伴った竪穴建物跡が検出された。大分市米竹遺跡第13次調査では、これまでにも周辺域において弥生時代の貯蔵穴や大型土坑が発見されている場所で、貯蔵穴や土坑が新たに確認され、中期から後期の土器が大量に出土している。大分市横尾遺跡の第156次調査区では、弥生時代後期の円形竪穴建物跡2棟が確認された。支柱穴が円形に配列された特殊な構造をもっており、環濠集落内における居住空間と墓域・祭祀空間の中間地に位置していることも注目される。玖珠町四日市遺跡15次では、中期及び後期を中心とした竪穴建物跡15棟、掘立柱建物跡1棟、貯蔵穴15基、小児用甕棺墓2基等が確認された。竪穴建物跡は主に方形で2本及び4本柱である。竹田市では、

大　分　県

「文化財活用モデル校事業」として竹田南部小学校において弥生～古墳時代の遺物展示及び出前授業の開催された。中津市福島遺跡11次3区では、竪穴建物跡2棟が確認され、須玖式土器など弥生時代中期の遺物が出土している。2015（平成27）年度の調査成果を踏まえ、弥生時代前期～中期の円形と方形プランとなる竪穴建物が分布する集落跡であることがわかった。中津市上池永遺跡では、弥生時代中期の溝が確認された。

古墳時代

　大分市清水遺跡2次では、前期の竪穴建物跡が確認され、ミニチュア土器や高坏が出土した。大分市羽田遺跡では、竪穴建物跡が検出され、廃絶時に祭祀を行ったと考えられるカマドが確認されている。中津市上池永遺跡では、竪穴建物跡1棟と共に土師器が発見されている。日田市小迫辻原遺跡では、重要遺跡確認調査として調査計画5年間の最終年にあたる。G7北区で確認された台地端部を巡る1号溝状遺構の延長方向の確認、3号環濠内の遺構の広がりを確認することを目的として実施された。G9区では3号環濠の延長端部を確認するとともに、調査区全体で竪穴建物5棟、土坑6基、ピット多数を検出した。今後は1・2号溝状遺構と1号環濠の関係については、出土遺物等などの検討が必要となっている。豊後大野市漆生古墳群は4基の古墳群で、2015（平成27）年度までに5次に渡って調査が実施されている。6次調査では大久保1号墳の後円部墳頂部と大久保3号墳の墳頂部の調査が行われた。大久保1号墳は玉砂利状の円礫が敷かれていることが確認され、大久保3号墳では墳頂部の蓋石及び墓壙の全体が検出された。石蓋は凝灰岩製の板状の石材2枚を丁寧な調整で加工されており、端部に縄掛突起が認められるものであった。豊後大野市坊ノ原古墳は平野を見下ろす丘陵上に所在する前方後円墳で、規模や墳形の把握及び、築造時期推定のための確認調査が2015（平成27）年度に続き実施されている。その結果、周溝が検出されるとともに甕形土器が出土し前期古墳であることが高まった。別府市浜脇に所在する浜脇横穴墓群では、別府大学による学術調査が昨年度に引き続き実施された。横穴墓群は、6世紀後半から7世紀にかけて造営されたもので、その中には、奥壁側に一段高くした屍床をもつ横穴墓が確認された。別府市鬼ノ岩屋古墳群では、熊本地震後の記録保存を目的とした測量調査が別府大学によって実施された。県内でも数少ない円墳2基からなる装飾古墳で、スキャニングレーザーを用いた詳細な3D計測を行なったことで、震災前の3Dモデルとの比較による震災での影響を検討できるようになった。

古　代

　清水遺跡2次では、9世紀後半の土坑が確認された。大分市城原・里遺跡第18次および第19次調査では、7世紀後半～8世紀代の海部の官衙関連遺構や、古墳時代の竪穴建物跡を中心とした集落が分布し、古代海部における官衙の成立から展開する変遷を辿ることができる重要な遺跡で行われたが、古墳時代の竪穴建物跡や柱穴と土坑の検出が大半で、古代と断言できる遺構は確認されていない。

中　世

　臼杵市戸室台遺跡7次調査では、15世紀の大友宗家関係の施設があると考えられる地点で明確な遺構は見られなかったが、中国製陶磁器を含む15世紀代の遺物が包含層からまとまって出土している。臼杵市田篠台遺跡11次調査では、大友家加判衆である臼杵氏関連施設に想定される地点の確認調査が実施された。6次調査で検出された16世紀代に廃棄された屋敷地周溝（SD03）の延長部が確認されている。大分市羽田遺跡では、13世紀代の井戸跡、溝状遺構などのほか、16世紀後半の溝状遺構が確認された。大分市大友氏館跡第34次調査では、館南東部に位置する庭園域の調査を実施している。16世紀代と推定される掘り込み整地や園池跡の池水と関連した井戸跡、園池跡北東部に小規模な池跡が検出された。さらに第35次調査では、16世紀後葉以降に主殿が建っていた中心建物跡南辺の調査を行い、中心建物跡の南北幅が25m前後と想定でき、建物に伴う整地跡の範囲についても明らかとなった。一方、大友館である上原館跡の一角の確認調査では、16世紀後半の土師器と古代の土師器を包含する整地層が確認されたが、中世の遺構は検出されていない。また、大友氏館跡に隣接した推定御蔵場跡の確認調査では、柱穴と溝状遺構、土坑などが検出され、遺物に15世紀前半～中頃の在地系土師器坏が見られた。さらに、大友館西側に位置していたとされるコレジオ推定地の確認調査では、深さ約0.8mの東西方向の溝状の遺構が確認された。遺物には16世紀代の土師器、備前焼甕、中国産青磁皿が主に出土している。大分市長浜町における都市計画道路の工事に伴って中世大友府内町跡第120～122次の調査が大規模に行われた。戦国時代の様子を描いた『府内古図』によると「小笠原町」、「南小路町」、「今在家町」、「小笠原

Ⅱ　各都道府県の動向

町」にあたり、15世紀末～16世紀末頃までの遺構が確認されている。120次では、第二南北街路のほか、掘立柱建物跡、礎石建物跡、かわらけ大量廃棄土坑、石積遺構、埋甕、火災処理土坑などを確認し、121次では、今在家町の裏手にあたる井戸や廃棄土坑などが確認され、各々の町の様相が判明してきた。122次では、復原想定位置で、長国寺町の東西道路は確認できず、別の場所で新たに幅約5mの東西道路が確認できたことから、この道路が長国寺町の東西道路にあたる可能性が高くなった。大友氏遺跡に関連したイベントとして大友氏遺跡フェスタ2016や大友氏都市間連携歴史講座「つながる歴史　つながる都市」、さらにシンポジウム「日本ではじめてのキリシタン・南蛮文化が薫るまち　おおいた」が開催された。キリシタン・南蛮文化の周知のために県内7市町で取り組んでいる事業では、スタンプラリーやウォーキング等が開催された。大分県埋蔵文化財センターでは、企画展「旧万寿寺跡を掘る」が開催されている。玖珠町では、角牟礼城跡整備事業に関する現地説明会開催時の出土物等の展示が行なわれた。別府大学では、別府大学文化財研究所第20回文化財セミナー「大航海時代と鹿児島」が開催された。中津市カジメン遺跡では、15～16世紀代のV字状を呈する溝が確認され、土師器や須恵器壺、瓦質土器摺鉢・火鉢、軒平瓦、鉄釘等が出土した。古代豊前道推定地に近いことから道路側溝の可能性もあるが、土地区画に関連した遺構と考えられる。

近世

宇佐市では宇佐神宮につながる勅使街道の発掘調査が実施され、長さ約18m、幅約1.5mにわたって石畳の道が発見された。石割りの技法から江戸中期以降に設置されたものと考えられる。臼杵城下町跡2次では、上級武士の屋敷が立ち並ぶ場所であったが、武家屋敷の建物等は確認できず、戦国時代末期から江戸時代初頭の土坑や柱穴が検出された。出土した土師質土器小皿・坏や染付及び国産陶磁器などと共に、織部焼鉢が見られた。大分市府内城・城下町跡第26次は、県指定宗門櫓の保存修理に伴い、古絵図に描かれている宗門櫓から北側に延びる石垣部分の確認を行った結果、現存する石垣につながるように、径1m程の根石が2列並んで検出された。また、府内城の築城段階（16世紀末頃）の盛土整地も判明した。杵築城下町遺跡では、杵築市立図書館建設に伴なう発掘調査が実施され、南台の台地上から17世紀後半に埋められたと考えられる空堀が確認され、城下町の拡張にともなって埋められたものと考えられる。また『宇佐神宮・国東半島を世界遺産にする会講演会』にて「杵築城藩主御殿跡の調査と保存」と題して講演が行なわれた。佐伯城下町の佐久間家屋敷跡では、中心市街地開発事業に伴う確認調査において隣接する屋敷地との境界で土塀基礎と思われる石列を検出している。遺物は18世紀後半～19世紀前半のものが主体となっているが、中には琉球通宝が1点出土している。さらに、武家屋敷の石組み井戸、石列を伴う溝、埋甕等も検出された。遺跡の主体は、18世紀から19世紀代であるが、遺物には17世紀前半頃のものがわずかに含まれている。竹田市城下町遺跡（加島屋跡）では、調査区全域で建物の基礎となる礎石が検出されている。礎石は、重複して存在することから建て替えが行われており、これに伴って水路や井戸も検出されている。出土した遺物の年代から江戸時代後半から末期に建物の年代が遡る。また、全国山城サミット「第23回全国山城サミット in 竹田」が竹田市で行なわれ、岡城を舞台に山城の魅力解説や記念講演、情報交換などが行なわれた。中津城跡第27次では、中津城南堀の南側に位置する新中津市歴史民俗博物館建設予定地にて、整地層とともに、井戸跡・溝状遺構・土坑などが検出された。遺物には、上野焼をはじめとする近世の陶磁器や土師器、瓦質土器等のほか、下駄などの木製品やキセル等の鉄製品が出土している。また、南部まちなみ交流館では「中津城下町遺跡29次・31次調査速報展」が開催された。日田市城下町遺跡では、国の重要伝統的建造物群保存地区に選定されている豆田町を中心とする遺跡で、国指定重要文化財の草野家住宅の保存修理工事を昨年度に引き続き実施している。調査では、建物に伴う束石を明確に検出することはできなかったものの、2段重ねの切石の下に玉石を使用した基礎が確認され、豆田町で多用される基礎構造であることが追認された。次年度は、店舗部の解体工事に伴い、地下遺構に影響が及ぶと判断される部分について、調査を実施していく予定となっている。

近代

佐伯市女島山古墳群は2014（平成26）年に発見され、あわせて大戦時の高射砲台跡と半地下式の施設も確認された。これらの遺構（女島山砲台跡）の検出と記録作成を実施し、高射砲台跡4基、半地下式の施設1棟が調査された。

大　分　県

2.〔文献一覧〕
報告書

1. 宇佐市教育委員会『平成28年度調査の概要』市内遺跡発掘調査概報25
2. 臼杵市教育委員会『王子ケ城跡―九州電力日向幹線鉄塔建設に伴う埋蔵文化財発掘調査報告書』
3. 大分県教育庁埋蔵文化財センター『石田横穴墓群～一般国道57号大野竹田道路九州自動車道（県境～宇佐間）建設事業に伴う埋蔵文化財発掘調査報告書（3）』大分県教育庁埋蔵文化財センター調査報告書第92集
4. 大分県教育庁埋蔵文化財センター『有添田遺跡～県道白丹竹田線（飛田川工区）道路改良工事に伴う埋蔵文化財発掘調査報告書』大分県教育庁埋蔵文化財センター調査報告書第93集
5. 大分県教育庁埋蔵文化財センター『原口遺跡～県道渋見成恒中津線道路改良工事に伴う埋蔵文化財発掘調査報告書』大分県教育庁埋蔵文化財センター調査報告書第94集
6. 大分県教育庁埋蔵文化財センター『四日市遺跡1～玖珠工業団地造成事業に伴う埋蔵文化財発掘調査報告書1』大分県教育庁埋蔵文化財センター調査報告書第95集
7. 大分県教育庁埋蔵文化財センター『羽室遺跡～大分県立別府羽室台高等学校建設に伴う埋蔵文化財発掘調査報告書』大分県教育庁埋蔵文化財センター調査報告書第96集
8. 大分県教育庁埋蔵文化財センター『大分県下の中世～近世石造物　大分の中世石造遺物第5集総括編』大分県教育庁埋蔵文化財センター調査報告書第97集
9. 大分県教育庁埋蔵文化財センター『大分県内遺跡発掘調査概報20』
10. 大分県立歴史博物館『沖代条里の調査1』
11. 大分県立歴史博物館『大分県仏教美術調査報告書　法照寺の什物1』3
12. 大分県立歴史博物館『大分県歴史資料調査報告　真玉八幡宮関係資料1（八幡年中行司）』4
13. 大分市教育委員会『大友氏館跡2　大分県大分市顕徳町3丁目所在の大友氏館跡確認調査報告書（2）』大分市埋蔵文化財発掘調査報告書第144集
14. 大分市教育委員会『大友府内25　中世大友府内町跡第105・106・109次調査　大分都市計画道路中島錦町線に係る埋蔵文化財発掘調査報告書2』大分市埋蔵文化財発掘調査報告書第145集
15. 大分市教育委員会『横尾遺跡11　大分市横尾土地区画整理事業に伴う埋蔵文化財発掘調査報告書』大分市埋蔵文化財発掘調査報告書第146集
16. 大分市教育委員会『猪野遺跡3　第7次調査　宅地造成に伴う埋蔵文化財発掘調査報告書』大分市埋蔵文化財発掘調査報告書第147集
17. 大分市教育委員会『上野遺跡群3　第21次調査　上野配水池築造に伴う埋蔵文化財発掘調査報告書』大分市埋蔵文化財発掘調査報告書第148集
18. 大分市教育委員会『玉沢地区条里跡11　第22次調査　共同住宅建設に伴う埋蔵文化財発掘調査報告書』大分市埋蔵文化財発掘調査報告書第149集
19. 大分市教育委員会『大分市埋蔵文化財調査概要報告2016』平成27年度版
20. 杵築市教育委員会『杵築城下町5』
21. 杵築市教育委員会『黒川遺跡発掘調査報告書』
22. 国東市教育委員会『史跡安国寺集落遺跡再整備計画報告書』
23. 竹田市教育委員会『岡藩城下町遺跡群発掘調査Ⅰ（茶屋ノ辻近世墓地群）市内遺跡発掘調査Ⅸ（平成28年度調査の概要）』
24. 中津市教育委員会『沖代地区条里跡44次調査』
25. 中津市教育委員会『法垣遺跡3次・4次調査（1）』
26. 中津市教育委員会『市内遺跡』
27. 中津市教育委員会『中須遺跡・古田遺跡・佐間殿遺跡』

— 331 —

Ⅱ　各都道府県の動向

28. 日田市教育委員会『平成28年度（2016年度）日田市埋蔵文化財年報』
29. 豊後大野市教育委員会『豊後大野市内遺跡発掘調査概要報告書7—平成27年度調査—』
30. 別府市教育委員会『実相寺古墳群—別府の大型横穴式石室墳に関する総括調査報告—』

論　文

31. 小林昭彦　「大分の古代河川交通」『考古学ジャーナル』　ニュー・サイエンス社
32. 後藤宗俊　『文化財学論集　地域の歴史と文化遺産Ⅱ』
33. 田中裕介　『平成26（2014）～28（2016）年度科学研究費助成事業　基盤研究C（課題番号26370908）研究成果報告書　日本近世における外来系墓碑の変容過程に関する実証的研究』別府大学文学部
34. 長　直信　「豊後における都市と集落—中世大友府内町跡南半部と周辺遺跡との比較を中心に—」『博多・山口・大分三都市研究会　第6回研究集会　中世後期における検出遺構からみた三都市の様相』
35. 長　直信　「豊前・豊後の官衙・集落と土器様相」『第19回古代官衙・集落研究会報告書　官衙と集落2』
36. 長　直信　「九州における初期官衙と長舎」『考古学ジャーナル692　特集　郡衙研究の最前線』
37. 長　直信　「西海道の土器編年研究—7世紀における土器編年の現状と課題—」『九州国立博物館「大宰府学研究」事業・熊本県「古代山城に関する研究会」事業合同シンポジウム　徹底追究！大宰府と古代山城の誕生—発表資料集—』
38. 長　直信　「古国府遺跡群の調査成果とその意義—7世紀を中心に」『大分県地方史』第230号
39. 土谷崇夫　「西日本縄文後半期における打製石斧の組成と展開」『古文化談叢』第78集
40. 坪根伸也　「豊後府内（中世大友府内町跡）出土陶磁器からみた消費と流通」『中近世陶磁器の考古学　第5巻』雄山閣
41. 坪根伸也　「戦国期の鍵からみた真鍮生産」『国際シンポジウム南蛮工芸　16～17世紀の南蛮漆器と金属製品　レジメ集』シンポジウム南蛮工芸実行委員会
42. 坪根伸也　「辺土の考古学—原始古代のもう一つの地域像—豊後南部地域」『平成28年度瀬戸内海考古学研究会第6回公開大会　予稿集』瀬戸研
43. 原田昭一　「九州の板碑と地域性」『板碑の考古学』高志書院
44. 浦井直幸　「中津城跡石垣の矢穴調査」『九州考古学第91号』九州考古学会
45. 横澤　慈　「縄文時代（九州）」『考古学ジャーナル　特集：2015年の考古学界の動向』臨時増刊号　ニュー・サイエンス社
46. 吉田和彦　「杵築城藩主御殿と杵築城下町」『平成28年度九州考古学会大会ポスターセッション』九州考古学会
47. 渡邉隆行　「筑後川上流域（豊後西部・日田玖珠地域）の古式土師器の状況」『九州島における古式土師器　第19回九州前方後円墳研究会長崎大会発表要旨』

その他

48. 臼杵市教育委員会『臼杵市のキリシタン遺跡』
49. 大分県教育庁埋蔵文化財センター『豊後府内を掘る～明らかになった戦国都市の姿』考古学ライブラリー④
50. 大分県教育庁埋蔵文化財センター『大分県教育庁埋蔵文化財センター年報3』
51. 大分県立歴史博物館『大分県立歴史博物館　研究紀要』17
52. 大分市教育委員会『シンポジウム　日本ではじめてのキリシタン・南蛮文化が薫るまち　おおいた～我がまちの魅力発信と日本遺産に向けた取り組み～』
53. 大分市教育委員会『宗麟の戦国都市解明に大きく前進！―万寿寺門前町の全貌がはじめて明らかに―』
54. 大分市教育委員会『発見！大分市のまちのルーツは戦国時代にあり！』
55. キリシタン・南蛮文化交流協定協議会『南蛮文化発祥の地おおいたのなんばん　キリシタン・南蛮文化　保存版』

宮　崎　県

45　宮　崎　県

秋　成　雅　博

1．〔調　　査〕

　2016年度の宮崎県における文化財保護法第93条による届出は207件、94条による通知は124件の合計331件で、92条による学術調査及び96条、97条による遺跡の発見は各0件であった。なお、自治体による99条関連の発掘調査は本調査23件、試掘調査47件、確認調査174件で、昨年度よりもわずかに減少している。工事通知及び試掘確認調査で最も件数が多いのは個人住宅・宅地であった。また工事通知の件数はその次にガス・電気・電信事業、さらに上下水道事業と続いており、これらのような小規模開発事業に対しても埋蔵文化財保護行政が少しずつだが浸透している状況が窺える。なお本発掘調査で最も多い調査要因としては道路関係であった（文献40）。

　以下、当該年度の主な調査成果について紹介を行う（それぞれの文末に各調査機関名を記載している）。なお、本文中に記載した火山灰の年代については、2002年の奥野充「南九州に分布する最近約3万年間のテフラの年代学的研究」『第四紀研究』41（日本第四紀学会）を参考としている。

　本文をまとめるにあたり、今塩屋毅行氏、日高広人氏、沖野誠氏、津曲大祐氏、甲斐康大氏、加覧淳一氏、栗山葉子氏、石村友規氏に情報提供等のご協力をいただいた。記して感謝申し上げます。

旧石器時代

　宮崎市高岡町野中第1遺跡ではAT下位の暗色帯に相当すると考えられる層から二側縁加工のナイフ形石器とスクレイパーなどが出土しており、その上の褐色土から霧島小林軽石（給源：韓国岳16.7cal Ka BP）を含むローム層にかけて剥片尖頭器などが、さらに縄文早期の遺物包含層中より細石刃核が出土している。同市田野町本野原遺跡では焼礫を大量に含むシラス層が検出され、その直上の褐色土層から礫群及び狸谷型ナイフ形石器と台形様石器及びスクレイパーなどが出土している。同市下北方下郷第8遺跡では霧島小林軽石を含むローム層の下位から剥片等が出土している（宮崎市教育委員会）。

　東諸県郡国富町塚原遺跡では礫群5基が検出されている（宮崎県埋蔵文化財センター）。

縄文時代

　宮崎市高岡町野中第1遺跡ではアカホヤ火山灰層の下位から集石遺構、陥し穴状遺構が検出され、隆帯文土器、水迫式、塞ノ神式、尖頭器などが出土している。同市田野町本野原遺跡ではアカホヤ火山灰層の下位から集石遺構、炉穴、陥し穴状遺構が検出され、薄手の無文土器が出土している。またアカホヤ火山灰層の上位では遺跡の存在する台地上から下へ向かう南側の斜面を掘りくぼめているような状況が見られ、出土遺物から縄文後期の道路状遺構の可能性が考えられている。本遺跡の国指定史跡範囲地内でも同じような道路状遺構が検出されており、本史跡には複数の道路跡が存在する可能性が考えられる。そのほかに掘り込みの床面に一基から数基のピットを伴ういわゆるハイヒール状土坑が数多く検出された。同市佐土原町の樋ノ口遺跡は標高約8ｍの低地に立地する縄文遺跡で、船元式や春日式とともに石錘や石鏃などが出土している。その中でも特に石棒の出土例は注目される（宮崎市教育委員会）。

　西諸県郡高原町川路山遺跡ではアカホヤ火山灰層の直下から牛のスネ火山灰（給源：高千穂峰7.6cal Ka BP）が確認され、その下位から集石遺構や土坑とともに平栫式、塞ノ神式などが出土している（高原町教育委員会）。

　西臼杵郡日之影町平底第2遺跡（2次調査）では縄文晩期から弥生時代の遺物包含層と円形の竪穴建物が検出されている。東諸県郡国富町塚原遺跡では集石遺構16基、土坑4基が検出されている。都城市嫁坂遺跡では複数の縄文時代の文化層が確認されている。早期の調査成果としてはP11火山灰（給源：桜島8.0cal Ka BP）を含む黒褐色土層とアカホヤ火山灰層に挟まれて13基の集石遺構が検出されている。なお、P11火山灰の下位からは石坂式が出土している。前

Ⅱ　各都道府県の動向

期から中期の調査成果としてはアカホヤ火山灰層と霧島御池軽石層（給源：御池4.6cal Ka BP）に挟まれた褐色ローム層から集石遺構と土坑が各1基検出された。後期から晩期の遺構は霧島御池軽石層の上面で竪穴住居跡6基、土坑39基、溝状遺構1条が検出されている。なお、霧島御池軽石層の上位の遺物包含層からは中岳Ⅱ式や組織痕土器、翡翠製の管玉などが出土している（宮崎県埋蔵文化財センター）。

弥生時代

宮崎市中ノ原第2遺跡は砂丘上に立地する集落遺跡で、花弁状住居を含む中期から後期にかけての12棟の竪穴住居跡が検出された。また瀬戸内系の凹線文土器、安山岩製の有茎の局部磨製石鏃などが出土している。同市佐土原町囲跡からは中期の竪穴住居跡、溝状遺構、土坑などが検出されている。なお、溝状遺構からは管玉、姫島産黒曜石製の打製石鏃などが出土している（宮崎市教育委員会）。

宮崎市橘通東1丁目遺跡では弥生時代から古墳時代にかけての水田跡が検出された。当該時期の水田跡は県内でも類例が少なく、重要な調査成果が得られている。都城市平田遺跡（第2次調査）では3つの調査区が設定され、後期後半の花弁状住居1棟、周溝状遺構2基、土坑1基が検出されている。東諸県郡国富町塚原遺跡では土坑7基が検出されている（宮崎県埋蔵文化財センター）。

古墳時代

宮崎市にある国指定史跡「生目古墳群」は整備事業によって継続して調査が行われており、今回は前方後円墳である22号墳及び24号～26号墳が対象となった。22号墳の墳丘くびれ部に設定したトレンチからは良好な状態の葺石が検出され、残存状態の良い壺形埴輪も出土した。この埴輪は21号墳と14号墳から出土した壺形埴輪の中間的な形態的特徴を有しているものである。同市の国指定史跡「蓮ケ池横穴墓群」では整備に伴って40号・41号横穴墓の調査が行われた。墳丘下に下北方地下式横穴第5号のある同市の県指定史跡「下北方古墳群」の9号墳で墳丘及びその周囲にトレンチが設定されて調査が行われた。墳丘下のトレンチでは周溝の立ち上がり部分が検出された。なお、墳丘上に設定されたトレンチからは主体部の痕跡が見られなかったため、本古墳の主体部は地下式横穴墓第5号である可能性が高いと考えられる。同市佐土原町囲跡からはTK209型式の須恵器などが出土した竪穴住居跡2棟、土坑が検出されている（宮崎市教育委員会）。

西都市亀塚遺跡では2箇所の調査区が設定された。2－1調査区では6世紀後半の竪穴建物1棟、2－2調査区では4世紀後半の竪穴建物が検出されている（西都市教育委員会）。

児湯郡新富町の国指定史跡「新田原古墳群」では整備に伴って68号前方後円墳の調査が行われた（新富町教育委員会）。

えびの市島内地下式横穴墓群では167号から170号地下式横穴墓の調査が行われている（えびの市教育委員会）。

西都市にある特別史跡「西都原古墳群」では265号前方後円墳（船塚）の調査が行われた。この265号墳の調査は2014年から継続されており、本年度の調査で二重目の周溝が主として墳丘の北側にめぐることが明らかになった。また前方部墳丘から墳裾にかけて設定したトレンチ及び右くびれ部に設定した各トレンチにおいて基底石が確認されている（宮崎県立西都原考古博物館）。

西都市の県指定史跡「百塚原古墳群」では県指定8号・9号・12号墳及び未指定40号墳周辺について、前年度行った地中レーダー探査結果をもとに18本のトレンチを設定して調査を行い、8号・9号・12号墳・未指定40号墳の周溝、2基の墳丘消失古墳の周溝、地下式横穴墓の竪坑5基、馬具埋納土坑1基を確認した。東諸県郡国富町塚原遺跡では円墳1基、竪穴建物1基が検出されている（宮崎県埋蔵文化財センター）。

古　代

宮崎市佐土原町囲跡からは溝状遺構、密接して多くが切り合い関係にある土坑群が検出されている。同市下北方下郷第8遺跡では溝状遺構3条・土坑10基・不明遺構が検出されており、緑釉陶器・古代瓦などが出土している。同市中ノ原第2遺跡では高原スコリア（給源：御鉢 AD1235）を埋土に含む土坑に切られる道路状遺構1条が検出されている（宮崎市教育委員会）。

西都市の国指定史跡「日向国府跡」では確認調査が継続して行われており、前身官衙（8世紀前半）東辺については

宮　崎　県

掘立柱塀か簡易な柵であったことがわかった。また定型化国庁（8世紀後半から10世紀初頭）前殿と考えられる掘立柱建物跡も検出されている。また定型化国庁東脇殿北側空間に定型化国庁期の掘立柱建物跡や10世紀以降の掘立柱建物跡も存在することが明らかになった。同市童子丸遺跡では7世紀前半にあたる4棟の竪穴建物跡が検出されている。そのうちの1棟については埋甕と溝状遺構を付設したものであった（西都市教育委員会）。

　西都市山之後遺跡では古代から中世の遺物包含層とともに土坑8基が検出されている。そのうちの1基については土師器5点を埋置したような状況が見られており、土壙墓の可能性が考えられる。東諸県郡国富町塚原遺跡では古代〜中世にかけての溝状遺構7条、畦畔状遺構7条、土坑1基が検出されている。都城市嫁坂遺跡では古代〜中世にかけての溝状遺構2条、道路状遺構3条が検出されている（宮崎県埋蔵文化財センター）。

　中　世

　宮崎市高岡町にある国指定史跡「穆佐城跡」では整備事業に伴い継続して調査が行われている。今回の調査では主郭（曲輪№7・8）の南側の曲輪№9・15・16に12本のトレンチを設定した。その結果、これらの3つの曲輪は普段の居住・政治で使用する敷地というよりは防御的性格の強い空間であったことが想定されている。同市佐土原町囲跡では掘立柱建物跡、溝状遺構、土坑が検出されている。溝状遺構は幅約5mの大規模なものである。竜泉窯系や景徳鎮窯系の貿易陶磁器や瀬戸美濃製の天目茶碗などが出土している。「囲」という地名は南九州にみられる城郭関連地名であり、検出された遺構・遺物を含めて本調査地の意義付けが課題となる。同市田野町本野原遺跡では埋土中に桜島文明軽石（給源：桜島 AD1471〜1476）を含む溝状遺構が検出されている（宮崎市教育委員会）。

　都城市郡元西原遺跡では大溝、道路状遺構、掘立柱建物跡、土坑が検出されている。大溝は断面形が逆台形の素掘りのものだが丁寧なつくりをしていた。埋土の下層からは11世紀後半から12世紀前半にかけての土師器・陶磁器が出土しており、埋没する過程の鎌倉時代には道路状遺構に変質したと見られている。平安時代末の堀（囲繞施設）の南西隅角部と考えられ、島津荘成立〜拡大期における現地経営拠点か関連施設の一部である可能性が高い。同市松原地区遺跡では桜島文明軽石層の下位から弥生時代後期及び中世の遺物包含層が確認されており、掘立柱建物跡や溝状遺構、井戸状遺構も検出されている（都城市教育委員会）。

　宮崎市橘通東一丁目遺跡では中世以前の水田跡の調査が行われた。ここでは畦畔とともに人や牛の足跡と推測される遺構も検出されている（宮崎県埋蔵文化財センター）。

　近　世

　宮崎市佐土原町囲跡では溝状遺構が検出され、肥前系磁器や薩摩焼の陶器などが出土している。同市佐土原町樋ノ口遺跡からは溝状遺構や土坑が検出されている。同市中ノ原第2遺跡では溝状遺構や掘立柱建物跡が検出されている。同市下北方下郷第8遺跡では溝状遺構が検出されている。（宮崎市教育委員会）。

　都城市郡元西原遺跡では近世から近代の溝状遺構と道路状遺構が検出されている（都城市教育委員会）。

　延岡市の延岡城跡の第27次調査は三階櫓跡地の石垣の状態を把握するための調査で、創建時（1655年）よりも古い石垣や犬走り状の遺構面が検出された。同市延岡城内遺跡第40次調査の調査地は延岡城の西ノ丸丘陵に位置する。ここは昭和20（1945）年まで内藤家の屋敷が所在していたところで、近世の掘立柱建物跡や明治・大正期の礎石や側溝などが検出された（延岡市教育委員会）。

2．〔文献一覧〕

報告書

1．えびの市教育委員会『島内地下式横穴墓群Ⅴ　灰塚地下式横穴墓群』えびの市埋蔵文化財調査報告書第54集
2．西都市教育委員会『松本原遺跡―上ノ原台地編―』西都市埋蔵文化財調査報告書第71集
3．西都市教育委員会『日向国府跡　平成28年度発掘調査概要報告書』西都市埋蔵文化財調査報告書第72集
4．西都市教育委員会『平成28年度西都原古墳研究所・年報』第31号
5．新富町教育委員会『祇園原古墳群19　国指史跡「新田原古墳群」史跡整備に伴う発掘調査概要報告書（19）』新富町教育委員会文化財調査報告書第72集
6．高原町教育委員会『目ノ崎第1遺跡発掘調査報告書』高原町文化財調査報告書第15集

Ⅱ　各都道府県の動向

7. 高原町教育委員会『川路山遺跡発掘調査概報』高原町文化財調査報告書第16集
8. 延岡市教育委員会『市内遺跡　平成28年度市内遺跡発掘調査事業に伴う埋蔵文化財調査報告書』延岡市文化財調査報告書第56集
9. 延岡市教育委員会『延岡城三階櫓跡（延岡城跡第27次調査）』延岡市文化財調査報告書第57集
10. 都城市教育委員会『南御屋鋪跡』都城市文化財調査報告書第127集
11. 都城市教育委員会『庄内西脇遺跡』都城市文化財調査報告書第128集
12. 都城市教育委員会『中町遺跡（第5次調査）』都城市文化財調査報告書第129集
13. 都城市教育委員会『白山原遺跡（第2次調査）』都城市文化財調査報告書第130集
14. 都城市教育委員会『白山原遺跡（第3次調査）』都城市文化財調査報告書第131集
15. 都城市教育委員会『都城市内遺跡10』都城市文化財調査報告書第132集
16. 宮崎市教育委員会『城平遺跡』宮崎市文化財調査報告書第115集
17. 宮崎市教育委員会『木崎遺跡』宮崎市文化財調査報告書第116集
18. 宮崎市教育委員会『永尾遺跡（1区・4区・6区）』宮崎市文化財調査報告書第117集
19. 宮崎市教育委員会『西田第3遺跡』宮崎市文化財調査報告書第118集
20. 宮崎県埋蔵文化財センター『宮崎県埋蔵文化財センター年報』第20号
21. 宮崎県埋蔵文化財センター『平成28年度県内遺跡発掘調査概要報告書』
22. 宮崎県立西都原考古博物館『西都原古墳群　発掘調査・保存整備概要報告（ⅩⅨ）』
23. 宮崎県立西都原考古博物館『2015年度宮崎県立西都原考古博物館年報』

論　文

24. 金丸武司　「宮崎県の縄文後期中葉（北久根山式～太郎迫式）の様相」『九州の縄文時代後期中葉土器―北久根山第二型式～西平式併行期を中心に―』九州縄文研究会
25. 河野裕次　「宮崎県の様相―宮崎平野南部を中心に―」『九州島における古式土師器』第19回九州前方後円墳研究会　長崎大会
26. 栗山葉子　「周溝状遺構出土の炭化米について」『広島大学大学院文学部研究科　考古学研究室50周年記念論文集』
27. 津曲大祐　「類型化による地下式横穴墓の成立と展開に関する考察」『古代武器研究』vol.12　古代武器研究会
28. 東　憲章　「特別史跡西都原古墳群の保存と活用」『月刊考古学ジャーナル』No.684　ニュー・サイエンス社
29. 東　憲章　「特別史跡西都原古墳群の保存と活用（Preservation and Utilization of Saitobaru Old Tomb Group designated as a Special Historic Site）」『Site Museum and Heritage Education for Preservation of the Archaeological Site』The 8th International Workshop of Heritage Education and Site Preservation For Commemorating the 24th Jeongokri Paleolithic Festival　韓国　東アジア考古学研究所
30. 東　憲章　「宮崎県立西都原考古博物館における文化資産の保護、活用と教育」『考古文化遺産　教育及實務工作坊』台湾新北市立十三行博物館
31. 東　憲章　「宮崎縣立西都原考古博物館的通用設計　以設施設和資訊的無障礙為目標（宮崎県立西都原考古博物館のユニバーサルデザイン施設と情報のバリアフリー）」『博物館無障礙知能力工作坊：英國和日本的軌跡』2016博物館文化平權向前行系列台湾新北市立十三行博物館
32. 藤木　聡　「九州北部出土『旧石器』の検討―鉄石英・チャートに注目して―」『九州旧石器』第20号　九州旧石器文化研究会
33. 藤木　聡　「草土千軒町遺跡出土の火打石」『研究紀要』第19号　広島県立歴史博物館
34. 藤木　聡　「九州の剥片尖頭器」『東アジアと列島西端の旧石器文化―朝鮮半島・九州・南西諸島の対比から―』科研費報告
35. 堀田孝博　「日向飫肥藩における薩摩焼の流通とその背景」『中近世陶磁器の考古学』第5巻　雄山閣
36. 門川町教育委員会『門川町文化財総覧』

　　　　堀田孝博・谷口晴子「昭和47年度庵川窯跡発掘調査概要報告」
37．宮崎県立総合博物館『宮崎県総合博物館総合調査報告書　県南地域調査報告書』
　　　　永友良典「地域総合調査『宮崎県の旧石器時代』を終えて～成果を旧石器時代常設展示に活かす～」
38．宮崎県立西都原考古博物館『宮崎県立考古博物館紀要』第13号
　　　　沖野　誠「宮崎県都城市所在築池遺跡出土の蛇行剣（１）」
　　　　田中敏雄「体験・実験講座成果報告—『古代の塩づくり』の実践—」
　　　　谷口晴子「宮崎県内出土漆関連資料集成」
　　　　永友良典「西都原考古博物館における博物館実習の現状と課題」
　　　　東　憲章「近世城郭の石垣に対する地中レーダー探査～延岡市延岡城跡～」
　　　　藤木　聡「弥生時代九州東南部における磨製短剣・石戈」
　　　　堀田孝博「西米良村教育委員会所蔵の西南戦争関連資料」
　　その他
39．都城市教育委員会『国史跡大島畠田遺跡保存整備事業報告書』
40．宮崎県教育庁文化財課『平成29年度宮崎県文化財行政要覧』
41．宮崎県埋蔵文化財センター『みやざきの埋蔵文化財ハンドブック』第２集
42．宮崎県立西都原考古博物館『化内の辺境～隼人と蝦夷～』平成28年度特別展図録
43．宮崎県立西都原考古博物館『馬韓・百済と南九州』平成28年度国際交流展図録
44．宮崎県立西都原考古博物館編『もっと知りたい宮崎の古代　考古学が誘う　ふるさとの歴史』　鉱脈社

46　鹿　児　島　県

新　里　亮　人

1．〔調　査〕

　2016年度の県内における埋蔵文化財の届出・通知等は、文化財保護法第93条関係265件、同法第94条関係124件、発掘調査等の件数は92条関係４件、99条関係124件であった。東九州自動車道建設に伴って旧石器時代から古代にいたる遺跡の発掘調査が進められ、県道、国道、都市計画、公園整備事業、畑地改良事業等に伴う調査も各地で実施されている。市町村が主体となる重要遺跡等確認調査や鹿児島県による「かごしま近代化遺産調査事業」も継続中である。
　指定関係では伊仙町に所在する縄文時代後・晩期の集落跡や埋葬跡が検出されている面縄貝塚が国の史跡となった。また、江戸時代の地方街道として利用された掛橋坂（姶良市蒲生町）、明治末から昭和初期にかけて金・銀の製錬所として稼働した金山水車（轟製錬所）跡（南九州市知覧町）、近代以前の弓矢や船の線刻が残る戸森の線刻画（大島郡天城町）をそれぞれ県指定文化財とするよう答申がなされている。

旧石器時代
　大隅半島における発掘調査を中心に多くの成果が得られた。志布志市見帰遺跡、小牧古墳群、春日堀遺跡、鹿屋市小牧遺跡、川久保遺跡、山ノ上Ｂ遺跡からは細石刃文化期の遺物が出土している。川久保遺跡では石器製作跡（４か所）や礫群（３基）が確認され、今後の調査も注目される。曽於郡大崎町の宮脇遺跡では薩摩火山灰層下位のⅩ層より細石核、細石刃、ナイフ形石器、三稜尖頭器等の遺物と礫群、ⅩⅠ層からは台形石器等がそれぞれ出土している。

縄文時代
　志布志市小牧古墳群、春日堀遺跡、曽於郡大崎町宮脇遺跡、鹿屋市小牧遺跡、川久保遺跡からは竪穴建物跡、集石遺構、連穴土坑、落とし穴、石器製作跡など草創期・早期の各種遺構が検出され、小牧遺跡、川久保遺跡からは前期の遺

Ⅱ　各都道府県の動向

物と遺構が発見された。中期・後期の遺跡としては姶良市木佐木原遺跡、南さつま市中津野遺跡、鹿屋市小牧遺跡があり、中津野遺跡では湿地帯と想定される低地から指宿式、市来式、松山式、小池原上層式など後期の土器が大量に得られ、小牧遺跡では指宿式、市来式に伴う石皿を配した祭祀土坑17基が検出された。鹿屋市川久保遺跡からは晩期の上加世田式、黒川式、刻目突帯文土器や石製穂摘具、大型軽石加工品、朱塗りの動物形土製垂飾品などが出土している。

薩南諸島においては、喜界島のカ子ンテA遺跡、和早地遺跡、中増遺跡で後期・晩期相当の竪穴建物跡が検出された。徳之島では晩期の埋葬跡であるトマチン遺跡（伊仙町）、前期の洞穴遺跡であるコウモリィョー遺跡と下原洞穴遺跡（ともに天城町）の発掘調査が行われた。

弥生時代

鹿屋市田原迫ノ上遺跡では山ノ口Ⅱ式期の円形建物跡1基と張り出しをもつ方形建物跡2基が検出され、2012（平成24）年度調査と合わせて遺跡の範囲が拡大することが明らかとなっている。また同市川久保遺跡においては前期の土坑が検出されており、刻目突帯式土器、入来Ⅰ・Ⅱ式土器、山ノ口Ⅰ・Ⅱ式土器のほか、石包丁や磨製石鏃が出土した。志布志市安良遺跡では山ノ口Ⅱ式が集中する箇所や須玖式模倣土器が出土し、今後遺構の検出が期待される。

古墳時代

鹿屋市川久保遺跡の調査では40棟を超える竪穴建物跡や鍛冶関連の遺構や遺物が発見され、同市春日堀遺跡では、竪穴住居跡や本県では調査事例の少ない掘立柱建物跡が検出された。指宿市では宮之前遺跡、南摺ケ浜遺跡、尾長谷迫遺跡の確認調査が行われた。宮之前遺跡では開聞岳噴出物である紫コラ（西暦874年3月25日）の下層より後期の遺物包含層が確認されている。尾長谷迫遺跡では後期の遺物包含層が検出され、遺跡の範囲が拡大した。

古　代

志布志市春日堀遺跡、鹿屋市川久保遺跡、町田堀遺跡の発掘調査が行われた。川久保遺跡では掘立柱建物跡20棟、町田堀遺跡からは古道が検出された。南さつま市金峰町においては鹿児島大学による中岳山麓窯跡群荒平第2支群の発掘調査が実施されている。昨年度までに検出された1号窯跡と灰原の発掘調査によって地下式の窯構造となる可能性が想定され、今後、調査の継続と製品や窯体の自然科学的分析が予定されている。

薩南諸島においては、喜界町ケブラノコシ遺跡より掘立柱建物跡が検出されている。

中　世

姶良市木佐木原遺跡では掘立柱建物跡、竪穴建物跡1軒、炉跡2基、土坑2基、ピット120基、さつま町虎居城跡では大型の石組遺構、溝状遺構、焼土跡などが検出された。鹿屋市小牧遺跡では13世紀頃の竪穴建物2軒、掘立柱建物跡37棟、杭列12条、溝状遺構7条、土坑・ピット複数、焼土跡2か所、鹿屋市川久保遺跡では中世前期の竪穴建物跡1基、柱穴群2か所、土坑3基、堀立柱建物跡13棟、土坑墓1基、礫集中1か所、古道跡3条、溝跡、ピット群、鉄滓集中域1か所が発見されている。布志市安良遺跡の遺構群は中世前半期を中心とし、当地域を支配した安楽氏との関連が注目される。霧島市弥勒院跡では宮内小学校の校舎建設にともなう発掘調査、姶良市岩屋寺跡は史跡整備に向けた確認調査が行われた。

薩南諸島では、種子島の西之表市において種子島氏の居館とされる内城の試掘調査によって礎石状遺構1基が確認された。喜界町川寺遺跡では14・15世紀の陶磁器類と掘立柱建物跡や溝跡などが発見され、琉球王国成立前後における喜界島の様相を知るうえで重要な成果が得られている。喜界町川寺遺跡と中増遺跡では多数の掘立柱建物跡と溝、炉跡、土坑墓などが確認された。ケブラノコシ遺跡では掘立柱建物跡の他、生産遺構とみられる規則的に並ぶ浅い溝状遺構群が確認された。宇検村では屋鈍遺跡の確認調査が行われた。

近世以降

2015年度から続く鹿児島市鹿児島（鶴丸）城跡の調査では、石垣の前面と背面に設置された排水溝、西南戦争時の被災痕跡を残す石垣、兵具所跡が確認され、御楼門跡の基礎部分の構造も明らかとなった。霧島市敷根火薬製造所跡や鹿児島市鹿児島紡績所技師館（異人館）の調査では調査成果と絵図・古写真との比較により遺構の検証作業が進められている。姶良市紹隆寺跡（越前島津家墓地）では、近世から現代に至る墓地変遷の解明を目的とした調査が行われ、同市岩屋寺跡からは参道跡と思われる遺構や石切場の痕跡が見つかっている。さつま町宗功寺跡の測量・確認調査では地

業の痕跡が確認され、廃仏毀釈後の廃棄土坑内からは瓦が多数出土した。
　薩南諸島においては瀬戸内町久慈白糖工場跡、知名町屋子母セージマ古墳跡、和泊町町内古墓（3号墓）の調査が行われた。久慈白糖工場跡では幕末に建設された2基の煉瓦構築物が発見され、屋子母セージマ古墳跡では石灰岩の岩盤を掘り込んで墓域を設け、一部が石積みで囲まれる構造が明らかとなった。瀬戸内町では戦争遺跡の分布・測量調査が行われ、旧日本軍が日露戦争から太平洋戦争終結時までに構築した軍事施設の実態解明が進められている。

2.〔文献一覧〕

報告書

1. 指宿市教育委員会『平成28年度市内遺跡確認調査報告書　宮之前遺跡　南摺ケ浜遺跡　松尾城跡Ⅴ』指宿市埋蔵文化財発掘調査報告書（59）
2. 鹿児島市教育委員会『鹿児島市埋蔵文化財確認発掘調査報告書ⅩⅠ』鹿児島市埋蔵文化財発掘調査報告書（77）
3. 鹿児島市教育委員会『春日町H地点』鹿児島市埋蔵文化財発掘調査報告書（78）
4. 鹿児島市教育委員会『北麓遺跡』鹿児島市埋蔵文化財発掘調査報告書（79）
5. 鹿児島市教育委員会『薩摩藩主島津家墓所（福昌寺跡）』鹿児島市埋蔵文化財発掘調査報告書（80）
6. 鹿児島市教育委員会『柳ケ丸遺跡』鹿児島市埋蔵文化財発掘調査報告書（81）
7. 鹿児島大学埋蔵文化財調査センター『脇田亀ケ原遺跡桜ケ丘団地E－8・9区』鹿児島大学埋蔵文化財調査センター調査報告書13
8. 鹿児島県立埋蔵文化財センター『高付遺跡』鹿児島県立埋蔵文化財センター発掘調査報告書（189）
9. 鹿児島県立埋蔵文化財センター『知覧飛行場跡』鹿児島県立埋蔵文化財センター発掘調査報告書（190）
10. 鹿児島県立埋蔵文化財センター『里町遺跡』鹿児島県立埋蔵文化財センター発掘調査報告書（191）
11. 鹿児島県文化振興財団埋蔵文化財調査センター・鹿児島県教育委員会『平良上C遺跡』鹿児島県文化振興財団埋蔵文化財調査センター発掘調査報告書（11）
12. 鹿児島県文化振興財団埋蔵文化財調査センター・鹿児島県教育委員会『荒園遺跡1第1地点』鹿児島県文化振興財団埋蔵文化財調査センター発掘調査報告書（12）
13. 鹿児島県文化振興財団埋蔵文化財調査センター・鹿児島県教育委員会『永吉天神段遺跡2第2地点1旧石器時代・縄文時代早期・後期編』鹿児島県文化振興財団埋蔵文化財調査センター発掘調査報告書（13）
14. 鹿児島県文化振興財団埋蔵文化財調査センター・鹿児島県教育委員会『牧山遺跡1A地点』鹿児島県文化振興財団埋蔵文化財調査センター発掘調査報告書（14）
15. 鹿児島県文化振興財団埋蔵文化財調査センター・鹿児島県教育委員会『田原迫ノ上遺跡2縄文時代早期編』鹿児島県文化振興財団埋蔵文化財調査センター発掘調査報告書（15）
16. 鹿児島県文化振興財団埋蔵文化財調査センター・鹿児島県教育委員会『立小野堀遺跡』鹿児島県文化振興財団埋蔵文化財調査センター発掘調査報告書（16）
17. 南さつま市教育委員会『市内遺跡2』南さつま市埋蔵文化財発掘調査報告書（11）
18. 屋久島町教育委員会『屋久島町内遺跡分布調査等報告書』屋久島町埋蔵文化財発掘調査報告書（1）
19. 瀬戸内町教育委員会『瀬戸内町内の遺跡1―貝塚時代～近世分布調査編―』瀬戸内町文化財報告書第5集
20. 瀬戸内町教育委員会『瀬戸内町内の遺跡2―近代遺跡分布調査編―』瀬戸内町文化財報告書第6集
21. 天城町教育委員会『塔原遺跡（4）』天城町埋蔵文化財発掘調査報告書（8）

論文等

22. 伊藤慎二　「縄文文化における南の範囲」『縄文時代　その枠組・文化・社会をどう捉えるか？』吉川弘文館
23. 岩元康成　「中世南九州の中国陶器」『中近世陶磁器の考古学』第五巻　雄山閣
24. 上田　耕　「特攻基地の滑走路跡　鹿児島県南九州市知覧飛行場跡」『季刊考古学』第136号　雄山閣
25. 大木公彦・古澤　明・中原一成「鹿児島城趾のボーリング調査で見つかった火砕流堆積物の一考察」『鹿児島大学理学部紀要』49

Ⅱ　各都道府県の動向

26. 大籠洋一　「第53回見学会・第45回例会・総会　出水市～出水城跡～」『南九州の城郭』第39号　南九州城郭談話会
27. 沖縄県立博物館・美術館『港川人の時代とその後　琉球弧をめぐる人類史の起源と展開』
    牛ノ濱修「奄美群島の旧石器時代遺跡と文化」
    牛ノ濱修「土浜ヤーヤ遺跡の発掘」
    堂込秀人「横峯C遺跡の発掘」
28. 沖縄県考古学会・鹿児島県考古学会『南西諸島の縄文時代後晩期の南北交流』
    岩元さつき「喜界島の発掘調査近況―主に縄文時代遺跡について―」
    上田圭一・松元美由紀「琉球列島における遺物痕跡調査について」
    大城正泉「カヤウチバンタ遺跡発掘調査概要」
    亀島慎吾「貝塚時代前4期沖縄諸島の土器様相」
    新里亮人「貝塚時代前4期奄美諸島の土器様相」
    堂込秀人「南西諸島の縄文後晩期の南北交流」
    真邉　彩・小畑弘己・新里亮人・鼎丈太郎・面　将道「南西諸島の縄文時代後晩期資料の圧痕調査成果」
    山野ケン陽次郎「琉球列島における縄文時代後晩期の貝製品と製作技術」
    横尾昌樹「琉球列島の土器貝殻施文の研究」
29. 鹿児島県考古学会『平成28年度鹿児島県考古学会研究発表会発表要旨集』
    岩元康成「遺物組成からみた鹿児島県本土の中世遺跡・遺構の比較」
    上田　耕・大山勇作・坂元恒太「知覧飛行場跡の発掘調査成果―特攻基地における滑走路跡を中心に―」
    隈元俊一「永吉天神段遺跡」
    黒木梨絵「土器形態からみる南部九州弥生土器の特性」
    下野真理子「田芋デンプンの形態について」
    福永修一「牧野遺跡」
    馬籠亮道「鹿児島県旧石器時代礫群の形成活動と石器群の変遷について」
    本田道輝「振り返って　市来式土器・大溝遺構」
30. 鹿児島県考古学会『鹿児島考古』第46号
    鼎丈太郎「奄美大島瀬戸内町の戦争遺跡について」
    新里貴之「ピーピーどんぶり考」
    新東晃一「薩摩関白道の考古学的調査―安養寺陣跡と鳶ノ巣陣跡と関白道の調査―」
    立神倫史「曽畑式土器終末～深浦式土器成立に関する覚書―永吉天神段遺跡第1地点出土縄紋時代前期土器の年代的位置づけ―」
    帖地真穂「鹿児島県を中心とした陶磁器製手摺弾の研究」
    橋本達也「戦後70年と鹿児島の戦跡考古学」
    橋口尚武「南九州の石製龕について」
    前迫亮一「特集『鹿児島の戦争遺跡』を特集するにあたって」
    八巻　聡「鹿児島の本土決戦準備」
    古田由香「大隅の戦争関連史跡と個人史の展示報告」
31. 鹿児島県立埋蔵文化財センター『縄文の森から』第9号
    飯塚文枝・出穂雅実・パメラ・バンディバー・大久保浩二「鹿児島県中種子町三角山Ⅰ遺跡出土縄文草創期土器の成形技術とその変異性の研究」
    上床　真「鹿児島県出土の古代の焼塩土器等に関する覚え書き」
    江神めぐみ「前原遺跡で出土した土師器の坏について―九州中部の出土状況をもとに―」
    南の縄文調査室（文責：関　明恵）「堅野（冷水）窯跡出土の白薩摩型打ち製品の年代観」

鹿 児 島 県

　　　南の縄文調査室「鹿児島県内出土の耳栓状土製品集成」
32. 鹿児島国際大学『鹿児島国際大学考古学ミュージアム調査研究報告』14
　　　大木公彦「鹿児島城の地形・地質学的背景」
　　　大西智和・鐘ケ江賢二・相美伊久雄「志布志市原田古墳第4次発掘調査速報」
33. 鹿児島大学法文学部・鹿児島大学人文社会科学研究科『南九州・南西諸島を舞台とした地域中核人材育成を目指す新人文社会系教育プログラムの構築』
　　　石田智子「奄美大島瀬戸内町における戦争関連遺跡の考古学調査」
　　　渡辺芳郎「指宿市山川町鰻窯跡の発掘調査」
34. 川口雅之　「鹿児島県大隅半島の農耕文化について」『平成28年度瀬戸内考古学研究会第6回公開大会』瀬戸内考古学研究会
35. 九州旧石器文化研究会『九州旧石器』第20号
　　　寒川朋枝「角錐状石器の使用痕分析─南九州における中・小型角錐状石器の一事例─」
　　　馬籠亮道「鹿児島県の動向」
36. 考古学研究会『考古学研究会第62回総会・研究集会報告』
　　　下小牧潤・中園　聡・平川ひろみ・太郎良真妃・楊　帆「日宋間における同范瓦の確認と遠距離移動─研究方法及び派生する意義─」
　　　高宮広土「奄美・沖縄諸島貝塚時代における社会組織の変遷」
37. 甲元眞之　「諏訪之瀬島切石遺跡の再検討」『海と山と里の考古学』山崎純男博士古稀記念論集編集委員会
38. 新東晃一　「─湧水町内の神社・祠に奉納された鉄鉾─薩摩地方の神社・祠に奉納された鉄鉾（三）」『南九州郷土研究』第29号
39. 竹中正巳　「古人骨から南九州・南西諸島集団の成り立ちを探る」『日本情報考古学会第38回大会』
40. 竹中正巳・具志堅亮「徳之島下原洞穴遺跡第2トレンチから出土した縄文時代人骨の出土状況」『Anthropological Science（Japanese Series）第70回日本人類学会大会　講演プログラム・抄録集』
41. 竹中正巳・具志堅亮「南九州古墳時代人頭蓋に認められた第三後頭顆」『鹿児島女子短期大学附属南九州地域科学研究所所報』第33号
42. 土岐耕司　「春日式土器の分類・変遷と長崎市深堀遺跡出土資料の検討」『西海考古』第9号　西海考古同人会
43. 西野元勝　「能舞台の橋掛り跡確認─鹿児島城跡で発掘調査─」『風姿』第12号　鹿児島県謡曲連合会
44. 日本考古学協会『日本考古学協会第82回総会研究発表要旨』
　　　新里亮人「奄美諸島徳之島における海底調査の意義と課題」
　　　新里貴之「トカラ列島平島の清朝磁器と明治27年漂着の無人船」
　　　松﨑大嗣・中村直子「古代日本最南端の須恵器窯跡─南さつま市中岳山麓窯跡群の踏査成果─」
45. 橋口　亘　「薩摩国河邊郡泊津の田中氏・泊御仮屋・海印寺をめぐる一考察─南さつま市坊津町泊と田中宗田・田中宗圓・月渚・石塔・唐人墓・日明貿易・硫黄─」『南日本文化財研究』No27　『南日本文化財研究』刊行会
46. 橋本達也　「諏訪考古資料コレクション2─中世の銭貨─」『鹿児島大学総合研究博物館 News Letter』No.40　鹿児島大学総合研究博物館
47. Hiroto Takamiya & Naoko Nakamura. Beginning of Food Production in the Osumi Archipelago, In The Osumi Islands. Research Center for the Pacific Islands
48. 深港恭子・渡辺芳郎「幕末苗代川における磁器生産─『御内用方萬留一番』の検討から─」『東洋陶磁』45号　東洋陶磁学会
49. 前迫亮一　「南九州における縄文時代後期中葉土器の様相─干迫遺跡出土土器を中心に─」『九州の縄文時代後期中葉土器』九州縄文研究会
50. 松﨑大嗣　「薩摩・大隅の古式土師器と在地土器」『九州島における古式土師器』第19回九州前方後円墳研究会長

Ⅱ 各都道府県の動向

　　　崎大会
51. 松﨑大嗣　「律令国家周縁域社会における須恵器生産の基礎的研究」『平成27年度公益財団法人高梨学術奨励基金年報』
52. 南九州城郭談話会『南九州の城郭』第39号
　　　西野元勝「鹿児島（鶴丸）城跡の発掘調査成果」
　　　米森祐太「鶴ケ岡城跡の発掘調査報告」
53. 渡辺芳郎　「薩摩焼・苗代川産摺鉢の口縁形態」『亀井明徳氏追悼・貿易陶磁研究等論文集』亀井明徳さん追悼文集刊行会
54. 渡辺芳郎　「近世初期九州陶磁器生産における技術変容プロセスのモデル化の試み─薩摩焼と肥前陶磁器を事例として─」『考古学は科学か─田中良之先生追悼論文集』中国書店
55. 渡辺芳郎　「薩摩焼陶工は琉球にどのような製陶技術を伝えたか？」国際シンポジウム「移動する人と技術─東アジア窯業技術の伝播と定着─」
56. 渡辺芳郎　「朝鮮陶器から薩摩焼へ─考古学から見た薩摩焼の始まり─」『學士會会報』920号　学士会
57. 渡辺芳郎・野上建紀・赤松和佳・畑中英二・水本和美・小野田恵・滝川重徳・庄田知充・新宅輝久・藤掛泰尚・河合　修・佐藤雄生「肥前磁器の流通について─17世紀前半の出土資料を中心に─」『第44回東洋陶磁学会大会研究発表要旨』東洋陶磁学会
58. 渡辺芳郎　「17世紀における薩摩焼製陶技術の琉球陶器への影響」『2016年度沖縄考古学会研究発表会「16～17世紀の沖縄における窯業の展開とその背景」資料集』沖縄考古学会

　　その他
59. 鹿児島県立埋蔵文化財センター『遺跡が語る！ドラマティック・ヒストリー─舞台は薩摩─』
　　　今村結記「敷根火薬製造所跡の発掘調査速報」
　　　岩澤和徳「（公財）埋蔵文化財調査センターの発掘調査」
　　　大久保浩二「県立埋蔵文化財センターの発掘調査」
　　　樋之口隆志「久慈白糖工場跡の発掘調査速報」
　　　永濱功治「鹿児島（鶴丸）城跡の発掘調査について〈概要〉」
　　　宮武正登「再発見！鹿児島（鶴丸）城跡の真価─島津氏の築城技術と伝統性を探る─」
60. 鹿屋市教育委員会・隼人文化研究会・鹿児島地域史研究会『甦る大隅国の実像─古代・中世の大隅半島部の歴史─』
　　　稲村博文「鹿屋市域の遺跡について」
　　　岩元康成「古代・中世の大隅の集落・城館遺跡の変遷」
　　　大窪祥晃「楡井頼仲と日向大隅」
　　　隈元信一「鹿屋の古代～中世期の諸城址関連」
　　　重久淳一「中世大隅半島の港津について」
　　　中村直子「遺跡から見た大隅国成立前後の社会とその変遷」
　　　永山修一「奈良・平安時代の大隅国」
　　　日隈正守「蒲生八幡神社の成立時期について」
61. 喜界町教育委員会『発見された3,000年前の大集落～ナゾの喜界島縄文時代の扉が今、開かれる～』
　　　伊藤慎二「アジア・太平洋の視点でみた喜界島の先史時代：集落を中心に」
　　　亀島慎吾「喜界島崩リ遺跡から見えるもの─沖縄諸島との比較を通して─」
　　　早田晴樹「近年の発掘調査成果について」
　　　堂込秀人「南九州からみた奄美の中の喜界島の縄文時代」
62. 「四州」中世史研究会『第1回「四州」中世史研究会予稿集』
　　　有木芳隆「南九州の中世神像」

　　　　小川弘和「『中世的九州の形成』から展開へ」
　　　　新名一仁「永正17年の肥薩隅日四か国国衆同盟」
63. 別府大学文化財研究所『大航海時代と鹿児島発表資料集』
　　　　飯沼賢司「大航海時代の鹿児島―島津氏と大友氏と種子島」
　　　　上野淳也「尚古集成館所蔵の大砲と鉛同位体比分析」
　　　　宮下貴浩「万之瀬川下流域の中世遺跡と東アジア」
　　　　米元俊一「大航海時代と焼酎の伝来」
64. 松﨑大嗣　　「隼人を考える―成川式土器の研究成果から―」宮崎県立西都原考古博物館考古学講座Ⅱ
65. 松﨑大嗣　　「西海道南部の土器生産」『徹底追究！大宰府と古代山城の誕生』九州国立博物館「大宰府研究」事業・熊本県「古代山城に関する研究会」事業合同シンポジウム
66. 真邉　彩　　「圧痕からみた南西諸島―タネ、ムシ、葉っぱ―」『土器を掘る―土器研究と圧痕法のいま、そして未来―』熊本大学小畑研究室・明治大学黒耀石研究センター・日本先史文化研究会
67. 渡辺芳郎　　「集成館事業において薩摩焼が果たした役割」上野原縄文の森　第47回企画展記念講演（鹿児島県立上野原縄文の森展示館）
68. 渡辺芳郎　　「基調講演　薩摩焼の歩み―苗代川を中心に―」シンポジウム「明治維新の礎を築いた『SATSUMA』―パリ万博から始まる薩摩焼黄金時代―」
69. 渡辺芳郎　　「江戸時代の地方窯業―磁器生産を中心に―」平成28年度第2回うきたむ学講座「置賜の産業焼き物編」

47　沖　縄　県

大　城　　剛

1.〔調　査〕

　2016年度において、大きく報道されたのが、石垣島の白保竿根田原洞穴遺跡での旧石器人骨の確認。南城市サキタリ洞遺跡で、23,000年前の釣り針が出土。うるま市勝連城跡でのローマコインの出土など多くの知見が得られた一年であった。特に、うるま市勝連城跡では保存整備を1977（昭和52）年から実施しており、今回、2013（平成25）年度に行った状内外の発掘調査で、10点の円形金属製品が発見されている。その後、出土品の資料整理を進めていたところ、資料調査で来県していた関係者からローマ文字、アラビア文字や人物像があることが確認され、これらの一部が3世紀から4世紀のローマ帝国時代と、17世紀のオスマン帝国時代のコインである事が判明した。これまで、中国や東南アジア、日本本土との交易によりもたらされた貨幣を含む資料は多数発見されているが、西洋世界に関わる資料は県内での発見はなく、日本国内でも同時代の遺跡からの出土例としては初例になると思われ、沖縄のグスク時代における勝連城跡の流通や交易を考える上で重要な資料となるとともに、琉球史と日本史のみならず、世界史研究全般の進展に大きく寄与する重要な発見となった。

　沖縄県内における文化財保護法に基づく土木工事等（第93条、94条）の届け出及び通知は61件（発掘調査22件、工事立会26件、慎重工事13件）、遺跡の発見（第96条、97条）は19件。第99条第1項に基づく地方公共団体による埋蔵文化財発掘調査は38件（試掘調査16件、本発掘調査22件）。第92条第1項に基づく大学等における学術調査は3件となっている。

　以下、2016年度の主な成果を紹介していきたい。

Ⅱ 各都道府県の動向

旧石器時代

南城市サキタリ洞遺跡で、23,000年前の貝製釣り針が出土した。旧石器時代の漁労具は国内でも初の発見で、世界的にも、これまでに発見された資料よりも古く、世界最古の資料となる。釣り針の大きさは1.4センチで、巻貝の底を割り三日月状に先端を尖らせた資料である。これまでに同遺跡からは14,000年前の石英製石器が発見されている。

2012（平成24）年度から行われた石垣市白保竿根田原洞穴遺跡の調査で、1,100点を超える人骨片が出土し、人骨の個体識別等から少なくとも19体の人骨の存在がしていたことが推定されいる。また、人骨の表面には石灰質の付着物や動物のなどによる噛み跡が残っていることから、遺体を埋めずに安置する風葬の可能性が考えられ、旧石器時代の葬送の様子が国内で初めて確認された事例として大きく報道された。発掘調査はいったん終了し、遺跡の形成、出土遺物などに関する分析・研究は引き続き行われ、その成果に期待が集まっている。

宮古島市のツヅピスキアブ洞穴遺跡の発掘調査では、約10,000～20,000年前の文化層と、約24,000年前の2つの文化層が確認されている。前者からはイノシシの骨が多数出土し、その他シカ、ネズミなどの獣骨とともにチャート製の石器や人骨等が得られている。下層の24,000年前の層からは、当時に使用されたと思われる炭化物がまとまって検出されており、これらの時代に宮古島での人々の存在があらためて確認された。

縄文時代・弥生時代～平安並行時代

うるま市藪地洞穴遺跡は1960年に初めて発掘調査が行われ、その時、約6,500年前の爪形文土器が発見されたほか、貝殻を加工して作った鏃（やじり）が発見され、沖縄の先史時代を研究する上で重要な発見となった。今回は、洞穴内部と洞穴入口付近の発掘調査が行われた。調査区からは、約6,500年前の爪形文土器が大量に出土し、その他、石斧、貝鏃等が出土した。洞穴の入口付近では、爪形文土器期の炉跡と思われる遺構も発見された。このように爪形文土器や石器等の道具が同じ層でまとまって出土する事は非常に稀な事例である。また、洞穴奥部の調査区では約8,000年前のものと思われる土器や貝殻、イノシシの骨が出土しており、沖縄における先史時代の歴史を更新する発見である。

北谷町平安山原Ｂ遺跡で、2009～10年の米軍キャンプ桑江の返還跡地の発掘調査で出土した土器は、縄文時代晩期の東北地方の亀ケ岡文化の大洞系Ａ1式土器をモデルにして、北陸から中部高地で出土する土器に類似することから東北とは別の場所で作られたものであり、また、土器の胎土分析においても、喜界アカホヤ火山噴火で、西日本一帯に降った火山ガラスを含んでいることから西日本で製作され、平安山原Ｂ遺跡へ運ばれた土器である事がわかった。

宮古島市の浦底遺跡で、シャコ貝製貝斧、石焼き調理の跡、貝製小玉が出土し、グスク時代の層からは土器片が出土し、今回の調査で二つの時期が存在することが再確認された。

グスク時代

2015年3月末に返還された宜野湾市米軍旧キャンプ瑞慶覧、西普天間住宅地区の跡利用に伴い、喜友名下原第一遺跡、喜友名下原第二遺跡、喜友名山川原第三遺跡、喜友名山川原第七遺跡の試掘調査が行われ、近世・近代からグスク時代にかけての遺物や遺構が確認されている。グスク時代の成果として、建物の柱穴、遺物として土器、徳之島産カムィヤキ、中国製白磁・青磁、滑石製石鍋、鉄滓などが確認されている。特に、喜友名下原第二遺跡では、炉跡や円弧状遺構、柱穴内に土器が廃棄された状況の確認がされている。

国頭村の辺土名兼久遺物散布地での発掘調査では、出土遺物として、沖縄貝塚時代後期～グスク時代の土器、徳之島産カムィヤキ、石器などの遺物が出土し、遺物包含層の下部からは、柱穴が列状に並んで検出された。同一帯は廃藩置県後に士族の居住による屋取集落だとされていたが、今回の調査で屋取集落形成前のグスク時代には集落が広がっていた可能性が高まった。

那覇市の円覚寺跡の三門の復元整備に向けた遺構確認を目的として発掘調査が行われ、三門の基壇の縁石と思われる石列が確認されている。この石列は過去の発掘調査で検出された基壇とのつながりが再確認され、三門の規模を知る大きな手がかりとなった。また、石列の片側には、塼を敷くためと思われる加工された段が確認されている。遺物も瓦片がまとまって出土しており、三門が瓦葺きでの建物であったことにより、葺き替えの際に廃棄されたものと思われる。

近 世

那覇市の中城御殿跡は、県営首里城公園整備を目的として、敷地内北西部の上之御殿地区発掘調査行われ、同地区内

にかつて存在した平屋の建物、庭園、御嶽等の遺構確認調査が行われた。調査の結果、庭園遺構の一部と、それらにつながる石列遺構が確認されている。石列は南北の外縁の石牆と並行していることから、内側の一部の可能性が考えられる。出土遺物は、瓦、沖縄産及び本土産陶磁器等が出土している。

　近　代
　那覇市の2014年に閉校した久茂地小学校跡地の発掘調査では、1944（昭和19）年10月10日の10.10空襲で焼失した久茂地尋常小学校の礎石や、礎石群を取り囲む排水溝とみられる遺構が約50メートルに及び確認されている。礎石群の中には、沖縄戦で焼失したと思われる赤や黒に変色した焼け跡も確認されている。出土遺物として、瓦やレンガ、ガラス製の瓶、硯などが出土している。県内において、戦前の尋常小学校の遺構確認は初めてのことであり、検出された遺構や当時の写真との照合で、焼失前の校舎規模が推測できる貴重な資料である。

　戦前まで現在の那覇空港内にあった大嶺村跡を、那覇空港拡張工事に伴う那覇空港事務所管制塔庁舎新築工事の事前試掘調査が行われ、戦前の大嶺村に関する遺構が確認されている。出土遺物は多岐にわたり、土器、中国製青磁など先史時代・グスク時代の遺物から戦前まで使用された陶器類が出土し、集落内からは、建物の柱穴や礎石、井戸、遺物廃棄土坑、集石遺構が検出され、集落の外れからは、方形に区画された溝や、ウマやブタの幼獣を埋葬した土坑が確認されている。

2．〔文献一覧〕
報告書
1. 石垣市教育委員会『野底遺跡―野底リゾート開発地内のホテル付属施設等建築に伴う古墓群及び埋蔵文化財等の緊急発掘調査報告書―』
2. 石垣市教育委員会『舟蔵第二貝塚―ホテル建設に伴う緊急発掘調査―』
3. 浦添市教育委員会『前田・経塚近世墓群7』
4. 浦添市教育委員会『前田・経塚近世墓群8』
5. 浦添市教育委員会『前田・経塚近世墓群9』
6. 浦添市教育委員会『城間東空寿古墓群』
7. 沖縄県立埋蔵文化財センター『首里城跡―淑順門東地区発掘調査報告書―』
8. 沖縄県立埋蔵文化財センター『慶良間諸島の遺跡―平成22～27年度県内遺跡詳細分布調査報告書―』
9. 沖縄県立埋蔵文化財センター『中城御殿跡―県営首里城公園　中城御殿跡発掘調査報告書（5）―』
10. 沖縄県立埋蔵文化財センター『白保竿根田原洞穴遺跡　重要遺跡範囲確認調査報告書1―事実報告編―』
11. 沖縄県立埋蔵文化財センター『白保竿根田原洞穴遺跡　重要遺跡範囲確認調査報告書2―総括報告編―』
12. 沖縄県立埋蔵文化財センター『沖縄県の水中遺跡・沿岸遺跡―沿岸地域遺跡分布調査―』
13. 沖縄県立博物館・美術館『沖縄県南城市サキタリ洞遺跡発掘調査概要報告書Ⅳ』
14. 宜野湾市教育委員会『野嵩上後原古墓群　平成26年度野嵩第一公園整備事業に伴う緊急発掘調査』
15. 宜野湾市教育委員会『瑞慶覧基地内病院地区に係る埋蔵文化財発掘調査報告』
16. 宜野湾市教育委員会『普天間飛行場地区埋蔵文化財調査報告書　平成25～27年度　巡回道路移設工事予定地における埋蔵文化財緊急発掘調査』
17. 久米島町教育委員会『国指定史跡　具志川城跡環境整備事業報告書Ⅰ』
18. 多良間村教育委員会『高田海岸遺跡―沖縄県宮古郡多良間村所在水中遺跡の調査―』
19. 北谷町教委委員会『平安山原B・C遺跡』
20. 北谷町教育委員会『伊礼原D遺跡　平安山原A遺跡』
21. 那覇市教育委員会『天久貝塚―天久急斜面地崩壊対策工事に伴う緊急発掘調査―』
22. 那覇市　　　『首里当蔵旧水路―龍潭線街路事業に伴う埋蔵文化財発掘調査報告―』
23. 那覇市　　　『弁ケ嶽遺構確認調査報告』
24. 今帰仁村教委『古宇利原B遺跡発掘調査報告書』

Ⅱ 各都道府県の動向

25. 八重瀬町教育委員会『テミグラグスク　公園整備工事に係る緊急発掘調査報告書』
26. 八重瀬町教育委員会『屋富祖村跡　玻名城の郷整備事業に係る緊急発掘調査報告書』
　論　文
27. 石岡ひとみ「近世・近代における砥部焼磁器の製品と流通について」『中近世陶磁器の考古学』第二巻　雄山閣
28. 上里隆史　「世界遺産のグスク及び関連遺産群」『日本歴史』第824号　吉川弘文館
29. 沖縄考古学会『南島考古』No.35
　　　新垣　力「『沖縄産陶器』の定義・名称・分類に関する一考察」
　　　石井龍太「瓦当笵の移動にみる琉球近世瓦の生産　その2―近世琉球瓦の研究―」
　　　上原　靜「沖縄県の近代煉瓦と建物」
　　　山崎真治「沖縄諸島における先史時代の竪穴住居と集落に関する一試論」
　　　廣岡　凌「沖縄本島におけるグスク出土のカムィヤキ―流通と消費に着目して―」
　　　瀬戸哲也「グスク時代の鉄鏃に関する若干の考察」
30. 沖縄県教育委員会『沖縄史料編集紀要』第40号
　　　当山昌直「アマングスクについて」
　　　盛本　勲「ジュゴンの肋骨製サイコロ―製作上の技術的検討など―」
31. 久保智康　「琉球における祖霊信仰と山・御嶽」『学叢』第39号　京都国立博物館
32. 高宮広土　「奄美・沖縄諸島貝塚時代における社会組織の変遷」『考古学研究』63-3（251）　考古学研究会
33. 新里亮人　「グスク時代琉球列島の土器」『考古学研究』64-1　考古学研究会
34. 田畑直彦　「近世における壺・甕の製作技術―九州沖縄を中心に―」『陶磁器の考古学』第6巻　雄山閣
35. 長濱幸男　「宮古、与那国の馬と人」『BIOSTORY』Vol.27　BIOSTORY編集委員会
36. 廣友会　　『廣友会誌』第9号
　　　仲宗根求「奄美・沖縄諸島の狭刃型石斧」
　　　新里貴之「トカラ列島の先史時代遺物」
　　　島袋　洋「貝塚時代前Ⅳ期の二・三叉工具による押し引き文を施した土器について」
　　　島袋春美「イノシシ製利器（骨錐）の検討（予察）」
　　　安座間充「貝塚時代後期・沖縄諸島の土器様式変化をめぐる理解」
　　　田里一寿「陶磁器からみたグスク時代の宜野座村―大川グシク跡を中心に―」
　　　山本正昭「研究史から見るグスクの防御性―主に戦前から1990年代まで―」
　　　上原　靜「琉球列島の鬼瓦と鬼の心象」
　　　片桐千亜紀「インドネシア・スラウェシ島に崖葬墓文化を求めて」
　その他
37. 土肥直美　「コラム①　人骨からみえる女性の暮らし」『沖縄県史　各論編　第八巻　女性史』沖縄県教育委員会
38. 沖縄県立博物館・美術館編『港川人の時代とその後―琉球弧をめぐる人類史の起源と展開』
39. 沖縄県立埋蔵文化財センター『発見！首里城の食といのり』重要文化財公開首里城京の内跡出土品展資料集
40. 大堀皓平　「沖縄県内に出土する石厨子の分類と編年試案」『よのつち』第12号　浦添市教育委員会
41. 宮古郷土史研究会『宮古郷土史研究会会報』No.214
　　　久貝弥嗣「戦争遺跡の調査・報告をおえて」
　　　久貝春陽「宮國元島遺跡の発掘調査」
42. 山崎真治　「沖縄における旧石器・縄文移行期の洞穴遺跡と人骨の産状について」『日本考古学協会第82回総会研究発表要旨』
43. 山崎真治　「日本旧石器学会研究グループ2015年度活動報告」『日本旧石器学会ニューズレター』第32号日本旧石器学会

44. 沖縄県立埋蔵文化財センター『湧田古窯跡出土品展』沖縄県立埋蔵文化財センター企画展資料集
45. 宮古郷土史研究会『宮古郷土史研究会会報』No.215
    久貝弥嗣「アラフ遺跡の発掘調査から無土器期について考える」
    寺崎香織「新発見された戦争遺跡の報告」
46. 沖縄考古学会『16〜17世紀の沖縄における窯業の展開と背景』2016年度研究発表会資料集
    石井龍太「琉球近世瓦の展開と琉球近世史」
    新垣　力「瓦質土器の製作技術」
    渡辺芳郎「17世紀における薩摩焼製陶技術の琉球陶器への影響」
    森　達也「16〜17世紀における中国陶磁の生産技術─窯構造を中心に─」
    木村謙介「施釉陶器の出現時期〜沖縄産施釉陶器に関する基礎的研究（2）〜」
    新垣　力・宮城淳一「16〜17世紀にみる琉球陶器の出土状況」
47. 山本正昭　「沖縄県」『日本考古学年報67（2014年度版）』日本考古学協会
48. 宮古郷土史研究会『宮古郷土史研究会会報』No.216
    久貝春陽「伊良部島の文化財を巡ぐる」
    久貝弥嗣「忠導氏仲宗根家関連史跡巡りを終えて」
    宮城弘樹「浦底遺跡発掘調査概報」
49. 新里貴之　「トカラ列島・平島の清朝磁器と漂着船伝承」『平成28年度鹿児島大学埋蔵文化財調査センター公開講座要旨』鹿児島大学埋蔵文化財調査センター
50. 新里貴之　「黒潮文化圏の源流を探る」『公益財団法人古都飛鳥保存財団設立45周年記念：黒潮文化圏の源流を探る：沖縄・奄美群島にみる黒潮文化を訪ねて』クラブツーリズム
51. 瀬戸哲也　「文化財レポート　沖縄の戦争遺跡」『日本歴史』第821号　吉川弘文館
52. 瀬戸哲也　「沖縄戦の砲台陣地」『考古学ジャーナル』689　ニュー・サイエンス社
53. 山崎真治　『島に生きた旧石器人沖縄の洞穴遺跡と人骨化石』シリーズ「遺跡を学ぶ」104
54. 山崎真治　「遺跡紹介：フランス・ヴェゼール渓谷の旧石器時代」『九州旧石器』20　九州旧石器研究会
55. 山崎真治　「沖縄県の動向」『九州旧石器』20　九州旧石器文化研究会
56. 山本正昭　「近代の中城御殿について」『琉大史学』第18号　琉大史学会
57. 宮古郷土史研究会『宮古郷土史研究会会報』No.217
    久貝弥嗣「発掘調査にみる宮古島市内の自然災害への考察」
    久貝弥嗣他「太平洋戦争時における宮古島市内の3つの飛行場利用と関連戦争遺跡」
    久貝春陽「大和神谷御嶽・国仲砂川の壕」
58. 日本遺跡学会『遺跡学研究（特集グスク石垣等の復元整備と課題）』12
    新城卓也・渡久地真「中城城跡の石垣整備と課題」
    横尾昌樹「勝連城跡の整備における現状と課題」
    與那嶺俊「今帰仁城跡の石垣整備の特徴と課題」
    下地安広「グスク等の石垣にみる（仮称）力石：浦添ようどれの石積み整備事例から」
    山本正昭「沖縄本島及びその周辺離島における石積みグスクの特徴」
    高良倉行「石造拱門の事例調査とその構造」
    當眞嗣一「沖縄におけるグスク石垣等の復元整備と課題」
    安斎英介「沖縄における『粟石』の石切場と石切技術」
59. 山本正昭　「琉球列島における集落形態の変遷とその要因に関する考察」『南島史学』第84号　南島史学会
60. Masaki Fujita, et al（2016）Advanced maritime adaptation in the western Pacific coastal region extends back to 35,000-30,000 years before present. *PNAS*. Vol,113.

Ⅱ　各都道府県の動向

61. 宮古郷土史研究会『宮古郷土史研究会会報』No.219
    久貝弥嗣「国仲砂川の壕」
    山本正昭「集落遺跡から見る中世相当期から近世期にかけての変遷（1）」
    山本正昭「集落遺跡から見る中世相当期から近世期にかけての変遷（2）」
62. 新里貴之　「先史琉球と薩摩半島」歴史交流館金峰歴史講演会
63. 新里貴之　「考古学からみた琉球列島へのヒト・モノの動き」『言語と文化と遺伝子からみた琉球列島への人の移動』平成28年度琉球大学学長リーダーシッププロジェクト「琉球言語における『動的』言語系統樹システムの構築を目指して」研究シンポジウム
64. 宮古島市教育委員会『戦争遺跡の可能性—保存・整備・活用の視点から—』資料集
    山本正昭「戦争遺跡の整備について」
    保久盛陽「南風原町における戦争遺跡の保存・活用について」
    久貝弥嗣「宮古島市内での戦争遺跡活用事例」
65. 瀬戸哲也　「沖縄出土貿易陶磁の時期と様相」『第35回　中世土器研究会』日本中世土器研究会

ARCHAEOLOGIA JAPONICA

Annual Report
of the
Japanese Archaeological Studies and Excavations

69

Fiscal Year 2016 (April 2016～March 2017)

CONTENTS

Preface .... TANIGAWA Akio
Frontpieces .... pl.1～p.l.8

Ⅰ. General View of Archaeological Study in Japan

 (Ⅰ) TRENDS IN ARCHAEOLOGY IN JAPAN

　1. Overview .... TANIGAWA Akio
　2. Interdisciplinary Research .... Leo Aoi HOSOYA
　3. The Committee for the Protection of Buried Cultural Properties .... TERAMAE Naoto
　4. Paleolithic .... NATSUKI Daigo
　5. Jomon Period .... AONO Tomoya
　6. Yayoi Period .... HAYASHI Daichi
　7. Kofun Period .... JOKURA Masayoshi
　8. Ancient .... TAKAHASHI Kaori
　9. Medieval .... SEKIGUCHI Norihisa
　10. Early Modern .... OGAWA Yuji

 (Ⅱ) TRENDS IN ARCHAEOLOGY IN FOREIGN COUNTRIES

　1. Korean Peninsula .... MISAKA Kazunori
　2. China .... SUZUKI Mai
　3. Central Europe .... Thomas Knopf

 (Ⅲ) RECORD OF THE JAPANESE ARCHAEOLOGICAL ASSOCIATION .... NIIRO Izumi

Ⅱ. Archaelogical Surveys in each Prefecture

ARCHAEOLOGIA JAPONICA

Annual Report of the Japanese Archaeological Studies and Excavations

69

Fiscal Year 2016 (April 2016～ March 2017)

(I) TRENDS IN ARCHAEOLOGY IN JAPAN

1. Overview

by TANIGAWA Akio

At the beginning of the 21st century, Japan is in a period of large change. Social disparity and aging society due to a decreasing birthrate are being actualized amongst economic globalism. Movements of archaeological study are not unrelated with such social conditions. Such situations seem to lie in the background of a drastic decline of researchers supporting regional study, a serious shortage of personnel in municipalities, problems of educational environments and education of future generations of researchers.

Research movements of each period and region will be discussed in later articles, so the author would like to mention some issues.

Natural scientific methods of analysis account for a significant place in archaeological study mainly from the Paleolithic to Kofun period. Its themes are varied such as dating measurement, paleoenvironment/paleoclimate, quarries/materials, reconstruction of subsistence, anthropology including physical/DNA analysis, excavation methods, and so on. Specifically, these include paleoenvironmental/paleoclimatic reconstruction on the origin, diffusion, and adaptation of mankind in the Paleolithic, study on quarries of stone tool materials, fat and starch analysis of organic residue on Jomon pottery, subsistence reconstruction based on carbon/nitrogen isotope analysis of human bones and seed indentation analysis of Jomon/Yayoi period plant remains by replica methods, reconstruction of genetic varieties of rice in the Yayoi period using DNA analysis, and reconstruction of feeding by nitrogen/carbon isotope ratio analysis of horse tooth enamel excavated from Kofun period to medieval sites.

Three-dimensional presentation of features and artifacts using digital technology is also a large trend. Large progress is seen especially in airborne laser survey of Kofun period imperial mausoleums, and in constructing and planning study of keyhole-shaped mounded tombs using ground-penetrating laser and digital measurement technology.

Thus, overlooking movements of Japanese archaeological research in fiscal 2016, Japanese archaeology in recent years is in a large tide of diversification of methodology and expansion of study subjects. In addition to ordinary analysis methods of archaeology, methods of natural scientific analysis were positively introduced, and outstanding progress was achieved in dating, reconstruction of paleoenvironment/paleoclimates, and so on. Also, for archaeological interpretation, movement is seen in taking in results and frameworks of thoughts of close academic fields like cultural anthropology and history. In addition to expansion of analyzed subjects due to diversification of methodology, research and study of modern and contemporary sites are being conducted, while they were hardly handled by archaeology in the past. How to handle such diversification of methodology and expansion of study subjects is a large issue in the future.

Also, as it was mentioned in the beginning, the society surrounding archaeology is having a period of big changes, and Japanese archaeology is facing serious problems such as a drastic decline of researchers supporting regional study, a serious shortage of human resources in municipalities, a deteriorating educational environment and development of future scholars in universities, and so on.

On the other hand, archaeology in Japan has been taking a consistent path in its long history of overlooking the whole archipelago based on steady research/study in each region. How to relate results of archaeological study in each region to archaeology of the whole country is, as mentioned above, leading to the problem of education of future generation of archaeologists.

2. Interdisciplinary Research

by Leo Aoi HOSOYA

In this article, tends of "interdisciplinary study" in fiscal 2016 for Japanese archaeology are discussed on several characteristic topics.

For "prehistoric subsistence," development was seen from "subsistence" study to "foodways" study as a field of social study, due to development of various new analysis methods. For lipid analysis, analysis of organic matter adhering to pottery was conducted on two representative Jomon period sites: Torihama shell midden and Sannai Maruyama site, and a possibility was indicated at both sites that Jomon pottery specialized in processing aquatic resources. (A. Lucquin *et al.*, "Ancient Lipids Document Continuity in the Use of Early Hunter-gatherer Pottery through 9,000 Years of Japanese Prehistory" *Proceedings of National Academy of Sciences* Vol. 113 No.15, pp. 3991-3996) (C. Heron *et al.*, "Molecular and Isotopic Investigations of Pottery and 'Charred Remains' from Sannai Maruyama and Sannai Maruyama No.9, Aomori Prefecture, Japan" *Japanese Journal of Archaeology* 4, pp. 29-52) In the latter paper, analysis results suggested a possibility of processing starchy food like nuts in baskets. These results are epoch-making as they urge us to reconsider prehistoric foodways fundamentally, for we tend to think pottery as the center of cookware since it is an easy-to-be-found artifact. These results also match ethnography of native North Americas who mostly used baskets to process nuts, their staple food, by leaching them in water for efficiency. (L.A. Hosoya "Processing, Storage and Symbolism of Wild Nuts in the Past and Present" *SEAA7: 7th Worldwide Conference of the Society for East Asian Archaeology*)

There is a shift of interest in Japanese pottery study "from typology to usage theory," including lipid analysis.

For reconstruction of cooking methods by analyzing soot and burns left on pottery, *Archaeological Journal* No. 682 had a featured article "Pottery as a Tool."

For starch residue analysis, which has been established as an analysis method of organic matter left on stone tools and pottery, SHIBUTANI Ayako published a thesis on "the significance of starch residue analysis" as a compilation of past studies. (Zanzon Denpun-tsubu Bunseki no Igi "Significance of Starch Residue Analysis" National Museum of Japanese History Ed. *Challenge for "Integrated Studies of Cultural and Research Resources"* Yoshikawa Kobunkan)

As for other food culture study, there was "Shokubunka to Kokogaku: Jomon Jidai no Dobutsu Itai" (Foodways and Archaeology: Animal Remains in the Jomon Period)" from the viewpoint of zooarchaeology (*Archaeological Journal* No. 694, 2017). Also, there was discussion from various viewpoints including theoretical archaeology at a symposium 'Dokomade Wakaru "Shoku no Kokogaku" Sono Riron to Jissen (How Much Do We Know about "Archaeology and Food:" its Theory and Practice),' held on March 2 and 3, 2017 at Tohoku University.

As for "initial cultivation study," *Archaeology Quarterly* 138 had a special feature article, "Yayoi Bunka no Hajimari (Beginning of Yayoi Culture)" and there were research results published using replica methodology, isotope ratio analysis, and so on. Focus on regional diversity was characteristic in the article, discussing not only rice but other grains like millet. On DNA analysis of plant remains, KUMAGAI Masahiro *et al.* (Kumagai *et al.* "Rice Varieties in Archaic East Asia: Reduction of Diversity from Past to Present Times" *Molecular Biology and Evolution* 33(10), pp. 2496-2505) and TANAKA Katsunori *et al.* [Tanaka *et al.* "Morphological and Molecular Genetics of Ancient Remains and Modern Rice (*Oryza sativa*) Confirm Diversity in Ancient Japan" *Genetic Resources and Crop Evolution* 63, pp. 447-464] both pointed out that genetic diversity of rice decreased from the prehistoric period to medieval. "Diversity" seems to be the keyword for fiscal 2016 initial cultivation study.

In addition, interdisciplinary research saw new development in discussion of "environmental change and social problems." As for "disaster archaeology" that drew attention due to the Great East Japan Earthquake in 2011 and Kumamoto Earthquake in 2016, effects of natural disasters in the past on human society were able to be reconstructed quite accurately by oxygen isotope ratio analysis of tree-ring cellulose that was developed in recent years. Examination became possible to compare a society susceptible to influences of disaster and a society that is not susceptible, and that knowledge could be used for today's disaster prevention education. (NAKATSUKA Takeshi "Directions in New Historical Disaster Studies Based on High Resolution Paleoclimate Data" *Bulletin of the National Museum of Japanese History* No. 203, pp. 9-26).

Society of Archaeological Studies held its 62nd general meeting/study meeting (April 2016) under the theme "Environmental Change and Social Change," and HABU Junko ("Food Diversity and Climate Change" *Kokogaku Kenkyu* 250, pp. 38-50) and OBATA Hiroaki ("Environment Change and Utilization Strategies for Plant Resources during the Jomon Period" *Kokogaku Kenkyu* 251) discussed Jomon period environments reconstructed using new analysis methods such as pollen analysis on ocean floor core samples, alkenone paleothermometry analysis, replica methodology, and so on.

As for activities of international academic societies, many interdisciplinary research results were presented at international conferences held in fiscal 2016: Society for East Asian Archaeology (SEAA), International Work-

Group for Palaeoethnobotany (IWGP), and the World Archaeological Conference (WAC).

3. The Committee for the Protection of Buried Cultural Properties

by TERAMAE Naoto

In this report the situation surrounding fiscal 2016 buried cultural properties is reviewed. As excavation research due to the Great East Japan Earthquake that took place in 2011 has passed its peak, the current tasks are organization of excavated artifacts and publication of excavation reports. Under such circumstances, the Kumamoto Earthquake took place in April, and again many lives were lost. The image of Kumamoto castle destroyed by the earthquake was repeatedly shown on media, and as a result, it was regarded as a symbol of cultural property damaged by an earthquake. On the other hand, destruction of other cultural properties including a decorated mounded tomb were reported, and it is required of the Japanese Archaeological Association to keep working toward gathering and sending information and supporting damaged cultural properties.

The following are major trends of protection of buried cultural properties during fiscal 2016, mainly from the activities of the Committee for the Protection of Buried Cultural Properties (the Committee). It included contents of a meeting of the Subcommittee for Measures against Protection of Buried Cultural Properties that was held at Tokyo University of the Arts on May 27 (Fri), a day before the 82nd general meeting of the Association, as well as an information exchange session at Hirosaki University on Oct. 16 (Sun) during the Association's Hirosaki convention. The Committee has submitted requests for protection of archaeological sites for the west boundary features of Enkakuji temple in Kamakura City, Kanagawa Prefecture; Jono site in Kitakyushu City, Fukuoka Prefecture; Chudoshi-yamajiro site in Kakogawa City, Hyogo Prefecture; and Maehata site in Chikushino City, Fukuoka Prefecture. Also, the Association issued a statement by the chairman regarding protection of buried cultural properties in relation with Kumamoto Earthquake.

Other than above, the Committee discussed preservation problems for Denotame site in Kitamoto City, Saitama Prefecture; Kanaihigashishimoshinden site in Shibukawa City, Gunama Prefecture; Magaiwareishi-jizo Buddhist statue in Mihara City, Hiroshima Peace Memorial Museum site in Hiroshima City, Hiroshima Prefecture; Iwaidaniochigata site in Matsuyama City, Ehime Prefecture; and the remains of Kojima-yojosho clinic in Nagasaki City, Nagasaki Prefecture. Unfortunately, preservation was not possible for some sites mentioned here.

As amendment of the Law for the Protection of Cultural Properties is imminent, and "utilization" of cultural properties including buried cultural properties is a focus. However, utilization is not possible without adequate preservation. With such awareness of the crisis, long-term, continuous, and strategic utilization plans based on detailed management are necessary for protected sites, rather than hasty and exhaustive use of cultural properties. While the generational change of specialized staff is carried out without choice, the succession of know-how and experience is not necessarily smooth. As an academic society, it may be required of the Association to put efforts to reduce the burden of specialized staff qualitatively and quantitatively by solving these problems. If archaeology is a science closely connected to society, we need to prove that buried cultural properties are necessary and effective "property" to enrich society, through smooth circulation of research, utilization, and protection based on support and understanding from the public.

4. Paleolithic

by NATSUKI Daigo

Regarding the origin and diffusion of humanity, a movement to evaluate the behaviors and spread of humanity beyond frameworks of history of individual countries is active with cooperation from various field of Quaternary study under keywords such as geographical diversity, variability, and adaptation. In this movement, there is an increasing importance placed on regional study of human behavior that seeks to answer the question, "How did people in the Pleistocene adapt to various environments and formed societies and cultures?" A symposium under the theme "Variability, Similarities, and the Definition of the Initial Upper Paleolithic across Eurasia" was held at the 8th meeting of Asian Paleolithic Association, the second APA meeting to be held in Japan (*Program and Abstracts of the 8th Meeting of the Asian Paleolithic Association*). The Initial Upper Paleolithic (IUP) belongs to the beginning of Upper Paleolithic, and it denotes stone tools that share remains of stone tool manufacturing technology from the Middle Paleolithic. IPU is an important research subject in order to understand the transition from Middle to Upper Paleolithic, in other words, the diffusion of modern humans and the emergence of modern human behaviors, and attention has been given to its northern route. In Japan, early Upper Paleolithic stone tools are widely confirmed in paleo Honshu, however, they consist of flake tools including trapezoidal stone tools without IUP elements. Therefore, it is assumed that flake tools from paleo Honshu were brought by a southern route through the Korean Peninsula (Morisaki, K., Sano, K. & Izuho, M. 2016 Early Upper Paleolithic Blade Technology in the Japanese Archipelago, the 8th meeting of the Asian Palaeolithic Association). This is becoming a common understanding among many Japanese Paleolithic researchers.

The period from the end of Paleolithic to incipient Jomon continued to be a popular research subject this fiscal year, and there were many study meetings and theses regarding it. Many were research on regional examples of human adaptation to climate and environmental fluctuation during this period. There is some research from the Kanto to Tohoku regions in Honshu related to this period in *Palaeolithic Research* 12 published by Japanese Palaeolithic Research Association. SATO Hiroyuki, YAMADA Satoru, IZUHO Masami ed., *Banhyoki no Jinrui Shakai* (Human Society in Late Glacial) (Rokuichi Shobo) approached issues of behavioral forms and cultural formation focusing on prehistoric hunter-gatherers in Hokkaido and the northern part of the continent.

Geophysical examination, physical and analytical, and site distribution study of quarries were active in various places, mainly on obsidian quarries as a high-quality stone tool material. As cooperation with geophysical researchers is necessary in stone tool material study, it is almost established as an interdisciplinary theme in recent years. This fiscal year saw research on obsidian quarries from Kyushu to Hokkaido, although so many were naturally in Nagano Prefecture, where obsidian quarry research has been accumulated for a long time.

Other than the above mentioned, there were many studies on various themes such as traceological study including use-mark analysis on stone tools, experimental archaeology, processes of site formation, stone tool manufacturing technology, chronology, diffusion theory, the relationship between ecological change and human behavior, and Middle/Upper Paleolithic.

5. Jomon Period

by AONO Tomoya

For Jomon period burial system study, outstanding discussions were on fundamental study of stone lined graves (*haisekibo*) mainly in the Kanto and Chubu regions, and the relationship between features/artifacts other than graves and villages.

For subsistence study, progress was seen in an environmental reconstruction based on animal remains excavated from a shell midden, and empirical research on salt making using seaweed based on examination of micro spiral shells excavated from an archaeological site.

For artifact study, the largest number of theses were on pottery chronology and distribution in various parts of the country, as in other years.

For ritual study, many studies were on clay figurines, as well as stone rods and stone paved settlements related to Midorikawahigashi site in Kunitachi City, Tokyo. As for clay figurines, there were a study on the excavated situation of conic and hollow clay figurines (*chuku-ensui-gata dogu*) within an earthen pit, and a study on the background of change and disappearance of clay figurines in the Yayoi period in the Tohoku region.

Also, in relation to publication of many general books on the interpretation of clay figurines in recent years, there was a thesis that poses a question on archaeological method in interpretation of use and function of clay figurines. There seems to be an extreme view that interpretation itself should not be attempted among book reviews and academic trends related to clay figurines, but the author feels that discussion should be made on establishment of archaeological methods, or methods for referring to research results of other fields.

For stone-paved settlements including four large stone rods excavated from Midorikawahigashi site, many discussions were held on theses and symposiums on stone rods themselves or their relation to stone paved settlements since the site was excavated in 2012. As for related theses, one discussed the life cycle of keyhole-shaped (*ekagami-gata*) stone-paved settlements. The large stone rods of Midorikawahigashi site were designated as important cultural properties in 2017.

As for study on Jomon society, many tended to discuss stratified society. There were a case study on structural analysis of Jomon village in Shizuoka Prefecture, and an evaluation of settlements compounding in Late/Final Jomon based on the size and number of settlements and a multi-body burial grave system in the Chiba area. At the present, a strong view is that Late/Final Jomon society did not reach a chiefdom stage, while the existence of a leader integrating societies is admitted since some integration and compounding are recognized. There is a suggestion that the current argument on Jomon stratified society should be viewed objectively, since it can be learned that "trends" of archaeological study in Japan are linked to trend of modern society by looking back at the research history of Jomon social theory,

Fiscal 2016 Hirosaki convention of the Japanese Archaeological Association had a sectional meeting on "Jomon culture around Tsugaru Straight." A data collection book was published that compiled clay and stone objects excavated from southern Hokkaido and northern Tohoku, and it contains artifacts worth new research. The existence of such a large number of clay and stone objects around Tsugaru Strait itself may be worth a focus of study.

The 8th World Archaeology Congress was held at Doshisha University, and it was attended by 1,600 people from 80 countries. Also, various events took place at the same time, such as symposium and lecture sessions at museums in Kyoto, as well as an exhibition of collaborated work with archaeology and art. Sessions and individual presentations related to the Jomon period were held on these events.

6. Yayoi Period

by HAYASHI Daichi

There were some developments of study this fiscal year, showing maturity of fundamental research that enables us to draw concrete images of Yayoi culture within East Asia, such as correspondence between wide-area chronology that had been organized and shared among researchers and calendar dating based on AMS C-14 dating, achievements of archaeobotany represented by "replica method," as well as progress of research and study in China and the Korean Peninsula.

There is an accelerated movement to reevaluate conventional frameworks of the Yayoi period and culture, after FUJIO Shinichiro pointed out the problem. YAMADA Yasuhiro "Ichinichime no Toron ni Mukete: Sendai Heiya ni Yayoi Bunka ha Nakattanoka (For the First Day Discussion: Didn't Yayoi Culture Exist in Sendai Plain?)" *Sendai Heiya ni Yayoi Bunka ha Nakattanoka: Fujio Shinichiro Shi no Sinsetsu Kouen to Iken Kokan: Yokoshu* (Didn't Yayoi Culture Exist in Sendai Plain?: Lecture and Discussion on Mr. FUJIO Shinichiro's New Theory: Proceedings) Yayoi Jidai Kenkyukai, pp. 2-6, argued that we should question the concept of the Yayoi period which was developed to discuss the history of one county, and the validity of the framework that regards the culture of the Yayoi period equals Yayoi culture as one phase of food production .

Connected to this movement, discussion on the beginning of the Yayoi Period was active. MIYAMOTO Kazuo "Higashi Ajia ni Okeru Noko no Kigen to Kakusan (Origin and Diffusion of Agriculture in East Asia)," *Archeology Quarterly* 138 Yuzankaku, pp. 18-31, regarded the beginning of the Yayoi period within a large movement of diffusion of early cultivation societies of East Asia to peripheral regions to form secondary cultivation societies, and assumed the formation factor as migration from the southern Korean Peninsula to northern Kyushu and cultural contacts that occurred in the cold phase around the 8th century B.C.

ISHIKAWA Hideshi "Higashi Nihon Yayoi Bunka no Henkaku (Change of Yayoi Culture in East Japan)" *Sanennanshin Shuhen ni Okeru Chuki Yayoi Doki to Koryu: Inasaku Donyuki no Shakai (Hokokuhen)* [Middle Yayoi Pottery and Exchanges around Sanennanshin Region: Society at Introduction Stage of Rice Farming (Reports)] Chiiki to Kokogaku no Kai (pp. 1-6), pointed out the possibility of social changes taking place in wide areas of Yayoi culture in East Japan in the middle of Middle Yayoi, and defined the end of jar reburial tombs as a historical phenomenon resulting from the change.

MIZOGUCHI Koji "Kako no Kioku to Sono Doin: Hokubu Kyushu Yayoi Jidai V-ki wo Jirei Toshite (Memory of the Past and Its Mobilization: Example of Yayoi Period V Phase in Northern Kyushu)" *Kokogaku ha Kagakuka Jo: Tanaka Yoshiyuki Sensei Tuitou Ronnbunshu* (Archaeology, Is It Science? Volume 1: Memorial Theses for Prof. TANAKA Yoshiyuki) Chugoku Shoten (pp. 545-559), aimed to reconstruct social structure and systems by analyzing jar burial graves, and pointed out the possibility that the heritage from the past was purposely and strategically remembered and mobilized. Further, it was inferred that the upper class tried to confirm and strengthen the legitimacy of its own social position through burial conduct.

SUZUKI Toshinori "Minetashiki Doki to Sono Zengo (Mineta Style Pottery and Surrounding Time Period)" *Sanennanshin Shuhen ni Okeru Chuki Yayoi Doki to Koryu: Inasaku Donyuki no Shakai (Hokokuhen)* [Middle Yayoi Pottery and Exchanges around Sanennanshin Region: Society at Introduction Stage of Rice Farming (Reports)] Chiiki to Kokogaku no Kai (pp. 39-52) pointed out the existence of a wide-ranging pottery production/supply relationship in the middle of Middle Yayoi.

7. Kofun Period

by JOKURA Masayoshi

In recent years, society and the research environment surrounding archaeology is making big changes, not limited to the Kofun period study. The international research environment regarding the placement of East Asian history is changing rapidly due to China's political and economic rise, and diversification is required for Japanese "international information sharing," which was directed toward Western countries in the past. It is necessary to reconsider how and to whom to send information on "universal values" of cultural properties. Also, administration of buried cultural properties and college education are changing with the aging society due to a decreasing birthrates. In the period of these changes, we are tested in the pursuit of the value of cultural properties from every angle based on detailed study of features and artifacts, and an attitude to appeal to the world.

In the main article, major directions of the fiscal 2016 Kofun period study were organized. For excavation reports, publication of "overview reports" is increasing that include reevaluation of research results in the past and preservation and utilization of archaeological sites. At symposiums and study meetings, compilation works were accumulated as they are a strong point of the Kofun period study. For international information sharing

WAC-8 should be mentioned. Development of digital technology and its application to archaeology are outstanding, such as three-dimensional survey, ground-penetrating radar (GPR), three-dimensional measurement and so on. Also, digital archiving of excavation reports and theses is becoming an important topic. The Kumamoto Earthquake in 2016 gave serious damage to decorated mounded tombs similar to the Great East Japan Earthquake in 2011. As the Japanese Archipelago always faces various disasters, it is important to utilize its memories and teachings for the next disaster. Attention should be given to the promotion project for designation of Mozu/Furuichi mounded tombs as a World Heritage site. On the other hand, there is a need to sincerely listen to proposals of researchers asking for academic results of post-war archaeology and values of cultural properties, such as the naming problem of "imperial mausoleums."

Taking the above into account, movements of the Kofun period study were discussed under five topics.

1) International Exchanges and Social Theory

Focusing on Japanese-Korean archaeology, it was confirmed that study is progressing from discussing easy subjects such as "continental artifacts" and "Japanese artifacts," to discussion of bidirectional comparison and historical background. It was also pointed out that important issues are reexamination of the "centrality of Kinai," and how to deepen the relationship between archaeology and document history.

2) Region and Settlement Study

Major themes were the relation of "central" Kinai and "regions" or the difficulty of locating archaeological phenomenon within history. Also, a possibility was pointed out that a viewpoint to compare and discuss movements of settlements and mounded tombs may become a new viewpoint to reconstruct images of the Kofun period, such as discussion on lineages of tombs for chiefs.

3) Tumulus and Burial/Surface Facilities

Attention was given to nondestructive research methods for tumulus and stone chambers, such as digital three-dimensional surveying, GPR, and SfM/MVS as three-dimensional measurements.

4) Pottery and Burial Rites

The importance of experimental methods and ethnological examination were confirmed for the study of Haji-ware pottery, and chronological reexamination at production sites is progressing for Sue-ware pottery. As for burial rites, it is important that verification is progressing for analysis of examples based on detailed excavation.

5) Funerary Equipment

This is a field the Kofun period study is most good at, and numbers of detailed and minute analyses were accumulated.

Thus, it was understood that there were fewer macroscopic descriptions of the Kofun period, an indication of theoretical frameworks, and international information sharing compared to accumulation of detailed study on features and artifacts. As the society surrounding archaeology is changing drastically, now it is necessary to strengthen the ability to share our knowledge internationally by means of empirical study based on detailed analysis for which the Kofun period study is good at, while sublimating study results theoretically and from diversified standpoints.

8. Ancient

by TAKAHASHI Kaori

Fiscal 2016 saw a national increase of excavation of government offices (*kanga*). Organization of historical sites seems to be the background.

Achievements were made for each castle town, and especially significant results were achieved at Fujiwara palace where features of *doban* (hanging banner ornament) were excavated from northern end of Hall of State, just south of the south gate of the Imperial Audience Hall. It became clear by comparing with historical documents that one *doban* was placed on the center axis and two sets of three *doban* were arranged in a triangle shape symmetrically to the east and west.

There were many excavation examples of local government offices, for both *kokufu* (provincial centers) and *gunga* (county seats). It should be noted that Bingo Kokufu was designated as a national historic site. Excavation of Bingo Kokufu yielded important results including discovery of an intersection where a road leading to Bingo Kokufu branching off from the ancient Sanyo-do. Also, it was noticeable that features belonging to buildings before provincial centers were constructed were excavated in various places. There were many excavated examples of *gunga* from Gunma Prefecture, and a building consisting of the county seat was excavated at Sai Gunga, and it was revealed at Tagogun-shoso-ato that warehouses (*shoso*) were divided by ditches and were organized under a conceived plan within a section of two *cho* (about 218 meters). Since results of excavation research in recent years have been achieved, books and symposia are often featuring *gunga* the past few years.

As for temples, excavation research continues for Todaiji temple. It was revealed that even though remains of a Nara period pagoda were destroyed by the Kamakura period pagoda construction, the original size of the time was able to be assumed even though paving stones around the foundation platform were taken away. It was newly discovered that a pagoda at Higashiyuge site had a foundation platform with a side about 20 meters long, an ancient temple with a scale equivalent to the seven greatest temples of Nanto. Excavated eave-end tiles used the same mold as Kofukuji and Todaiji styles, so it is assumed to be Yugedera, constructed by Emperor Shotoku/Dokyo.

As for artifacts, only tiles and pottery were mentioned. On ancient tiles, discussions were made on the national diffusion of the cylindrical mold tile manufacturing technique that derives from Hiun-mon eave-end tiles at Kodai Kawara Kenkyukai. As for pottery, reevaluation of reference pottery was proposed, while the chronology of the capital city (Asuka chronology or Heisei chronology) is used more or less as an index to indicate chronology.

In the end, a result of underwater archaeology was mentioned. Heian period tiles were discovered from the sea bed around Ainoshima Island located in Shingu Town, Fukuoka Prefecture. In ancient time, Fukuoka Prefecture had kilns to provide tiles to Heiankyo, and it is assumed that these tiles sank underwater in the process of transporting tiles to Heiankyo. This kind of discovery is expected to occur again in the future, but there are many problems regarding research systems of underwater sites and their preservation.

9. Medieval

by SEKIGUCHI Norihisa

Movements of medieval study in fiscal 2016 are overviewed herein.

Chusei Toshi Kenkyukai's "Shukyotoshi Nara wo Kangaeru (Thoughts on Religious City Nara)" should be mentioned for city/village study. It was meaningful that such comprehensive study was conducted as archaeological data on medieval Nara is being accumulated.

Major results of castle (*jokan*) study are research results of sites related to Gosannenkassen, discussion on dating of Nasukandajo castle, discussion on foundations of stone building on stone walls, and discussion on *renzoku karaborigun* (successive dry moats and mounds). It was also a characteristic that many books for general readers were published that let people learn viewpoints of castle study easily, such as NAKAI Hitoshi and SAITO Shinichi's *Rekishika no Shiroaruki* (Castle Walking of Historians).

Religion, funeral systems, and stonework studies were mentioned. Accumulation of *itabi* (memorial stone tower) study was outstanding in fiscal 2016. Major achievements were Chusei Soso Bosei Kenkykai's "Chuseibo no Shuen wo Kengaeru: Kanto ni Okeru Itabi no Shuen wo Toshite (Thoughts on the End of Medieval Tombs: Through the End of *Itabi* in Kanto)," and CHIDIWA Itaru/ASANO Haruki ed. *Itabi no Kokogaku* (Archaeology of *Itabi*). Especially the latter was the first publication of synthetic study on *itabi* after the masterpiece published in the 80s, *Itabi no Sogo Kenkyu* (Synthetic Study on *Itabi*), and it could be the foundation of future stonework study. Other than *itabi* study, there were SEKINE Tatsuo ed. *Echizentsurugaminato no Chu/Kinsei Sekizobutsu* (Medieval/Early Modern Stoneworks of Echizentsurugaminato), Chusei Soso Bosei Kenkyukai's "Tokai to Kinki no Sekizobutsu kara Mita Chu/Kinsei no Shuen: Issekigorinto wo Chushintoshite (End of Medieval/Early Modern Seen from Stoneworks in Tokai and Kinki: Mainly from Issekigorinto)," Shizuokaken Kokogakkai's "Fujisan Shinko heno Fukugoteki Apurochi (Multiple Approaches to Mt. Fuji Worship)," and a special exhibition featuring Ninsho at Nara National Museum and Kanagawa Prefectural Kanazawa-Bunko Museum. FUJISAWA Norihiko and SAGAWA Shinichi *Sekito Shirabe no Kotsu to Tsubo* (Hints and Secrets of Stone Pagoda Investigation) was published as an introductory book, and it was a meaningful result since research methods of stonework became open as it is a quite unique field among archaeological methods.

Study on excavated artifacts was mentioned. For the field of ceramic study, there are Chusei Doki Kenkyukai's "Boeki Tojiki Kenkyu no Genjo to Doki Kenkyu (State of Trade Ceramics Study and Pottery Study), and Boeki Toji Kenkyukai's "Tojiki Kenkyu no Shiten: Seisan/Ryutsu/Shohi (Viewpoint of Trade Ceramics Study: Production/Distribution/Consumption). For the field of pottery study, there is YAEGASHI Tadao/TAKAHASHI Kazuki ed. *Chusei Bushi to Kawarake* (Medieval Samurai and Pottery). The book compactly summarized results of the field that was most deeply studied among medieval artifacts, and an effort of this book to link pottery to the movement of samurai warriors mainly in Togoku will be the index of future pottery study.

Bands of warriors (*bushidan*) were mentioned. Fiscal 2016 saw the achievement of remarkable results from interdisciplinary research on bands of warriors. Major results were TAKAHASHI Osamu ed. *Satake Ichizoku no Chusei* (Medieval of the Satake Clan), an exhibition "Sengoku wo Ikinuita Bushotachi (Warriors Who Survived the Warring States Period)" at Saitama Prefectural Ranzan Shiseki Museum, and a special exhibition "Sengoku Jidaiten (Warring States Period)" at Edo Tokyo Museum.

In the end, other studies were mentioned. For symposium and study meetings, there were Saitama Kokogakkai's "Kamakura Kaido no Fukei (Scenes of Kamakura Highway)," Chusei Ouu Shiryoron Shinpojiumu Jikko Iinkai's "Chusei Ouu no Shiryoron (Source Theory on Medieval Ouu)," Saitama Cultural Deposits Research Corporation's "Hakkutsu Sareta Chusei no Sugata (Excavated Figures of the Medieval)," and so on. For a publication, NAKAJIMA Keiichi ed. *14-Seiki no Rekishigaku* (History of the 14th Century) was an important achievement of an ambitious interdisciplinary research that handled the 14th century with some data of the period.

10. Early Modern

by OGAWA Yuji

Early modern and modern archaeology research trends are overviewed herein through introduction of excavation research, symposia, theses, and excavation reports from fiscal 2016.

Excavation of castles was continuously conducted due to preservation projects. Research was conducted at Saishoyama site in Osaka City to confirm the existence of "Sanada-maru," a fort assumed to have been constructed in the winter campaign of the Siege of Osaka (1614), but no clear evidence was found. It has drawn much interest, such as a symposium titled '"Sanadamaru" to Rekishigaku ("Sanadamaru" and History).'

Excavation research continued to be conducted on castle towns including Edo, and this fiscal year, Christianity related sites drew peoples' interest. It became a hot topic when a human bone excavated from "Kirishitan-yashiki-ato" (Bunkyo Ward, Tokyo), a Tokyo's historic site, was confirmed to belong to Father Sidotti, an Italian missionary who had a large influence on Japanese history. Excavation reports of this excavation, *Kirishitan-yashiki-ato* (two volumes) are evaluated as results of collaboration among archaeology, physical anthropology, and document history.

As for production sites, there were many symposia and excavation reports on stone walls and quarries due to excavation of castle walls. As for excavation of kiln sites, related facilities and *akae* (red painting) kiln remains as well as over glaze painting products were excavated from a settlement site next to the national historic site Yanbeta-kama-ato. It became clear that all the processes from molding to over glaze painting were done at Yanbeta kiln, which produced so called "Kokutani."

As for pottery/ceramics study, there were two symposia on ceramic manufacturing: the 44th convention of Japan Society of Oriental Ceramic Studies "Nihon Jiki no Soushi to Tenkai: Edo Zenki wo Chushin ni (Founding and Development of Japanese Ceramics: Mainly on Early Edo)," and a research presentation by Okinawa Archaeological Society, "16-17 Seiki no Okinawa ni Okeru Yogyo no Tenkai to Sono Haikei (Development of Ceramics in 16th to 17th Century Okinawa and Its Background)." As for publications, *Chukinsei Tojiki no Kokogaku* (Archeology of Medieval and Early Modern Ceramics) volume 3 to 5 were published from Yuzankaku, and many discussions on various topics were presented on early modern alone.

Thus, the trend of fiscal 2016 was that many studies were on ceramics, and they tended to be minutely divided and deepened. Also, as for excavation reports, active cooperation with related fields are seen despite today's harsh research situation, and many researchers tried to grasp a site more multilaterally.

As for modern sites, attention was given to excavation research of Zenshoen-gakuen-atochi within the National Sanatorium Tama Zenshoen. Excavation yielded a moat surrounding patients' quarters which was a result of insufficient understanding of Hansen's disease, but it is important to hand down such "negative history." Modern sites may not be excavated unless they overlap with sites of other periods, and it is undeniable that modern research may have limitations. Information gained from excavation is still not adequate, and urgent measures are desired also from the viewpoint of future research and site protection.

(II) TRENDS IN ARCHAEOLOGY IN FOREIGN COUNTRIES

1. Korean Peninsula

by MISAKA Kazunori

Fiscal 2016 research trends of Japan and South Korea on Korean Peninsula are overviewed herein.

KIM Jaehyeon and KIM Juhui ["Pusan Kadokuto Shutsudo no Shinsekki Jidai no Jinkotsu no Maiso Patan ni Kansuru Bunseki (Analysis on Burial Patterns of Neolithic Human Bones Excavated from Gadeok-do, Busan)" *Archaeology: Is It Science?* Chugoku Shoten, pp. 1115-1126] revealed Neolithic burial patterns which were previously obscured, based on initial/early phases of Neolithic human bones excavated in excellent condition from Janghang site.

Spatial and temporal changes of artifacts and features from the Bronze Age were grasped more clearly. SONG Youngjin (*A Study on the Burnished Pottery of Bronze Age in Korea* Gyeongsan National University doctoral assertation, 332p, in Korean) grasped regionality and temporal changes of burnished pottery in the Bronze Age in southern Korean Peninsula and indicated processes of formation and localization after influences from Liaodong to the northwestern part of Korean Peninsula, as well as the northeastern Korean Peninsula. NAKAMURA Daisuke ("Formation and Regionality of Double-rim Pottery in the Korean Bronze Age" *Archaeology Quarterly* 138, pp. 22-25) recognized continuity among clay-band pottery, double-rim pottery, and other cultural elements. AHN Jaeho and LEE Hongjong (Ed.) [청동기시대의 고고학 2 編年 (Archaeology of the Bronze Age 2: Chronology) Seogyeong Munhwasa, 293p, in Korean] presented the goal of Bronze Age chronological study. MIYAMOTO Kazuo [*Tohoku Ajia no Shoki Noko to Yayoi no Kigen* (Initial Agriculture of Northeast Asia and the Origin of Yayoi) Doseisha, 311p] pointed out that each phase of "four phases of initial agriculture in northeast Asia" was accompanied by coastline regression and global cooling. Due to these factors, a decrease in food production and an increase in population pressure took place, causing people to move to land suitable for farming, resulting in a factor for agricultural diffusion. Also, he presented a hypothesis that the third and fourth phases were accompanied by diffusion of "Japonic language."

As for the Proto-Three Kingdoms and Three Kingdoms of Korea, spatial and temporal changes of artifacts and features were grasped in more detail, and various discussions were deepened based on this knowledge. TSUCHIDA Junko [*Higashi Ajia to Kudara Doki* (East Asia and Baekje Pottery) Doseisha, 311p] reconfirmed that Chinese ceramics can be used to decide dating of Baekje pottery, and identified the chronology and dating of Baekje pottery using Chinese ceramics as well as artifacts from Wa, Shilla, and Gaya that were excavated together. Also, Tsuchida proposed that Baekje expanded its territory by controlling critical points such as iron ore and gold mines and strategic points of transportation. KIM Woodae (*Ancient Korean and Japan as Seen through Metalcraft* Kyoto Daigaku Gakujutsu Shuppankai, 411p) proposed chronologies for 5th and 6th century pendant earrings and ornamental swords from Silla, Baekje, Daegaya, and Wa, that have always depended on dating of other artifacts, and reviewed exchanges and the political relationship between Japanese Archipelago and countries in the Korean Peninsula. NAKAKUBO Tatsuo [*Nihon Kodai Kokka no Keisei Katei to Taigai Koryu* (Formation Process and Foreign Exchanges of the Ancient Japanese Nation) Osaka Daigaku Shuppankai, 333p] examined handicraft production, burial systems, and settlement structures based on analysis of 3rd to 5th century Japanese and Korean pottery, and pointed out that the center of exchanges between the Japanese Archipelago and Korean Peninsula/continental China has changed from time to time. Nakakubo expounded the importance of the influence of accepted migrants' culture on the formation of the Japanese nation, while understanding that "major political power" in Japan has changed strategies on foreign exchanges. TAKESUE Junichi and HIRAO Kazuhisa ["Mikumo/Iwara Iseki Banjo Chiku Shutsudo no Sekken (Inkstone Excavated from Banjo District, Mikumo Iwara Site)" *Kobunka Danso* 76, pp. 1-11] theorized that a stone object excavated from Banjo district, Mikumo Iwara site was an inkstone, based on comparison with excavated artifacts from Lelang Commandery. LEE Yeongcheol and others ("Taegan-ri Jarabong Tomb in Yeong-am County" *Nihon Kokogaku* No. 41, pp. 77-85) revealed the dating of Jarabong tomb that was said to be the oldest keyhole-shaped mounded tomb as latter half of 5th century.

Although the number of research results for Unified Silla, Goryeo, Joseon are not so many compared to the pre-Three Kingdoms, archaeological analysis has accumulated steadily.

2. China

by SUZUKI Mai

Fiscal 2016 study trend of Chinese archaeology in Japan is overviewed.

Regarding academic conferences and symposiums, the Japan Society for Chinese Archaeology held an annual conference in November at Kyoto Prefectural University under the theme "100 years of Japanese archaeology and Chinese archaeological study: new research viewpoints based on research material from the former half of the 20th century." Six lectures were held in total, including two keynote lectures: OKAMURA Hidenori "Kyoto Daigaku Shozo Chugoku Koko Shiryo no Chosa to Kenkyu (Research and Study of Chinese Archaeology Materials Owned by Kyoto University)" and MIYAMOTO Kazuo "Nihonjin Kenkyusha niyoru Ryoto Hanto Senshi Chosa to Genzai: Toa Kokogakukai Chosa to Nihon Gakujutsu Shinkokai Chosa (Research of the Prehistoric Liaodong Peninsula by Japanese Scholars and the Present: Research by Toa Koko Gakkai and Japan Society for the Promotion of Science," and many reports were made by both Japanese and Chinese researchers in general presentations and poster sessions. In February, a meeting was held to report the results of an international joint research between Japan and China: Grant-in-Aid for Scientific Research on Innovative Areas "Rice Farming and Chinese Civilization: Renovation of Integrated Studied of Rice-based Civilization" (Representative NAKAMURA Shinichi). Also, KOYANAGI Yoshiki *Chugoku Shinsekki Jidai Sutaku Bunkaki ni Okeru Inasaku Noko no Jittai Kenkyu* (Study on Rice Farming during Songze Cultural Phase of Neolithic China) was published as a KAKENHI report.

Reviewing theses of each period, *Archaeological Journal* No. 689 had a featured article on the Paleolithic and summarized the latest study of human diffusion in East Asia in the Lower and Middle Paleolithic. Major Neolithic studies are Nakamura and Koyanagi's Grant-in-Aid for Scientific Research projects mentioned above. As for Yin/Zhou period archaeology, most was on bronze tools and among such studies, special note should be given to a special featured article "'Souyoson' Kenkyu no Genzai (Present of 'Double-Ram *Zun*' Study)" in *Kiyo* "*Shikun*" (Shikun: Bulletin of Nezu Art Museum) 8. It contains the latest bronze tool studies regardless of study field, such as X-ray CT imaging and analysis by ARAKI Tominori, and reconstructive study of casting technology using 3D data analysis by MIFUNE Haruhisa. Also, *Archaeology Quarterly* 135 had a featured article "Higashi Ajia no Seidoki to Yayoi Bunka (Bronze Tools of East Asia and Yayoi Culture)," in which the latest research results were expounded by the leading bronze tool researchers in each region. As for Qin/Han period or later, study on castle towns and cities was active, such as ETAYA Masahiro and TSURUMA Kazuyuki *et al.* "Taeisei Deta wo Mochiita Shin Teikoku no Kukanteki Kosatsu (Thoughts on Spaces of the Qin Dynasty Using Multiple Satellite Data)" (*Annual Bulletin of GEORE* No. 3 Global Exchange Organization for Research and Education, Gakushuin University, pp. 89-112). Especially, *Chugoku Kokogaku* (Chinese Archaeology) 16 had a featured article "Kokogaku kara Mita Gyojo: Zui-To Jidai heno Henkakuki toiu Shiten kara (Yecheng Seen from Archaeology: from the

Viewpoint of the Transition to Sui/Tang Period). As for artifact study, there were theses on bronze mirrors and ceramics. As for historical overview study, the volume 1 and 2 of *Pekin Daigaku-ban Chuugoku no Bunmei* (Peking University Edition: Chinese Civilization) (Ushio Shuppansha) was published, and with it all of 8 volumes were published. This was the first publication in about 10 years of an entire Chinese history in Japan.

Other characteristics of fiscal 2016 included a further increase of interdisciplinary study with other field of science. There were examples that archaeologists themselves tried multilateral examination using archaeological data, documentation, and excavated writings. Also, the barrier between the two countries is getting quite low. Joint research and presentations with researchers and research organizations in China are increasing every year, and many Chinese scholars are seen at academic conferences in Japan. There is a rapid increase in the number of Chinese researchers to make presentations at conferences in Japan. The research environment in Japan surrounding Chinese archaeology is changing so much that it could not be summarized by the nationality of researcher and research base, kind of research material, and study method.

3. Central Europe

by Thomas Knopf

This paper introduces the structure of archaeological research and practice in the German-speaking countries in the central Europe for the Japanese audience, and reviews archaeological trends from 2011 to 2016 in these countries. This paper introduces the kinds of papers published in scholarly journals published both nation-wide and locally, special exhibitions held at the major museums, and the titles of multi-disciplinary major research projects, all of which show current and recent trends of archaeology in the central Europe. The paper also touches upon recently-inscribed World Cultural Heritage sites in the central Europe and recent interesting excavations and discoveries at the Heuneburg fort site, Tollensetal prehistoric battle site, and glacial sites in the Alps.

(written by the author)

(Ⅲ) Record of the Japanese Archaeological Association

by NIIRO Izumi

A new management system for the Japanese Archaeological Association has been inaugurated under chairman TANIGAWA Akio, and vice-chairmen ISHIKAWA Hideshi and KONDO Hideo. The number of Association members was 4,096 at the end of fiscal 2016, with 18 deceased, 59 withdrawals, and 66 new members, resulting in a smaller decrease of members compared to previous years. The spring general meeting was held at Tokyo Gakugei University on May 28 and 29, and the fall convention at Hirosaki University in

Aomori Prefecture from Oct. 15 to 17.

Due to increased necessity for an organized support system after the Kumamoto Earthquake that happened in April 2016, Special Committee for Measures to Counter the Effects of the Kumamoto Earthquake was organized on May 28. It conducted activities such as field surveys on damage to archaeological sites. Special Committee for Measures to Counter the Effects of the Great East Japan Earthquake ended its work after five years, and *Nihon Kokokgaku Kyokai Higashi Nihon Daishinsai Taisaku Tokubetsu Iinkai Hokokusho* (Report of the Special Committee to Counter Effects of the Great East Japan Earthquake, Japanese Archaeological Association) was published at the end of fiscal 2016.

Major activities in this fiscal year were the following. (1) Examination of copyright regulations in order to respond to a request for open access. New regulations are to be enacted in fiscal 2017. (2) Provisions were discussed for "patron members" such as corporate membership, friendship membership, and student membership, aiming to expand members of the Association other than full members, to be enacted in fiscal 2017. (3) "Poster session by high school students" was commenced in order to foster the future generation of archaeologists, and the first presentation took place at the general meeting. (4) The 8th World Archaeological Congress 2016 Kyoto (WAC-8) was held from Oct. 28 to Sept. 2, 2016 at Doshisha University, and the Japan Archaeological Association sponsored the opening session and a poster exhibition.

The grand prize of the 6th Japanese Archaeological Association Award was given to *Chu-Kinsei no Ezochi to Hoppo Koeki* (Ezochi and Northern Trade in Mid-Late Modern Period) by SEKINE Tatsuhito (Kikkawa Kobunkan, Oct. 2014), and the encouragement prize was given to *Tatara-buki Seitetsu no Seiritsu to Tenkai* (Formation and Development of Tatara Iron Smelting) by KAKUDA Noriyuki (Seibundo Shuppan, Dec. 2014).

As the Japanese Archaeological Association will have its 70th anniversary in 2018, memorial projects are being prepared under a theme "Japanese Archaeology at a Turning Point and the Japanese Archaeological Association."

日本考古学年報69（2016年度版）

発 行 日	2018年5月21日
編集・発行	一般社団法人 日本考古学協会
	（会長　谷川章雄）
	〒132-0035　東京都江戸川区平井5-15-5　平井駅前協同ビル4階
	電話　03（3618）6608・FAX　03（3618）6625
印 刷 所	新日本印刷株式会社
	〒162-0801　東京都新宿区山吹町３４２番
発 売 所	株式会社 吉川弘文館
	〒113-0033　東京都文京区本郷７丁目２番８号
	電話　03（3813）9151（代表）
	振替口座　00100-5-244

ISBN978-4-642-09391-0　C3321